# CALCUL DIFFÉRENTIEL

**MARCO BÉLANGER**
Collège Jean-de-Brébeuf

**MARGOT DE SERRES**
Collège Jean-de-Brébeuf

**JOSÉE BÉRUBÉ**
Collège Jean-de-Brébeuf

## RÉVISION SCIENTIFIQUE

Danielle Arpin
Collège Jean-de-Brébeuf

Anik Soulière
Collège de Maisonneuve

MODULO

Nous reconnaissons l'aide financière du gouvernement du Canada par l'entremise du Fonds du livre du Canada pour nos activités d'édition.

**Catalogage avant publication de Bibliothèque et Archives nationales du Québec et Bibliothèque et Archives Canada**

Bélanger, Marco, 1959-
    Calcul différentiel

    Comprend un index.
    Pour les étudiants du niveau collégial.
    ISBN 978-2-89650-347-6

    1. Calcul différentiel.  2. Calcul différentiel - Problèmes et exercices.
I. De Serres, Margot.  II. Bérubé, Josée, 1979-    . III. Titre.

QA304.B44 2010          515'.33          C2010-940422-X

**Équipe de production**
**Éditrice :** Bianca Lam
**Chargée de projet :** Nathalie Vallière
**Révision linguistique :** Ginette Laliberté
**Correction d'épreuves :** Ghislain Morin
**Montage :** Suzanne L'Heureux
**Coordination de la mise en pages :** Carole Deslandes
**Maquette :** Nathalie Ménard, Marguerite Gouin
**Couverture :** Marguerite Gouin
**Saisie de l'index :** Carole Deslandes

## MODULO

*Groupe Modulo est membre de
l'Association nationale des éditeurs de livres.*

**Calcul différentiel**
© Groupe Modulo inc., 2011
5800, rue Saint-Denis, bureau 1102
Montréal (Québec)  H2S 3L5
CANADA
Téléphone : 514 738-9818 / 1 888 738-9818
Télécopieur : 514 738-5838 / 1 888 273-5247
Site Internet : www.groupemodulo.com

Dépôt légal – Bibliothèque et Archives nationales du Québec, 2010
Bibliothèque et Archives Canada, 2010
ISBN 978-2-89650-347-6

Imprimé au Canada
2  3  4  5    14  13  12  11

# Présentation

*Savoir, c'est connaître par le
moyen de la démonstration.*

Aristote

Ce manuel, après avoir connu trois versions préliminaires dans les années 1990, est le fruit de plusieurs années de réflexion et d'expérimentation. Il reflète aujourd'hui la démarche pédagogique que deux des présents auteurs ont élaborée dans une recherche didactique qui a remporté un prix spécial du ministre de l'Éducation en 2003-2004[1]. Cette démarche consiste en une **approche langagière** des mathématiques. Comme on le sait, le langage joue un rôle fondamental dans la transmission et l'acquisition de toutes les connaissances, notamment en mathématiques où il a des caractéristiques particulièrement complexes.

Le langage mathématique est en fait une combinaison de trois langages : naturel, symbolique et graphique, ayant chacun leur sémantique et leur syntaxe propres. Pour comprendre un texte mathématique, il faut non seulement connaître la terminologie propre à la discipline, mais aussi tous les symboles et les éléments graphiques utilisés, y compris leurs diverses significations selon le contexte. De plus, les symboles ou les éléments graphiques ne s'assemblent pas comme les mots dans une phrase. On ne décode donc pas une expression symbolique ou un graphique comme on analyse une expression littérale. Par exemple, la signification de l'expression symbolique $(a + b)^2$ est : « le carré d'une somme de deux nombres ». On remarque, dans cet exemple, que le mot « carré » s'écrit au début de l'expression littérale, mais que sa notation, l'exposant 2, apparaît, elle, à la fin de l'expression symbolique. Le passage de l'un à l'autre de ces langages (naturel, symbolique ou graphique) représente donc un véritable exercice de traduction.

Aussi, nous croyons que les particularités propres au langage mathématique ne sont pas étrangères aux difficultés qu'éprouvent certains étudiants dans cette discipline. La complexité du langage mathématique exige en effet que les étudiants possèdent des habiletés langagières qu'ils n'ont pas nécessairement à leur arrivée au collégial et qu'il faut donc veiller à cultiver.

C'est pourquoi, dans ce manuel, nous avons cherché à développer chez eux la capacité d'analyse et de décodage des expressions mathématiques en leur apprenant à les décomposer en leurs éléments les plus simples. Nous détaillons ainsi, dans plusieurs exemples, la façon de coder symboliquement ce qui est énoncé en mots (ou inversement) ou comment traduire graphiquement ce qui est exprimé en symboles, et vice-versa. De même, chaque fois qu'il est possible

---

1. DE SERRES, Margot (dir.). *Intervenir sur les langages en mathématiques et en sciences*, Montréal, Groupe Modulo, 2003.

de le faire, les définitions ou les propriétés sont présentées sous les trois formes : exprimées littéralement, traduites en langage symbolique (formules) et illustrées graphiquement. Les explications littérales sont souvent accompagnées d'illustrations graphiques, et les démonstrations algébriques, d'explications littérales. Finalement, pour aider les étudiants à mieux assimiler l'ensemble des composantes du langage mathématique, on retrouve, tout au long du manuel, une rubrique «Question de vocabulaire», et, à la fin de plusieurs chapitres, des tableaux synthétisant la terminologie propre à chacun des langages.

Nous avons aussi, dans ce manuel, évité les abus de langage qui peuvent être source de confusion. Par exemple, lorsque nous référons à un point du plan cartésien à partir de son abscisse, $x$, ou de son ordonnée, $f(x)$, nous écrivons systématiquement : «le point d'abscisse $x$» ou «le point d'ordonnée $f(x)$», et non pas «le point $x$» ou «le point $f(x)$», comme le disent souvent les étudiants. Non seulement ces deux dernières expressions sont mathématiquement erronées (puisqu'un point du plan cartésien est composé de deux coordonnées), mais elles entraînent une confusion entre un point et ses coordonnées. Une recherche didactique[2] a ainsi relevé qu'un très grand nombre d'étudiants représentaient $f(3)$ comme le point de coordonnées $(3, f(3))$, de sorte qu'ils avaient ensuite de la difficulté à représenter graphiquement l'expression $f(3) - f(1)$. On comprendra que l'impact de cette confusion «point-ordonnée» est énorme sur la compréhension du calcul différentiel. En effet, les étudiants ne peuvent alors visualiser ou interpréter correctement de nombreuses expressions propres au calcul différentiel, par exemple :

$$\lim_{x \to a} \left( \frac{f(x) - f(a)}{x - a} \right).$$

Ce manuel se caractérise également par une **approche pédagogique** du calcul différentiel qui consiste à présenter les **nouveaux concepts** au fur et à mesure que le besoin l'exige sur le plan conceptuel. Par exemple, la notion de limite est abordée au moment de traiter des asymptotes d'une courbe (voir le chapitre 2). Les étudiants apprennent alors à maîtriser la notation-limite pour décrire le comportement asymptotique d'une courbe. Le concept de limite est ainsi abordé comme un moyen naturel de décrire symboliquement certains aspects d'une fonction. Il est ensuite revisité pour examiner la notion de continuité d'une fonction. L'accent n'est donc pas mis sur le calcul de limites comme tel, mais sur la compréhension symbolique et graphique du concept et sur sa pertinence. Ce n'est qu'au moment où on aborde le calcul différentiel (voir le chapitre 4) que les étudiants développeront davantage le calcul de limites, et de plus en plus par la suite, chaque fois qu'ils devront recourir à la définition formelle de la dérivée pour obtenir la dérivée d'une fonction. Toutefois, les enseignants qui veulent insister sur le **calcul de limites** trouveront en annexe une section consacrée à cette notion et à ses différents aspects (définition formelle, propriétés, formes indéterminées, etc.). Cette section s'accompagne d'une série d'exercices variés sur le calcul de limites.

Concernant les limites, nous avons adopté une **notation** qui privilégie l'usage constant des parenthèses afin de faciliter une meilleure compréhension chez les étudiants. Par analogie avec l'usage des parenthèses dans la notation $f(x)$ : «$f$ **de** $x$», pour indiquer la variable de la fonction, nous écrivons, par exemple : $\lim_{x \to 3} \left( \frac{x^2 - 9}{x - 3} \right)$ pour désigner la limite **de** l'expression $\frac{x^2 - 9}{x - 3}$. Notre recherche didactique nous a en

2. DE SERRES, Margot et Jean-Denis GROLEAU. *Mathématiques et langages*, recherche PAREA, Montréal, Collège Jean-de-Brébeuf, 1997.

effet permis d'observer que les étudiants font moins d'erreurs de notation et de calcul lorsqu'ils utilisent des parenthèses pour toute expression dont ils doivent évaluer la limite, même quand ces dernières sont superflues.

## Présentation des chapitres

Pour commencer, les chapitres 1 et 2 couvrent l'essentiel de ce que les étudiants doivent connaître et maîtriser avant d'aborder l'étude du calcul différentiel. Le chapitre 1 vise principalement à s'assurer qu'ils maîtrisent l'algèbre et le raisonnement mathématique. À cet égard, ce chapitre présente une nouveauté par rapport aux autres manuels de calcul différentiel : on se sert de l'exercice de la **conjecture** et de la **démonstration** pour revenir sur l'algèbre et le **langage symbolique**. Conjecturer et démontrer sont deux activités incontournables de la pratique des mathématiques. Il importe donc de montrer aux étudiants que les mathématiques ne se limitent pas qu'aux calculs et à la résolution de problèmes. D'ailleurs, cette approche s'inscrit dans le prolongement de l'une des trois compétences disciplinaires explorées au secondaire : déployer un raisonnement mathématique. Les conjectures et les démonstrations que nous abordons dans ce chapitre portent essentiellement sur certaines propriétés que possèdent les nombres naturels, les entiers relatifs et les nombres rationnels. Les enseignants peuvent puiser ce que bon leur semble dans ce chapitre en fonction de leur contexte d'enseignement : il n'est pas nécessaire de couvrir tous les types de démonstration exposés pour consolider les habiletés algébriques des étudiants.

Le chapitre 2 met l'accent sur la **représentation graphique** des fonctions. Nous revenons d'abord sur la notion de fonction et en proposons une révision exhaustive. Comme cette matière a déjà été abordée au secondaire, elle pourra, au besoin, être vue plus rapidement. Nous développons ensuite des méthodes permettant de visualiser et de tracer rapidement le graphique de fonctions à partir de leur équation. Nous allons au-delà du tracé des fonctions généralement abordées au secondaire (premier et second degré ou fonctions élémentaires) en nous limitant toutefois aux fonctions algébriques. Nous voyons ainsi comment tracer sans difficulté le graphique de fonctions polynomiales de degré supérieur à 2, lorsque leur équation est factorisée. Nous abordons ensuite le tracé des fonctions rationnelles et en profitons pour introduire la **notion de limite**, comme un outil permettant de décrire symboliquement le comportement asymptotique des courbes de ces fonctions. Nous terminons ce chapitre en présentant la **notion de continuité d'une fonction**.

Le chapitre 3 prépare le terrain au calcul différentiel. Nous revenons d'abord sur les notions de **variation** et de **taux de variation moyen** d'une fonction, que les étudiants ont vues au secondaire. Ce rappel vise à consolider ces notions d'un point de vue graphique, symbolique et contextuel. Nous abordons ensuite la notion de **taux de variation instantané** dans des contextes divers afin d'introduire de manière concrète le calcul de la pente de la tangente en un point d'une courbe.

Le chapitre 4 présente les bases théoriques du calcul différentiel, c'est-à-dire le procédé permettant de **calculer la pente de la tangente** en un point d'une courbe. Ce procédé, que nous visualisons d'abord graphiquement, puis algébriquement, nous permet de dégager la définition formelle de la dérivée, définition que nous utilisons par la suite pour calculer la dérivée de fonctions diverses. Nous revenons ensuite aux situations concrètes pour approfondir la compréhension de la dérivée (ou du taux de variation instantané). L'accent, cette fois, n'est plus mis sur les calculs, mais sur l'interprétation contextuelle des données et leur interprétation graphique, de même que sur la maîtrise des expressions symboliques et du vocabulaire relatifs à la dérivée. Nous terminons ce chapitre en examinant le comportement de la pente de la tangente le long d'une courbe de fonction afin d'obtenir un graphique approximatif de sa dérivée et d'en déduire des liens importants qui seront utiles dans les chapitres suivants.

Dans le chapitre 5, nous abordons les **règles de dérivation** relatives aux fonctions algébriques et aux combinaisons de fonctions (somme, puissance, produit et quotient). Chacune de ces règles est démontrée. Une attention particulière est portée à la reconnaissance des formes algébriques à dériver. Le chapitre se termine par un examen des stratégies de dérivation amenant les étudiants à faire un **bon usage des règles de dérivation** afin de ne pas compliquer inutilement les calculs de dérivées.

Le chapitre 6 expose la première application du calcul différentiel : l'étude de la **croissance d'une fonction** et de la **concavité de sa courbe**. Y sont développés les critères permettant de déterminer les maximums et les minimums d'une fonction, ainsi que les points d'inflexion de sa courbe.

Le chapitre 7 porte sur les **fonctions transcendantes** : exponentielles, logarithmiques et trigonométriques. Pour chacun de ces types de fonctions, nous examinons d'abord leurs caractéristiques principales, leurs propriétés, ainsi que des applications dans des situations concrètes. Nous étudions ensuite leurs dérivées, qui viennent compléter la liste des règles de dérivation vues dans le chapitre 5. Puis, nous utilisons ces règles pour étudier la croissance de fonctions transcendantes, la concavité de leurs courbes et résoudre des problèmes concrets.

Le chapitre 8 présente une deuxième application de la dérivée : l'**optimisation**. Une démarche méthodique est élaborée pour aider les étudiants à modéliser et à résoudre des problèmes d'optimisation en contexte.

Le chapitre 9 est un prolongement des chapitres 2 et 6 ; il met l'accent sur l'**étude graphique complète** de fonctions diverses : algébriques ou transcendantes, à partir de leur équation. Y sont rassemblés tous les outils analytiques développés jusque-là pour déterminer avec précision l'allure graphique des fonctions.

Le chapitre 10 termine l'étude du calcul différentiel par la **dérivation implicite** et les problèmes de **taux de variation liés**. Comme ces problèmes portent sur des contextes et exigent le recours à la modélisation mathématique, nous proposons une démarche méthodique qui permet aux étudiants de les décortiquer pas à pas.

Pour compléter cette matière, les sujets suivants sont présentés dans les annexes :

A. Le théorème de Pythagore – Démonstration
B. La formule du binôme de Newton
C. Le triangle de Pascal
D. Les limites de fonctions
E. La trigonométrie
F. Les réciproques des fonctions trigonométriques
G. Les dérivées des réciproques des fonctions trigonométriques
H. La méthode de Newton
I. La différentielle

# Remerciements

La rédaction d'un manuel scolaire est rarement le fruit du seul travail de ses auteurs. Nous tenons d'abord à remercier Danielle Arpin pour sa précieuse collaboration à la révision technique du manuscrit et pour les suggestions pédagogiques et les remarques pertinentes qu'elle a apportées au cours des différents stades d'élaboration des chapitres. Nos remerciements vont aussi à nos collègues de travail qui ont expérimenté une version préliminaire du manuel : Chantale Dionne et Robin Sirois, et à l'un de nos anciens étudiants, Jean-François Bégin, qui nous a aidés dans la réalisation de certains graphiques.

Nous remercions également Anik Soulière, professeure au Collège de Maisonneuve, pour la révision de certaines parties de l'ouvrage.

Notre gratitude va particulièrement à l'équipe éditoriale, notamment à Bianca Lam, Nathalie Vallière, Carole Deslandes et Suzanne L'Heureux pour leur soutien et leur enthousiasme.

Nous tenons aussi à exprimer notre gratitude envers le Collège Jean-de-Brébeuf qui a libéré deux des auteurs pour la rédaction de ce manuel.

Nous ne pouvons non plus manquer de dire merci à nos collègues de la première heure, ceux qui ont contribué aux versions préliminaires de ce manuel : François Laviolette, Anne-Marie Lorrain et Vincent Papillon. Il y a également Frédéric Tessier, un de nos anciens étudiants (aujourd'hui titulaire d'un doctorat en physique), qui avait alors réalisé la mise en page, les graphiques et les illustrations, sans ménager ses efforts. Plusieurs de ses illustrations ont été préservées dans la présente édition.

Mentionnons enfin que nous ne sommes pas partis de zéro. Une longue tradition d'écriture, remontant au début des années 1970, prévaut au département de mathématiques et d'informatique du Collège Jean-de-Brébeuf. Le dynamisme et l'enthousiasme des collègues, la réflexion sur les nouveaux programmes, les discussions pédagogiques, l'enseignement dans les programmes de sciences de la nature, du baccalauréat international et de sciences, lettres et arts, tout cela a favorisé un climat propice à la réalisation de ce projet de rédaction.

# Coup d'œil sur le calcul différentiel

*La tangente a plus de puissance que la sécante.*

Victor Hugo

L'envoi d'une fusée dans l'espace, la mise en orbite d'un satellite, la construction d'un pont suspendu, d'un gratte-ciel ou d'un nouveau modèle d'avion, tout cela, bien sûr, on le doit aux progrès de la technologie. Ce que plusieurs ignorent, toutefois, c'est que les mathématiques sont derrière toutes ces réalisations techniques. Sans le développement de l'une des branches des mathématiques appelée «calcul différentiel», nombre de réalisations techniques n'auraient pu voir le jour ou être menées à bien. Un pont peut être construit avec les meilleurs matériaux sans trop recourir aux calculs mathématiques. Cependant, il peut s'effondrer sous son propre poids ou sous l'action de vents violents à cause d'un manque de flexibilité. Grâce au calcul différentiel, on est en mesure de vérifier qu'un pont construit à l'aide de certains matériaux résistera à différentes contraintes physiques.

Qu'est-ce que le calcul différentiel? C'est l'outil qui permet d'analyser le mouvement ou le changement, aussi infime soit-il, dans un phénomène. Si on reprend l'exemple du pont, sa construction exige de tenir compte des forces qui entrent en jeu et qui agissent continûment et à divers degrés le long de sa structure. Or, pendant longtemps, les hommes n'ont su comment aborder l'étude des phénomènes qui varient de façon continue, car les outils de l'algèbre et de la trigonométrie étaient limités à cet égard. Ce n'est qu'au XVIIᵉ siècle qu'une percée importante a vu le jour. À l'époque, quatre grands problèmes occupaient les esprits scientifiques qui réfléchissaient notamment sur le mouvement des astres et la chute des corps:

- Calculer la **vitesse instantanée** et l'**accélération instantanée** d'un corps en mouvement.
- Déterminer les **valeurs maximales** et **minimales** de quantités variables.
- Calculer la **pente de la tangente** en un point d'une courbe.

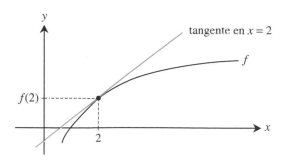

• Calculer l'**aire d'une région** sous une courbe.

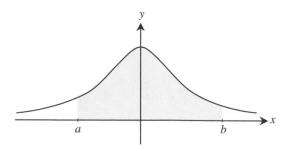

Curieusement, ces quatre grands problèmes trouvent leur solution dans une branche des mathématiques qu'on appelle aujourd'hui le «calcul différentiel et intégral». Ces sujets, en apparence étrangers les uns aux autres, sont en fait reliés par un seul concept, celui de «dérivée», qui est l'objet central du calcul différentiel, et donc de ce manuel. Le problème du calcul de l'aire d'une région sous une courbe est traité en calcul intégral, le prolongement du calcul différentiel.

Deux grands penseurs de l'époque, Isaac Newton (1642-1727) et Wilhelm Gottfried Leibniz (1646-1716), ont largement contribué à résoudre ces questions, ce qui les a amenés à jeter les bases du calcul différentiel et intégral. Soulignons que tous deux ont développé leur théorie indépendamment l'un de l'autre.

Depuis, le calcul différentiel a pris une formidable expansion. Non seulement il a permis de répondre aux nombreuses questions techniques soulevées à l'époque (en astronomie, en physique ou en mathématiques), mais il a aussi rendu possible l'étude de plusieurs phénomènes naturels, comme la radioactivité et la croissance des populations, humaines ou animales, et s'est étendu à presque tous les domaines de l'activité humaine : économie, météorologie, acoustique, musique, finance…

En somme, le calcul différentiel est, avec le calcul intégral, l'un des outils mathématiques les plus utilisés, tant dans les sciences humaines que dans les sciences exactes.

# Table des matières

# Chapitre 1
# Nombres, formules et raisonnement

**1** Démontrer la conjecture suivante : La somme des deux successeurs immédiats d'un multiple de 3 est aussi un multiple de 3.

**2** Réfuter la conjecture suivante : La somme d'un multiple de 2 et d'un multiple de 3 est un nombre impair.

**3** Démontrer que $0,\overline{9} = 1$.

Dans les chapitres 1 et 2, nous allons couvrir l'essentiel de ce que l'étudiant doit connaître et maîtriser avant d'aborder l'étude du calcul différentiel. Le chapitre 1 vise principalement à s'assurer que l'étudiant maîtrise l'algèbre et le raisonnement mathématique à travers les concepts mathématiques élémentaires qu'il connaît déjà.

Dans un premier temps, la capacité à généraliser (passer du particulier au général, du concret à l'abstrait) sera sollicitée au moyen de l'exercice de la démonstration. Cette façon de procéder facilitera la compréhension du calcul différentiel tout en consolidant les acquis conceptuels. Nous insisterons particulièrement sur les liens entre plusieurs de ces acquis conceptuels, ce qui donnera un premier aperçu de la structure systématique et déductive du savoir mathématique.

Nous rappellerons ensuite à l'étudiant les méthodes de résolution des équations du premier et du second degré (à une variable). Ces méthodes sont importantes pour l'étude du calcul différentiel. Elles font appel à divers types d'opérations algébriques que l'étudiant doit maîtriser.

Par ailleurs, tout au long du chapitre, les termes récurrents du vocabulaire mathématique seront revus ou définis. Tout art, toute science possède son propre vocabulaire. En mathématiques, la terminologie et les définitions sont non seulement une nécessité de la communication, mais elles sont aussi essentielles à la logique même du discours.

En somme, ce premier chapitre s'inscrit dans le prolongement des trois compétences disciplinaires explorées au secondaire : déployer un raisonnement mathématique, communiquer à l'aide du langage mathématique et résoudre une situation problème. Il vise à établir un lien entre la formation mathématique acquise au secondaire et la poursuite de l'apprentissage des mathématiques au collégial.

# 1.1 Des nombres au raisonnement déductif

Faire des mathématiques consiste souvent à effectuer des opérations avec des nombres et à utiliser des formules afin de résoudre des problèmes. C'est là le trait le mieux connu de la discipline mathématique. Toutefois, un autre trait important et caractéristique est celui qui consiste à conjecturer et à démontrer le bien-fondé des formules utilisées, des propriétés des nombres et d'autres assertions que la science mathématique met de l'avant.

Conjecturer et démontrer sont deux activités profondément ancrées dans la pratique des mathématiques. **Conjecturer** permet, en mathématiques, d'avancer des relations ou des propriétés hypothétiques à partir de l'observation de cas particuliers. C'est un premier pas vers le développement des connaissances mathématiques. Par exemple, si on additionne 8 et 5, c'est-à-dire un nombre pair et un nombre impair, on obtient 13, un nombre impair. On peut alors formuler la conjecture suivante : la somme d'un nombre pair et d'un nombre impair est impaire. En effet, de nombreux autres cas particuliers soutiennent cette conjecture : 2 et 3, 12 et 25, etc.

Le pas suivant consiste à **démontrer** la conjecture, et non simplement à présenter des cas particuliers qui permettent de l'appuyer. Il serait certes imprudent de généraliser à partir de cas particuliers, aussi nombreux soient-il. Seule la démonstration permet de quitter le domaine de l'hypothèse et d'établir solidement les connaissances. Les mathématiciens cherchent donc toujours à démontrer les conjectures qu'ils avancent. Comment procède-t-on pour faire une démonstration mathématique ? Ce sujet est abordé plus loin lorsque la conjecture précédente sera démontrée. Au préalable, certains termes devront être définis.

C'est grâce à la démonstration que les mathématiques ont gagné en importance dans le domaine du savoir. Les mathématiques illustrent mieux que toute autre science le concept de démonstration. En effet, au sens strict, il n'y a de démonstration que mathématique (ou logique). La démonstration mathématique possède un caractère de certitude ou de vérité (relatif, il est vrai, aux axiomes et aux postulats de départ). C'est ce qui fait son grand attrait. Elle est la forme la plus achevée du raisonnement humain.

## *Repère* historique

La démonstration n'a pas toujours fait partie du travail des mathématiciens. Au temps des premières civilisations, comme en témoignent plusieurs documents anciens, l'activité des mathématiciens ne consistait qu'à conjecturer puis à utiliser, à différentes fins, les connaissances mathématiques ainsi développées. On ignorait à l'époque qu'il était possible de démontrer des relations mathématiques. En Mésopotamie et en Égypte, quelques millénaires avant notre ère, les mathématiques consistaient en calculs servant dans le contexte de la vie quotidienne : héritages ; prêts à intérêt ; prélèvements d'impôts ; travaux d'irrigation, de fondation et de terrassement ; évaluation de la pente de plans inclinés ; calcul d'aires et de volumes ; etc. Par exemple, chez les Babyloniens, le fils aîné recevait toujours la plus grande part de l'héritage, le deuxième plus que le troisième et ainsi de suite. Une telle répartition de l'héritage pouvait conduire à des calculs compliqués.

### *Repère* historique

L'idée de justifier les calculs ou de démontrer les formules géométriques n'est apparue que plus tard, dans la Grèce antique, quelque 500 ans avant notre ère. La plus célèbre de ces justifications est la démonstration de la **formule de Pythagore** : *Dans un triangle rectangle, le carré de l'hypoténuse est égal à la somme des carrés des deux autres côtés (appelés* **cathètes**). Cette formule était connue de nombreux peuples, c'est-à-dire qu'elle n'était connue d'eux que sous forme de conjecture. Depuis les Grecs, on a trouvé plus de 350 façons de démontrer cette relation[1].

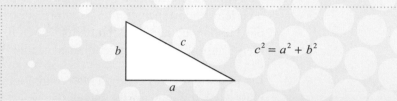

| Figure 1.1 | Formule de Pythagore |

L'attestation la plus ancienne d'une preuve mathématique rapporte que Thalès (640-546 avant notre ère) aurait démontré que la somme des angles d'un triangle est égale à deux fois l'angle droit.

1. Une de ces démonstrations est présentée en annexe.

Les nombres, les formules et les démonstrations constituent donc trois aspects clés des mathématiques. Ces aspects sont mis en pratique dans ce chapitre afin de préparer le terrain à l'étude du calcul différentiel. Pour ce faire, nous allons revisiter les différents concepts de nombre (nombres entiers, nombres rationnels, etc.) et les principales formules algébriques bien connues (identités remarquables, formules quadratiques, etc.) afin de les approfondir à l'aide de démonstrations.

La pratique de la démonstration est un excellent moyen d'approfondir la structure des nombres et de parfaire la maîtrise des opérations algébriques, c'est-à-dire du langage symbolique des mathématiques. Les démonstrations que l'étudiant devra faire auront le mérite de mettre en pratique les notions comme celles de multiple, de puissance, de carré parfait, de somme, de différence, de produit et de quotient, toutes choses indispensables à une bonne compréhension du calcul différentiel. Autrement dit, les manipulations algébriques auxquelles il sera amené se situeront dans une activité plus générale. Elles visent des buts plus grands que ceux des traditionnels exercices consistant à simplifier, à factoriser ou à développer des expressions mathématiques.

La pratique de la démonstration permet aussi de parfaire la maîtrise de la traduction du langage naturel en langage symbolique. Les conjectures mathématiques sont souvent énoncées en langage naturel, et il faut les traduire en langage symbolique pour les démontrer. De même, la pratique de la démonstration permet de raffiner la compréhension des marqueurs de relation typiques de tout raisonnement déductif comme « si », « alors », « si et seulement si » et « donc ».

En somme, la pratique de la démonstration est un excellent outil pour familiariser l'étudiant au langage mathématique dans son ensemble, aux différentes formes qu'il prend et aux liens que ces formes de langage entretiennent entre elles.

La notion de réfutation est abordée en complément aux démonstrations. La **réfutation** est à la démonstration ce que le faux est au vrai : c'est par la réfutation qu'on démontre qu'une conjecture est fausse, tandis que c'est par la démonstration qu'on démontre qu'une conjecture est vraie.

## 1.2 Nombres

Les nombres permettent d'appréhender le monde d'une manière quantitative, d'où leur importance. Toutefois, notre connaissance actuelle des nombres n'a pas été donnée aux êtres humains dès qu'ils se sont mis à compter. Comme bien d'autres choses, cette connaissance a évolué au cours de l'histoire.

En mathématiques, les nombres sont présentés à l'aide de différentes catégories. L'intérêt de cette démarche est qu'elle permet de les regrouper selon certaines caractéristiques et de faire des distinctions qui seront utiles par la suite. La notion d'ensemble permet de décrire ces catégories de nombres. Un ensemble désigne, au sens courant, une collection d'éléments conçue comme un tout. Toutefois, au sens mathématique, un **ensemble** désigne une réunion d'éléments susceptibles de posséder certaines propriétés communes (déterminées par un critère d'appartenance).

### 1.2.1 Ensemble des nombres naturels

Les nombres naturels sont les premiers nombres qu'on apprend au primaire : 0, 1, 2, 3, … Ils ont pour origine la fusion des nombres cardinaux, qui permettent de compter, et des nombres ordinaux, qui permettent d'ordonner ($1^{er}$, $2^e$, $3^e$, …).

Le nombre cardinal zéro est cependant un cas à part. Du point de vue historique, il faut le distinguer des autres nombres naturels. En fait, le zéro en tant que nombre est apparu tardivement, bien après l'invention des premiers systèmes de numération. L'idée d'un nombre représentant une quantité nulle ou l'absence d'objets à dénombrer est une abstraction. Celle-ci a nécessité un long cheminement intellectuel avant de devenir une évidence.

Aujourd'hui, on a pris l'habitude d'énumérer les nombres naturels en commençant par le zéro. Dans la notation des ensembles, on représente les nombres naturels au moyen du symbole $\mathbb{N}$.

### *Repère* historique

Le zéro a d'abord fait son apparition en tant que signe graphique chez les Babyloniens, au $III^e$ siècle avant notre ère[2]. Il ne servait qu'à noter l'absence d'unité d'un certain ordre dans leur système numérique positionnel (à base 60), comme c'est le cas pour notre propre système numérique positionnel (à base 10). Autrement dit, le zéro n'était qu'un signe permettant d'écrire les nombres ; il ne représentait pas à lui seul un nombre indépendant du système numérique positionnel.

L'invention du zéro en tant que nombre ne remonte qu'au $V^e$ siècle de notre ère. C'est aux Indiens que nous la devons. Ils ont conçu le nombre zéro à peu près en même temps que leur système de numération.

_____

2. Les Babyloniens utilisaient, bien sûr, un autre symbole que le nôtre pour représenter le zéro.

**DÉFINITION** ▶ L'ensemble des nombres naturels est l'ensemble : $\mathbb{N} = \{0, 1, 2, 3, \ldots\}$.

L'ensemble des nombres naturels excluant 0 est noté $\mathbb{N}^*$. Il se nomme l'« ensemble des nombres naturels strictement positifs ».

L'usage de cette notation permet d'abréger en se référant symboliquement à l'ensemble des nombres naturels. Par exemple, en langage naturel, au lieu de dire « tel nombre est un nombre naturel », il suffit d'écrire symboliquement :

$n \in \mathbb{N}$, ce qui signifie : le nombre $n$ est élément de l'ensemble des nombres naturels.

## Question de *vocabulaire*

### Ne pas confondre les chiffres et les nombres !

Il convient de distinguer les chiffres des nombres. Les chiffres sont les symboles ou les signes graphiques utilisés pour représenter les nombres. Par exemple, 13 est un nombre composé des chiffres 1 et 3 ; il n'est donc pas un chiffre. En revanche, le symbole 1 peut être interprété aussi bien comme un chiffre que comme un nombre. Dans le système décimal, les chiffres sont les 10 symboles allant de 0 à 9 qu'on utilise pour écrire n'importe quel nombre.

Autrement dit, les chiffres sont aux nombres ce que les lettres sont aux mots. Bien que la plupart des mots de la langue française soient composés de plusieurs lettres, quelques-uns ne sont formés que d'une seule lettre comme « a » ou « à ».

La caractéristique fondamentale du système des nombres naturels est la suivante : tout nombre naturel a un successeur immédiat. Cet énoncé peut paraître banal, mais ce ne sont pas tous les systèmes de nombres qui admettent la notion de successeur immédiat comme on le verra plus loin. La conséquence de cette propriété est que l'ensemble des nombres naturels n'a pas de dernier élément et contient donc une infinité d'éléments.

## Opérations sur les nombres naturels

L'addition et la multiplication sont toujours des opérations réalisables dans l'ensemble des nombres naturels, en ce sens que le résultat de ces opérations est un nombre qui appartient à cet ensemble. En revanche, la soustraction et la division ne sont pas toujours des opérations réalisables dans cet ensemble.

Ainsi, on a, sous forme d'un énoncé conditionnel, pour l'addition et la multiplication :

$$\text{si } n \in \mathbb{N} \text{ et } m \in \mathbb{N}, \text{ alors } (n + m) \in \mathbb{N} ;$$
$$\text{si } n \in \mathbb{N} \text{ et } m \in \mathbb{N}, \text{ alors } n \cdot m \in \mathbb{N}.$$

La soustraction et la division n'ont pas cette propriété dans l'ensemble des nombres naturels.

## Question de *vocabulaire*

### Termes et facteurs

Les éléments qu'on additionne sont appelés des **termes**.
Les éléments qu'on multiplie sont appelés des **facteurs**.
On dit ainsi une « **somme de termes** » et un « **produit de facteurs** ».

Comme l'addition et la multiplication sont toujours réalisables dans $\mathbb{N}$, la combinaison de ces deux opérations donne lieu à la loi de distributivité dans $\mathbb{N}$.

## Loi de distributivité dans $\mathbb{N}$

$$k(n + m) = kn + km, \text{ où } k, n \text{ et } m \in \mathbb{N}$$

De la loi de distributivité découlent plusieurs notions et propriétés importantes dont la factorisation, la notion de multiple et la règle des signes.

La règle de **factorisation** découle directement de la loi de distributivité. En effet, si on lit cette loi en sens inverse, c'est-à-dire de droite à gauche, on retrouve l'expression d'une somme sous la forme d'un produit dont un des facteurs est $k$ :

$$kn + km = k(n + m).$$

La notion de **multiple** découle également de la loi de distributivité ou, plus précisément, de la règle de factorisation. Par exemple :

multiple de 2 :         $n + n = 2n$, où $n \in \mathbb{N}$ ;

multiple de 3 :         $n + n + n = 3n$, où $n \in \mathbb{N}$.

On peut donc définir de manière générale la notion de multiple comme suit :

multiple de $m$ :         $\underbrace{n + n + ... + n}_{m \text{ fois}} = mn$, où $n \in \mathbb{N}$.

Signalons que la notion de multiple de 2 est à la base de deux notions bien connues : les notions de nombre pair et de nombre impair. Par définition, tout nombre qui est un multiple de 2 est appelé un **nombre pair**, tandis que tout nombre qui n'est pas un multiple de 2 est dit un **nombre impair**.

Quant à la notion générale de multiple, elle est à la base d'une autre notion bien connue : celle de nombre premier. Un **nombre premier** est un nombre naturel qui n'est multiple d'aucun autre nombre naturel, à part 1 et lui-même.

Dans les définitions de multiple ci-dessus, la mention « où $n \in \mathbb{N}$ » a son importance. Prises isolément, les expressions $2n$, $3n$ ou $mn$ ne font pas nécessairement référence à des multiples puisque, sans restriction, $n$ pourrait prendre des valeurs non entières. Par exemple, $0,5 + 0,5 = 1$. Dans ce cas, additionner deux fois le même terme ne donne pas un multiple de 2.

Par ailleurs, comme $n \in \mathbb{N}$, on n'exclut pas que $n$ puisse être nul dans la définition de multiple : à la limite, on peut considérer que zéro est multiple de n'importe quel nombre naturel non nul $m$ puisque $0 = \underbrace{0 + 0 + ... + 0}_{m \text{ fois}} = m \cdot 0$.

Néanmoins, quand on parle, par exemple, des multiples de 3, on entend habituellement les nombres 3, 6, 9 et ainsi de suite.

Précisons que le choix de la lettre $n$ (ou celui de la lettre $m$) est arbitraire. En principe, on est libre de choisir n'importe quelle lettre de l'alphabet pour désigner un nombre en général, qu'il fasse référence aux nombres naturels ou non. Néanmoins, les mathématiciens ont adopté certaines conventions, par exemple, celle qui consiste à désigner les entiers par les lettres (minuscules) $i$, $j$, $k$, $m$ et $n$.

Il faut noter que **l'usage des lettres**, dans les définitions mathématiques, permet de traduire plus simplement, à l'aide de symboles, une idée générale exprimée en mots : « $2n$, où $n \in \mathbb{N}$ » traduit l'idée générale de multiple de 2 ou de nombre pair, c'est-à-dire d'un nombre qui est le double d'un nombre naturel. Cette façon de faire revient à condenser les notions mathématiques à l'aide d'une formule symbolique. Comme elle préserve le sens général de ces notions, elle présente l'avantage de mieux faire ressortir la caractéristique centrale d'une notion donnée.

Pour illustrer davantage cet usage des lettres, considérons le *successeur immédiat de tout nombre pair*. Ce successeur peut s'écrire symboliquement $2n + 1$, où $n \in \mathbb{N}$. Or, cette forme symbolique correspond à celle d'un nombre impair quelconque. En effet, comme $2n+1 = \underbrace{2+2+...+2}_{n \text{ fois}} +1$, la décomposition obtenue ne revient pas à additionner plusieurs fois le même terme 2, et alors $2n + 1$ ne représente pas un multiple de 2. Par définition, il s'agit donc d'un nombre impair. Cependant, ce que la forme symbolique $2n + 1$ permet de comprendre, c'est qu'un nombre impair peut être aussi défini comme le successeur d'un nombre pair. Cela constitue un avantage sur la définition usuelle de nombre impair, car celle-ci est une définition par la négative : au lieu de dire ce qu'est un nombre impair, elle dit plutôt ce qu'il n'est pas (il n'est pas un multiple de 2). Une définition par l'affirmative est souvent préférable à une définition par la négative.

Comme on peut le constater, l'usage de formes symboliques offre la possibilité de mieux faire ressortir les caractéristiques centrales des termes mathématiques, voire de mieux les définir. On poursuit sur cette voie avec d'autres notions se rapportant aux nombres naturels.

Si l'addition d'un même terme est à la base de la notion de multiple, la multiplication d'un même facteur définit la notion de carré d'un nombre, de cube d'un nombre ou, en général, de **puissance** d'un nombre. Elle donne lieu à la notation avec exposant. Voici deux exemples :

carré de $n$ : $\qquad n \cdot n = n^2$ ;

cube de $n$ : $\qquad n \cdot n \cdot n = n^3$.

**DÉFINITION** ▶ Soit $k \in \mathbb{N}^*$. On pose par définition :
$$\underbrace{a \cdot a \cdot a \cdot ... \cdot a}_{\text{multiplié } k \text{ fois}} = a^k,$$
où $a$ est appelé la **base**, $k$ l'**exposant** et le résultat $a^k$, la $k^e$ **puissance** de $a$. La notation avec exposant permet d'abréger un produit répété :

puissances de 2 : $\qquad 2, 2^2, 2^3, ...$ ;

puissances de 3 : $\qquad 3, 3^2, 3^3, ...$ ;

puissances de $a$ : $\qquad a, a^2, a^3, ...$

De la notation avec exposant entier positif découlent les trois lois des exposants suivantes[3] :

$$\left. \begin{array}{l} 1.\ a^n \cdot a^m = a^{n+m} \\[4pt] 2.\ (a^n)^m = a^{n \cdot m} \\[4pt] 3.\ (a \cdot b)^n = a^n \cdot b^n \end{array} \right\} \quad \text{où } a, b \in \mathbb{N} \text{ et } n, m \in \mathbb{N}^*$$

---

3. Les lois des exposants portant sur les fractions sont présentées plus loin.

## Démonstrations portant sur des nombres naturels

On passe maintenant à la démonstration de conjectures. Prenons, par exemple, la première conjecture qui a été énoncée plus haut : *la somme d'un nombre pair et d'un nombre impair est impaire.*

Pour démontrer une telle conjecture, il faut s'élever à un niveau suffisamment général pour couvrir tous les cas sur lesquels porte la conjecture et formaliser un raisonnement déductif en conséquence. Un moyen d'y parvenir est de recourir au langage symbolique[4]. Une **démonstration**, dans ce cas, consiste à réduire les prémisses de la conjecture à des énoncés symboliques plus simples qui, mis bout à bout, entraînent logiquement la conclusion recherchée. C'est ici que les formes symboliques qui font ressortir les caractéristiques centrales des notions mathématiques jouent un rôle crucial.

Pour démontrer cette première conjecture, on décompose d'abord, à l'aide du langage naturel, les actions qu'il faut poser pas à pas pour mener à bien la démonstration. Ces actions permettent d'exprimer sous forme symbolique les éléments plus simples à la base de la conjecture. Afin de mieux suivre cette première démonstration, nous la commentons étape par étape (en italique).

### Exemple 1.1

Démontrez que la somme d'un nombre pair et d'un nombre impair est impaire.

▶ *Preuve (commentée)*

*On part des éléments les plus simples à la base de la conjecture : un nombre pair et un nombre impair. On les désigne chacun au moyen d'une lettre en recourant à la formulation suivante :*

Soit $a$ un nombre pair et $b$ un nombre impair.

*Avant de passer à leur somme, il faut, à l'aide du symbolisme, expliciter la propriété de chacun d'eux (l'un est pair, l'autre impair) au moyen d'une égalité :*

Alors $a = 2n$, où $n \in \mathbb{N}$,

et $b = 2m + 1$, où $m \in \mathbb{N}$.

*On remarque la présence de la restriction sur* n *et* m *(*n $\in \mathbb{N}$ *et* m $\in \mathbb{N}$*), qui assure que* a *et* b *ont bel et bien les propriétés prêtées, soit d'être pair pour l'un et d'être impair pour l'autre. On observe également qu'on n'utilise pas la même lettre pour exprimer les propriétés respectives de* a *et de* b*. L'usage d'une même lettre (comme* n*) aurait pour inconvénient de signifier que* b *est le nombre impair consécutif à* a *(c'est-à-dire son successeur immédiat). C'est une restriction que ne possède pas la conjecture : celle-ci évoque, de manière générale, un nombre pair quelconque et un nombre impair quelconque.*

*Maintenant, on peut passer à la somme des deux nombres :*

$$a + b = 2n + (2m + 1).$$

*À partir de cette égalité, il reste à démontrer que le résultat de cette somme est un nombre impair. Pour y arriver, il suffit de regrouper autrement les termes et de faire une factorisation sur deux d'entre eux :*

---

4. D'autres moyens de démontrer une conjecture passent par le langage graphique ou géométrique.

$$a + b = 2n + (2m + 1)$$
$$= (2n + 2m) + 1$$
$$= 2(n + m) + 1$$

*Comme l'addition de nombres naturels a pour résultat un nombre naturel, on peut réduire la somme* n + m *à un autre nombre naturel, symbolisé par une autre lettre,* k. *On peut alors écrire :*

$$a + b = 2k + 1, \text{ où } k \subset \mathbb{N}$$

*Cette dernière égalité démontre que la somme de* a *et de* b *est bien un nombre impair. La réduction symbolique précédente, consistant à passer de la forme 2*(n + m) + 1 *à la forme 2k + 1, a le mérite de faire ressortir la caractéristique numérique du résultat final, à savoir que c'est un nombre impair (ou le successeur immédiat d'un nombre pair).*

*On conclut alors la démonstration de la façon suivante, en langage naturel :*

Donc, la somme d'un nombre pair et d'un nombre impair est impaire.

**CQFD***

Avec ce premier exemple, on comprend mieux à quel point le langage symbolique est d'un grand secours pour effectuer une démonstration.

On s'attaque maintenant à la démonstration d'une autre conjecture, cette fois sans la commenter.

Cette conjecture part de l'observation suivante : si on additionne 10 et 11, qu'on peut considérer comme deux nombres naturels consécutifs à 9, un multiple de 3, on obtient 21, un autre multiple de 3. On peut alors formuler la conjecture suivante : *la somme des deux nombres naturels consécutifs à un multiple de 3 est aussi un multiple de 3.*

**Exemple 1.2**

Démontrez que la somme des deux nombres naturels consécutifs à un multiple de 3 est aussi un multiple de 3.

▶ *Preuve*

Soit *a* et *b* deux nombres naturels consécutifs à un multiple de 3. Alors,

$$a = 3n + 1 \text{ et } b = 3n + 2, \text{ où } n \in \mathbb{N}$$

D'où :
$$a + b = (3n + 1) + (3n + 2)$$
$$= 6n + 3$$
$$= 3(2n + 1)$$
$$= 3k, \text{ où } k \in \mathbb{N}$$

Donc, la somme de deux nombres naturels consécutifs à un multiple de 3 est aussi un multiple de 3.

**CQFD**

---

* CQFD est l'abréviation de « ce qu'il fallait démontrer ». Elle se place à la fin d'une démonstration mathématique pour indiquer que le résultat attendu a été démontré.

Si des conjectures peuvent être démontrées, d'autres, au contraire, peuvent être réfutées. Comme on forme les conjectures à partir de l'observation de cas particuliers, il est possible qu'on fasse fausse route. Voici un exemple.

### Exemple 1.3

**Exemple de réfutation d'une conjecture**

Si on additionne à 3 certaines puissances de 2, notamment les premières, on obtient un nombre premier :

$$3 + 2^1 = 5,$$
$$3 + 2^2 = 7,$$
$$3 + 2^3 = 11,$$
$$3 + 2^4 = 19.$$

On pourrait alors faire la conjecture suivante :

La somme de 3 et d'une puissance de 2 est un nombre premier.

Or, cette conjecture est fausse. Pour le démontrer, il suffit d'utiliser un **contre-exemple**, c'est-à-dire un cas particulier qui réfute la conjecture. Par exemple, $3 + 2^5 = 3 + 32 = 35$ ; or, 35 n'est pas un nombre premier.

Ainsi, on remarque que même si plusieurs cas particuliers vérifient une conjecture, ces cas ne la valident pas pour autant, aussi nombreux soient-ils. Des cas particuliers ne suffisent pas à établir la vérité de conjectures, car ils peuvent vérifier autant des conjectures fausses que des conjectures vraies. La seule exception à cette règle concerne les conjectures valant pour un ensemble de cas limités : il est alors possible de démontrer ces conjectures par la vérification de tous les cas particuliers[5].

En principe, il ressort de ce qui précède qu'il est toujours plus facile de réfuter que de démontrer. C'est d'autant plus vrai que la réfutation se déroule sur le terrain du concret : il suffit de recourir à un ou à des cas particuliers. En revanche, la démonstration exige de s'élever au niveau de l'abstraction, car c'est ainsi qu'on peut couvrir tous les cas illimités (ou en grand nombre) sur lesquels porte une conjecture.

Le marqueur de relation « alors », que nous avons utilisé dans les deux démonstrations précédentes, est d'une grande importance en mathématiques. On peut le trouver dans les formulations de conjecture. En général, il est précédé de la conjonction « si » et forme un **énoncé conditionnel**. « Si $P$, alors $Q$ », où $P$ et $Q$ désignent des propositions. $P$ est appelé l'« antécédent » de l'énoncé conditionnel et $Q$, son « conséquent ».

---

5. La vérification de tous les cas particuliers présuppose que le nombre de cas est relativement petit.

**Exemple 1.4**

### Exemple d'une conjecture sous forme de conditionnel

Si $\underbrace{\text{un nombre est pair}}_{\text{antécédent}}$, alors $\underbrace{\text{son carré est pair}}_{\text{conséquent}}$.

Il faut noter que la conjecture précédente peut être reformulée sans la marque du conditionnel : Le carré d'un nombre pair est pair. Pour tout énoncé conditionnel, on peut trouver une formulation équivalente où le conditionnel est omis. L'avantage du conditionnel est qu'il s'agit d'une forme logique à laquelle se prêtent bien les énoncés mathématiques.

En raison de cette équivalence, la démonstration d'un énoncé conditionnel suit les mêmes règles que précédemment : à partir de l'antécédent, il s'agit de trouver un enchaînement logique d'énoncés (symboliques) qui aboutissent au conséquent. Quant à la réfutation d'un conditionnel, elle n'exige, comme pour toute réfutation, qu'un contre-exemple. Ce dernier contre-exemple a la caractéristique de satisfaire l'antécédent tout en contredisant le conséquent.

Pour un conditionnel donné, lorsqu'on échange les contenus de l'antécédent et du conséquent, on obtient l'inverse du conditionnel, qu'on appelle la **converse**. On passe ainsi de « Si $P$, alors $Q$ » à « Si $Q$, alors $P$ ». Cependant, la converse n'équivaut pas au conditionnel original, car ce dernier peut être vrai sans que la converse le soit. Voici un exemple.

**Exemple 1.5**

### D'un conditionnel à sa converse

Conditionnel vrai : Si $n \in \mathbb{N}$ et $m \in \mathbb{N}$, alors $(n + m) \in \mathbb{N}$.

Sa converse « Si $(n + m) \in \mathbb{N}$, alors $n \in \mathbb{N}$ et $m \in \mathbb{N}$ » est fausse.

En effet, si la somme de deux nombres a pour résultat un nombre naturel, il ne s'ensuit pas nécessairement que chacun de ces deux nombres est un nombre naturel. On peut aisément trouver des cas satisfaisant l'antécédent de la converse ci-dessus, mais contredisant son conséquent. Par exemple, si on pose $n = 7{,}5$ et $m = 0{,}5$, ces deux nombres vérifient l'antécédent, mais pas le conséquent. Ce contre-exemple réfute donc la converse.

De plus, à partir d'un conditionnel donné vrai, il faut savoir que la négation de son antécédent n'entraîne pas nécessairement la négation de son conséquent, c'est-à-dire le conditionnel « Si non-$P$, alors non-$Q$ » ou encore « S'il est faux que $P$, alors il est faux que $Q$ ».

**Exemple 1.6**

### Exemple de négation d'un antécédent et du conséquent

À partir du conditionnel vrai suivant :

Si $n \in \mathbb{N}$ et $m \in \mathbb{N}$, alors $(n + m) \in \mathbb{N}$,

on ne peut pas dire : S'il est faux que $n \in \mathbb{N}$ et $m \in \mathbb{N}$, alors il est faux que $(n + m) \in \mathbb{N}$.

Ce deuxième conditionnel est faux, car deux nombres non entiers peuvent avoir une somme entière.

Lorsqu'un conditionnel et sa converse sont tous les deux vrais, ils donnent lieu à un **biconditionnel** qu'on exprime à l'aide du marqueur de relation « si et seulement si ».

### Exemple d'une conjecture sous forme de biconditionnel

Un nombre est pair si et seulement si son carré est pair.

En principe, pour faire la démonstration d'un biconditionnel, on le décompose en son conditionnel et sa converse et on les démontre séparément. On en donne un exemple plus bas, après avoir abordé une dernière forme d'implication.

Pour réfuter un biconditionnel, il suffit, comme pour les conditionnels, de donner un contre-exemple. Celui-ci permet soit de vérifier l'antécédent du conditionnel et de contredire son conséquent, soit de vérifier l'antécédent de la converse et de contredire son conséquent.

Une dernière forme d'implication est à considérer : l'implication qu'on peut tirer, par contraposition, d'un conditionnel. Il s'agit d'échanger les contenus de l'antécédent et du conséquent en les formulant à la négative : de « Si $P$, alors $Q$ », on tire « Si non-$Q$, alors non-$P$ ». Ce nouveau conditionnel présente un grand intérêt, car il est nécessairement vrai si le conditionnel dont il est issu est vrai. En effet, si $P$ entraîne $Q$, il est aussi vrai que la négation de $Q$ entraîne la négation de $P$. Le conditionnel obtenu par contraposition est appelé la **contraposée**.

### D'un conditionnel à sa contraposée

Conditionnel vrai : *Si un nombre est pair, alors son carré est pair.*

Contraposée vraie : *Si le carré d'un nombre n'est pas pair, alors ce nombre n'est pas pair.*

La contraposée obtenue à l'exemple précédent pourrait être reformulée comme suit : *Si le carré d'un nombre est impair, alors ce nombre est impair.*

La formulation d'énoncés à partir de la contraposition est fort utile : elle permet d'augmenter le savoir mathématique sans devoir faire la démonstration à nouveau. Si on sait qu'un certain conditionnel est obtenu par contraposition d'un conditionnel vrai, il n'est pas nécessaire d'en faire la démonstration, car le fait qu'il est la contraposée d'un conditionnel vrai le rend nécessairement valide.

La contraposée d'un énoncé permet aussi de faciliter la démonstration de certains biconditionnels.

Démontrez le biconditionnel suivant :

Le produit de deux nombres naturels est impair si et seulement si les deux nombres sont impairs.

▶ *Preuve commentée*

On décompose le biconditionnel en deux propositions :

1. *Si le produit de deux nombres naturels est impair, alors ces deux nombres sont impairs.*

2. *Si deux nombres sont impairs, alors leur produit est impair.*

Il s'agit maintenant de démontrer séparément les deux implications.

1. Pour démontrer la première, il est préférable d'utiliser sa contraposée : *Si deux nombres ne sont pas tous deux impairs, alors leur produit est pair.* La démonstration s'en trouve facilitée parce que l'antécédent obtenu permet de commencer la preuve avec des formes plus simples qu'un produit.

   Soit $a$ et $b$ deux nombres naturels dont l'un au moins est pair.

   Supposons que $a$ est pair, alors

   $$a = 2n, \text{ où } n \in \mathbb{N}$$

   D'où :

   $$a \cdot b = 2n \cdot b$$
   $$= 2k, \text{ où } k \in \mathbb{N}$$

   Donc, le produit de ces deux nombres naturels est pair.

   La première implication se trouve ainsi démontrée par sa contraposée.

2. Passons à la démonstration de la deuxième implication : *Si deux nombres sont impairs, alors leur produit est impair.*

   Soit $a$ et $b$ deux nombres impairs, alors

   $$a = 2n + 1, \text{ où } n \in \mathbb{N}, \text{ et } b = 2m + 1, \text{ où } m \in \mathbb{N}$$

   D'où :

   $$a \cdot b = (2n+1)(2m+1)$$
   $$= 4nm + 2n + 2m + 1$$
   $$= 2(2nm + n + m) + 1$$
   $$= 2k + 1, \text{ où } k \in \mathbb{N}$$

   Donc, le produit est impair.

   La seconde implication s'en trouve démontrée.

En conclusion de ces deux démonstrations, le produit de nombres naturels est impair si et seulement si ces deux nombres sont impairs.

CQFD

Voici un résumé des différentes formes d'implication avec leur expression symbolique.

**RÉSUMÉ**

**Tableau 1.1** Formes d'implication

| | |
|---|---|
| $\dfrac{\text{Si } P, \text{ alors } Q.}{P \Rightarrow Q}$ | Implication A |
| $\dfrac{\text{Si } Q, \text{ alors } P.}{Q \Rightarrow P}$ | Converse de A : pas toujours vraie même si A est vraie. |
| $\dfrac{\text{Si non-}Q, \text{ alors non-}P.}{\neg Q \Rightarrow \neg P}$ | Contraposée de A : toujours vraie si A est vraie. |
| $\dfrac{P \text{ si et seulement si } Q.}{P \Leftrightarrow Q}$ | Biconditionnel (combinaison de A et de sa converse) : vrai si A et sa converse sont vraies. |

## EXERCICES 1.1

**1** Démontrez les conjectures suivantes :

*a) La somme de deux nombres impairs est paire.

b) La somme du prédécesseur immédiat d'un multiple de 3 et du successeur immédiat d'un multiple de 3 est aussi un multiple de 3.

c) Si un nombre est pair, alors son carré est aussi pair.

d) La somme de deux puissances de 2 est paire.

e) Le carré d'une puissance de 3 est une puissance de 9.

f) La somme de deux puissances de 2 consécutives est un multiple de 3.

g) La somme de deux carrés consécutifs est impaire.

h) Si un nombre est un multiple de $a$, alors son carré est aussi un multiple de $a$.

**2** Donnez la converse et la contraposée de chacune des conjectures suivantes :

a) Si la somme des chiffres d'un nombre naturel est un multiple de 3, alors ce nombre est un multiple de 3.

b) Le produit de deux nombres impairs est impair.

**3** Soit $n \in \mathbb{N}$.

a) Démontrez le conditionnel suivant : Si $n$ est impair, alors $n^2$ est impair.

b) Au moyen de la contraposée du conditionnel en a), déduisez que la conjecture suivante est vraie : Si $n^2$ est pair, alors $n$ est pair.

c) À l'aide de ce qui a été démontré en b) et au n° 1 c), déduisez que $n^2$ est pair si et seulement si $n$ est pair.

**4** Soit A et B les deux conjectures suivantes :

A : Si $n$ est un multiple de 9, alors $n^2$ est un multiple de 9.

B : Si $n^2$ est un multiple de 9, alors $n$ est un multiple de 9.

La conjecture B est la converse de la conjecture A. Elle est fausse, contrairement à A.

Réfutez cette converse au moyen d'un contre-exemple.

**5** Démontrez que la somme de deux nombres naturels est impaire *si et seulement si* les deux nombres sont de parité opposée (l'un est pair et l'autre impair). (Consultez au besoin l'exemple 1.9.)

**6** Certaines démonstrations reposent essentiellement sur un appel à une ou à plusieurs définitions. Dans cette optique, démontrez les égalités suivantes, où $a, b \in \mathbb{N}$. (Suggestion : Recourez à la définition de la notation avec exposant.)

a) $a^2 \cdot a^3 = a^5$

b) $(a \cdot b)^3 = a^3 \cdot b^3$

c) $(a^n)^2 = a^{2n}$, où $n \in \mathbb{N}^*$

d) $(a^2)^n = a^{2n}$, où $n \in \mathbb{N}^*$

**7** Les conjectures suivantes sont fausses. Réfutez-les au moyen d'un contre-exemple.

a) La somme d'un multiple de 2 et d'un multiple de 3 est un nombre impair.

b) La somme de deux nombres naturels consécutifs à un multiple de 5 est aussi un multiple de 5.

c) La somme de deux puissances de 2 est une autre puissance de 2.

d) Si la somme de deux nombres a pour résultat un nombre naturel, alors ces deux nombres sont des nombres naturels.

e) S'il est faux que $n \in \mathbb{N}$ et que $m \in \mathbb{N}$, alors il est faux que $(n + m) \in \mathbb{N}$.

**8** Les égalités suivantes sont fausses. Réfutez-les à l'aide d'un contre-exemple.

a) $(a + b)^2 = a^2 + b^2$, où $a, b \in \mathbb{N}$

b) $a^n \cdot a^m = a^{n \cdot m}$, où $a \in \mathbb{N}$ et $n, m \in \mathbb{N}^*$

c) $a^2 + b^2 = c^2$, où $a, b, c \in \mathbb{N}$

**9** Quelles conditions les nombres $a$, $b$ et $c$ doivent-ils satisfaire pour que la relation $a^2 + b^2 = c^2$ soit toujours vraie ?

---

* Ce pictogramme signifie que l'exercice est un préalable à la réalisation de certains autres à venir. Pour trouver les autres pictogrammes semblables dans le manuel, consultez l'index.

## 1.2.2 Ensemble des entiers relatifs

Contrairement aux nombres naturels, les entiers relatifs sont d'invention récente, historiquement parlant. Ce qui leur a donné naissance, c'est le désir de lever les restrictions concernant la soustraction dans l'ensemble des nombres naturels. On voulait aussi répondre à des préoccupations concrètes que soulevait la quantification de certains phénomènes naturels. Par exemple, avec l'invention du thermomètre à alcool ou à mercure, le problème suivant s'est posé : où indiquer le degré 0 sur l'échelle de graduation si on ignore *a priori* et *a posteriori* quelle est la plus basse température pouvant être enregistrée ? La solution la plus simple consiste à choisir arbitrairement une certaine température d'objet (comme le point de congélation de l'eau) pour fixer le degré 0 ; ensuite, on indique par des signes opposés les degrés inférieurs et supérieurs à 0.

Ainsi, les entiers positifs +1, +2, +3, … et les entiers négatifs −1, −2, −3, … constituent l'ensemble des entiers relatifs. Le signe « + » ou « − » est appelé ici le « signe du nombre ». Il ne faut pas les confondre avec les symboles de l'addition et de la soustraction. Dans une équation comme $0 - 2 = -2$, le premier signe « − » correspond à l'opérateur de soustraction, alors que le second désigne le signe du résultat obtenu. Dans les faits, on est porté à ignorer cette subtile différence, sans que cela porte à conséquence dans les manipulations algébriques.

> **DÉFINITION** ▶ L'ensemble des entiers relatifs, noté $\mathbb{Z}$, est l'ensemble défini comme suit :
>
> $$\mathbb{Z} = \{..., -3, -2, -1, 0, 1, 2, 3, ...\}.$$
>
> L'ensemble des entiers relatifs excluant 0 est noté $\mathbb{Z}^*$.

On a vu que la **caractéristique fondamentale** du système des nombres naturels est que tout nombre naturel possède un successeur immédiat. Cette caractéristique vaut aussi pour le système des entiers relatifs. Toutefois, une autre caractéristique s'ajoute : tout entier relatif a un prédécesseur immédiat. Elle a pour conséquence que l'ensemble $\mathbb{Z}$ n'a ni premier ni dernier terme.

On remarque que les entiers relatifs positifs sont habituellement notés sans le signe plus. Cela revient à identifier les entiers relatifs positifs aux entiers naturels. Cette identification permet de voir l'ensemble $\mathbb{Z}$ comme une extension de l'ensemble $\mathbb{N}$.

### Valeur absolue d'un nombre

On peut voir tout entier négatif −*n* comme le produit de −1 par *n*, l'entier sans signe :

$$-n = -1 \cdot n$$

Plus précisément, l'entier *n* sans son signe est considéré comme la **valeur absolue** du nombre +*n* ou du nombre −*n*. On peut définir la valeur absolue d'un nombre *x* comme suit.

> **DÉFINITION** ▶ La valeur absolue d'un nombre *x* est notée $|x|$ et est définie comme suit :
>
> $$|x| = \begin{cases} x & \text{si } x \geq 0 \\ \text{ou} \\ -x & \text{si } x < 0 \end{cases}$$

La notion de valeur absolue permet d'énoncer plus succinctement des formules mathématiques où il faut éliminer les valeurs négatives qui sont présentes dans les résultats possibles. Au lieu de doubler une formule pour tenir compte des valeurs opposées en signe, on en énonce une seule.

Par exemple, si on veut énoncer la formule de la distance qui sépare deux entiers relatifs $m$ et $n$ positionnés sur un axe, on peut proposer la formule suivante :

$$\text{dist}(m,n) = |m - n|$$

Quelles que soient les valeurs de $m$ et de $n$, le résultat est toujours positif, une distance étant toujours positive par définition.

## Opérations sur les entiers relatifs

En plus de l'addition et de la multiplication, la soustraction est entièrement réalisable dans $\mathbb{Z}$, de telle sorte que :

$$\text{si } n \in \mathbb{Z} \text{ et } m \in \mathbb{Z}, \text{ alors } (n + m) \in \mathbb{Z};$$
$$\text{si } n \in \mathbb{Z} \text{ et } m \in \mathbb{Z}, \text{ alors } n \cdot m \in \mathbb{Z};$$
$$\text{si } n \in \mathbb{Z} \text{ et } m \in \mathbb{Z}, \text{ alors } (n - m) \in \mathbb{Z}.$$

## Loi de distributivité dans $\mathbb{Z}$

La loi de distributivité, énoncée dans le contexte des nombres naturels, peut être étendue aux entiers relatifs. Elle combine autant la soustraction que l'addition à la multiplication.

$$\left.\begin{array}{l} k(n + m) = kn + km \\ k(n - m) = kn - km \end{array}\right\} \text{ où } k, n \text{ et } m \in \mathbb{Z}$$

De la loi de distributivité, on tire la **règle des signes** selon laquelle le produit de deux nombres négatifs donne un résultat positif. Si, dans la première égalité, on pose $k = -a$, $n = b$ et $m = -b$, où $a$ et $b$ sont des entiers positifs, on obtient :

$$k(n+m) = kn + km$$
$$(-a)(b + -b) = (-a)(b) + (-a)(-b)$$
$$0 = -ab + (-a)(-b)$$

Il s'ensuit que :

$$(-a)(-b) = ab$$

Autrement dit, le signe du produit de deux nombres négatifs est identique au signe du produit de deux nombres positifs ; il est donc positif.

Ainsi, on peut voir que la règle des signes découle simplement de l'extension de la loi de distributivité aux entiers relatifs. Il s'agit d'une question de cohérence entre les règles.

## Démonstrations sur des entiers relatifs

On admet que les propriétés des entiers naturels, comme celles d'être pair, impair ou multiple de 3, peuvent être étendues aux entiers négatifs.

Il faut noter que, dans ce contexte, les nombres impairs peuvent être exprimés symboliquement soit par la forme $2n + 1$, soit par la forme $2n - 1$, où $n \in \mathbb{Z}$, selon que l'on considère l'entier impair comme le successeur immédiat ou le prédécesseur immédiat d'un entier pair.

Cette extension des propriétés permet de formuler de nouvelles conjectures (à démontrer).

### Exemple 1.10

Démontrez la conjecture suivante : La différence de deux nombres impairs est paire.

▶ *Démonstration*

Soit $a$ et $b$ deux nombres impairs, alors

$$a = 2n + 1, \text{ où } n \in \mathbb{Z}, \text{ et } b = 2m + 1, \text{ où } m \in \mathbb{Z}$$

D'où :

$$\begin{aligned} a - b &= (2n+1) - (2m+1) \\ &= 2n - 2m \\ &= 2(n - m) \\ &= 2k, \quad \text{où } k \in \mathbb{Z} \end{aligned}$$

Donc, la différence de deux entiers impairs est paire.

**CQFD**

### *Repère* historique

Le langage symbolique en mathématiques est d'utilisation assez récente. Avant les XVI$^e$ et XVII$^e$ siècles, on notait tout en mots, hormis les nombres. Par exemple, au XV$^e$ siècle, une équation comme $x + x^2 = 12$ s'écrivait ainsi (en italien) :

*Trovame .1.no. que gioto al suo qdrato facia .12.* (Trouve-moi un nombre qui, ajouté à son carré, fait 12.)

Le signe d'égalité s'exprimait au moyen du verbe latin *aequare*. Le symbole « = », tel qu'on le connaît de nos jours, a été proposé par Robert Recorde (1510-1558), physicien de la Cour royale, dans son manuel d'algèbre intitulé *Whetstone of Witte* (La pierre à aiguiser de Witte).

## EXERCICES 1.2

**1** Si on étendait aux entiers relatifs la démonstration faite à l'exercice 1 a) des Exercices 1.1, que faudrait-il modifier ?

**2** Démontrez les conjectures suivantes dans l'ensemble des entiers relatifs.

a) La différence d'un nombre pair et d'un nombre impair est impaire.

b) La différence des carrés de deux nombres impairs est paire.

c) La somme de deux nombres pairs est aussi paire.

d) Le prédécesseur du carré d'un nombre impair est un multiple de 4.

e) La différence des carrés des deux entiers entre deux multiples de 3 consécutifs est un multiple de 3.

f) La différence de deux carrés consécutifs est impaire.

**3** Soit la conjecture suivante : Tout carré impair est le carré d'un nombre impair.

   a) Démontrez-la au moyen de sa contraposée.

   *b) Démontrez-la sans passer par la contraposée.

**4** Soit la conjecture suivante : Si $p^2$ est un multiple de 3, alors $p$ est un multiple de 3. Démontrez cette conjecture au moyen de sa contraposée.

**5** Soit $n \in \mathbb{N}^*$ tel que $n \geq 2$. Démontrez que $5^n - 5^{n-1}$ est un multiple de 4.

**6** Démontrez les égalités suivantes, où $n \in \mathbb{N}^*$ :

   a) $(-1)^{2n} = 1$

   b) $(-1)^{2n+1} = -1$

   c) $(-3)^{2n+1} = -3^{2n+1}$

   d) $-1^{2n} = -1$

   e) $(-1)^{3n} = (-1)^n$

   f) $(-1)^n + (-1)^{n+1} = 0$

   g) $(-1)^{(2n+1)^2} = -1$

**7** À l'aide de la définition de la valeur absolue, démontrez que $|v| = |w|$ si et seulement si $v = w$ ou $v = -w$.

**8** Les égalités suivantes sont fausses. Réfutez-les à l'aide d'un contre-exemple.

   a) $|a+b| = |a| + |b|$

   b) $|a-b| = |a| - |b|$

**9** Les égalités suivantes sont fausses. Réfutez-les à l'aide d'un contre-exemple.

   a) $5^n - 2^n = 3^n$, où $n \in \mathbb{N}$

   b) $\left((-1)^n\right)^2 = (-1)^{n^2}$, où $n \in \mathbb{N}$

* Ce pictogramme signifie que l'exercice représente un défi pour l'étudiant. Pour trouver les autres défis dans le manuel, consultez l'index.

## 1.2.3 Ensemble des nombres rationnels

L'addition, la soustraction et la multiplication sur des entiers relatifs ont toujours pour résultat un entier relatif. Toutefois, il n'en est pas toujours ainsi pour la division. Cette opération peut avoir pour résultat une part non entière[6]. Elle donne lieu aux notions de moitié, de tiers, de quart et ainsi de suite, et plus généralement à la notion de fraction. Cette dernière est connue au moins depuis l'Antiquité. Elle surgit naturellement dès qu'on procède à des partages en parts égales. Par exemple, couper un pain en deux parts égales donne deux demi-pains.

> ### Question de *vocabulaire*
>
> Le mot « fraction » vient du latin *fractio*, qui lui-même vient du verbe *frangere* « rompre ». Étymologiquement, une fraction désigne un nombre résultant d'unités rompues. Au Moyen Âge, on parlait de « nombres rompus ».
>
> L'expression « nombre rationnel » vient de ce que « ratio », en latin, signifie « rapport », « proportion » ou « raison ».

S'il est possible de couper un pain en différentes parts égales, on ne peut généraliser ce genre d'opération à tous les objets ou situations de la vie courante. En effet, il est difficile de partager une famille de trois enfants en deux moitiés ou une douzaine d'œufs en cinq sans que la situation présente des inconvénients de nature non mathématique ! En revanche, le partage en parts égales ne pose aucun problème dans le cas des quantités continues comme les longueurs, les aires et les volumes. Par exemple, quelle que soit la longueur

---

6. Il est toujours possible de diviser n'importe quel entier relatif en parts entières inégales.

d'un segment donné, on peut toujours le diviser en deux, en trois, en quatre et ainsi de suite, sans limite. On obtient de la sorte les suites de fractions suivantes (si les longueurs de segments sont entières) :

$$\frac{1}{2}, \frac{1}{3}, \frac{1}{4}, \frac{1}{5}, \dots \text{ pour un segment de longueur 1 ;}$$

$$\frac{2}{2}, \frac{2}{3}, \frac{2}{4}, \frac{2}{5}, \dots \text{ pour un segment de longueur 2 ;}$$

$$\frac{3}{2}, \frac{3}{3}, \frac{3}{4}, \frac{3}{5}, \dots \text{ pour un segment de longueur 3 ;}$$

etc.

On observe que ces fractions ainsi définies sont strictement des quotients d'entiers. Si par entiers on entend les entiers relatifs, on obtient la notion de nombre rationnel que les mathématiques modernes ont définie.

**DÉFINITION** ▶ Un **nombre rationnel** est un nombre qu'on peut exprimer sous la forme d'une fraction $\frac{a}{b}$ telle que $a$ et $b$ sont des entiers relatifs et $b$ est non nul.

Pour le dire plus simplement, un nombre rationnel est le quotient de deux entiers dont le dénominateur est non nul.

L'exclusion du zéro en tant que dénominateur d'un nombre rationnel va de soi : le fait de fractionner une chose en parts égales nulles n'a aucun sens ! D'où la **division par zéro** est non seulement impossible, elle est dépourvue de sens.

Si on conçoit les nombres rationnels comme des fractions de segments de longueur entière, on peut les illustrer au moyen d'un axe gradué selon les entiers relatifs :

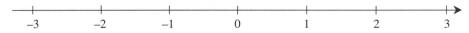

Si on fractionne en $n$ parties égales chacun des segments de longueur unitaire situés entre deux entiers consécutifs, on peut représenter tout nombre rationnel de dénominateur $n$. Ainsi, en subdivisant les segments unitaires en demis, on peut représenter successivement les nombres rationnels positifs $\frac{1}{2}, \frac{2}{2}, \frac{3}{2}, \dots$ et les nombres rationnels négatifs $-\frac{1}{2}, -\frac{2}{2}, -\frac{3}{2}, \dots$ Ces nombres peuvent alors être vus soit comme des points situés à toutes les demi-unités à partir du point 0, soit comme des longueurs de segments allant du point 0 à l'une de ces demi-unités.

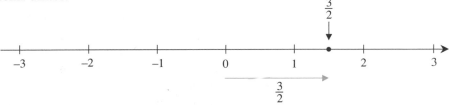

On remarque que la définition de nombre rationnel inclut les fractions positives $\frac{1}{1}, \frac{2}{1}, \frac{3}{1}, \dots$, et les fractions négatives $-\frac{1}{1}, -\frac{2}{1}, -\frac{3}{1}, \dots$ qui correspondent aux entiers relatifs, ce qui permet d'identifier les entiers relatifs aux nombres rationnels. L'ensemble des nombres rationnels est alors considéré comme une extension de l'ensemble des entiers relatifs, ce qui généralise la notion de nombre. La définition inclut également les fractions $\frac{0}{1}, \frac{0}{2}, \frac{0}{3}, ...$ qui sont équivalentes à zéro.

---

### Question de *vocabulaire*

L'expression «nombre rationnel» n'est pas synonyme du mot «fraction». Par exemple, $\frac{3}{4}$ et $\frac{6}{8}$ désignent deux fractions différentes même si elles correspondent au même nombre rationnel 0,75. Toutefois, on commet souvent l'abus de langage consistant à assimiler les nombres rationnels à des fractions.

---

La vision des nombres rationnels le long d'un axe permet de faire voir que la notion de successeur immédiat ne peut être généralisée aux nombres rationnels : entre deux nombres rationnels donnés (représentés respectivement par deux points sur la droite), on peut trouver une multitude d'autres nombres rationnels (c'est-à-dire d'autres points sur la droite). Ainsi, il est impossible d'énumérer successivement les nombres rationnels.

La définition de l'ensemble des nombres rationnels ne peut donc être du même ordre que les définitions des ensembles précédents, $\mathbb{N}$ et $\mathbb{Z}$, où on se contentait d'énumérer les premiers éléments de ces ensembles. Il faut alors passer d'une définition par extension (c'est-à-dire par énumération) à une définition en compréhension (on dit aussi « par intension »).

**DÉFINITION** ▶ L'ensemble des nombres rationnels, noté $\mathbb{Q}$, est l'ensemble défini comme suit :

$$\mathbb{Q} = \left\{ \frac{a}{b} \text{ tel que } a \in \mathbb{Z} \text{ et } b \in \mathbb{Z}^* \right\}.$$

## Opérations sur les nombres rationnels

La généralisation qu'apporte l'ensemble des nombres rationnels fait en sorte que les quatre opérations élémentaires de l'arithmétique sont réalisables dans cet ensemble. L'addition, la soustraction, la multiplication et la division obéissent alors aux règles suivantes :

addition : $\dfrac{a}{b} + \dfrac{c}{d} = \dfrac{ad+bc}{bd}$

soustraction : $\dfrac{a}{b} - \dfrac{c}{d} = \dfrac{ad-bc}{bd}$ $\left.\right\}$ où $a, c \in \mathbb{Z}$ et $b, d \in \mathbb{Z}^*$

multiplication : $\dfrac{a}{b} \cdot \dfrac{c}{d} = \dfrac{ac}{bd}$

division : $\dfrac{a}{b} \div \dfrac{c}{d} = \dfrac{ad}{bc}$ $\left.\right\}$ où $a \in \mathbb{Z}$ et $b, c, d \in \mathbb{Z}^*$

## Développement décimal

L'écriture des nombres rationnels sous forme de fractions n'est pas toujours pratique, notamment lorsqu'il faut comparer rapidement deux nombres rationnels ou les additionner. Par exemple, il n'est pas évident de savoir au premier coup d'œil si $\frac{47}{7}$ est plus petit ou plus grand que $\frac{51}{8}$. Pour surmonter ce genre de difficulté, on a étendu aux nombres rationnels la **notation décimale** déjà utilisée pour l'écriture des nombres entiers, en recourant aux puissances de 10 avec exposants entiers négatifs et à la virgule.

---

**Exemple 1.11**

### Des fractions aux décimales

Prenons, par exemple, la fraction $\frac{12\,345}{100}$ dont le dénominateur est une puissance de 10.

Sa représentation en décimales résulte de la décomposition suivante :

$$\frac{12\,345}{100} = \frac{1 \cdot 10^4 + 2 \cdot 10^3 + 3 \cdot 10^2 + 4 \cdot 10^1 + 5 \cdot 10^0}{10^2}$$

$$= \frac{1 \cdot 10^4}{10^2} + \frac{2 \cdot 10^3}{10^2} + \frac{3 \cdot 10^2}{10^2} + \frac{4 \cdot 10^1}{10^2} + \frac{5 \cdot 10^0}{10^2}$$

$$= \underbrace{1 \cdot 10^2 + 2 \cdot 10^1 + 3 \cdot 10^0}_{123} + \underbrace{4 \cdot 10^{-1} + 5 \cdot 10^{-2}}_{,45}$$

$$= 123,45$$

De même :

$$\frac{1}{2} = \frac{1}{2} \cdot \frac{5}{5} = \frac{5}{10} = 5 \cdot 10^{-1} = 0,5$$

$$\frac{1}{5} = \frac{1}{5} \cdot \frac{2}{2} = \frac{2}{10} = 2 \cdot 10^{-1} = 0,2$$

---

Cette décomposition à l'aide des puissances de 10 fait en sorte que seuls les nombres rationnels dont le dénominateur est un produit de puissances de 2 et (ou) de 5 (les deux diviseurs non triviaux de la base 10) ont un développement décimal fini. Dans les autres cas, les nombres rationnels ont un développement décimal infini (ou illimité). Ainsi, les nombres rationnels dont le dénominateur s'exprime sous la forme de multiples de 3 ou de 7, par exemple, produiront des développements décimaux infinis. Pour obtenir leur développement décimal, on utilise la division euclidienne. Celle-ci consiste à abaisser un zéro au niveau du reste pour obtenir les décimales après la virgule.

---

**Exemple 1.12**

### Division euclidienne et développement décimal infini

Prenons, par exemple, la fraction $\frac{13}{7}$ et effectuons la division :

$$
\begin{array}{r|l}
13 & \underline{7} \\
\underline{-7} & \quad 1{,}857142... \\
60 & \\
\underline{-56} & \\
40 & \\
\underline{-35} & \\
50 & \\
\underline{-49} & \\
10 & \\
\underline{-7} & \\
30 & \\
\underline{-28} & \\
20 & \\
\underline{-14} & \\
60 & \\
\end{array}
$$

Après un certain nombre d'étapes, on obtient de nouveau le même cycle de soustractions successives, puisqu'on obtient de nouveau le reste 6 (avant d'abaisser le zéro), et donc le même cycle de décimales, 857142, qu'on appelle la **période**. Autrement dit, il y a périodicité dans le développement décimal de ce nombre rationnel.

D'où :
$$\frac{13}{7} = 1{,}\overline{857142}$$

## Démonstrations sur des nombres rationnels

À partir de l'exemple précédent, on peut conjecturer que tout nombre rationnel admet un développement décimal infini et périodique. C'est en effet le cas. Nous en faisons la démonstration dans l'exemple suivant.

### Exemple 1.13

Démontrez que tout nombre rationnel admet un développement décimal infini et périodique.

▶ *Démonstration*

Soit un nombre rationnel $\dfrac{a}{b}$ (tel que $a \in \mathbb{Z}$ et $b \in \mathbb{N}^*$)[7].

$\dfrac{a}{b}$ admet soit un développement décimal fini, soit un développement décimal infini.

Si $\dfrac{a}{b}$ admet un développement décimal fini, on peut considérer que sa période est 0. Par exemple, pour $a = 1$ et $b = 2$, on obtient :

$$\frac{1}{2} = 0{,}5 = 0{,}5\overline{0}$$

---

7. On peut restreindre sans problème le dénominateur $b$ aux entiers positifs puisque tout nombre rationnel positif ou négatif peut s'écrire à l'aide d'un entier positif ou négatif au numérateur et d'un entier strictement positif au dénominateur (voir le n° 4 de la prochaine série d'exercices).

En conséquence, un développement décimal fini peut toujours être représenté comme un développement décimal infini et périodique.

Si $\dfrac{a}{b}$ admet un développement décimal infini, alors à chaque étape de la division euclidienne le reste est compris entre 1 et $(b-1)$. On a ainsi un nombre fini de restes possibles. À la suite d'au plus $(b-1)$ étapes, on est assuré de parvenir à un reste déjà obtenu. À partir de là, on recommence la même suite d'opérations. Il y a alors périodicité dans le développement décimal de $\dfrac{a}{b}$.

Par conséquent, tout nombre rationnel admet un développement décimal infini et périodique.

**CQFD**

---

Il faut noter que la représentation décimale des nombres rationnels n'est pas nécessairement unique; elle peut être double. Par exemple, le nombre 1 a pour représentation décimale soit $0,\overline{9}$, soit $1,\overline{0}$. Autrement dit, $0,\overline{9} = 1$. Cette équivalence peut paraître étrange, mais elle est due aux caractéristiques des systèmes numériques positionnels. Démontrons maintenant cette équivalence. On peut proposer deux démonstrations de cette égalité, la première se faisant par résolution d'équation, la seconde par fractions.

**Exemple 1.14**

Démontrez l'égalité $0,\overline{9} = 1$.

▶ *Démonstration*

1. *Démonstration par résolution d'équation:*

   On pose $x = 0,\overline{9}$.

   En multipliant par 10 chaque membre de l'égalité, on obtient:
   $$10x = 9,\overline{9}.$$

   On remarque que les membres de droite des deux équations précédentes ont la même partie décimale. En soustrayant terme à terme la première équation de la deuxième, on obtient:

   $$\begin{array}{r} 10x = 9,\overline{9} \\ - \ (x = 0,\overline{9}) \\ \hline 9x = 9 \end{array}$$

   D'où: $\qquad\qquad\qquad x = 1.$

   Donc, $0,\overline{9} = 1$.

**CQFD**

2. *Démonstration par fractions:*

   On peut poser l'égalité suivante, issue de la division euclidienne:
   $$\frac{1}{3} = 0,\overline{3}$$

   En multipliant par 3 chaque membre de l'égalité, on obtient:
   $$\frac{3}{3} = 3 \cdot 0,\overline{3}$$

   Il s'ensuit que $1 = 0,\overline{9}$.

**CQFD**

> **Remarque**
>
> Il est à noter que c'est seulement lorsque la périodicité porte sur la décimale 9 qu'il y a double représentation des nombres. La périodicité sur une autre décimale n'a pas cette propriété. Par exemple, $0,\overline{8}$ n'est pas équivalent à $0,9$.

## EXERCICES 1.3

**1** Démontrez que $0,5 = 0,4\overline{9}$.

**2** À l'aide des exposants négatifs et de la factorisation, démontrez que $\dfrac{a}{b} + \dfrac{c}{b} = \dfrac{a+c}{b}$, où $b \neq 0$.

**3** Démontrez la conjecture suivante : Le carré d'un quotient de nombres impairs est un quotient de nombres impairs.

**4** Démontrez, à l'aide de la règle des signes, que :
$$\frac{-a}{b} = \frac{a}{-b}, \quad \text{où } a, b \in \mathbb{Z}^*$$

**5** Démontrez les égalités suivantes, où $n \in \mathbb{Z}$.

a) $(-1)^{-2n} = 1$

b) $\dfrac{1}{3x^n} = \dfrac{1}{3}x^{-n}$

c) $\dfrac{(-5)^n}{(-5)^{n-1}} = -5$

d) $\dfrac{(-5)^n}{5^{n-1}} = (-1)^n 5$

e) $\dfrac{9^{n+1}}{3^{2n-1}} = 3^3$

f) $\dfrac{5^{n+1}}{25^{n-1}} = 5^{3-n}$

g) $(-1)^{2n-1} = -1$

h) $-1^{-2n} = -1$

**6** Effectuez les opérations suivantes :

a) $\dfrac{2}{a} + b$

b) $\dfrac{5}{a} + \dfrac{2}{b}$

c) $\dfrac{1}{a} + \dfrac{1}{a^2}$

d) $\dfrac{1}{b} - \dfrac{1}{b^2}$

e) $\dfrac{1}{a} + \dfrac{1}{a+b}$

f) $\dfrac{1}{a+b} + \dfrac{1}{a-b}$

g) $\dfrac{2}{ab^2} - \dfrac{3}{a^2b}$

h) $\dfrac{a}{a+b} - \dfrac{b}{a-b}$

i) $\dfrac{a}{a^2-b^2} + \dfrac{b}{a+b}$

j) $\dfrac{a}{a^2+b^2} + \dfrac{b}{a+b}$

**7** Les égalités suivantes sont fausses. Réfutez-les au moyen d'un contre-exemple.

a) $\dfrac{1}{a} + \dfrac{1}{b} = \dfrac{1}{a+b}$, où $a, b \in \mathbb{Z}^*$

b) $\dfrac{a^2}{b^2} = \dfrac{a}{b}$, où $a, b \in \mathbb{Z}^*$

c) $\dfrac{a}{a+b} = \dfrac{1}{1+b}$, où $a, b \in \mathbb{Z}^*$ et $a+b \neq 0$

d) $\dfrac{a+b}{c+d} = \dfrac{a}{c} + \dfrac{b}{d}$, où $a, b \in \mathbb{Z}$, $c, d \in \mathbb{Z}^*$ et $c+d \neq 0$

## 1.2.4 Ensemble des nombres réels

Si la représentation décimale amène à considérer les développements décimaux infinis et périodiques par le biais des nombres rationnels, elle ouvre néanmoins une brèche dans le concept de nombre interprété strictement comme rapport d'entiers. En effet, si à chacun des nombres rationnels est associé un développement décimal infini et périodique, qu'en est-il des nombres qui ont un développement décimal infini mais non périodique ? Leur développement décimal ne saurait être associé à un nombre rationnel. Quelle sorte de nombres forment-ils alors ?

D'abord, on peut observer que, quelle que soit la nature de ces nombres, une chose est maintenant claire : l'ensemble $\mathbb{Q}$ des nombres rationnels ne suffit pas à exprimer tous les nombres possibles. Si on se représente les nombres sous la forme de points sur un axe gradué selon les entiers relatifs, il s'ensuit que certains points de cet axe ne correspondent pas à des nombres rationnels, ou encore que certaines longueurs de segments de droite ne peuvent être exprimées au moyen d'un quotient de deux entiers. Même s'il existe une infinité de nombres rationnels entre deux nombres rationnels donnés, aussi proches soient-ils l'un de l'autre, il existe donc des nombres qui ne peuvent être définis comme le rapport de deux entiers, $\frac{a}{b}$, où $b$ est non nul. Autrement dit, les nombres rationnels ne suffisent pas à exprimer toutes les longueurs de segments. Ce constat paraît sans doute étonnant.

Ce constat a d'abord fortement étonné les Grecs de l'Antiquité, qui ont été les premiers à découvrir les nombres qualifiés aujourd'hui d'irrationnels, même s'ils ne disposaient pas de la représentation décimale (ni de toute autre représentation positionnelle des nombres). Il faut noter qu'ils n'avaient pas non plus développé le concept de nombre rationnel ; ils raisonnaient strictement en termes de nombres entiers à l'aide de la géométrie.

Justement, abordons cette fameuse découverte des nombres irrationnels dans la perspective qui était la leur. Ainsi, on pourra visualiser la signification des nombres irrationnels tout en appréciant l'ingéniosité des mathématiciens grecs. En cours d'exposé, on pourra aisément faire le rapprochement avec la notion moderne de nombre rationnel et la représentation décimale.

## Des rationnels aux irrationnels

Les mathématiciens grecs de l'Antiquité raisonnaient en termes non de mesures de longueurs mais de rapports de longueurs. Contrairement à nous, ils n'utilisaient pas d'unités de mesure fixées *a priori*. Pour comparer deux segments de droite de longueurs différentes, ils cherchaient une *partie aliquote commune*, c'est-à-dire un segment commun qui divise à la fois le premier et le second segments en parties égales. (Le mot « aliquote » signifie « qui est contenu un nombre exact de fois dans un tout ».)

Par exemple, si on peut reporter le tiers d'un des segments un nombre entier de fois sur l'autre segment, on détermine leur partie aliquote commune. Quand la partie aliquote commune est telle qu'elle peut être reportée $m$ fois sur le premier segment et $n$ fois sur le second ($m$ et $n$ étant entiers), les Grecs de l'Antiquité disaient que le rapport de la longueur du premier segment à celle du second était de $m$ à $n$. On peut faire ici le rapprochement avec le nombre rationnel de forme $\frac{m}{n}$.

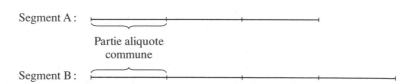

Au début, les Grecs avaient conjecturé que toute paire de segments avait une partie aliquote commune. Ils disaient alors que toute longueur est commensurable à une autre. Il est tout à fait naturel de penser ainsi. On peut s'imaginer qu'il suffit de subdiviser suffisamment l'un des segments pour finalement toujours tomber sur une partie aliquote commune. Or, il n'en est rien.

Les Grecs l'ont compris notamment lorsqu'ils ont cherché à mesurer la diagonale du carré[8].

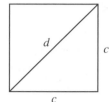

En termes d'aujourd'hui :

$$d = \sqrt{c^2 + c^2} = \sqrt{2c^2} = c\sqrt{2}$$

Les tentatives des Grecs pour comparer la diagonale du carré à son côté au moyen d'une partie aliquote commune ont été infructueuses. Ils ont donc été amenés à voir le rapport de la diagonale du carré à son côté comme un contre-exemple à la conjecture selon laquelle toutes les longueurs sont commensurables entre elles. La formule de Pythagore montre que la diagonale d'un carré de côté $c$ mesure $c\sqrt{2}$ unités de longueur. Le rapport de la diagonale à son côté vaut donc $\sqrt{2}$. À partir d'un raisonnement par l'absurde, les Grecs ont démontré l'incommensurabilité de cette grandeur, c'est-à-dire l'irrationalité de $\sqrt{2}$, pour s'exprimer en termes modernes.

Un **raisonnement par l'absurde** consiste à démontrer la vérité d'une proposition en prouvant l'absurdité de la négation de cette proposition. Plus précisément, il s'agit de partir de la négation de la proposition à démontrer et d'en tirer, par enchaînement logique, quelque chose qu'on sait forcément faux ou qui est contradictoire. Ce résultat suffit à démontrer la vérité de la proposition initiale. En effet, si on établit que la négation d'une proposition donnée est fausse, c'est dire que la proposition en question est vraie :

Si $\neg P$ est faux, alors $P$ est vrai.

On recourt généralement au raisonnement par l'absurde lorsqu'on ne parvient pas à démontrer directement une conjecture.

## *Repère* historique

Pour les pythagoriciens, c'est-à-dire les disciples de Pythagore, la conjecture selon laquelle toutes les grandeurs sont commensurables n'était pas une conjecture mathématique comme les autres. Elle avait le rang d'un dogme mystique. Les pythagoriciens avaient postulé que les nombres entiers étaient le principe de toute chose dans l'univers. C'est le sens qu'il faut donner à leur fameuse maxime : «Tout est nombre». Selon leur doctrine, on pouvait accéder à la compréhension de l'harmonie de l'univers et à l'immortalité au moyen de la connaissance mathématique. C'est pourquoi ils en venaient, avec exaltation, à faire ressortir l'omniprésence des rapports d'entiers dans des domaines aussi variés que la musique, la géométrie et l'astronomie.

La découverte de l'incommensurabilité de certaines grandeurs a été un choc pour eux. Elle réduisait à néant leur doctrine. Par ailleurs, il s'est agi d'un événement historique majeur dans la mesure où cette découverte a contribué à faire éclater les schèmes de pensée autant en philosophie qu'en mathématiques. Plus particulièrement en mathématiques, une ère nouvelle s'est amorcée, où le recours à un mode de pensée logique a pris le pas sur des présupposés mystiques.

---

8. Selon certains historiens des mathématiques, c'est d'abord l'étude des intervalles musicaux qui a permis aux Grecs de découvrir l'irrationalité de certains nombres. Cette question demeure un sujet de débat chez les spécialistes.

Voici la version moderne de la démonstration de l'irrationalité de $\sqrt{2}$, où on recourt à la notion de nombre rationnel.

**Exemple 1.15**

Démontrez l'irrationalité de $\sqrt{2}$.

▶ *Démonstration par l'absurde*

On suppose que $\sqrt{2}$ est rationnel, c'est-à-dire qu'on peut poser :

$\sqrt{2} = \dfrac{a}{b}$, où $a$ et $b$ sont des entiers, $b$ est non nul et la fraction $\dfrac{a}{b}$ est déjà réduite, c'est-à-dire que $a$ et $b$ n'ont pas de facteur commun autre que 1 (notamment, il est exclu que $a$ et $b$ soient pairs).

En élevant au carré chaque membre de l'égalité posée, on obtient :

$$\left(\sqrt{2}\right)^2 = \left(\frac{a}{b}\right)^2$$

$$2 = \frac{a^2}{b^2}$$

De l'égalité précédente, on tire :

$$a^2 = 2b^2$$

Le membre de droite de cette égalité indique que $a^2$ est un entier pair (ou un multiple de 2). Comme il a été démontré que si le carré d'un nombre est pair, alors ce nombre est lui-même pair (voir Exercices 1.1, n° 3 b), on peut poser :

$$a = 2k, \text{ où } k \in \mathbb{N}$$

Si on substitue $2k$ à $a$ dans l'équation $a^2 = 2b^2$, on obtient, par simplifications successives :

$$\begin{aligned} (2k)^2 &= 2b^2 \\ 4k^2 &= 2b^2 \\ 2k^2 &= b^2 \end{aligned}$$

Le membre de gauche de l'égalité indique que $b^2$ est un entier pair et donc que $b$ l'est aussi.

En conséquence, $a$ et $b$ sont deux entiers pairs. Or, cet énoncé est absurde. En effet, on a supposé au début que la fraction $\dfrac{a}{b}$ était déjà réduite, c'est-à-dire que $a$ et $b$ ne peuvent avoir aucun facteur commun, ce qui n'est pas le cas ici. Il y a donc contradiction à supposer que $\sqrt{2}$ est rationnel.

En conclusion, $\sqrt{2}$ ne peut être qu'irrationnel.

**CQFD**

L'irrationalité de $\sqrt{2}$ fait en sorte que, du point de vue géométrique, quelle que soit la subdivision choisie sur le côté du carré pour en tirer une partie aliquote, aussi infime soit-elle, on ne peut la faire entrer un nombre entier de fois sur la diagonale. Il y a toujours excès (ou défaut).

Les nombres irrationnels sont en nombre infini puisque la racine carrée de tout entier qui n'est pas un carré a pour résultat un irrationnel : $\sqrt{2}, \sqrt{3}, \sqrt{5}, \sqrt{6}, \ldots$ Il en est de même pour les racines cubiques d'entiers qui ne sont pas des cubes, ainsi que pour des racines d'ordre supérieur.

Le **nombre** π, qui est le rapport constant entre la circonférence de tout cercle et son diamètre, est un autre exemple de nombre irrationnel. La démonstration de son irrationalité ne repose cependant pas sur les mêmes principes que ceux qui sont utilisés pour démontrer l'irrationalité de $\sqrt{2}$. Elle demande des connaissances plus poussées en mathématiques. Cette démonstration n'a d'ailleurs été effectuée qu'au XVIII$^e$ siècle par le mathématicien suisse Johann Heinrich Lambert (1728-1777).

Le **nombre** *e* (« e » en l'honneur du mathématicien suisse Leonhard Euler (1707-1783)), qui est égal à 2,71828… et qui occupe une place aussi importante que π en mathématiques (pour des raisons qui sont précisées dans un autre chapitre), est aussi un nombre irrationnel. Johann Heinrich Lambert a également démontré son irrationalité.

En dépit de tous les moyens mathématiques qu'on a développés pour démontrer l'irrationalité de certains nombres, on ne sait toujours pas si les nombres $\pi + e$, $\pi - e$, $\pi^e$, $\pi^{\sqrt{2}}$ et $2^e$ sont irrationnels ou non. Les questions non encore résolues en mathématiques sont appelées des « problèmes ouverts ».

En conclusion, il faut ajouter aux nombres rationnels les nombres irrationnels pour avoir une idée complète de la notion de nombre en tant que mesure de longueur. Réunis dans un même ensemble, ils permettent d'exprimer tous les nombres possibles en ce sens. On les a appelés **nombres réels**. Leur ensemble est symbolisé par $\mathbb{R}$.

> **DÉFINITION** ▶ L'ensemble $\mathbb{R}$ des **nombres réels** est l'ensemble de tous les nombres représentables par un développement décimal fini ou infini, périodique ou non.
>
> L'ensemble des nombres réels excluant 0 est noté $\mathbb{R}^*$.
>
> L'ensemble des nombres réels positifs est noté $\mathbb{R}_+$.
>
> L'ensemble des nombres réels strictement positifs est noté $\mathbb{R}_+^*$.

## *Repère* historique

### Origine des symboles des ensembles de nombres

On doit au mathématicien italien Giuseppe Peano (1858-1932) les symboles $\mathbb{N}$ et $\mathbb{Q}$. Ces derniers s'inspirent respectivement de la première lettre des mots italiens *naturale* et *quotiente*. Quant aux symboles $\mathbb{Z}$ et $\mathbb{R}$, c'est le mathématicien allemand Julius Dedekind (1831-1916) qui les a proposés. Ils proviennent respectivement des mots allemands *zahl* (qui signifie « nombre ») et *real* (réel).

De la même façon que pour l'ensemble $\mathbb{Q}$, les notions de successeur et de prédécesseur immédiat n'ont aucun sens dans $\mathbb{R}$. Par exemple, on ne peut parler du prédécesseur de 1 dans les réels. On aurait pu penser qu'il s'agissait de $0,\overline{9}$, mais on a vu que ce ne pouvait être le cas.

Comme l'ensemble $\mathbb{R}$ est une extension de l'ensemble $\mathbb{Q}$, les quatre opérations élémentaires demeurent toutes réalisables dans $\mathbb{R}$. Autrement dit, l'addition, la soustraction, la multiplication et la division de nombres réels ont pour résultat des nombres réels. Cette généralisation est rendue possible d'après le **principe d'extension**, selon lequel les lois qui s'appliquent sur un ensemble de nombres demeurent vraies dans une extension de cet ensemble. Ce principe permet aussi de généraliser les lois des exposants.

## Lois des exposants

Soit $a, b \in \mathbb{R}^*$ et $m, n \in \mathbb{R}$.

| | |
|---|---|
| Produit de puissances de même base : | $a^n \cdot a^m = a^{n+m}$ |
| Puissance d'une puissance : | $(a^n)^m = a^{n \cdot m}$ |
| Puissance d'un produit : | $(a \cdot b)^n = a^n \cdot b^n$ |
| Quotient de puissances de même base : | $\dfrac{a^n}{a^m} = a^{n-m}$ |
| Puissance d'un quotient : | $\left(\dfrac{a}{b}\right)^n = \dfrac{a^n}{b^n}$ |

On peut définir l'**exposant nul** à partir de la loi relative au quotient de puissances de même base. En effet, si on pose $m = n$ dans cette loi, on obtient :

$$\frac{a^n}{a^n} = a^{n-n} = a^0$$

Par ailleurs, on sait que $\dfrac{a^n}{a^n} = 1$ si $a \neq 0$.

Donc, $\qquad\qquad\qquad a^0 = 1$.

Selon la même loi, on peut aussi définir les **exposants négatifs**. En effet, si on pose $n = 0$ dans cette loi, on obtient :

$$\frac{a^0}{a^m} = a^{0-m} = a^{-m}$$

Comme $\dfrac{a^0}{a^m} = \dfrac{1}{a^m}$, on peut conclure que : $a^{-m} = \dfrac{1}{a^m}$.

On peut également exprimer les radicaux à l'aide d'**exposants fractionnaires** à partir, cette fois, de la loi relative à une puissance de puissance : $(a^m)^n = a^{m \cdot n}$.

En effet, si on remplace $m$ par $\dfrac{1}{n}$ dans cette égalité, on obtient :

$$\left(a^{\frac{1}{n}}\right)^n = a^{\frac{1}{n} \cdot n} = a^1 = a$$

Or, on a aussi : $\qquad\qquad (\sqrt[n]{a})^n = a$

D'où $a^{\frac{1}{n}} = \sqrt[n]{a}$, si cette racine existe. On se rappellera qu'on ne peut extraire une racine d'ordre pair d'un nombre négatif.

Plus généralement, on a : $a^{\frac{m}{n}} = (\sqrt[n]{a})^m = \sqrt[n]{a^m}$, si ces racines existent.

## EXERCICES 1.4

**1** Démontrez l'irrationalité de $\sqrt{3}$. (Note : Dans la démonstration, il faudra utiliser le conditionnel démontré au n° 4 des Exercices 1.2.)

**2** À l'aide des lois des exposants, démontrez les égalités suivantes, où $a > 0$, $b > 0$ et $k, m, n \in \mathbb{N}^*$.

a) $\sqrt[k]{a} \cdot \sqrt[k]{b} = \sqrt[k]{ab}$

b) $\sqrt[n]{a^m} = (\sqrt[n]{a})^m$

c) $\sqrt{a^3} = a\sqrt{a}$

d) $\sqrt[3]{a^4} = a\sqrt[3]{a}$

**3** Sachant que $\sqrt{ab}$ est irrationnel et que $a$ et $b$ sont entiers, démontrez, par l'absurde, que $\sqrt{a} + \sqrt{b}$ est aussi irrationnel.

**4** Démontrez, par l'absurde, qu'il n'existe pas de nombres naturels différents $n$, $m$ et $k$ tels que $2^n + 2^m = 2^k$.

**5** Les égalités suivantes sont fausses. Réfutez-les à l'aide d'un contre-exemple.

a) $\sqrt{a^2 + b^2} = a + b$

b) $(a + b)^n = a^n + b^n$ si $n \neq 1$

# 1.3 Résolution d'équations

L'élargissement du domaine des nombres aux entiers relatifs et aux nombres rationnels a fait en sorte de lever un grand nombre de restrictions dans la résolution d'équations. En effet, l'introduction des entiers négatifs permet de résoudre sans restriction toute équation de la forme $a + x = b$, où $x$ est l'inconnue, et $a$ et $b$ sont des constantes entières (quand on utilise des lettres pour représenter des constantes, on parle de « constantes symboliques »).

La solution de cette équation, qui s'obtient par soustraction, est alors $x = b - a$, et elle vaut pour n'importe quelles valeurs entières de $a$ et de $b$.

De même, l'introduction des nombres fractionnaires permet de résoudre sans restriction toute équation de la forme $ax = b$ (où $x$ est l'inconnue, et $a$ et $b$ sont des constantes entières). La solution de cette équation, qui s'obtient par division, est alors $x = \dfrac{b}{a}$, et elle est valide quelles que soient les valeurs entières de $a$ (non nul) et de $b$.

Quant à la découverte des nombres irrationnels, elle a permis de réaliser que la résolution d'équations de la forme $ax^2 = b$ (où $a$ et $b$ sont des entiers positifs et $a \neq 0$) n'apporte pas toujours une solution rationnelle. Rationnelle ou non, la solution de cette équation est double selon la loi des signes et du carré de l'inconnue : $x = \pm\sqrt{\dfrac{b}{a}}$.

L'élargissement du domaine des nombres aux nombres réels a permis, quant à lui, de généraliser aux nombres réels les constantes $a$ et $b$ des équations précédentes. Autrement dit, les solutions respectives $x = b - a$, $x = \dfrac{b}{a}$ et $x = \pm\sqrt{\dfrac{b}{a}}$ sont valides même lorsque $a, b \in \mathbb{R}$ (avec les restrictions qui s'imposent pour la division et l'extraction de racine carrée), puisque les opérations arithmétiques que ces solutions impliquent sont réalisables dans $\mathbb{R}$.

## Question de *vocabulaire*

Une **équation** est une égalité entre deux expressions mathématiques comportant au moins une variable (ou inconnue). Cette égalité restreint l'ensemble des valeurs possibles prises par la ou les variables aux seules valeurs pour lesquelles l'égalité est vraie.

En conséquence, **résoudre une équation** consiste à trouver la ou les valeurs de la ou des variables en cause dans l'équation et pour lesquelles l'égalité est vraie.

Comme on le sait, la résolution d'équations occupe une grande place dans les mathématiques. L'étude du calcul différentiel n'y échappe pas. Ces résolutions peuvent exiger de nombreuses opérations algébriques. C'est pourquoi, dans cette dernière section du chapitre, nous allons réviser les différentes méthodes de résolution d'équations (à l'exception des systèmes d'équations). Nous nous limiterons aux équations à une variable les plus connues : celles du premier et du second degré. Dans le cas des équations du premier degré, nous élargirons leur résolution aux cas avec valeur absolue.

## 1.3.1 Résolution d'une équation du premier degré

Une équation du premier degré (à une variable) désigne une équation dont l'exposant de la variable (appelée aussi « inconnue ») est 1. Sa forme générale est la suivante :

$$ax + b = 0, \text{ où } a \in \mathbb{R}^* \text{ et } b \in \mathbb{R}.$$

Cette équation est en fait une reformulation des deux premières équations vues précédemment ($a + x = b$ et $ax = b$). On appelle $ax$ le terme linéaire et $b$ le terme constant. La somme de ces deux termes forme un **binôme**.

On tire la solution de cette équation en faisant une soustraction suivie d'une division :

$$ax = -b \quad \Leftrightarrow \quad x = \frac{-b}{a}$$

Bien que ce procédé donne une formule pour la solution, il est inutile de la retenir par cœur. Il est plus simple de bien comprendre le procédé qui consiste à isoler d'abord le terme linéaire $ax$ du binôme, puis l'inconnue $x$.

On remarquera qu'une équation du premier degré (sans valeur absolue) a toujours une et une seule solution dans les réels. Lorsque l'équation du premier degré comporte une valeur absolue, sa résolution se ramène à la résolution de deux équations du premier degré sans valeur absolue, tel qu'illustré dans l'exemple suivant.

---

**Exemple 1.16**

**Résolution d'équations du premier degré avec valeur absolue**

a) Soit $|2x| - 5 = 0$.

On isole d'abord le terme en valeur absolue :

$$|2x| = 5$$

Conformément à la définition de la valeur absolue, cette équation se décompose en deux équations disjointes sans valeur absolue, selon les deux possibilités de signe :

$$2x = 5 \quad \text{ou} \quad 2x = -5$$

D'où :
$$x = \frac{5}{2} \quad \text{ou} \quad x = \frac{-5}{2}$$

C'est-à-dire $x = \pm\frac{5}{2}$.

b) Soit $|x - 2| + 3 = 0$.

Si on isole le terme en valeur absolue, on obtient une équation sans solution :

$$|x - 2| = -3$$

L'équation n'a pas de solution parce qu'une valeur absolue ne peut, par définition, être négative.

---

Par ailleurs, la résolution de certaines équations qui ne sont pas du premier degré dans leur première formulation peut se ramener à la résolution d'une équation du premier degré. Voici quelques exemples.

**Exemple 1.17**

Résolvez l'équation : $\dfrac{1}{3x-11} = 2$.

La résolution de cette équation se ramène, par produit, à la résolution d'une équation du premier degré. Il s'agit de multiplier chaque membre de l'équation par le binôme apparaissant au dénominateur :

$$\underbrace{\dfrac{1}{3x-11} \cdot (3x-11)}_{1} = 2(3x-11)$$

$$= 6x - 22$$

D'où :

$$23 = 6x$$

$$x = \dfrac{23}{6}$$

**Exemple 1.18**

Résolvez l'équation : $\sqrt{x-7} = 0$.

Comme seule la racine carrée de zéro est nulle, il suffit d'annuler le binôme sous le radical.

D'où :

$$x - 7 = 0$$

$$x = 7$$

**Exemple 1.19**

Résolvez l'équation : $(x+4)^2 = 3$.

Cette équation n'est pas du premier degré, mais elle se ramène, après l'extraction de la racine carrée, à une équation du premier degré :

$$x + 4 = \pm\sqrt{3}$$

D'où :

$$x = -4 \pm \sqrt{3}$$

## EXERCICES 1.5

**1** Résolvez les équations suivantes :

a) $|2x| - 1 = 5$

b) $|x - 5| = 8$

c) $\dfrac{2}{x+10} = -5$

d) $\dfrac{1}{1-|x|} = 3$

e) $(3x - 2)^2 = 9$

f) $\sqrt{|4x| + 1} = 3$

g) $2^{3x-4} = 1$

**2** Sachant que $|v| = |w|$ ssi $v = w$ ou $v = -w$ (démontré au n° 7 des Exercices 1.2), résolvez l'équation suivante : $|x - 2| = |2x + 3|$.

## 1.3.2 Résolution d'une équation du second degré

Une équation du second degré (ou équation quadratique) à une variable a pour forme générale :

$$ax^2 + bx + c = 0, \text{ où } a \in \mathbb{R}^* \text{ et } b, c \in \mathbb{R}$$

Le terme $ax^2$ est appelé le **terme quadratique**, $bx$ le terme linéaire et $c$ le terme constant. La somme de ces trois termes forme un **trinôme**.

Contrairement à une équation du premier degré, une équation du second degré n'a pas toujours de solution dans les réels. Par exemple, si $b = 0$ et que $a > 0$ et $c > 0$, alors la résolution conduit à poser une égalité entre un carré et un nombre négatif, ce qui contredit la loi des signes :

$$ax^2 + c = 0 \iff ax^2 = -c \iff x^2 = \frac{-c}{a}$$

De ce qui précède, on peut tirer, de manière générale, qu'une expression quadratique de la forme $x^2 + k$ n'est jamais nulle si $k > 0$ :

$$x^2 + k \neq 0 \text{ si } k > 0$$

Autrement dit, **la somme d'un carré et d'un nombre positif ne peut s'annuler**. Ce constat est à retenir pour la suite.

Il est utile de pouvoir résoudre une équation le plus rapidement possible. Pour y arriver, il convient d'avoir à l'esprit plusieurs façons de procéder. Quand une solution à l'équation quadratique existe, il y a certes une méthode qui fonctionne à tout coup, celle consistant à faire appel à la **formule quadratique**. Toutefois, il est souvent plus simple de se passer de cette formule et de recourir à quelques opérations algébriques élémentaires. Ces opérations reposent en général sur l'appel aux identités remarquables décrites ci-après.

## Identités remarquables

1) Le carré d'une somme

Développer

$$(a + b)^2 = a^2 + 2ab + b^2$$

Factoriser

Quand on développe le carré d'une somme ou d'une différence, on obtient un trinôme carré parfait.

Quand on factorise un trinôme carré parfait, on obtient le carré soit d'une somme, soit d'une différence.

2) Le carré d'une différence

Développer

$$(a - b)^2 = a^2 - 2ab + b^2$$

Factoriser

3) Le produit d'une somme par une différence

Développer

$$(a + b)(a - b) = a^2 - b^2$$

Factoriser

Quand on développe le produit d'une somme par une différence, on obtient une différence de carrés.

Quand on factorise une différence de carrés, on obtient le produit d'une somme par une différence.

---

### Question de *vocabulaire*

Une **identité** est une égalité toujours vraie quelles que soient les valeurs des variables ou des constantes symboliques qu'elle comporte (s'il y en a).

Exemples :
$$3^2 = 9$$
$$(-a) \cdot (-b) = a \cdot b$$
$$-(x - a) = a - x$$

Nous rappelons maintenant les différentes méthodes de résolution d'une équation quadratique à l'aide d'exemples.

### Exemple 1.20

**Résolution d'une équation quadratique où le terme linéaire est absent et le terme constant est négatif**

Soit l'équation quadratique : $4x^2 - 9 = 0$.

Deux méthodes de résolution peuvent être proposées ici.

a) Isoler progressivement l'inconnue :

$$4x^2 = 9 \quad \Leftrightarrow \quad x^2 = \frac{9}{4} \quad \Leftrightarrow \quad x = \pm\sqrt{\frac{9}{4}} = \pm\frac{3}{2}$$

b) Factoriser la différence de carrés (voir la 3e identité remarquable) :

$$4x^2 - 9 = 0$$
$$(2x+3)(2x-3) = 0$$
$$2x+3 = 0 \quad \text{ou} \quad 2x-3 = 0$$
$$x = -\frac{3}{2} \quad \text{ou} \quad x = \frac{3}{2}$$
$$x = \pm\frac{3}{2}$$

Cette résolution fait appel au **principe du produit nul** selon lequel un produit est nul si et seulement si l'un ou l'autre de ses facteurs est nul.

De plus, cette méthode fait voir que la résolution de ce genre d'équation se ramène à la résolution de deux équations du premier degré.

### Exemple 1.21

**Résolution d'une équation quadratique où le terme constant est nul**

Soit l'équation quadratique : $x^2 - 7x = 0$.

Le plus simple ici est de recourir à la factorisation et de poursuivre la résolution :

$$x^2 - 7x = x(x - 7) = 0$$
$$x = 0 \quad \text{ou} \quad x - 7 = 0$$
$$x = 0 \quad \text{ou} \quad x = 7$$

Encore une fois, on peut remarquer que cette méthode conduit à résoudre deux équations du premier degré selon le principe du produit nul.

**Mise en garde :** La résolution de cette équation ne consiste pas à faire les opérations suivantes, qui amènent une division :

$$x^2 - 7x = 0 \quad \Leftrightarrow \quad x^2 = 7x \quad \Leftrightarrow \quad \frac{x^2}{x} = 7 \quad \Leftrightarrow \quad x = 7$$

En effet, une telle résolution écarte une solution (celle où $x = 0$), puisque la division par $x$ présuppose que $x$ est non nul.

Il faut retenir que dans toute résolution d'équation, on doit s'abstenir de diviser (simplifier) par une expression variable. On ne peut diviser que par des constantes, s'il y a lieu.

### Exemple 1.22

**Résolution d'une équation quadratique comportant un trinôme carré parfait**

Soit l'équation quadratique : $x^2 + 6x + 9 = 0$.

Quand le coefficient du terme quadratique est 1 ($a = 1$), il est facile de savoir si les termes à gauche de l'équation correspondent à ceux d'un trinôme carré parfait. De façon générale, $x^2 + bx + c$ est un trinôme carré parfait si $b$ et $c$ sont respectivement le double et le carré du même nombre. C'est le cas ici : 6 est le double de 3, tandis que 9 est le carré de 3. Dans cette situation, selon la première identité remarquable, on obtient progressivement :

$$x^2 + 6x + 9 = 0$$
$$x^2 + 6x + 3^2 = 0$$
$$(x+3)^2 = 0$$
$$x + 3 = 0$$
$$x = -3$$

Ici la résolution de l'équation quadratique se ramène à la résolution d'une seule équation du premier degré, puisque le produit obtenu est en fait le carré d'un binôme du premier degré.

### Question de *vocabulaire*

Un **coefficient** est un facteur constant qui multiplie une variable ou toute autre quantité variable. Dans la forme générale d'une équation, il est exprimé par une constante symbolique.

Exemple : $a(x - h)^2 + k = 0$ a pour seul coefficient : $a$.

### Exemple 1.23

**Résolution d'une équation quadratique par la méthode «produit et somme»**

Soit l'équation : $x^2 + 4x - 12 = 0$.

On est ici en présence d'un trinôme, mais il ne s'agit pas d'un carré parfait (carré d'une somme ou d'une différence). Toutefois, ce trinôme peut être factorisé à l'aide de la **méthode «produit et somme»**. Cette méthode est simple quand le coefficient du terme quadratique est 1. Elle consiste alors à rechercher deux nombres entiers dont le produit est égal au terme constant ($-12$) et la somme est égale au coefficient du terme linéaire (4). Pour ce faire, il faut d'abord trouver les diviseurs de $-12$ et voir si leur somme donne 4. Les seuls diviseurs qui satisfont à la fois le produit et la somme en question sont $-2$ et 6.

D'où :           $x^2 + 4x - 12 = (x - 2)(x + 6) = 0$
C'est-à-dire :           $x = 2$  ou  $x = -6$

### Exemple 1.24

**Résolution d'une équation quadratique sour la forme canonique avec un terme constant négatif**

Soit l'équation : $3(x - 4)^2 - 25 = 0$.

La méthode la plus simple consiste d'abord à isoler le terme quadratique de la forme canonique, puis à chercher à isoler progressivement l'inconnue :

$$3(x-4)^2 = 25 \quad \Leftrightarrow \quad (x-4)^2 = \frac{25}{3} \quad \Leftrightarrow \quad x-4 = \pm\sqrt{\frac{25}{3}} \quad \Leftrightarrow \quad x = 4 \pm \frac{5}{\sqrt{3}}$$

On constate qu'on peut aisément résoudre une équation du second degré dans les cas suivants :

- l'expression quadratique est seulement formée d'un binôme (quand le terme linéaire ou le terme constant est nul) ;
- l'expression quadratique est un trinôme carré parfait (avec $a = 1$) ;
- l'expression quadratique est un trinôme se factorisant à l'aide de la méthode produit et somme (avec $a = 1$) ;
- l'expression quadratique est de forme canonique.

Si aucun des cas précédents ne se présente, on recourt alors à la **formule quadratique**.

## Exemple 1.25

### Résolution d'une équation du second degré à l'aide de la formule quadratique

Soit l'équation : $x^2 + 5x - 2 = 0$.

Comme il s'agit d'un trinôme qui n'est pas un carré parfait et qui ne se factorise pas selon la méthode produit et somme, il vaut mieux recourir à la formule quadratique :

$$x = \frac{-b \pm \sqrt{b^2 - 4ac}}{2a} = \frac{-5 \pm \sqrt{25 + 8}}{2} = \frac{-5 \pm \sqrt{33}}{2}$$

La démonstration de la formule quadratique n'est rien d'autre que la résolution de l'équation générale du second degré $ax^2 + bx + c = 0$. Comme cette équation ne correspond pas à un trinôme carré parfait pour n'importe quelles valeurs des coefficients $a$, $b$ et $c$, la résolution consiste à la ramener sous la forme d'un trinôme carré parfait pour toutes valeurs de $a$, de $b$ et de $c$. On y arrive par transformations algébriques progressives.

## Démonstration de la formule quadratique

Soit l'équation : $ax^2 + bx + c = 0$, où $a \neq 0$.

On divise chaque terme par le coefficient $a$ afin de faciliter la transformation en trinôme carré parfait :

$$x^2 + \frac{b}{a}x + \frac{c}{a} = 0$$

On retranche le terme constant de chaque côté de l'égalité :

$$x^2 + \frac{b}{a}x + \frac{c}{a} - \frac{c}{a} = -\frac{c}{a}$$

$$x^2 + \frac{b}{a}x = -\frac{c}{a}$$

Il faut maintenant considérer le binôme à gauche de l'égalité comme étant formé des deux premiers termes d'un trinôme carré parfait et trouver le troisième terme manquant par complétion du carré. Le troisième terme d'un trinôme carré parfait est le carré de la moitié du coefficient du terme linéaire, ce qui donne : $\left(\dfrac{b/a}{2}\right)^2 = \left(\dfrac{b}{2a}\right)^2$. On ajoute ce terme à gauche et à droite de l'égalité :

$$x^2 + \frac{b}{a}x + \left(\frac{b}{2a}\right)^2 = \left(\frac{b}{2a}\right)^2 - \frac{c}{a}$$

Le membre de gauche est alors un trinôme carré parfait quelles que soient les valeurs de $a$, de $b$ et de $c$. On peut alors l'exprimer sous la forme d'un carré parfait (carré d'une somme). Quant au membre de droite, on le ramène sous la forme d'une seule fraction :

$$\left(x + \frac{b}{2a}\right)^2 = \frac{b^2}{4a^2} - \frac{c}{a}$$
$$= \frac{b^2 - 4ac}{4a^2}$$

On extrait la racine carrée de chaque côté et on simplifie le plus possible :

$$x + \frac{b}{2a} = \pm\sqrt{\frac{b^2 - 4ac}{4a^2}}$$
$$= \pm\frac{\sqrt{b^2 - 4ac}}{2a}$$

On isole $x$ et on ramène les deux fractions à un dénominateur commun :

$$x = \frac{-b}{2a} \pm \frac{\sqrt{b^2 - 4ac}}{2a}$$
$$= \frac{-b \pm \sqrt{b^2 - 4ac}}{2a}$$

**CQFD**

À la suite de cette démonstration, on comprend qu'il vaut mieux mémoriser la formule obtenue plutôt que de refaire chaque fois les nombreuses étapes de la résolution.

## EXERCICES 1.6

**1** Résolvez les équations suivantes :

a) $4x^2 - x = 0$

b) $3x^2 - 75 = 0$

c) $x^2 - 3x - 10 = 0$

d) $x^2 = 6x$

e) $x^2 + 7x - 60 = 0$

f) $x^2 + 2x + 1 = 0$

g) $x^2 + 7x - 55 = 5$

h) $x^2 + 49 = 0$

i) $\dfrac{1}{(x-3)^2} = \dfrac{1}{4}$

j) $12x = 4x^2$

k) $(2x+1)^2 - 36 = 0$

**2** Soit l'équation quadratique $x^2 + px + q = 0$. Quelle doit être la relation entre les coefficients $p$ et $q$ pour que $x^2 + px + q$ soit équivalent à un trinôme carré parfait ?

**3** Dans les triangles rectangles suivants, trouvez les longueurs inconnues :

a)

b)

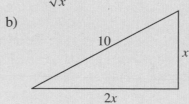

c)

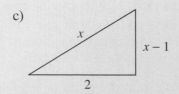

**4** Trouvez le ou les nombres réels qui, ajoutés à leur carré, donnent 12.

**5** Résolvez les équations suivantes :

a) $\dfrac{1}{x+1} = x-1$    d) $\dfrac{1}{x^2-1} = 2$

b) $\dfrac{1}{x+2} = x+3$    e) $\dfrac{x^2+1}{x^2-1} = 3$

c) $\dfrac{1}{x^2+1} = 2$

**6** On veut tester la fiabilité d'un sonar installé à bord d'un navire. Un sonar (acronyme de *sound navigation and ranging*) est un appareil conçu pour détecter et situer des objets sous l'eau à partir des propriétés de propagation du son dans l'eau. L'émetteur de son et le récepteur de son sont situés respectivement aux points A et B sur la coque du navire, dans le sens de sa largeur (voir la figure ci-dessous).

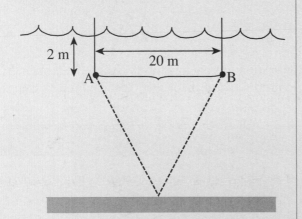

Le son émis en A est reçu, après réflexion au fond de la mer, en B. La largeur du bateau est de 20 m. Sachant que le son se propage dans l'eau à la vitesse de 1510 m/s, que la différence de temps entre l'émission et la réception du son est de 0,2 s et que le tirant d'eau est de 2 m, trouvez la profondeur de l'eau que devrait indiquer le sonar. (Note : Que le navire soit en mouvement ou non n'influe pas sur la fiabilité du sonar.)

**7** Démontrez les égalités suivantes :

a) $(x-a)^2 = (a-x)^2$

b) $(x-a)^3 = -(a-x)^3$

c) $(x^2-a^2)^2 = (x-a)^2(x+a)^2$

d) $(x-a)^{2n} = (a-x)^{2n}$, où $n \in \mathbb{N}^*$

e) $x^3 - bx = x(x-\sqrt{b})(x+\sqrt{b})$, où $b > 0$

f) $(x-a)^{2n+1}(x+a)^{2n} = (x^2-a^2)^{2n}(x-a)$, où $n \in \mathbb{N}^*$

g) $(x^4-a^4) = (x-a)(x+a)(x^2+a^2)$

h) $x^3 + 2ax^2 + a^2x = x(x+a)^2$

**8** Utilisez les identités remarquables pour calculer mentalement les expressions suivantes :

a) $31^2$

b) $29^2$

c) $31 \times 29$

**9** Simplifiez les expressions suivantes, notamment à l'aide des lois des exposants et des identités remarquables :

a) $\dfrac{x^2-9}{x-3}$

b) $\dfrac{(3x)^2(-5y)^2}{(2x^{-2}y)^3}$

c) $\dfrac{(x+a)^2 - x^2}{a}$

d) $\dfrac{3(x+h)^2 - 5(x+h) - (3x^2-5x)}{h}$

e) $\dfrac{-5(x+h)^2 + 11(x+h) - (-5x^2+11x)}{h}$

f) $\dfrac{x^2+6x - (a^2+6a)}{x-a}$

g) $\dfrac{3x^2-x - (3a^2-a)}{x-a}$

h) $\dfrac{1/x - 1/a}{x-a}$

i) $\dfrac{\dfrac{1}{x+h} - \dfrac{1}{x}}{h}$

j) $\dfrac{1/x^2 - 1/a^2}{x-a}$

k) $\dfrac{(2-x)^2}{x(x-2)}$

l) $\dfrac{ax^2}{\sqrt{a^6x^3}}$

# Chapitre 2
# Les fonctions et le langage graphique

**Aperçu**

**1** Esquisser, sans l'aide de la calculatrice, le graphique de chacune des fonctions suivantes :

   a) $f(x) = (x - 3)(x + 1)^2$

   b) $f(x) = \dfrac{1}{x^2 - 1}$

**2** Conjecturer une équation de fonction pouvant correspondre à la courbe de chacun des graphiques ci-dessous.

a)                                              b)

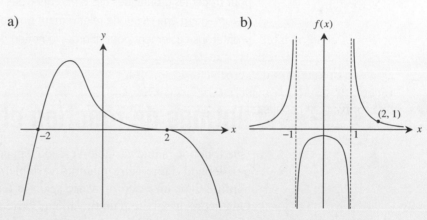

**3** Trouver la réciproque de la fonction d'équation $y = -(x - 2)^3 + 1$.

La notion de fonction est à la base du calcul différentiel. Même si elle a été étudiée au secondaire, nous avons cru bon de proposer une révision exhaustive de cette notion. Au besoin, certaines parties du chapitre pourront être vues plus rapidement.

Dans ce chapitre, nous mettons l'accent sur le développement de méthodes permettant de visualiser et de tracer rapidement le graphique de fonctions à partir de leur équation. Nous allons au-delà du tracé des fonctions généralement abordées au secondaire (premier et second degré ou fonctions élémentaires). Nous verrons, par exemple, comment tracer sans difficulté le graphique de fonctions polynomiales de degré supérieur à 2 lorsque leur équation est factorisée. Nous nous limiterons toutefois aux **fonctions algébriques**, c'est-à-dire aux fonctions définies uniquement par les opérations d'addition, de soustraction, de multiplication, de division et d'extraction de racine sur la variable. L'étude graphique des autres fonctions (exponentielles, logarithmiques et trigonométriques) est reportée au chapitre 7.

Il est important en mathématiques et généralement en sciences de visualiser autant que possible les équations utilisées. La maîtrise des concepts du calcul différentiel repose en particulier sur une compréhension approfondie des liens entre les fonctions et leur représentation graphique. De plus, l'union des aspects algébriques et graphiques des problèmes en mathématiques s'est révélée extraordinairement fructueuse. Elle a contribué au développement des sciences et de la technologie ainsi qu'à de nombreuses découvertes scientifiques.

Dans ce chapitre, nous ferons d'abord un rappel de la notion de fonction et des différents concepts qui s'y rattachent. Nous mettrons en relief les subtilités auxquelles donne lieu leur forme symbolique, qui peut parfois occasionner des erreurs d'interprétation ou des confusions de la part de l'étudiant. Nous insisterons ensuite sur l'aspect graphique de ces différents concepts, c'est-à-dire sur leur lien avec les codes graphiques cartésiens. Cela permettra de maîtriser les opérations comme les translations et les réflexions, tant du point de vue symbolique que du point de vue graphique.

Par la suite, les sections traiteront chacune d'un type particulier de fonction algébrique et de sa représentation graphique. Nous verrons que les moyens élaborés pour tracer les graphiques des différents types de fonctions algébriques peuvent se ramener à une méthode relativement simple, exigeant peu d'étapes. Nous en profiterons également pour aborder la notion de continuité d'une fonction.

# 2.1 Notions de fonction et de variable

Une fonction (à une variable)[1] est souvent conçue comme une quantité variable qui dépend d'une autre quantité variable. Par exemple, la pression d'un gaz confiné dans un réservoir varie selon la température à laquelle il est soumis. Ou encore, le salaire d'un travailleur varie avec les années d'expérience.

Toutefois, il est apparu aux mathématiciens que la notion de fonction doit être comprise dans un sens plus large. L'exemple suivant le montre : si la taille d'un individu augmente avec l'âge durant les 20 premières années de sa vie, elle cesse d'augmenter par la suite et reste constante. Autrement dit, ce qui est au cœur du concept de fonction, ce n'est pas la dépendance entre des quantités variables, mais la **correspondance** entre ces quantités, qu'elles varient ou non. Il est vrai, toutefois, que dans plusieurs contextes de la vie courante, la correspondance entre des quantités est une relation de dépendance.

On remarquera que la correspondance doit être **univoque**, c'est-à-dire qu'elle doit associer à une valeur donnée de la variable une et une seule valeur pour la fonction. En effet, à tout âge, un individu donné a une seule taille. De même, un gaz, chauffé à une certaine température, atteindra une seule pression. En outre, on peut généraliser davantage le concept de fonction en disant qu'il s'agit d'une correspondance entre des données de toute nature, que celles-ci soient numériques ou non. Par exemple, à chaque citoyen canadien est associé un unique numéro d'assurance sociale.

---

1. Pour éviter d'alourdir le texte inutilement, nous sous-entendrons dorénavant par « fonction » une fonction à une variable.

Sous cet angle général, la notion de fonction relève de la théorie des ensembles selon laquelle les éléments d'un ensemble peuvent être associés aux éléments d'un autre ensemble. Voici, dans cet esprit, la définition formelle de fonction, suivie des définitions des concepts afférents.

**DÉFINITION**

Une **fonction** est une correspondance (ou une relation) qui associe à un élément d'un ensemble de départ un et un seul élément d'un ensemble d'arrivée.

L'ensemble de départ est appelé le **domaine** de la fonction, tandis que l'ensemble d'arrivée est appelé le **codomaine** ou l'**image** de la fonction.

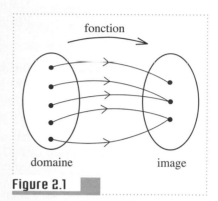

**Figure 2.1**

Il est à noter que la correspondance à laquelle renvoie la notion de fonction n'est pas à prendre au sens strict d'une règle de correspondance, en ce sens que la connaissance d'un élément du domaine d'une fonction donnée suffirait à déterminer *a priori*, d'une manière ou d'une autre, l'élément qui lui est associé en image. Cet usage serait trop restrictif. En effet, si à chaque jour correspond une température extérieure maximale en un lieu géographique donné, il n'existe pas de règle permettant de déterminer la température maximale à partir de la date du jour. Dans le cas contraire, la météorologie serait une science exacte ! C'est *a posteriori* qu'on peut connaître la température du jour et l'associer à une date. Néanmoins, on peut dire que la température du jour est fonction de la date puisqu'à chaque jour correspond une et une seule température maximale.

Dans les limites de ce cours, les fonctions examinées ont pour éléments des valeurs numériques. Ainsi, le domaine et l'image des fonctions en question seront des sous-ensembles de $\mathbb{R}$ ou $\mathbb{R}$ lui-même.

## 2.1.1 Notation symbolique d'une fonction

Par convention, en mathématiques, on désigne les valeurs du domaine d'une fonction par la lettre $x$ et les valeurs que prend son image par la lettre $y$ : les symboles $x$ et $y$ sont alors interprétés comme des variables. Quant à la fonction elle-même, c'est-à-dire à la correspondance entre $x$ et $y$, on la symbolise habituellement par la lettre $f$. Conformément à la définition de fonction, il s'ensuit qu'à chaque valeur de $x$ correspond une et une seule valeur de $y$. Cette correspondance est généralement établie au moyen d'une équation.

**Exemple 2.1**

Voici deux exemples d'équations de fonctions :
a) $y = 2x$ : chaque valeur de $y$ est le double d'une valeur de $x$
   ou, plus simplement, $y$ est le double de $x$.
   L'opération consistant à doubler est la fonction $f$ en tant que telle.
b) $y = x^2$ : $y$ est le carré de $x$.
   L'opération consistant à élever au carré est la fonction $f$ en tant que telle.

La fonction *f* représente les opérations mathématiques qu'il faut appliquer aux valeurs de *x* pour calculer les valeurs de *y*. Cela donne lieu à une équation de fonction exprimée en termes de *x* et de *y*, où *f* exprime la ou les opérations qui touchent *x*.

De façon générale, on définit symboliquement une fonction *f* au moyen de l'équation :

$$y = f(x)$$

qui se lit comme suit : « *y* est fonction de *x* ». À elle seule, l'expression *f*(*x*) peut se lire plus succinctement, de manière littérale : « *f* de *x* ».

Lorsqu'on utilise cette notation, il faut éviter de confondre *f*(*x*) avec *f*. En effet, *f*(*x*) désigne la valeur de *y*, c'est-à-dire l'image de la fonction, alors que *f* désigne la fonction, c'est-à-dire la ou les opérations à effectuer sur *x* pour obtenir *y*.

Bien que la définition de fonction mette davantage l'accent sur le concept de correspondance que sur celui de dépendance, on a pris l'habitude d'appeler *y* la **variable dépendante** et *x* la **variable indépendante**. On exprime ainsi l'idée que c'est *y* qui est fonction de *x*, et non l'inverse.

L'équation *y* = *f*(*x*) est appelée une « équation sous **forme explicite** ». Il s'agit d'une équation qui exprime la variable *y* en termes de la variable *x*. Autrement dit, la variable *y* est isolée d'un côté de l'équation. Dans le cas contraire, l'équation est appelée une « équation sous **forme implicite** ».

### Exemple 2.2

Les équations suivantes sont exprimées sous forme implicite :

a) $3x - 5y = 1$

b) $y^3 - x^2 = 5x$

c) $x^3 + y = xy$

Toutefois, une équation sous forme implicite ne peut pas toujours être reformulée sous forme explicite. Pour y arriver, il faut que la variable dite « dépendante » puisse être isolée. Par exemple, dans le cas de l'équation $y^5 + y - x = x^2 + 1$, il n'existe aucun moyen algébrique d'isoler *y*.

Si on utilise d'autres lettres pour représenter les variables dans une équation de fonction sous forme implicite, il n'est pas toujours évident de savoir laquelle est la variable indépendante et laquelle est la variable dépendante. Dans ce cas, il faut indiquer la convention retenue. Il est aussi possible de traiter les deux variables comme étant d'importance égale.

### Exemple 2.3

Voici des exemples d'équations sous forme implicite utilisant d'autres symboles de variables que *x* et *y* :

a) $w^2 - u^2 = 1$, où *u* est la variable indépendante

b) $PV = nRT$ (loi des gaz parfaits)

c) $t^2 s^2 - 2\sqrt{t + s} = s + 1$

Dans les équations de fonction sous forme explicite, il est courant de faire abstraction de $y$ et de le remplacer par $f(x)$. On peut ainsi directement se reporter à la fonction $f$ (c'est-à-dire à son nom symbolique) dans les équations de fonction. On écrit ainsi $f(x) = 2x$ plutôt que $y = 2x$.

On recourt notamment à cette notation lorsqu'on veut se référer à plusieurs fonctions en même temps. Pour ce faire, on distingue les fonctions à l'aide de lettres différentes comme $f$, $g$ et $h$. Par exemple : $f(x) = 2x$ et $g(x) = x^2$.

À ces variantes symboliques s'ajoutent celles où l'on utilise une lettre significative pour désigner une fonction dans un contexte donné. La lettre choisie est souvent la première lettre du mot correspondant à ce que calcule la fonction : $A$ pour « aire », $d$ pour « distance », $t$ pour « temps », $T$ pour « température », etc.

---

**Exemple 2.4**

### Nom significatif d'une fonction en contexte

Soit $A(x) = x^2$, où $A$ désigne l'aire d'un carré de côté $x$.

La lettre $A$, ici, signifie à la fois l'aire d'un carré et l'opération de mise au carré de la variable $x$, c'est-à-dire la fonction elle-même.

Il est possible que, dans ce contexte de l'aire d'un carré, on donne également un nom significatif à la variable représentant la longueur du côté du carré. L'équation s'écrit alors :

$$A(c) = c^2$$

---

### *Repère* historique

C'est le mathématicien suisse Leonard Euler (1707-1783) qui a eu l'idée de noter les fonctions au moyen des lettres de l'alphabet.

Quant au mot « fonction » utilisé au sens mathématique, il apparaît pour la première fois sous la plume du mathématicien et philosophe Wilhelm Gottfried Leibniz (1646-1716), cofondateur du calcul différentiel avec Isaac Newton (1642-1727). Il faut noter que Newton parlait des variables en termes de « quantités fluentes ».

## Domaine d'une fonction

Revenons à la notation générale $y = f(x)$.

Le **domaine de** $f$ est alors l'ensemble des valeurs de la variable indépendante $x$ pour lesquelles il existe une et une seule valeur de la variable dépendante $y$.

On distingue le domaine naturel d'une fonction d'un domaine restreint. Le **domaine naturel** d'une fonction est le plus grand ensemble de valeurs que peut prendre la variable indépendante selon les opérations qu'implique la fonction. Un **domaine restreint** d'une fonction est un sous-ensemble du domaine naturel de cette fonction, sous-ensemble qui répond à une ou à des restrictions imposées pour des raisons contextuelles ou autres.

Dans les deux cas, on note le domaine de la façon suivante : dom $f$.

## Exemple 2.5

### Domaine naturel et domaine restreint d'une fonction

a) Soit $f(x) = x^2$.

Le domaine de cette fonction est : dom $f = \mathbb{R}$.

Il s'agit du domaine naturel de $f$ : on peut élever au carré n'importe quel nombre réel.

b) Soit $A(x) = x^2$, où $A$ est l'aire d'un carré de côté $x$.

Dans ce cas, bien que la fonction $A$ soit identique à la fonction $f$ précédente (il s'agit de la même opération de mise au carré de la variable indépendante), le domaine de $A$ n'est pas identique au domaine de $f$. En effet, dans ce contexte, $x$ ne peut prendre que des valeurs réelles positives ou une valeur nulle, d'où :

$$\text{dom } A = \mathbb{R}_+ \text{ ou } [0, \infty[$$

La fonction $A$ admet alors un domaine restreint par rapport au domaine naturel de la fonction « mise au carré ».

Pour déterminer le domaine d'une fonction à partir de son équation, on commence par considérer comme domaine hypothétique l'ensemble $\mathbb{R}$ dans sa totalité. Ensuite, on élimine les valeurs de la variable indépendante qui entraînent des impossibilités de calcul dans l'équation. Il peut s'agir, par exemple, d'une division par zéro ou de l'extraction d'une racine carrée (ou d'une racine d'ordre pair) d'un nombre négatif.

## Exemple 2.6

Trouvez le domaine de chacune des fonctions à partir de son équation.

a) Soit $f(x) = \dfrac{x}{x^2 - 9}$.

Comme le dénominateur de cette fonction peut s'annuler pour $x = 3$ ou $x = -3$, ces deux valeurs doivent être retirées de l'ensemble $\mathbb{R}$. D'où :

$$\text{dom } f = \mathbb{R} \setminus \{-3,\ 3\}$$

b) Soit $g(x) = \dfrac{\sqrt{4 - x}}{x + 2}$.

Comme le dénominateur de cette fonction peut s'annuler pour $x = -2$, ce nombre ne peut faire partie du domaine de $g$. De plus, comme il y a une racine carrée, il faut que $4 - x \geq 0$, c'est-à-dire que $x \leq 4$. Autrement dit, les nombres supérieurs à 4 ne peuvent faire partie du domaine naturel de $g$. Si on combine ces deux restrictions, on obtient :

$$\text{dom } g = ]-\infty,\ -2[\ \cup\ ]-2,\ 4]$$

## EXERCICES 2.1

**1** Au moyen d'une équation en termes de $x$ et de $y$, exprimez la fonction consistant :

a) à prendre le tiers du carré de la variable indépendante ;

b) à prendre le carré du tiers de la variable indépendante.

**2** Au moyen d'une équation en termes de $x$ et de $f(x)$, exprimez la fonction $f$ consistant :

a) à prendre l'inverse de la racine carrée de la variable indépendante ;

b) à prendre la racine cubique de la somme de la variable indépendante et d'une constante $k$ ;

c) à prendre la somme de la racine cubique de la variable indépendante et d'une constante $k$.

**3** Trouvez le domaine de chacune des fonctions définies par les équations suivantes. (Consultez, au besoin, l'exemple 2.6.)

a) $f(x) = \dfrac{1}{x^2 - 1}$

b) $f(x) = \sqrt{-x}$

c) $g(x) = \dfrac{1}{x^2 + 4}$

d) $h(t) = -2$

e) $f(x) = [x - 2]$ (fonction « partie entière »)

f) $f(x) = \dfrac{x}{\sqrt[3]{x - 1}}$

g) $g(s) = \dfrac{\sqrt{s + 3}}{(s - 2)^2}$

## 2.1.2 Représentation graphique d'une fonction

On représente graphiquement une fonction d'équation $y = f(x)$ par l'ensemble des couples $(x, y)$ ou $(x, f(x))$. La représentation graphique la plus couramment choisie est celle qui reporte les couples $(x, y)$ dans un système de coordonnées cartésiennes[2] à deux dimensions (appelé le « plan cartésien »). Les couples $(x, y)$ sont alors associés aux points $(x, y)$ du plan cartésien pour lesquels $x$ et $y$ satisfont à l'équation $y = f(x)$ (voir la figure 2.2). Pour chaque point donné, $x$ et $y$ sont appelées les **coordonnées cartésiennes** du point.

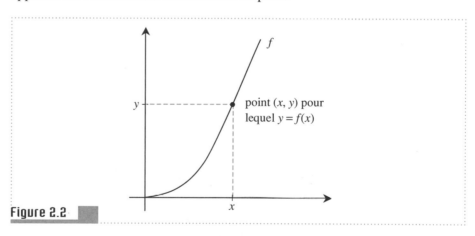

point $(x, y)$ pour lequel $y = f(x)$

**Figure 2.2**

L'ensemble des points $(x, y)$ forme alors la **courbe représentative** de la fonction $f$. On dit plus succinctement : la courbe de $f$ ou le graphique de $f$. Le terme « courbe » est entendu ici dans un sens général qui inclut les droites.

Par convention, les valeurs de $x$ (ou de la variable indépendante) sont représentées le long de l'axe horizontal, tandis que les valeurs de $y$ (ou de la variable dépendante) sont reportées sur l'axe vertical.

Selon cette convention, les valeurs de $x$ sont appelées les **abscisses** et les valeurs de $y$ les **ordonnées**. Lorsque l'abscisse et l'ordonnée sont toutes les deux nulles, on a le point $(0, 0)$, qui correspond à l'**origine** du plan cartésien.

---

2. D'autres représentations graphiques font appel à des coordonnées de types différents, par exemple, les coordonnées polaires ou cylindriques.

Précisons que l'abscisse et l'ordonnée d'un point sont des **longueurs orientées** mesurées à partir de l'origine (voir la figure 2.3). Sur l'axe horizontal, ces longueurs sont positives lorsqu'elles sont orientées vers la droite ; elles sont négatives lorsqu'elles sont orientées vers la gauche. Sur l'axe vertical, ces longueurs sont positives lorsqu'elles sont orientées vers le haut ; elles sont négatives lorsqu'elles sont orientées vers le bas. Comme chaque longueur orientée se termine en un point sur l'un ou l'autre des axes, on a pris l'habitude d'associer les coordonnées à des points sur les axes. Cette vision peut porter à confusion dans l'étude du calcul différentiel. Il faudra toujours garder à l'esprit que les coordonnées qu'on lit sur les axes sont des longueurs (positives ou négatives) mesurées à partir de l'origine.

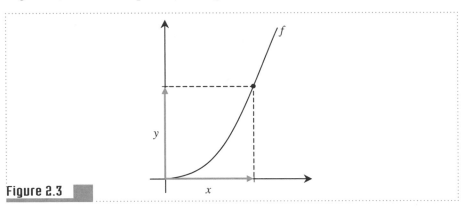

**Figure 2.3**

## Repère historique

### De la géométrie classique à la géométrie analytique

L'invention du plan cartésien (appelé ainsi en l'honneur du mathématicien Descartes) au XVIIᵉ siècle est à la base de ce qu'on appelle la **géométrie analytique**. Elle constitue une révolution dans la façon de penser les objets de la géométrie traditionnelle (ou classique) comme les droites et les courbes (parabole, cercle, ellipse, hyperbole). Depuis l'Antiquité, on concevait ces objets géométriques seulement comme des figures situées sur un plan dépourvu de tout repère numérique. Par exemple, chez les Grecs, la parabole était vue comme l'intersection d'un plan incliné avec un cône. Avec l'apport de la géométrie analytique, on commence à considérer ces figures comme des ensembles de points tels qu'à chacun de ces points sont attribuées des valeurs numériques (qu'on appelle aujourd'hui les coordonnées). Ce mode de pensée établit un lien entre les pensées géométrique et algébrique, jusqu'alors dissociées : on peut interpréter toute droite ou toute courbe comme une succession de points dont les valeurs numériques correspondantes satisfont à certaines relations algébriques, appelées « équations de la figure » comme l'équation de la droite ou de la parabole.

La fusion des méthodes géométriques et algébriques, ainsi que le développement de la notion de fonction, a permis aux mathématiciens et aux scientifiques d'explorer la réalité objective et de mieux la comprendre.

C'est à René Descartes (1596-1650) et à Pierre de Fermat (1601-1665), deux mathématiciens français, qu'on doit les premiers développements de la géométrie analytique. Le premier en expose les principes fondamentaux dans un traité intitulé *Géométrie*, qui accompagnait les premières éditions de son *Discours de la méthode* (1637), ouvrage de grande importance du point de vue philosophique. Son traité sur la géométrie était une application de son approche méthodique de la connaissance du monde. Quant à Pierre de Fermat, dans un traité rédigé un an auparavant et intitulé *Ad locos planos et solidos isagoge* (Introduction aux lieux géométriques plans et spatiaux), il avait jeté les bases de la géométrie analytique. Toutefois, cet ouvrage n'a été publié qu'en 1679, après sa mort.

Il est important de noter que parler du point $x$ ou du point $y$ ou encore du point $f(x)$ n'a aucun sens, puisqu'un point est composé de deux coordonnées ou est un couple de nombres dans un plan cartésien. C'est un abus de langage regrettable qu'on s'interdira parce qu'il peut créer des confusions dans l'étude graphique des fonctions et, plus généralement, dans l'étude du calcul différentiel. Quand on se réfère à un point au moyen d'une de ses coordonnées, il faut plutôt dire : «un point d'abscisse $x$», « un point d'ordonnée $y$» ou «un point d'ordonnée $f(x)$».

Tout comme dans le cas de l'équation d'une fonction $f$, on peut faire abstraction du symbole $y$ dans la représentation graphique de $f$ et le remplacer par l'expression $f(x)$, qui est une autre façon de représenter symboliquement l'ordonnée du point d'abscisse $x$ (voir la figure 2.4). En tant qu'ordonnée, $f(x)$ peut être vu aussi bien comme une position sur l'axe vertical que comme une longueur orientée mesurée verticalement à partir de l'origine.

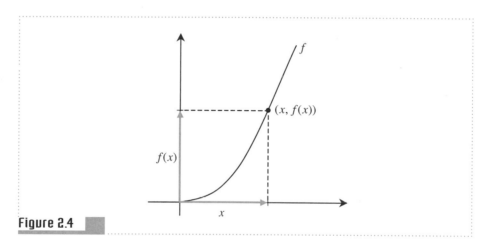

**Figure 2.4**

Encore une fois, il faut éviter de confondre $f(x)$ avec $f$: du point de vue graphique, $f$ est la courbe représentative de la fonction (ou l'ensemble des points de la courbe), tandis que $f(x)$ est l'ordonnée d'un point de la courbe de $f$ dont l'abscisse est $x$.

Sur la base des conventions précédentes, on a pris l'habitude d'indiquer dans le plan cartésien, à l'extrémité de chaque axe, le nom de la variable correspondante (voir la figure 2.5).

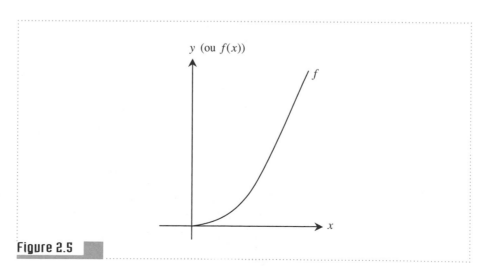

**Figure 2.5**

Certains points du graphique d'une fonction, que l'on considère comme des **points caractéristiques**, sont mis en relief. Il s'agit des points d'intersection de la courbe avec les axes (voir la figure 2.6).

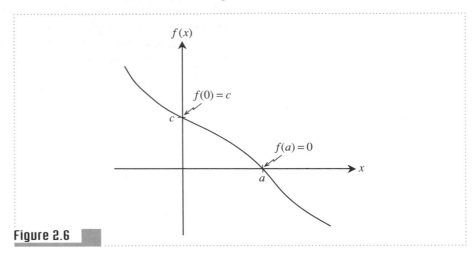

**Figure 2.6**

Là où la courbe d'une fonction $f$ coupe l'axe horizontal, l'abscisse du point est appelée un zéro de la fonction ou encore une abscisse à l'origine, c'est-à-dire une valeur d'abscisse lorsque l'ordonnée vaut 0. Un **zéro de la fonction** est donc l'abscisse d'un point d'intersection de la courbe avec l'axe horizontal, et non le point d'intersection lui-même. D'après l'équation $y = f(x)$, si un zéro de la fonction $f$ est $a$, alors on a :

$$0 = f(a) \text{ ou } f(a) = 0.$$

On écrit aussi, si $a$ est l'unique zéro de $f$ :

$$f(x) = 0 \text{ pour } x = a.$$

Là où la courbe de $f$ coupe l'axe vertical, l'ordonnée du point est appelée **ordonnée à l'origine**, c'est-à-dire l'ordonnée lorsque l'abscisse vaut 0. Selon l'équation $y = f(x)$, si l'ordonnée à l'origine est $c$, on a alors :

$$c = f(0) \text{ ou } f(0) = c.$$

Autrement dit, dans l'équation $y = f(x)$, une valeur de $x$ est un zéro lorsque $y$ est nul, alors qu'une valeur de $y$ est l'ordonnée à l'origine lorsque $x$ est nul. Quand les deux coordonnées sont nulles en un même point, cela indique que la courbe passe par l'origine.

Précisons qu'une fonction peut avoir plus d'un zéro, alors qu'elle n'admet qu'une seule ordonnée à l'origine, conformément à la définition de fonction.

**Remarque**

Zéros et ordonnée à l'origine d'une fonction :

- Pour trouver les zéros d'une fonction définie par $y = f(x)$, il faut résoudre l'équation $f(x) = 0$.

- Pour trouver l'ordonnée à l'origine d'une fonction définie par $y = f(x)$, il faut évaluer $f(0)$, c'est-à-dire poser $x = 0$ dans l'équation $y = f(x)$.

Il importe donc de ne pas confondre les deux opérations qui ont en commun d'annuler l'une des variables en jeu.

Étant donné qu'une fonction est une correspondance qui unit à une abscisse $x$ une et une seule ordonnée $y$, les graphiques de fonction ont pour caractéristique commune de ne jamais couper plus d'une fois toute droite verticale imaginaire. Autrement dit, une courbe quelconque tracée sur un plan cartésien n'est pas nécessairement une fonction. Par exemple, la courbe d'un cercle n'est pas le graphique d'une fonction. Cette caractéristique associée à une droite verticale imaginaire permet de déterminer rapidement si une courbe qu'on a sous les yeux représente une fonction.

**Exemple 2.7**

Les courbes suivantes ne représentent pas des fonctions :

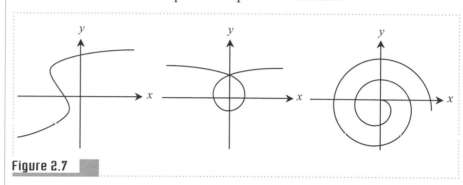

**Figure 2.7**

Le tableau ci-dessous résume la terminologie et les différents sens des symboles se rapportant à la fonction d'équation $y = f(x)$.

**Tableau 2.1**    Définitions

| En langage symbolique | En langage naturel | En langage graphique |
|---|---|---|
| $f: y = f(x)$ | Fonction : correspondance qui associe à chaque valeur de $x$ une et une seule valeur de $y$ | Courbe : ensemble des points $(x, y)$ pour lesquels $y = f(x)$ |
| $x$ | Variable indépendante (valeur du domaine) | Abscisse |
| $y$ ou $f(x)$ | Variable dépendante (valeur de l'image) | Ordonnée |

**EXERCICES 2.2**

**1** Sur le graphique ci-contre, représentez les expressions suivantes :

a) $f(2)$

b) le point d'abscisse 3

c) $(-1, f(-1))$

d) $f(0)$

e) les zéros de $f$

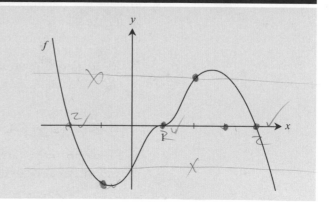

**2** Si la fonction $f$ est celle qui est représentée au n° 1, indiquez pour quelles valeurs de l'abscisse :

a) $f(x) > 0$ ;

b) $f(x) < 0$.

**3** Exprimez chacun des énoncés suivants sous la forme d'une égalité :

a) L'ordonnée à l'origine de la fonction $g$ est 5.

b) La courbe de la fonction $h$ passe par le point $(-2, 10)$.

c) 5 est un zéro de la fonction $f$.

**4** Parmi les énoncés suivants, lequel ou lesquels sont fautifs (incorrects dans la façon de dire les choses) ? Corrigez-les.

a) $(-2, 0)$ est un zéro de la fonction $f$.

b) $-1$ est l'ordonnée à l'origine de la fonction $g$.

c) 3 est un point d'intersection de la courbe de $f$ avec l'axe des $x$.

**5** Trouvez, s'il y en a, les zéros et l'ordonnée à l'origine de chacune des fonctions définies par les équations suivantes. (Consultez, au besoin, la remarque à la page 48.)

a) $f(x) = x^2 - 9x$

b) $g(x) = x^2 - 9$

c) $f(x) = x^3 + x$

d) $h(x) = x^2 + 10x + 25$

e) $w(t) = \dfrac{t^4 + 1}{t}$

f) $f(t) = \dfrac{(t+1)^2(t-3)}{t-1}$

g) $f(x) = x^{3k} - x^k$, où $k \in \mathbb{N}^*$

h) $g(s) = \dfrac{s^3 - 2}{s^4 - 1}$

**6** On sait qu'une fonction peut admettre plusieurs zéros. De manière similaire, peut-elle avoir plus d'une ordonnée à l'origine ?

**7** Démontrez que si une fonction d'équation $y = f(x)$ admet un zéro en $x = b$, alors la fonction d'équation $g(x) = k \cdot f(x)$ admet le même zéro.

## 2.1.3 Transformations graphiques d'une fonction

Quand on effectue des opérations d'addition ou de soustraction d'une constante sur le membre de droite de l'équation $y = f(x)$, ou des opérations de multiplication ou de division par $-1$ ou par une autre constante, elles ont pour effet de transformer le graphique de $f$ de manière assez simple. Ces opérations donnent lieu, selon le cas, à une translation verticale ou horizontale, à une réflexion par rapport à l'un des axes ou à une déformation de la courbe de $f$ dans le sens vertical ou horizontal.

La connaissance de ces transformations graphiques d'une fonction facilite le traçage des graphiques à la main. Il s'agit de voir si le graphique d'une fonction donnée est le résultat de certaines transformations appliquées à une fonction plus élémentaire dont on connaît déjà le graphique.

Dans ce qui suit, on suppose que le graphique de la fonction définie par $y = f(x)$ est connu.

### Translation verticale

Si on ajoute ou on retranche une constante $k$ positive au membre de droite de l'équation $y = f(x)$, on obtient une nouvelle fonction dont l'équation est :

$$y = f(x) + k \quad \text{ou} \quad y = f(x) - k, \quad \text{où } k > 0.$$

**Graphiquement** (voir la figure 2.8), l'ajout ou le retranchement de $k$ a pour effet de produire une translation verticale de la courbe de $k$ unités vers le haut ou vers le bas puisque, dans l'équation, c'est $f(x)$ (c'est-à-dire la valeur en $y$) qui est touchée par l'ajout ou le retranchement de $k$.

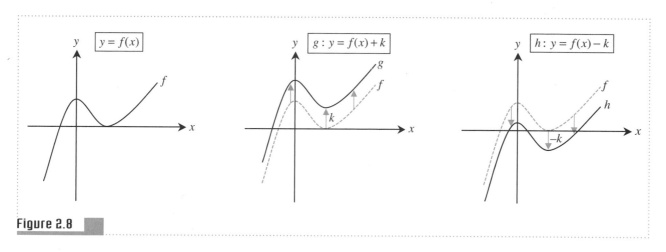

**Figure 2.8**

## Translation horizontale

Si on ajoute ou on retranche une constante $k$ positive à l'abscisse $x$ du membre de droite de l'équation $y = f(x)$, on obtient une nouvelle fonction dont l'équation est :

$$y = f(x + k) \quad \text{ou} \quad y = f(x - k), \quad \text{où } k > 0.$$

**Graphiquement** (voir la figure 2.9), l'ajout ou le retranchement de $k$ a pour effet de produire une translation horizontale de la courbe de $k$ unités, vers la gauche ou vers la droite, selon le cas, puisque, dans l'équation, c'est $x$ qui est en premier touché par l'opération algébrique.

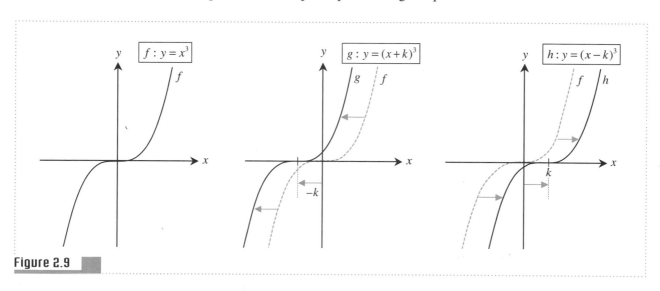

**Figure 2.9**

**Remarque**

Il est à noter que, dans une équation particulière, réécrire $f(x)$ sous la forme $f(x + k)$ ou $f(x - k)$ consiste à remplacer dans l'équation de la fonction toutes les occurrences de $x$ par $(x + k)$ ou $(x - k)$ respectivement.

## Réflexion par rapport à l'axe horizontal

Si on multiplie par −1 le membre de droite de l'équation $y = f(x)$, on obtient une nouvelle fonction dont l'équation est :

$$g : y = -f(x) \quad \text{ou} \quad g(x) = -f(x).$$

**Graphiquement** (voir la figure 2.10), cette multiplication (ou cette inversion du signe de $f(x)$) a pour effet de produire une réflexion de la courbe dans le sens vertical (autrement dit, par rapport à l'axe horizontal) puisque, dans l'équation, c'est $y$ qui change de signe. En conséquence, les ordonnées positives de la courbe initiale deviennent négatives et les ordonnées négatives deviennent positives. Il faut noter que l'ordonnée à l'origine change de signe si elle est non nulle. Seules les ordonnées nulles (là où la fonction $f$ admet des zéros) ne sont pas touchées par le changement de signe de $f(x)$.

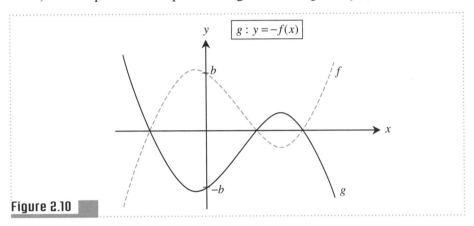

**Figure 2.10**

## Réflexion par rapport à l'axe vertical

Si on multiplie par −1 la variable $x$ dans le membre de droite de l'équation $y = f(x)$, on obtient une nouvelle fonction dont l'équation est :

$$g : y = f(-x) \quad \text{ou} \quad g(x) = f(-x).$$

**Graphiquement** (voir la figure 2.11), cette multiplication (ou cette inversion du signe de $x$) a pour effet de produire une réflexion de la courbe dans le sens horizontal (autrement dit, par rapport à l'axe vertical) puisque, dans l'équation, c'est seulement $x$ qui change de signe. En conséquence, les abscisses positives de la courbe initiale deviennent négatives et les abscisses négatives deviennent positives. Si la fonction $f$ admet des zéros, ceux-ci changent de signe, à l'exception du zéro nul, bien entendu.

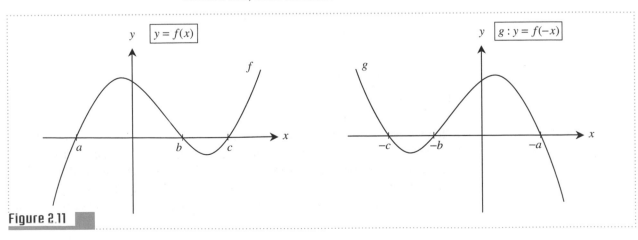

**Figure 2.11**

## Déformation dans le sens vertical

Si on multiplie par une constante $k$ positive (différente de 1) le membre de droite de l'équation $y = f(x)$, on obtient une nouvelle fonction dont l'équation est :

$$g : y = k \cdot f(x) \ \text{ ou } \ g(x) = k \cdot f(x), \ \text{ où } k > 0 \text{ et } k \neq 1.$$

**Graphiquement** (voir la figure 2.12), cette multiplication a pour effet de produire une déformation de la courbe dans le sens vertical tout en laissant inchangés les zéros de la fonction. Si $k > 1$, la déformation dilate (ou étire) verticalement la courbe. En conséquence, les sommets de la courbe sont plus hauts (lorsque leur ordonnée est positive) ou plus bas (lorsque leur ordonnée est négative). Si $0 < k < 1$, la déformation comprime (ou contracte) verticalement la courbe. En conséquence, les sommets de la courbe sont moins hauts (lorsqu'ils sont d'ordonnée positive) ou moins bas (lorsque leur ordonnée est négative).

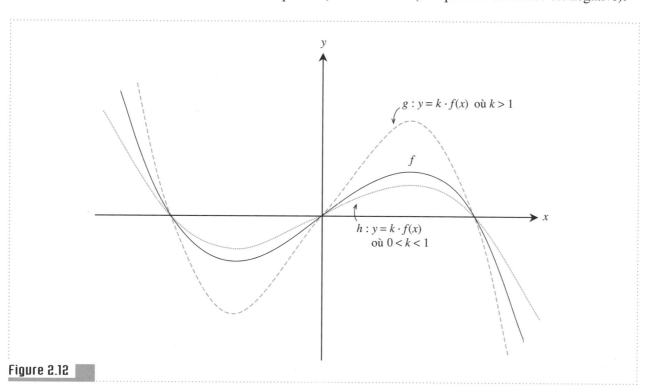

**Figure 2.12**

## Déformation dans le sens horizontal

Si on multiplie par une constante $k$ positive (différente de 1) la variable $x$ du membre de droite de l'équation $y = f(x)$, on obtient une nouvelle fonction dont l'équation est :

$$g : y = f(k \cdot x) \ \text{ ou } \ g(x) = f(k \cdot x), \ \text{ où } k > 0 \text{ et } k \neq 1.$$

**Graphiquement** (voir la figure 2.13), cette multiplication a pour effet de produire une déformation de la courbe dans le sens horizontal. Si $k > 1$, la déformation comprime (ou contracte) horizontalement la courbe. Si $0 < k < 1$, la déformation dilate (ou étire) horizontalement la courbe. Dans chacun des deux cas, l'effet est que les zéros de la courbe initiale changent de position, à l'exception du zéro nul. Par contre, l'ordonnée à l'origine reste inchangée. Les sommets de la courbe changent de position, mais ils conservent la même hauteur.

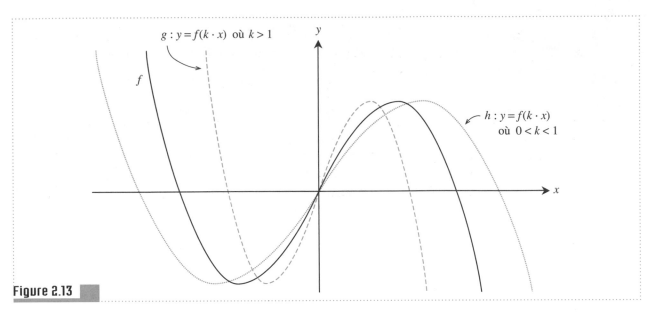

**Figure 2.13**

Le tableau suivant résume les effets graphiques des opérations algébriques appliquées à une équation de fonction.

**Tableau 2.2**

| Opération algébrique (où $k > 0$) | Transformation graphique résultante |
| --- | --- |
| $y = f(x) + k$<br>$y = f(x) - k$ | Translation verticale vers le haut<br>Translation verticale vers le bas |
| $y = f(x + k)$<br>$y = f(x - k)$ | Translation horizontale vers la gauche<br>Translation horizontale vers la droite |
| $y = -f(x)$<br>$y = f(-x)$ | Réflexion par rapport à l'axe horizontal<br>Réflexion par rapport à l'axe vertical |
| $y = k \cdot f(x)$ | Déformation dans le sens vertical :<br>    dilatation si $k > 1$<br>    compression si $0 < k < 1$ |
| $y = f(k \cdot x)$ | Déformation dans le sens horizontal :<br>    compression si $k > 1$<br>    dilatation si $0 < k < 1$ |

## EXERCICES 2.3

**1** À partir de chacun des graphiques de $f$ donnés ci-dessous, tracez le graphique des fonctions définies par $y = f(x) + 2$ et $y = f(x - 2)$.

a)

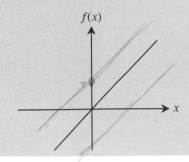

b)

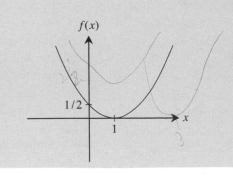

**2** À partir de chacun des graphiques de $f$ donnés ci-dessous, tracez le graphique des fonctions définies par $y = -f(x)$ et $y = f(-x)$.

a)

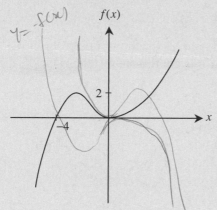

b)

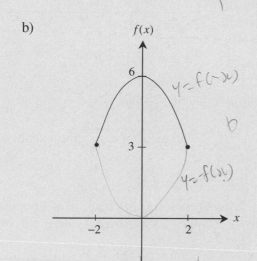

**3** À partir de chacun des graphiques de $f$ donnés ci-dessous, tracez le graphique des fonctions définies par $y = 2f(x)$ et $y = \dfrac{1}{2} f(x)$.

a)

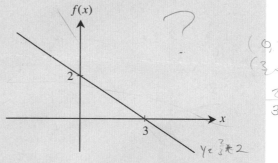

b)

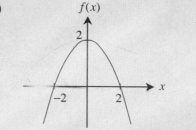

**4** Si la fonction $f$ a pour graphique celui qui est donné au n° 3 b), tracez le graphique de la fonction définie par $y = |f(x)|$.

**5** Soit $f(x) = \dfrac{-x^2}{2x+1}$. Donnez :

a) $f(a)$ ;

b) $f(-x)$ ;

c) $f(x + k)$ (consultez, au besoin, la remarque à la page 51).

## 2.1.4 Parité d'une fonction

Lorsque le graphique d'une fonction $f$ n'est pas modifié à la suite d'une réflexion par rapport à l'axe vertical, on dit que la fonction est **paire**. Le graphique d'une fonction paire est donc symétrique par rapport à l'axe vertical, comme l'illustre la figure 2.14.

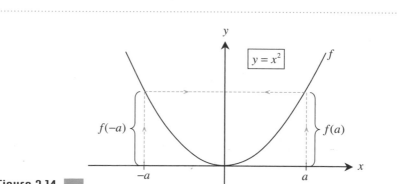

**Figure 2.14**

En l'absence du graphique d'une fonction, on détecte algébriquement cette propriété lorsque pour tout $x$ du domaine de $f$, on a :

$$f(-x) = f(x)$$

Cela signifie que si on remplace, dans l'équation $y = f(x)$, toutes les occurrences de $x$ par $-x$ et qu'on effectue les calculs, on obtient la même équation.

Il faut noter qu'on ne peut définir, pour les fonctions, une propriété de symétrie par rapport à l'axe horizontal, car une courbe qui a cette propriété n'est pas le graphique d'une fonction.

Toutefois, lorsque le graphique d'une fonction $f$ n'est pas modifié à la suite d'une réflexion par rapport à l'origine (c'est-à-dire à la suite d'une réflexion oblique), on dit que la fonction est **impaire**. C'est le cas de la fonction illustrée à la figure 2.15. Le graphique d'une fonction impaire se superpose à lui-même après une rotation de 180° autour du point (0, 0).

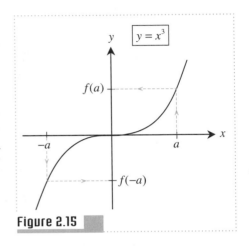

**Figure 2.15**

En l'absence de graphique, on détecte algébriquement cette propriété lorsque pour tout $x$ du domaine de $f$, on a :

$$f(-x) = -f(x)$$

Cela signifie que l'équation de la fonction reste inchangée si on remplace toutes les occurrences de $x$ par $-x$ et toutes les occurrences de $y$ par $-y$ et qu'ensuite on simplifie.

**Exemple 2.8**

Sans l'aide d'un graphique, déterminez, pour chacune des fonctions suivantes, si elle est paire, impaire ou ni l'un ni l'autre :

a) $f(x) = x^3 \sqrt{x^2 + 1}$

b) $f(x) = (x + 1)^3 + 3x$

c) $f(x) = x^{2k+2} - x^{2k} + k$, où $k \in \mathbb{N}^*$

▶ *Solution*

Dans chaque cas, il s'agit de savoir si, par substitution, $f(-x)$ est égal ou non à $f(x)$ ou à $-f(x)$ pour tout $x$ dans le domaine de $f$.

a) $f(-x) = (-x)^3 \sqrt{(-x)^2 + 1}$

$\qquad = (-1)^3 x^3 \sqrt{x^2 + 1}$

$\qquad = -x^3 \sqrt{x^2 + 1}$

$\qquad = -f(x)$

Donc, $f$ est impaire.

b) On a : $f(x) = (x + 1)^3 + 3x$.

Alors

$$f(-x) = (-x + 1)^3 + 3(-x)$$
$$= (1 - x)^3 - 3x$$

D'où $f(-x) \neq f(x)$.

Donc, $f$ n'est pas paire.

Vérifions maintenant si $f$ est impaire.

On a : $f(-x) = (-x + 1)^3 - 3x$ et

$$-f(x) = -[(x + 1)^3 + 3(x)]$$
$$= -(1 + x)^3 - 3x$$

D'où $-f(x) \neq f(-x)$.

Donc, $f$ n'est pas non plus impaire.

c) $f(-x) = (-x)^{2k+2} - (-x)^{2k} + k$,  où  $k \in \mathbb{N}^*$
$$= (-1)^{2k+2} x^{2k+2} - (-1)^{2k} x^{2k} + k$$
$$= x^{2k+2} - x^{2k} + k$$
$$= f(x)$$

Donc, $f$ est paire.

## EXERCICES 2.4

**1** Sans l'aide d'un graphique, déterminez si chacune des fonctions définies par les équations suivantes est paire, impaire ou ni l'un ni l'autre.

a) $f(x) = x^4 - x^2 + 1$

b) $g(x) = x^3 - 2x$

c) $f(x) = (x + 1)^2$

d) $f(x) = \dfrac{x}{x^2 + 1}$

e) $f(x) = \dfrac{-1}{x^{2k+1} - x^{2k-1}}$, où $k \in \mathbb{N}^*$

f) $f(t) = |t|$

g) $h(t) = |t + 2|$

**2** Soit $f$ une fonction paire. Si $f$ admet des zéros, ceux-ci peuvent-ils être en nombre impair ?

**3** Démontrez que si une fonction $f$ paire admet des zéros non nuls, alors ceux-ci sont en nombre pair.

## 2.2 Fonctions polynomiales

Dans le chapitre 1, on précise qu'une expression formée de deux termes s'appelle un **binôme**, tandis qu'une expression composée de trois termes est appelée un **trinôme**[3]. Par ailleurs, si une expression est formée d'un seul terme, on l'appelle un **monôme**.

Plus généralement, on peut parler de **polynôme** quel que soit le nombre de termes que comporte l'expression (un, deux, trois ou davantage), mais à la

---

3. On se rappellera que la notion de « terme » en mathématiques est seulement liée à l'opération d'addition ou de soustraction : les termes sont des éléments qui s'additionnent ou se soustraient dans une expression.

condition que les exposants des variables en question soient des entiers positifs ou nuls. Même si le préfixe « poly » signifie « plusieurs » en grec, un monôme peut aussi être appelé un « polynôme » si les exposants de ses variables sont des entiers positifs ou nuls.

Une expression de la forme « $\dfrac{9,8}{2}t^2 + 5t - 9$ » est un polynôme à une seule variable, la variable étant $t$. On dit alors que c'est un polynôme en $t$. Néanmoins, comme on utilise souvent la variable $x$ dans les expressions, on fera preuve, la plupart du temps, de concision et on se contentera d'utiliser l'appellation « polynôme » plutôt que « polynôme en $x$ ».

Le **degré d'un polynôme** à une seule variable est le plus grand exposant de la variable. Par exemple,

$ax + b$ est un polynôme de degré 1 (si $a \neq 0$);

$ax^2 + bx + c$ est un polynôme de degré 2 (si $a \neq 0$).

De même, $a(x - h)^2 + k$ est un polynôme de degré 2 (si $a \neq 0$).

Si on poursuit l'ajout de termes de degré supérieur, on formera des polynômes de degré supérieur à 2, comme

$ax^3 + bx^2 + cx + d$, qui est un polynôme de degré 3 (si $a \neq 0$).

De façon générale, on définit un polynôme de degré $n$ de la manière décrite ci-après.

> **DÉFINITION**
>
> Un **polynôme de degré $n$ en $x$** est une expression de la forme :
>
> $$a_n x^n + a_{n-1} x^{n-1} + a_{n-2} x^{n-2} + \ldots + a_2 x^2 + a_1 x + a_0,$$
>
> où $n \in \mathbb{N}$ et $a_n, a_{n-1}, \ldots, a_0$ sont des nombres réels avec $a_n \neq 0$.

Dans la définition précédente, on recourt à l'usage des indices pour exprimer symboliquement les coefficients et le terme constant, contrairement à la pratique dans le cas des polynômes de degré 1, 2 ou 3. C'est que, pour des degrés très grands, on risque d'épuiser l'alphabet. De toute façon, en commençant par un degré $n$ quelconque, on ignore quelles lettres conviendraient pour écrire symboliquement les coefficients les plus à droite de l'équation, ainsi que le terme constant. En revanche, avec la convention d'écriture adoptée dans la définition, on sait immédiatement que $a_3$, par exemple, est le coefficient de $x^3$ et, de façon générale, que $a_i$ est le coefficient de $x^i$.

> **Exemple 2.9**
>
> Voici deux exemples de polynômes de degré supérieur à 2 :
>
> a) $5x^3 - \dfrac{x}{2} + 7$ est un polynôme de degré 3 et ses coefficients sont, selon la notation utilisée dans la définition :
>
> $$a_3 = 5, \quad a_2 = 0, \quad a_1 = -\dfrac{1}{2}, \text{ et le terme constant est } a_0 = 7.$$
>
> b) $x^5 + 3x^4 + \sqrt{2}x^2 - 1$ est un polynôme de degré 5 et ses coefficients sont, selon la notation utilisée dans la définition :
>
> $$a_5 = 1, \quad a_4 = 3, \quad a_3 = 0, \quad a_2 = \sqrt{2}, a_1 = 0, \text{ et } a_0 = -1.$$

Au moyen de la notion de polynôme, on peut définir la notion de fonction dite « polynomiale ».

> **DÉFINITION**
>
> Une **fonction polynomiale de degré *n* en *x*** est une fonction dont l'image est donnée par un polynôme de degré *n* en *x*. Elle a pour équation générale :
>
> $$f(x) = a_n x^n + a_{n-1} x^{n-1} + a_{n-2} x^{n-2} + \dots + a_2 x^2 + a_1 x + a_0,$$
>
> où $n \in \mathbb{N}$, $a_n, a_{n-1}, \dots, a_0 \in \mathbb{R}$ et $a_n \neq 0$.

Comme les exposants de la variable indépendante d'une fonction polynomiale sont des entiers positifs ou nuls, le **domaine de toute fonction polynomiale** est $\mathbb{R}$. Autrement dit, on peut effectuer les opérations en question pour tout $x \in \mathbb{R}$, puisqu'un polynôme en $x$ ne comporte que des additions, des soustractions ou des multiplications, toujours réalisables dans $\mathbb{R}$.

> **Exemple 2.10**
>
> Voici des exemples de fonctions polynomiales :
>
> a) $f(x) = x^5$ est une fonction polynomiale de degré 5.
>
> b) $g(x) = (x^2 + 4)(x + 1)(x - 2)$ est une fonction polynomiale de degré 4. En effet, si on multiplie les facteurs, on obtiendra une somme de termes dont le plus grand exposant de la variable sera 4.
>
> c) $h(x) = -5$ est une fonction polynomiale de degré 0, puisqu'on peut imaginer que $-5$ multiplie $x^0$ (qui est équivalent à 1).

## 2.2.1 Fonction du premier degré et équation de la droite

Pour plus de concision, une fonction polynomiale du premier degré (ou de degré 1) est appelée une « fonction du premier degré ». Son équation a la forme suivante :

$$f(x) = ax + b, \text{ où } a \neq 0.$$

La représentation graphique d'une fonction du premier degré est une **droite** oblique. Pour cette raison, on parle aussi de fonction linéaire ou affine (voir l'encadré Question de vocabulaire à la page suivante).

D'après son équation, la droite a pour **ordonnée à l'origine** la valeur $b$, puisqu'en posant $x = 0$ dans l'équation, on obtient $f(0) = b$. Si $b = 0$, on sait alors que la droite passe par l'origine.

Quant au coefficient $a$, il représente graphiquement la **pente** de la droite (ou le taux de variation de la fonction du premier degré). Selon le signe de sa valeur, la pente est l'augmentation (ou la diminution) constante que subit l'ordonnée $y$ chaque fois que l'abscisse $x$ augmente de 1 unité (voir la figure 2.16).

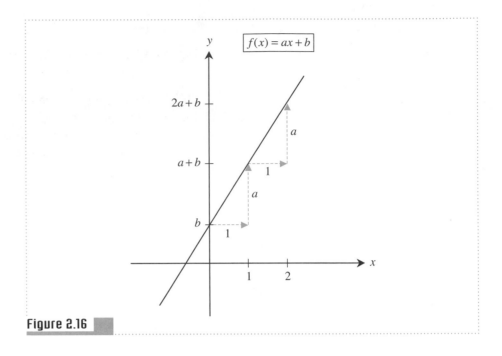

**Figure 2.16**

Du point de vue algébrique, la **pente d'une droite** est le rapport de la variation des ordonnées sur la variation des abscisses entre deux points donnés $(x_1, y_1)$ et $(x_2, y_2)$ :

$$a = \frac{\Delta y}{\Delta x} = \begin{cases} \dfrac{y_2 - y_1}{x_2 - x_1} \\ \text{ou} \\ \dfrac{f(x_2) - f(x_1)}{x_2 - x_1} \end{cases}$$

Autrement dit, pour déterminer la pente d'une droite lorsque son équation est inconnue, il est nécessaire de connaître les coordonnées d'au moins deux de ses points. Cette exigence pose un problème pour le calcul de la pente de la tangente en un point d'une courbe. En effet, comment peut-on calculer exactement la pente d'une tangente quand on ne connaît qu'un seul point de cette tangente, c'est-à-dire le point que cette dernière a en commun avec la courbe et dont les coordonnées sont données par l'équation de la courbe ? Dans le chapitre 4, on explique comment tenir compte de cette exigence et comment l'utiliser pour contourner la difficulté. La solution apportée à ce problème a donné naissance au calcul différentiel.

**Question de *vocabulaire***

On fait habituellement une distinction entre fonction affine et fonction linéaire à propos des droites obliques. Une **fonction affine** est, par définition, une fonction du premier degré. Elle s'applique donc à toute droite oblique. On parle de **fonction linéaire** seulement dans le cas où la fonction affine décrit une droite oblique passant par l'origine. L'équation de la fonction linéaire est alors $f(x) = ax$, où $a \neq 0$.

Pour simplifier les choses, on se permettra de qualifier de « linéaire » toute fonction du premier degré.

## Différentes formes d'équations de droites

On peut réécrire l'équation $f(x) = ax + b$ comme suit :

$$y = ax + b$$

On appelle cette forme la **forme fonctionnelle** de l'équation d'une droite. Elle est plus générale que la première forme, parce qu'elle n'impose aucune restriction sur le coefficient $a$ : il peut être nul. Dans ce cas, l'équation décrit une droite de pente nulle, c'est-à-dire une droite horizontale, et n'a donc rien à voir avec une fonction du premier degré.

### Exemple 2.11

Soit l'équation $y = 3$.

Cette équation est la forme simplifiée de $y = 0 \cdot x + 3$.

Elle est vérifiée pour tous les points d'ordonnée 3 et d'abscisse $x$ quelconque. Elle décrit donc une droite horizontale d'ordonnée 3.

L'avantage de la forme fonctionnelle, ainsi que de la première forme (avec $f(x)$), est qu'on peut en tirer, au premier coup d'œil (c'est-à-dire sans calcul), la pente et l'ordonnée à l'origine, indiquées respectivement par $a$ et $b$. Quant au zéro, autre caractéristique intéressante du graphique d'une droite, on peut l'obtenir simplement en résolvant l'équation : $0 = ax + b$.

### Exemple 2.12

Trouvez la pente, l'ordonnée à l'origine et le zéro de la droite d'équation

$$y = -2x + 3$$

▶ *Solution*

D'après la forme fonctionnelle de l'équation, on trouve immédiatement que la pente est $-2$ et que l'ordonnée à l'origine est 3.

Quant au zéro (abscisse du point d'ordonnée 0), on le trouve en résolvant l'équation $0 = -2x + 3$, ce qui donne :

$$x = \frac{3}{2}$$

Une autre façon de formuler l'équation d'une droite est de recourir à sa **forme générale** :

$$ax + by + c = 0, \text{ où } a \text{ et } b \text{ ne sont pas simultanément nuls.}$$

Cette équation est équivalente à la forme fonctionnelle, à la condition que le coefficient $b$ soit non nul. Dans ce cas, on peut ramener la forme générale à la forme fonctionnelle au moyen d'opérations algébriques élémentaires. De même, on peut faire le chemin inverse. En voici un exemple.

### Exemple 2.13

**De la forme générale à la forme fonctionnelle et inversement**

$$\underbrace{2x - 3y - 9 = 0}_{\text{forme générale}} \Leftrightarrow -3y = -2x + 9 \Leftrightarrow y = \frac{-2x + 9}{-3} \Leftrightarrow \underbrace{y = \frac{2}{3}x - 3}_{\text{forme fonctionnelle}}$$

À partir de la forme générale, on peut aisément trouver l'ordonnée à l'origine et le zéro sans passer par la forme fonctionnelle.

**Exemple 2.14**

Trouvez l'ordonnée à l'origine et le zéro de la droite d'équation $4x - 5y = 40$.

> *Solution*

Pour trouver l'ordonnée à l'origine (c'est-à-dire l'ordonnée du point d'abscisse 0), on annule $x$ dans l'équation et on résout cette dernière :

$$4 \cdot 0 - 5y = 40 \;\Rightarrow\; -5y = 40 \;\Rightarrow\; y = -8,$$

d'où l'ordonnée à l'origine est $-8$.

Pour trouver le zéro (c'est-à-dire l'abscisse du point d'ordonnée 0), on annule $y$ dans l'équation et on résout cette dernière :

$$4x - 5 \cdot 0 = 40 \;\Rightarrow\; 4x = 40 \;\Rightarrow\; x = 10,$$

d'où le zéro est 10.

L'avantage de la forme générale est qu'elle n'exclut pas les droites verticales, contrairement à la forme fonctionnelle. Le cas de la droite verticale se présente lorsque $b = 0$ dans l'équation $ax + by + c = 0$.

**Exemple 2.15**

Soit l'équation $2x - 6 = 0$.

Cette équation est la forme simplifiée de l'équation $2x + 0y - 6 = 0$.

Elle est vérifiée pour tous les points d'abscisse 3 et d'ordonnée $y$ quelconque, ce qui correspond aux points d'une droite verticale d'abscisse 3. D'ailleurs, l'équation $2x - 6 = 0$ se ramène à l'équation de la droite verticale $x = 3$ si on isole $x$. Habituellement, c'est sous cette dernière forme qu'on présente l'équation d'une droite verticale.

La forme générale de l'équation d'une droite, $ax + by + c = 0$, prend donc en compte toutes les droites possibles : obliques (où $a \neq 0$ et $b \neq 0$), horizontales (où $a = 0$) et verticales (où $b = 0$).

On définit aussi la **forme symétrique** de l'équation d'une droite :

$$\frac{x}{a} + \frac{y}{b} = 1 \text{ (où } a \text{ et } b \text{ sont non nuls).}$$

Cette forme d'équation n'est possible que pour les droites obliques ne passant pas par l'origine. En effet, le point $(0, 0)$ ne satisfait pas à cette équation. Comme elle s'apparente à la forme générale ($ax + by + c = 0$), où les termes en $x$ et en $y$ se situent du même côté de l'équation, on peut passer de la forme générale à la forme symétrique à la condition que les constantes $a$, $b$ et $c$ soient non nulles, ce qui correspond à une droite oblique ne passant pas par $(0, 0)$. En voici un exemple.

$$\underbrace{2x - 3y - 12 = 0}_{\text{forme générale}} \Rightarrow 2x - 3y = 12 \Rightarrow \frac{2x - 3y}{12} = \frac{12}{12}$$

$$\Rightarrow \frac{2x}{12} - \frac{3y}{12} = 1 \Rightarrow \underbrace{\frac{x}{6} - \frac{y}{4} = 1}_{\text{forme symétrique}}$$

Comme pour la forme générale, on peut aisément trouver l'ordonnée à l'origine et le zéro de la droite à partir de son équation sous forme symétrique.

Trouvez l'ordonnée à l'origine et le zéro de la droite d'équation $\frac{x}{7} - \frac{y}{3} = 1$.

▶ *Solution*

Pour trouver l'ordonnée à l'origine, on annule $x$ dans l'équation et on résout :

$$\frac{0}{7} - \frac{y}{3} = 1 \Rightarrow -\frac{y}{3} = 1 \Rightarrow y = -3,$$

d'où l'ordonnée à l'origine est $-3$.

Pour trouver le zéro, on annule $y$ dans l'équation et on résout :

$$\frac{x}{7} - \frac{0}{3} = 1 \Rightarrow \frac{x}{7} = 1 \Rightarrow x = 7,$$

d'où le zéro est 7.

Par ailleurs, il est possible de donner une **forme canonique** à l'équation d'une fonction du premier degré. Il suffit de réécrire son équation comme suit :

$$f(x) = a(x - h), \text{ où } a \neq 0.$$

Cette équation est équivalente à la première forme $f(x) = ax + b$ puisque, par la loi de la distributivité, on obtient :

$$f(x) = a(x - h) = ax \underbrace{- ah}_{\substack{\text{terme constant} \\ \text{équivalent à } +b}}.$$

Trouvez l'ordonnée à l'origine et le zéro de la droite d'équation $f(x) = 5(x - 2)$.

▶ *Solution*

Pour trouver l'ordonnée à l'origine, on annule $x$ dans l'équation, ce qui donne :

$$f(0) = 5(0 - 2) = -10,$$

d'où l'ordonnée à l'origine est $-10$.

Pour trouver le zéro, on annule $y$ (dans ce cas-ci $f(x)$) et on résout l'équation :

$$0 = 5(x - 2) \Rightarrow 0 = x - 2 \Rightarrow x = 2,$$

d'où le zéro est 2.

**Tableau 2.3** Résumé des différentes formes d'équation de la droite

| Équation | Forme | Graphique |
|----------|-------|-----------|
| $y = ax + b$ | Fonctionnelle | Droite oblique ($a \neq 0$) ou horizontale ($a = 0$) |
| $ax + by + c = 0$ | Générale | Droite oblique ($a \neq 0$ et $b \neq 0$), horizontale ($a = 0$) ou verticale ($b = 0$) |
| $\dfrac{x}{a} + \dfrac{y}{b} = 1$ | Symétrique | Droite oblique ne passant pas par l'origine ($a \neq 0$ et $b \neq 0$) |
| $f(x) = a(x - h)$ | Canonique | Droite oblique ($a \neq 0$) |

La façon la plus simple de tracer le graphique d'une droite oblique à partir de son équation, quelle que soit sa forme, est de tirer de cette dernière :

1. l'ordonnée à l'origine (c'est-à-dire la valeur de $y$ lorsque $x$ vaut 0), qui donne l'ordonnée du point de rencontre avec l'axe vertical ;

2. le *zéro* (c'est-à-dire la valeur de $x$ lorsque $y$ vaut 0), qui donne l'abscisse du point de rencontre avec l'axe horizontal.

On obtient ainsi ce qui suffit à tracer une droite : deux de ses points.

## Équation du premier degré avec valeur absolue

Dans les cas où l'équation du premier degré comporte une ou des valeurs absolues, le graphique se présente sous la forme non pas d'une droite, mais d'une ligne brisée. En voici un exemple.

**Exemple 2.19**

Soit $f(x) = |2x - 5|$. Tracez le graphique de $f$.

Deux méthodes permettent de tracer le graphique d'une fonction avec valeur absolue : soit par interprétation graphique de la valeur absolue, soit par interprétation algébrique de la valeur absolue (la plus longue des méthodes).

**❶ Solution par interprétation graphique de la valeur absolue**

$|2x - 5|$ représente graphiquement la valeur absolue des ordonnées de la droite d'équation $y = 2x - 5$ (dont l'ordonnée à l'origine est $-5$ et le zéro $\dfrac{5}{2}$). Cela a pour effet de produire une réflexion, par rapport à l'axe horizontal, de tous les points de la droite ayant une ordonnée négative : ceux qui sont d'abscisse inférieure à $\dfrac{5}{2}$ (voir la figure 2.17). La position des autres points reste inchangée.

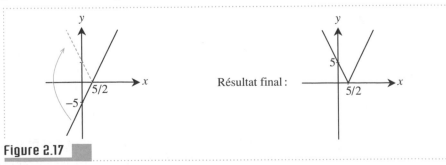

**Figure 2.17**

Le graphique final est donc une ligne brisée.

**❷ Solution par interprétation algébrique de la valeur absolue**

À l'aide de la définition de la valeur absolue (voir le chapitre 1), on peut décomposer l'équation de $f$ en deux équations du premier degré :

$$f(x) = |2x - 5| = \begin{cases} 2x - 5 & \text{pour } x \geq 5/2 \\ -(2x - 5) & \text{pour } x < 5/2 \end{cases}$$

De cette équation, on peut tirer deux parties sous forme fonctionnelle :

a) $y = 2x - 5$ pour $x \geq \dfrac{5}{2}$

b) $y = -2x + 5$ pour $x < \dfrac{5}{2}$

Chacune de ces fonctions a un domaine restreint.

Il s'agit maintenant de tracer le graphique de chacune de ces demi-droites sur leur domaine restreint.

Commençons par la deuxième : on trace, sur l'intervalle $\left]-\infty, \dfrac{5}{2}\right[$, la demi-droite ayant pour ordonnée à l'origine 5 et pour zéro $\dfrac{5}{2}$ (exclus du domaine) (voir la figure 2.18).

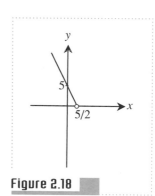

**Figure 2.18**

À l'aide de la première équation, on trace, sur l'intervalle $\left[\dfrac{5}{2}, \infty\right[$, la demi-droite ayant pour ordonnée à l'origine −5 et pour zéro $\dfrac{5}{2}$ (voir la figure 2.19).

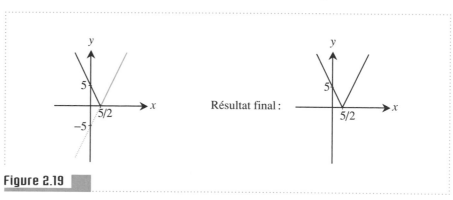

Résultat final :

**Figure 2.19**

## Applications des fonctions du premier degré

On trouve les fonctions du premier degré dans de nombreuses applications. Plusieurs formules en géométrie, en physique ou en chimie, par exemple, correspondent à des équations de degré 1.

**Exemple 2.20**

Voici quelques exemples de fonctions du premier degré en géométrie :

**a) Périmètre d'un carré de côté *c***

| Figure | Formule du périmètre *P* | Représentation graphique |
|---|---|---|

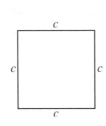

$$P = 4c$$

Forme fonctionnelle :
$$P(c) = 4c$$

Domaine restreint :
$$\text{dom } P = \mathbb{R}_+$$

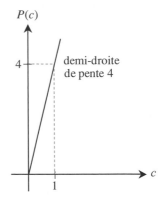

**Figure 2.20**

**b) Volume d'un cylindre de rayon constant *r* et de hauteur *h* variable**

| Figure | Formule du volume *V* | Représentation graphique |
|---|---|---|

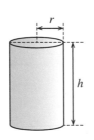

$$V = \pi r^2 h$$

Forme fonctionnelle :
$$V(h) = \pi r^2 h$$

Ici la forme fonctionnelle présente l'avantage d'indiquer par elle-même quelle est la variable indépendante : *h* dans ce cas.

Domaine restreint :
$$\text{dom } V = \mathbb{R}_+$$

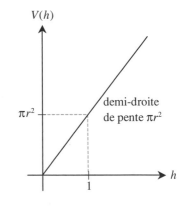

**Figure 2.21**

**c) Circonférence d'un cercle de rayon *r***

| Figure | Formule de la circonférence *C* | Représentation graphique |
|---|---|---|

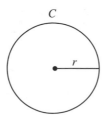

$$C = 2\pi r$$

Forme fonctionnelle :
$$C(r) = 2\pi r$$

Domaine restreint :
$$\text{dom } C = \mathbb{R}_+$$

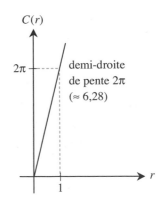

**Figure 2.22**

**Exemple 2.21**

Voici des exemples de fonctions du premier degré en chimie :

La pression $P$ (en kilopascals – kPa), le volume $V$ (en litres – L) et la température $T$ (en kelvins – K) d'un gaz confiné sont liés par la relation :

$$PV = nRT,\text{ où } n \text{ et } R \text{ sont des constantes.}$$

En combinant les deux constantes, on peut réécrire l'équation comme suit :

$$PV = cT$$

Si on chauffe le gaz en maintenant son volume constant, alors sa pression va bien entendu augmenter. Dans ce cas, on peut constater que la pression $P$ est une fonction linéaire de la température $T$, une fois que $P$ est isolée dans l'équation :

$$P(T) = \frac{c}{V}T,$$

où $\frac{c}{V}$ est une constante positive (voir la figure 2.23).

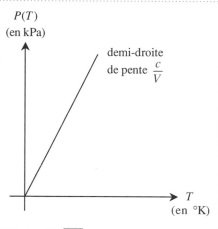

**Figure 2.23**

Par contre, si on chauffe le gaz dans un ballon extensible sans changer la pression, il va naturellement prendre de l'expansion. Là aussi, on peut constater que le volume $V$ du gaz est une fonction linéaire de la température $T$ :

$$V(T) = \frac{c}{P}T,$$

où $\frac{c}{P}$ est une constante positive (voir la figure 2.24).

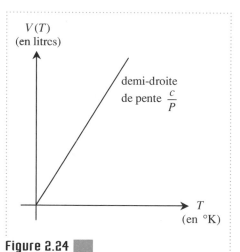

**Figure 2.24**

## EXERCICES 2.5

**1** Tracez le graphique d'une droite qui ne peut être le graphique d'une fonction.

**2** Le graphique d'une droite horizontale satisfait-il à la définition d'une fonction ? (Consultez, au besoin, la définition à la page 41.)

**3** Tracez le graphique de chacune des droites d'équations suivantes (Suggestion : calculez, si possible, le zéro et l'ordonnée à l'origine de la droite, puis reliez les points obtenus).

a) $\dfrac{x}{2} + \dfrac{y}{3} = 1$          e) $y = \dfrac{5}{3}(x - 3)$

b) $y = 5 - x$          f) $2x - 4y = 1$

c) $3x - 4y + 24 = 0$          g) $2x - 4y = 0$

d) $x + 1 = 0$          h) $\dfrac{x}{2} + \dfrac{y}{3} = -1$

**4** À partir du n° 3 :

a) Réécrivez, sous forme fonctionnelle ($y = ax + b$), l'équation de forme symétrique donnée en a) et celle de forme générale donnée en c).

b) Réécrivez, sous forme générale et sous forme symétrique, l'équation de forme canonique donnée en e).

**5** Parmi les droites du n° 3, lesquelles sont parallèles entre elles ?

**6** Soit $P$ le périmètre d'un triangle équilatéral de côté $c$.

a) Exprimez $P$ en fonction de $c$.

b) Tracez le graphique de la fonction $P$.

**7** Tracez le graphique de chacune des fonctions d'équations suivantes (consultez, au besoin, l'exemple 2.19) :

a) $f(x) = |5 - x|$

b) $y = |5 - x| - 2$

c) $y = -|5 - x|$

d) $g(x) = |x + 5|$

**8** Sachant que la pente d'une droite peut être calculée au moyen du rapport $\dfrac{f(x_2) - f(x_1)}{x_2 - x_1}$, où $x_1$ et $x_2$ sont les abscisses de deux points quelconques de la droite, démontrez que ce rapport est bel et bien égal à la valeur $a$ lorsque l'équation de la droite est donnée par $f(x) = ax + b$. (La démonstration consiste, en partant de $\dfrac{f(x_2) - f(x_1)}{x_2 - x_1}$, à exprimer $f(x_1)$ et $f(x_2)$ au moyen de l'équation $f(x) = ax + b$, puis à simplifier algébriquement le rapport.)

**9** Démontrez que la forme générale de l'équation d'une droite $ax + by + c = 0$, où $b \neq 0$, est équivalente à la forme fonctionnelle $y = ax + b$.

## 2.2.2 Fonction du second degré

Une fonction (polynomiale) du second degré, appelée aussi « fonction quadratique », a pour **équation générale** :

$$f(x) = ax^2 + bx + c \quad \text{ou} \quad y = ax^2 + bx + c, \quad \text{où } a \neq 0.$$

La représentation graphique d'une fonction du second degré est une **parabole verticale**.

**L'orientation de la courbe** dépend du signe de $a$, le coefficient de $x^2$. La parabole est ouverte vers le haut si $a > 0$ et ouverte vers le bas si $a < 0$ :

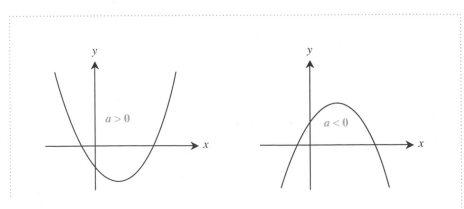

**Figure 2.25**

**L'ordonnée à l'origine** de la parabole est la valeur $c$ puisqu'en posant $x = 0$ dans l'équation $f(x) = ax^2 + bx + c$, on obtient : $f(0) = c$.

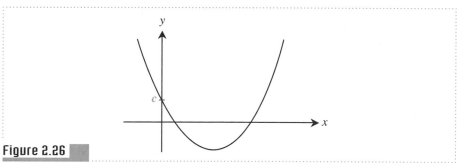

**Figure 2.26**

Quant aux zéros de la fonction quadratique donnés par la formule :

$$x = \frac{-b \pm \sqrt{b^2 - 4ac}}{2a},$$

trois cas peuvent se présenter, comme on l'a vu au chapitre 1 (voir la sous-section 1.3.2) : il peut y avoir deux solutions réelles, une seule ou aucune.

On peut connaître le nombre de zéros de la fonction sur la base des constantes $a$, $b$ et $c$ grâce au signe du discriminant : $b^2 - 4ac$. On obtient :

– deux zéros distincts si $b^2 - 4ac > 0$ ;

– un zéro (double) si $b^2 - 4ac = 0$ ;

– aucun zéro si $b^2 - 4ac < 0$.

Lorsque la fonction quadratique admet un ou deux zéros, on peut exprimer son équation sous l'une ou l'autre des formes factorisées suivantes, selon le cas :

$$f(x) = a(x - x_1)^2 \quad \text{ou} \quad f(x) = a(x - x_1)(x - x_2).$$

La forme factorisée d'une fonction quadratique peut être obtenue directement de la forme générale $f(x) = ax^2 + bx + c$, à l'aide de la méthode « produit et somme » ou des identités remarquables, abordées au chapitre 1 (voir les exemples de la sous-section 1.3.2).

Le tableau 2.4 résume les informations qu'on peut obtenir sur la parabole à partir de la forme générale de l'équation quadratique :

$$f(x) = ax^2 + bx + c, \quad \text{où } a \neq 0.$$

**Tableau 2.4**

| Signe de $b^2 - 4ac$ | Nombre de zéros | Équation de la parabole | Graphique |
|---|---|---|---|
| $b^2 - 4ac > 0$ | Deux zéros : $x_1$ et $x_2$ | La forme générale : $$f(x) = ax^2 + bx + c$$ peut alors être décomposée en deux facteurs selon les zéros ; elle donne lieu à la forme factorisée : $$f(x) = a(x - x_1)(x - x_2).$$ | La parabole (orientée vers le haut ou vers le bas selon le signe de $a$) coupe l'axe des $x$ en deux points. |

**Tableau 2.4** *(suite)*

| Signe de $b^2 - 4ac$ | Nombre de zéros | Équation de la parabole | Graphique |
|---|---|---|---|
| $b^2 - 4ac = 0$ | Un seul zéro : $x_1$ | La forme générale : $$f(x) = ax^2 + bx + c$$ peut alors être décomposée en facteurs selon l'unique zéro ; elle donne lieu à la forme factorisée : $$f(x) = a(x - x_1)^2.$$ Le zéro $x_1$ est aussi appelé un **zéro double**, étant donné qu'il apparaît deux fois dans la forme factorisée (en raison du carré). | Le seul point d'intersection de la courbe avec l'axe des $x$ est le sommet de la parabole (orientée vers le haut ou vers le bas selon le signe de $a$). |
| $b^2 - 4ac < 0$ | Aucun zéro | La forme générale : $$f(x) = ax^2 + bx + c$$ ne peut pas être ramenée à la forme factorisée. Les valeurs de $f(x)$ sont alors soit toutes strictement positives, soit toutes strictement négatives. | La parabole est soit au-dessus de l'axe des $x$, soit au-dessous. |

Une fonction quadratique peut aussi être exprimée sous la forme canonique :

$$f(x) = a(x - h)^2 + k,$$

où $h$ et $k$ sont respectivement l'abscisse et l'ordonnée du sommet de la parabole.

La forme canonique est, en fait, le résultat d'une translation horizontale de $h$ unités et d'une translation verticale de $k$ unités de la parabole d'équation $y = ax^2$. La figure 2.27 illustre le cas où $h > 0$ et $k > 0$.

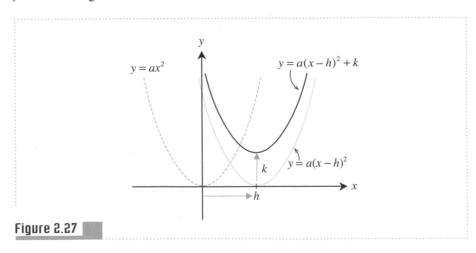

**Figure 2.27**

L'avantage de la forme factorisée et de la forme canonique de la fonction quadratique est qu'on peut tirer de chacune, sans aucun calcul, suffisamment d'informations pour tracer le graphique de la parabole correspondante.

**Tableau 2.5**

| Forme | Équation | Informations graphiques tirées directement de l'équation |
|---|---|---|
| Factorisée | $f(x) = a(x - x_1)(x - x_2)$ | Position des deux zéros: $x_1$ et $x_2$, et orientation de la parabole selon le signe de $a$. |
| | $f(x) = a(x - x_1)^2$ | Position du zéro: $x_1$, et orientation de la parabole selon le signe de $a$. |
| Canonique | $f(x) = a(x - h)^2 + k$ | Position du sommet: $(h, k)$, et orientation de la parabole selon le signe de $a$. |

## Conseils pour tracer le graphique d'une parabole

Pour tracer le graphique d'une parabole à partir de son équation, il suffit de connaître son orientation et soit la position des zéros, soit la position de son sommet, selon la forme de l'équation (voir le tableau précédent). De plus, on peut trouver facilement la position de l'ordonnée à l'origine en calculant $f(0)$.

Pour les formes d'équation autres que canonique, il est possible de préciser facilement l'abscisse du sommet: celle-ci est située exactement au milieu entre les zéros (s'il y a deux zéros distincts, bien entendu), puisque la parabole est symétrique par rapport à la droite verticale passant par son sommet. Quant à son ordonnée, on peut la calculer assez facilement en évaluant $f(x)$ à l'abscisse du sommet. Autrement dit, il est inutile de retenir par cœur certaines formules qui donnent la position du sommet en fonction des paramètres constants $a$, $b$ et $c$. Dans la plupart des cas, on peut même se contenter de laisser imprécisée l'ordonnée du sommet quand elle n'est pas explicitement demandée. L'essentiel est d'avoir l'allure générale de la parabole, qui est suffisamment déterminée par son orientation et ses points d'intersection avec les axes.

**Exemple 2.22**

Trouvez la position du sommet de la parabole d'équation $f(x) = (x + 1)(x - 7)$.

> *Solution*

Comme $(x + 1)(x - 7) = 0$ pour $x = -1$ ou $x = 7$, les zéros sont $-1$ et $7$.

L'abscisse du sommet est située au milieu entre les positions $-1$ et $7$ sur l'axe des $x$:

$$\frac{-1 + 7}{2} = \frac{6}{2} = 3$$

Quant à l'ordonnée du sommet, on la calcule à l'aide de l'équation de la fonction:

$$f(3) = (3 + 1)(3 - 7) = -16$$

Donc, le sommet de la parabole est situé au point $(3, -16)$.

La forme générale de l'équation quadratique $f(x) = ax^2 + bx + c$ ne donne pas suffisamment d'informations pour tracer le graphique de la parabole correspondante : le signe de $a$ donne l'orientation et $c$, l'ordonnée à l'origine ($b$ joue un rôle plus complexe qui n'est pas abordé ici). Toutefois, ces deux seules informations ne suffisent pas à déterminer le graphique de la parabole (voir la figure 2.28), car c'est par la connaissance de la position des zéros ou du sommet qu'on peut distinguer les cas de paraboles avec ou sans zéros (selon le signe de $a$).

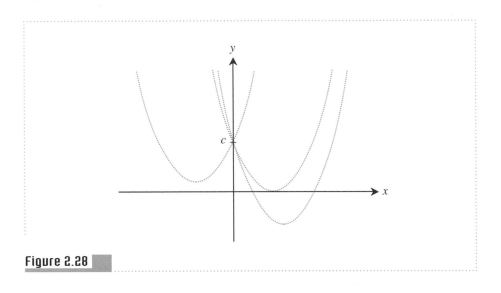

**Figure 2.28**

Pour lever cette indétermination, il faut soit décomposer la forme générale en forme factorisée, soit utiliser directement la formule quadratique.

## Applications des fonctions du second degré

La fonction quadratique est présente dans divers contextes, comme en géométrie, en physique et dans plusieurs autres domaines.

**Exemple 2.23**

Voici quelques exemples de fonctions quadratiques en géométrie :

**a) Aire d'un carré de côté $c$**

| Figure | Formule de l'aire $A$ | Représentation graphique |
|---|---|---|
| 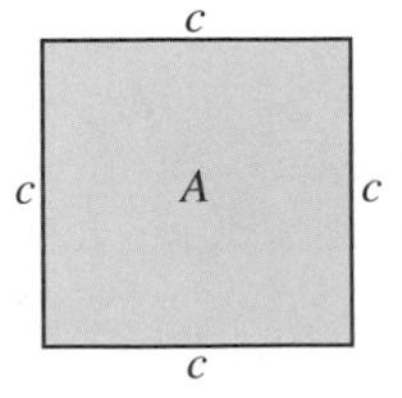 | $A = c^2$ <br><br> Forme fonctionnelle : <br> $A(c) = c^2$ <br><br> Domaine restreint : <br> dom $A = \mathbb{R}_+$ | 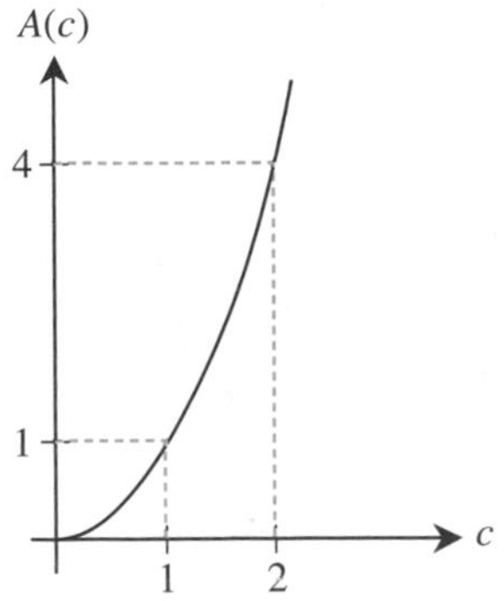 |

**Figure 2.29**

## b) Volume d'un cylindre de hauteur constante *h* et de rayon *r* variable

| Figure | Formule du volume *V* | Représentation graphique |
|---|---|---|

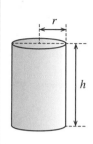

**Figure 2.30**

$$V = \pi r^2 h$$

Forme fonctionnelle :
$$V(r) = (\pi h)r^2$$

Ici, la forme fonctionnelle présente l'avantage d'indiquer par elle-même quelle est la variable indépendante : *r* dans ce cas.

Domaine restreint :
dom $V = \mathbb{R}_+$

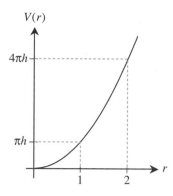

## c) Aire de la surface d'une sphère de rayon *r*

| Figure | Formule de l'aire *A* | Représentation graphique |
|---|---|---|

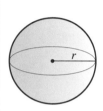

**Figure 2.31**

$$A = 4\pi r^2$$

Forme fonctionnelle :
$$A(r) = 4\pi r^2$$

Domaine restreint :
dom $A = \mathbb{R}_+$

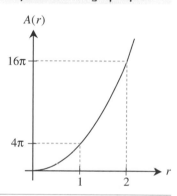

---

**Exemple 2.24**

Voici quelques exemples de fonctions quadratiques en physique :

### a) Mouvement uniformément accéléré

La position *x* d'un mobile se déplaçant en ligne droite avec une accélération constante *a* est donnée par une fonction du second degré du temps *t* :

$$x(t) = \frac{1}{2}at^2 + v_0 t + x_0,$$

où $v_0$ est la vitesse initiale du mobile et $x_0$ sa position initiale.

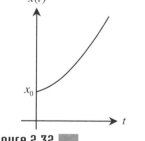

**Figure 2.32**

### b) Énergie cinétique

L'énergie cinétique d'un corps en mouvement est donnée par une fonction du second degré de la vitesse *v* :

$$E(v) = \frac{1}{2}mv^2,$$

où *m* est la masse du corps.

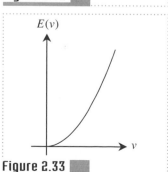

**Figure 2.33**

## EXERCICES 2.6

**1** Le graphique d'une parabole est-il toujours le graphique d'une fonction ?

**2** Dans chaque cas, tracez le graphique des fonctions quadratiques $f$, $g$ et $h$ sur un même plan cartésien, en vous aidant des opérations graphiques (translations, réflexions, etc.) pour produire les graphiques de $g$ et de $h$ à partir de $f$.

a) $f(x) = x^2$, $g(x) = x^2 - 1$ et $h(x) = x^2 + 1$

b) $f(x) = x^2$, $g(x) = (x - 1)^2$ et $h(x) = (x + 1)^2$

c) $f(x) = x^2$, $g(x) = 2x^2$ et $h(x) = \dfrac{x^2}{2}$

d) $f(x) = x^2$ et $g(x) = -x^2$

**3** Soit $A$ l'aire d'un triangle rectangle isocèle dont les cathètes mesurent chacune $c$ unités de longueur.

a) Exprimez $A$ en fonction de $c$.

b) Tracez le graphique de la fonction $A$.

**4** Tracez le graphique de chacune des fonctions quadratiques d'équations suivantes. (Consultez, au besoin, la section Conseils pour tracer le graphique d'une parabole, à la page 71.)

a) $y = (x + 2)(x - 5)$

b) $y = -x(x - 3)$

c) $y = x^2 + x - 6$

d) $y = -(x + 1)^2 + 3$

**5** On projette de construire un terrain de jeu dont la forme est un rectangle de 50 m de long complété à ses extrémités par deux demi-cercles. Le rayon $r$ des demi-cercles n'est pas encore déterminé.

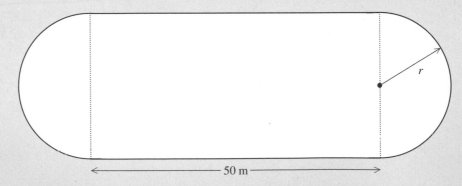

50 m

a) Exprimez le périmètre $P$ du terrain en fonction du rayon $r$.

b) Exprimez l'aire de la surface du terrain en fonction du rayon.

c) Donnez le degré de chacune des fonctions trouvées en a) et en b).

d) Décrivez le graphique de chacune de ces fonctions.

e) Quelle devrait être la mesure du rayon si on veut que le terrain occupe une superficie de 1000 m² ?

**6** Toutes les paraboles dont l'ordonnée à l'origine est 1 ont pour équation générale : $y = ax^2 + bx + 1$. Si l'une de ces paraboles admet un zéro à $-1$ et passe par le point $(1, -4)$, trouvez la valeur des coefficients $a$ et $b$ de l'équation.

### 2.2.3 Fonctions polynomiales de degré supérieur à 2

La formule du volume d'une sphère est un exemple concret et simple de fonction polynomiale de degré 3 ; elle est composée d'un seul terme :

$$V(r) = \frac{4}{3}\pi r^3$$

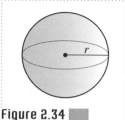

**Figure 2.34**

Plus généralement, une fonction de degré 3 a pour équation générale :

$$f(x) = ax^3 + bx^2 + cx + d, \text{ où } a \neq 0$$

## Graphiques de fonctions polynomiales

S'il est facile de tracer le graphique des fonctions de degré 1 et de degré 2, il n'en est pas toujours de même pour les fonctions polynomiales de degré supérieur à 2, puisque leur équation se complexifie à mesure que le degré augmente et que des termes s'ajoutent. Ce n'est pas le cas, toutefois, lorsque leur expression est déjà décomposée en facteurs du premier degré. Tout comme certaines fonctions du second degré admettent une forme factorisée, il en est de même avec les fonctions de degré supérieur à 2.

De manière générale, si une fonction polynomiale de degré $n$ possède $n$ zéros, alors son équation peut s'écrire sous la forme factorisée suivante :

$$f(x) = a(x - x_1)(x - x_2) \ldots (x - x_n), \text{ où } x_1, x_2, \ldots, x_n \text{ sont les zéros.}$$

À l'aide de cette décomposition en facteurs, on obtient facilement les zéros de la fonction, c'est-à-dire les abscisses des points d'intersection de la courbe avec l'axe horizontal. Ces informations graphiques constituent en fait la première étape de la méthode pour tracer le graphique d'une fonction de ce type (sous forme factorisée). Une autre information graphique précieuse, qu'on peut facilement tirer de l'équation, est l'ordonnée à l'origine (par le calcul de $f(0)$).

L'étape suivante consiste à étudier les signes de la fonction (c'est-à-dire le signe de ses ordonnées) dans les sous-intervalles séparés par les zéros.

Avec l'ensemble des informations recueillies, on peut obtenir un graphique approximatif de la fonction polynomiale en traçant la courbe la plus simple passant par ses zéros[4], comme l'illustre la figure 2.35.

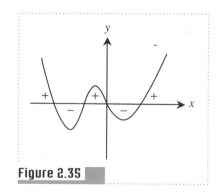

**Figure 2.35**

Voici un premier exemple d'application de cette méthode.

---

4. On entend par « courbe la plus simple passant par les zéros », une courbe qui a un seul sommet et n'admet aucun point d'inflexion entre deux zéros consécutifs non répétés.

**Exemple 2.25**

Tracez un graphique approximatif de $f(x) = (x + 3)(x + 1)(x - 2)$.

▶ *Solution*

Il s'agit d'une fonction polynomiale de degré 3.

1. On détermine les zéros de *f*.

    Pour y arriver, on résout l'équation $(x + 3)(x + 1)(x - 2) = 0$.

    À chaque facteur du polynôme correspond un zéro, soit $x + 3 = 0$, $x + 1 = 0$ ou $x - 2 = 0$.

    Les zéros sont donc −3, −1 et 2. On les reporte sur le plan cartésien :

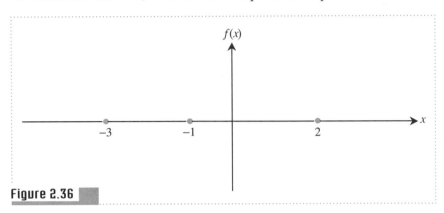

**Figure 2.36**

2. On trouve l'ordonnée à l'origine.

    $f(0) = 3 \cdot 1 \cdot (-2) = -6$

    On la reporte sur le plan cartésien, avec les zéros :

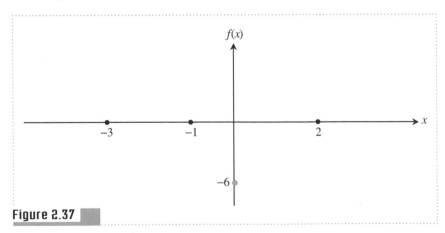

**Figure 2.37**

Remarquons que le graphique n'a pas la même échelle en *x* et en *y* ; l'échelle est plus petite en *y* pour des raisons d'économie d'espace dans le sens vertical.

3. On étudie le signe de la fonction dans chaque sous-intervalle déterminé par les zéros.

    Dans chaque sous-intervalle, on trouve le signe de $f(x)$ en évaluant la fonction à une valeur intermédiaire. Il est à noter que l'ordonnée à l'origine trouvée à l'étape précédente nous informe déjà du signe de $f(x)$ dans l'intervalle ]−1, 2[.

| Valeurs de $x$ | | $-3$ | | $-1$ | | $2$ | |
|---|---|---|---|---|---|---|---|
| Signe de $f(x)$ | $-$ | $0$ | $+$ | $0$ | $-$ | $0$ | $+$ |

On reporte ces résultats sur le plan cartésien, ce qui définit quatre régions par où passe la courbe :

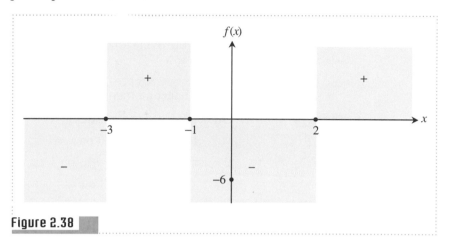

**Figure 2.38**

4. On trace approximativement la courbe de $f$ à l'aide des informations précédentes.

L'allure de la courbe la plus simple respectant ces exigences est la suivante :

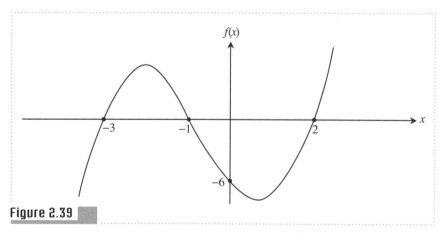

**Figure 2.39**

On positionne les sommets sans se soucier de la valeur précise de leur abscisse et de leur ordonnée.

On verra plus loin que le calcul différentiel confirme l'allure de cette courbe et permet d'obtenir facilement beaucoup plus de précision, notamment en ce qui concerne les sommets.

**Remarque**

Les abscisses des sommets d'une fonction polynomiale de degré supérieur à 2 ne sont pas nécessairement situées au point milieu entre deux zéros consécutifs, à la différence des paraboles. On le démontrera, dans un autre chapitre, à l'aide du calcul différentiel.

Les deux exemples suivants ont pour but de compléter la méthode pour tracer le graphique approximatif d'une fonction polynomiale dans les cas où la fonction admet des zéros identiques (zéros doubles, zéros triples, etc.).

**Exemple 2.26**

Tracez un graphique approximatif de $f(x) = x(x - 1)^2$.

▶ *Solution*

Il s'agit encore d'une fonction de degré 3, mais où l'un des facteurs est répété :

$$(x - 1)^2 = (x - 1)(x - 1)$$

Ce double facteur aura une incidence sur l'allure de la courbe.

1. On détermine les zéros de $f$.

   $x(x - 1)^2 = 0$ pour $x = 0$ ou $x = 1$

   Les zéros sont donc 0 et 1, où 1 est un zéro double.

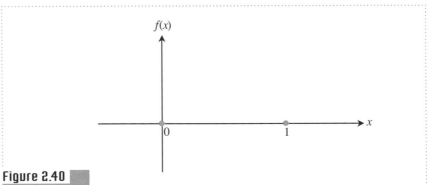

**Figure 2.40**

2. On trouve l'ordonnée à l'origine : $f(0) = 0$

   Ce résultat était à prévoir, puisqu'un des zéros trouvés est nul. Cette étape est donc redondante.

3. On étudie le signe de $f(x)$.

| Valeurs de $x$ | | 0 | | 1 | |
|---|---|---|---|---|---|
| Signe de $f(x)$ | − | 0 | + | 0 | + |

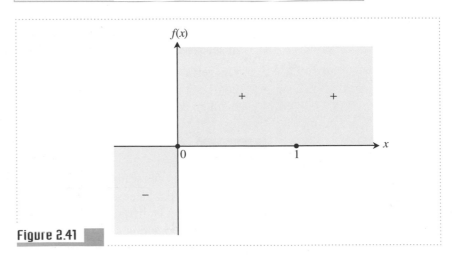

**Figure 2.41**

4. On trace une courbe approximative de *f*.

La courbe la plus simple qui satisfait aux exigences précédentes a la forme suivante :

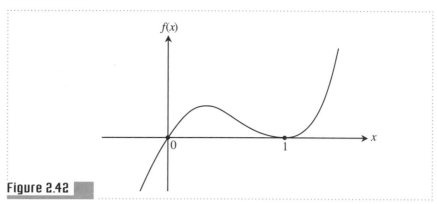

**Figure 2.42**

---

**Remarque**

1. On notera que la courbe d'équation $f(x) = (x + 3)(x + 1)(x - 2)$ de l'exemple 2.25 a un comportement presque linéaire (c'est-à-dire presque rectiligne) au voisinage immédiat de chacun des zéros (voir la figure 2.43). Ce comportement est dû au fait que chacun des trois facteurs de la fonction ci-dessus est de degré 1. Le comportement n'est pas parfaitement linéaire en raison de la présence des autres facteurs qui influent sur le calcul de l'ordonnée des points de la courbe au voisinage des zéros.

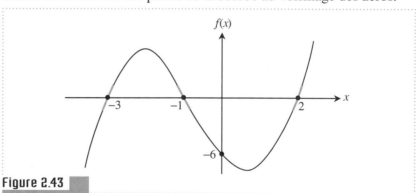

**Figure 2.43**

2. Dans le cas de la courbe d'équation $f(x) = x(x - 1)^2$ de l'exemple 2.26, on notera que la courbe, au voisinage immédiat de son zéro double, a un comportement presque parabolique : on dirait un sommet de parabole (voir la figure 2.44). Ce comportement a, bien entendu, un lien avec le degré 2 du facteur correspondant dans l'équation de la fonction.

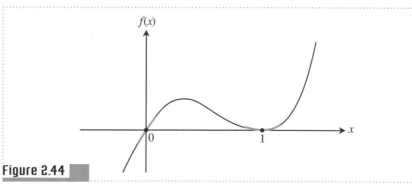

**Figure 2.44**

**Exemple 2.27**

Tracez le graphique de $f(x) = x^3$.

> *Solution*

Il s'agit de la forme la plus simple des fonctions polynomiales de degré 3.

1. On trouve les zéros de *f*.

   Il n'y a qu'un seul zéro : $x^3 = 0$ pour $x = 0$.

   Comme le facteur est répété trois fois ($x^3 = x \cdot x \cdot x$), il s'agit d'un **zéro triple**.

   De plus, ce zéro se confond avec l'ordonnée à l'origine.

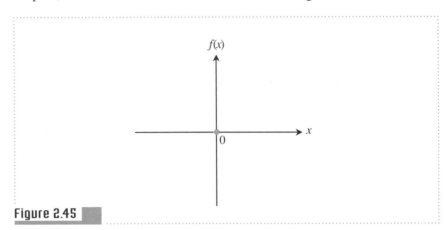

**Figure 2.45**

2. On étudie le signe de $f(x)$.

| Valeurs de $x$ | | 0 | |
|---|---|---|---|
| Signe de $f(x)$ | − | 0 | + |

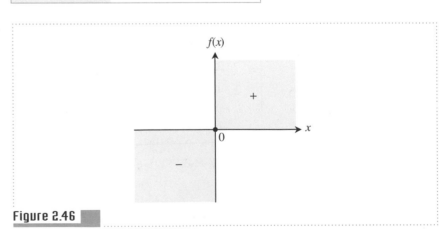

**Figure 2.46**

3. On trace approximativement la courbe de *f*.

   Comme $x^3$ peut s'écrire $x \cdot x^2$, l'allure de la courbe au voisinage du zéro triple est une combinaison des comportements linéaire (degré 1) et parabolique (degré 2) : la courbe traverse donc l'axe des *x* (comme le fait une droite) et est tangente à l'axe des *x* (comme dans le cas de la parabole d'équation $y = x^2$) (voir la figure 2.47).

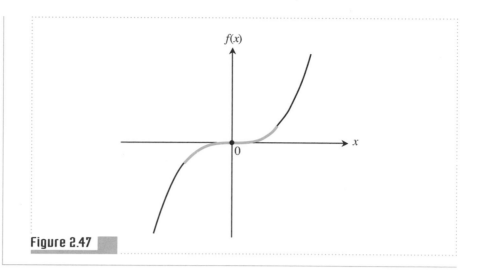

**Figure 2.47**

Remarque

L'allure de la courbe d'une fonction polynomiale au voisinage de l'un de ses zéros est liée au degré du facteur correspondant. Elle ressemble à la forme que prend, au voisinage de son zéro, le graphique de la fonction composée du seul facteur correspondant (répété ou non) :

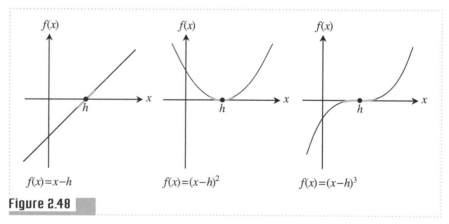

$f(x) = x - h$ $\qquad$ $f(x) = (x-h)^2$ $\qquad$ $f(x) = (x-h)^3$

**Figure 2.48**

L'allure de la courbe, au voisinage du zéro, pourrait être aussi celle de la courbe obtenue par la réflexion, par rapport à l'axe horizontal, de l'un ou l'autre de ces trois cas.

À partir de ces trois cas (et de leur réflexion), on peut généraliser de la manière suivante : les fonctions d'équation $f(x) = (x - h)^k$ ayant un degré impair voient leurs ordonnées changer de signe de part et d'autre du zéro, tandis que celles qui sont affectées d'un degré pair conservent le même signe de part et d'autre du zéro. Plus le degré augmente, plus la courbe est aplatie au voisinage de son zéro.

## Raccourci pour tracer le graphique d'une fonction polynomiale

Grâce à la remarque ci-dessus, il est possible de prendre un raccourci avec la méthode exposée plus haut. En effet, il n'est pas nécessaire de faire l'étude complète des signes de la fonction si on utilise le lien entre l'allure de la courbe au voisinage de chacun des zéros et le degré du facteur correspondant.

L'exemple suivant illustre cette façon plus rapide de procéder.

**Exemple 2.28**

Tracez un graphique approximatif de $f(x) = -x(x + 3)^2(x - 2)^3$.

▶ *Solution*

Il s'agit d'une fonction polynomiale de degré 6.

La fonction a pour zéros (dans l'ordre numérique) : −3, 0 et 2.

Selon les degrés des différents facteurs correspondants, on peut dire que −3 est un zéro double, que 0 est un zéro simple et que 2 est un zéro triple. Cela signifie, du point de vue graphique, que la courbe se comporte comme une fonction quadratique au voisinage de $x = -3$, comme une fonction linéaire au voisinage de $x = 0$ et comme une fonction cubique au voisinage de $x = 2$ (voir la remarque à la page 81).

Maintenant, au lieu de faire l'étude complète des signes, il suffit de trouver le signe de $f(x)$ à l'une des extrémités du graphique, par exemple à la gauche du zéro −3. On a $f(-4) < 0$, ce qui indique que la courbe est située au-dessous de l'axe des $x$ pour tout $x < -3$.

Si on reporte les informations précédentes sur un plan cartésien, on a :

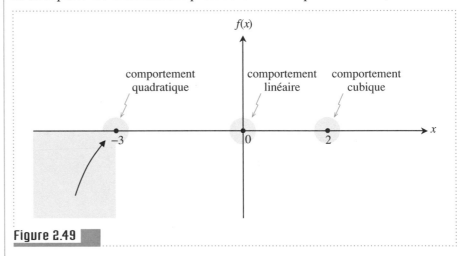

**Figure 2.49**

Finalement, on prolonge la courbe vers la droite en suivant ses différents comportements au voisinage des zéros :

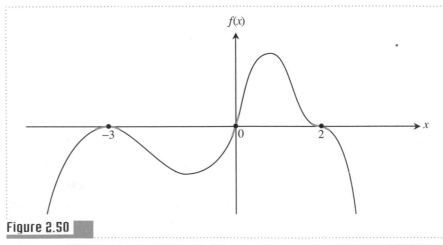

**Figure 2.50**

**Remarque**

Dans les exemples précédents, on peut relever un lien entre les extrémités de la courbe et le degré de la fonction. Pour les fonctions polynomiales de degré impair, les extrémités de la courbe ne sont pas du même côté de l'axe horizontal, alors que pour les fonctions polynomiales de degré pair, les extrémités de la courbe le sont.

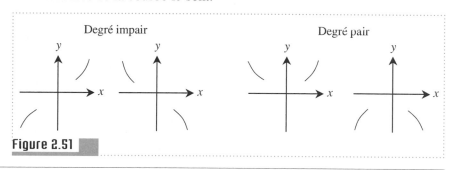

**Figure 2.51**

## Conjecturer une équation de courbe polynomiale

La méthode qui permet de tracer le graphique d'une fonction polynomiale à partir de son équation rend aussi possible le procédé inverse, qui consiste à conjecturer une équation pouvant correspondre à un graphique donné. En voici un exemple.

**Exemple 2.29**

Conjecturez une équation de fonction polynomiale, la plus simple possible, pouvant correspondre au graphique ci-dessous.

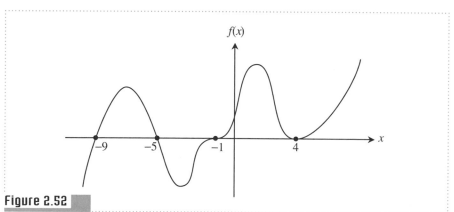

**Figure 2.52**

▶ *Solution*

D'après l'allure de la courbe au voisinage des zéros, on peut dire que les facteurs les plus simples apparaissant dans la forme factorisée de l'équation de $f$ sont : $(x + 9)$, $(x + 5)$, $(x + 1)^3$ et $(x - 4)^2$.

Alors, on peut poser de façon générale l'équation suivante :

$$f(x) = a(x + 9)(x + 5)(x + 1)^3(x - 4)^2$$

Il reste à préciser le signe du coefficient $a$. Comme le signe de $f(x)$ est positif pour tout $x > 4$, d'après le graphique, et que le signe de chacun des facteurs dans l'équation est positif pour $x > 4$, il faut que le signe de $a$ soit également positif.

D'où on peut conjecturer :

$$f(x) = a(x + 9)(x + 5)(x + 1)^3(x - 4)^2, \text{ où } a > 0$$

La valeur de $a$ ne peut être déterminée puisque les points de la courbe ne sont pas précisés, excepté ceux qui correspondent aux zéros.

On peut cependant conjecturer une équation particulière comme :

$$f(x) = (x + 9)(x + 5)(x + 1)^3(x - 4)^2$$

Le degré impair du facteur $(x + 1)$ pourrait être plus grand que 3. De même, pour le facteur de degré pair, on pourrait avoir $(x - 4)^4$ ou $(x - 4)^6$.

On remarquera que le degré de la fonction obtenue est impair (degré 7), ce qui est confirmé par les directions opposées dans lesquelles vont les branches extrêmes de la courbe (voir la remarque à la page 83).

Les exemples précédents font voir que le nombre maximal de zéros distincts d'une fonction polynomiale est lié à son degré. Dans le cas de la fonction polynomiale de degré 3, on constate que la forme factorisée a au plus 3 zéros distincts. On peut d'ailleurs étendre cette propriété aux fonctions polynomiales de degré 3 qui ne se décomposent pas entièrement en facteurs de degré 1, comme dans le cas de $y = (x + 1)(x^2 + 4)$. Ces cas ne sont pas examinés ici, car ils dépassent les limites de la méthode exposée plus haut et seront beaucoup plus faciles à traiter à l'aide du calcul différentiel.

Sur la base de ces observations, il est naturel de faire la conjecture suivante : une fonction polynomiale de degré $n$ admet au plus $n$ zéros distincts, c'est-à-dire que sa courbe représentative admet au plus $n$ points d'intersection avec l'axe horizontal. Cette conjecture est, en fait, un théorème de la théorie des fonctions polynomiales. Autrement dit, elle a été démontrée. Toutefois, la preuve ne sera pas exposée, car elle dépasse le cadre du cours de calcul différentiel.

### Remarque

Contrairement aux fonctions de degré 1 et 2, les fonctions polynomiales de degré supérieur à 2 n'admettent aucune forme canonique générale. Par exemple, si les fonctions polynomiales de degré 3 admettaient une forme canonique générale, cela signifierait que toutes ces fonctions pourraient s'écrire sous la forme :

$$f(x) = a(x - h)^3 + k$$

Or, cela est impossible, car les seules courbes que génère cette forme sont celles résultant des opérations de translation (horizontale ou verticale) et de dilatation (ou de contraction) de la courbe d'équation $y = x^3$ (voir la figure 2.53).

Autrement dit, cette forme canonique ne peut avoir pour graphique une courbe coupant deux ou trois fois l'axe des $x$, comme dans les exemples 2.25 et 2.26. Les courbes qu'elle génère ne couperont l'axe des $x$ qu'une seule fois.

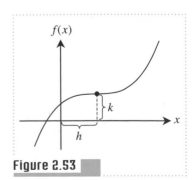

**Figure 2.53**

On obtient un résultat similaire pour les formes canoniques générales des fonctions polynomiales de degré plus grand.

**EXERCICES 2.7**

**1** Parmi les fonctions définies par les équations suivantes, déterminez celles qui ne sont pas polynomiales. Expliquez vos réponses.

a) $f(x) = x^3 - 6x^2 + \dfrac{8}{3}$

b) $f(x) = \dfrac{1}{x^2 - 1}$

c) $g(t) = (t + 3)(t - 1)^2$

d) $h(x) = 3x^5 - x^{3/2} - 2$

e) $f(s) = \sqrt{s^2 - s + 3}$

f) $f(u) = 4u - \sqrt{c}$

g) $f(x) = x + 4\sqrt{x} - 3$

h) $h(p) = p\sqrt[3]{5}$

**2** Tracez un graphique approximatif de chacune des fonctions d'équations suivantes :

a) $f(x) = -(x + 2)(x - 1)\left(x - \dfrac{5}{2}\right)$

b) $f(x) = \dfrac{1}{2}(x + 3)^2(x - 2)$

c) $f(x) = -x(x^2 - 1)$

d) $f(x) = (x + 1)^2(2 - x)$

e) $f(x) = (x + 3)^2(x - 3)^2$

f) $f(x) = x(x - \sqrt{2})^3$

g) $f(x) = x(x^2 - 9)$

**3** Tracez un graphique approximatif de la fonction définie par $g(x) = x^3 - 5x^2 + 6x$. (Suggestion : utilisez la factorisation.)

**4** Dans chaque cas, conjecturez une équation pouvant correspondre au graphique donné.

a)
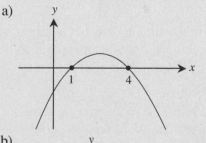

b)
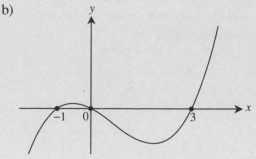

c)
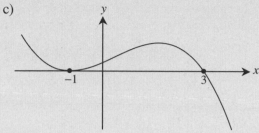

d)
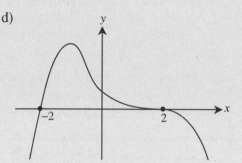

**5** Dans chaque cas, tracez, sur un même plan cartésien, les graphiques des fonctions d'équations suivantes :

a) $f(x) = x^3$, $g(x) = x^3 - 1$ et $h(x) = x^3 + 1$

b) $f(x) = x^3$, $g(x) = (x - 1)^3$ et $h(x) = (x + 1)^3$

c) $f(x) = x^3$, $g(x) = 2x^3$ et $h(x) = \dfrac{x^3}{2}$

d) $f(x) = x^3$ et $g(x) = -x^3$

**6** Un carton rectangulaire mesurant 60 cm de longueur sur 20 cm de largeur sert à fabriquer une boîte sans couvercle. On découpe un carré mesurant $x$ cm de côté à chacun des quatre coins, puis on plie les côtés pour former la boîte (voir l'illustration).

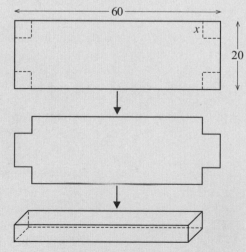

Exprimez le volume $V$ de la boîte en fonction de $x$ et déterminez le domaine de $V$.

**7** On projette de construire un réservoir pour stocker du gaz propane. Le réservoir aura la forme d'un cylindre droit de 2 m de long, complété à ses extrémités par deux hémisphères.

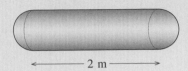

← 2 m →

On n'a pas encore déterminé le rayon du réservoir. Exprimez le volume $V$ du réservoir en fonction du rayon $r$. (Le volume d'une sphère est donné au début de la sous-section 2.2.3.)

**8** Tracez, sur un même plan cartésien, le graphique approximatif de chacune des fonctions définies par les équations suivantes.

(Suggestion : prenez comme repère les points d'abscisses −1 et 1 par lesquels passent les courbes.) Consultez, au besoin, la remarque à la page 81.

a) $f(x) = x^2$ et $g(x) = x^4$

b) $f(x) = x^3$ et $g(x) = x^5$

**9** Donnez la parité des fonctions du n° 8. (Consultez, au besoin, la sous-section 2.1.4.)

**10** La conjecture suivante est fausse : « Si $a < b$, alors $f(a) < f(b)$, où $a,b \in$ dom $f$ ». Réfutez-la à l'aide d'un contre-exemple.

**11** Démontrez que les fonctions polynomiales de degré 4 ne s'expriment pas toutes sous la forme canonique $f(x) = a(x - h)^4 + k$. (Consultez, au besoin, la remarque à la page 84.)

# 2.3 Fonctions définies par l'inverse d'un polynôme

Nous étudions maintenant les fonctions définies par l'inverse d'un polynôme. En voici deux exemples :

$$f(x) = \frac{1}{x}, \ g(x) = \frac{1}{x^2 - 3x - 4}$$

Ces fonctions font partie de la famille des fonctions dites « rationnelles ».

**DÉFINITION** ▶ Une **fonction rationnelle** $f$ est définie par le quotient de deux polynômes $P(x)$ et $Q(x)$ :

$$f(x) = \frac{P(x)}{Q(x)}, \text{ où } Q(x) \text{ n'est pas une fonction constante nulle.}$$

Par analogie avec les nombres rationnels (quotients de deux nombres entiers), on a qualifié de « rationnelles » les fonctions s'exprimant comme un quotient de deux polynômes (où les exposants de la variable sont des entiers positifs ou nuls).

Selon la définition, les fonctions rationnelles comprennent, entre autres, la famille des fonctions polynomiales, puisque toute fonction polynomiale de degré $n$ peut être considérée comme le quotient d'un polynôme de degré $n$ et d'un polynôme constant (comme $Q(x) = 1$).

**Exemple 2.30**

Voici quelques exemples de fonctions rationnelles :

$$f(x) = \frac{x}{x^2 - 1}, \ g(x) = x^3 + 2x - 1, \ h(x) = \frac{1}{x^2 + 1}, \ y = \frac{x^5 - \sqrt{3}x^2 + 10}{(x + 1)(x - 3)^2}.$$

Nous nous limiterons, dans cette section, à l'étude des fonctions rationnelles dont le numérateur est la constante 1 et le dénominateur, un polynôme de degré supérieur ou égal à 1, autrement dit, les fonctions obtenues en prenant l'inverse d'un polynôme.

Commençons par faire ressortir une relation importante qui existe, de manière générale, entre une quantité $y$ et son inverse, $\frac{1}{y}$. Cela aidera à visualiser les fonctions définies par l'inverse d'un polynôme.

### Remarque

**Propriété de l'inverse**

Soit $y$ une quantité variable jamais nulle.

Lorsque la valeur de $y$ augmente, la valeur de son inverse $\frac{1}{y}$ diminue. Par exemple, les entiers 1, 2 et 3 vont en augmentant, tandis que leurs inverses, $\frac{1}{1}$, $\frac{1}{2}$ et $\frac{1}{3}$, vont en diminuant.

Inversement, lorsque la valeur de $y$ diminue, la valeur de son inverse $\frac{1}{y}$ augmente.

Ces deux résultats valent aussi bien pour des valeurs positives que pour des valeurs négatives de $y$ ($\frac{1}{y}$ étant de même signe que $y$). Par exemple, les entiers $-4$, $-3$ et $-2$ vont en augmentant, alors que leurs inverses, $-\frac{1}{4}$, $-\frac{1}{3}$ et $-\frac{1}{2}$, vont en diminuant.

La figure 2.54 ci-dessous illustre cette propriété dans quatre situations différentes que nous détaillons à la page suivante.

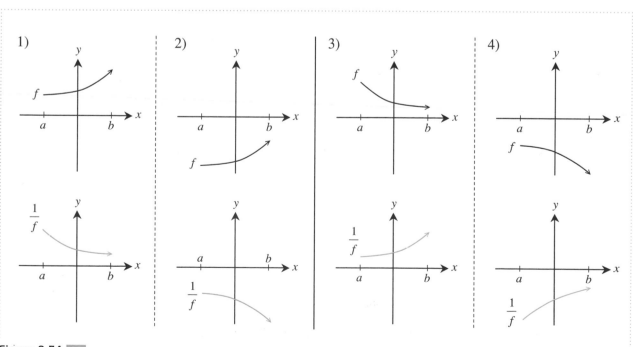

**Figure 2.54**

Supposons que $f$ n'admet aucun zéro sur l'intervalle $]a, b[$.

Selon la propriété précédente, si $f(x)$ augmente sur l'intervalle $]a, b[$, alors la valeur de $\frac{1}{f(x)}$ diminue sur cet intervalle. Graphiquement, cela signifie que lorsque la fonction $f$ croît sur $]a, b[$ (situations 1) et 2) de la figure 2.54), alors la fonction définie par l'inverse des ordonnées de $f$ (désignons-la par $\frac{1}{f}$) décroît sur $]a, b[$ en conservant le même signe que $f$.

De même, lorsque la fonction $f$ décroît sur $]a, b[$ (situations 3) et 4)), alors la fonction $\frac{1}{f}$ croît sur $]a, b[$ en conservant toujours le même signe que $f$.

Il reste maintenant à examiner ce qui se produit pour $\frac{1}{f}$ lorsque $f$ croît (ou décroît) sans cesse au fur et à mesure que $x$ augmente (ou lorsque $f$ s'approche de plus en plus d'un zéro).

Considérons tout d'abord le premier graphique de la figure 2.54 et imaginons que $f$ continue de croître au-delà de la borne $b$ de l'intervalle $]a, b[$ sans jamais cesser d'augmenter. Le graphique de $\frac{1}{f}$ continuera alors de décroître au-delà de la borne $b$ en demeurant toujours positif. Les valeurs de $\frac{1}{f(x)}$ se rapprocheront de plus en plus de 0 par des valeurs supérieures à 0. Autrement dit, la courbe de $\frac{1}{f}$ s'approchera de plus en plus de l'axe horizontal sans jamais y toucher (voir la figure 2.55). On dit, dans ce cas, que la courbe de $\frac{1}{f}$ a une **asymptote horizontale** d'équation $y = 0$, ce qui constitue une information importante à propos de la fonction.

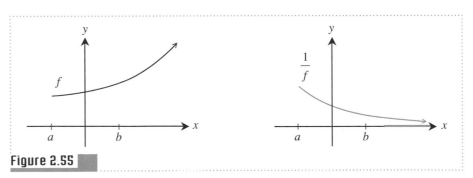

**Figure 2.55**

Pour décrire symboliquement le comportement de chacune des fonctions $f$ et $\frac{1}{f}$ dans cette situation, on écrit :

$$\text{si } f(x) \to +\infty \text{ lorsque } x \to +\infty, \text{ alors } \frac{1}{f(x)} \to 0^+ \text{ lorsque } x \to +\infty.$$

La flèche se lit « tend vers » ou « va vers », alors que $0^+$ représente la façon dont une quantité peut se rapprocher de 0 par des valeurs de plus en plus proches de 0, mais supérieures à 0, comme un dixième, un centième, un millième, etc.

On peut faire un raisonnement similaire à partir du quatrième graphique de la figure 2.54 et imaginer que $f$ décroît indéfiniment au-delà de la borne $b$ de l'intervalle $]a, b[$. On observera (voir la figure 2.56) que, au-delà de la borne $b$, $\frac{1}{f}$ continuera de croître en demeurant toujours négatif. Les valeurs de $\frac{1}{f(x)}$ se rapprocheront de plus en plus de 0 par des valeurs inférieures à 0. Autrement dit, la courbe de $\frac{1}{f}$ s'approchera de plus en plus de l'axe horizontal sans jamais y toucher.

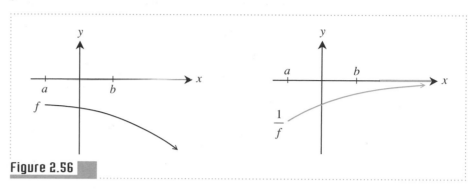

**Figure 2.56**

Dans ce cas aussi, la courbe de $\frac{1}{f}$ admettra une asymptote horizontale d'équation $y = 0$. Symboliquement, on écrit :

$$\text{si } f(x) \to -\infty \text{ lorsque } x \to +\infty, \text{ alors } \frac{1}{f(x)} \to 0^- \text{ lorsque } x \to +\infty.$$

$0^-$ désigne la façon qu'a une quantité de se rapprocher de 0 par des valeurs de plus en plus proches de 0, mais inférieures à 0, comme $-0{,}1$, $-0{,}01$, $-0{,}001$, …

On peut également décrire symboliquement le comportement d'une fonction à gauche du graphique, lorsque $x$ tend vers $-\infty$.

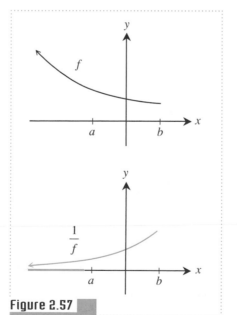

**Figure 2.57**

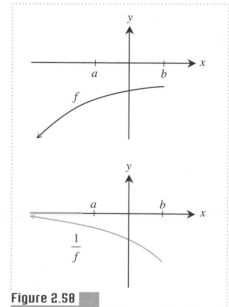

**Figure 2.58**

À la figure 2.57, on remarque que :

$$f(x) \to +\infty \text{ lorsque } x \to -\infty \text{ (premier graphique)},$$

d'où :

$$\frac{1}{f(x)} \to 0^+ \text{ lorsque } x \to -\infty \text{ (second graphique)}.$$

À la figure 2.58, on remarque que :

$$f(x) \to -\infty \text{ lorsque } x \to -\infty \text{(premier graphique)},$$

d'où :

$$\frac{1}{f(x)} \to 0^- \text{ lorsque } x \to -\infty \text{ (second graphique).}$$

Tous ces cas font voir que lorsque $f(x) \to \pm\infty$ à mesure que $x \to \pm\infty$, la courbe de $\frac{1}{f}$ a une asymptote horizontale d'équation $y = 0$.

> **Remarque**
>
> Cette étude du comportement d'une fonction à l'infini (c'est-à-dire lorsque $x \to +\infty$ ou lorsque $x \to -\infty$) fait voir que, **lorsque $f$ varie linéairement, $\frac{1}{f}$ ne peut varier linéairement**. Sinon, le graphique de $\frac{1}{f}$ couperait l'axe des $x$, ce qui est impossible puisque $f$ et $\frac{1}{f}$ ont des ordonnées de même signe. Par exemple, la fonction d'équation $y = \frac{1}{x}$ ne peut varier linéairement, même si la fonction d'équation $y = x$ varie linéairement.

À présent, référons-nous au premier graphique de la figure 2.59 et imaginons que la courbe de $f$ se rapproche de plus en plus de l'axe horizontal au voisinage de l'abscisse $b$. Autrement dit, $f(x) \to 0^+$ lorsque l'abscisse $x$ s'approche de plus en plus de $b$ par la gauche.

On observe alors (voir le second graphique) que les ordonnées $\frac{1}{f(x)}$ prennent des valeurs de plus en plus grandes au fur et à mesure que $x$ s'approche de $b$ par la gauche, de sorte que la courbe de $\frac{1}{f}$ s'approche de plus en plus de la droite verticale d'équation $x = b$ sans jamais y toucher. On dit alors que la courbe de $\frac{1}{f}$ a une **asymptote verticale** d'équation $x = b$.

On décrit symboliquement ce comportement asymptotique comme suit :

$$\frac{1}{f(x)} \to +\infty \text{ lorsque } x \to b^-.$$

La notation «$x \to b^-$» signifie que $x$ prend des valeurs de plus en plus proches de $b$, mais inférieures à $b$ (moins que $b$). Sur l'axe des abscisses, cela revient à dire que «$x$ tend vers $b$ par la gauche».

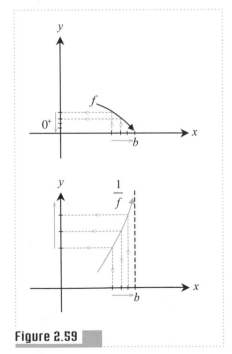

**Figure 2.59**

On peut imaginer d'autres cas semblables où la courbe de $f$ se rapproche de plus en plus de l'axe horizontal au voisinage d'une abscisse $b$ quelconque (voir les graphiques du haut de la figure 2.60).

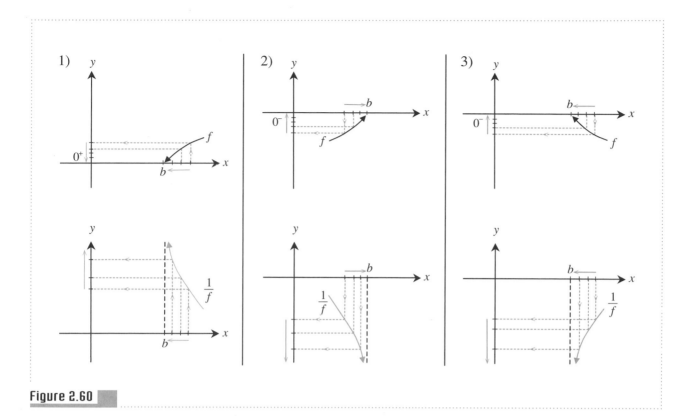

**Figure 2.60**

Dans chaque cas (voir les graphiques du bas de la figure 2.60), les valeurs de $\dfrac{1}{f(x)}$ tendent vers $+\infty$ ou $-\infty$, selon le signe de $f(x)$, et la courbe de $\dfrac{1}{f}$ s'approche de plus en plus de la droite verticale d'équation $x = b$.

On décrit symboliquement le comportement de la courbe de $\dfrac{1}{f}$ au voisinage de son asymptote verticale comme suit dans chacun des cas illustrés :

$$\text{Premier cas :} \quad \frac{1}{f(x)} \to +\infty \text{ lorsque } x \to b^+$$

$$\text{Deuxième cas :} \quad \frac{1}{f(x)} \to -\infty \text{ lorsque } x \to b^-$$

$$\text{Troisième cas :} \quad \frac{1}{f(x)} \to -\infty \text{ lorsque } x \to b^+$$

On voit ainsi que lorsque $f$ admet un zéro en $x = b$, la courbe de $\dfrac{1}{f}$ a une asymptote verticale d'équation $x = b$.

Grâce à l'examen des cas précédents, on dispose d'un moyen général pour étudier le comportement des fonctions définies par l'inverse d'un polynôme. Cela nous assurera une compréhension à la fois algébrique et graphique de cette famille de fonctions. Examinons un cas particulier.

**Exemple 2.31**

Soit $g(x) = \dfrac{1}{x-2}$. Tracez approximativement le graphique de $g$ à partir de celui de $f(x) = x - 2$. Décrivez symboliquement le comportement de la courbe de $g$ au voisinage de ses asymptotes.

▶ *Solution*

1. Le graphique de $f(x) = x - 2$ est une droite dont le zéro est 2 et l'ordonnée à l'origine –2 (voir le premier graphique de la figure 2.61).

2. Comme $g(x) = \dfrac{1}{f(x)}$ et que $f$ a un zéro en 2, alors $g$ n'est pas définie pour cette valeur. D'où :
$$\text{dom } g = \mathbb{R} \setminus \{2\}.$$

De plus, la courbe de $g$ a une asymptote verticale d'équation $x = 2$. En tenant compte du signe de la fonction (le même que celui de $f$), on peut déduire le comportement de la courbe de $g$ au voisinage de son asymptote (voir le second graphique de la figure 2.61).

Symboliquement, on a :
$$g(x) \to -\infty \text{ lorsque } x \to 2^-$$
$$\text{et } g(x) \to +\infty \text{ lorsque } x \to 2^+.$$

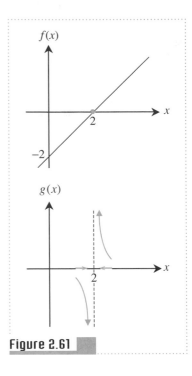
**Figure 2.61**

3. Si on revient au graphique de $f$ (la droite en haut), on constate que $f(x) \to +\infty$ lorsque $x \to +\infty$. Comme $g$ est l'inverse de $f$, il en résulte que $g(x) \to 0^+$ lorsque $x \to +\infty$ (voir la figure 2.62).

De même, puisque $f(x) \to -\infty$ lorsque $x \to -\infty$, il en résulte que $g(x) \to 0^-$ lorsque $x \to -\infty$.

Par conséquent, la courbe de $g$ a une asymptote horizontale d'équation $y = 0$.

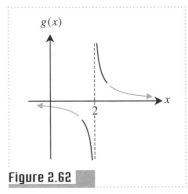
**Figure 2.62**

4. En combinant les informations précédentes, on obtient le graphique de la fonction $g$ (voir la figure 2.63). On notera que l'ordonnée à l'origine de $g$ est $-\dfrac{1}{2}$ (l'inverse de celle de $f$).

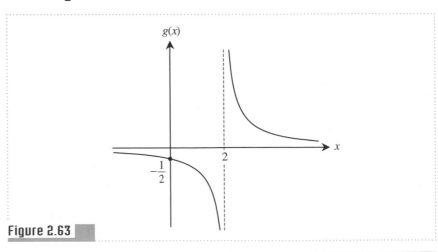
**Figure 2.63**

## Notation limite

Il existe une façon plus synthétique de décrire symboliquement le comportement asymptotique d'une fonction : on fait appel à la notion de valeur limite. Par exemple, si une fonction $f$ a un comportement asymptotique au voisinage de la droite horizontale d'équation $y = 0$ lorsque $x \to +\infty$, on peut alors dire que la **valeur limite** de $f(x)$ est 0 lorsque $x \to +\infty$, peu importe que $f(x)$ s'approche de 0 par des valeurs supérieures ($0^+$) ou par des valeurs inférieures ($0^-$) (voir la figure 2.64).

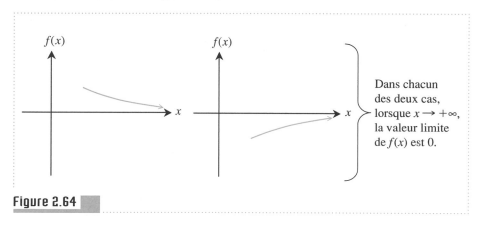

Dans chacun des deux cas, lorsque $x \to +\infty$, la valeur limite de $f(x)$ est 0.

**Figure 2.64**

Pour exprimer symboliquement l'un ou l'autre des cas de la figure précédente, on recourt à la **notation limite** en écrivant :

$$\lim_{x \to +\infty} \left( f(x) \right) = 0.$$

Cette égalité se lit comme suit : « La limite de $f(x)$, lorsque $x$ tend vers l'infini, est zéro. » ou, en termes graphiques : « La limite de l'ordonnée, lorsque l'abscisse tend vers l'infini (ou s'éloigne indéfiniment vers la droite), est zéro. »

Dans le cas où la fonction $f$ a un comportement asymptotique au voisinage de la droite horizontale d'équation $y = 0$ lorsque $x \to -\infty$ (c'est-à-dire à gauche du graphique), on écrit symboliquement :

$$\lim_{x \to -\infty} \left( f(x) \right) = 0,$$

c'est-à-dire : « La limite de $f(x)$, lorsque $x$ tend vers moins l'infini, est zéro. » Comme les deux limites précédentes sont égales, on peut les combiner en une seule expression de la manière suivante :

$$\lim_{x \to \pm\infty} \left( f(x) \right) = 0.$$

Cette égalité se lit : « La limite de $f(x)$, lorsque $x$ tend vers plus ou moins l'infini, est zéro. »

L'avantage de la notation limite est qu'elle synthétise, au moyen d'une équation, le comportement des fonctions dans certaines conditions. Nous l'utiliserons de plus en plus. La notation limite deviendra incontournable au moment d'aborder le calcul différentiel.

On recourt également à la notation limite pour décrire symboliquement le comportement d'une courbe au voisinage d'une asymptote verticale d'équation $x = a$.

Par exemple, si on se rapporte au graphique de la figure 2.65, on a symboliquement :

$$\lim_{x \to a^-} \left( f(x) \right) = -\infty,$$

qui se lit comme suit : « La limite de $f(x)$, lorsque $x$ tend vers $a$ par la gauche, est moins l'infini. »

De même, $\lim_{x \to a^+} \left( f(x) \right) = +\infty$, se lit comme suit :

« La limite de $f(x)$, lorsque $x$ tend vers $a$ par la droite, est plus l'infini. »

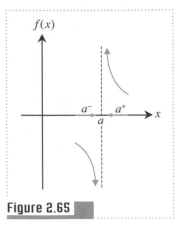

Figure 2.65

### Exemple 2.32

Soit $f(x) = \dfrac{1}{(x+1)^2}$.

Tracez approximativement le graphique de $f$ à partir de l'étude du graphique de $g(x) = (x+1)^2$. Décrivez, au moyen de la notation limite, le comportement asymptotique de $f$.

> **Solution**

1. Le graphique de $g(x) = (x + 1)^2$ est une parabole orientée vers le haut. Son sommet est situé au point $(-1, 0)$ puisque $-1$ est un zéro double, et la courbe est au-dessus de l'axe horizontal puisque $(x + 1)^2 \geq 0$ pour tout $x \in \mathbb{R}$ (voir le premier graphique de la figure 2.66).

2. Comme $g(-1) = 0$ et que $f(x) = \dfrac{1}{g(x)}$, la fonction $f$ n'est pas définie en $x = -1$. Son domaine est donc $\mathbb{R} \setminus \{-1\}$ et la courbe a une asymptote verticale d'équation $x = -1$.

   De plus, comme $g(x) > 0$ pour tout $x \neq -1$, on a également $f(x) > 0$ pour ces valeurs. On a donc :

   $$\lim_{x \to -1^-} \left( f(x) \right) = +\infty \text{ et}$$

   $$\lim_{x \to -1^+} \left( f(x) \right) = +\infty$$

(voir le second graphique de la figure 2.66).

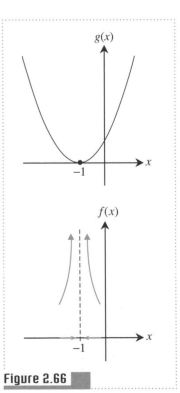

Figure 2.66

3. Si on revient au graphique de $g$, on constate que $\lim_{x \to \pm\infty} \left( g(x) \right) = +\infty$.

   Comme $f$ est l'inverse de $g$, on a alors $\lim_{x \to \pm\infty} \left( f(x) \right) = 0$.

   La courbe de $f$ a donc une asymptote horizontale d'équation $y = 0$.

4. En combinant les informations précédentes, on obtient le graphique de la fonction $f(x) = \dfrac{1}{(x+1)^2}$ (voir la figure 2.67). On notera que l'ordonnée à l'origine est $f(0) = 1$.

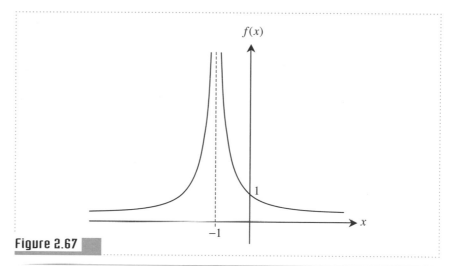

**Figure 2.67**

> **Remarque**
>
> Dans les exemples 2.31 et 2.32, on observe que les comportements respectifs de $g(x) = \dfrac{1}{x-2}$ et de $f(x) = \dfrac{1}{(x+1)^2}$ au voisinage de leur asymptote verticale diffèrent quant au signe de leurs ordonnées : il y a changement de signe dans le cas de la fonction $g$, mais pas dans le cas de la fonction $f$. Cela est lié au degré du facteur au dénominateur de la fonction : quand le degré est impair, les ordonnées changent de signe de part et d'autre de l'asymptote verticale, alors que lorsque le degré est pair, les ordonnées restent du même signe de part et d'autre de l'asymptote verticale.

Une étude plus approfondie du calcul de la limite d'une fonction est donnée en annexe. Elle est accompagnée d'exercices.

## Repère historique

### Concept de limite

Le concept de limite (ou de valeur limite) occupe une place centrale dans le calcul différentiel (voir le chapitre 4). Historiquement, ce concept a d'abord été défini et utilisé de manière intuitive, comme nous venons de le faire. Newton et Leibniz, les inventeurs du calcul différentiel, s'en servaient ainsi. Or, cette approche strictement intuitive créait de l'insatisfaction quand on la comparait à la rigueur avec laquelle les autres concepts en mathématiques étaient définis. Elle exposait d'ailleurs le calcul différentiel à de vives critiques qui en remettaient en cause le bien-fondé. Par exemple, le philosophe irlandais George Berkeley (1685-1753) traitait dédaigneusement les quantités infiniment petites de « fantômes de quantités disparues ». Il a fallu attendre les années 1820 avant que ne soit clairement défini le concept de limite, grâce notamment aux travaux du mathématicien français Augustin Cauchy (1789-1857). Ce dernier a montré que ce concept pouvait être défini de manière rigoureuse au moyen de la notion d'inégalité. La définition rigoureuse de la limite est présentée en annexe. Dans le présent manuel, lorsqu'il sera temps d'aborder le calcul différentiel, nous en resterons toutefois à l'approche intuitive de la limite, suffisante pour les besoins de ce cours.

**Remarque**

**Notation limite**

Soit $a$, $L_1$ et $L_2$ des nombres réels.

**Limite à gauche :**

$\lim\limits_{x \to a^-} (f(x)) = L_1$

signifie que plus l'abscisse $x$ se rapproche de $a$ par des valeurs inférieures (sans jamais égaler $a$), plus l'ordonnée $f(x)$ se rapproche de $L_1$. L'égalité se lit :

« La limite de $f(x)$, lorsque $x$ tend vers $a$ par la gauche, est $L_1$. »

$\lim\limits_{x \to a^-} (f(x)) = +\infty$ (ou $-\infty$)

signifie que plus l'abscisse $x$ se rapproche de $a$ par des valeurs inférieures, plus l'ordonnée $f(x)$ augmente (ou diminue) indéfiniment. L'égalité se lit :

« La limite de $f(x)$, lorsque $x$ tend vers $a$ par la gauche, est plus l'infini (ou moins l'infini). »

**Limite à droite :**

$\lim\limits_{x \to a^+} (f(x)) = L_2$

signifie que plus l'abscisse $x$ se rapproche de $a$ par des valeurs supérieures (sans jamais égaler $a$), plus l'ordonnée $f(x)$ se rapproche de $L_2$. L'égalité se lit :

« La limite de $f(x)$, lorsque $x$ tend vers $a$ par la droite, est $L_2$. »

$\lim\limits_{x \to a^+} (f(x)) = +\infty$ (ou $-\infty$)

signifie que plus l'abscisse $x$ se rapproche de $a$ par des valeurs supérieures, plus l'ordonnée $f(x)$ augmente (ou diminue) indéfiniment. L'égalité se lit :

« La limite de $f(x)$, lorsque $x$ tend vers $a$ par la droite, est plus l'infini (ou moins l'infini). »

**Limite (à gauche et à droite) :**

$\lim\limits_{x \to a} (f(x)) = L$

signifie que plus l'abscisse $x$ se rapproche de $a$ par des valeurs aussi bien supérieures qu'inférieures (sans jamais égaler $a$), plus l'ordonnée $f(x)$ se rapproche de $L$ (ou augmente ou diminue indéfiniment selon que $L$ est $+\infty$ ou $-\infty$). L'égalité se lit :

« La limite de $f(x)$, lorsque $x$ tend vers $a$, est $L$. »

Si $L$ est un nombre réel, on dit que la limite existe.

**Limites à l'infini :**

$\lim\limits_{x \to +\infty} (f(x)) = L_1$

signifie que plus l'abscisse $x$ augmente (va vers $+\infty$), plus l'ordonnée $f(x)$ se rapproche de $L_1$. L'égalité se lit :

« La limite de $f(x)$, lorsque $x$ tend vers l'infini, est $L_1$. »

$$\lim_{x \to -\infty} \left(f(x)\right) = L_2$$ signifie que plus l'abscisse $x$ diminue (va vers $-\infty$), plus l'ordonnée $f(x)$ se rapproche de $L_2$. L'égalité se lit :

« La limite de $f(x)$, lorsque $x$ tend vers moins l'infini, est $L_2$. »

Lorsque $L_1 = L_2 = L$, on peut écrire : $\lim\limits_{x \to \pm\infty}\left(f(x)\right) = L$.

$$\lim_{x \to \pm\infty} \left(f(x)\right) = +\infty \ (\text{ou} -\infty)$$ signifie que plus l'abscisse $x$ augmente (va vers $+\infty$) ou diminue (va vers $-\infty$), plus l'ordonnée $f(x)$ augmente (ou diminue) indéfiniment.

## Exemple 2.33

Soit la fonction définie par $f(x) = \dfrac{1}{x^2 + 2}$. Tracez un graphique approximatif de $f$ à partir de l'étude du graphique de $g(x) = x^2 + 2$.

▶ *Solution*

1. Le graphique de $g(x) = x^2 + 2$ est celui d'une parabole orientée vers le haut et dont le sommet est situé en $(0, 2)$ (voir la figure 2.68).

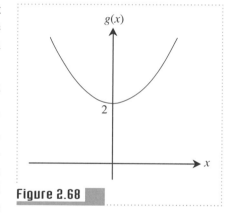

**Figure 2.68**

2. Comme $g$ n'a pas de zéro, on peut en déduire que le graphique de $f$, ou $\dfrac{1}{g}$, n'admet aucune asymptote verticale. En effet, du point de vue algébrique, le dénominateur de la fonction $f$ ne peut s'annuler puisqu'il est la somme d'un carré et d'une constante positive.

   D'où dom $f = \mathbb{R}$.

3. L'étude du signe de $g$ montre que $g(x) > 0$ pour tout $x \in \mathbb{R}$, donc $f(x) = \dfrac{1}{g(x)} > 0$ pour tout $x \in \mathbb{R}$.

4. On observe aussi, sur le graphique de $g$, que les ordonnées de la parabole diminuent sur l'intervalle $]-\infty, 0[$, atteignent un minimum au point $(0, 2)$, puis augmentent ensuite.

   En conséquence, les ordonnées de $f$, données par $\dfrac{1}{x^2 + 2}$, vont d'abord augmenter, atteindre un maximum au point $(0, 1/2)$, puis diminuer (voir la figure 2.69). L'ordonnée du sommet de $f$ est alors l'inverse de l'ordonnée du sommet de la parabole.

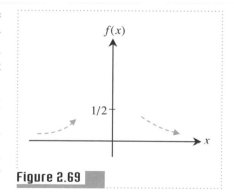

**Figure 2.69**

D'ailleurs, par l'équation de $f$, on a : $f(0) = \dfrac{1}{2}$.

5. Finalement, on constate que :

$$\lim_{x \to \pm\infty} \left( \frac{1}{x^2 + 2} \right) = 0$$

La courbe de $f$ admet donc une asymptote horizontale d'équation $y = 0$.

6. La courbe la plus simple ayant les caractéristiques précédentes a l'allure suivante :

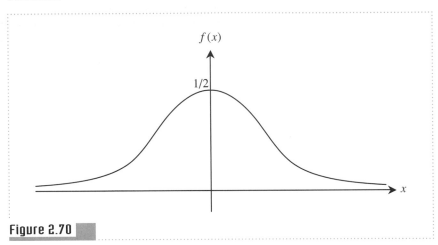

**Figure 2.70**

Le calcul différentiel permettra plus tard de confirmer l'allure de cette courbe et d'en préciser les caractéristiques.

**Remarque**

Des exemples précédents, on peut relever les observations suivantes concernant les fonctions de la forme $f(x) = \frac{1}{p(x)}$, où $p(x)$ est un polynôme (non constant) :

1. Une telle fonction **ne peut avoir de zéro** puisque le numérateur de la fonction ne peut s'annuler.

2. La courbe d'une telle fonction a une **asymptote verticale là où le dénominateur s'annule**. Elle a donc autant d'asymptotes verticales que $p$ a de zéros.

3. La courbe de $f$ a toujours une **asymptote horizontale d'équation** $y = 0$, car :

$$\lim_{x \to \pm\infty} \left( f(x) \right) = \lim_{x \to \pm\infty} \left( \frac{1}{p(x)} \right) = 0$$

On peut maintenant synthétiser les observations faites à partir des cas particuliers et obtenir une méthode plus rapide pour tracer le graphique approximatif de fonctions définies par l'inverse d'un polynôme (à la condition que ce polynôme soit décomposable en facteurs de degré 1 ou de degré 2).

## Méthode pour tracer le graphique de fonctions définies par l'inverse d'un polynôme

Soit $f(x) = \frac{1}{p(x)}$, où $p(x)$ est un polynôme.

Pour tracer la courbe de $f$, on suit les étapes suivantes en reportant au fur et à mesure les informations obtenues sur le graphique :

1. On étudie le **domaine de $f$** et on détermine les **asymptotes verticales**, s'il y en a (là où le dénominateur s'annule).

2. On étudie le **signe de $f$** dans chacun des sous-intervalles déterminés par les asymptotes verticales. Comme le numérateur de $f(x)$ est positif, cela revient à étudier le signe du dénominateur. On reporte ces informations sur le graphique pour obtenir le comportement de la courbe au voisinage des asymptotes verticales. Le signe de $f$ permet également de déterminer le comportement de la fonction à l'infini (lorsque $x \rightarrow \pm\infty$), c'est-à-dire au voisinage de l'asymptote horizontale $y = 0$.

3. On complète l'étude de la courbe par des informations faciles à obtenir, comme l'ordonnée à l'origine et, s'il y a lieu, la croissance de $f$ à partir de celle de $p$ : $f = \dfrac{1}{p}$ augmente là où $p$ diminue, et inversement.

4. On complète le **tracé de la courbe** à l'aide des informations obtenues.

---

**Exemple 2.34**

Tracez un graphique approximatif de $f(x) = \dfrac{1}{x^2 - 2x - 3}$.

▸ *Solution*

**❶ Domaine et asymptotes verticales**

Après factorisation, on obtient : $f(x) = \dfrac{1}{(x+1)(x-3)}$.

Comme le dénominateur de $f(x)$ s'annule en $-1$ et en 3, on a :

$$\text{dom}\, f = \mathbb{R} \setminus \{-1, 3\},$$

et la courbe de $f$ a deux asymptotes verticales d'équations $x = -1$ et $x = 3$ :

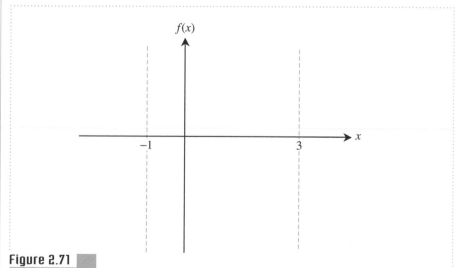

**Figure 2.71**

**❷ Signe de $f$**

| Valeurs de $x$ | | $-1$ | | $3$ | |
|---|---|---|---|---|---|
| Signe de $f(x)$ | $+$ | $\times$ | $-$ | $\times$ | $+$ |

On reporte ces informations sur le graphique et on en déduit le comportement de la courbe de $f$ au voisinage des asymptotes verticales, $x = -1$ et $x = 3$, et de l'asymptote horizontale $y = 0$ :

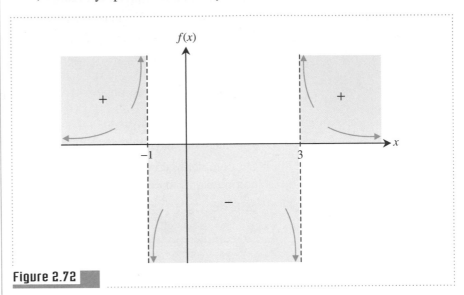

**Figure 2.72**

❸ **Complément d'information**

D'après l'équation de $f$, l'ordonnée à l'origine est $f(0) = -\dfrac{1}{3}$.

De plus, comme le graphique de $y = (x + 1)(x - 3)$ est une parabole dont le minimum est situé au milieu entre les zéros, c'est-à-dire en $x = 1$, la courbe de $f(x) = \dfrac{1}{(x+1)(x-3)}$ atteint un maximum à cet endroit, soit $f(1) = -\dfrac{1}{4}$.

❹ **Graphique de $f$**

L'ensemble des informations obtenues donne le graphique suivant :

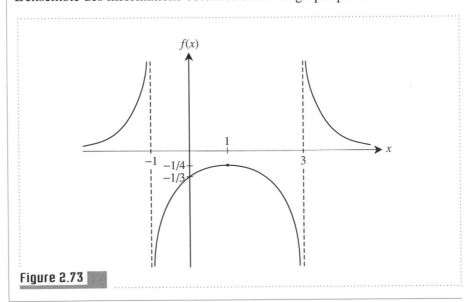

**Figure 2.73**

On peut généraliser l'étude des fonctions précédentes à toutes les fonctions de la forme $f(x) = \dfrac{1}{p(x)} + k$ ou $f(x) = \dfrac{k}{p(x)}$, où $k$ est une constante (non nulle) et $p(x)$ un polynôme (non constant), comme on l'a vu dans les pages 50 à 53.

Dans le premier cas, le graphique de $f(x) = \dfrac{1}{p(x)} + k$ est obtenu par une translation verticale, de $k$ unités, de la courbe de $y = \dfrac{1}{p(x)}$. La courbe résultante a donc les mêmes asymptotes verticales que la précédente, mais son asymptote horizontale a pour équation $y = k$.

Dans le second cas, le graphique de $f(x) = \dfrac{k}{p(x)}$ est obtenu par une dilatation (ou une compression), d'un facteur $k$, de la courbe de $y = \dfrac{1}{p(x)}$, combinée à une réflexion par rapport à l'axe des $x$ si $k$ est négatif. La courbe résultante a alors les mêmes asymptotes, verticales et horizontale, que la précédente.

On peut maintenant inverser le procédé et conjecturer une équation à partir du graphique d'une fonction possédant une ou plusieurs asymptotes verticales et une asymptote horizontale. En voici un exemple.

**Exemple 2.35**

Conjecturez une équation de fonction pouvant correspondre au graphique ci-dessous.

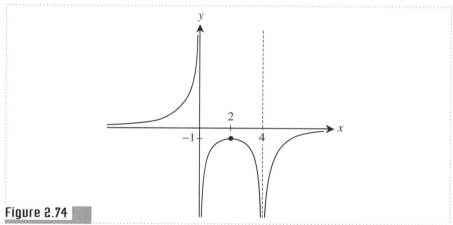

**Figure 2.74**

Une forme possible pour l'équation de cette fonction est :

$$y = \frac{k}{p(x)}$$

D'après la position des asymptotes verticales, en $x = 0$ et $x = 4$, et le comportement de la courbe au voisinage de chacune d'elles, on peut poser :

$$y = \frac{k}{x(x-4)^2}$$

Le facteur $(x - 4)$ est de degré pair en raison de l'absence de changement de signe de l'ordonnée de part et d'autre de l'asymptote verticale correspondante (consultez, au besoin, la remarque à la page 95).

Comme les coordonnées du sommet de la courbe sont données : $(2, -1)$, elles permettent de préciser la valeur de la constante $k$ :

$$-1 = \frac{k}{2(2-4)^2} \quad \Leftrightarrow \quad -1 = \frac{k}{8} \quad \Leftrightarrow \quad k = -8$$

On peut donc conjecturer qu'une équation pour cette courbe est :

$$y = \frac{-8}{x(x-4)^2}$$

## EXERCICES 2.8

**1** Tracez un graphique approximatif de chacune des fonctions d'équations suivantes :

a) $f(x) = \dfrac{1}{x+3}$

c) $f(x) = \dfrac{1}{x^2+1}$

b) $f(x) = \dfrac{1}{(x-1)^2}$    $x^2 - 2x + 1$

**2** Décrivez, à l'aide de la notation limite, le comportement des deux premières fonctions du numéro précédent au voisinage de leur asymptote verticale.

**3** À l'aide des opérations graphiques (translation, réflexion, etc.), déduisez le graphique de chacune des fonctions d'équations suivantes à partir de l'un des graphiques du n° 1 :

a) $g(x) = \dfrac{1}{x}$

c) $g(x) = \dfrac{1}{x^2+1} + 1$

b) $g(x) = \dfrac{1}{(x+1)^2}$    $x^2 + 2x + 1$

d) $g(x) = \dfrac{2}{x^2+1}$

**4** Tracez un graphique approximatif de chacune des fonctions d'équations suivantes :

a) $g(x) = \dfrac{1}{x^3}$

b) $y = \dfrac{1}{1-x^2}$

c) $y = \dfrac{1}{x^3 - 6x^2 + 9x}$

d) $y = \dfrac{-1}{(x+3)(x+1)(x-2)}$

**5** Pour chaque fonction illustrée, complétez le modèle d'équation proposé. (Il faut noter qu'un point de la courbe est donné, ce qui permet de préciser la constante au numérateur de la fonction.)

a)

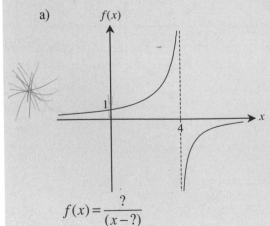

$$f(x) = \dfrac{?}{(x-?)}$$

b)

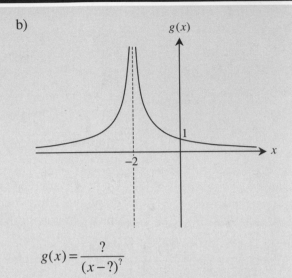

$$g(x) = \dfrac{?}{(x-?)^?}$$

**6** Dans chaque cas, conjecturez une équation de fonction pouvant correspondre au graphique donné. (Il faut noter qu'un point de la courbe est donné.)

a)

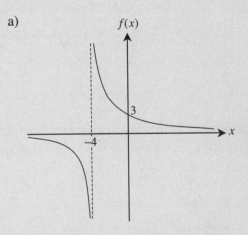

b)

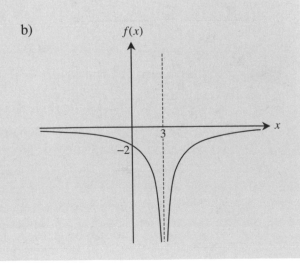

c)

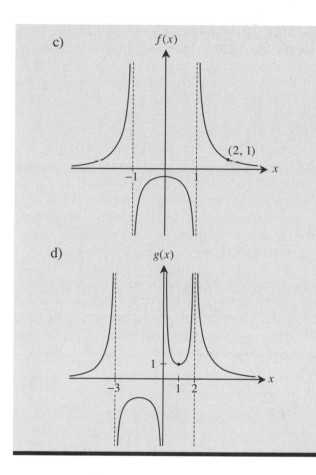

d)

**7** Dans chaque cas, tracez le graphique d'une fonction satisfaisant aux conditions données.

a) $\lim_{x \to \pm\infty} (f(x)) = 2$ et $\lim_{x \to 1} (f(x)) = -\infty$

b) $\lim_{x \to \pm\infty} (f(x)) = -1$ et dom $f = \mathbb{R}$

c) $\lim_{x \to +\infty} (f(x)) = 2$, $\lim_{x \to -\infty} (f(x)) = -2$,

$\lim_{x \to -1^-} (f(x)) = \infty$ et $\lim_{x \to -1^+} (f(x)) = -\infty$

d) $\lim_{x \to \pm\infty} (f(x)) = 0$, dom $f = \mathbb{R}$, $f(x) > 0$ pour $x > 0$ et $f(x) < 0$ pour $x < 0$

**8** La loi des gaz parfaits est donnée par la relation $PV = nRT$, où $P$ est la pression du gaz (en kilopascals), $V$ son volume (en litres), $T$ sa température (en kelvins), $n$ et $R$ des constantes.

a) Exprimez la pression $P$ en fonction du volume $V$, sachant que la température du gaz est maintenue constante.

b) Tracez le graphique de la fonction obtenue en a).

# 2.4 Continuité d'une fonction

On sait que certaines des fonctions définies par l'inverse d'un polynôme présentent des discontinuités sous la forme d'asymptotes verticales. À ces cas s'ajoutent, pour d'autres fonctions, des discontinuités formant un ou des sauts, des trous ou des interruptions.

**Exemple 2.36**

Les graphiques suivants illustrent diverses fonctions discontinues :

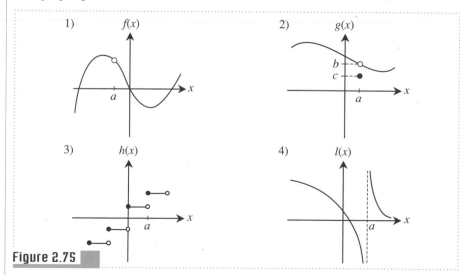

**Figure 2.75**

Intuitivement, on dit qu'une **fonction est continue** sur un intervalle donné lorsque son graphique n'admet aucune interruption, aucun saut, aucun trou, aucune asymptote verticale sur cet intervalle. Nous allons maintenant nous intéresser à la façon de caractériser plus rigoureusement la continuité d'une fonction au moyen d'une approche plus algébrique que graphique.

Si on prend pour point de départ les cas illustrés à la figure 2.75 de la page précédente, on peut les caractériser comme suit. En 1), là où la courbe présente une discontinuité, on peut observer que $f(a)$ n'est pas définie : il n'y a aucune valeur d'ordonnée liée à l'abscisse $a$. En 2), $g(a)$ est définie, mais elle est l'ordonnée d'un point qui n'est pas en continuité avec les autres points de la courbe. En 3), il s'agit d'une fonction en escalier : les différentes ordonnées de la fonction $h$ sont toutes définies mais par paliers. En 4), la courbe de $l$ a une asymptote verticale en $x = a$, de telle sorte que $l(a)$ n'est pas définie.

La relative simplicité des cas précédents peut nous laisser croire que les discontinuités d'une fonction sont soit des points isolés, soit des phénomènes asymptotiques, et sont donc faciles à repérer. Or, le mathématicien allemand Peter Gustav Dirichlet (1805-1859) a proposé une équation de fonction qui nous invite à plus de prudence. Il s'agit d'une fonction définie de la manière suivante :

$$F(x) = \begin{cases} 1 & \text{si } x \text{ est rationnel} \\ 0 & \text{si } x \text{ est irrationnel} \end{cases}$$

Cette fonction, qu'on appelle la **fonction de Dirichlet**, présente des discontinuités (sous forme de sauts verticaux de 0 à 1 ou de 1 à 0) en chacun de ses points, de telle sorte qu'on ne peut en donner une représentation graphique adéquate. Elle est discontinue en chacun de ses points parce qu'on peut toujours trouver, au voisinage de n'importe quelle abscisse rationnelle (à laquelle est liée une ordonnée de valeur 1), une abscisse irrationnelle (à laquelle est liée une ordonnée de valeur 0), et ce, aussi près qu'on veut de l'abscisse rationnelle : c'est que, pour tout nombre rationnel, on peut imaginer un développement décimal qui n'est plus périodique à partir d'une décimale donnée ; dans chaque cas, on aura un nombre irrationnel très près du nombre rationnel considéré.

En dépit des différences que présentent les exemples précédents de fonction discontinue, il est possible de caractériser assez simplement le **concept de fonction continue** : une fonction $f$ définie par $y = f(x)$ est dite continue en une valeur $a$ de son domaine si l'ordonnée $f(x)$ peut être aussi proche qu'on veut de $f(a)$ à condition de prendre $x$ suffisamment proche de $a$.

On peut traduire cette idée en utilisant la notation limite, comme le fait la définition formelle qui suit.

**DÉFINITION** ▶ **Continuité d'une fonction en un point**

Une fonction $f$ est continue en $x = a$ si et seulement si

1) $f(a)$ est défini (ou $a \in \text{dom } f$) ;

2) $\lim\limits_{x \to a}(f(x)) = L$ (c'est-à-dire $\lim\limits_{x \to a^-}(f(x)) = \lim\limits_{x \to a^+}(f(x)) = L$) ;

3) $f(a) = L$.

La figure 2.76 ci-dessous illustre la continuité d'une fonction $f$ en un point d'abscisse $a$. On peut y vérifier que $f(a)$ existe, puisqu'il y a un point sur la courbe vis-à-vis $x = a$. On peut également constater que plus $x$ tend vers $a$, par la droite ou par la gauche, plus $y$ est proche d'une limite dont la valeur coïncide avec $f(a)$.

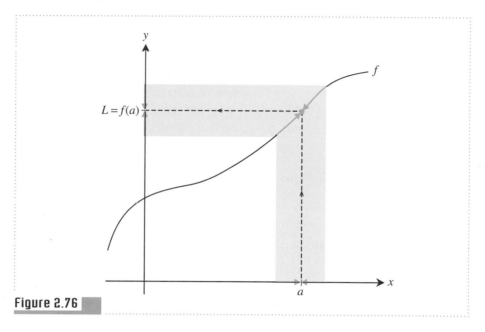

**Figure 2.76**

Si on revient à la figure 2.75, on constate, à l'inverse, qu'aucune des fonctions illustrées ne satisfait à la définition de continuité. En 1), $f(a)$ n'est pas défini. Autrement dit, la première condition de la définition n'est pas remplie. En 2), $g(a)$ est défini : on a $g(a) = c$, $\lim_{x \to a}(g(x)) = b$, mais $b \neq g(a)$. Donc, la troisième condition de la définition n'est pas remplie. En 3), c'est la deuxième condition qui n'est pas remplie, car à chacune des extrémités des paliers, la limite à gauche n'est pas égale à la limite à droite. Par exemple, $\lim_{x \to a^-}(h(x)) \neq \lim_{x \to a^+}(h(x))$. En 4), aucune des conditions n'est respectée, puisque $l(a)$ n'est pas défini et la limite de $l(x)$ lorsque $x$ tend vers $a$ n'existe pas.

Quant à la fonction de Dirichlet, ses ordonnées sont définies partout sur son domaine (dom $F = \mathbb{R}$). Toutefois, si l'on prend l'ordonnée de l'un de ses points (par exemple, l'ordonnée 1), on ne peut trouver d'ordonnée $F(x)$ qui peut être aussi proche qu'on veut de 1 à mesure que $x$ se rapproche de l'abscisse du point d'ordonnée 1 : ces ordonnées seront ou bien 0 ou bien 1. La deuxième condition de la définition n'est satisfaite en aucun point du graphique.

À partir de la définition de la continuité d'une fonction en un point, on peut définir la continuité sur un intervalle.

**DÉFINITION** ▶ **Continuité sur un intervalle**

Une fonction est continue sur un intervalle si elle est continue en chacune des valeurs (d'abscisse) de l'intervalle.

La notion de continuité d'une fonction sera importante dans des chapitres ultérieurs, étant donné que plusieurs propriétés relatives au calcul différentiel en dépendent.

## EXERCICES 2.9

**1** Une **fonction définie par morceaux** est une fonction dont l'image est donnée par plusieurs expressions algébriques sur un domaine donné. Tracez le graphique de chacune des fonctions suivantes et dites si la fonction est continue.

a) $f(x) = \begin{cases} -x & \text{pour } x < 0 \\ x^2 & \text{pour } x \geq 0 \end{cases}$

b) $f(x) = \begin{cases} -2 & \text{pour } x < -1 \\ 1 & \text{pour } x = -1 \\ -2x+1 & \text{pour } x > -1 \end{cases}$

**2** Soit la fonction d'équation :

$$f(x) = \begin{cases} \sqrt{x} - x^2 + 10 & \text{pour } 0 \leq x < 4 \\ \dfrac{x+2}{x^2-10} & \text{pour } x \geq 4 \end{cases}$$

a) Évaluez :

   i) $\lim\limits_{x \to 4^-} (f(x))$

   ii) $\lim\limits_{x \to 4^+} (f(x))$

   iii) $\lim\limits_{x \to 4} (f(x))$

b) Dites si la fonction est continue ou non en $x = 4$. Justifiez.

**3** Soit la fonction d'équation :

$$g(x) = \begin{cases} \sqrt[3]{x} + x + 2 & \text{pour } x \leq -1 \\ \dfrac{x+1}{x^2+1} & \text{pour } x > -1 \end{cases}$$

a) Évaluez :

   i) $\lim\limits_{x \to -1^-} (g(x))$

   ii) $\lim\limits_{x \to -1^+} (g(x))$

   iii) $\lim\limits_{x \to -1} (g(x))$

b) Dites si la fonction est continue ou non en $x = -1$. Justifiez.

**4** Parmi les fonctions d'équations suivantes, laquelle ou lesquelles sont continues en $x = 0$ ?

a) $f(x) = \dfrac{1}{\sqrt{x}}$

b) $g(x) = x^2 + x + \dfrac{1}{x}$

c) $h(x) = \begin{cases} \sqrt{x} + 1 & \text{si } x \geq 0 \\ 4 - x^2 & \text{si } x < 0 \end{cases}$

d) $f(x) = \begin{cases} x+1 & \text{si } x \geq 0 \\ 1 - x^3 & \text{si } x < 0 \end{cases}$

**5** Dans chaque cas, indiquez si la fonction est continue ou non sur tout intervalle appartenant à son domaine. Si elle n'est pas continue sur un intervalle, indiquez où elle est discontinue en précisant laquelle des trois conditions de la définition de la continuité (voir la page 104) n'est pas respectée.

a) $f(x) = \sqrt{-x}$

b) $g(x) = \dfrac{1}{x^2 + 4}$

c) $h(t) = -2$

d) $f(x) = [x + 2]$ (fonction « partie entière »)

e) $f(x) = \begin{cases} x+2 & \text{si } x \geq 1 \\ 4 - x^2 & \text{si } x < 1 \end{cases}$

## 2.5 Fonctions racines et réciproques de fonction

Les fonctions racines ont pour forme générale l'équation suivante :

$$f(x) = \sqrt[n]{x}, \text{ où } n \in \mathbb{N}^*.$$

Les formes le plus souvent rencontrées sont les suivantes :

$$y = \sqrt{x} \text{ et } y = \sqrt[3]{x}.$$

La première, dite « fonction racine carrée », est définie seulement pour des valeurs de $x$ positives ou nulles. La seconde, dite « fonction racine cubique », est définie pour toutes les valeurs réelles de $x$. Ces deux fonctions racines sont en fait les réciproques respectives des fonctions polynomiales $y = x^2$ et $y = x^3$.

Par **réciproque d'une fonction**, on entend l'inverse de la relation de correspondance entre les variables en jeu (voir la figure 2.77).

On comprendra que la réciproque d'une fonction sera elle aussi une fonction si la relation de départ satisfait à la condition suivante : à chaque valeur de $y$ correspond une et une seule valeur de $x$ (outre le fait qu'à chaque valeur de $x$ corresponde une et une seule valeur de $y$).

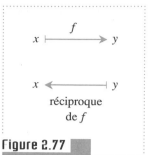

**Figure 2.77**

Cette caractéristique signifie que la fonction $f$ est soit strictement croissante, soit strictement décroissante sur son domaine. Si ce n'est pas le cas, il faudra restreindre le domaine aux valeurs où la fonction est strictement croissante ou strictement décroissante, selon le cas, pour que la réciproque soit également une fonction.

Comme premier exemple, prenons la fonction polynomiale d'équation $y = x^3$, qui est strictement croissante sur son domaine ($\mathbb{R}$). Sa réciproque est donc aussi une fonction sur $\mathbb{R}$.

**Exemple 2.37**

Montrez que la réciproque de $y = x^3$ est $y = \sqrt[3]{x}$.

> **Solution**

Une façon simple de procéder consiste à intervertir les variables $x$ et $y$ dans l'équation de départ, puis à isoler $y$ de l'équation ainsi obtenue. On a donc :

$$x = y^3, \quad \text{ou} \quad y^3 = x.$$

Pour obtenir $y$, on prend la racine cubique de chaque côté :

$$\left(y^3\right)^{1/3} = x^{1/3}$$
$$y = x^{1/3}$$

D'où $y = \sqrt[3]{x}$.

L'exemple suivant porte sur la fonction polynomiale $y = x^2$, qui n'est ni strictement croissante ni strictement décroissante sur son domaine ($\mathbb{R}$). Pour en tirer la réciproque, il faudra restreindre son domaine.

**Exemple 2.38**

Soit $y = x^2$. Trouvez sa réciproque.

> **Solution**

Comme cette fonction est décroissante sur l'intervalle $]-\infty, 0]$ et croissante sur l'intervalle $[0, +\infty[$, la relation peut être inversée sur chacun de ces intervalles. Cela signifie que, sans contrainte particulière, on peut tirer deux fonctions réciproques de $y = x^2$. Autrement dit, on est libre de tirer l'une ou l'autre des réciproques. D'ailleurs, du point de vue algébrique, on voit apparaître cette double possibilité dans le processus d'inversion de la relation. On a ainsi :

$$x = y^2 \quad \text{(après avoir échangé les noms de variables).}$$

D'où, en isolant $y$ dans l'équation précédente :

$$y = \pm\sqrt{x}$$

On obtient donc deux possibilités de réciproque pour $y = x^2$, soit $y = \sqrt{x}$, soit $y = -\sqrt{x}$, où $x \geq 0$.

En l'absence de contrainte précise dans le problème, aucune des deux ne prime sur l'autre.

L'exemple suivant est un cas où il y a primauté de l'une des deux fonctions réciproques obtenues à partir d'une fonction quadratique élémentaire.

### Exemple 2.39

Soit un carré de côté $c$. Exprimez $c$ en fonction de l'aire $A$ du carré.

▶ *Solution*

On sait que l'aire $A$ d'un carré de côté $c$ est donnée par

$$A = c^2, \text{ où } c \geq 0.$$

Comme on doit exprimer $c$ en fonction de $A$, il n'y a pas lieu d'échanger les noms des variables.

De plus, on sait que la fonction $A$ est strictement croissante : plus la mesure du côté est grande, plus l'aire du carré est grande. La réciproque obtenue sera alors une fonction.

Du point de vue strictement algébrique, on a :

$$A = c^2 \implies c = \sqrt{A} \text{ ou } c = -\sqrt{A}.$$

Comme $c \geq 0$, la deuxième solution est à éliminer.

D'où $c = \sqrt{A}$.

Du point de vue graphique, une fonction et sa réciproque possèdent une propriété de symétrie. Comme inverser la correspondance entre les variables revient à intervertir le domaine et l'image de la fonction, chaque point $(a, b)$ du graphique de la fonction devient le point $(b, a)$ du graphique de la réciproque. Or, les points $(a, b)$ et $(b, a)$ sont symétriques par rapport à la droite d'équation $y = x$ (voir la figure 2.78).

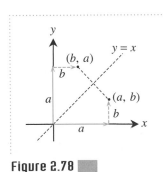

**Figure 2.78**

Par conséquent, le graphique de la réciproque d'une fonction est symétrique au graphique de cette fonction par rapport à la droite d'équation $y = x$ (voir la figure 2.79). On observera, sur cette figure, que l'ordonnée à l'origine de $f$ devient le zéro de sa réciproque et inversement.

De cette propriété de symétrie, on peut tirer un moyen simple de tracer le graphique de la réciproque d'une fonction $f$ à partir du graphique (connu) de $f$.

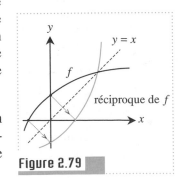

**Figure 2.79**

**Exemple 2.40**

Tracez un graphique approximatif de $y = \sqrt[3]{x}$.

▶ **Solution**

Comme cette fonction est la réciproque de la fonction d'équation $y = x^3$, dont on connaît déjà le graphique, on n'a qu'à tracer la réciproque en faisant une réflexion de la courbe de la fonction cubique par rapport à la droite d'équation $y = x$ :

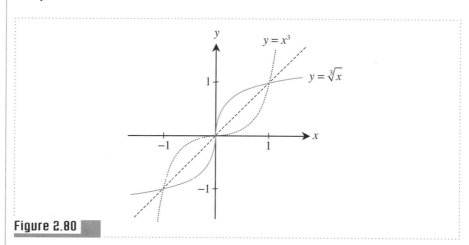

**Figure 2.80**

**Remarque**

**Notation de la réciproque**

La fonction réciproque de $f$ est notée $f^{-1}$.

Cette notation peut porter à confusion, car le nombre $-1$ ne représente pas ici un exposant, même s'il en occupe la place. On doit interpréter ce nombre comme un **indicateur de relation inverse**. C'est pourquoi il ne faut pas confondre les deux notations $f^{-1}(x)$ et $(f(x))^{-1}$ :

$f^{-1}(x)$ est la réciproque de $f$,

alors que $(f(x))^{-1} = \dfrac{1}{f(x)}$ est l'inverse multiplicatif de $f$.

Dans le second cas, le nombre $-1$ doit être interprété comme un exposant.

## EXERCICES 2.10

**1** Dans chaque cas, tracez les graphiques des fonctions d'équations suivantes sur un même plan cartésien :

a) $f(x) = x^2$, où $x \geq 0$, et $g(x) = \sqrt{x}$

b) $f(x) = x^2$, où $x \geq 0$, et $g(x) = -\sqrt{x}$

c) $f(x) = x^5$ et $g(x) = \sqrt[5]{x}$

**2** Sachant que chacune des fonctions définies par les équations suivantes est strictement crois-sante (ou strictement décroissante) sur son domaine, trouvez l'équation de sa réciproque :

a) $y = x^3 + 5$

b) $y = x^{3/4}$

c) $y = -(x - 2)^3 + 1$

d) $y = \dfrac{1}{1 + \sqrt{x}}$

**3** Sachant que la fonction d'équation $y = \dfrac{1}{4 + x^2}$ est strictement croissante seulement sur l'intervalle $]-\infty, 0]$, trouvez l'équation de sa réciproque pour cet intervalle.

**4** Soit la forme fonctionnelle de l'équation d'une droite : $y = ax + b$. Démontrez que la réciproque de cette fonction a également pour forme fonctionnelle l'équation d'une droite.

**5** Soit un cercle de rayon $r$.

a) Exprimez le rayon $r$ en fonction de l'aire A du cercle.

b) Tracez un graphique de la fonction obtenue en a).

**6** Plusieurs études biogéographiques[5] révèlent que le nombre moyen $N$ d'espèces habitant des îles situées dans une même région du monde est fonction de la superficie $A$ de chacune des îles. Ce nombre suit le modèle d'équation suivant :

$$N(A) = c \cdot A^z,$$

où $c$ et $z$ sont des constantes positives qui dépendent de la région du monde où se trouvent les îles.

Selon la position géographique des îles étudiées, l'exposant $z$ prend sa valeur entre 0,18 et 0,35. Si, pour les îles d'un archipel de l'océan Pacifique, $z \simeq 0,\overline{3}$, tracez un graphique approximatif du nombre d'espèces en fonction de la superficie de ces îles.

**7** Tracez un graphique approximatif de chacune des fonctions d'équations suivantes à partir du graphique de $y = \sqrt{x}$ ou de $y = \sqrt[3]{x}$, selon le cas :

a) $f(x) = \sqrt{x-2}$

b) $f(x) = \sqrt{2-x}$

c) $f(x) = \sqrt{-x}$

d) $f(x) = 2 + \sqrt{x}$

e) $f(x) = 2 - \sqrt{x}$

f) $f(x) = \sqrt[3]{x-2}$

g) $f(x) = \sqrt[3]{x+3}$

5. MacArthur, R.H. et E.O. Wilson. *The Theory of Island Biogeography*, Princeton, Princeton University Press, 2001.

**8** Conjecturez une équation de fonction pouvant correspondre à chacun des graphiques ci-après.

a)

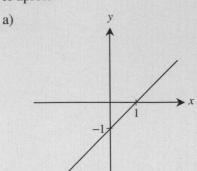

b)

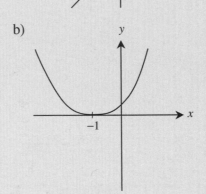

c)

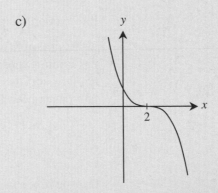

d)

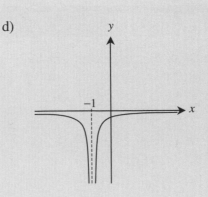

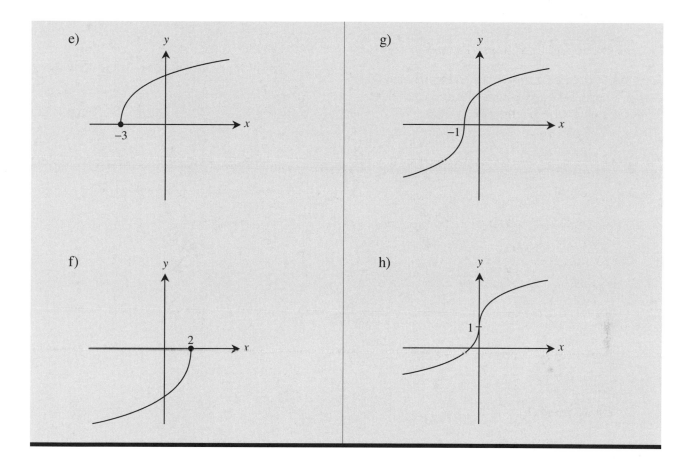

# Chapitre 3
# Variation et taux de variation

Aperçu

1 Soit $f$ une fonction. Que représente graphiquement chacune des expressions suivantes ?

   a) $f(x) - f(a)$

   b) $\dfrac{f(a + \Delta x) - f(a)}{\Delta x}$

2 Exprimer symboliquement :

   a) le taux de variation moyen de la pression $P$ d'un gaz par rapport à son volume $V$ ;

   b) le taux de variation instantané de la position $s$ d'un mobile par rapport au temps $t$.

3 Soit $A(c)$ l'aire d'un carré en fonction de la mesure $c$ de son côté (en cm). Calculer chacune des expressions suivantes et dire ce qu'elle représente dans le contexte :

   a) $A(12) - A(10)$

   b) $\dfrac{A(10 + \Delta c) - A(10)}{\Delta c}$

   c) $\dfrac{dA}{dc}$

Ce chapitre est en quelque sorte la porte d'entrée du calcul différentiel. Il débouche sur le problème central qui a mené au développement du calcul différentiel : le calcul de la pente de la tangente en un point d'une courbe.

Si la notion de fonction, étudiée au chapitre précédent, est à la base du calcul différentiel, les notions de variation et de taux de variation d'une fonction en sont le cœur même. C'est pourquoi, avant de découvrir comment on est parvenu à déterminer de manière exacte la pente d'une tangente à une courbe à partir des coordonnées d'un seul point, il faut s'attarder sur ces notions. Elles ont déjà été abordées au secondaire avec l'étude de la droite. Il reste à en avoir une vue plus générale et à consolider ces notions du point de vue graphique et du point de vue symbolique, comme nous l'avons fait pour la notion de fonction. Rappelons que c'est l'union de l'approche graphique cartésienne et des méthodes algébriques qui a ouvert la voie, au XVII$^e$ siècle, à la résolution du fameux problème de la pente de la tangente en un point d'une courbe (voir l'encadré Repère historique à la page 46 du chapitre 2).

L'insistance que nous mettrons sur la représentation graphique ira de pair avec le souci de développer, chez l'étudiant, la maîtrise de l'écriture symbolique employée pour traduire les notions de variation et de taux de variation d'une fonction. Nous le ferons aussi bien dans différents contextes (notamment en physique et en géométrie) que de manière générale. La capacité à décoder les formes symboliques dans diverses situations est la clé non seulement pour aborder le calcul de la pente d'une tangente à une courbe, mais aussi pour bien comprendre les applications auxquelles a donné lieu le calcul différentiel.

Savoir utiliser les applications du calcul différentiel dans des contextes concrets est d'une grande importance. En effet, le calcul différentiel se veut un outil général pour étudier des phénomènes naturels aussi variés que la chute libre d'un objet, l'orbite des planètes, la croissance ou la décroissance d'une population, l'évolution de la concentration d'un médicament dans le sang d'un patient, le refroidissement d'un corps ou la désintégration des éléments radioactifs. C'est en réfléchissant au mouvement des planètes et des objets sur la Terre que Newton a pu résoudre le problème de la pente de tangente et transposer la solution à d'autres domaines. Comme les relations entre des quantités physiques peuvent être fréquemment exprimées au moyen de fonctions continues, il est possible, grâce au calcul différentiel, de ramener à quelques principes de base universels l'étude de leur évolution. Par conséquent, plusieurs situations concrètes sont présentées dans ce chapitre et dans les suivants.

# 3.1 Variation de fonction

Dans nombre de situations, on préfère considérer les phénomènes étudiés sous l'angle des variations de quantités plutôt que sous l'angle des quantités elles-mêmes, mesurées à différents moments. Par exemple, on parle de la hausse ou de la baisse de la natalité au pays durant l'année, ou de l'augmentation du nombre d'espèces animales en voie d'extinction dans le monde. En économie, on entend souvent parler de la hausse ou de la baisse du taux de chômage, de la hausse ou de la baisse du dollar canadien. Sous cette forme, l'information est plus riche et donne une meilleure idée de l'évolution du phénomène. Savoir que le nombre d'espèces animales en voie d'extinction a augmenté de 120 durant les 5 dernières années renseigne plus que de savoir que 623 espèces animales sont actuellement menacées, surtout s'il faut prendre des décisions à ce sujet.

Comme les variations de quantités impliquent, de manière implicite ou explicite, la notion de fonction, elles donnent lieu à une correspondance entre deux variations. Par exemple, dans le cas du nombre d'espèces animales en voie d'extinction, la variation de ce nombre peut être étudiée en relation avec une variation de temps. De même, la variation de la position d'un mobile peut être vue en lien avec une variation de temps correspondante. Plus généralement, on parle de variation de fonction.

**DÉFINITION** ▶ Soit $f$ une fonction définie par l'équation $y = f(x)$.

La **variation de la fonction** $f$, lorsque la variable indépendante varie de $x_1$ à $x_2$, est la variation correspondante des valeurs de $f$, ou encore, la valeur finale de la fonction moins sa valeur initiale.

Symboliquement, on a :

$$\Delta y = f(x_2) - f(x_1)$$

Graphiquement (voir la figure 3.1), la variation de la fonction $f$ est représentée par la différence d'ordonnées, $\Delta y$, correspondant à la différence d'abscisses $\Delta x$.

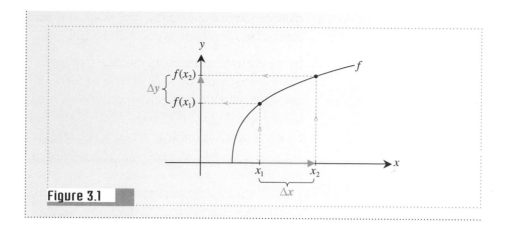

**Figure 3.1**

On remarquera que si une variation se traduit par une différence et se note au moyen du signe de soustraction entre deux quantités, on la symbolise aussi à l'aide de la lettre grecque $\Delta$, appelée « delta », l'équivalent du D majuscule de l'alphabet latin (D pour différence). Cette notation ayant l'avantage d'être plus concise, on insistera sur son usage pour des raisons qui seront précisées dans ce chapitre.

Les exemples qui suivent illustrent la notion de variation de fonction dans différents contextes. On y met l'accent non seulement sur l'interprétation contextuelle des données, mais aussi sur leur représentation graphique et la notation symbolique utilisée.

**Exemple 3.1**

Soit $A$ l'aire d'un carré.

a) Calculez et interprétez la variation de l'aire du carré lorsque la mesure du côté varie :

 i) de 10 à 12 cm ;         ii) de 10 à 8 cm.

b) Calculez et illustrez géométriquement (c'est-à-dire à l'aide d'une figure géométrique) la variation de l'aire du carré lorsque la mesure du côté varie de $c$ à $(c + \Delta c)$, où $\Delta c > 0$.

c) Illustrez graphiquement (c'est-à-dire à l'aide d'un graphique cartésien) les variations de l'aire obtenues précédemment en a) ii) et en b).

▶ *Solution*

L'aire du carré est donnée par $A(x) = x^2$, où $x \geq 0$.

a) La variation de l'aire = $\Delta A$ = l'aire du carré final – l'aire du carré initial.

 i) $\Delta A = A(12) - A(10)$
$$= 144 - 100$$
$$= 44 \text{ cm}^2$$

 L'aire du carré augmente de 44 cm² lorsque la mesure du côté passe de 10 à 12 cm.

 ii) $\Delta A = A(8) - A(10)$
$$= 64 - 100$$
$$= -36 \text{ cm}^2$$

 L'aire du carré diminue de 36 cm² lorsque la mesure du côté passe de 10 à 8 cm.

b) $\Delta A = A(c + \Delta c) - A(c)$

$\qquad = (c + \Delta c)^2 - c^2$

$\qquad = \cancel{c^2} + 2c \cdot \Delta c + (\Delta c)^2 - \cancel{c^2}$

$\qquad = 2c \cdot \Delta c + (\Delta c)^2$

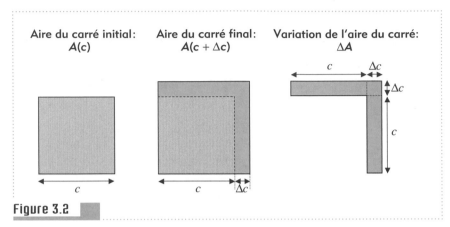

Aire du carré initial:
**A(c)**

Aire du carré final:
**A(c + Δc)**

Variation de l'aire du carré:
**ΔA**

**Figure 3.2**

On observe, dans la figure 3.2, que la forme géométrique en équerre représentant la variation d'aire du carré est la réunion de deux rectangles identiques, de côtés $c$ et $\Delta c$, et d'un carré de côté $\Delta c$. Or, si on calcule l'aire de cette figure, selon les longueurs spécifiées, on trouve :

$$2 \times \text{aire du rectangle} + \text{aire du carré} = 2(c \cdot \Delta c) + (\Delta c)^2$$
$$= 2c \cdot \Delta c + (\Delta c)^2,$$

ce qui est le résultat obtenu précédemment lorsqu'on a calculé

$$A(c + \Delta c) - A(c)$$

c) Pour illustrer graphiquement les variations données de l'aire du carré, il faut tracer le graphique de $A$ en fonction de $x$. Comme $A$ est une fonction du second degré, son graphique est une parabole. D'après l'équation et le domaine de la fonction, il s'agit plus précisément d'une demi-parabole orientée vers le haut et dont le sommet est à l'origine.

Une fois le graphique de la parabole complété, on peut y illustrer les variations données de l'aire du carré (voir la figure 3.3).

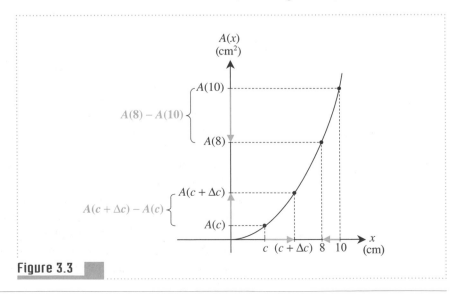

**Figure 3.3**

**Exemple 3.2**

On lance un projectile vers le haut. Sa position verticale (en mètres), mesurée à partir du sol, est donnée approximativement par

$$h(t) = -5t^2 + 200t$$

où $t$ est le temps écoulé (en secondes) après le tir et $t \in [0, 40]$.

a) Calculez et interprétez le déplacement du projectile durant :

    i) les 5 premières secondes après le tir ;

    ii) la 21ᵉ seconde après le tir ;

    iii) les 10 dernières secondes après le tir.

b) Illustrez graphiquement les expressions $h(5) - h(0)$ et $h(30) - h(20)$.

**▸ Solution**

a) Le déplacement est, par définition, la variation de la position d'un mobile durant une période de temps.

    i) Le déplacement au cours des 5 premières secondes est donc la position après 5 secondes moins la position initiale :

$$\Delta h = h(5) - h(0)$$
$$= 875 - 0$$
$$= 875 \text{ m}$$

Après 5 secondes, le projectile est 875 m plus haut qu'au départ.

    ii) Le déplacement au cours de la 21ᵉ seconde est donné par

$$\Delta h = h(21) - h(20)$$
$$= 1995 - 2000$$
$$= -5 \text{ m}$$

À la fin de la 21ᵉ seconde, le projectile est 5 m plus bas qu'au début de la 21ᵉ seconde.

    iii) Le déplacement au cours des 10 dernières secondes est donné par

$$\Delta h = h(40) - h(30)$$
$$= 0 - 1500$$
$$= -1500 \text{ m}$$

À la fin des 10 dernières secondes, le projectile est 1500 m plus bas qu'au début de cette période de temps.

**Mise en garde :** Il faut éviter de confondre **déplacement** et **distance parcourue**. La distance parcourue est la longueur du trajet suivi par un mobile, indépendamment de la direction de son mouvement, tandis que le déplacement est la variation de la position du mobile. La distance parcourue pendant un certain temps ne peut être nulle que si le mobile n'a pas bougé durant cette période de temps, tandis que son déplacement ne peut être nul que si, en se déplaçant, il est revenu à sa position initiale. En outre, la notion de distance est plus large que celle de distance parcourue : on peut parler de la distance entre deux objets, alors que la distance parcourue ne fait référence qu'à un seul objet (qui, en principe, a la possibilité de se déplacer).

b) Pour illustrer graphiquement les expressions données, il faut au préalable tracer le graphique de *h*. Comme cette fonction est du second degré, son graphique est une parabole. D'après le signe du terme quadratique dans l'équation, on sait que la parabole est orientée vers le bas. Il reste à déterminer les zéros en trouvant une forme factorisée de l'équation :

$$h(t) = -5t^2 + 200t = -5t(t - 40);$$

la parabole coupe donc l'axe horizontal en $t = 0$ et $t = 40$.

On peut en déduire que l'abscisse du sommet de la parabole est 20. Dans ce contexte, cette information est pertinente, car elle indique le moment où le projectile est le plus éloigné du sol.

Une fois le graphique de la parabole complété, on peut y illustrer les expressions $h(5) - h(0)$ et $h(30) - h(20)$ :

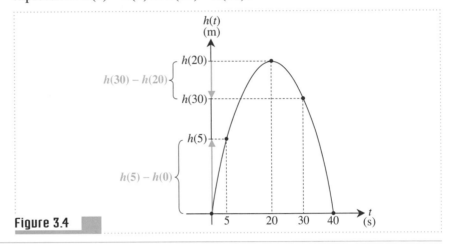

**Figure 3.4**

---

**Exemple 3.3**

Un spécialiste en étude de marché prévoit que le nombre de véhicules vendus dans son pays au cours des 48 prochains mois suivra le modèle d'équation suivant :

$$N(t) = \frac{(t + 49)(t - 49)^2}{5000} + 25,$$

où *N* est en milliers (de véhicules vendus) et *t* est le nombre de mois écoulés à partir d'aujourd'hui, $t \in [0, 48]$.

Le graphique de *N* en fonction de *t* apparaît à la figure 3.5. D'après le contexte, le nombre de véhicules vendus ne peut prendre que des valeurs entières (positives ou nulles). Cependant, pour simplifier le graphique, nous avons tracé la courbe en continu, comme si *N* pouvait prendre toutes les valeurs réelles entre 25 et 50.

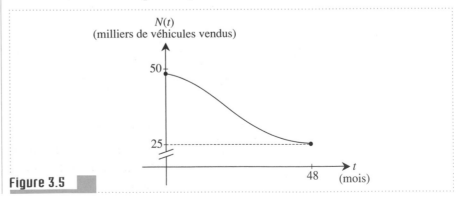

**Figure 3.5**

Suivant ce modèle,

a) calculez la variation du nombre de véhicules qu'on prévoit vendre dans ce pays au cours des 24 prochains mois et interprétez le résultat ;

b) que représente, dans ce contexte, chacune des expressions suivantes ?

    i) $N(10) - N(5)$

    ii) $N(t) - N(t-1)$

    iii) $N(t) - N(0)$

    iv) $N(0)$

c) que représente, graphiquement, chacune des expressions suivantes ?

    i) $N(10) - N(5)$

    ii) $N(0)$

> ### Solution

a) La variation du nombre de véhicules qu'on prévoit vendre dans ce pays au cours des 24 prochains mois est :

$$\Delta N = \text{nombre de véhicules vendus à la fin de la période}$$
$$- \text{nombre de véhicules vendus au début de la période}$$
$$= N(24) - N(0)$$
$$\approx 34{,}13 - 48{,}53$$
$$\approx -14{,}4 \text{ milliers de véhicules vendus.}$$

Comme la variation est négative, il s'agit d'une diminution du nombre de véhicules qu'on prévoit vendre. On peut donc interpréter ce résultat comme suit : à partir de ce modèle, on prévoit que le nombre de véhicules vendus dans ce pays diminuera d'environ 14,4 milliers, soit d'environ 14 400, au cours des 24 prochains mois.

Sur le graphique de $N$, cette diminution correspond à la variation des ordonnées entre les points d'abscisse 0 et 24 (voir la figure 3.6).

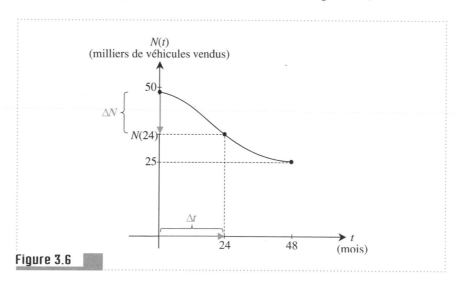

**Figure 3.6**

b) Interprétation contextuelle :

    i) $N(10) - N(5)$ représente la variation du nombre de véhicules qu'on prévoit vendre dans ce pays entre la fin du $5^e$ mois et la fin du $10^e$ mois à partir d'aujourd'hui.

**Mise en garde :** Il serait fautif ici de dire : « entre le 5ᵉ mois et le 10ᵉ mois », car le $t$ᵉ mois représente une durée et non un moment précis. Par exemple, quand on lit $t = 1$ sur l'axe du temps, cela signifie la fin du premier mois après aujourd'hui, c'est-à-dire qu'un mois s'est écoulé. En effet, le premier mois, dans ce contexte, va de $t = 0$ à $t = 1$.

ii) $N(t) - N(t - 1)$ représente la variation du nombre de véhicules qu'on prévoit vendre dans ce pays entre le début et la fin du $t$ᵉ mois après aujourd'hui ($t \in [1, 48]$) ou, plus simplement, le nombre de véhicules qu'on prévoit vendre au cours du $t$ᵉ mois après aujourd'hui.

iii) $N(t) - N(0)$ représente la variation du nombre de véhicules qu'on prévoit vendre dans ce pays durant les $t$ prochains mois ($t \leq 48$).

iv) $N(0)$ représente le nombre de véhicules vendus actuellement dans ce pays.

c) Interprétation graphique :

i) $N(10) - N(5)$ représente graphiquement la variation des ordonnées de la courbe de $N$ lorsque l'abscisse varie de 5 à 10.

ii) $N(0)$ représente graphiquement l'ordonnée à l'origine de la courbe de $N$.

Les exemples précédents font voir que, lorsqu'on exprime une variation en langage naturel, on le fait de manière chronologique en allant de la valeur initiale à la valeur finale. Comme le calcul d'une variation implique une soustraction, on a, par définition :

$$\text{variation} = \text{valeur finale} - \text{valeur initiale}.$$

Graphiquement, la flèche va de la valeur initiale (en abscisse ou en ordonnée) à la valeur finale.

## EXERCICES 3.1

**1** La taille d'un bébé nord-américain, entre le moment de sa naissance et l'âge de 3 ans, peut être modélisée à l'aide de l'équation

$$H(t) = 45 + 8,5\sqrt{t + 0,5} \text{ cm,}$$

où $t$ est l'âge du bébé (en mois) et $t \in [0, 36]$.

a) En tenant compte de ce modèle, calculez et interprétez la variation de la taille moyenne d'un bébé durant :

i) les six premiers mois ;

ii) le sixième mois.

b) Que représente, dans ce contexte, chacune des expressions suivantes ?

i) $H(21) - H(18)$    ii) $H(0)$

c) Que représente, graphiquement, chacune des expressions suivantes ?

i) $H(24) - H(23)$    ii) $H(36)$

**2** Soit $A$ l'aire d'un cercle.

a) Calculez et interprétez la variation de l'aire du cercle lorsque son rayon varie de 5 à 10 cm.

b) Calculez la variation de l'aire du cercle lorsque son rayon varie de $r$ à $(r + \Delta r)$, où $\Delta r > 0$.

c) Que représente graphiquement l'expression $A(6) - A(5)$ ?

**3** Un mobile se déplace en ligne droite. Sa position, $t$ secondes après son départ, est donnée par

$$p(t) = \frac{100}{3t + 1} \text{ cm.}$$

a) Calculez le déplacement du mobile au cours des 2 premières secondes après son départ.

b) Calculez le déplacement du mobile au cours de la 8ᵉ seconde.

c) Calculez et interprétez, en tenant compte du contexte, les expressions suivantes :

   i) $p(10)$     ii) $p(5) - p(0)$

**4** Calculez la variation du volume d'un cylindre qui a :

a) un rayon de 2 cm lorsque la hauteur varie de $h$ à $(h + \Delta h)$ ;

b) une hauteur de 2 cm lorsque le rayon varie de $r$ à $(r + \Delta r)$.

**5** Les égalités suivantes sont fausses. Réfutez-les au moyen d'un contre-exemple.

a) $f(x + \Delta x) = f(x) + \Delta x$

b) $f(x + \Delta x) = f(x) + f(\Delta x)$

# 3.2 Taux de variation moyen

À la section précédente, nous avons vu qu'une variation de fonction pouvait avoir des aspects intéressants dans certains contextes. Cependant, elle ne traduit pas toute la réalité. Par exemple, une variation de 1 million d'habitants au Québec n'aura pas le même impact sur les infrastructures et les services à la population si elle se produit en 1 an plutôt qu'en 20 ans. De même, on n'aura pas la même sensation si on se déplace de 100 km en une heure ou en deux heures. Dans le cas du mouvement, on est ainsi plus sensible à la vitesse qu'au déplacement. Il en est de même pour les autres phénomènes en général, et c'est pourquoi le rapport de la variation d'une fonction à la variation de sa variable indépendante est plus riche en renseignements que la seule variation de la fonction. Ce rapport est ce qu'on appelle le « taux de variation moyen » de la fonction.

**DÉFINITION**

Soit $f$ une fonction définie par l'équation $y = f(x)$.

Le **taux de variation moyen** de la fonction $f$, lorsque la variable indépendante varie de $x_1$ à $x_2$, est donné par

$$\frac{\Delta y}{\Delta x} = \frac{f(x_2) - f(x_1)}{x_2 - x_1}.$$

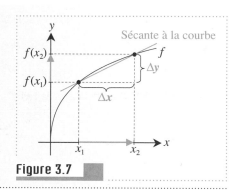

**Figure 3.7**

Graphiquement, le taux de variation moyen de la fonction $f$ correspond à la pente de la sécante à la courbe de $f$ aux points $(x_1, f(x_1))$ et $(x_2, f(x_2))$ (voir la figure 3.7). Il importe de ne pas confondre sécante et pente de la sécante : la **sécante** est la droite passant par deux points d'une courbe, alors que la **pente de la sécante**, $\frac{\Delta y}{\Delta x}$, est une valeur numérique indiquant l'inclinaison de la sécante. Autrement dit, cette distinction est celle qu'il y a entre un objet géométrique et une caractéristique numérique qu'on lui attribue.

L'expression $\frac{\Delta y}{\Delta x}$ est la forme symbolique concise du taux de variation moyen, c'est pourquoi son usage s'est répandu. Bien qu'on la lise souvent « delta $y$ sur delta $x$ », il vaut mieux la lire ainsi : « le taux de variation moyen de $y$ par rapport à $x$ » afin de ne pas perdre de vue sa signification. Cette façon de dire les choses a le mérite de « faire parler » les symboles dans un contexte. Par exemple, si $P$ est la population et $t$ le temps, alors $\frac{\Delta P}{\Delta t}$ peut être interprété comme « le taux de variation moyen de la population par rapport au temps ».

**Remarque**

On observera que l'expression « le taux de variation moyen de la population par rapport au temps » peut être traduite étape par étape en langage symbolique de la façon suivante :

« Le taux… »                    $\rightarrow$    $\dfrac{...}{...}$

« … de variation moyen… »    $\rightarrow$    $\dfrac{\Delta...}{\Delta...}$

« … de la population… »        $\rightarrow$    $\dfrac{\Delta P}{\Delta...}$

« … par rapport au temps »    $\rightarrow$    $\dfrac{\Delta P}{\Delta t}$,  d'où  $\dfrac{\Delta P}{\Delta t}$.

Cette décomposition permet de traduire symboliquement les taux de variation moyens exprimés en langage naturel.

---

**Exemple 3.4**

Un réservoir cylindrique muni d'un piston contient un gaz dont le volume $V$ et la pression $P$ varient avec le mouvement du piston dans le réservoir. Traduisez en langage symbolique l'expression : « le taux de variation moyen de la pression du gaz par rapport à son volume ».

▶ *Solution*

Si on analyse les mots clés de l'expression, on a :

« le **taux** de **variation moyen** de la **pression** du gaz *par rapport* à son **volume** »

$\dfrac{...}{...}$       $\dfrac{\Delta...}{\Delta...}$       $\dfrac{\Delta P}{\Delta...}$       $\dfrac{\Delta P}{\Delta V}$

D'où $\dfrac{\Delta P}{\Delta V}$.

---

**Exemple 3.5**

**Retour sur l'exemple 3.1**

Calculez et interprétez le taux de variation moyen de l'aire $A$ d'un carré par rapport à la mesure $c$ de son côté lorsque celle-ci varie :

a) de 10 à 12 cm ;

b) de $c$ à $(c + \Delta c)$ cm, où $\Delta c > 0$ ;

c) de $c$ à $x$ cm, où $x > c$.

▶ *Solution*

L'aire d'un carré est donnée par $A(c) = c^2$, où $c \geq 0$.

Le taux de variation moyen de l'aire $A$ du carré par rapport à la mesure $c$ de son côté s'écrit symboliquement : $\dfrac{\Delta A}{\Delta c}$.

a) Le taux de variation moyen de l'aire du carré, lorsque la mesure de son côté passe de 10 à 12 cm, est :

$$\frac{\Delta A}{\Delta c} = \frac{A(12) - A(10)}{12 - 10}$$

$$= \frac{144 - 100}{2}$$

$$= 22 \text{ cm}^2/\text{cm}$$

Cela signifie que l'aire du carré augmente en moyenne de 22 cm² pour chaque augmentation de 1 cm de la mesure du côté (lorsque celle-ci passe de 10 à 12 cm).

**Mise en garde :** Il faut s'abstenir ici de simplifier les unités, car le résultat obtenu n'aurait plus la même signification. En effet, 22 cm traduirait plutôt une variation de la mesure du côté, et non un taux de variation de l'aire du carré par rapport à la mesure de son côté.

b) Le taux de variation moyen de l'aire du carré, lorsque la mesure de son côté passe de $c$ à $(c + \Delta c)$ cm, où $\Delta c > 0$, est donné par :

$$\frac{\Delta A}{\Delta c} = \frac{A(c + \Delta c) - A(c)}{(c + \Delta c) - c}$$

$$= \frac{(c + \Delta c)^2 - c^2}{\Delta c}$$

$$= \frac{\cancel{c^2} + 2c \cdot \Delta c + (\Delta c)^2 - \cancel{c^2}}{\Delta c}$$

$$= \frac{2c \cdot \Delta c + (\Delta c)^2}{\Delta c}$$

$$= \frac{\Delta c \cdot (2c + \Delta c)}{\Delta c}$$

$$= (2c + \Delta c) \text{ cm}^2/\text{cm}, \quad \text{puisque } \Delta c \neq 0$$

Comme dans l'exemple précédent, on remarque que le taux de variation moyen, calculé de façon générale, donne une expression symbolique qui se simplifie algébriquement.

L'intérêt de cette formule est qu'elle permet d'effectuer rapidement plusieurs calculs de taux de variation moyens de l'aire du carré par rapport à la mesure de son côté. Par exemple, si la mesure du côté varie de 10 à 12 cm, comme en a), il suffit de poser $c = 10$ et $\Delta c = 2$ pour obtenir plus facilement le même résultat qu'en a).

c) Le taux de variation moyen de l'aire du carré, lorsque la mesure de son côté passe de $c$ à $x$ cm, où $x > c$, est donné par :

$$\frac{\Delta A}{\Delta c} = \frac{A(x) - A(c)}{x - c}$$

$$= \frac{x^2 - c^2}{x - c}$$

$$= \frac{\cancel{(x - c)}(x + c)}{\cancel{x - c}}$$

$$= (x + c) \text{ cm}^2/\text{cm}, \quad \text{puisque } (x - c) \neq 0$$

On remarque, encore une fois, que le taux de variation moyen calculé de façon générale donne une expression symbolique qui se simplifie algébriquement.

Ce résultat présente le même intérêt que la formule obtenue en b) : par exemple, si la mesure du côté varie de 10 à 12 cm, on aura $x = 12$ et $c = 10$, et de cela on tire plus facilement le même résultat qu'en a).

## Exemple 3.6

### Retour sur l'exemple 3.2

Sachant que la position (en mètres) d'un projectile tiré à la verticale à partir du sol est donnée approximativement par

$$h(t) = -5t^2 + 200t,$$

où $t$ est le temps écoulé (en secondes) après le tir et $t \in [0, 40]$,

calculez la vitesse moyenne du projectile :

a) au cours des 5 premières secondes après le tir ;

b) au cours de la 21ᵉ seconde après le tir ;

c) entre un instant $t$ et un instant $(t + \Delta t)$, où $\Delta t > 0$ (en supposant que ces deux instants font partie du domaine de la fonction « position »).

### ▶ Solution

La vitesse moyenne est donnée ici par le taux de variation moyen de la position $h$ par rapport au temps $t$, soit symboliquement $\dfrac{\Delta h}{\Delta t}$.

a) Vitesse moyenne au cours des 5 premières secondes après le tir :

$$
\begin{aligned}
v_{moy} &= \frac{\Delta h}{\Delta t} \\
&= \frac{h(5) - h(0)}{5 - 0} \\
&= \frac{875 - 0}{5} \\
&= 175 \text{ m/s}
\end{aligned}
$$

b) Vitesse moyenne au cours de la 21ᵉ seconde après le tir :

$$
\begin{aligned}
v_{moy} &= \frac{\Delta h}{\Delta t} \\
&= \frac{h(21) - h(20)}{21 - 20} \\
&= \frac{1995 - 2000}{1} \\
&= -5 \text{ m/s}
\end{aligned}
$$

Le signe négatif indique que le projectile retombe au cours de la 21ᵉ seconde.

On notera que même si le dénominateur vaut 1, numériquement, il s'exprime ici en secondes.

c) Vitesse moyenne entre un instant $t$ et un instant $(t + \Delta t)$, où $\Delta t > 0$ :

$$v_{moy} = \frac{\Delta h}{\Delta t}$$

$$= \frac{h(t + \Delta t) - h(t)}{(t + \Delta t) - t}$$

$$= \frac{\left[-5(t + \Delta t)^2 + 200(t + \Delta t)\right] - \left[-5t^2 + 200t\right]}{\Delta t}$$

$$= \frac{-5(t^2 + 2t \cdot \Delta t + (\Delta t)^2) + \cancel{200t} + 200\Delta t + 5t^2 - \cancel{200t}}{\Delta t}$$

$$= \frac{\cancel{-5t^2} - 10t \cdot \Delta t - 5(\Delta t)^2 + 200\Delta t + \cancel{5t^2}}{\Delta t}$$

$$= \frac{-10t \cdot \Delta t - 5(\Delta t)^2 + 200\Delta t}{\Delta t}$$

$$= \frac{\Delta t(-10t - 5\Delta t + 200)}{\Delta t}$$

$$= (-10t - 5\Delta t + 200) \text{ m/s}, \quad \text{puisque } \Delta t \neq 0$$

Comme le montre l'exemple précédent, l'expression «taux de variation moyen» a des synonymes. Dans le cas du mouvement d'un mobile, par exemple, le taux de variation moyen de sa position $s$ par rapport au temps $t$, c'est-à-dire $\frac{\Delta s}{\Delta t}$, s'appelle, par définition, la **vitesse moyenne**. Dans d'autres contextes, on utilisera l'expression «rythme moyen» plutôt que «taux de variation moyen». Dans le cas précis de l'écoulement d'un fluide, on utilise l'expression «débit moyen».

**Exemple 3.7**

### Retour sur l'exemple 3.3

En supposant que le nombre de véhicules vendus dans un certain pays, au cours des 48 prochains mois, suivra le modèle d'équation suivant :

$$N(t) = \frac{(t + 49)(t - 49)^2}{5000} + 25,$$

où $N$ est en milliers (de véhicules vendus), et $t$ est le nombre de mois écoulés à partir d'aujourd'hui, $t \in [0, 48]$,

a) calculez, selon ces prévisions, le taux de variation moyen du nombre de véhicules qu'on prévoit vendre dans ce pays au cours des 24 prochains mois et interprétez le résultat;

b) dites ce que représente, dans ce contexte, chacune des expressions suivantes :

i) $\dfrac{N(t) - N(0)}{t}$;

ii) $\dfrac{N(12) - N(11)}{12 - 11}$;

c) dites ce que représente graphiquement l'expression $\dfrac{N(48) - N(24)}{48 - 24}$.

▶ *Solution*

a) Le taux de variation moyen du nombre de véhicules qu'on prévoit vendre dans ce pays au cours des 24 prochains mois s'écrit symboliquement $\frac{\Delta N}{\Delta t}$.

La formulation utilisée ici (« au cours des 24 prochains mois ») indique implicitement un taux de variation par rapport au temps. D'où

$$\frac{\Delta N}{\Delta t} = \frac{N(24) - N(0)}{24 - 0}$$

$$\approx \frac{34,13 - 48,53}{24}$$

$$\approx \frac{-14,4}{24}$$

$$\approx -0,6 \text{ millier de véhicules vendus par mois}$$

Le taux de variation moyen est d'environ −600 véhicules vendus par mois. On prévoit donc que le nombre de véhicules vendus dans ce pays diminuera, en moyenne, d'environ 600 par mois au cours des 24 prochains mois.

On remarque que les unités du résultat correspondent aux unités du rapport $\frac{\Delta N}{\Delta t}$ : la variation de la fonction $N$ (au numérateur) est en milliers de véhicules vendus, tandis que la variation du temps (au dénominateur) est en mois, d'où les unités du rapport sont des milliers de véhicules vendus par mois.

b) Interprétation contextuelle :

  i) $\frac{N(t) - N(0)}{t}$ représente le taux de variation moyen du nombre de véhicules qu'on prévoit vendre dans ce pays au cours des $t$ prochains mois, $t \leq 48$.

  ii) $\frac{N(12) - N(11)}{12 - 11}$ représente le taux de variation moyen du nombre de véhicules qu'on prévoit vendre dans ce pays au cours du 12$^e$ mois à partir d'aujourd'hui.

  **Mise en garde :** Dans cet exemple, le dénominateur est égal à 1. Bien que du point de vue strictement algébrique, $\frac{N(12) - N(11)}{12 - 11}$ soit équivalent à $N(12) - N(11)$, il ne l'est ni du point de vue des unités ni du point de vue du sens. En effet, $\frac{N(12) - N(11)}{12 - 11}$ correspond à un taux de variation moyen et implique un rapport d'unités, alors que $N(12) - N(11)$ correspond à une variation et implique une unité qui n'est pas en rapport avec une autre unité.

c) Interprétation graphique :

$\frac{N(48) - N(24)}{48 - 24}$ représente graphiquement la pente de la sécante à la courbe de $N$ passant par les points d'abscisses 24 et 48 (voir la figure 3.8).

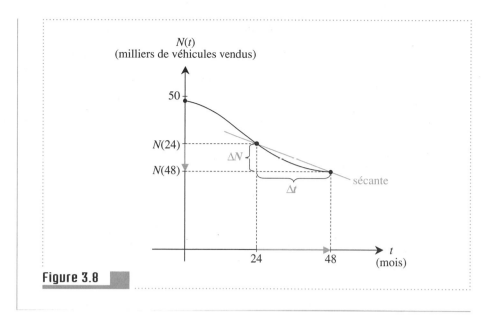

**Figure 3.8**

Dans l'exemple suivant, nous mettons l'accent sur la signification graphique générale du taux de variation moyen d'une fonction, dans le but de préparer le terrain au calcul différentiel (abordé au prochain chapitre). Autrement dit, nous considérons le taux de variation moyen du point de vue de la pente d'une sécante.

**Exemple 3.8**

Soit la fonction polynomiale $f(x) = x^3$.

a) Représentez graphiquement la pente de la sécante à la courbe de $f$ aux points d'abscisses suivants en indiquant les variations impliquées :

   i) $a$ et $x$, où $a < x$;

   ii) $x$ et $(x + \Delta x)$, où $\Delta x > 0$.

b) Calculez la pente de la sécante à la courbe de $f$ aux points d'abscisses $a$ et $x$, où $a < x$.

▶ *Solution*

a) Prenons les abscisses en question dans le premier quadrant.

   i)

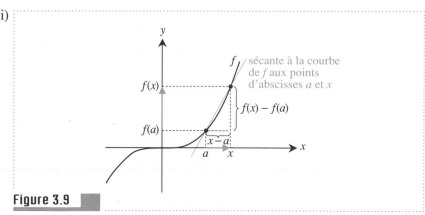

**Figure 3.9**

ii)

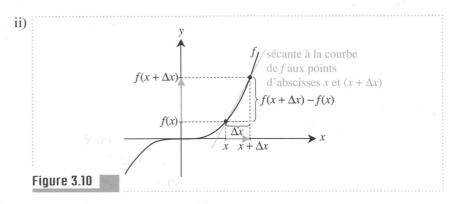

**Figure 3.10**

On observe que, du graphique i) au graphique ii), on a simplement rebaptisé les abscisses des points, ce qui change l'expression symbolique des ordonnées, mais ne modifie en rien la démarche.

b) La pente de la sécante à la courbe de $f$ aux points d'abscisses $a$ et $x$, où $a < x$, est

$$\frac{\Delta y}{\Delta x} = \frac{f(x) - f(a)}{x - a}$$

$$= \frac{x^3 - a^3}{x - a}$$

La décomposition en facteurs d'un polynôme de degré 3 n'est pas toujours évidente, contrairement à celle d'un polynôme de degré 2. Si on veut simplifier le quotient obtenu, il vaut mieux effectuer la division polynomiale :

$$
\begin{array}{ll}
x^3 - a^3 & \underline{\lfloor x - a} \\
\underline{-(x^3 - ax^2)} & x^2 + ax + a^2 \\
ax^2 - a^3 & \\
\underline{-(ax^2 - a^2 x)} & \\
a^2 x - a^3 & \\
\underline{-(a^2 x - a^3)} & \\
0 &
\end{array}
$$

On peut alors poursuivre comme suit le calcul de la pente de la sécante :

$$\frac{\Delta y}{\Delta x} = \frac{x^3 - a^3}{x - a}$$

$$= x^2 + ax + a^2, \quad \text{puisque } x \neq a.$$

Donc, la pente de la sécante à la courbe de $f(x) = x^3$ aux points d'abscisses $a$ et $x$ est donnée par

$$x^2 + ax + a^2$$

On remarquera une propriété concernant ces trois termes. Si on exprime chacun d'eux comme un produit de puissances de $a$ et $x$, on a :

$$a^0 x^2 + a^1 x^1 + a^2 x^0.$$

Or, la somme des exposants dans chaque terme est toujours la même : elle est égale à 2. On reviendra sur cette propriété dans un prochain exercice, où elle servira à faire une conjecture en vue de formuler une généralisation. Celle-ci aura son utilité dans l'étude du calcul différentiel.

Dans le prochain exemple, on revient sur la notation symbolique des taux de variation moyens en contexte. On y examine les différentes variantes qu'on peut rencontrer dans les descriptions contextuelles impliquant un taux de variation moyen.

### Exemple 3.9

Exprimez chacun des énoncés suivants sous forme d'équation :

a) Un réservoir se remplit d'eau à un rythme moyen de 10 m³/min.

b) La pression d'un gaz augmente à un taux moyen de 10 kPa/°C.

c) La pression d'un gaz augmente à un taux moyen de 10 kPa/°C lorsque la température varie de 100 à 150 °C.

#### ▶ Solution

a) Dire qu'un réservoir se remplit d'eau à un rythme moyen de 10 m³/min, c'est dire que le taux de variation moyen du volume d'eau, **par rapport au temps**, est de 10 m³/min, comme l'indique le rapport des unités données dans l'énoncé. Symboliquement, on écrit :

$$\frac{\Delta V}{\Delta t} = 10 \text{ m}^3/\text{min}$$

b) Dire que la pression d'un gaz augmente à un taux moyen de 10 kPa/°C revient à dire que le taux de variation moyen de la pression du gaz, **par rapport à sa température**, est de 10 kPa/°C. On écrit symboliquement :

$$\frac{\Delta P}{\Delta T} = 10 \text{ kPa/°C}$$

c) L'expression ici se traduit comme suit :

$$\frac{P(150) - P(100)}{150 - 100} = 10 \text{ kPa/°C}$$

Remarquons que cette formulation nous informe sur la variation de pression du gaz lorsque sa température passe de 100 à 150 °C, mais ne nous dit rien pour d'autres variations de température.

Par ailleurs, écrire $\frac{\Delta P}{\Delta T} = 10$ kPa/°C, sans autre précision, indique, comme en b), que le taux de variation moyen de la pression du gaz par rapport à sa température est constant, c'est-à-dire que la pression du gaz augmente de 10 kPa pour chaque augmentation de 1 °C de la température.

## EXERCICES 3.2

**1** Traduisez chacun des énoncés suivants à l'aide de symboles (consultez au besoin l'exemple 3.9) :

a) Le taux de variation moyen de la concentration $C$ d'un médicament dans le sang (en milligrammes par litre de sang), durant la première heure après l'absorption, est de $2 \frac{\text{mg/L}}{\text{h}}$.

b) Une piscine se vide à un débit moyen de 60 L/min.

c) La pente de la sécante à la courbe de $g$ aux points d'abscisses −1 et 1 est nulle.

d) La pression de l'air diminue à un taux moyen de 2 kPa/m lorsqu'on passe d'une altitude de 1500 à 2000 m.

**2** Sachant que la taille d'un bébé peut être modélisée à l'aide de l'équation

$$H(t) = 45 + 8,5\sqrt{t + 0,5} \text{ cm},$$

où $t$ est l'âge du bébé, en mois, et $t \in [0, 36]$,

a) calculez et interprétez, selon ce modèle, la variation de la taille d'un bébé durant ses six premiers mois;

b) calculez et interprétez le taux de variation moyen de la taille d'un bébé durant:

 i) ses six premiers mois;

 ii) son sixième mois;

c) dites ce que représente, dans ce contexte, chacune des expressions suivantes:

 i) $\dfrac{H(21) - H(18)}{21 - 18}$;

 ii) $\dfrac{H(12) - H(11)}{12 - 11}$;

d) dites ce que représente, graphiquement, chacune des expressions suivantes:

 i) $\dfrac{H(36) - H(24)}{36 - 24}$;

 ii) $H(1) - H(0)$.

**3** Si, d'une hauteur de 200 m, on lance un projectile vers le haut avec une vitesse initiale de 10 m/s, alors la hauteur atteinte par le projectile $t$ secondes plus tard est donnée par

$$h(t) = -4,9t^2 + 10t + 200 \text{ m}.$$

a) Calculez la vitesse moyenne du projectile au cours des 3 premières secondes.

b) Que représente, dans ce contexte, chacune des expressions suivantes?

 i) $h(4)$

 ii) $\dfrac{h(5) - h(2)}{5 - 2}$

 iii) $h(6) - h(0)$

**4** Calculez le taux de variation moyen de l'aire $A$ d'un cercle par rapport à son rayon $r$, lorsque celui-ci varie:

a) de 5 à 10 cm;

b) de $r$ à $(r + \Delta r)$, où $\Delta r > 0$;

c) de $a$ à $x$, où $x > a$.

**5** Soit un cylindre de rayon $r$ et de hauteur $h$.

a) En supposant le rayon constant, calculez le taux de variation moyen du volume du cylindre par rapport à sa hauteur lorsque celle-ci varie de $h$ à $(h + \Delta h)$, où $\Delta h > 0$.

b) En supposant la hauteur constante, calculez le taux de variation moyen du volume du cylindre par rapport à son rayon lorsque celui-ci passe de $r$ à $(r + \Delta r)$, où $\Delta r > 0$.

c) Un des deux taux de variation moyen précédents est-il constant? (Expliquez votre réponse.)

**6** Compte tenu des projets de développement actuellement en cours dans une certaine région, on prévoit que, dans $t$ années, la population (en centaines de milliers d'habitants) sera donnée par $P(t) = 5 - \dfrac{4}{t + 2}$. Selon ce modèle,

a) quelle est la population actuelle de cette région?

b) quelle sera la variation de cette population au cours des 5 prochaines années?

c) calculez et interprétez le taux de variation moyen de la population entre la fin de la 2e année et la fin de la 5e année à partir d'aujourd'hui.

d) que représente, dans ce contexte, chacune des expressions suivantes?

 i) $P(10) - P(9)$

 ii) $P(5)$

 iii) $\dfrac{P(15) - P(5)}{10}$

**7** Soit une fonction d'équation $y = f(x)$, où dom $f = \mathbb{R}$.

a) Sachant que $f$ est paire, calculez son taux de variation moyen entre les points d'abscisses $-x$ et $x$, où $x \neq 0$.

b) Sachant que $f$ est impaire, démontrez que sa variation entre les points d'abscisses $-x$ et $x$ est équivalente à $2 \cdot f(x)$.

**8** Soit la fonction polynomiale $f(x) = x^n$. Remplissez le tableau 3.1 ci-après selon les indications données.

**Tableau 3.1**

| Degré de la fonction $f$ | Pente de la sécante passant par les points d'abscisses $a$ et $x$, où $x > a$ | Résultat de la division |
|---|---|---|
| 2 | $\dfrac{x^2 - a^2}{x - a}$ | $x + a$ |
| 3 | $\dfrac{x^3 - a^3}{x - a}$ | $x^2 + ax + a^2$ (voir l'exemple 3.8 b)) |
| 4 | $\dfrac{x^4 - a^4}{x - a}$ | Après division polynomiale, on obtient : <br><br><br><br>Qu'ont en commun les termes de la somme obtenue ? |
| 5 | $\dfrac{x^5 - a^5}{x - a}$ | À l'aide des cas précédents, conjecturez le résultat (ne pas faire la division polynomiale) : |
| $n$ | $\dfrac{x^n - a^n}{x - a}$ | À l'aide des cas précédents, conjecturez le résultat en fonction de $n$ :<br><br><br>(Dans le chapitre 5, on présente une application de ce résultat.) |

**9** Soit $N(t)$ le nombre d'espèces animales en voie d'extinction dans le monde, $t$ années après le début de l'an 2000. Que représente, dans ce contexte, chacune des expressions suivantes ?

a) $N(0)$

b) $\dfrac{N(5) - N(2)}{3}$

# 3.3 TAUX DE VARIATION INSTANTANÉ

À l'exemple 3.6 de la section précédente, on s'est penché sur la vitesse moyenne d'un projectile sur différentes périodes de temps. Dans la vie de tous les jours, il est rare qu'on s'intéresse à la vitesse moyenne. Lorsqu'on circule en voiture, par exemple, on consulte plutôt l'indicateur de vitesse pour savoir à quelle vitesse on roule **à un moment précis**. Si, par malheur, on se fait arrêter pour excès de vitesse, la contravention indiquera le moment de l'infraction, par exemple 18 h 47, et la vitesse à laquelle on roulait à ce moment-là. On parle, dans ce contexte, d'une **vitesse instantanée** à un moment précis.

En réalité, il ne s'agit pas d'une vitesse « instantanée » au sens strict du terme, car cela serait impossible à calculer. En effet, on ne peut pas diviser $\Delta s$ (une variation de position) par 0 (une variation de temps nulle). L'expression « vitesse instantanée » doit être comprise dans le sens d'une vitesse moyenne au cours d'un intervalle de temps infiniment petit, c'est-à-dire lorsque $\Delta t$ tend vers 0 ($\Delta t \to 0$).

Dans d'autres contextes, on s'intéresse aussi à des taux de variation moyens correspondant à des variations infiniment petites de la variable indépendante. On parle alors de « taux de variation instantané », qu'on note $\dfrac{dy}{dx}$, par analogie avec $\dfrac{\Delta y}{\Delta x}$. Le symbole se lit comme un sigle, c'est-à-dire lettre par lettre : « d y sur d x ».

**DÉFINITION**

Soit $f$ une fonction définie par l'équation $y = f(x)$.

Le **taux de variation instantané** de $y$ par rapport à $x$, noté $\dfrac{dy}{dx}$, est donné par

$$\frac{dy}{dx} = \lim_{\Delta x \to 0} \left( \frac{\Delta y}{\Delta x} \right)$$

En particulier, si $s(t)$ représente la position d'un mobile au temps $t$, alors sa **vitesse instantanée** à ce moment est donnée par

$$\frac{ds}{dt} = \lim_{\Delta t \to 0} \left( \frac{\Delta s}{\Delta t} \right)$$

Dans l'exemple suivant, on se sert de la loi des gaz parfaits pour se familiariser avec la notion de taux de variation instantané ainsi qu'avec les symboles et les unités correspondant au contexte.

**Exemple 3.10**

La loi des gaz parfaits établit la relation

$$PV = nRT$$

entre la pression $P$ d'un gaz (en kilopascals), son volume $V$ (en litres), son nombre $n$ de moles et sa température $T$ (en degrés Kelvin). $R$ est une constante.

a) Par quelle expression symbolique représente-t-on le taux de variation instantané du volume d'un gaz par rapport à sa pression (la température étant maintenue constante) ?

b) Dites ce que représente, dans le contexte, chacune des expressions suivantes et donnez les unités dans lesquelles elle s'exprime.

i) $\dfrac{\Delta T}{\Delta P}$  ii) $\dfrac{dP}{dV}$  iii) $\dfrac{dV}{dT}$

▶ **Solution**

a) Le taux de variation instantané du volume d'un gaz par rapport à sa pression est noté $\dfrac{dV}{dP}$.

En effet, si on analyse les mots clés de l'expression, on a :

« le **taux** de **variation instantané** du **volume** d'un gaz *par rapport* à sa **pression** »

$$\underbrace{\dfrac{\dots}{\dots}}\quad \underbrace{\dfrac{d\dots}{d\dots}}\quad \underbrace{\dfrac{dV}{d\dots}}\quad \underbrace{\dfrac{dV}{dP}}$$

b) i) $\dfrac{\Delta T}{\Delta P}$ représente le **taux de variation moyen** de la température d'un gaz par rapport à sa pression (le volume étant maintenu constant). Ce taux s'exprime en °K/kPa.

ii) $\dfrac{dP}{dV}$ représente le **taux de variation instantané** de la pression d'un gaz par rapport à son volume, en kPa/L (la température étant maintenue constante) :

$$\dfrac{dP}{dV} = \lim_{\Delta V \to 0}\left(\dfrac{\Delta P}{\Delta V}\right)$$

iii) $\dfrac{dV}{dT}$ représente le taux de variation instantané du volume d'un gaz par rapport à sa température, en L/°K (la pression étant maintenue constante) :

$$\dfrac{dV}{dT} = \lim_{\Delta T \to 0}\left(\dfrac{\Delta V}{\Delta T}\right)$$

Dans le prochain exemple, on revient sur un contexte géométrique simple afin de calculer un taux de variation instantané. On profite de ce contexte pour illustrer géométriquement et graphiquement le résultat obtenu.

**Exemple 3.11**

**Retour sur les exemples 3.1 et 3.5**

Soit $A$ l'aire d'un carré en fonction de la mesure $c$ (en cm) de son côté. On a vu, à l'exemple 3.5 b), que le taux de variation moyen de l'aire du carré, lorsque la mesure de son côté passe de $c$ à $(c + \Delta c)$ cm, est donné par

$$\dfrac{\Delta A}{\Delta c} = (2c + \Delta c)\ cm^2/cm$$

a) Utilisez ce résultat pour calculer le taux de variation instantané de l'aire du carré par rapport à la mesure de son côté.

b) En vous référant à la figure 3.2 (page 116), représentez l'impact, sur l'aire du carré, d'une variation infiniment petite de la mesure de son côté.

c) Illustrez graphiquement (sur la courbe de la fonction $A$) le taux de variation moyen et le taux de variation instantané de $A$ par rapport à $c$.

▶ *Solution*

a) Le taux de variation instantané de l'aire du carré par rapport à la mesure de son côté est donné, selon la définition, par :

$$\frac{dA}{dc} = \lim_{\Delta c \to 0}\left(\frac{\Delta A}{\Delta c}\right)$$

$$= \lim_{\Delta c \to 0}\left(2c + \Delta c\right)$$

$$= 2c \ \text{cm}^2/\text{cm}$$

b) Si on représente géométriquement, sur l'aire du carré, l'impact d'une variation $\Delta c$ de la mesure de son côté, puis d'une variation infiniment petite de cette même mesure ($\Delta c \to 0$), on obtient l'illustration suivante :

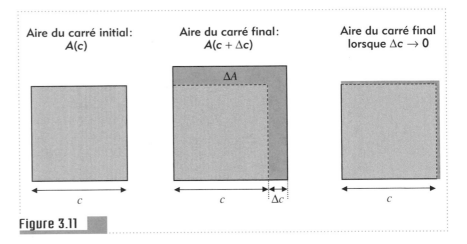

**Figure 3.11**

On observe, dans la figure 3.11, que pour une variation infiniment petite de la mesure du côté ($\Delta c \to 0$), la variation de l'aire est, elle aussi, infiniment petite et correspond, visuellement et numériquement, à $2c$, soit deux fois la mesure du côté. Il faut toutefois remarquer que les unités, ici, sont des centimètres au carré ($\text{cm}^2$), car il s'agit d'une variation d'aire, alors qu'en a), les unités sont des centimètres au carré par centimètre ($\text{cm}^2/\text{cm}$), étant donné qu'il s'agit d'un taux de variation.

c) On a $A(c) = c^2$, pour $c \geq 0$, dont le graphique est une demi-parabole ouverte vers le haut avec un sommet en $(0, 0)$ (voir la figure 3.12).

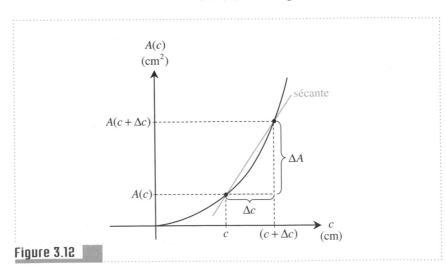

**Figure 3.12**

Comme on l'a vu à la section précédente, le taux de variation moyen de l'aire $A$ du carré, lorsque la mesure du côté passe de $c$ à $(c + \Delta c)$, est la pente de la sécante passant par les points d'abscisses $c$ et $(c + \Delta c)$.

Si $\Delta c$ tend vers 0, le point $(c + \Delta c, A(c + \Delta c))$ est de plus en plus proche du point $(c, A(c))$. À la limite, la sécante passant par ces deux points infiniment proches se confondra avec la tangente en $(c, A(c))$ (voir la figure 3.13).

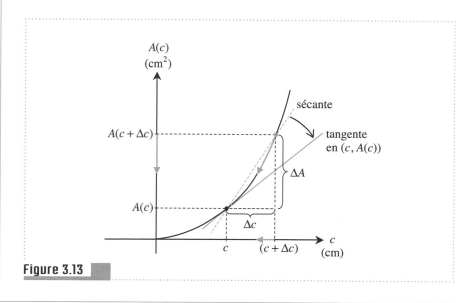

**Figure 3.13**

Les représentations géométrique et graphique de l'exemple précédent illustrent la signification de $dA$ et de $dc$ dans l'expression $\dfrac{dA}{dc}$ : $dA$ désigne une variation infiniment petite de l'aire du carré, correspondant à une variation $dc$ infiniment petite de la mesure de son côté. De façon générale, le symbole $dy$ d'un taux de variation instantané $\dfrac{dy}{dx}$ représente graphiquement la variation infiniment petite d'ordonnées correspondant à une variation $dx$ infiniment petite d'abscisses. Les symboles $dx$ et $dy$ sont respectivement appelés **différentielle de $x$** et **différentielle de $y$**.

## *Repère* historique

La notation $\dfrac{dy}{dx}$, utilisée pour désigner un taux de variation instantané, a été introduite par l'un des fondateurs du calcul différentiel, le mathématicien et philosophe Wilhelm Gottfried Leibniz (1646-1716). Il utilisait le mot «différentielle» (du latin *differentia*) pour nommer les expressions $dy$ et $dx$. Cette appellation est encore en usage de nos jours. On lui doit d'ailleurs l'appellation «calcul différentiel», qu'il a utilisée dans sa première publication sur le sujet en 1684.

L'exemple suivant porte sur la chute des corps. Nous synthétiserons la démarche permettant de calculer une vitesse instantanée et ferons le parallèle avec la représentation graphique.

**Exemple 3.12**

On laisse tomber un objet du haut d'un édifice de 150 m. Sa hauteur $s$ (en mètres) après $t$ secondes est donnée par

$$s(t) = -4,9t^2 + 150$$

a) Calculez la vitesse moyenne de l'objet entre les temps $t$ et $(t + \Delta t)$, $\Delta t \neq 0$.

b) Utilisez le résultat obtenu en a) pour évaluer la vitesse moyenne de l'objet entre les temps

   i)  $t = 2$ et $t = 4$;               iii)  $t = 2$ et $t = 2,5$;

   ii)  $t = 2$ et $t = 3$;               iv)  $t = 2$ et $t = (2 + \Delta t)$.

c) Calculez la vitesse instantanée de l'objet à la fin de la 2ᵉ seconde (c'est-à-dire à l'instant $t = 2$).

d) Illustrez sur un même graphique les sécantes à la courbe de $s$ correspondant aux calculs effectués en b) i), ii) et iii). Commentez le résultat en relation avec c).

▶ *Solution*

a) La hauteur de l'objet correspond à sa position à partir du sol. Donc, sa vitesse moyenne entre les temps $t$ et $(t + \Delta t)$ est

$$v_{\text{moy}} = \frac{\Delta s}{\Delta t} = \frac{s(t + \Delta t) - s(t)}{\Delta t}$$

$$= \frac{[-4,9(t + \Delta t)^2 + 150)] - [-4,9t^2 + 150]}{\Delta t}$$

$$= \frac{-4,9(t^2 + 2t(\Delta t) + (\Delta t)^2) + 150 + 4,9t^2 - 150}{\Delta t}$$

$$= \frac{-4,9t^2 - 9,8t(\Delta t) - 4,9(\Delta t)^2 + 4,9t^2}{\Delta t}$$

$$= \frac{\Delta t(-9,8t - 4,9(\Delta t))}{\Delta t}$$

$$= (-9,8t - 4,9\Delta t) \text{ m/s}, \text{ puisque } \Delta t \neq 0$$

b) Pour calculer les vitesses moyennes demandées, à partir du résultat précédent, il suffit de remplacer $t$ par 2 et $\Delta t$ par les variations de temps respectives. On a donc :

   i)  $t = 2$ et $\Delta t = 2$, d'où $v_{\text{moy}} = -9,8(2) - 4,9(2) = -29,4$ m/s

   ii)  $t = 2$ et $\Delta t = 1$, d'où $v_{\text{moy}} = -9,8(2) - 4,9(1) = -24,5$ m/s

   iii)  $t = 2$ et $\Delta t = 0,5$, d'où $v_{\text{moy}} = -9,8(2) - 4,9(0,5) = -22,05$ m/s

   iv)  $t = 2$ et $\Delta t$, d'où $v_{\text{moy}} = (-9,8(2) - 4,9\Delta t) = (-19,6 - 4,9\Delta t)$ m/s

c) La vitesse instantanée est donnée par $\dfrac{ds}{dt} = \lim_{\Delta t \to 0} \left( \dfrac{\Delta s}{\Delta t} \right)$.

Pour spécifier qu'on évalue cette vitesse au temps $t = 2$, on écrira $\dfrac{ds}{dt}\bigg|_{t=2}$.

D'après le résultat obtenu en b) iv), on a donc

$$\frac{ds}{dt}\bigg|_{t=2} = \lim_{\Delta t \to 0} (-19,6 - 4,9\Delta t) = -19,6 \text{ m/s}$$

d) La courbe de *s* est une section d'une parabole verticale ouverte vers le bas (le coefficient de $t^2$ est négatif). Si on reporte sur cette courbe les sécantes correspondant aux calculs de b) i), ii) et iii), on obtient le résultat illustré à la figure 3.14.

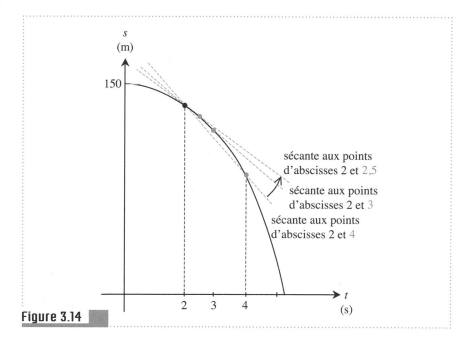

**Figure 3.14**

On constate que les sécantes à la courbe pivotent autour du point (2, *s*(2)). Plus le deuxième point, (2 + Δ*t*, *s*(2 + Δ*t*)), est proche de (2, *s*(2)), plus la sécante à la courbe ressemble à une tangente. À la limite, lorsque Δ*t* tend vers 0, on peut dire que la sécante se confond avec la tangente à la courbe en (2, *s*(2)).

L'expression $\dfrac{ds}{dt}\Big|_{t=2}$, calculée en c), correspond donc à la pente de la tangente à la courbe de *s* au point d'abscisse 2 (voir la figure 3.15).

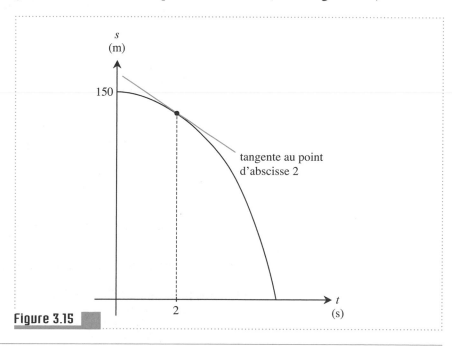

**Figure 3.15**

## *Repère* **historique**

La chute des corps était un sujet de prédilection pour Isaac Newton (1642-1727), qui cherchait à expliquer le mouvement des astres et la chute des objets sur Terre au moyen d'une seule et même loi. C'est dans son ouvrage *Philosophiae Naturalis Principia Mathematica* (Principes mathématiques de la philosophie naturelle), publié en 1687, qu'il a exposé une théorie réconciliant les deux phénomènes. Celle-ci est aujourd'hui connue sous le nom de *théorie de l'attraction universelle*. Elle explique que les astres et les objets tombant en chute libre sont mus par l'action d'une force universelle, la gravitation, qui fait s'attirer mutuellement tous les corps. Pour développer cette théorie, Newton a dû jeter les bases du calcul différentiel. Il est donc, avec Wilhelm Gottfried Leibniz (1646-1716), l'un des co-fondateurs du calcul différentiel.

Dans sa théorie du calcul des fluxions (appelé aujourd'hui le «calcul différentiel»), Isaac Newton (1642-1727) a adopté un point de vue physique sur le calcul de la pente de la tangente. Cette optique n'est pas surprenante étant donné que Newton est à l'origine de la mécanique classique. En effet, dans ses travaux, il considérait toute variable dépendante comme une distance, et toute variable indépendante comme le temps. Par conséquent, le calcul de la pente de la tangente en un point d'une courbe revient au calcul de la vitesse d'un objet en mouvement à un moment précis.

Cette analogie a permis à Newton de développer une approche dans laquelle les notions de limite et de continuité (qui ne seront définies de façon formelle qu'au XIX$^e$ siècle) peuvent être comprises intuitivement: on peut facilement admettre comme postulat que le mouvement d'un objet, de même que l'écoulement du temps, sont des phénomènes continus, de sorte qu'il est possible d'en considérer des parties infiniment petites sans que cela pose de problèmes majeurs sur le plan conceptuel.

Dans l'exemple 3.12, on a introduit l'expression symbolique $\frac{ds}{dt}\Big|_{t=2}$ pour désigner la vitesse instantanée de l'objet en chute libre au temps $t = 2$ s. On peut généraliser cette expression sous la forme $\frac{dy}{dx}\Big|_{x=a}$ et l'adapter à n'importe quel autre contexte.

On a également observé, dans les illustrations graphiques des taux de variation moyens $\frac{\Delta A}{\Delta c}$ et $\frac{\Delta s}{\Delta t}$ (étudiés respectivement aux exemples 3.11 et 3.12), que plus la différence d'abscisses diminue, plus la sécante associée au taux de variation moyen se rapproche d'une tangente à la courbe.

Comme, par définition, le taux de variation instantané d'une fonction est la limite d'un taux de variation moyen $\frac{\Delta y}{\Delta x}$, lorsque $\Delta x$ tend vers 0, on peut en conclure que le taux de variation instantané correspond graphiquement à une pente de tangente à la courbe de la fonction.

On peut maintenant combiner ces informations pour étoffer la définition de taux de variation instantané présentée au début de cette section.

**DÉFINITION** ▶ Soit $f$ une fonction définie par l'équation $y = f(x)$.

Le **taux de variation instantané** de $y$ par rapport à $x$ est donné par

$$\frac{dy}{dx} = \lim_{\Delta x \to 0} \left( \frac{\Delta y}{\Delta x} \right)$$

et correspond graphiquement à la **pente de la tangente** en un point quelconque de la courbe de $f$.

En particulier, le taux de variation instantané de $y$ par rapport à $x$, **lorsque $x = a$**, est donné par

$$\frac{dy}{dx}\bigg|_{x=a} = \lim_{\Delta x \to 0} \left( \frac{f(a + \Delta x) - f(a)}{\Delta x} \right)$$

Ce taux correspond à la pente de la tangente à la courbe de $f$ au point d'abscisse $a$ (voir la figure 3.16).

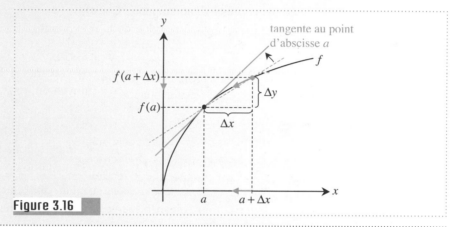

**Figure 3.16**

Cette relation entre un taux de variation instantané et une pente de tangente sera approfondie au chapitre 4, de même que les calculs. Nous travaillerons alors dans un cadre théorique, sans référence à un contexte particulier. Dans un tel cas, l'expression « taux de variation instantané » est remplacée par le terme **dérivée**, beaucoup plus utilisé en mathématiques. Il ne faudra toutefois pas oublier que les deux expressions sont synonymes.

Le tableau 3.2 résume les notions abordées dans ce chapitre, ainsi que le vocabulaire et les symboles correspondants.

**Tableau 3.2**

| Symbole | Notion | Interprétation graphique |
|---------|--------|--------------------------|
| $\Delta x$ | Variation de la variable indépendante | Différence d'abscisses |
| $\Delta y$ | Variation de la variable dépendante ou de la fonction | Différence d'ordonnées |
| $\dfrac{\Delta y}{\Delta x}$ | Taux de variation moyen de $y$ par rapport à $x$ | Pente d'une sécante à la courbe d'équation $y = f(x)$ |
| $\dfrac{dy}{dx}$ ou $\lim\limits_{\Delta x \to 0}\left(\dfrac{\Delta y}{\Delta x}\right)$ | Taux de variation instantané de $y$ par rapport à $x$ | Pente d'une tangente à la courbe d'équation $y = f(x)$ |

## EXERCICES 3.3

**1** Un mobile se déplace en ligne droite le long d'un axe gradué. Soit $p$ sa position (en mètres) au moment $t$ (en secondes).

Dites ce que représente, dans ce contexte, chacune des expressions suivantes en précisant les unités dans lesquelles elle s'exprime.

a) $p(t_2) - p(t_1)$

c) $\lim\limits_{\Delta t \to 0} \left( \dfrac{\Delta p}{\Delta t} \right)$

b) $\dfrac{p(10) - p(0)}{10}$

d) $\left. \dfrac{dp}{dt} \right|_{t=4}$

**2** On lance un projectile vers le haut. Soit $v$ sa vitesse (en m/s) $t$ secondes après le lancement.

Dites ce que représente, dans ce contexte, chacune des expressions suivantes en précisant les unités.

a) $\Delta v$

b) $\dfrac{v(5) - v(3)}{2}$

c) $\dfrac{dv}{dt}$

**3** La loi des gaz parfaits établit la relation

$$PV = nRT$$

entre la pression $P$ d'un gaz (en kilopascals), son volume $V$ (en litres), son nombre $n$ de moles et sa température $T$ (en degrés Kelvin). $R$ est une constante.

Dites ce que représente, dans le contexte, chacune des expressions suivantes en précisant les unités.

a) $\lim\limits_{\Delta V \to 0} \left( \dfrac{\Delta T}{\Delta V} \right)$

b) $\left. \dfrac{dP}{dT} \right|_{T=350\ ^\circ K}$

**4** On considère le cylindre ci-contre, où le rayon et la hauteur sont en centimètres. On désigne son volume par $V$.

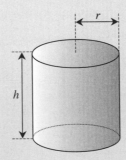

Donnez les unités de chacune des expressions suivantes et dites ce qu'elles représentent dans ce contexte :

a) $\dfrac{dV}{dr}$

b) $\left. \dfrac{dV}{dh} \right|_{h=10}$

**5** Soit $V$ le volume d'un cube en fonction de la mesure de son arête $x$ (en cm). Sachant que

$$\frac{V(x+\Delta x) - V(x)}{\Delta x} = \left[ 3x^2 + 3x(\Delta x) + (\Delta x)^2 \right]$$

en cm³/cm, calculez :

a) $\dfrac{dV}{dx}$

b) $\left. \dfrac{dV}{dx} \right|_{x=5}$

**6** Exprimez symboliquement chacun des énoncés suivants à l'aide d'un taux de variation (moyen ou instantané, selon le cas).

a) Au cours des 10 années qui ont suivi l'ouverture d'une importante industrie dans une région, la population a augmenté en moyenne de 7500 habitants par année.

b) Un mobile se déplace à une vitesse constante de 5 m/s.

c) L'aire d'un cercle augmente au rythme de $16\pi$ cm²/cm au moment où son rayon mesure 8 cm.

# Chapitre 4

# Pente de tangente — Introduction au calcul différentiel

**1** Soit la parabole d'équation $f(x) = x^2$. Calculer la pente de la tangente à la parabole :

a) au point d'abscisse 1 ;

b) au point d'abscisse $a$.

**2** On observe le mouvement d'un mobile se déplaçant en ligne droite. Le graphique ci-contre illustre sa position $s$ (en mètres), $t$ secondes après le début de l'observation.

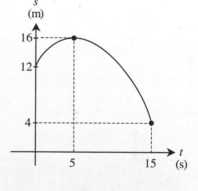

a) Donner la valeur de chacune des expressions suivantes, en précisant les unités, et dire ce qu'elle représente dans le contexte :

i) $\dfrac{s(5) - s(0)}{5}$  ii) $\dfrac{ds}{dt}\Big|_{t=5}$

b) Quel est le signe de la pente de la tangente à la courbe entre $t = 0$ et $t = 5$ ? Interpréter le résultat dans le contexte.

**3** À l'aide du graphique de la fonction $g$ représentée ci-dessous, tracer un graphique approximatif de $g'$.

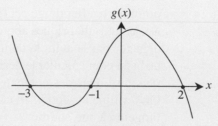

Dans le chapitre précédent, les notions de variation de fonction, de taux de variation moyen et de taux de variation instantané d'une fonction ont été présentées. Ces notions permettent notamment de mieux analyser et comprendre les phénomènes naturels, puisqu'elles révèlent des caractéristiques importantes que la simple connaissance des valeurs des quantités impliquées ne permet pas d'obtenir. Nous avons vu, du point de vue graphique, qu'un taux de variation moyen d'une fonction correspond à la pente d'une sécante à la courbe de cette fonction et qu'un taux de variation instantané d'une fonction correspond à la pente d'une tangente à la courbe de cette fonction. Nous avons également introduit le concept de **dérivée** à l'aide d'exemples concrets de taux de variation instantanés. Ce concept de dérivée est au centre du **calcul différentiel**, l'objet même de ce manuel.

Dans ce chapitre, nous allons mettre l'accent sur l'interprétation graphique de la dérivée comme pente de tangente à une courbe, afin d'en faire un véritable support visuel pour la suite du cours. C'est pourquoi nous allons, dans un premier temps, nous concentrer sur le calcul de la pente de la tangente à la courbe d'une fonction. Ces calculs théoriques, que nous visualiserons graphiquement, permettront de systématiser un procédé et d'en dégager la définition formelle de la dérivée.

Ensuite, nous reviendrons aux situations concrètes pour approfondir la compréhension graphique de la dérivée. L'accent ne sera pas mis sur les calculs, mais sur l'interprétation contextuelle des données à l'aide de graphiques. Cela aura pour but de développer l'habileté à décoder et à analyser des graphiques dans des contextes afin d'en tirer le maximum d'informations, notamment en termes de taux de variation instantané.

Enfin, nous terminerons par une approche graphique hors-contexte, consistant à tirer du graphique d'une fonction le maximum d'informations sur sa dérivée. Autrement dit, au lieu de calculer la dérivée de $f(x)$ à partir de l'équation de $f$, nous chercherons à obtenir le graphique de la dérivée à partir de celui de $f$. Cette approche permettra d'établir des liens importants entre une fonction et sa dérivée, liens qui seront utiles dans les prochains chapitres.

## 4.1 Pente de tangente

On s'intéresse ici à la caractéristique commune à tous les exemples contextuels vus à la dernière section du chapitre 3, à savoir qu'un taux de variation instantané correspond graphiquement à la pente d'une tangente à une courbe. On laisse temporairement de côté les contextes pour se concentrer sur cette relation et sur le calcul de la pente de tangente. On fera d'abord ce calcul en un point particulier d'une courbe, puis de façon générale en un point quelconque. Les calculs théoriques abordés permettront de systématiser un procédé et d'en dégager par la suite la définition formelle de la dérivée. Cette définition sera utilisée pour calculer la dérivée de diverses fonctions et pourra être transposée plus tard dans des contextes pour calculer des taux de variation instantanés. On termine la section en clarifiant, du point de vue géométrique, la notion de tangente à une courbe.

### Pente de la tangente en un point d'une courbe

Si, à partir de l'équation d'une fonction, on veut calculer directement la pente de la tangente en un point donné de la courbe de cette fonction, on rencontre immédiatement une difficulté. En effet, il nous faut deux points pour calculer la pente d'une droite ; or, dans ce cas, on ne connaît qu'un point de la tangente : celui qu'elle a en commun avec la courbe. La figure 4.1 illustre le problème.

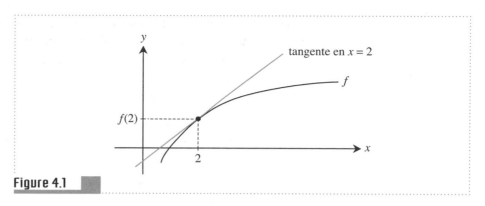

**Figure 4.1**

Pour calculer la pente de la tangente illustrée sur cette figure, à partir de l'équation de $f$, on ne dispose que du point $(2, f(2))$.

## *Repère* historique

Cette difficulté a longtemps mis au défi les meilleurs mathématiciens et esprits scientifiques aux temps des premiers développements de la géométrie analytique (aux XVII$^e$ et XVIII$^e$ siècles). C'est Isaac Newton (1642-1727) et Wilhelm Gottfried Leibniz (1646-1716) qui, indépendamment l'un de l'autre, ont trouvé la solution au problème du calcul de la pente de la tangente en un point d'une courbe.

L'idée au centre de leur découverte consiste à ramener le problème au calcul de la **pente d'une sécante** à la courbe et à imaginer ensuite cette sécante infiniment proche de la tangente ciblée.

À la section 3.3, nous avons tout naturellement contourné la difficulté du calcul de la pente d'une tangente en calculant d'abord des taux de variation moyens, puis ensuite des taux de variation instantanés (voir notamment l'exemple 3.12). On a pu ainsi observer que les sécantes correspondant aux taux de variation moyens étaient de plus en plus proches d'une tangente, au fur et à mesure que la différence d'abscisses diminuait.

On utilisera donc ce procédé pour calculer, en deux étapes, la pente de la tangente en un point $P$ d'une courbe. Dans un premier temps, on choisira un point quelconque $Q$ sur la courbe de la fonction (voir la figure 4.2), puis on calculera la pente de la sécante passant par ces deux points. On imaginera ensuite le point $Q$ infiniment proche du point $P$, ce qui aura pour effet de faire pivoter la sécante autour du point de tangence.

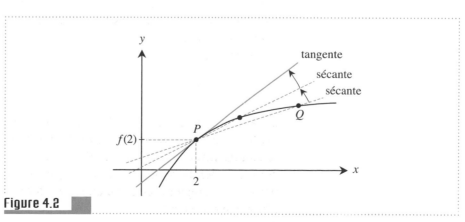

**Figure 4.2**

Dans l'exemple suivant, on détaille le procédé permettant de calculer la pente de la tangente en un point particulier d'une courbe.

### Exemple 4.1

Soit la parabole d'équation $f(x) = x^2$. Calculez la pente de la tangente à la courbe de $f$ au point d'abscisse 1 (voir la figure 4.3).

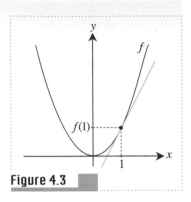

**Figure 4.3**

▶ *Solution*

Pour suivre le procédé expliqué précédemment, on décompose le problème en deux étapes : on calcule d'abord la pente d'une sécante passant par le point $(1, f(1))$ et un autre point de la parabole, puis on fait tendre cette sécante vers la tangente à la courbe en $(1, f(1))$.

**① Calcul de la pente d'une sécante**

On a déjà le point $(1, f(1))$, ou $(1, 1)$. On choisit un deuxième point quelconque sur la parabole, soit $(x, f(x))$ (voir la figure 4.4).

On calcule la pente de la sécante passant par ces deux points :

$$\frac{\Delta y}{\Delta x} = \frac{f(x) - f(1)}{x - 1}$$

$$= \frac{x^2 - 1}{x - 1}$$

$$= \frac{(x + 1)(x - 1)}{x - 1}$$

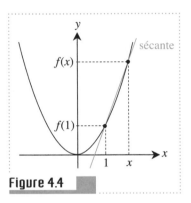

**Figure 4.4**

À cette étape, on divise numérateur et dénominateur par $(x - 1)$, puisque ce facteur n'est pas nul. On se rappellera que les deux points de la sécante sont distincts, donc, dans le cas présent, $x \neq 1$.

D'où $\dfrac{\Delta y}{\Delta x} = x + 1$.

On observera que ce résultat est une formule générale qui permet d'obtenir la pente de n'importe quelle sécante passant par les points $(1, 1)$ et $(x, f(x))$ de la parabole. On peut donc maintenant passer à l'étape suivante.

**② Calcul de la pente de la tangente**

Pour obtenir la pente de la tangente à la parabole au point d'abscisse 1, il suffit d'imaginer le point $(x, f(x))$ *infiniment proche* du point $(1, 1)$, c'est-à-dire de faire tendre $x$ vers 1 *jusqu'à la limite*.

En utilisant les symboles introduits au chapitre 3 pour désigner une pente de tangente (ou un taux de variation instantané), on obtient :

$$\frac{dy}{dx}\bigg|_{x=1} = \lim_{x \to 1}\left(\frac{\Delta y}{\Delta x}\right)$$

$$= \lim_{x \to 1}(x + 1)$$

$$= 2$$

Donc la pente de la tangente à la parabole au point d'abscisse 1 vaut **2** (voir la figure 4.5).

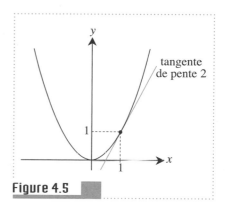

**Figure 4.5**

Il importe peu qu'on situe le second point $(x, f(x))$ à droite ou à gauche du **point de tangence**, comme l'illustre la figure 4.6. Dans un cas comme dans l'autre, on aboutit, à la limite, à la même droite, soit la tangente. C'est d'ailleurs ce que sous-entend le recours à la limite pour calculer la pente de la tangente, puisque cette limite comprend aussi bien la limite à gauche que la limite à droite.

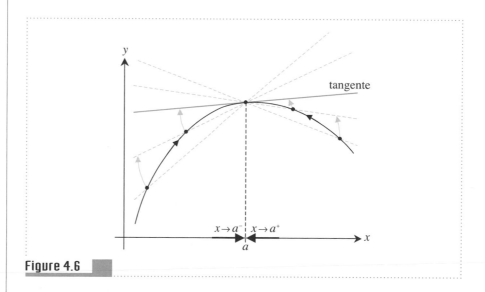

**Figure 4.6**

Si, pour en revenir à l'exemple précédent, on reprend le calcul de la limite, on peut le décomposer comme suit :

$$\lim_{x \to 1}(x+1) = \begin{cases} \lim_{x \to 1^-}(x+1) = 2 \\ \lim_{x \to 1^+}(x+1) = 2 \end{cases}$$

Interprétée graphiquement, la limite à gauche permet d'évaluer la pente de la sécante lorsque le second point est situé à gauche du point d'abscisse 1 et qu'il s'en rapproche, tandis que la limite à droite permet d'évaluer la pente de la sécante lorsque le second point est situé à droite du point d'abscisse 1 et qu'il s'en rapproche.

## Pente de la tangente en un point quelconque d'une courbe

La démarche suivie à l'exemple 4.1 pour calculer la pente de la tangente au point d'abscisse 1 de la parabole présente un inconvénient : si on veut calculer la pente de la tangente en un autre point de la courbe, il faut recommencer tous les calculs depuis le début. On peut cependant généraliser le procédé, en calculant dès le départ la pente de la tangente **en un point quelconque** de la courbe plutôt qu'en un point particulier. Le résultat obtenu est alors une formule générale qui a l'avantage de donner immédiatement la pente de la tangente en n'importe quel point de la courbe.

Dans l'exemple suivant, on expose deux façons de procéder pour obtenir ce résultat général en utilisant à nouveau la parabole de l'exemple précédent. Les deux méthodes y sont présentées en parallèle afin de permettre une meilleure comparaison des avantages ou inconvénients de chacune. Dans un cas comme dans l'autre, on reconnaîtra, à l'étape du calcul de la pente de la sécante, des opérations algébriques similaires à celles déjà effectuées au chapitre 3 lorsqu'on calculait des taux de variation moyens.

**Exemple 4.2**

Soit $f(x) = x^2$. Calculez la pente de la tangente en un point quelconque de la courbe de $f$.

▶ *Solution*

La première façon de procéder consiste à nommer le point de tangence $(a, f(a))$, et le deuxième point sur la courbe, $(x, f(x))$. Pour faire en sorte que $(x, f(x))$ soit infiniment proche du point $(a, f(a))$, on fera tendre $x$ vers $a$ « jusqu'à la limite » (voir la figure 4.7).

Dans la deuxième méthode, on nomme le point de tangence $(x, f(x))$ et le deuxième point sur la courbe, $(x + \Delta x, f(x + \Delta x))$. Pour imaginer le deuxième point infiniment proche du premier, on fera tendre $\Delta x$ vers 0 jusqu'à la limite (voir la figure 4.8).

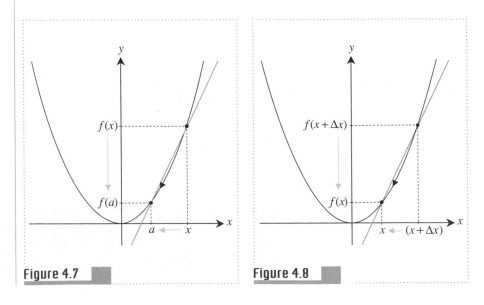

**Figure 4.7**

**Figure 4.8**

**❶ Calcul de la pente d'une sécante**

| Points: $(a, f(a))$ et $(x, f(x))$ où $x \neq a$ | Points: $(x, f(x))$ et $(x + \Delta x, f(x + \Delta x))$ où $\Delta x \neq 0$ |
|---|---|
| $\begin{aligned} \frac{\Delta y}{\Delta x} &= \frac{f(x) - f(a)}{x - a} \\ &= \frac{x^2 - a^2}{x - a} \\ &= \frac{(x + a)(x - a)}{x - a} \\ &= x + a \quad \text{puisque } (x - a) \neq 0 \end{aligned}$ | $\begin{aligned} \frac{\Delta y}{\Delta x} &= \frac{f(x + \Delta x) - f(x)}{(x + \Delta x) - x} \\ &= \frac{(x + \Delta x)^2 - x^2}{\Delta x} \\ &= \frac{x^2 + 2x \cdot \Delta x + (\Delta x)^2 - x^2}{\Delta x} \\ &= \frac{\Delta x (2x + \Delta x)}{\Delta x} \\ &= 2x + \Delta x \quad \text{puisque } \Delta x \neq 0 \end{aligned}$ |

**❷ Calcul de la pente de la tangente (par la limite)**

Pour obtenir la pente de la tangente dans l'un ou l'autre cas, on évalue la limite de la pente de la sécante (obtenue au résultat précédent), lorsque le deuxième point de la courbe est infiniment proche du point de tangence. Cela se traduit de la façon suivante, selon la méthode utilisée :

| Points $(a, f(a))$ et $(x, f(x))$ | Points $(x, f(x))$ et $(x + \Delta x, f(x + \Delta x))$ |
|---|---|
| Pour que $(x, f(x))$ soit infiniment proche de $(a, f(a))$, il faut faire tendre $x$ vers $a$ : $$\underbrace{\frac{dy}{dx}\Big|_{x=a}}_{\substack{\text{pente de la} \\ \text{tangente en } a}} = \lim_{x \to a} \underbrace{\left(\frac{\Delta y}{\Delta x}\right)}_{\substack{\text{pente de} \\ \text{la sécante}}}$$ $$= \lim_{x \to a} (x + a)$$ $$= 2a$$ | Pour que $(x + \Delta x, f(x + \Delta x))$ soit infiniment proche de $(x, f(x))$, il faut faire tendre $\Delta x$ vers $0$ : $$\underbrace{\frac{dy}{dx}}_{\substack{\text{pente de la} \\ \text{tangente en } x}} = \lim_{\Delta x \to 0} \underbrace{\left(\frac{\Delta y}{\Delta x}\right)}_{\substack{\text{pente de} \\ \text{la sécante}}}$$ $$= \lim_{\Delta x \to 0} (2x + \Delta x)$$ $$= 2x$$ |
| Ce résultat indique que la pente de la tangente à la courbe de $f$ au point d'abscisse $a$ est donnée par $2a$. | Ce résultat indique que la pente de la tangente à la courbe de $f$ au point d'abscisse $x$ est donnée par $2x$. |

Les résultats obtenus par les deux méthodes sont équivalents. Dans un cas comme dans l'autre, la pente de la tangente à la parabole d'équation $f(x) = x^2$ est donnée par le double de l'abscisse du point de tangence.

La deuxième méthode a cependant l'avantage de donner directement le résultat en termes de $x$ (la variable), comme il est d'usage d'exprimer une formule. Ce n'est toutefois pas un inconvénient majeur pour la première méthode, car on peut toujours, à la toute fin, substituer $x$ à $a$ pour obtenir un résultat en termes de $x$.

Si on compare les deux méthodes exposées dans l'exemple précédent, on constate, à l'étape du calcul de la pente de la sécante, que la première méthode nous amène à décomposer une expression du second degré en facteurs, alors que l'autre nous amène, à l'inverse, à développer le carré d'un binôme. Aucune de ces deux opérations algébriques ne présente ici de difficulté parce qu'il s'agit d'expressions de degré 2. Toutefois, des complications algébriques peuvent survenir, parfois avec une méthode, parfois avec l'autre, pour des fonctions de degré plus élevé ou d'autres types de fonctions. C'est pourquoi on s'assurera de bien comprendre les deux façons de faire, afin de pouvoir choisir celle qui convient le mieux à une situation donnée ou aux habiletés algébriques de chacun.

Dans l'exemple précédent, on observe par ailleurs que les deux méthodes permettent de simplifier l'expression de la pente de la sécante en divisant numérateur et dénominateur par un facteur commun (non-nul). Cette opération algébrique est cruciale pour la suite des calculs, car c'est grâce à elle si l'évaluation de la limite peut se faire. Sans cette simplification algébrique, on serait dans une impasse. Par exemple, si on évaluait directement la limite de $\dfrac{x^2 - a^2}{x - a}$ lorsque $x$ tend vers $a$, sans simplifier l'expression au préalable, on obtiendrait le résultat suivant :

$$\left.\frac{dy}{dx}\right|_{x=a} = \lim_{x \to a}\left(\frac{x^2 - a^2}{x - a}\right) = \frac{a^2 - a^2}{a - a} = \frac{0}{0}$$

L'expression « 0/0 » obtenue en procédant ainsi laisse perplexe. Il ne faut cependant pas croire qu'il s'agit d'une fraction dont le numérateur et le dénominateur sont tous deux égaux à zéro : dans ce cas, ce serait tout simplement une expression non définie. Il s'agit plutôt de deux quantités qui sont infiniment proches de la valeur zéro. Cela n'est pas une surprise puisque, comme on l'a vu du point de vue graphique, si le second point est infiniment proche du premier, alors les variations en $x$ et en $y$ entre ces deux points sont infiniment petites mais pas nécessairement égales. Selon les expressions algébriques impliquées au numérateur et au dénominateur, la fraction $\dfrac{\Delta y}{\Delta x}$ prendra des valeurs différentes. Ces valeurs ne pourront être déterminées que si l'on pousse plus loin les simplifications algébriques. Pour cette raison, une expression telle $\dfrac{0}{0}$ est appelée une **forme indéterminée**.

## *Repère* historique

C'est le mathématicien et physicien suisse Leonhard Euler (1707-1783) qui a développé l'idée que les ratios impliqués dans le calcul des pentes de tangentes étaient en fait différentes versions de la forme indéterminée $\dfrac{0}{0}$. Il a aussi insisté sur le fait que, puisque ces ratios dépendent de l'origine des deux quantités qui tendent vers zéro, ils doivent être traités au cas par cas.

Dans l'exemple suivant, on utilise de nouveau les deux méthodes en parallèle pour calculer une pente de tangente. On se passera toutefois du graphique de la fonction, puisque la démarche a été suffisamment illustrée dans les exemples précédents.

### Exemple 4.3

Soit la courbe d'équation $f(x) = x^2 - 3x$. Calculez la pente de la tangente en un point quelconque de la courbe de $f$.

▶ *Solution*

**❶ Calcul de la pente d'une sécante**

| Points $(a, f(a))$ et $(x, f(x))$ $x \neq a$ | Points $(x, f(x))$ et $(x + \Delta x, f(x + \Delta x))$ $\Delta x \neq 0$ |
|---|---|
| $\begin{aligned} \dfrac{\Delta y}{\Delta x} &= \dfrac{f(x) - f(a)}{x - a} \\[6pt] &= \dfrac{(x^2 - 3x) - (a^2 - 3a)}{x - a} \\[6pt] &= \dfrac{x^2 - 3x - a^2 + 3a}{x - a} \\[6pt] &= \dfrac{x^2 - a^2 - 3x + 3a}{x - a} \\[6pt] &= \dfrac{(x - a)(x + a) - 3(x - a)}{x - a} \\[6pt] &= \dfrac{(x - a)\,[(x + a) - 3]}{x - a} \\[6pt] &= x + a - 3 \quad \text{puisque } (x - a) \neq 0 \end{aligned}$ | $\begin{aligned} \dfrac{\Delta y}{\Delta x} &= \dfrac{f(x + \Delta x) - f(x)}{(x + \Delta x) - x} \\[6pt] &= \dfrac{[(x + \Delta x)^2 - 3(x + \Delta x)] - (x^2 - 3x)}{\Delta x} \\[6pt] &= \dfrac{x^2 + 2x \cdot \Delta x + (\Delta x)^2 - 3x - 3\Delta x - x^2 + 3x}{\Delta x} \\[6pt] &= \dfrac{2x \cdot \Delta x + (\Delta x)^2 - 3\Delta x}{\Delta x} \\[6pt] &= \dfrac{\Delta x\,(2x + \Delta x - 3)}{\Delta x} \\[6pt] &= 2x + \Delta x - 3 \quad \text{puisque } \Delta x \neq 0 \end{aligned}$ |

**❷ Calcul de la pente de la tangente**

| Points $(a, f(a))$ et $(x, f(x))$ | Points $(x, f(x))$ et $(x + \Delta x, f(x + \Delta x))$ |
|---|---|
| $\left.\dfrac{dy}{dx}\right|_{x=a} = \lim\limits_{x \to a} (x + a - 3) = 2a - 3$ | $\dfrac{dy}{dx} = \lim\limits_{\Delta x \to 0} (2x + \Delta x - 3) = 2x - 3$ |

Comme on peut ramener le résultat de la première méthode à celui de la seconde (en substituant $x$ à $a$), on peut conclure que la pente de la tangente en un point quelconque de la courbe de $f$ est donnée par

$$\frac{dy}{dx} = 2x - 3.$$

Si, dans l'exemple 4.3, on compare les deux façons de calculer la pente de la sécante, on remarque que la première méthode amène à regrouper les termes de même degré au numérateur, puis à faire une double factorisation, alors que la deuxième méthode nécessite d'élever un binôme au carré, de simplifier et de factoriser. Encore une fois, selon les habiletés algébriques de chacun, on pourra préférer l'une ou l'autre méthode.

On peut maintenant condenser les deux étapes du calcul de la pente d'une tangente de la façon suivante, selon la méthode retenue :

$$\left.\frac{dy}{dx}\right|_{x=a} = \lim_{x \to a} \left( \frac{f(x) - f(a)}{x - a} \right) \quad \text{ou} \quad \frac{dy}{dx} = \lim_{\Delta x \to 0} \left( \frac{f(x + \Delta x) - f(x)}{\Delta x} \right)$$

Le calcul de la pente de la tangente consiste alors à effectuer, dans l'ordre, comme pour tout calcul algébrique, d'abord les opérations à l'intérieur des parenthèses et ensuite le calcul de la limite du résultat obtenu.

## Dérivée d'une fonction

On dénommera dorénavant les expressions symboliques précédentes par le terme « dérivée », plus généralement utilisé en mathématiques. Concrètement, l'appellation **dérivée** désigne le concept théorique, alors que la **pente de la tangente** est sa représentation graphique et le **taux de variation instantané**, sa transposition dans un contexte.

En langage symbolique, on désigne généralement « la dérivée d'une fonction *f* » par le symbole *f'* (lire : « *f prime* »). Ainsi, le résultat de l'exemple 4.3 peut être reformulé de la façon suivante :

« La dérivée de la fonction *f* d'équation $f(x) = x^2 - 3x$
est donnée par $f'(x) = 2x - 3$ ».

Lorsque la fonction est définie sous la forme $y = f(x)$, il arrive aussi qu'on désigne sa dérivée par les expressions symboliques $\dfrac{dy}{dx}$ ou $\dfrac{df}{dx}$, qu'on lira respectivement : « la dérivée de *y* par rapport à *x* » ou « la dérivée de *f* par rapport à *x* ».

## Repère historique

On doit au mathématicien et physicien français Joseph-Louis Lagrange (1736-1813) la notation *f'*(x), de même que l'appellation « dérivée », qu'il a introduite par suite du raisonnement suivant : puisque la pente de la tangente est obtenue à partir de la fonction originale *f* au moyen de certains calculs, on peut dire qu'elle dérive de cette fonction. Ainsi, le terme « dérivée » (qui est en fait la forme substantive de « fonction dérivée ») est tout indiqué pour faire référence à la pente de la tangente.

L'usage du symbole *f'* a l'avantage de présenter la dérivée comme une autre fonction : à une valeur de la variable indépendante *x* correspond une et une seule valeur de la pente de la tangente. Pour cette raison, on peut parler de la **fonction dérivée** de *f*.

Cependant, lorsqu'on utilise le symbole *f'*, il ne faut pas perdre de vue que la dérivée est un rapport de deux quantités infiniment petites, ce que préserve du point de vue symbolique la notation $\dfrac{dy}{dx}$ ou $\dfrac{df}{dx}$.

On peut maintenant définir de façon formelle la dérivée d'une fonction en une valeur *x* quelconque.

**DÉFINITION** ▶ **Dérivée d'une fonction**

Soit *f* une fonction de la variable *x*.

La dérivée de *f*, notée **f'**, est la fonction définie par

$$f'(x) = \lim_{\Delta x \to 0} \left( \frac{f(x + \Delta x) - f(x)}{\Delta x} \right)$$

pour toutes les valeurs de *x* pour lesquelles cette limite existe.

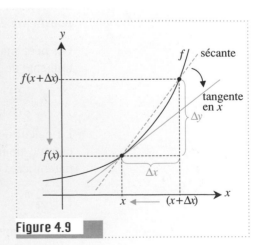

**Figure 4.9**

La figure 4.9 illustre le procédé par lequel on obtient la dérivée d'une fonction $f$ (ou la pente de la tangente à sa courbe). On calcule d'abord l'expression entre parenthèses, c'est-à-dire la pente de la sécante à la courbe de $f$ aux points d'abscisses $x$ et $(x + \Delta x)$. Ensuite, on évalue la limite du résultat, lorsque $\Delta x$ tend vers 0, c'est-à-dire lorsque le point $(x + \Delta x, f(x + \Delta x))$ est infiniment proche du point $(x, f(x))$.

## Calcul de la dérivée d'une fonction à l'aide de la définition

Dans l'exemple suivant, on montre comment calculer la dérivée d'une fonction en utilisant la définition.

### Exemple 4.4

Soit $f(x) = \dfrac{1}{x}$.

a) Calculez $f'(x)$.

b) Évaluez la dérivée de $f$ en $x = -3$.

c) Trouvez en quel ou en quels points de la courbe de $f$ la pente de la tangente vaut $-2$. Illustrez la ou les tangentes sur le graphique de $f$.

▶ *Solution*

a) Selon la définition de la dérivée, on a :

$$f'(x) = \lim_{\Delta x \to 0} \left( \frac{f(x + \Delta x) - f(x)}{\Delta x} \right)$$

$$= \lim_{\Delta x \to 0} \left( \frac{\dfrac{1}{x + \Delta x} - \dfrac{1}{x}}{\Delta x} \right)$$

$$= \lim_{\Delta x \to 0} \left( \left[ \frac{1}{x + \Delta x} - \frac{1}{x} \right] \cdot \frac{1}{\Delta x} \right)$$

$$= \lim_{\Delta x \to 0} \left( \frac{x - (x + \Delta x)}{(x + \Delta x)x} \cdot \frac{1}{\Delta x} \right)$$

$$= \lim_{\Delta x \to 0} \left( \frac{\cancel{x} - \cancel{x} - \Delta x}{(x + \Delta x)x} \cdot \frac{1}{\Delta x} \right)$$

$$= \lim_{\Delta x \to 0} \left( \frac{- \cancel{\Delta x}}{(x + \Delta x)x \, \cancel{\Delta x}} \right)$$

$$= \lim_{\Delta x \to 0} \left( \frac{-1}{(x + \Delta x)x} \right) \qquad \text{puisque } \Delta x \neq 0$$

$$= \frac{-1}{(x + 0)x}$$

$$= \frac{-1}{x^2}$$

Donc, $f'(x) = -\dfrac{1}{x^2}$.

b) La dérivée de $f$ en $-3$ est donnée par

$$f'(-3) = -\frac{1}{(-3)^2} = -\frac{1}{9}$$

c) Pour trouver le ou les points de la courbe de $f$ où la pente de la tangente vaut $-2$, il faut poser : $f'(x) = -2$, ce qui amène à résoudre l'équation suivante :

$$-\frac{1}{x^2} = -2 \quad \Leftrightarrow \quad x^2 = \frac{1}{2} \quad \Leftrightarrow \quad x = \pm\sqrt{\frac{1}{2}} = \pm\frac{1}{\sqrt{2}} \approx \pm 0{,}7$$

Comme on trouve deux valeurs de $x$, il y a deux points pour lesquels la pente de la tangente est $-2$. Ces deux points sont :

$$\left(-\frac{1}{\sqrt{2}},\ -\sqrt{2}\right) \text{ et } \left(\frac{1}{\sqrt{2}},\ \sqrt{2}\right)$$

La figure 4.10 illustre les tangentes à la courbe de $f$ en ces points.

On remarque que l'expression de la dérivée $f'(x) = -\dfrac{1}{x^2}$ donne des valeurs strictement

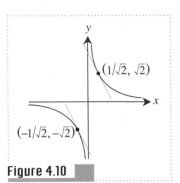

**Figure 4.10**

négatives quelle que soit la valeur (non nulle) de $x$. Cela concorde avec la courbe de $f$, où la pente de la tangente est partout négative.

Les deux exemples suivants portent sur des fonctions pour lesquelles le calcul de la dérivée peut soulever des complications algébriques. Pour réduire le niveau de difficulté, on simplifie l'expression symbolique de la dérivée dans la définition, en remplaçant le symbole $\Delta x$ par la lettre $h$. La dérivée s'exprime alors ainsi :

$$f'(x) = \lim_{h \to 0}\left(\frac{f(x+h) - f(x)}{h}\right)$$

On notera que la définition de la dérivée reste la même, seul le symbole $\Delta x$, représentant la différence d'abscisses, a été remplacé par un symbole plus simple. L'expression symbolique de la dérivée s'en trouve ainsi allégée. On utilisera donc cette nouvelle formulation dans les exemples suivants.

**Exemple 4.5**

Calculez $f'(x)$ si $f(x) = \dfrac{5}{2x+1}$.

▶ *Solution*

$$f'(x) = \lim_{h \to 0}\left(\frac{f(x+h) - f(x)}{h}\right)$$

$$= \lim_{h \to 0}\left(\frac{\dfrac{5}{2(x+h)+1} - \dfrac{5}{2x+1}}{h}\right)$$

$$= \lim_{h \to 0}\left(\left[\frac{5}{2x+2h+1} - \frac{5}{2x+1}\right] \cdot \frac{1}{h}\right)$$

$$= \lim_{h \to 0}\left(\frac{5}{h}\left[\frac{(2x+1) - (2x+2h+1)}{(2x+2h+1)(2x+1)}\right]\right)$$

$$= \lim_{h \to 0} \left( \frac{5}{h} \left[ \frac{2x + 1 - 2x - 2h - 1)}{(2x + 2h + 1)(2x + 1)} \right] \right)$$

$$= \lim_{h \to 0} \left( \frac{-10h}{h(2x + 2h + 1)(2x + 1)} \right)$$

$$= \lim_{h \to 0} \left( \frac{-10}{(2x + 2h + 1)(2x + 1)} \right) \qquad \text{puisque } h \neq 0$$

$$= \frac{-10}{(2x + 1)^2}$$

### Exemple 4.6

Calculez la dérivée de $f(x) = \sqrt{x + 1}$.

▶ *Solution*

$$f'(x) = \lim_{h \to 0} \left( \frac{f(x + h) - f(x)}{h} \right) = \lim_{h \to 0} \left( \frac{\sqrt{x + h + 1} - \sqrt{x + 1}}{h} \right)$$

L'expression entre parenthèses soulève une difficulté liée au calcul : il est impossible de développer la racine carrée d'une somme de termes, contrairement, par exemple, au carré ou au cube d'une somme. Cette expression semble alors ne pas pouvoir se simplifier davantage, ce qui porte à croire qu'on peut dès maintenant en calculer la limite. Or, si on tente de le faire, on obtient la forme indéterminée 0/0, dont on a déjà discuté. Ce n'est évidemment pas le résultat final recherché.

Pour contourner cette difficulté, on multiplie le numérateur et le dénominateur par l'**expression conjuguée** du numérateur, c'est-à-dire :

$$f'(x) = \lim_{h \to 0} \left( \frac{\sqrt{x + h + 1} - \sqrt{x + 1}}{h} \times \frac{\left(\sqrt{x + h + 1} + \sqrt{x + 1}\right)}{\left(\sqrt{x + h + 1} + \sqrt{x + 1}\right)} \right)$$

Cela revient à multiplier l'expression initiale par 1, ce qui n'influe en rien sur sa valeur. Toutefois, grâce à ce procédé, les racines carrées au numérateur seront éliminées, ce qui facilitera la simplification :

$$f'(x) = \lim_{h \to 0} \left( \frac{\left(\sqrt{x + h + 1}\right)^2 - \left(\sqrt{x + h + 1}\right)\left(\sqrt{x + 1}\right) + \left(\sqrt{x + h + 1}\right)\left(\sqrt{x + 1}\right) - \left(\sqrt{x + 1}\right)^2}{h\left(\sqrt{x + h + 1} + \sqrt{x + 1}\right)} \right)$$

$$= \lim_{h \to 0} \left( \frac{(x + h + 1) - (x + 1)}{h\left(\sqrt{x + h + 1} + \sqrt{x + 1}\right)} \right)$$

$$= \lim_{h \to 0} \left( \frac{x + h + 1 - x - 1}{h\left(\sqrt{x + h + 1} + \sqrt{x + 1}\right)} \right)$$

$$= \lim_{h \to 0} \left( \frac{h}{h\left(\sqrt{x + h + 1} + \sqrt{x + 1}\right)} \right)$$

$$= \lim_{h \to 0} \left( \frac{1}{\sqrt{x + h + 1} + \sqrt{x + 1}} \right) \qquad \text{puisque } h \neq 0$$

$$= \frac{1}{\sqrt{x + 1} + \sqrt{x + 1}}$$

$$= \frac{1}{2\sqrt{x + 1}}$$

On notera que $f'(x)$ n'est pas définie en $x = -1$, alors que $f(x)$ l'est. Si on examine le graphique de $f$ (voir la figure 4.11), on en comprend la raison : la courbe a une allure verticale au point d'abscisse $-1$, ce qui implique que la tangente est verticale à cet endroit. Or, la pente d'une droite verticale n'est pas définie.

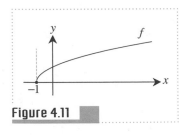

**Figure 4.11**

Si on revient à la définition formelle de la dérivée, on remarque qu'elle tient compte de l'existence d'une limite. En effet, selon cette définition, la limite en question doit exister (ou être définie) pour qu'on puisse attribuer une valeur à la dérivée. Or, comme le montre l'exemple 4.6, la dérivée d'une fonction n'est pas nécessairement définie sur tout le domaine de la fonction. En termes graphiques, cela revient à dire que la pente de la tangente à une courbe n'est pas nécessairement définie en tous les points de la courbe. Nous reviendrons plus en détail sur cette question à la fin du chapitre.

## Question de *vocabulaire*

**Résumé des différentes façons de noter ou d'exprimer la dérivée d'une fonction**

Soit $f$ une fonction d'équation $y = f(x)$.

$f'(x)$ : est généralement utilisé pour représenter la dérivée de $f$ par rapport à $x$ ; le symbole se lit : « *f prime de x* ».

$\dfrac{dy}{dx}$ : est utilisé pour représenter la dérivée de $y$ par rapport à $x$, ainsi que la pente de la tangente à la courbe de $f$ ou le taux de variation instantané de $y$ par rapport à $x$ ; le symbole se lit lettre par lettre : « *d y sur d x* »

$\dfrac{df}{dx}$ : représente la dérivée de $f$ par rapport à $x$ ; le symbole se lit lettre par lettre : « *d f sur d x* ».

L'évaluation de la dérivée en une valeur $a$ s'écrit, selon la notation adoptée :

$$f'(a), \quad \left.\frac{dy}{dx}\right|_{x=a} \quad \text{ou} \quad \left.\frac{df}{dx}\right|_{x=a}$$

## Tangente à une courbe

Examinons maintenant un aspect général de la définition de la dérivée. En plus de permettre le calcul de la pente de la tangente en un point quelconque d'une courbe de fonction, cette définition permet d'établir plus généralement la notion géométrique de **tangente à une courbe**.

Cette notion est souvent comprise intuitivement à partir de la notion de tangente à un cercle définie en géométrie plane : une droite est dite « tangente à un cercle » si elle touche exactement un point de ce cercle, c'est-à-dire si elle n'a qu'un seul point en commun avec lui (voir la figure 4.12).

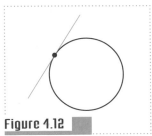

**Figure 4.12**

Or, cette définition ne peut être généralisée à toutes les courbes. Par exemple, à la figure 4.13 a), la droite $D_1$ n'a qu'un seul point en commun avec la courbe, pourtant elle n'est manifestement pas une tangente, mais plutôt une sécante à la courbe au point $P$ puisqu'elle la « coupe » à cet endroit. À l'opposé, en b), la droite $D_2$ a plus d'un point en commun avec la courbe, ce qui ne l'empêche pas d'être une tangente à la courbe ; elle l'est en fait en chacun des points communs. Quant à la droite $D_3$, en c), elle est à la fois tangente à la courbe au point $A$, sécante au point $B$, et asymptote à la courbe dans sa partie extrême droite. La notion de tangence, comme on peut le voir, se rapporte donc à un phénomène local.

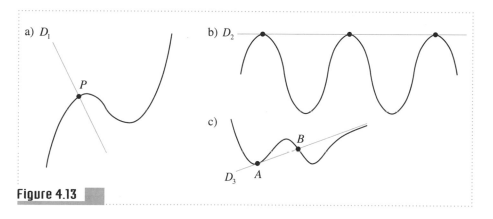

**Figure 4.13**

Par conséquent, si on veut bien définir la notion géométrique de « tangente à une courbe », il faut aller au-delà d'une caractérisation en termes d'un unique point de rencontre entre une droite et la courbe. Le mieux est de faire appel à la limite d'une sécante passant par deux points de la courbe, comme dans la définition de la dérivée. Ce que signifie géométriquement[1] cette définition (voir la figure 4.14), c'est que la tangente **en un point $P$** d'une courbe est l'unique droite obtenue si on considère une sécante passant par ce point et un autre point $Q$ quelconque de la courbe, tel que $Q$ est infiniment proche de $P$.

Si on applique au cercle cette définition géométrique de la tangente, on obtient la tangente au cercle telle qu'elle est définie en géométrie plane (voir la figure 4.15).

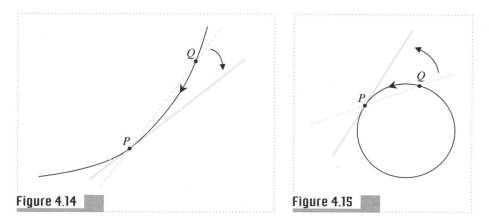

**Figure 4.14**          **Figure 4.15**

---

1. « Géométriquement », au sens où on fait appel strictement aux figures de base de la géométrie classique : points, droites et courbes.

## Repère historique

De nos jours, on attribue conjointement le développement de la théorie du calcul différentiel aux mathématiciens Isaac Newton (1642-1727) et Gottfried Wilhelm Leibniz (1646-1716). Toutefois, à leur époque, l'attribution de la paternité de cette découverte a été controversée.

Un manuscrit datant de 1665 montre que Newton, alors âgé de 23 ans, avait suffisamment développé les principes du calcul différentiel pour pouvoir trouver la pente de la tangente en un point d'une courbe. Il utilisait le terme «fluxion» (du mot latin *fluctio* signifiant «écoulement») pour parler de dérivée.

De son côté, dans un manuscrit datant de 1676, Leibniz réalise, de façon totalement indépendante de Newton, que pour déterminer la pente d'une tangente à une courbe, il faut étudier le rapport des différences en ordonnées et en abscisses lorsque celles-ci deviennent infiniment petites.

## EXERCICES 4.1

**1** Soit la parabole d'équation $f(x) = x^2$. Complétez la démarche suivante afin de calculer la pente de la tangente à la parabole au point d'abscisse 3.

Calcul de la pente de la sécante aux points $(3, f(3))$ et $(x, f(x))$ :

$$\frac{\Delta y}{\Delta x} =$$

Calcul, à l'aide de la limite, pour obtenir la pente de la tangente au point $(3, f(3))$ :

$$\left.\frac{dy}{dx}\right|_{x=3} = \lim_{x \to 3} (\qquad)$$
$$=$$

**2** Dans chaque cas, complétez le graphique en indiquant les informations manquantes dans les cases.

a)
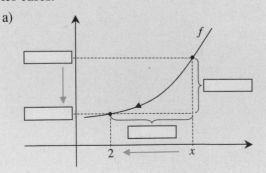

b)
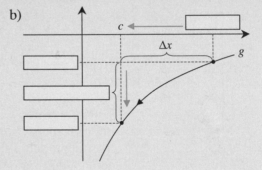

c)
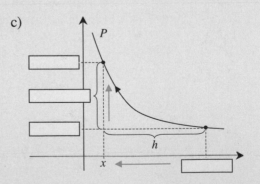

d)
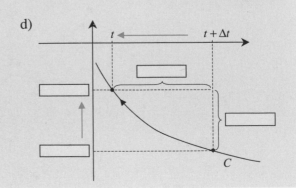

**3** Calculez la dérivée de chacune des fonctions suivantes en utilisant l'une ou l'autre des deux méthodes :

a) $h(x) = 3x^2 - 1$

b) $f(x) = x^2 + 3x - 2$

c) $g(x) = \dfrac{2}{1 - 5x}$

d) $f(x) = \dfrac{1}{x^2}$

e) $g(x) = \sqrt{2x + 3}$

f) $g(x) = \dfrac{1}{\sqrt{x}}$

g) $f(x) = (x - 3)^2$

**4** En quel point d'une parabole (verticale) la tangente est-elle horizontale ?

**5** Soit la parabole d'équation
$$f(x) = 10x^2 - 7x + 2.$$

a) Calculez $f'(x)$.

b) Trouvez, à l'aide de la dérivée, l'abscisse du sommet de la parabole.

**6** a) Soit $f(x) = x^3$. Calculez $f'(x)$ en utilisant la deuxième méthode.

b) Soit $f(x) = x^4$. Calculez $f'(x)$ en utilisant la première méthode (consultez au besoin le n° 8 des Exercices 3.2).

**7** Remplissez le tableau ci-dessous.

| Différence d'abscisses | Différence d'ordonnées | Pente de sécante | Pente de tangente | Représentation graphique |
|---|---|---|---|---|
| $x - a$ | $f(x) - f(a)$ | $\dfrac{f(x) - f(a)}{x - a}$ | $\lim\limits_{x \to a}\left(\dfrac{f(x) - f(a)}{x - a}\right)$ | 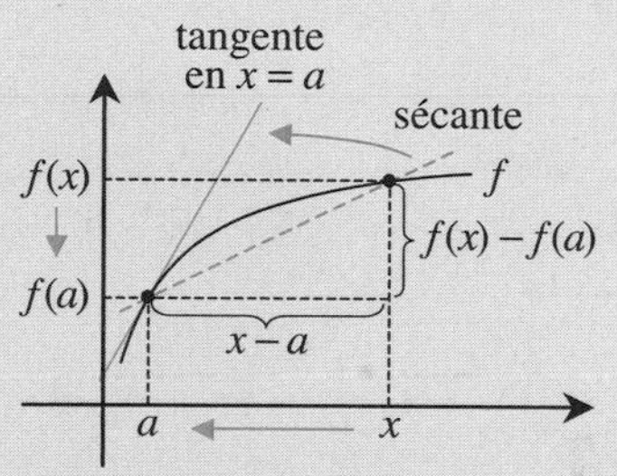 |
| $\Delta x$ | | | $\lim\limits_{\Delta x \to 0}\left(\dfrac{f(a + \Delta x) - f(a)}{\Delta x}\right)$ | 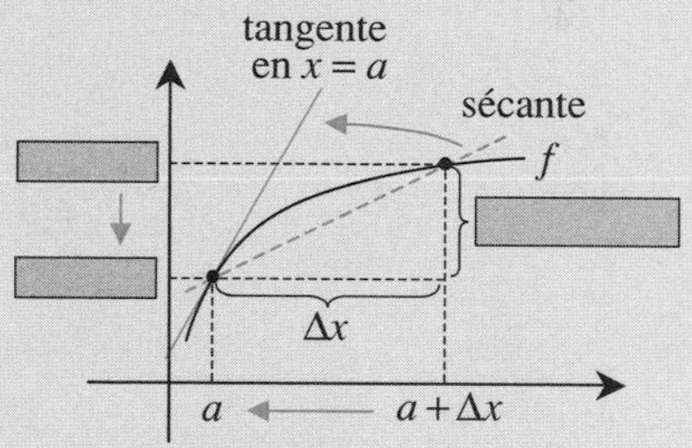 |
| | $f(x + h) - f(x)$ | | | 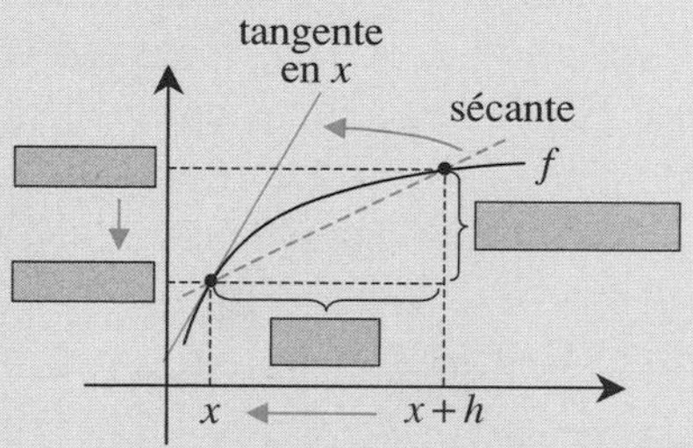 |
| | | $\dfrac{f(t + \Delta t) - f(t)}{\Delta t}$ | | 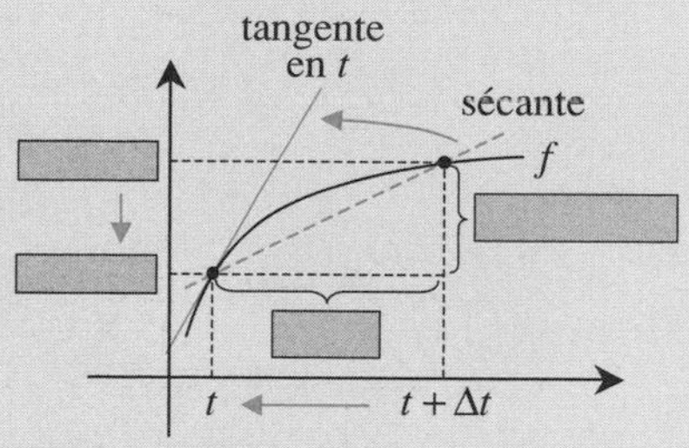 |

**8** On a vu précédemment que :

si $f(x) = x^2$, alors $f'(x) = 2x$ (voir l'exemple 4.2) ;

si $f(x) = x^3$, alors $f'(x) = 3x^2$ (voir le n° 6 a)) ;

si $f(x) = x^4$, alors $f'(x) = 4x^3$ (voir le n° 6 b)).

À partir de ces résultats, que peut-on conjecturer à propos de la dérivée des fonctions suivantes ?

a) $f(x) = x^5$

b) $f(x) = x^n$, où $n \in \mathbb{N}$

**9** Les conjectures suivantes sont fausses. Réfutez chacune d'elles au moyen d'un contre-exemple.

a) Si $f$ est une fonction paire, alors $f'$ est aussi une fonction paire.

b) Si $f$ est une fonction impaire, alors $f'$ est aussi une fonction impaire.

**10** Trouvez l'équation d'une fonction telle que :

a) sa dérivée est une fonction impaire ;

b) sa dérivée est une fonction paire.

**11** Traduisez en mots chacune des expressions symboliques suivantes. (Consultez l'encadré Question de vocabulaire à la page 154.)

a) $\dfrac{dg}{dt}$    b) $P'(0)$    c) $\left.\dfrac{dh}{dr}\right|_{r=1}$

**12** À l'aide de la définition de la dérivée (voir Définition à la page 150), démontrez que si $g(x) = f(x) + k$, où $k$ est une constante, alors $g'(x) = f'(x)$.

**13** Soit $f$ la fonction représentée par le graphique ci-dessous. Dans chaque cas, dites ce que représente graphiquement l'expression symbolique (à savoir une abscisse, une ordonnée, une différence d'abscisses, une différence d'ordonnées, une pente de tangente ou une pente de sécante) en apportant les précisions nécessaires. Déterminez aussi si sa valeur est positive, négative ou nulle.

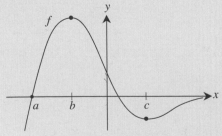

a) $f(0)$

b) $f'(a)$

c) $\dfrac{f(c) - f(b)}{c - b}$

d) $b - c$

**e)** $\lim\limits_{\Delta x \to 0}\left(\dfrac{f(c + \Delta x) - f(c)}{\Delta x}\right)$

**f)** $f(c) - f(a)$

**g)** $\lim\limits_{h \to 0}\left(\dfrac{f(h) - f(0)}{h}\right)$

**14** Traduisez symboliquement chacun des énoncés suivants :

a) La courbe de $f$ passe par le point $(-1, 4)$.

b) La pente de la sécante à la courbe de $g$ aux points d'abscisses 3 et 4 est $-1$.

c) La différence des ordonnées de $S$ entre les points d'abscisses $-1$ et 2 est 10.

d) La pente de la tangente à la courbe de $f$ au point $(3, f(3))$ est 0.

e) La courbe de $f$ coupe l'axe des $x$ en 5.

f) La pente de la tangente à la courbe de $T$ à l'origine est $-2$.

**15** Soit $f$ la fonction représentée par le graphique ci-dessous. Dans chaque cas, précisez si la valeur de l'expression est positive, négative ou nulle.

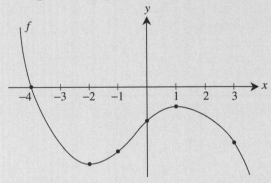

a) $f(0)$

b) $f'(-4)$

c) $\lim\limits_{\Delta x \to 0}\left(\dfrac{f(-1 + \Delta x) - f(-1)}{\Delta x}\right)$

d) $f(1) - f(0)$

e) $\lim\limits_{x \to 1}\left(\dfrac{f(x) - f(1)}{x - 1}\right)$

f) $\dfrac{f(3) - f(0)}{3}$

g) $\lim\limits_{h \to 0}\left(\dfrac{f(-2 + h) - f(-2)}{h}\right)$

h) $\left.\dfrac{dy}{dx}\right|_{x=0}$

# 4.2 Pente de tangente et situations concrètes

Dans cette section, nous revenons aux situations concrètes pour approfondir la compréhension graphique de la dérivée. L'information contextuelle n'est plus donnée ici sous la forme d'une équation (comme à la section 3.3), mais plutôt présentée à l'aide d'un graphique, comme il est fréquent de le faire dans la vie courante.

On s'attarde donc dans cette section à l'analyse des données graphiques, notamment à la pente de la tangente à la courbe, et à leur interprétation dans le contexte. L'accent ne sera pas mis sur les calculs comme on l'a fait à la section précédente. On en profitera ainsi pour revenir sur le vocabulaire et les symboles introduits au chapitre 3. Également, on portera une attention particulière aux unités correspondant à chaque concept apparaissant dans un contexte. Dans cette optique, les exemples abordés visent à développer l'habileté à décoder et à analyser un graphique dans un contexte, afin d'en tirer le maximum d'informations.

Pour commencer, considérons une situation en démographie.

## Exemple 4.7

Des biologistes estiment qu'une certaine espèce animale dans leur région évoluera selon le modèle graphique illustré à la figure 4.16, où $P$ est la population (en milliers d'individus) et $t$, le temps (en années) à partir d'aujourd'hui.

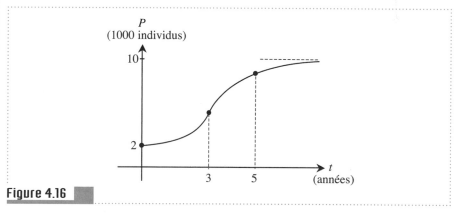

**Figure 4.16**

a) Que représente, graphiquement, l'expression $\left.\dfrac{dP}{dt}\right|_{t=5}$ ? Quel est son signe ?

b) Que représente, dans le contexte, l'expression $\left.\dfrac{dP}{dt}\right|_{t=3}$ ? Quelles en sont les unités ?

c) Est-ce que $\left.\dfrac{dP}{dt}\right|_{t=5} > \left.\dfrac{dP}{dt}\right|_{t=3}$ ? Justifiez et interprétez dans le contexte.

d) Comment se comporte la pente de la tangente à la courbe de $P$ sur l'intervalle $]0, 3]$ ? Interprétez dans le contexte.

e) Évaluez $\lim\limits_{t \to \infty}\left(\dfrac{dP}{dt}\right)$ et interprétez le résultat dans le contexte.

> **Solution**

a) Graphiquement, l'expression $\left.\dfrac{dP}{dt}\right|_{t=5}$ représente la **pente de la tangente** à la courbe de $P$ en $t = 5$. D'après la figure 4.16, cette pente est de signe positif.

b) Dans le contexte, l'expression $\left.\dfrac{dP}{dt}\right|_{t=3}$ représente le **taux de variation instantané** de cette population animale **dans 3 ans**, selon les prévisions des biologistes. Ce taux s'exprime en milliers d'individus par année.

c) $\left.\dfrac{dP}{dt}\right|_{t=5}$ n'est pas plus grand que $\left.\dfrac{dP}{dt}\right|_{t=3}$, c'est l'inverse. En effet, la pente de la tangente à la courbe de $P$ est plus petite en $t = 5$ qu'en $t = 3$ (voir la figure 4.17). Cela signifie que les biologistes s'attendent à ce que le taux de variation de cette population animale soit plus grand dans 3 ans que dans 5 ans. En d'autres termes, ils s'attendent à ce que cette population **augmente plus vite** dans 3 ans que dans 5 ans.

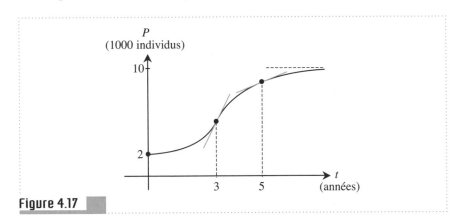

**Figure 4.17**

d) Sur l'intervalle $]0, 3]$, la pente de la tangente à la courbe de $P$ est positive et va en augmentant. Concrètement, les biologistes prévoient que le taux de variation de cette population sera positif et augmentera au cours des 3 prochaines années ou, plus simplement, que cette population **augmentera de plus en plus vite** au cours des 3 prochaines années.

e) $\lim\limits_{t\to\infty}\left(\dfrac{dP}{dt}\right) = 0$ car, lorsque $t$ devient très grand, la pente de la tangente à la courbe de $P$ tend vers 0. Concrètement, cela signifie qu'on s'attend à ce que cette population animale **se stabilise** (ne varie plus) à long terme. La courbe de $P$ indique effectivement un plafonnement à environ 10 000 individus.

En général, dans la vie courante, on abrège l'expression «taux de variation instantané» pour dire tout simplement «**taux de variation**». À moins d'indication contraire, cette expression abrégée désigne toujours un taux de variation *instantané*. De façon analogue, le terme «vitesse» désigne toujours une vitesse *instantané*e.

Les deux exemples suivants portent sur la cinématique. Nous examinerons successivement, à partir de données graphiques, deux variables reliées au mouvement d'un mobile, soit la position (en fonction du temps) et la vitesse.

Dans chaque cas, nous interpréterons dans le contexte le concept de dérivée ou de pente de tangente en utilisant le vocabulaire, les symboles et les unités propres à chaque situation.

**Exemple 4.8**

Un mobile se déplace en ligne droite le long d'un axe gradué (en mètres). Le graphique ci-dessous (voir la figure 4.18) illustre sa position $s$ en fonction du temps $t$ (en secondes) à partir du début de l'expérience.

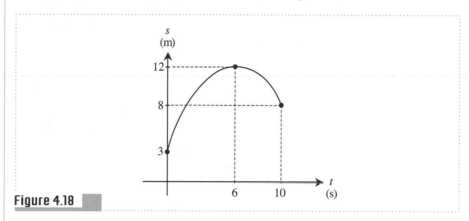

**Figure 4.18**

a) D'après ce graphique,

   i) dites où se trouvait le mobile au début et à la fin de l'observation,

   ii) décrivez le déplacement du mobile au cours de l'expérience.

b) Déduisez, d'après le graphique, la valeur et les unités de chacune des expressions suivantes, et dites ce qu'elle représente dans le contexte :

   i) $s(10) - s(0)$

   ii) $\dfrac{s(10) - s(6)}{4}$

   iii) $\left.\dfrac{ds}{dt}\right|_{t=6}$

c) Comment se comporte la pente de la tangente à la courbe de $s$ sur l'intervalle $]0, 6[$ ? Illustrez ce comportement sur le graphique et interprétez-le dans le contexte.

> **Solution**

a)  i)  Au début de l'observation, le mobile se trouvait à la position 3 m (de l'axe gradué) ; à la fin de l'observation, il était à la position 8 m.

   ii)  Au cours des 6 premières secondes, le mobile a avancé de la position 3 m à la position 12 m le long de l'axe gradué, puis, au cours des 4 dernières secondes, il a reculé à la position 8 m. Autrement dit, le mobile a avancé de 9 m pendant les 6 premières secondes, puis il a reculé de 4 m durant les 4 dernières secondes (voir la figure 4.19).

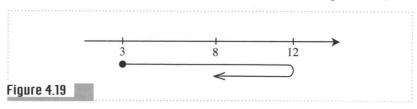

**Figure 4.19**

b)  i)  $s(10) - s(0) = 8 - 3 = 5$ m

   Cette expression représente le **déplacement** du mobile au cours de l'expérience.

   ii)  $\dfrac{s(10) - s(6)}{4} = \dfrac{8 - 12}{4} = -1$ m/s

   L'expression représente la **vitesse moyenne** du mobile au cours des 4 dernières secondes de l'expérience. Le signe négatif de la réponse indique que le mobile a reculé au cours de cette période.

   iii)  $\left.\dfrac{ds}{dt}\right|_{t=6} = 0$ m/s, car l'expression représente graphiquement la pente de la tangente à la courbe de $s$ au point d'abscisse 6. Comme la tangente en ce point est horizontale, sa pente est nulle.

   Dans le contexte, cette expression représente la vitesse instantanée du mobile à la fin de la 6$^e$ seconde. Le résultat, 0 m/s, indique que le mobile s'est arrêté à cet instant.

c)  Sur l'intervalle $]0, 6[$, la pente de la tangente à la courbe de $s$ est positive et va en décroissant (voir la figure 4.20). Concrètement, la vitesse du mobile a été positive mais a diminué au cours des 6 premières secondes. Autrement dit, le mobile **a ralenti** durant cette période.

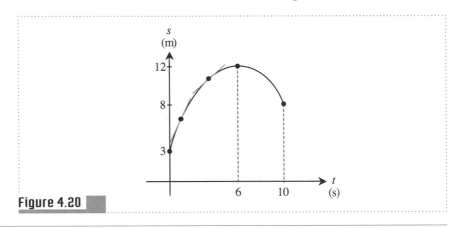

**Figure 4.20**

### Exemple 4.9

On observe un mobile se déplaçant en ligne droite le long d'un axe gradué (en mètres). Le graphique suivant (voir la figure 4.21) représente la vitesse du mobile en fonction du temps (en secondes).

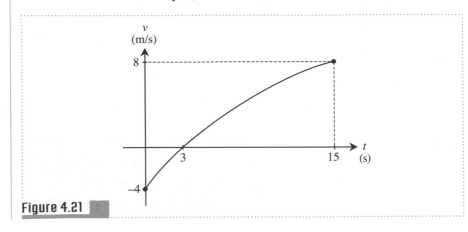

**Figure 4.21**

a) Donnez la valeur de chacune des expressions suivantes en précisant les unités et dites ce qu'elle représente dans le contexte:

    i) $v(0)$                 ii) $\dfrac{v(15) - v(0)}{15}$

b) Que représente, graphiquement et dans le contexte, l'expression $\left.\dfrac{dv}{dt}\right|_{t=3}$ ?

c) Quel est le signe de $\dfrac{dv}{dt}$ sur l'intervalle $]0, 15[$? Interprétez le résultat dans le contexte.

d) L'accélération du mobile a-t-elle augmenté entre $t = 0$ s et $t = 15$ s? Justifiez.

▶ **Solution**

a)  i) $v(0) = -4$ m/s.

      Cette expression représente la vitesse initiale du mobile, c'est-à-dire sa vitesse au début de l'observation. Le signe négatif indique que le mobile reculait à ce moment.

    ii) $\dfrac{v(15) - v(0)}{15} = \dfrac{8 - (-4)}{15} = \dfrac{12 \text{ m/s}}{15 \text{ s}} = 0,8 \text{ m/s}^2$

      Cette expression représente l'**accélération moyenne** du mobile au cours de 15 secondes. Les unités sont des mètres par seconde, par seconde $\left(\dfrac{\text{m/s}}{\text{s}}\right)$, c'est-à-dire des mètres par seconde au carré (m/s$^2$).

b) $\left.\dfrac{dv}{dt}\right|_{t=3}$ représente graphiquement la pente de la tangente à la courbe de $v$ au point d'abscisse 3. Dans le contexte, cette expression représente le taux de variation (instantané) de la vitesse du mobile à la fin de la 3$^\text{e}$ seconde, c'est-à-dire l'**accélération** (instantanée) du mobile à ce moment.

c) $\dfrac{dv}{dt}$ représente graphiquement la pente de la tangente en un point quelconque de la courbe de $v$. Cette pente est partout positive (voir la figure 4.22), donc l'accélération du mobile a été positive au cours des 15 secondes.

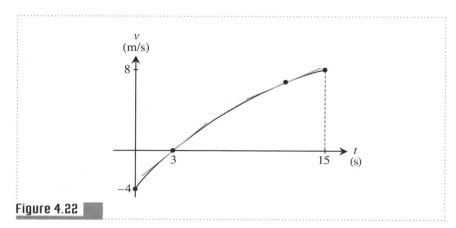

**Figure 4.22** ▮

d) L'accélération du mobile est donnée par $\dfrac{dv}{dt}$, c'est-à-dire la pente de la tangente à la courbe de $v$. Or, la figure 4.22 nous montre que cette pente n'augmente pas, mais qu'elle diminue sur tout l'intervalle $]0, 15[$. Donc, l'accélération du mobile a diminué au cours des 15 secondes.

Les exemples précédents nous font comprendre que le concept de dérivée peut prendre diverses appellations selon le contexte. S'il est vrai qu'on peut toujours traduire le mot *dérivée* par l'expression « taux de variation (instantané) », il existe, dans certains contextes, des termes beaucoup plus appropriés. Ainsi, dans le cas du mouvement d'un mobile, on appelle **vitesse** le taux de variation de la position par rapport au temps, et **accélération**, le taux de variation de la vitesse par rapport au temps. Dans le cas de l'écoulement d'un liquide, on utilise généralement le terme **débit** pour désigner le taux de variation de la quantité de liquide écoulé par rapport au temps. Le terme « vitesse » n'est pas réservé qu'à la cinématique ; on l'utilise dans presque toutes les situations où la variable indépendante est le **temps**. On parle ainsi de la vitesse à laquelle une population augmente (ou diminue), de la vitesse à laquelle un élément radioactif se désintègre, de la vitesse de réaction d'un médicament ou de la vitesse à laquelle la planète se réchauffe.

Les unités dans lesquelles les variables sont mesurées sont un bon indice des termes à utiliser dans un contexte. Par exemple, si une dérivée s'exprime en mètres par seconde, ou en kilomètres à l'heure, on parlera tout naturellement de vitesse. Cependant, les unités sont beaucoup plus qu'un indice de la terminologie à utiliser, elles aident surtout à bien saisir ce dont il est question dans le phénomène observé. Il importe donc, dans chaque situation, de porter une attention particulière aux variables en cause et aux unités dans lesquelles elles sont mesurées.

On a donc vu jusqu'à présent qu'il existe plusieurs termes et divers symboles, selon le contexte, pour désigner la dérivée. Cependant, l'interprétation graphique est toujours la même : la **dérivée** d'une fonction correspond à la **pente de la tangente à la courbe** de cette fonction. Cette caractéristique est très importante, c'est pourquoi nous en avons fait l'élément central de ce chapitre.

Le tableau 4.1 résume les termes généraux et les symboles relatifs au concept de dérivée.

**Tableau 4.1**

| | $\Delta x$ | $\Delta y$ | $\dfrac{\Delta y}{\Delta x}$ | $\dfrac{dy}{dx}$ |
|---|---|---|---|---|
| **Langage mathématique** | Variation de la variable indépendante | Variation de la fonction | Taux de variation moyen | Dérivée ou taux de variation (instantané) |
| **Graphique** | Différence d'abscisses | Différence d'ordonnées | Pente d'une sécante à la courbe | Pente d'une tangente à la courbe |
| **Contextes de la vie courante** | Variation de la variable indépendante | Variation de la variable dépendante | Taux de variation moyen | Taux de variation (instantané) |

Dans le cas particulier de la cinématique, les termes et les symboles relatifs à la dérivée sont résumés dans le tableau 4.2.

**Tableau 4.2**

| Variable indépendante | Variable dépendante | Taux de variation moyen | Taux de variation (instantané) |
|---|---|---|---|
| Temps $t$ | Position $s$ | Vitesse moyenne $\dfrac{\Delta s}{\Delta t}$ | Vitesse (intantanée) $v = \dfrac{ds}{dt}$ |
| Temps $t$ | Vitesse $v$ | Accélération moyenne $\dfrac{\Delta v}{\Delta t}$ | Accélération (intantanée) $a = \dfrac{dv}{dt}$ |

## EXERCICES 4.2

**1** La population $P(t)$ d'une culture de bactéries (en millions d'individus), $t$ heures après le début d'une expérience, est représentée par le graphique suivant :

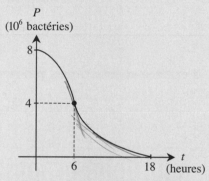

a) D'après le graphique, déduisez la valeur (et les unités) des expressions suivantes et dites ce qu'elles représentent dans le contexte :

i) $P(6) - P(0)$

ii) $\dfrac{P(18) - P(6)}{12}$

b) Quel est le signe de $\dfrac{dP}{dt}$ sur l'intervalle $]0, 18[$ ? Justifiez le résultat et interprétez-le dans le contexte.

c) Comparez graphiquement $\dfrac{dP}{dt}\Big|_{t=6}$ et $\dfrac{dP}{dt}\Big|_{t=12}$.

Interprétez le résultat dans le contexte.

**2** Déterminez si l'énoncé suivant est vrai ou faux : Si une population augmente sur une période de temps donnée, alors son taux de croissance augmente lui aussi. Si vous répondez « faux », réfutez l'énoncé à l'aide d'un contre-exemple graphique.

**3** La loi des gaz parfaits établit la relation $PV = nRT$ entre la pression $P$ d'un gaz, son volume $V$, son nombre $n$ de moles et sa température $T$. $R$ est une constante.

Si on maintient la pression d'un gaz constante et qu'on fait varier sa température, alors son volume sera fonction de la température selon l'équation :

$$V(T) = \underbrace{\left(\frac{nR}{P}\right)}_{\text{constante}} T$$

Observez le graphique correspondant ci-dessous et déduisez-en la valeur de $\dfrac{dV}{dP}$.

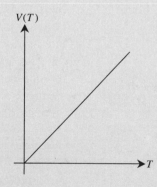

**4** Exprimez symboliquement chacun des énoncés suivants :

a) Un réservoir de gaz propane fuit à un débit de 3 L/s.

b) La surface d'une nappe de pétrole sur l'eau augmente à un rythme de 1000 m²/h.

c) Les côtés d'un carré s'accroissent de 2 cm/s au moment où ils mesurent 7 cm.

**5** Deux mobiles A et B se déplacent en ligne droite. Le premier graphique ci-dessous représente la position $p$ (en mètres) de A en fonction du temps $t$ (en secondes). Le second graphique représente la vitesse $v$ (en mètres par seconde) du mobile B en fonction du temps $t$ (en secondes). (Consultez au besoin les exemples 4.8 et 4.9.)

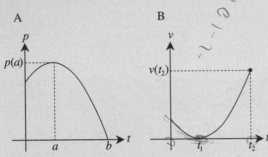

a) Exprimez symboliquement (sous forme de taux de variation) :

   i) la vitesse du mobile A ;

   ii) l'accélération du mobile B au temps $t_2$.

b) Pour chacun des mobiles, selon leur graphique respectif,

   i) étudiez le signe de la vitesse ;

   ii) sur quelle ou quelles périodes de temps la vitesse a-t-elle diminué ?

c) Sur quelle période de temps l'accélération du mobile B a-t-elle augmenté ?

**6** La pollution de l'air dans la région métropolitaine préoccupe un groupe d'écologistes. Celui-ci essaie de prévoir le niveau de monoxyde de carbone dans l'air au cours des prochaines années, compte tenu de l'évolution de la population.

Si on représente par $P$ la population de la région métropolitaine dans $t$ années, $M$ le niveau de monoxyde de carbone dans l'air de cette région dans $t$ années, que représentent, dans ce contexte, les expressions suivantes ?

a) $\left.\dfrac{dM}{dt}\right|_{t=10}$     b) $\left.\dfrac{dP}{dt}\right|_{t=0}$     c) $\left.\dfrac{dM}{dP}\right|_{P=3\times10^6}$

# 4.3 Fonction dérivée : approche graphique

Si, dans la section précédente, nous avons approfondi la compréhension graphique de la dérivée dans des situations concrètes, nous développerons ici une approche graphique hors-contexte consistant à tirer du graphique d'une fonction le maximum d'informations sur sa dérivée. Autrement dit, à la différence de la section 4.1, où on calculait $f'(x)$ à partir de l'équation de $f$, on s'attardera dans cette section à la façon d'obtenir le graphique de $f'$ à partir de celui de $f$.

## Graphique de la fonction dérivée

L'intérêt que présente l'étude du graphique de la dérivée d'une fonction $f$ réside dans les liens qu'on peut établir entre les caractéristiques de la courbe de $f$ et celles de la courbe de $f'$. Dans le chapitre 6, ces liens permettront d'établir des critères importants qui serviront à tirer des renseignements clés sur une fonction à partir de caractéristiques de sa dérivée. Ces critères s'avèreront fort utiles pour analyser les fonctions et tracer leur graphique, surtout dans les cas où l'équation de la fonction est complexe ou ne permet pas de tirer facilement des informations.

L'exemple suivant détaille le procédé qui permet d'obtenir le graphique de la **fonction dérivée $f'$** d'une fonction $f$ à partir du graphique de cette dernière, en l'absence de l'équation de $f$.

**Exemple 4.10**

Tracez un graphique approximatif de la dérivée de la fonction représentée ci-dessous.

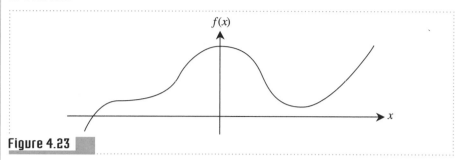

**Figure 4.23**

> *Solution*

1. On localise approximativement les points de la courbe de $f$ où la pente de la tangente est nulle. En chacun de ces points, on a $f'(x) = 0$. On reporte ces informations sur le graphique de $f'$.

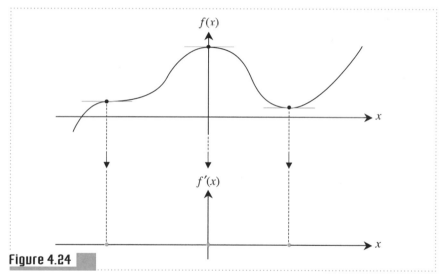

**Figure 4.24**

2. On détermine le signe de la pente de la tangente entre les zéros localisés à l'étape précédente.

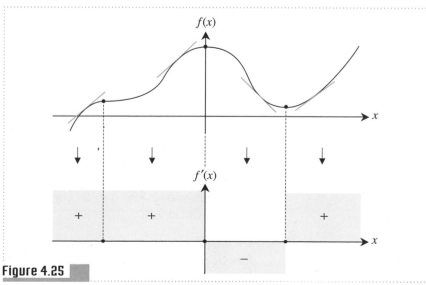

**Figure 4.25**

3. On localise approximativement les points d'inflexion de la courbe de *f*, c'est-à-dire les points où la courbe change de concavité, et on indique leur abscisse sur les axes horizontaux. En ces points, on remarquera que la pente de la tangente cesse de croître et commence à décroître ou inversement.

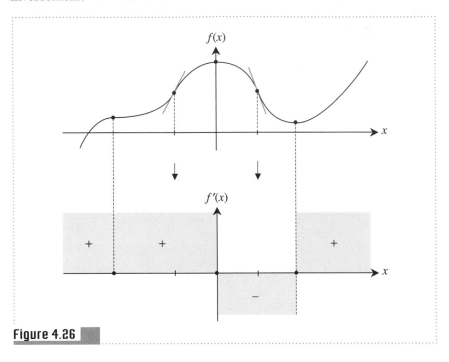

**Figure 4.26**

4. Pour chacune des portions de la courbe de *f* délimitées par les sommets et les points d'inflexion, on détermine si la pente de la tangente augmente ou diminue, c'est-à-dire si *f′* croît ou décroît, puis on reporte ces informations sur le graphique de *f′*.

a) Sur la première partie de la courbe (à gauche du point dont l'abscisse est désignée par *a* sur la figure ci-dessous), les pentes des tangentes à la courbe de *f* sont positives et vont en décroissant jusqu'à la valeur 0.

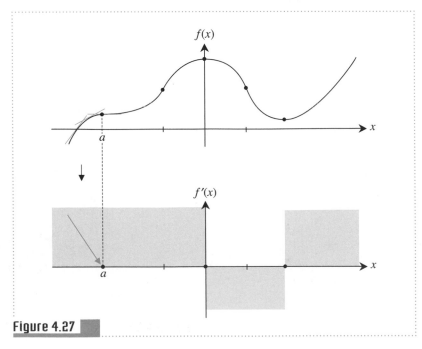

**Figure 4.27**

b) Sur la deuxième partie de la courbe (entre les abscisses $x = a$ et $x = b$ de la figure ci-dessous), les pentes des tangentes à la courbe de $f$ sont positives et vont en croissant jusqu'à une valeur maximale $f'(b)$. En l'absence de graduation sur les axes, on ne peut estimer correctement cette valeur maximale ; on la reporte donc approximativement sur le graphique de $f'$.

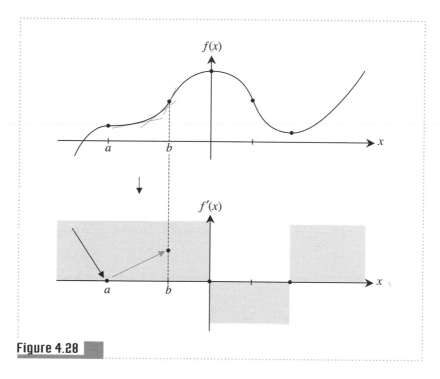

**Figure 4.28**

c) Sur la troisième partie de la courbe (entre les abscisses $x = b$ et $x = 0$), les pentes des tangentes à la courbe de $f$ sont positives et vont en décroissant jusqu'à la valeur 0.

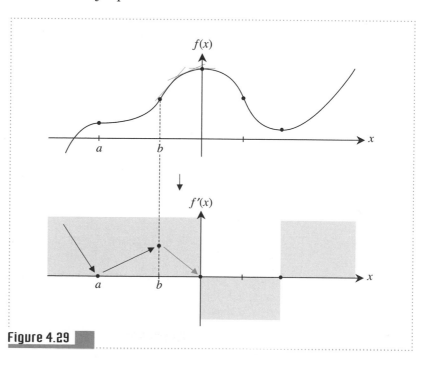

**Figure 4.29**

d) On applique le même raisonnement sur les portions restantes de la courbe.

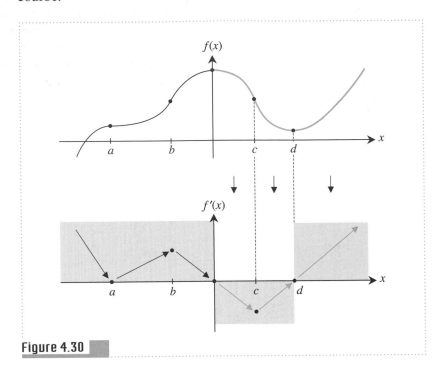

**Figure 4.30**

5. En suivant les flèches de la figure 4.30, on trace une courbe qui donne approximativement le graphique de $f'$, la fonction dérivée de $f$.

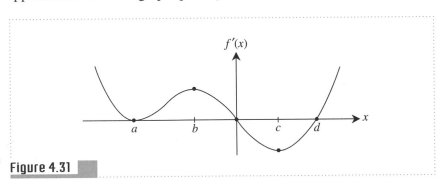

**Figure 4.31**

Mentionnons que la concavité de la courbe tracée n'a pas vraiment d'importance, puisqu'on n'a pas l'information nécessaire pour la déterminer précisément. Cette imprécision ne nous éloigne pas du graphique réel de la dérivée.

## Cas où la pente de la tangente n'existe pas

La courbe de la fonction $f$ donnée à l'exemple précédent est telle que la pente de la tangente existe partout. Autrement dit, en chacun de ses points, il est possible de tracer une tangente, de déterminer le signe de la pente de cette tangente et d'en estimer la valeur. Sa fonction dérivée $f'$ est donc définie partout. Ce n'est pas toujours le cas. Il y a des courbes pour lesquelles la pente de la tangente n'existe pas en certains endroits, pour des raisons diverses. Nous allons examiner trois catégories de situations.

Tout d'abord, pour parler de la pente de la tangente **en un point** d'une courbe, il faut, en toute logique, qu'il y ait un point à cet endroit. La figure 4.32 illustre une courbe pour laquelle la pente de la tangente n'est pas définie en deux endroits : en $x = a$ et en $x = b$, parce qu'**il n'y a pas de point** sur la courbe associé à ces abscisses.

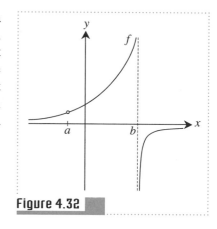

**Figure 4.32**

Si l'existence d'un point sur une courbe est nécessaire pour pouvoir tracer une tangente (et donc pour parler d'une pente de tangente), elle n'est cependant pas suffisante. En effet, il y a des courbes pour lesquelles on ne peut pas tracer de tangente à certains endroits, même s'il y a un point. La figure 4.33 en donne des exemples.

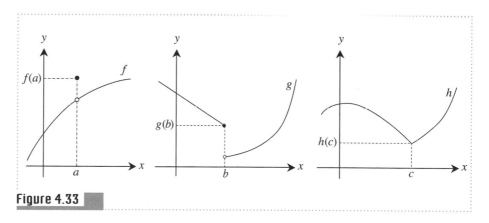

**Figure 4.33**

Les courbes de $f$ et $g$ ont chacune une discontinuité sous la forme d'un saut, la première en $x = a$ et l'autre en $x = b$. La courbe de $h$, à l'inverse, est continue, mais elle a un pic en $x = c$. En chacun de ces endroits, il y a bien un point, mais si on utilise le procédé de la sécante pour obtenir une tangente, on rencontre une difficulté.

Dans le cas de $f$, il n'y a aucun point de la courbe assez proche du point $(a, f(a))$ pour qu'on puisse considérer une tangente. Dans le cas de $g$ et $h$, on peut utiliser le procédé de la sécante, mais la droite obtenue n'est pas la même selon qu'on prend le second point de la sécante à gauche ou à droite du point considéré (voir la figure 4.34).

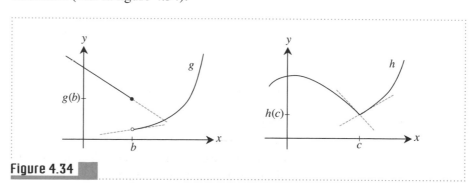

**Figure 4.34**

Comme la tangente en un point $(x, f(x))$ d'une courbe est la position limite d'une sécante passant par $(x, f(x))$ et $(x + \Delta x, f(x + \Delta x))$, lorsque $\Delta x$ tend vers 0, il faut que la limite à gauche soit la même que la limite à droite, sinon la limite n'existe pas (voir la notion de limite à la section 2.3). On doit donc en conclure qu'**il n'y a pas de tangente** aux points $(a, f(a))$, $(b, g(b))$ et $(c, h(c))$ des courbes de la figure 4.33. Par conséquent, la pente de la tangente n'est pas définie en ces points. Il en résulte que le domaine de la fonction dérivée de chacune de ces fonctions est un sous-ensemble du domaine de la fonction. À des fins d'illustration, nous donnons (à la figure 4.35) les graphiques approximatifs des fonctions dérivées $g'$ et $h'$. Ces graphiques ont été obtenus selon le procédé exposé à l'exemple 4.10.

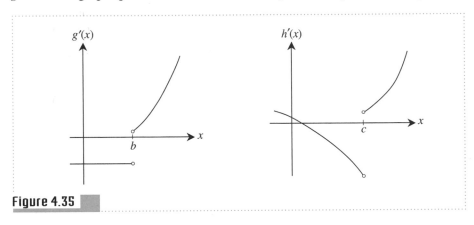

**Figure 4.35**

Le dernier cas que nous présentons est celui où il est possible de tracer une tangente en un point d'une courbe, mais où la pente de cette dernière n'existe pas, car **la tangente est verticale**. La figure 4.36 en illustre trois exemples.

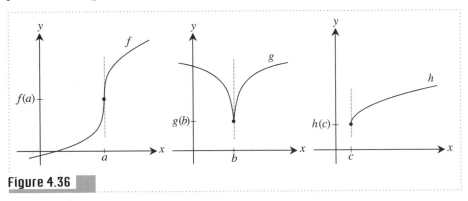

**Figure 4.36**

Si on étudie le comportement de la pente de la tangente le long de ces courbes, en portant une attention particulière au voisinage des points où la tangente est verticale, on obtient les graphiques approximatifs suivants pour les fonctions dérivées $f'$, $g'$ et $h'$ (voir la figure 4.37).

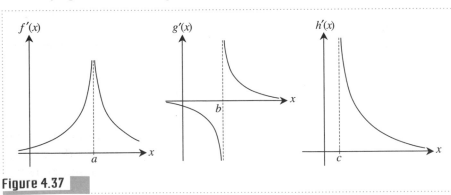

**Figure 4.37**

Si on compare le graphique de chacune des fonctions $f$, $g$ et $h$ avec celui de sa dérivée, on constate que là où la courbe de la fonction admet une tangente verticale, le graphique de la dérivée admet une asymptote verticale. En effet, plus la valeur de $x$ est proche des abscisses $a$, $b$, ou $c$, plus la tangente est inclinée vers la verticale, et plus sa pente tend vers $+\infty$ (ou $-\infty$ selon son signe).

Il existe d'autres cas plus sophistiqués, et aussi plus rares, où la pente de la tangente n'existe pas, mais dans le cadre de ce cours, nous nous en tiendrons aux exemples étudiés précédemment.

**En résumé**, on retiendra que la dérivée $f'$ d'une fonction $f$ n'est pas définie en $x = a$ (c'est-à-dire que la pente de la tangente à la courbe de $f$ n'existe pas en $x = a$), si l'une des situations suivantes se présente :

1. $f$ n'est pas définie en $x = a$ (c'est-à-dire qu'il n'y a pas de point sur la courbe de $f$ en $x = a$);

2. on ne peut pas tracer une tangente unique en $(a, f(a))$, à cause d'un pic ou d'un saut;

3. la tangente à la courbe en $(a, f(a))$ est verticale.

## EXERCICES 4.3

**1** Pour chacun des graphiques suivants, déterminez si la pente de la tangente à la courbe au point d'abscisse $a$ est positive, négative ou nulle.

a)

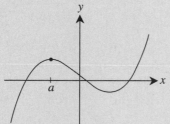

b)

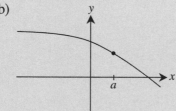

c)

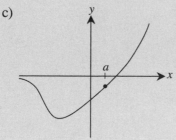

d)

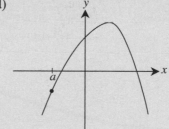

**2** À partir du graphique de $f$ donné ci-dessous, trouvez les valeurs de $x$ pour lesquelles :

a) $f'(x) = 0$

b) $f'(x) > 0$

c) $f'(x) < 0$

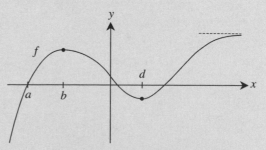

**3** Tracez un graphique approximatif de la dérivée de la fonction $f$ représentée au n° 2. (Consultez au besoin l'exemple 4.10.)

**4** Tracez le graphique d'une fonction admettant une tangente de pente nulle en un point qui n'est pas un sommet.

**5** Tracez un graphique approximatif de la fonction dérivée de chacune des fonctions suivantes. (Consultez au besoin l'exemple 4.10.)

a)

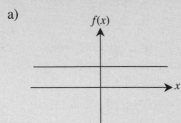

b)

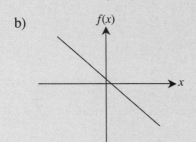

c)

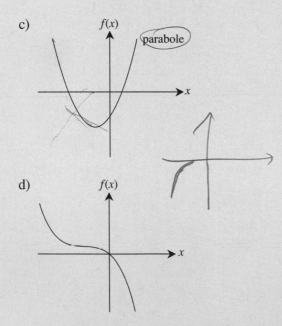

parabole

d)

e)

f)

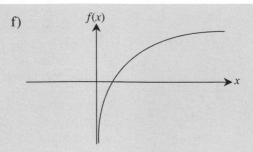

**6** La position $s$ d'un mobile, $t$ secondes après son départ, est donnée par le graphique ci-dessous. Tracez un graphique approximatif de sa vitesse.

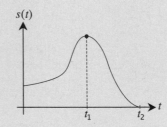

**7** Soit $f$ la fonction représentée ci-dessous. Tracez un graphique approximatif de $f'$.

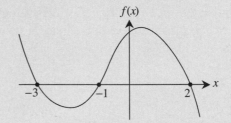

**8** Tracez un graphique approximatif de la fonction dérivée de chacune des fonctions suivantes :

a)

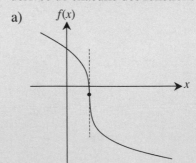

b)

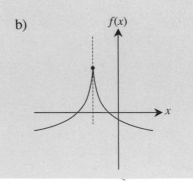

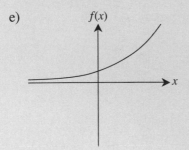

c)

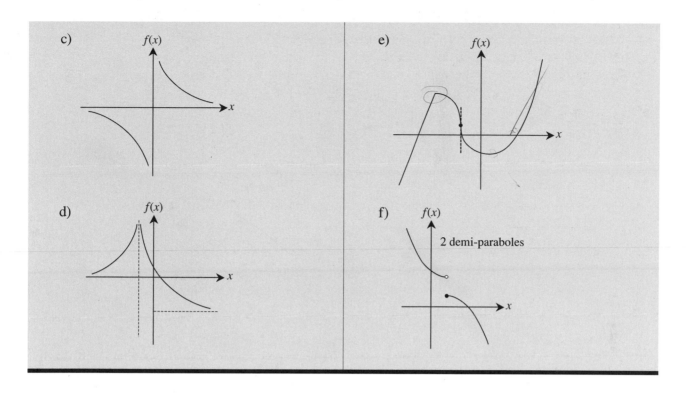

d)

e)

f)

2 demi-paraboles

# Chapitre 5
# Introduction aux règles de dérivation

**Aperçu**  Calculer la dérivée de chacune des fonctions suivantes :

**1**  $f(x) = 7x^2 - 5 + \dfrac{2}{x}$

**2**  $g(x) = (3x + 1)(x^3 - 4x + 6)^2$

**3**  $h(x) = \dfrac{\sqrt{x} + 2}{x^5 - 1}$

Dans le chapitre précédent, on a appris à dériver des fonctions algébriques en utilisant la définition formelle de la dérivée. Ce procédé, qui requiert le calcul d'un taux de variation moyen (ou, graphiquement, de la pente d'une sécante), puis l'évaluation d'une limite, ne pose pas de problème si les fonctions sont relativement simples. Toutefois, il peut s'avérer long et laborieux pour des fonctions plus complexes, comme celles qui sont données ci-dessus.

Or, il existe un ensemble de règles, appelées **règles de dérivation**, qui facilitent le calcul des dérivées et évitent de se référer chaque fois à la définition formelle de la dérivée.

Dans ce chapitre, nous démontrerons et utiliserons les règles de dérivation des fonctions algébriques. Nous présenterons en premier lieu la dérivée de fonctions élémentaires : les fonctions constantes, la fonction identité et les fonctions définies par une puissance de la variable indépendante. Nous traiterons ensuite de la dérivée de combinaisons de fonctions : le produit d'une constante par une fonction, une puissance de fonction, la somme, le produit et le quotient de fonctions. Les règles de dérivation ainsi obtenues nous permettront de calculer la dérivée de n'importe quelle fonction algébrique. Les règles s'appliquant aux fonctions transcendantes (fonctions exponentielles, logarithmiques et trigonométriques) seront présentées au chapitre 7.

Puisque les règles de dérivation simplifient grandement le calcul des dérivées, on les utilisera fréquemment dans la suite du cours. Il sera donc primordial de les retenir et de les maîtriser parfaitement, au même titre que les règles d'algèbre.

# 5.1 Dérivée de fonctions algébriques élémentaires

Examinons d'abord la dérivée des fonctions algébriques élémentaires suivantes : les fonctions constantes, la fonction identité et les fonctions définies par une puissance de la variable indépendante.

## Dérivée d'une fonction constante

Une **fonction constante** est une fonction définie par une équation de la forme :

$$f(x) = c, \text{ où } c \in \mathbb{R}$$

Son graphique est celui d'une droite horizontale (voir la figure 5.1).

Comme la dérivée d'une fonction est la pente de la tangente à la courbe de cette fonction, il s'ensuit que la dérivée d'une fonction constante est nulle puisque la pente d'une droite horizontale est égale à 0.

Ce résultat peut être démontré de façon algébrique au moyen de la définition formelle de la dérivée.

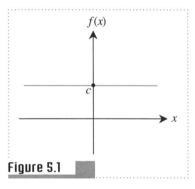

**Figure 5.1**

---

**Démonstration 5.1**

**Dérivée d'une fonction constante**

Soit $f(x) = c$, où $c \in \mathbb{R}$.

Selon la définition de la dérivée, on a :

$$f'(x) = \lim_{\Delta x \to 0} \left( \frac{f(x + \Delta x) - f(x)}{\Delta x} \right)$$

$$= \lim_{\Delta x \to 0} \left( \frac{c - c}{\Delta x} \right) \quad \text{car } f(x + \Delta x) = f(x) = c$$

$$= \lim_{\Delta x \to 0} \left( \frac{0}{\Delta x} \right)$$

$$= \lim_{\Delta x \to 0} (0) \qquad \text{puisque } \Delta x \neq 0$$

$$= 0$$

---

D'après ce résultat, on peut formuler la règle de dérivation suivante, selon les deux notations en usage.

**RÈGLE DE DÉRIVATION**

**Dérivée d'une fonction constante**

$$\frac{d(c)}{dx} = 0 \quad \text{ou} \quad (c)' = 0$$

Littéralement :

« La dérivée d'une constante est égale à 0. »

**Exemple 5.1**

Calculez la dérivée des fonctions suivantes :

a) $f(x) = \sqrt{2}$    b) $s(x) = a$

> *Solution*

Ces deux fonctions sont constantes. Leur dérivée est donc nulle.

a) $f'(x) = \left(\sqrt{2}\right)' = 0$

b) $s'(x) = (a)' = 0$    (*a* est une constante symbolique, puisque la variable indépendante est *x*.)

Il faut noter qu'on peut indifféremment utiliser la notation « prime » ou la notation de Leibniz dans le calcul de la dérivée d'une fonction.

## Dérivée de la fonction identité

La **fonction identité** est la fonction d'équation

$$f(x) = x$$

Puisque le graphique de cette fonction est celui d'une droite de pente 1 (voir la figure 5.2), on peut écrire :

$$f'(x) = (x)' = 1$$

D'un point de vue algébrique, on peut démontrer ce résultat à l'aide de la définition de la dérivée.

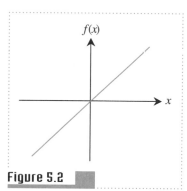

**Figure 5.2**

**Démonstration 5.2**

**Dérivée de la fonction identité**

Soit $f(x) = x$.

Selon la définition de la dérivée, on a :

$$f'(x) = \lim_{\Delta x \to 0} \left( \frac{f(x + \Delta x) - f(x)}{\Delta x} \right)$$

$$= \lim_{\Delta x \to 0} \left( \frac{(x + \Delta x) - x}{\Delta x} \right)$$

$$= \lim_{\Delta x \to 0} \left( \frac{\Delta x}{\Delta x} \right)$$

$$= \lim_{\Delta x \to 0} (1) \qquad \text{puisque } \Delta x \neq 0$$

$$= 1$$

De cette démonstration, on tire la règle de dérivation suivante :

**RÈGLE DE DÉRIVATION** ▶ **Dérivée de la fonction identité**

$$\frac{d(x)}{dx} = 1 \quad \text{ou} \quad (x)' = 1$$

Littéralement :

« La dérivée de la fonction identité est égale à 1 », ou encore, « la dérivée de la variable indépendante par rapport à elle-même est égale à 1. »

**Exemple 5.2**

Quelle est la dérivée des fonctions suivantes ?

a) $f(t) = t$          b) $g(u) = u$          c) $h(x) = t$

▶ *Solution*

a) $f$ est la fonction identité exprimée en termes de la variable $t$. D'où

$$f'(t) = (t)' = 1$$

b) $\dfrac{dg}{du} = \dfrac{d(u)}{du} = 1$

c) Puisque $t$ n'est pas la variable indépendante mais une constante symbolique, on a $h'(x) = (t)' = 0$.

## Dérivée d'une fonction définie par une puissance de la variable indépendante

Une fonction définie par une puissance de la variable indépendante est de la forme

$$f(x) = x^n, \text{ où } n \in \mathbb{R}.$$

Comme le graphique de cette fonction diffère selon les valeurs de l'exposant $n$, on ne peut adopter, comme précédemment, une approche graphique générale afin de déduire la règle de dérivation correspondante. Toutefois, au chapitre 4, les résultats suivants ont été obtenus à l'aide de la définition de la dérivée :

$$f(x) = x^2 \implies f'(x) = 2x$$
$$f(x) = x^3 \implies f'(x) = 3x^2$$

À partir de ces deux cas particuliers, on peut conjecturer :

$$f(x) = x^n \implies f'(x) = nx^{n-1}, \text{ où } n \in \mathbb{N}^*$$

Démontrons ce résultat lorsque l'exposant est un entier naturel non nul.

**Démonstration 5.3**

**Dérivée d'une puissance de la variable indépendante dont l'exposant est un nombre naturel non nul**

Soit $f(x) = x^n$, où $n \in \mathbb{N}^*$.

Afin de simplifier les calculs, on remplace respectivement $(x, f(x))$ et $(x + \Delta x, f(x + \Delta x))$ par $(a, f(a))$ et $(x, f(x))$ dans la définition de la dérivée. On a alors :

$$f'(a) = \lim_{x \to a}\left(\frac{f(x) - f(a)}{x - a}\right)$$

$$= \lim_{x \to a}\left(\frac{x^n - a^n}{x - a}\right)$$

     ($\Delta x \to 0$ équivaut à dire $(x - a) \to 0$ ou, plus simplement, $x \to a$)

Comme $x \neq a$, on effectue la division polynomiale (voir le n° 8 des Exercices 3.2). D'où l'on peut écrire :

$$f'(a) = \lim_{x \to a}\left( \frac{x^n - a^n}{x - a} \right)$$

$$= \lim_{x \to a}(x^{n-1} + ax^{n-2} + a^2 x^{n-3} + \ldots + a^{n-3}x^2 + a^{n-2}x + a^{n-1})$$

$$= a^{n-1} + aa^{n-2} + a^2 a^{n-3} + \ldots + a^{n-3}a^2 + a^{n-2}a + a^{n-1}$$

$$= \underbrace{a^{n-1} + a^{n-1} + a^{n-1} + \ldots + a^{n-1} + a^{n-1} + a^{n-1}}_{n \text{ termes}}$$

$$= na^{n-1}$$

Puisque l'abscisse $a$ est arbitraire, on peut écrire, par substitution :

$$f'(x) = nx^{n-1}$$

Dans cette preuve, la règle de dérivation n'a été démontrée que pour un exposant entier naturel non nul. Or, cette règle peut être élargie à tout exposant réel. Nous n'en ferons pas ici la démonstration, car celle-ci dépasse le niveau de ce cours. Néanmoins, dans ce qui suit, nous démontrons cette règle de dérivation dans le cas où l'exposant est l'inverse multiplicatif d'un nombre naturel (non nul). Un aspect intéressant de cette démonstration est qu'elle n'exige pas de recourir à la définition de la dérivée : il suffit d'utiliser le résultat de la démonstration précédente.

### Démonstration 5.4

**Dérivée d'une puissance de la variable indépendante dont l'exposant est l'inverse d'un entier positif**

On pose $y = x^{1/n}$, où $n \in \mathbb{N}^*$.

On ramène l'équation en termes d'un exposant entier au moyen des opérations suivantes :

$$y^n = (x^{1/n})^n$$
$$y^n = x^{n/n}$$
$$y^n = x$$

On considère maintenant $x$ comme une fonction de $y$, de sorte que $y$ est maintenant la variable indépendante et $x$ la variable dépendante :

$$x = y^n$$

On calcule la dérivée de $x$ par rapport à $y$ en utilisant la règle de dérivation démontrée précédemment dans le cas où l'exposant $n$ est un entier positif :

$$\frac{dx}{dy} = \frac{d(y^n)}{dy} = ny^{n-1}$$

Comme le quotient $\frac{dx}{dy}$ est l'inverse multiplicatif de $\frac{dy}{dx}$, on peut écrire :

$$\frac{dy}{dx} = \frac{1}{dx/dy} = \frac{1}{ny^{n-1}}$$

On exprime le résultat en termes de $x$, sachant que $y = x^{1/n}$ :

$$\frac{dy}{dx} = \frac{1}{n\left(x^{1/n}\right)^{n-1}} = \frac{1}{nx^{\frac{n-1}{n}}} = \frac{1}{nx^{1-\frac{1}{n}}} = \frac{1}{n}x^{-\left(1-\frac{1}{n}\right)} = \frac{1}{n}x^{\frac{1}{n}-1}$$

Au chapitre 10, les connaissances accumulées permettront de démontrer cette règle dans le cas où l'exposant est un nombre rationnel quelconque.

Formulons à présent la règle de dérivation pour tout exposant réel.

**RÈGLE DE DÉRIVATION** ▶ **Dérivée d'une puissance de la variable indépendante**

$$\frac{d(x^n)}{dx} = nx^{n-1} \quad \text{ou} \quad (x^n)' = n\,x^{n-1}$$

Littéralement :

« La dérivée d'une puissance de la variable indépendante est égale à l'exposant multiplié par la puissance précédente de la variable. »

Il faut noter que la règle de dérivation de la fonction identité, $f(x) = x$, est un cas particulier de cette nouvelle règle de dérivation, où $n = 1$ :

$$\frac{d(x)}{dx} = \frac{d(x^1)}{dx} = 1x^0 = 1$$

**Exemple 5.3**

Calculez la dérivée des fonctions suivantes :

a) $f(x) = \sqrt{x}$        b) $h(n) = \dfrac{1}{n^3}$        c) $g(x) = \pi^4$

▶ **Solution**

a) $f'(x) = \left(\sqrt{x}\right)' = \left(x^{1/2}\right)' = \dfrac{1}{2}x^{-1/2} = \dfrac{1}{2x^{1/2}} = \dfrac{1}{2\sqrt{x}}$

b) $h'(n) = \left(\dfrac{1}{n^3}\right)' = \left(n^{-3}\right)' = -3n^{-4} = \dfrac{-3}{n^4}$

c) $g'(x) = (\pi^4)' = 0$    (car $\pi^4$ est une constante)

**Exemple 5.4**

Soit $f(x) = x^3$. En quel ou quels points de la courbe de $f$ la pente de la tangente vaut-elle 6 ?

▶ **Solution**

La pente de la tangente à la courbe de $f$ est donnée par $f'(x)$.

On a $f'(x) = 3x^2$, d'où :

$$3x^2 = 6$$
$$x^2 = 2$$
$$x = \pm\sqrt{2}$$

L'équation a deux solutions. Il y a donc deux points de la courbe de $f$ où la pente de la tangente vaut 6 :

$$\left(\sqrt{2}, f\left(\sqrt{2}\right)\right) = \left(\sqrt{2}, \left(\sqrt{2}\right)^3\right) = \left(\sqrt{2}, 2\sqrt{2}\right)$$
$$\left(-\sqrt{2}, f\left(-\sqrt{2}\right)\right) = \left(-\sqrt{2}, \left(-\sqrt{2}\right)^3\right) = \left(-\sqrt{2}, -2\sqrt{2}\right)$$

La figure 5.3 illustre ces deux solutions.

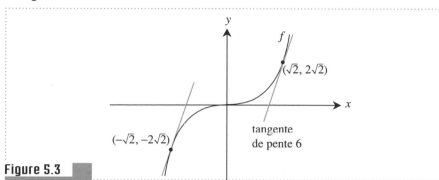

**Figure 5.3**

**Exemple 5.5**

Soit $f(x) = \dfrac{1}{x}$.

Donnez l'équation de la tangente à la courbe de $f$ au point $(2, f(2))$.

▶ *Solution*

L'équation de la tangente au point $(2, f(2))$ peut être donnée sous la forme $y = ax + b$, où $a$ est la pente de cette tangente.

La pente de la tangente est égale à la dérivée de $f$ évaluée au point $(2, f(2))$ :

$$f(x) = \frac{1}{x} = x^{-1} \ \Rightarrow \ f'(x) = -1x^{-2} = -\frac{1}{x^2}$$

D'où $a = f'(2) = -\dfrac{1}{2^2} = -\dfrac{1}{4}$.

Si on remplace ce résultat dans l'équation de la tangente, on obtient :

$$y = -\frac{1}{4}x + b$$

Pour calculer la valeur de $b$, on utilise les coordonnées du point de tangence : $(2, f(2)) = (2, 1/2)$

D'où, en substituant ces valeurs à $x$ et $y$ dans l'équation de la tangente, on obtient :

$$\frac{1}{2} = \frac{-1}{4}(2) + b \ \Rightarrow \ b = \frac{1}{2} + \frac{1}{2} = 1$$

Par conséquent, l'équation de la tangente à la courbe de $f$ au point $(2, f(2))$ est donnée par

$$y = -\frac{1}{4}x + 1$$

La figure 5.4 illustre ce résultat.

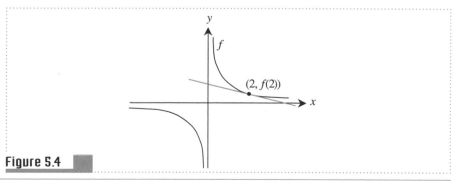

**Figure 5.4**

**1** Calculez la dérivée de chacune des fonctions suivantes :

a) $f(x) = x^{3/2}$

b) $g(x) = \dfrac{1}{x}$

c) $h(x) = \sqrt{2}$

d) $f(u) = \dfrac{1}{\sqrt[3]{u}}$

e) $g(x) = \dfrac{1}{a}$

f) $h(t) = t^{\pi}$

g) $f(x) = x^{2,3}$

h) $u(y) = -2^5$

**2** Calculez la dérivée de chacune des fonctions suivantes :

a) $f(x) = x^{2n+1}$

b) $g(x) = \dfrac{1}{x^{n-1}}$

c) $h(x) = x^{1/n}$

d) $u(x) = x^{n^2}$

**3** Pour chaque fonction, calculez la pente de la tangente à la courbe au point donné.

a) $g(t) = \dfrac{1}{t^3}$, au point $(1, g(1))$

b) $h(x) = \dfrac{1}{2}$, au point $(5, h(5))$

**4** Soit $f(x) = x^3$.

a) Calculez la pente de la tangente à la courbe de $f$ au point $(-2, f(-2))$.

b) Donnez l'équation de la tangente à la courbe au point $(-2, f(-2))$. (Consultez au besoin l'exemple 5.5.)

**5** Pour chacune des fonctions suivantes, déterminez, s'il y a lieu, le ou les points de la courbe où la tangente est horizontale :

a) $f(x) = \sqrt{x}$

b) $g(x) = \dfrac{1}{x^2}$

c) $u(x) = \sqrt[4]{x^5}$

d) $h(x) = x^{2/3}$

e) $f(x) = x^{4/3}$

f) $f(x) = \dfrac{1}{5^2}$

# 5.2 Dérivée du produit d'une constante par une fonction

Considérons la fonction d'équation $g(x) = 5x^3$. Cette fonction est le produit de la constante 5 par la fonction d'équation $f(x) = x^3$. Connaissant la dérivée de $f$, peut-on en déduire la dérivée de $g$ ? En d'autres termes, existe-t-il un lien entre les dérivées de ces deux fonctions ?

Au chapitre 2, on a vu que l'effet de la multiplication de l'expression d'une fonction par une constante $k$ était d'étirer ou de comprimer verticalement d'un facteur $k$ le graphique de cette fonction. Sachant cela, on peut conjecturer que la pente de la tangente à la courbe de cette fonction est affectée du même facteur.

Autrement dit, dans le cas présent, puisque $g(x) = 5f(x)$, alors $g'(x) = 5f'(x)$.

En effet, si les ordonnées sur la courbe de $g$ sont 5 fois plus grandes que les ordonnées correspondantes sur la courbe de $f$, il est raisonnable de penser que la pente de la tangente à la courbe de $g$ est 5 fois plus grande que celle à la courbe de $f$.

De façon générale, on peut conjecturer que la dérivée du produit d'une constante $k$ par une fonction $u$ est donnée par le produit de la constante par la dérivée de la fonction :

$$(k \cdot u(x))' = k \cdot u'(x)$$

Démontrons cette règle de dérivation à l'aide de la définition de la dérivée.

---

**Démonstration 5.5**

**Dérivée du produit d'une fonction par une constante**

Soit $f(x) = k \cdot u(x)$, où $k \in \mathbb{R}$.

Selon la définition de la dérivée, on a :

$$f'(x) = \lim_{\Delta x \to 0} \left( \frac{f(x + \Delta x) - f(x)}{\Delta x} \right)$$

$$= \lim_{\Delta x \to 0} \left( \frac{k \cdot u(x + \Delta x) - k \cdot u(x)}{\Delta x} \right)$$

$$= \lim_{\Delta x \to 0} \left( \frac{k \cdot [u(x + \Delta x) - u(x)]}{\Delta x} \right)$$

$$= k \cdot \lim_{\Delta x \to 0} \left( \frac{u(x + \Delta x) - u(x)}{\Delta x} \right) \qquad \text{(à condition que cette limite existe)}$$

$$= k \cdot u'(x) \qquad \text{(par la définition de la dérivée de } u\text{)}$$

---

Cette démonstration fait appel à une propriété des limites selon laquelle la limite du produit d'une constante par une expression est le produit de la constante par la limite de l'expression. C'est ce qui permet d'écrire dans la démonstration :

$$\lim_{\Delta x \to 0} \left( \frac{k \cdot [u(x + \Delta x) - u(x)]}{\Delta x} \right) = k \cdot \lim_{\Delta x \to 0} \left( \frac{u(x + \Delta x) - u(x)}{\Delta x} \right)$$

Cette propriété peut être justifiée intuitivement de la manière suivante : comme $k$ est un nombre réel qui ne dépend pas de la variation $\Delta x$ de la variable indépendante, faire tendre $\Delta x$ vers 0 n'a aucun effet sur $k$. Cela n'est valide que si la limite obtenue existe. À l'annexe D sont présentées les différentes propriétés des limites.

La règle de dérivation obtenue est énoncée ci-après.

**RÈGLE DE DÉRIVATION** ▶ **Dérivée du produit d'une constante par une fonction**

$$\frac{d(k \cdot u)}{dx} = k \cdot \frac{du}{dx} \quad \text{ou} \quad (k \cdot u(x))' = k \cdot u'(x)$$

Littéralement :

« La dérivée du produit d'une constante par une fonction est égale au produit de la constante par la dérivée de la fonction. »

### Exemple 5.6

Calculez la dérivée de chacune des fonctions suivantes :

a) $y = 6x^4$        b) $f(x) = a\sqrt{x}$        c) $u(x) = \dfrac{2}{3x^5}$

> **Solution**

a) $\dfrac{dy}{dx} = \dfrac{d(6x^4)}{dx}$    (il faut dériver le produit d'une fonction par une constante)

$\qquad = 6 \cdot \dfrac{d(x^4)}{dx}$    (il faut dériver une puissance de la variable indépendante)

$\qquad = 6 \cdot 4x^3$

$\qquad = 24x^3$

b) $f'(x) = \left(a\sqrt{x}\right)'$    (il faut dériver le produit d'une fonction par une constante)

$\qquad = a \cdot \left(\sqrt{x}\right)'$

$\qquad = a \cdot \left(x^{1/2}\right)'$    (il faut dériver une puissance de la variable indépendante)

$\qquad = a \cdot \dfrac{1}{2} x^{-1/2}$

$\qquad = \dfrac{a}{2\sqrt{x}}$

c) $u'(x) = \left(\dfrac{2}{3x^5}\right)' = \left(\dfrac{2}{3} \cdot x^{-5}\right)' = \dfrac{2}{3} \cdot (x^{-5})' = \dfrac{2}{3} \cdot -5x^{-6} = -\dfrac{10}{3x^6}$

## EXERCICES 5.2

**1** Calculez la dérivée des fonctions suivantes :

a) $y = \dfrac{x^3}{3}$        d) $f(u) = au^{10}$

b) $y = \dfrac{1}{2x}$        e) $E(m) = mc^2$

c) $h(t) = -\dfrac{k}{nt^4}$

**2** Calculez la dérivée des fonctions suivantes :

a) $f(x) = \dfrac{x^{2n}}{n}$        c) $h(x) = n^{2n+1}$

b) $g(x) = \dfrac{x^{2^n}}{2}$

**3** Le volume $V$ d'un cylindre de hauteur $h$ et de rayon $r$ est donné par $V = \pi r^2 h$.

a) Si on fait varier le rayon du cylindre en gardant la hauteur constante,

   i) que représente alors $\dfrac{dV}{dr}$ ?

   ii) calculez $\dfrac{dV}{dr}$.

b) On verse de l'eau dans un cylindre d'un rayon de 4 cm. Si $V$ représente le volume d'eau dans le cylindre et $h$ le niveau d'eau,

   i) que représente alors $\dfrac{dV}{dh}$ ?

   ii) calculez $\dfrac{dV}{dh}$.

**4** Soit $A$ l'aire d'un cercle de rayon $r$ (en cm).

a) Calculez $\dfrac{dA}{dr}$ et précisez les unités du résultat.

b) Montrez que le résultat obtenu en a) correspond à la mesure de la circonférence du cercle, mais que les unités diffèrent.

c) Illustrez géométriquement le résultat de a) sur la surface du cercle. (Inspirez-vous au besoin du schéma de l'exemple 3.11 b).)

**5** La distance parcourue par un objet qu'on laisse tomber verticalement en chute libre est donnée par $s(t) = \dfrac{1}{2}gt^2$, où $g$ est l'accélération gravitationnelle terrestre ($g = 9{,}8$ m/s$^2$).

a) À l'aide des règles de dérivation, montrez que la vitesse de chute de l'objet est donnée par $v(t) = gt$.

b) Du haut d'une falaise, on laisse tomber une pierre et on chronomètre le temps que dure sa chute. Si la durée de la chute est d'environ 5 secondes,

  i) évaluez la hauteur de la falaise ;

  ii) à quelle vitesse la pierre touchera-t-elle le sol ?

**6** Soit $f(x) = x^3$ et $g(x) = \dfrac{1}{3x}$, représentées ci-dessous.

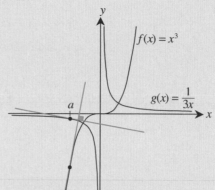

Montrez que pour toute abscisse $a \neq 0$, les tangentes aux courbes de $f$ et de $g$ aux points correspondants se coupent à angle droit.

Indice : Le produit des pentes de deux droites perpendiculaires est égal à $-1$.

**7** Selon la mécanique newtonienne, la force gravitationnelle $F$ exercée sur deux objets est inversement proportionnelle au carré de la distance $d$ séparant les centres de masse de ces deux objets : $F(d) = \dfrac{k}{d^2}$, où $k$ est une constante de proportionnalité. Calculez le taux de variation de la force gravitationnelle par rapport à la distance et interprétez le résultat selon le contexte.

## 5.3 Dérivée d'une somme de fonctions

Une fonction comportant plusieurs termes peut être vue comme la somme de plusieurs fonctions. Par exemple,

$f(x) = x^2 + 3x$ est la somme de $u(x) = x^2$ et $v(x) = 3x$.

Qu'en est-il de la dérivée de la somme de ces deux fonctions ? Il est raisonnable de penser qu'elle consiste en la somme des dérivées des deux fonctions. Autrement dit,

$$f'(x) = u'(x) + v'(x)$$
$$= \left(x^2\right)' + (3x)'$$
$$= 2x \;+\; 3$$
$$= 2x + 3$$

C'est d'ailleurs le résultat qu'on obtiendrait si on calculait la dérivée de $f$ au moyen de la définition formelle de la dérivée.

Démontrons, de façon générale, que la dérivée de la somme de deux fonctions est la somme des dérivées des deux fonctions.

Démonstration 5.6

## Dérivée d'une somme de deux fonctions

Soit $f(x) = u(x) + v(x)$.

Selon la définition de la dérivée, on a :

$$f'(x) = \lim_{\Delta x \to 0} \left( \frac{f(x + \Delta x) - f(x)}{\Delta x} \right)$$

$$= \lim_{\Delta x \to 0} \left( \frac{[u(x + \Delta x) + v(x + \Delta x)] - [u(x) + v(x)]}{\Delta x} \right)$$

$$= \lim_{\Delta x \to 0} \left( \frac{u(x + \Delta x) + v(x + \Delta x) - u(x) - v(x)}{\Delta x} \right)$$

$$= \lim_{\Delta x \to 0} \left( \frac{[u(x + \Delta x) - u(x)] + [v(x + \Delta x) - v(x)]}{\Delta x} \right)$$

(on a regroupé les termes relatifs aux mêmes fonctions)

$$= \lim_{\Delta x \to 0} \left( \frac{u(x + \Delta x) - u(x)}{\Delta x} + \frac{v(x + \Delta x) - v(x)}{\Delta x} \right)$$

$$= \lim_{\Delta x \to 0} \left( \frac{u(x + \Delta x) - u(x)}{\Delta x} \right) + \lim_{\Delta x \to 0} \left( \frac{v(x + \Delta x) - v(x)}{\Delta x} \right)$$

(la limite d'une somme est la somme des limites,
à condition que chacune des limites existe)

$$= \qquad u'(x) \qquad + \qquad v'(x)$$

(par définition des dérivées de $u$ et de $v$)

Donc : $[u(x) + v(x)]' = u'(x) + v'(x)$

---

Cette démonstration fait appel à une propriété des limites selon laquelle la limite d'une somme est la somme des limites (voir l'annexe D pour la liste complète des propriétés des limites). Cela se justifie intuitivement de la manière suivante : faire tendre $\Delta x$ vers zéro dans la somme initiale aura le même effet que de le faire séparément pour chaque terme de la somme. Encore une fois, la condition d'existence des limites impliquées présuppose que les résultats obtenus séparément doivent être des nombres réels. Sinon, rien n'assure que leur somme est égale à la limite de la somme initiale.

La règle de dérivation obtenue est formulée ci-après.

**RÈGLE DE DÉRIVATION** ▶ **Dérivée d'une somme de fonctions**

$$\frac{d(u + v)}{dx} = \frac{du}{dx} + \frac{dv}{dx} \quad \text{ou} \quad [u(x) + v(x)]' = u'(x) + v'(x)$$

Littéralement :

« La dérivée d'une somme de fonctions est égale à la somme des dérivées de ces fonctions. »

**Remarque**

1. Cette règle de dérivation peut être généralisée à la somme de plus de deux fonctions :

$$[u_1(x) + u_2(x) + u_3(x) + \ldots + u_n(x)]' = u_1'(x) + u_2'(x) + u_3'(x) + \ldots + u_n'(x)$$

2. La règle de dérivation d'une somme de fonctions peut aussi s'appliquer à une différence de fonctions :

$$[u(x) - v(x)]' = u'(x) - v'(x)$$

En effet, on peut le démontrer comme suit :

$$[u(x) - v(x)]' = u'(x) + \underbrace{[-1 \cdot v(x)]'}_{\substack{\text{dérivée du produit} \\ \text{d'une constante par} \\ \text{une fonction}}} = u'(x) + (-1) \cdot v'(x) = u'(x) - v'(x)$$

**Exemple 5.7**

Calculez la dérivée des fonctions suivantes :

a) $f(x) = x^4 + \dfrac{1}{x}$

b) $g(t) = \dfrac{\sqrt[3]{t}}{5} - at + b$

**Solution**

a) 
$$f'(x) = \left(x^4 + \frac{1}{x}\right)'$$
$$= (x^4)' + \left(\frac{1}{x}\right)'$$
$$= 4x^3 + (x^{-1})'$$
$$= 4x^3 + (-1x^{-2})$$
$$= 4x^3 - \frac{1}{x^2}$$

b) 
$$\frac{dg}{dt} = \frac{d}{dt}\left(\frac{\sqrt[3]{t}}{5} - at + b\right)$$
$$= \frac{d}{dt}\left(\frac{t^{1/3}}{5}\right) - \frac{d(at)}{dt} + \frac{d(b)}{dt}$$
$$= \frac{1}{5} \cdot \frac{d(t^{1/3})}{dt} - a \cdot \frac{d(t)}{dt} + 0$$
$$= \frac{1}{5} \cdot \frac{1}{3} t^{-2/3} - a \cdot 1$$
$$= \frac{1}{15\sqrt[3]{t^2}} - a$$

**Exemple 5.8**

À l'aide de la dérivée, déterminez la position du sommet de la parabole d'équation $f(x) = -x^2 + 8x + 7$.

**Solution**

Au sommet d'une parabole, la tangente est horizontale ; donc, la pente est nulle. Trouvons pour quelle valeur de $x$ la dérivée de $f$ est égale à 0 :

$$f'(x) = (-x^2)' + (8x)' + (7)' = -2x + 8$$
$$f'(x) = 0 \iff -2x + 8 = 0 \iff 2x = 8 \iff x = 4$$

Le sommet de la parabole est donc situé au point $(4, f(4))$, c'est-à-dire en $(4, 23)$.

**Exemple 5.9**

Soit $f(x) = (x + 3)(x + 1)(x - 2)$.

Un graphique approximatif de cette fonction polynomiale de degré 3 est tracé à l'exemple 2.25 (voir la figure 5.5). La méthode utilisée permettait de déduire la présence de deux sommets, mais pas d'en identifier précisément les abscisses. (Rappelons que les fonctions polynomiales de degré 3 ou plus ne possèdent pas la même propriété de symétrie que celles de degré 2, de sorte qu'on ne peut affirmer que les abscisses des sommets sont à mi-chemin entre deux zéros consécutifs.)

Calculez précisément l'abscisse des sommets de cette courbe.

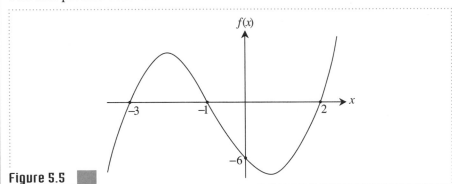

**Figure 5.5**

▶ *Solution*

À l'aide du calcul différentiel, on est en mesure de déterminer exactement l'abscisse des sommets de cette courbe. Comme $f$ est le produit de trois fonctions, aucune des règles de dérivation vues jusqu'à présent ne peut être appliquée. Toutefois, on peut contourner cette difficulté en développant le produit :

$$f(x) = (x + 3)(x + 1)(x - 2) = \ldots = x^3 + 2x^2 - 5x - 6$$

D'où, si on applique les règles de dérivation connues,

$$f'(x) = (x^3)' + (2x^2)' + (-5x)' + (-6)' = 3x^2 + 4x - 5$$

Aux sommets de la courbe, la pente de la tangente est nulle, d'où

$$f'(x) = 3x^2 + 4x - 5 = 0$$

À l'aide la formule quadratique, on obtient :

$$x = \frac{-4 \pm \sqrt{16 - 4(3)(-5)}}{6} = \frac{-4 \pm \sqrt{76}}{6} = \frac{-2 \pm \sqrt{19}}{3}$$

D'où $x \approx 0{,}8$ ou $x \approx -2{,}1$

Les abscisses des deux sommets de la courbe de $f$ sont donc $x \approx 0{,}8$ et $x \approx -2{,}1$ (voir la figure 5.6).

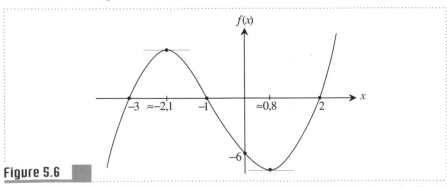

**Figure 5.6**

## EXERCICES 5.3

**1** Calculez la dérivée des fonctions suivantes :

a) $y = 3x^4 + \sqrt{x}$

b) $f(x) = x + \dfrac{r}{ax} - c$

c) $g(t) = -\dfrac{t^2}{4} + \dfrac{1}{\pi} - k^2$

d) $h(u) = \dfrac{2u^{3/2} + u - 3^4}{5}$

**2** Dans chaque cas, dites pour quelle ou quelles valeurs de $x$ la courbe de la fonction admet une tangente horizontale.

a) $f(x) = 2x^3 - 6x$

b) $g(x) = \dfrac{x^3}{3} - \dfrac{3x^2}{2} - 10x + 1$

c) $h(x) = x^4 - 8x^2 + 13$

**3** Pour chacune des fonctions, trouvez les équations de la tangente et de la normale à la courbe au point donné.

Indice : Le produit des pentes de la tangente et de la normale en un point donné est égal à $-1$.

a) $y = \sqrt{x} + x$, au point d'abscisse 1.

b) $g(x) = \dfrac{3}{x} + 2$, au point d'abscisse 2.

**4** Déterminez l'abscisse des sommets de la courbe d'équation $g(x) = x^3 - 5x^2 + 6x$. (Le graphique approximatif de cette fonction a été obtenu au n° 3 des Exercices 2.7)

**5** À l'aide des règles de dérivation, montrez que la dérivée de la forme fonctionnelle de l'équation d'une droite, soit $y = ax + b$, est bel et bien égale à $a$, la pente de la droite.

**6** À l'aide des règles de dérivation, démontrez que l'abscisse du sommet d'une parabole d'équation $y = ax^2 + bx + c$ est donnée par $x = -\dfrac{b}{2a}$.

**7** L'aire $A$ d'un triangle rectangle isocèle dont les cathètes mesurent $c$ unités de longueur est donnée par :

$$A(c) = \dfrac{c^2}{2}, \text{ où } c \geq 0$$

Quel est le taux de variation de l'aire du triangle par rapport à la longueur de ses cathètes ?

**8** On projette de construire un terrain de jeu. Celui-ci aura la forme d'un rectangle de 50 m de long terminé à ses extrémités par deux demi-cercles (voir le n° 5 des Exercices 2.6). Le rayon $r$ des demi-cercles n'est pas encore déterminé. Son périmètre et son aire sont donnés par :

$$P(r) = 2\pi r + 100 \text{ et } A(r) = \pi r^2 + 100r, \text{ où } r \geq 0$$

a) Quel est le taux de variation du périmètre du terrain par rapport à $r$ ?

b) Quel est le taux de variation de l'aire du terrain par rapport à $r$ ?

**9** Du sol, on lance verticalement un projectile à une vitesse initiale de 50 m/s. La position du projectile par rapport au sol est donnée par :

$$h(t) = 50t - \dfrac{1}{2}gt^2 \text{ m, où } g = 9,8 \text{ m/s}^2.$$

a) Déterminez la vitesse du projectile en fonction du temps $t$.

b) Quelle est la hauteur maximale atteinte par le projectile ?

c) Après combien de temps et à quelle vitesse le projectile touchera-t-il le sol ?

**10** On actionne une pompe pour vider une piscine contenant environ 60 m³ d'eau. La quantité d'eau dans la piscine, $t$ heures après le début de l'opération, est donnée par :

$$Q(t) = 60 - 14t - 0,25t^2 \text{ m}^3.$$

a) Que représentent, dans ce contexte, les expressions suivantes ?

  i) $Q(1)$

  ii) $Q(0) - Q(1)$

  iii) $\left. \dfrac{dQ}{dt} \right|_{t=1}$

b) Calculez le débit de l'eau après deux heures.

**11** La position d'un mobile se déplaçant en ligne droite avec une accélération constante est donnée par :

$$x(t) = x_0 + v_0 t + \dfrac{1}{2}at^2,$$

où $x_0$ est la position initiale, $v_0$ la vitesse initiale et $a$ l'accélération. Démontrez, à l'aide des règles de dérivation, que la vitesse du mobile est donnée par $v(t) = v_0 + at$.

**12** Dans une région en pleine expansion, on prévoit que la population (en milliers d'habitants) évoluera suivant l'équation $P(t) = t^2 + 4t + 8$, où $t$ est le temps (en années) à partir d'aujourd'hui ($0 \leq t \leq 20$). En vous basant sur ce modèle, répondez aux questions suivantes :

a) Quel sera le taux de variation moyen de cette population au cours des 5 prochaines années ?

b) Quelle sera la variation de la population de cette région entre la fin de la 5e année et la fin de la 10e année à partir d'aujourd'hui ?

c) Quel sera le taux de variation de cette population dans $t$ années ?

d) À quel moment cette population atteindra-t-elle 20 000 habitants ?

e) À quel moment cette population augmentera-t-elle au rythme de 10 000 habitants par année ?

f) Donnez la valeur des expressions suivantes et interprétez-les dans le contexte :

i) $\left. \dfrac{dP}{dt} \right|_{t=5}$

ii) $P(8)$

iii) $\displaystyle\lim_{t \to 10} \left( \frac{P(t) - P(10)}{t - 10} \right)$

**13** On gonfle un ballon par un procédé tel que son volume, après $t$ minutes, est donné par l'équation $V(t) = 8t^3 + 5t^2 + 20t$ dm³, où $0 \leq t \leq 10$.

a) Que représente, dans ce contexte, l'expression $\dfrac{V(10) - V(8)}{2}$ ?

b) À quelle vitesse le volume du ballon augmente-t-il au bout de 5 minutes ?

**14** Selon la troisième loi de Kepler, la période sidérale $T$ d'une planète en orbite autour du Soleil est donnée par :

$$T = 2\pi \sqrt{\frac{a^3}{GM}},$$

où $a$ est le demi grand axe de la trajectoire elliptique de la planète, $G$ est la constante gravitationnelle universelle et $M$, la masse du Soleil. Quel est le taux de variation de la période sidérale d'une planète par rapport à la longueur du demi grand axe de son orbite ?

## 5.4 Dérivée d'une puissance de fonction

À la section 5.1, on a vu comment dériver une fonction définie par une puissance de la variable indépendante :

$$y = x^n \implies \frac{dy}{dx} = nx^{n-1}$$

Cette règle de dérivation ne permet cependant pas de dériver une fonction définie par une puissance d'une autre fonction telle que :

$$y = (2x - 3)^{16} \text{ ou } y = \sqrt{x^2 - 5x + 2}$$

La première fonction est une puissance de la fonction $u = 2x - 3$, tandis que la seconde est une puissance de la fonction $u = x^2 - 5x + 2$. La forme à laquelle correspondent ces deux fonctions est :

$y = u^n$, où $u$ est une fonction de la variable $x$.

On peut se demander si la dérivée de $u^n$ suit le modèle de la dérivée de $x^n$, à savoir que $(u^n)' = nu^{n-1}$. En prenant par exemple $y = (2x)^3$, où $u = 2x$, on aurait ainsi :

$$\frac{dy}{dx} = \frac{d[(2x)^3]}{dx} = 3(2x)^2 = 3 \cdot 4x^2 = 12x^2$$

Or, $y = (2x)^3$ est équivalent à $y = 8x^3$, dont la dérivée peut être calculée à l'aide des règles connues :

$$\frac{dy}{dx} = \frac{d(8x^3)}{dx} = 8 \cdot \frac{d(x^3)}{dx} = 8 \cdot 3x^2 = 24x^2$$

Ce résultat n'est pas équivalent à celui qu'on a obtenu précédemment. La dérivée de $u^n$ ne suit donc pas le modèle de la dérivée de $x^n$. Cela s'explique par le fait que la variable $y$, dans l'équation $y = u^n$, ne dépend pas que de $u$. En effet, elle dépend aussi de $x$ puisque $u$ est une fonction de $x$. La façon dont $x$ influe sur $u$ a des répercussions sur la façon dont varie $y$, de sorte que la règle de dérivation recherchée ne pourra pas seulement faire intervenir $u$ comme s'il s'agissait d'une variable indépendante. La règle de dérivation devra aussi tenir compte de la dépendance de $u$ par rapport à $x$.

En effet, dans le cas de la fonction $y = u^3$, où $u = 2x$, si on tient compte du fait que $\frac{du}{dx} = \frac{d(2x)}{dx} = 2$, on peut établir le lien suivant :

$$\frac{dy}{dx} = \frac{d(2x)^3}{dx} = 3(2x)^2 \cdot \frac{du}{dx} = 3(2x)^2 \cdot \frac{d(2x)}{dx} = 3(2x)^2 \cdot 2 = 24x^2$$

On obtient donc le résultat trouvé précédemment.

Ce qui précède suggère le modèle de dérivation suivant à partir de $y = u^n$, où $u$ est une fonction de $x$ :

$$\frac{dy}{dx} = \frac{d(u^n)}{dx} = n \cdot u^{n-1} \cdot \frac{du}{dx}$$

Prenons un exemple concret pour illustrer davantage de quelle manière la dépendance de $u$ par rapport à $x$ a une influence sur la dérivée de $u^n$.

**Exemple 5.10**

Une personne veut agrandir un carré tracé à l'ordinateur en cliquant sur l'un des côtés et en faisant glisser la souris pour allonger ce côté. Supposons que la personne déplace la souris de sorte que la longueur du côté du carré varie selon la fonction d'équation $c(t) = 3t$, où $c$ est mesuré en centimètres et $t$ en secondes. Cela revient à supposer que la longueur du côté du carré varie à une vitesse constante de $\frac{dc}{dt} = 3$ cm/s.

À quelle vitesse l'aire $A$ du carré varie-t-elle par rapport au temps $t$ ?

▶ *Solution*

Il faut calculer le taux de variation de l'aire par rapport au temps, soit $\frac{dA}{dt}$.

On sait que l'aire $A$ d'un carré de côté $c$ est donnée par la fonction d'équation $A(c) = c^2$. Exprimons cette équation en termes de la variable *temps* à l'aide de la relation $c(t) = 3t$. On obtient $A(t) = (3t)^2$, ce qui correspond à la forme $u^n$, où $u = 3t$ et $n = 2$. D'autre part, on peut aussi écrire $A(t) = 9t^2$. À partir de cette équation, on peut calculer la dérivée de l'aire du carré par rapport au temps à l'aide des règles de dérivation précédentes :

$$\frac{dA}{dt} = \frac{d(9t^2)}{dt} = 9 \cdot \frac{d(t^2)}{dt} = 9 \cdot 2t = 18t \ \text{cm}^2/\text{s}$$

Le même résultat peut être obtenu d'une autre manière si on utilise le taux de variation de l'aire du carré par rapport à la longueur de son côté. Ce taux est donné par

$$\frac{dA}{dc} = \frac{d(c^2)}{dc} = 2c \text{ cm}^2/\text{cm}$$

Cela signifie qu'en un instant $t$, le taux de variation de l'aire du carré par rapport à la longueur du côté est le double de la longueur du côté à cet instant. Si, au même moment, la longueur du côté augmente à un taux de 3 cm/s, on en déduit facilement que le taux de variation de l'aire du carré par rapport au temps est égal à six fois la longueur du côté, c'est-à-dire au produit des taux respectifs :

$$\begin{aligned} \frac{dA}{dt} &= \frac{dA}{dc} \cdot \frac{dc}{dt} \\ &= 2c \cdot 3 \\ &= 6c \qquad \text{où} \quad c = 3t \\ &= 18t \text{ cm}^2/\text{s} \end{aligned}$$

Autrement dit, le taux de variation de l'aire du carré par rapport au temps peut être obtenu en multipliant le taux de variation de l'aire du carré par rapport à la mesure de son côté par le taux de variation de la mesure du côté par rapport au temps.

Observons que la notation de Leibniz permet de montrer l'identité que pose la relation $\frac{dA}{dt} = \frac{dA}{dc} \cdot \frac{dc}{dt}$. En effet, selon cette notation, les expressions $\frac{dA}{dt}, \frac{dA}{dc}$ et $\frac{dc}{dt}$ sont des quotients des différentielles $dA$, $dc$ et $dt$, ces dernières étant considérées, au sens géométrique, comme des variations infiniment petites des variables $A$, $c$ et $t$. Par conséquent, lorsqu'on effectue le produit de $\frac{dA}{dc}$ et de $\frac{dc}{dt}$, les différentielles $dc$ se simplifient :

$$\frac{dA}{dc} \cdot \frac{dc}{dt} = \frac{dA}{dt}$$

D'ailleurs, si on considère les unités de mesure des taux de variation en jeu, la simplification est similaire :

$$\frac{\text{cm}^2}{\text{cm}} \cdot \frac{\text{cm}}{\text{s}} = \frac{\text{cm}^2}{\text{s}}$$

Si on généralise le procédé utilisé dans l'exemple précédent, on obtient la règle de dérivation suivante :

**RÈGLE DE DÉRIVATION** ▶ **Dérivation en chaîne**

Soit $y$ une fonction de $u$, et $u$ une fonction de $x$, alors

$$\frac{dy}{dx} = \frac{dy}{du} \cdot \frac{du}{dx}$$

Littéralement :

« La dérivée d'une composée de fonctions est le produit des dérivées des fonctions successives. »

La règle de dérivation en chaîne permet notamment de calculer la dérivée d'une puissance de fonction. En effet, si on pose $y = u^n$, où $u$ est une fonction de $x$, on a :

$$\frac{dy}{dx} = \frac{dy}{du} \cdot \frac{du}{dx}$$

$$= \frac{d(u^n)}{du} \cdot \frac{du}{dx}$$

$$= nu^{n-1} \cdot \frac{du}{dx}$$

De ce qui précède, on tire la règle de dérivation d'une puissance de fonction, qu'on exprime selon les deux notations en usage.

**RÈGLE DE DÉRIVATION**  ▶  **Dérivée d'une puissance de fonction**

$$\frac{d(u^n)}{dx} = nu^{n-1} \cdot \frac{du}{dx} \quad \text{ou} \quad (u^n)' = nu^{n-1} \cdot u'$$

**Exemple 5.11**

Calculez la dérivée des fonctions suivantes :

a) $f(x) = (2x - 3)^{16}$

b) $f(x) = 2\sqrt{x^2 - 5x + 2}$

c) $u(t) = \dfrac{-1}{3(t^2 + 1)^5}$

▶ **Solution**

a) $f'(x) = \left((2x - 3)^{16}\right)'$

$\qquad = 16(2x - 3)^{15} \cdot (2x - 3)'$

$\qquad = 16(2x - 3)^{15} \cdot 2$

$\qquad = 32(2x - 3)^{15}$

b) $f'(x) = \left(2(x^2 - 5x + 2)^{1/2}\right)'$  (il faut dériver le produit d'une constante par une fonction)

$\qquad = 2\left((x^2 - 5x + 2)^{1/2}\right)'$

$\qquad = 2 \cdot \dfrac{1}{2} \cdot (x^2 - 5x + 2)^{-1/2} \cdot (x^2 - 5x + 2)'$

$\qquad = (x^2 - 5x + 2)^{-1/2} \cdot \left(2x - 5\right)$

$\qquad = \dfrac{2x - 5}{\sqrt{x^2 - 5x + 2}}$

c) On exprime d'abord cette fonction sous une forme plus simple :

$$u(t) = -\frac{1}{3} \cdot \frac{1}{(t^2 + 1)^5} = -\frac{1}{3}(t^2 + 1)^{-5}$$

D'où :

$$u'(t) = \left(-\frac{1}{3}(t^2+1)^{-5}\right)'$$

$$= -\frac{1}{3} \cdot \left((t^2+1)^{-5}\right)'$$

$$= -\frac{1}{3} \cdot -5 \cdot (t^2+1)^{-6} \cdot (t^2+1)'$$

$$= \frac{5}{3}(t^2+1)^{-6} \cdot (2t)$$

$$= \frac{10t}{3(t^2+1)^6}$$

## EXERCICES 5.4

**1** Calculez la dérivée des fonctions suivantes :

a) $f(x) = (2x-1)^7$

b) $g(x) = -2((x^2+1)^2+4)$

c) $f(x) = \dfrac{1}{5(x^3-4x+1)}$

d) $y = \left(3-\dfrac{1}{x}\right)^4$

e) $f(x) = \sqrt{x^5+2x^3-6x}$

f) $y = \sqrt{\sqrt{x}+1}$

g) $f(x) = \dfrac{1}{3(2x^3-x+1)^{4/3}}$

h) $g(x) = \dfrac{A}{1-x^2}$

i) $f(u) = \dfrac{2}{\sqrt[3]{u^3-3u}}$

j) $h(x) = 2(3x^2+2x+1)^4 - \dfrac{1}{2\sqrt{1-5x}} + 8$

k) $A(u) = (4u+1)^{3/2} + (4u-1)^{-5/2} + (4k+1)^2$

**2** Dans chaque cas, déterminez pour quelle ou quelles valeurs de $x$ la courbe de la fonction admet une tangente horizontale.

a) $f(x) = (2x^3-6)^9$

b) $y = 5 + \sqrt{x^2-3x}$

c) $h(x) = \dfrac{-11}{2(x^3+6x^2-15x)^{2/3}}$

**3** Soit $f(x) = \dfrac{1}{(x^2-8)^5}$. Donnez l'équation de la droite parallèle à la tangente à la courbe de $f$ en $x=3$ et passant par le point $(1, -5)$.

**4** Soit la forme canonique de l'équation d'une parabole : $f(x) = a(x-h)^2 + k$. Calculez $f'(x)$.

**5** Dans une réaction chimique, la quantité $Q$ de molécules produites est donnée par $Q(t) = \dfrac{-6}{5t+3} + 2$ millions, où $t$ représente le temps écoulé (en minutes) depuis le début de l'expérience.

a) À long terme, combien de molécules seront produites dans cette réaction ?

b) Quelle est la vitesse de cette réaction au temps $t$ ?

# 5.5 Dérivée d'un produit de fonctions

Certaines fonctions ont la forme d'un produit de fonctions. Par exemple,

$$f(x) = (x^2 - 4)(x + 1)^2$$

$$g(x) = (3x + 5)^7(x^2 + 4x - 2)^{18}$$

$$h(x) = (8x^5 + 3x^4 - 5x)\sqrt{x^3 + 7}$$

Comment trouve-t-on la dérivée de ces fonctions ? Dans le cas de la première, on peut au préalable développer l'expression, puis utiliser les règles de dérivation que l'on connaît déjà :

$$f(x) = (x^2 - 4)(x^2 + 2x + 1) = x^4 + 2x^3 - 3x^2 - 8x - 4$$

D'où :
$$f'(x) = (x^4 + 2x^3 - 3x^2 - 8x - 4)'$$
$$= 4x^3 + 6x^2 - 6x - 8$$
$$= 2(2x^3 + 3x^2 - 3x - 4)$$

La même stratégie pourrait être utilisée pour dériver les deux autres fonctions. Toutefois, le développement des puissances en jeu ainsi que le calcul du produit de leur résultat seraient très longs, sans compter les erreurs d'inattention qui pourraient être commises. Par conséquent, une règle permettant de dériver directement un produit de fonctions s'impose.

On pourrait être tenté de s'inspirer de la règle de dérivation d'une somme et conjecturer que la dérivée d'un produit de fonctions est égale au produit des dérivées de ces fonctions prises séparément. Or, cette conjecture est fausse. Pour la réfuter, utilisons comme contre-exemple la fonction $f(x) = (x^2 - 4)(x + 1)^2$ dont on a calculé plus haut la dérivée à l'aide des règles de dérivation déjà établies : $f'(x) = 4x^3 + 6x^2 - 6x - 8$. Si on applique la conjecture énoncée, on obtient :

$$f'(x) = (x^2 - 4)' \cdot \left((x+1)^2\right)'$$
$$= 2x[2 \cdot (x+1)]$$
$$= 4x(x+1)$$
$$= 4x^2 + 4x$$

Le résultat n'est pas égal à celui qu'on a obtenu précédemment. Donc, la dérivée d'un produit **n'est pas égale** au produit des dérivées.

La véritable règle de dérivation d'un produit de fonctions est énoncée ci-dessous. Elle sera démontrée ensuite.

| RÈGLE DE DÉRIVATION | **Dérivée d'un produit de fonctions** |

$$\frac{d(u \cdot v)}{dx} = \frac{du}{dx} \cdot v + u \cdot \frac{dv}{dx} \quad \text{ou} \quad (u \cdot v)' = u' \cdot v + u \cdot v'$$

Littéralement :

« La dérivée d'un produit de deux fonctions est égale à la somme de la dérivée de la première fonction multipliée par la deuxième fonction et de la première fonction multipliée par la dérivée de la deuxième fonction. »

### Dérivée d'un produit de fonctions

Soit $f(x) = u(x) \cdot v(x)$.

Selon la définition de la dérivée, on a :

$$f'(x) = \lim_{\Delta x \to 0}\left(\frac{f(x+\Delta x) - f(x)}{\Delta x}\right)$$

$$= \lim_{\Delta x \to 0}\left(\frac{u(x+\Delta x) \cdot v(x+\Delta x) - u(x) \cdot v(x)}{\Delta x}\right)$$

Sous cette forme, l'expression entre parenthèses ne peut être simplifiée davantage. Pour contourner cette difficulté, on recourt à un procédé algébrique qui consiste à ajouter et à retrancher un même terme au numérateur, ce qui ne change en rien la valeur de l'expression. En l'occurrence, ce terme doit avoir un facteur commun avec le premier terme du numérateur et un autre facteur commun avec le deuxième terme, ce qui donne :

$$f'(x) = \lim_{\Delta x \to 0}\left(\frac{u(x+\Delta x) \cdot v(x+\Delta x) - u(x+\Delta x) \cdot v(x) + u(x+\Delta x) \cdot v(x) - u(x) \cdot v(x)}{\Delta x}\right)$$

(on regroupe deux à deux les termes du numérateur et on factorise)

$$= \lim_{\Delta x \to 0}\left(\frac{u(x+\Delta x)\big[v(x+\Delta x) - v(x)\big] + v(x)\big[u(x+\Delta x) - u(x)\big]}{\Delta x}\right)$$

$$= \lim_{\Delta x \to 0}\left(\frac{u(x+\Delta x)\big[v(x+\Delta x) - v(x)\big]}{\Delta x} + \frac{v(x)\big[u(x+\Delta x) - u(x)\big]}{\Delta x}\right)$$

(la limite d'une somme est la somme des limites (si chacune existe))

$$= \lim_{\Delta x \to 0}\left(\frac{u(x+\Delta x)\big[v(x+\Delta x) - v(x)\big]}{\Delta x}\right) + \lim_{\Delta x \to 0}\left(\frac{v(x)\big[u(x+\Delta x) - u(x)\big]}{\Delta x}\right)$$

(la limite du produit d'une constante par une fonction est égale au produit de la constante par la limite de la fonction, si cette dernière existe)

$$= \lim_{\Delta x \to 0}\left(u(x+\Delta x) \cdot \frac{v(x+\Delta x) - v(x)}{\Delta x}\right) + v(x) \cdot \lim_{\Delta x \to 0}\left(\frac{u(x+\Delta x) - u(x)}{\Delta x}\right)$$

(la limite d'un produit est le produit des limites (si chacune existe))

$$= \underbrace{\lim_{\Delta x \to 0}(u(x+\Delta x))}_{u(x)} \cdot \underbrace{\lim_{\Delta x \to 0}\left(\frac{v(x+\Delta x) - v(x)}{\Delta x}\right)}_{\frac{dv}{dx}} + v(x) \cdot \underbrace{\lim_{\Delta x \to 0}\left(\frac{u(x+\Delta x) - u(x)}{\Delta x}\right)}_{\frac{du}{dx}}$$

$$= u(x) \cdot \frac{dv}{dx} + v(x) \cdot \frac{du}{dx}$$

Donc : $\dfrac{d(u \cdot v)}{dx} = u \cdot \dfrac{dv}{dx} + v \cdot \dfrac{du}{dx}$

Il existe une autre façon de démontrer la règle de dérivation d'un produit de fonctions, laquelle repose sur un argument géométrique.

Imaginons que le produit $u(x) \cdot v(x)$, ou plus simplement $u \cdot v$, représente l'aire d'un rectangle de longueur $u$ et de largeur $v$. Puisque ces deux quantités dépendent de $x$, une variation $\Delta x$ entraînera des variations $\Delta u$ et $\Delta v$. Par conséquent, l'aire du rectangle variera d'une certaine quantité $\Delta A$ (voir la partie colorée en ocre dans la figure 5.7).

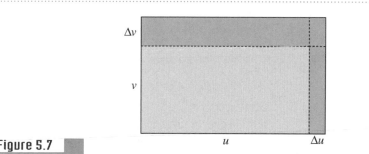

**Figure 5.7**

Selon cette figure, la variation de l'aire du rectangle est donnée par la somme des aires des trois rectangles formant la partie colorée en ocre :

$$\Delta A = v \cdot \Delta u + u \cdot \Delta v + \Delta u \cdot \Delta v$$

Il suffit ensuite de constater que la variation de l'aire du rectangle peut être exprimée par $f(x + \Delta x) - f(x)$. En effet, puisque $f(x) = u(x) \cdot v(x)$, la variation de la fonction $f$ correspond à la variation de l'aire du rectangle.

Par conséquent,

$$f'(x) = \lim_{\Delta x \to 0} \left( \frac{f(x + \Delta x) - f(x)}{\Delta x} \right)$$

$$= \lim_{\Delta x \to 0} \left( \frac{v \cdot \Delta u + u \cdot \Delta v + \Delta u \cdot \Delta v}{\Delta x} \right)$$

$$= \lim_{\Delta x \to 0} \left( v \cdot \frac{\Delta u}{\Delta x} + u \cdot \frac{\Delta v}{\Delta x} + \Delta u \cdot \frac{\Delta v}{\Delta x} \right)$$

$$= \lim_{\Delta x \to 0} \left( v \cdot \frac{\Delta u}{\Delta x} + \frac{\Delta v}{\Delta x} \cdot (u + \Delta u) \right)$$

$$= \lim_{\Delta x \to 0} \left( v \cdot \frac{\Delta u}{\Delta x} \right) + \lim_{\Delta x \to 0} \left( \frac{\Delta v}{\Delta x} \cdot (u + \Delta u) \right)$$

$$= v \cdot \lim_{\Delta x \to 0} \left( \frac{\Delta u}{\Delta x} \right) + \lim_{\Delta x \to 0} \left( \frac{\Delta v}{\Delta x} \cdot (u + \Delta u) \right)$$

$$= v \cdot \underbrace{\lim_{\Delta x \to 0} \left( \frac{\Delta u}{\Delta x} \right)}_{\frac{du}{dx}} + \underbrace{\lim_{\Delta x \to 0} \left( \frac{\Delta v}{\Delta x} \right)}_{\frac{dv}{dx}} \cdot \underbrace{\lim_{\Delta x \to 0} (u + \Delta u)}_{u + 0 = u}$$

Donc : $$\frac{d(u \cdot v)}{dx} = v \cdot \frac{du}{dx} + \frac{dv}{dx} \cdot u$$

## *Repère* **historique**

Au XVIIe siècle, la recherche de la dérivée du produit de deux fonctions a demandé beaucoup d'efforts et de réflexion à Wilhelm Gottfried Leibniz. De prime abord, il a pensé à tort que la dérivée du produit devait être le produit des dérivées des deux fonctions.

**Exemple 5.12**

Dérivez les fonctions suivantes :

a) $f(t) = (2t - 7)^4 (t^2 + 4)^3$

b) $h(x) = \sqrt{x}(x^3 + k)^4$

▶ *Solution*

a) Cette fonction est le produit des fonctions $u = (2t - 7)^4$ et $v = (t^2 + 4)^3$ :

$$f'(t) = \left((2t - 7)^4 (t^2 + 4)^3\right)'$$

$$= \left((2t - 7)^4\right)' \cdot (t^2 + 4)^3 + (2t - 7)^4 \cdot \left((t^2 + 4)^3\right)'$$

$$= [4 \cdot (2t - 7)^3 \cdot (2t - 7)'] \cdot (t^2 + 4)^3 + (2t - 7)^4 \cdot [3 \cdot (t^2 + 4)^2 \cdot (t^2 + 4)']$$

$$= [4 \cdot (2t - 7)^3 \cdot 2] \cdot (t^2 + 4)^3 + (2t - 7)^4 \cdot [3 \cdot (t^2 + 4)^2 \cdot 2t]$$

$$= 8(2t - 7)^3 (t^2 + 4)^3 + 6t(2t - 7)^4 (t^2 + 4)^2$$

$$= 2(2t - 7)^3 (t^2 + 4)^2 \cdot [4(t^2 + 4) + 3t(2t - 7)] \qquad \text{(par factorisation)}$$

$$= 2(2t - 7)^3 (t^2 + 4)^2 (10t^2 - 21t + 16)$$

b) $$h'(x) = \left(x^{1/2}(x^3 + k)^4\right)'$$

$$= \left(x^{1/2}\right)' \cdot (x^3 + k)^4 + x^{1/2} \cdot \left((x^3 + k)^4\right)'$$

$$= \frac{1}{2} \cdot x^{-1/2} \cdot (x^3 + k)^4 + x^{1/2} \cdot 4(x^3 + k)^3 \cdot (x^3 + k)'$$

$$= \frac{1}{2} x^{-1/2}(x^3 + k)^4 + 4x^{1/2}(x^3 + k)^3 \cdot (3x^2)$$

$$= \frac{1}{2} x^{-1/2}(x^3 + k)^4 + 12x^{5/2}(x^3 + k)^3$$

$$= x^{-1/2}(x^3 + k)^3 \cdot \left[\frac{1}{2}(x^3 + k) + 12x^3\right] \qquad \text{(par factorisation)}$$

$$= \frac{(x^3 + k)^3}{x^{1/2}} \left[\frac{x^3 + k + 24x^3}{2}\right]$$

$$= \frac{(x^3 + k)^3 (25x^3 + k)}{2\sqrt{x}}$$

**Exemple 5.13**

a) Tracez un graphique approximatif de la fonction d'équation

$$g(x) = (x + 2)^3 (x - 3)^2$$

en indiquant l'ordonnée à l'origine et les zéros.

b) Déterminez les abscisses des sommets de la courbe de $g$.

▶ *Solution*

a) **Esquisse du graphique**

L'ordonnée à l'origine est donnée par $g(0)$ :

$$g(0) = 2^3 \times (-3)^2 = 72$$

On obtient les zéros de la fonction en posant $g(x) = 0$ :

$$g(x) = (x + 2)^3(x - 3)^2 = 0 \text{ pour } x = -2 \text{ ou } x = 3.$$

À l'aide de l'étude des signes de la fonction et en tenant compte du degré des facteurs, on peut tracer le graphique approximatif suivant :

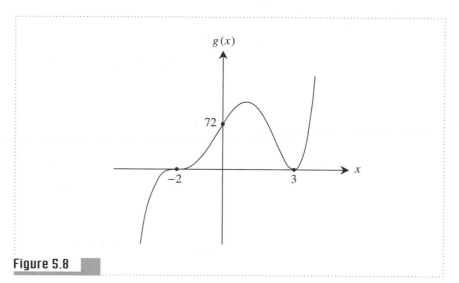

**Figure 5.8**

b) **Abscisses des sommets**

D'après le graphique qu'on vient de tracer, il y a deux sommets, et l'abscisse de l'un des deux est facilement identifiable : $x = 3$. À l'aide de la dérivée, on confirmera l'abscisse de ce sommet et on identifiera l'abscisse de l'autre.

Pour ce faire, on calcule la dérivée de $g$ et on trouve ses zéros (là où la pente de la tangente est nulle) :

$$\begin{aligned}
g'(x) &= \left((x+2)^3(x-3)^2\right)' \\
&= \left((x+2)^3\right)' \cdot (x-3)^2 \ + \ (x+2)^3 \cdot \left((x-3)^2\right)' \\
&= \left[3(x+2)^2 \cdot (x+2)'\right] \cdot (x-3)^2 \ + \ (x+2)^3 \cdot \left[2(x-3)^1 \cdot (x-3)'\right] \\
&= \left[3(x+2)^2 \cdot 1\right] \cdot (x-3)^2 \ + \ (x+2)^3 \cdot \left[2(x-3)^1 \cdot 1\right] \\
&= 3(x+2)^2(x-3)^2 \ + \ 2(x+2)^3(x-3) \\
&= (x+2)^2(x-3)\left[3(x-3) \ + \ 2(x+2)\right] \\
&= (x+2)^2(x-3)(5x-5) \\
&= 5(x+2)^2(x-3)(x-1)
\end{aligned}$$

Donc $g'(x) = 0$ pour $x = -2$, $x = 1$ ou $x = 3$.

Si on revient à la figure 5.8, on remarque qu'en $-2$, la dérivée est nulle parce que la tangente est horizontale à cet endroit. Cependant, $(-2, 0)$ n'est pas un sommet, mais plutôt un point d'inflexion.

Les abscisses des sommets de la courbe de $g$ sont donc $x = 1$ et $x = 3$.

**1** Dérivez les fonctions suivantes :

a) $f(x) = 2x^4(1 - 4x)^4$

b) $g(x) = (x - 3)^2(2x + 1)^3$

c) $y = x^3(x + 4)^6 + \dfrac{3}{x}$

d) $h(t) = t\sqrt{t^2 + 5}$ (Note : Cette fonction peut aussi s'écrire $h(t) = \sqrt{t^4 + 5t^2}$. Calculez la dérivée à partir de ces deux formes et comparez les résultats.)

e) $u(x) = (a - 2x)^{3/2}(x^3 + a)^2$

f) $y = \sqrt{u}(1 - u)^5$

g) $y = (3x + 1)^4(x^2 - x + 1)^{-3}$

h) $y = (x(2x + 1)^5 - 1)^3$

**2** Tracez le graphique approximatif des fonctions en a) et en b) du n° 1, et déterminez l'abscisse de leurs sommets.

**3** Pour chacune des fonctions suivantes, déterminez l'abscisse du ou des points de la courbe où la tangente est horizontale :

a) $f(x) = \dfrac{1}{2}(x + 3)^2(x - 2)$

b) $f(x) = (x + 1)^2(2 - x)$

c) $f(x) = (x + 3)^2(x - 3)^2$

d) $f(x) = x(x - \sqrt{2})^3$

**4** Le psychologue américain Louis Leon Thurstone (1887-1955) a proposé un modèle[1] établissant une relation entre le nombre $n$ d'éléments d'une liste et le temps $T$ (en minutes) que prendra une personne pour la mémoriser :

$$T(n) = \frac{c}{K}n\sqrt{n - a},$$

où les constantes $c$, $K$ et $a$ tiennent compte de certaines caractéristiques de la personne et de la liste à mémoriser.

Selon ce modèle, quel est le taux de variation du temps nécessaire pour mémoriser la liste par rapport au nombre d'éléments qu'elle contient ?

**5** Sachant que $f(1) = 3$, que $f'(1) = -6$ et que

$y = x \cdot f(x)$, calculez $\left.\dfrac{dy}{dx}\right|_{x=1}$.

---

1. « Habitude et Mémoire. Apprentissage. Témoignage », *L'année psychologique*, 1930, vol. 31, n° 1, p. 820-842.

## 5.6 Dérivée d'un quotient de fonctions

La dernière règle de dérivation traitée dans ce chapitre permet de dériver des quotients de fonctions. On peut soupçonner que la dérivée d'un quotient n'est pas le quotient des dérivées, puisque la dérivée du produit n'est pas le produit des dérivées. Par exemple,

$$\left(\frac{1}{x}\right)' \neq \frac{(1)'}{(x)'}$$

puisque, selon les règles de dérivation connues :

$$\left(\frac{1}{x}\right)' = \left(x^{-1}\right)' = -x^{-2} = -\frac{1}{x^2}, \quad \text{alors que} \quad \frac{(1)'}{(x)'} = \frac{0}{1} = 0.$$

Donc, **la dérivée d'un quotient n'est pas le quotient des dérivées**.

La règle de dérivation d'un quotient est énoncée ci-dessous et démontrée ensuite.

**RÈGLE DE DÉRIVATION** ▶ **Dérivée d'un quotient de fonctions**

$$\frac{d}{dx}\left(\frac{u}{v}\right) = \frac{\dfrac{du}{dx}\cdot v - u\cdot\dfrac{dv}{dx}}{v^2} \quad \text{ou} \quad \left(\frac{u}{v}\right)' = \frac{u'\cdot v - u\cdot v'}{v^2}$$

Littéralement :

« La dérivée du quotient de deux fonctions est égale à la dérivée du numérateur multipliée par le dénominateur, moins le numérateur multiplié par la dérivée du dénominateur, le tout divisé par le carré du dénominateur. »

**Démonstration 5.8**

**Dérivée d'un quotient de fonctions**

Soit $f(x) = \dfrac{u(x)}{v(x)}$.

Comme un quotient peut être ramené sous la forme d'un produit, on peut écrire :

$$f(x) = u(x)\cdot(v(x))^{-1} \quad \text{ou, plus simplement,} \quad f(x) = u \cdot v^{-1}.$$

Selon la règle de dérivation d'un produit, on obtient :

$$f'(x) = u'\cdot v^{-1} + u\cdot\left(v^{-1}\right)'$$
$$= u'\cdot v^{-1} + u\cdot -1\cdot v^{-2}\cdot v'$$
$$= \frac{u'}{v} + \frac{-u\cdot v'}{v^2}$$
$$= \frac{u'\cdot v - u\cdot v'}{v^2}$$

Donc : $$\left(\frac{u}{v}\right)' = \frac{u'\cdot v - u\cdot v'}{v^2}$$

**Exemple 5.14**

Dérivez les fonctions suivantes :

a) $f(x) = \dfrac{x^2 + 1}{1 - x^2}$ 

b) $g(t) = \dfrac{3t^4 - 2}{\sqrt{1 - 2t}}$

▶ **Solution**

a) $f'(x) = \left(\dfrac{(x^2+1)}{(1-x^2)}\right)'$

$$= \frac{(x^2+1)'\cdot(1-x^2) - (x^2+1)\cdot(1-x^2)'}{(1-x^2)^2}$$

$$= \frac{(2x)\cdot(1-x^2) - (x^2+1)\cdot(-2x)}{(1-x^2)^2}$$

$$= \frac{2x[(1-x^2) + (x^2+1)]}{(1-x^2)^2} \quad \text{(par factorisation)}$$

$$= \frac{4x}{(1-x^2)^2}$$

b) $g'(t) = \left( \dfrac{(3t^4 - 2)}{(1 - 2t)^{1/2}} \right)'$

$= \dfrac{(3t^4 - 2)' \cdot (1 - 2t)^{1/2} \ - \ (3t^4 - 2) \cdot \left( (1 - 2t)^{1/2} \right)'}{\left( (1 - 2t)^{1/2} \right)^2}$

$= \dfrac{12t^3 \cdot (1 - 2t)^{1/2} \ - \ (3t^4 - 2) \cdot \left[ \dfrac{1}{2} \cdot (1 - 2t)^{-1/2} \cdot (1 - 2t)' \right]}{1 - 2t}$

$= \dfrac{12t^3 (1 - 2t)^{1/2} \ - \ (3t^4 - 2) \cdot \dfrac{1}{2} \cdot (1 - 2t)^{-1/2} \cdot (-2)}{1 - 2t}$

$= \dfrac{12t^3 (1 - 2t)^{1/2} \ + \ (3t^4 - 2)(1 - 2t)^{-1/2}}{1 - 2t}$

$= \dfrac{(1 - 2t)^{-1/2} [12t^3 (1 - 2t) + (3t^4 - 2)]}{1 - 2t}$ (par factorisation)

$= \dfrac{12t^3 - 24t^4 + 3t^4 - 2}{(1 - 2t)^{3/2}}$

$= \dfrac{-21t^4 + 12t^3 - 2}{(1 - 2t)^{3/2}}$

## EXERCICES 5.6

**1** Dérivez les fonctions suivantes :

a) $f(x) = \dfrac{5x + 2}{2x - 3}$

b) $y = \dfrac{x^2}{x^4 + 1}$

c) $y = \dfrac{-3}{(2x^3 - 5)^3}$

d) $w(t) = \dfrac{(t^2 + 3t + 6)^4}{2}$

e) $y = \dfrac{2\sqrt{t^3}}{t^3 + 1}$

f) $u(x) = \dfrac{(2x^2 + 1)^3}{(1 - x^2)^5}$

g) $y = \dfrac{\sqrt{3x + 1}}{x^3 - 1}$

h) $y = x(3x + 2)^4 - \dfrac{x^2}{(1 - x)^3} + 5$

**2** Dérivez les deux fonctions ci-dessous. Comparez ensuite l'ordre dans lequel vous avez utilisé les différentes règles de dérivation.

a) $f(x) = x^2 \sqrt{(2x + 4)^3} + 1$

b) $g(x) = \left( x^2 \sqrt{2x + 4} + 1 \right)^3$

**3** Soit $f(x) = \left( \dfrac{x - 1}{x + 1} \right)^2$. Donnez l'équation de la tangente à la courbe de $f$ au point d'abscisse 3.

**4** Utilisez la règle de dérivation d'un quotient et celle d'une puissance entière positive de la variable indépendante pour démontrer que la dérivée d'une puissance entière négative de la variable indépendante est donnée par

$$\dfrac{d(x^{-n})}{dx} = -n \cdot x^{-n-1} \quad \text{où } n \in \mathbb{N}^*$$

## 5.7 Le bon usage des règles de dérivation

On connaît maintenant les règles permettant de dériver toutes les fonctions algébriques. Il importe de les utiliser de manière stratégique afin de ne pas compliquer inutilement les calculs. Les exemples de cette section présentent quelques cas typiques où il faut particulièrement prêter attention au choix de la démarche.

L'exemple suivant traite de deux cas où la fonction à dériver se présente sous la forme d'un produit. Toutefois, dans ces deux cas, il n'est pas nécessaire de passer par la règle de dérivation du produit de deux fonctions.

### Exemple 5.15

**Comment éviter l'usage inutile de la règle de dérivation du produit de deux fonctions**

Dérivez les fonctions suivantes :

a) $f(x) = (a + 4)^2(x^2 - 3x + 1)$

b) $g(x) = \sqrt{x}(-2x^3 + 6x^2 + 4x - 1)$

▶ Solution

a) $f(x)$ est le produit de $(a + 4)^2$ et $(x^2 - 3x + 1)$. Cependant, on observe que le premier facteur est constant, car la variable $x$ n'y apparaît pas. Autrement dit, il s'agit du produit d'une constante par une fonction.

Donc,

$$f'(x) = \left[(a+4)^2 \cdot (x^2 - 3x + 1)\right]'$$
$$= (a+4)^2 \cdot (x^2 - 3x + 1)'$$
$$= (a+4)^2 \cdot (2x - 3)$$

b) Dans ce cas, il est préférable d'effectuer le produit avant de dériver la fonction :

$$g(x) = x^{1/2}(-2x^3 + 6x^2 + 4x - 1) = -2x^{7/2} + 6x^{5/2} + 4x^{3/2} - x^{1/2}$$

D'où :

$$g'(x) = \left(-2x^{7/2} + 6x^{5/2} + 4x^{3/2} - x^{1/2}\right)'$$
$$= -2 \cdot \frac{7}{2} \cdot x^{5/2} + 6 \cdot \frac{5}{2} \cdot x^{3/2} + 4 \cdot \frac{3}{2} \cdot x^{1/2} - \frac{1}{2} \cdot x^{-1/2}$$
$$= -7x^{5/2} + 15x^{3/2} + 6x^{1/2} - \frac{1}{2x^{1/2}}$$
$$= \frac{-14x^3 + 30x^2 + 12x - 1}{2\sqrt{x}}$$

L'exemple suivant traite de trois cas où la fonction à dériver se présente sous la forme d'un quotient, mais aucun d'eux n'exige de recourir à la règle de dérivation d'un quotient.

**Exemple 5.16**

**Comment éviter l'usage inutile de la règle de dérivation d'un quotient**

Calculez la dérivée des fonctions suivantes :

a) $f(x) = \dfrac{5}{x^9}$

b) $g(x) = \dfrac{(1-2x)^7 + 3x}{4}$

c) $u(x) = \dfrac{8x^4 - 6x^3 + x + 3}{x^3}$

▶ *Solution*

a) Pour dériver la fonction $f$ plus rapidement, on l'exprime sous la forme d'un produit : $f(x) = 5x^{-9}$. Comparons la dérivation selon les deux formes.

| **Dérivée du produit d'une constante par une fonction** | **Dérivée d'un quotient de fonctions** |
|---|---|
| $\begin{aligned} f'(x) &= (5x^{-9})' \\ &= 5 \cdot (x^{-9})' \\ &= 5 \cdot (-9x^{-10}) \\ &= \dfrac{-45}{x^{10}} \end{aligned}$ | $\begin{aligned} f'(x) &= \left(\dfrac{5}{x^9}\right)' \\ &= \dfrac{(5)' \cdot x^9 - 5 \cdot (x^9)'}{(x^9)^2} \\ &= \dfrac{0 \cdot x^9 - 5 \cdot 9x^8}{x^{18}} \\ &= \dfrac{-45x^8}{x^{18}} \\ &= \dfrac{-45}{x^{10}} \end{aligned}$ |

Il est clair que la démarche de gauche est plus simple et plus rapide.

b) Puisque le dénominateur de $g(x)$ est constant, on peut exprimer la fonction sous la forme du produit d'une constante par une autre fonction :

$$g(x) = \frac{1}{4} \cdot [(1-2x)^7 + 3x]$$

D'où :

$$\begin{aligned} g'(x) &= \left(\frac{1}{4}[(1-2x)^7 + 3x]\right)' \\ &= \frac{1}{4} \cdot [(1-2x)^7 + 3x]' \\ &= \frac{1}{4} \cdot [7 \cdot (1-2x)^6 \cdot (-2) + 3] \\ &= \frac{-14(1-2x)^6 + 3}{4} \end{aligned}$$

c) On peut réécrire la fonction $u$ sous la forme d'une somme de termes en la séparant en plusieurs fractions :

$$u(x) = \frac{8x^4 - 6x^3 + x + 3}{x^3} = \frac{8x^4}{x^3} - \frac{6x^3}{x^3} + \frac{x}{x^3} + \frac{3}{x^3} = 8x - 6 + x^{-2} + 3x^{-3}$$

D'où :

$$u'(x) = \left(8x - 6 + x^{-2} + 3x^{-3}\right)'$$

$$= 8 - 0 - 2x^{-3} - 9x^{-4}$$

$$= 8 - \frac{2}{x^3} - \frac{9}{x^4} \quad \text{ou} \quad \frac{8x^4 - 2x - 9}{x^4}$$

En conclusion, mentionnons que les exemples présentés dans cette section ne forment pas une liste exhaustive de tous les cas où on peut simplifier le calcul d'une dérivée en recourant au préalable à des procédés algébriques. De façon générale, il faut considérer les différentes façons d'exprimer une fonction avant de la dériver si l'on veut procéder de manière stratégique.

Le tableau 5.1 résume les différentes règles de dérivation présentées dans ce chapitre.

**Tableau 5.1** Règles de dérivation
(où $c$, $n$ et $k$ sont des constantes réelles, $u$ et $v$ sont des fonctions de $x$)

| Fonctions élémentaires | Notation «prime» | Notation de Leibniz |
|---|---|---|
| Constante | $(c)' = 0$ | $\dfrac{d(c)}{dx} = 0$ |
| Identité | $(x)' = 1$ | $\dfrac{d(x)}{dx} = 1$ |
| Puissance de la variable indépendante | $(x^n)' = nx^{n-1}$ | $\dfrac{d(x^n)}{dx} = nx^{n-1}$ |
| **Combinaisons de fonctions** | | |
| Produit d'une constante par une fonction | $(k \cdot u)' = k \cdot u'$ | $\dfrac{d(k \cdot u)}{dx} = k \cdot \dfrac{du}{dx}$ |
| Somme (ou différence) de fonctions | $(u \pm v)' = u' \pm v'$ | $\dfrac{d(u \pm v)}{dx} = \dfrac{du}{dx} \pm \dfrac{dv}{dx}$ |
| Puissance d'une fonction | $(u^n)' = nu^{n-1} \cdot u'$ | $\dfrac{d(u^n)}{dx} = nu^{n-1} \cdot \dfrac{du}{dx}$ |
| Produit de fonctions | $(u \cdot v)' = u' \cdot v + u \cdot v'$ | $\dfrac{d(u \cdot v)}{dx} = \dfrac{du}{dx} \cdot v + u \cdot \dfrac{dv}{dx}$ |
| Quotient de fonctions | $\left(\dfrac{u}{v}\right)' = \dfrac{u' \cdot v - u \cdot v'}{v^2}$ | $\dfrac{d}{dx}\left(\dfrac{u}{v}\right) = \dfrac{\dfrac{du}{dx} \cdot v - u \cdot \dfrac{dv}{dx}}{v^2}$ |
| **Règle de dérivation en chaîne** | | |
| Composée de fonctions | $\left[u(v(x))\right]' = u'(v(x)) \cdot v'(x)$ | $\dfrac{du}{dx} = \dfrac{du}{dv} \cdot \dfrac{dv}{dx}$ |

## $\mathcal{R}$*epère* historique

Wilhelm Gottfried Leibniz (1646-1716), dans sa première publication sur le calcul différentiel, parue en 1684, expose les principales règles de dérivation et les accompagne d'applications géométriques telles que la recherche des pentes de tangente, des maximums, des minimums et des points d'inflexion.

## EXERCICES 5.7

**1** Dérivez les fonctions suivantes en utilisant de façon judicieuse les règles de dérivation :

a) $f(t) = \dfrac{a}{1-t}$

b) $g(x) = \dfrac{4\sqrt{x}-5}{3}$

c) $h(x) = \dfrac{1}{2\sqrt[3]{x}} + 5x^8 - \sqrt[3]{3}$

d) $y = \dfrac{10k}{7(x+3)^2}$

e) $f(x) = (x^2-3)\left(x^2-\dfrac{1}{x}\right)$

f) $y = \sqrt[4]{(3x+2)^5}$

g) $p(x) = \dfrac{x^5 + 4x^4 - x^3 - 8}{k}$

h) $g(u) = \dfrac{(5u-1)^3}{4n}$

i) $f(x) = \dfrac{\pi^2}{x^4 - 3}$

j) $y = x^7(x^2 + 2\sqrt{x} - 6)$

k) $y = \left(\sqrt{2} + x + 3\sqrt{x}\right)^2$

l) $y = \dfrac{4\sqrt{x}}{x^2 + 1}$

m) $s(u) = (2 + u^3)^5(3u + 1)^8$

n) $h(x) = \dfrac{x^3 - 2x^2 + 4x + 1}{x}$

o) $g(x) = \dfrac{1}{\sqrt[3]{3x+7}}$

p) $h(x) = \sqrt{\dfrac{1-x^2}{1+x^2}}$

q) $y = \left(\dfrac{1-2x}{2+x}\right)^3$

r) $y = \left(1 + \sqrt{\sqrt{x}+3}\right)^6$

**2** Dérivez les fonctions suivantes de deux manières différentes : d'une part, en effectuant au préalable une division polynomiale ; d'autre part, en utilisant la règle de dérivation d'un quotient. Comparez les deux démarches.

a) $f(x) = \dfrac{x+1}{x-1}$

b) $f(x) = \dfrac{x^2 + 3x}{x - 2}$

**3** Soit la fonction $f(x) = \sqrt{x-1}$ illustrée ci-dessous. Trouvez le point $P$ sur la courbe pour lequel la tangente passe par l'origine.

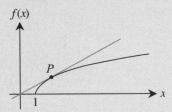

**4** Pour chacune des fonctions suivantes, calculez la pente de la tangente à la courbe au point donné :

a) $f(x) = \dfrac{1}{\sqrt{1-5x}}$, au point $(-2, f(-2))$

b) $y = \dfrac{2(1-x+x^2)^5}{15}$, au point $\left(1, \dfrac{2}{15}\right)$

**5** La loi des gaz parfaits établit la relation suivante entre la pression $P$ d'un gaz, son volume $V$, son nombre $n$ de moles et sa température $T$ : $PV = nRT$, où $R$ est une constante valant 8,31 (kPa·L)/(K·mol).

Écrivons $P = \dfrac{nRT}{V}$ et supposons que $n$ et $T$ sont constants.

a) Que représente $\dfrac{dP}{dV}$ dans ce contexte ?

b) Si $T = 273\ °K$ et $n = 0,5$ mol, calculez $\left.\dfrac{dP}{dV}\right|_{V=8,5}$.

# Chapitre 6

# Application de la dérivée à l'étude de la croissance et de la concavité

**Aperçu**

**1** Déterminer les extremums de la fonction d'équation $f(x) = x^{2/3} - x + 1$.

**2** Étudier la croissance et la concavité de la courbe d'équation $f(x) = x^4 - 6x^2 + 7$.

**3** La position d'une particule se déplaçant en ligne droite est donnée par $s(t) = \dfrac{t^3}{3} - 10t^2 + 100t$ cm, où $t$ est le temps en minutes ($t \leq 30$). À quel moment la vitesse de la particule est-elle minimale ?

Lorsqu'on a sous les yeux le graphique d'une fonction, on peut aisément situer les endroits où elle croît ou décroît, où elle atteint un maximum ou un minimum. Mais dans le cas où on ne dispose que de son équation, comment procède-t-on pour obtenir toutes ces informations ?

S'il s'agit d'une fonction relativement simple, par exemple une fonction polynomiale décomposable en facteurs de degré 1 (répétés ou non), on peut certes en tracer un graphique approximatif à l'aide de la méthode exposée au chapitre 2. On obtient ainsi une bonne idée de l'allure de la courbe, mais, à part de rares exceptions, on ne peut localiser avec précision ses sommets ou ses points d'inflexion.

Dans le cas d'une fonction quelconque, on peut toujours essayer de tracer la courbe point par point, mais ce procédé est long et fastidieux et ne donne aucune garantie de l'allure de la courbe. Avec un tel procédé, seuls les points calculés sont situés avec exactitude, alors que la courbe tracée entre eux est hypothétique et peut réserver des surprises.

Dans ce chapitre, nous verrons qu'en l'absence de graphique, la dérivée est l'outil approprié et indispensable pour déterminer les intervalles de croissance et les extremums d'une fonction, ainsi que les intervalles de concavité et les points d'inflexion de sa courbe. C'est là une des principales applications du calcul différentiel.

# 6.1 Étude de la croissance et des extremums d'une fonction

Dans cette section, nous verrons comment la dérivée peut nous renseigner sur la croissance et sur les maximums et minimums d'une fonction. Mais auparavant, il importe de définir les termes utilisés pour s'assurer d'avoir une même compréhension des concepts en cause.

En effet, s'il est facile de convenir qu'une fonction est croissante là où sa courbe monte, et décroissante là où sa courbe descend (voir la figure 6.1), il est moins évident de se prononcer sur le cas d'une fonction comme celle qui est illustrée à la figure 6.2. Une telle fonction est-elle croissante sur tout son domaine ou seulement sur certains intervalles? Pour répondre à cette question, il faut s'entendre sur le sens des termes, c'est-à-dire se donner des définitions (ou conventions).

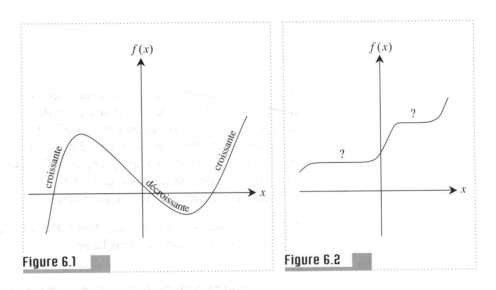

**Figure 6.1**     **Figure 6.2**

## Croissance d'une fonction

En termes mathématiques, on définit les notions de croissance et de décroissance d'une fonction comme suit.

**DÉFINITION** ▶ **Croissance au sens large et croissance stricte d'une fonction**

Soit $f$ une fonction définie sur un intervalle $I$ et soit $x_1, x_2 \in I$.

- La fonction $f$ est **croissante** sur $I$ si $f(x_1) \leq f(x_2)$ pour toutes les valeurs $x_1$ et $x_2$ telles que $x_1 < x_2$.

- La fonction $f$ est **décroissante** sur $I$ si $f(x_1) \geq f(x_2)$ pour toutes les valeurs $x_1$ et $x_2$ telles que $x_1 < x_2$.

- La fonction $f$ est **strictement croissante** sur $I$ si $f(x_1) < f(x_2)$ pour toutes les valeurs $x_1$ et $x_2$ telles que $x_1 < x_2$.

- La fonction $f$ est **strictement décroissante** sur $I$ si $f(x_1) > f(x_2)$ pour toutes les valeurs $x_1$ et $x_2$ telles que $x_1 < x_2$.

Les graphiques de la figure 6.3 illustrent ces définitions sur un intervalle $[a, b]$. Le graphique de gauche représente une fonction strictement croissante et l'autre, une fonction strictement décroissante sur l'intervalle $[a, b]$.

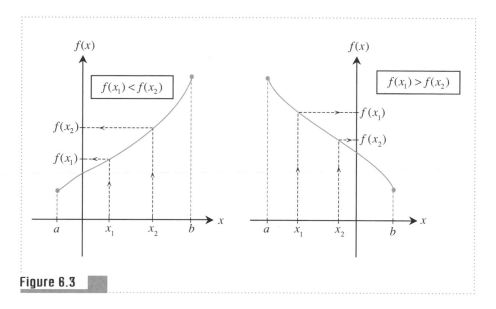

**Figure 6.3**

Selon les définitions précédentes, une fonction qui atteint un plateau sur un intervalle donné est à la fois croissante et décroissante sur cet intervalle (voir la figure 6.2). On ne peut cependant qualifier une telle fonction de strictement croissante ni de strictement décroissante. En effet, là où la fonction atteint un plateau, on a $f(x_1) = f(x_2)$ pour $x_1 < x_2$, ce qui satisfait à la définition de la croissance ou de la décroissance sur un intervalle, mais pas à celle de la croissance stricte ni à celle de la décroissance stricte.

Il en résulte qu'une fonction constante peut être qualifiée à la fois de croissante et de décroissante (au sens large).

**DÉFINITION** ▶ **Fonction monotone et fonction strictement monotone**

- Une fonction $f$ est dite **monotone** sur un intervalle si elle est partout croissante ou partout décroissante sur cet intervalle.

- Une fonction $f$ est dite **strictement monotone** sur un intervalle si elle est partout strictement croissante ou partout strictement décroissante sur cet intervalle.

## Extremums d'une fonction

Localiser les maximums et les minimums d'une fonction sur un intervalle à partir d'un graphique peut sembler relativement facile : il suffit de rechercher les points les plus hauts ou les plus bas de la courbe sur cet intervalle. Mais qu'en est-il d'une fonction comme celle qui est illustrée à la figure 6.2 ? A-t-elle un seul ou plusieurs maximums (ou minimums) sur l'intervalle $[a, b]$ ? Dans ce cas, comme pour la notion de croissance, il importe de se donner des définitions.

En termes mathématiques, on définit les maximums et les minimums d'une fonction comme suit.

**DÉFINITION** ▶ **Maximum ou minimum d'une fonction**

Soit $f$ une fonction.

- On dit que $f(c)$ est un **maximum local** de $f$ si on peut trouver un intervalle ouvert $I$ contenant $c$ tel que $f(c) \geq f(x) \quad \forall x \in I \cap \text{dom } f$ (voir la figure 6.4).

- On dit que $f(c)$ est un **minimum local** de $f$ si on peut trouver un intervalle ouvert $I$ contenant $c$ tel que $f(c) \leq f(x) \quad \forall x \in I \cap \text{dom } f$.

- On dit que $f(c)$ est un **maximum absolu** de $f$ si $f(c) \geq f(x) \quad \forall x \in \text{dom } f$.

- On dit que $f(c)$ est un **minimum absolu** de $f$ si $f(c) \leq f(x) \quad \forall x \in \text{dom } f$.

Remarque : Lorsque le domaine de $f$ est un intervalle fermé ou semi-ouvert, la fonction atteint nécessairement un maximum ou un minimum local aux extrémités fermées de l'intervalle.

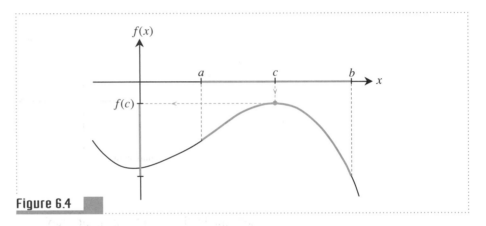

**Figure 6.4**

Il faut noter que, par définition, un maximum (ou un minimum) absolu est aussi un maximum (ou un minimum) local. De plus, par souci de concision, lorsque la distinction ne sera pas nécessaire, on parlera simplement de maximum (ou de minimum) plutôt que de maximum (ou de minimum) local ou absolu.

Il convient également de noter qu'un maximum (ou un minimum) d'une fonction est une **valeur de la fonction**, par exemple $f(c)$, et non une valeur de la variable indépendante. En termes graphiques, un maximum (ou un minimum) d'une fonction est une **ordonnée**, et non une abscisse, ni un point.

On parle de **point maximum** (ou de **point minimum**) lorsqu'on fait référence à la fois à l'abscisse et à l'ordonnée d'un point où la fonction atteint un maximum (ou un minimum).

Selon les définitions de la croissance et de la décroissance d'une fonction, l'abscisse d'un point maximum (ou minimum) appartient à la fois à un intervalle de croissance et à un intervalle de décroissance.

**DÉFINITION** ▶ **Extremum d'une fonction**

Un extremum d'une fonction est un maximum ou un minimum de la fonction.

Les extremums d'une fonction peuvent être de natures différentes et prendre graphiquement différentes formes (voir le tableau 6.1). On les regroupe en trois catégories comme suit.

**Tableau 6.1** Différents points maximums ou minimums

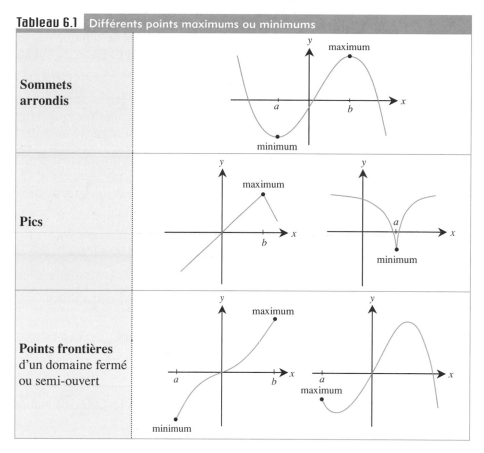

| | |
|---|---|
| **Sommets arrondis** | |
| **Pics** | |
| **Points frontières** d'un domaine fermé ou semi-ouvert | |

## Critère de croissance d'une fonction

En observant la figure 6.5, on peut établir une relation entre la croissance (au sens large) d'une fonction et le signe de la pente des tangentes à la courbe. En effet, on remarque que toutes les fonctions illustrées sont croissantes et que la pente des tangentes, lorsqu'elle existe, est toujours positive ou nulle.

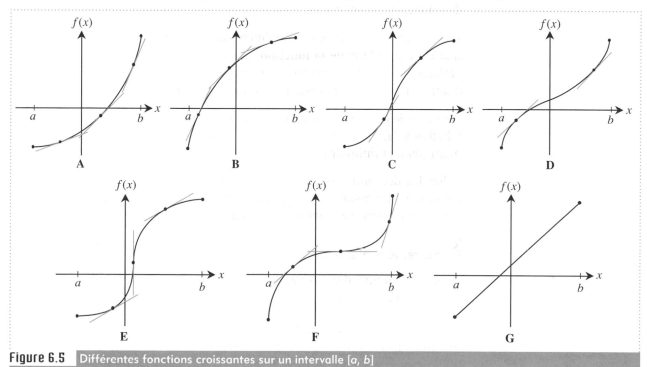

**Figure 6.5** Différentes fonctions croissantes sur un intervalle [a, b]

La croissance (ou la décroissance) d'une fonction peut être linéaire (graphique G de la figure 6.5) ou se traduire par une courbe concave vers le haut ou vers le bas (graphiques A et B); elle peut aussi combiner à la fois les deux types de concavité (graphiques C, D, E et F).

Dans le cas des fonctions décroissantes, on a la propriété suivante : partout où une fonction est décroissante (au sens large), la pente des tangentes à la courbe, lorsqu'elle existe, est négative ou nulle.

Le **signe de la dérivée** d'une fonction est donc un indicateur de la **croissance** ou de la **décroissance** de cette fonction. Ce critère permet, en l'absence de graphique, de déterminer avec précision les intervalles de croissance et de décroissance d'une fonction.

**CRITÈRE DE CROISSANCE**

Soit $f$ une fonction continue sur $[a, b]$*.

Si $f'(x) \geq 0 \ \forall x \in [a, b]$, alors $f$ est croissante sur $[a, b]$.

Si $f'(x) \leq 0 \ \forall x \in [a, b]$, alors $f$ est décroissante sur $[a, b]$.

_____

* Le critère reste valide si l'intervalle est ouvert ou semi-ouvert.

**Exemple 6.1**

Étudiez la croissance de la fonction d'équation $f(x) = \dfrac{x^3}{3} - x^2 - 3x + 5$.

▶ *Solution*

1. On détermine d'abord le domaine de la fonction :

   dom $f = \mathbb{R}$ puisque $f$ est une fonction polynomiale (de degré 3).

2. On calcule ensuite sa dérivée, puis on détermine le domaine et les zéros de $f'$ :

   $f'(x) = x^2 - 2x - 3$

   dom $f' = \mathbb{R}$

   Pour localiser les zéros de $f'$, on décompose $f'(x)$ en facteurs :

   $f'(x) = x^2 - 2x - 3$
   $\quad\ \ = (x + 1)(x - 3),$

   d'où $f'(x) = 0$ pour $x = -1$ ou $x = 3$.

3. On étudie le signe de la dérivée et on en déduit la croissance de la fonction. Pour cela, on construit un tableau dans lequel on indique d'abord les signes de $f'(x)$, puis les informations qu'on peut en déduire sur la croissance de $f$.

| $x$ | | −1 | | 3 | |
|---|---|---|---|---|---|
| **Signe de $f'(x)$** | + | 0 | − | 0 | + |
| **Croissance de $f$** | ↗ | max $f(-1)$ | ↘ | $f(3)$ min | ↗ |

4. Conclusion :

   La fonction $f$ est croissante sur $]-\infty, -1] \cup [3, \infty[$ et décroissante sur $[-1, 3]$.

   Elle admet un maximum en $x = -1$ dont la valeur est $f(-1) = \dfrac{20}{3}$ et un minimum en $x = 3$ dont la valeur est $f(3) = -4$.

**Exemple 6.2**

Un skieur de fond entreprend une randonnée sur un sentier qui traverse des collines. Il se dirige vers le nord. Supposons que l'altitude $h$ (en centaines de mètres) du sentier en fonction de la distance parcourue $x$ (en kilomètres) à partir du point de départ est donnée par

$$h(x) = -\frac{x^4}{4} + \frac{5x^3}{3} - 3x^2 + 7, \text{ où } 0 \leq x \leq 4$$

Repérez les montées et les descentes, ainsi que le point le plus élevé et le point le moins élevé de ce sentier.

> *Solution*

1. Domaine restreint : dom $h = [0, 4]$.

   Les points d'abscisses 0 et 4 sont des points frontières de la courbe.

2. Dérivée :
$$h'(x) = -x^3 + 5x^2 - 6x$$
$$= -x(x^2 - 5x + 6)$$
$$= -x(x - 2)(x - 3)$$

   $h'$ est définie partout sur le domaine de $h$, soit $[0, 4]$, et ses zéros sont $x = 0$, $x = 2$ et $x = 3$.

3. Tableau des signes de $h'$ et de la croissance de $h$ :

| $x$ | X | 0 | | 2 | | 3 | | 4 | X |
|---|---|---|---|---|---|---|---|---|---|
| **Signe de $h'(x)$** | X | 0 | − | 0 | + | 0 | − | − | X |
| **Croissance de $h$** | X | max $h(0)$ | ↘ | $h(2)$ min | ↗ | max $h(3)$ | ↘ | $h(4)$ min | X |

   Rappelons que les points frontières d'une courbe sont des points extremums, même si la dérivée de la fonction ne s'y annule pas.

4. En conclusion, le sentier descend sur les 2 premiers kilomètres, monte entre le 2$^e$ et le 3$^e$ kilomètre, puis redescend sur le dernier kilomètre. Il possède 2 points plus élevés localement et deux points moins élevés localement. Pour déterminer les altitudes maximale et minimale de tout le sentier, on compare les valeurs de $h$ aux emplacements des extremums locaux.

$$h(0) = -\frac{0^4}{4} + \frac{5(0)^3}{3} - 3(0)^2 + 7 = 7$$

$$h(2) = -\frac{2^4}{4} + \frac{5(2)^3}{3} - 3(2)^2 + 7 = \frac{13}{3} \approx 4,33$$

$$h(3) = -\frac{3^4}{4} + \frac{5(3)^3}{3} - 3(3)^2 + 7 = \frac{19}{4} = 4,75$$

$$h(4) = -\frac{4^4}{4} + \frac{5(4)^3}{3} - 3(4)^2 + 7 = \frac{5}{3} \approx 1,67$$

L'altitude la plus élevée est de 700 m et se trouve au départ du sentier, tandis que l'altitude la moins élevée est d'environ 167 m et se trouve à la fin du sentier.

Les informations recueillies permettent de tracer un graphique approximatif de la fonction $h$ (voir la figure 6.6). La concavité de la courbe n'est cependant pas déterminée de façon certaine pour le moment, car on ignore où se situent exactement les points d'inflexion.

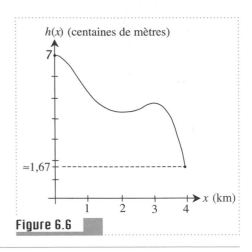

**Figure 6.6**

## Exemple 6.3

Étudiez la croissance et trouvez les extremums de la fonction d'équation $f(x) = x^{5/3} + 1$.

▶ *Solution*

1. dom $f$ = $\mathbb{R}$

2. $f'(x) = \dfrac{5}{3} x^{2/3} = \dfrac{5}{3} \sqrt[3]{x^2}$

   dom $f'$ = $\mathbb{R}$

   $f'(x) = \dfrac{5}{3} \sqrt[3]{x^2} = 0 \iff x = 0$

3. Tableau de croissance de $f$ :

| $x$ | | 0 | |
|---|---|---|---|
| **Signe de $f'(x)$** | + | 0 | + |
| **Croissance de $f$** | ↗ | ni min ni max | ↗ |

4. Selon le tableau, la fonction $f$ est toujours croissante sur $\mathbb{R}$ et ne possède aucun extremum, même si sa dérivée est nulle en $x = 0$.

Cela montre que la présence d'une tangente horizontale à une courbe ne suffit pas à signaler un sommet. Il peut s'agir d'un point d'inflexion où la tangente est horizontale (voir la figure 6.7). Par conséquent, en l'absence du graphique d'une fonction, on ne peut conclure à l'existence de sommets sur la seule base des zéros de la dérivée. On doit étudier la croissance au complet.

De plus, à partir du tableau précédent, on ne peut conclure de manière certaine que l'allure de la courbe de $f$ est bien celle de la figure 6.7. En effet, les informations du tableau ne suffisent pas pour déterminer la concavité de la courbe. Celle-ci pourrait, par exemple, avoir plus d'un point d'inflexion tout en étant croissante (voir la figure 6.8).

On verra plus loin comment obtenir des informations sur la concavité d'une courbe.

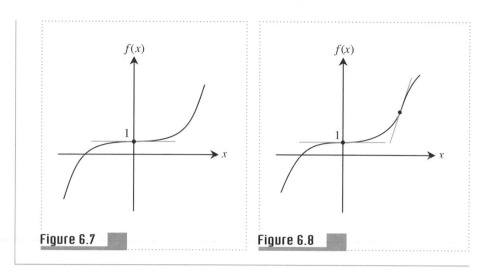

**Figure 6.7**       **Figure 6.8**

**Exemple 6.4**

Étudiez la croissance de la fonction d'équation $f(x) = (x-1)^{2/3} + 2$.

▶ *Solution*

1. $\operatorname{dom} f = \mathbb{R}$

2. $f'(x) = \dfrac{2}{3} \cdot (x-1)^{-1/3} \cdot (x-1)' = \dfrac{2}{3(x-1)^{1/3}} = \dfrac{2}{3\sqrt[3]{x-1}}$

   $f'$ n'est pas définie en $x = 1$, d'où $\operatorname{dom} f' = \,]-\infty, 1[\, \cup \,]1, \infty[$.

   $f'$ n'a pas de zéro puisque son numérateur ne s'annule pas.

3. Tableau de croissance de $f$:

| $x$ | | 1 | |
|---|---|---|---|
| **Signe de $f'(x)$** | − | × | + |
| **Croissance de $f$** | ↘ | $f(1)$ min | ↗ |

4. Bien que la dérivée de $f$ ne soit pas définie en $x = 1$, la fonction $f$ l'est : $f(1) = 2$. Cela signifie qu'il y a un minimum à cet endroit, mais que la pente de la tangente n'est pas définie en ce point.

   Pour savoir s'il y a une tangente en ce point, examinons la valeur de $f'(x)$ au voisinage de $x = 1$ :

$$\lim_{x \to 1^-}\left(\frac{2}{3\sqrt[3]{x-1}}\right) = -\infty \quad \text{et} \quad \lim_{x \to 1^+}\left(\frac{2}{3\sqrt[3]{x-1}}\right) = \infty$$

   La pente de la tangente à la courbe de $f$ est donc infiniment grande (en valeur absolue) au voisinage de $x = 1$. On en conclut qu'il y a une tangente verticale au point $(1, 2)$. Ce point extremum est donc en forme de pic (voir la figure 6.9).

Tout comme dans l'exemple précédent, on ne peut conclure de manière certaine que la courbe de $f$ est bien celle de la figure 6.9. En effet, les informations du tableau ne permettent pas de dire si la courbe est toujours concave vers le bas de part et d'autre du point minimum. Elle pourrait, par exemple, changer de concavité à droite de ce point tout en restant croissante.

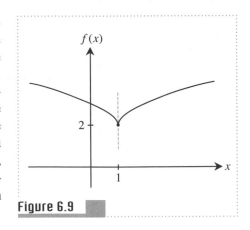

**Figure 6.9**

En conclusion, la fonction $f$ est décroissante sur $]-\infty, 1]$ et croissante sur $[1, \infty[$ ; elle atteint un minimum en $x = 1$ dont la valeur est $f(1) = 2$.

L'exemple précédent montre que l'étude de la croissance et des extremums d'une fonction doit non seulement tenir compte des valeurs de la variable pour lesquelles la dérivée est nulle, mais aussi de celles où la dérivée n'est pas définie. Pour cette raison, on définit la notion de **valeur critique** d'une fonction.

**DÉFINITION** ▶ **Valeur critique d'une fonction**

Une **valeur critique** d'une fonction $f$ est une valeur $c$ du domaine de $f$ telle que :
$$f'(c) = 0 \quad \text{ou} \quad f'(c) \text{ n'est pas définie.}$$

Par analogie, on désigne le point correspondant $(c, f(c))$ sous le nom de **point critique** de la courbe de $f$. En conséquence, un point critique de la courbe d'une fonction $f$ est un point $(c, f(c))$ où l'une ou l'autre des situations suivantes se présente :

– la tangente est horizontale (la pente est nulle : $f'(c) = 0$),

– la tangente est verticale ($f'(c)$ n'est pas définie et $\lim_{x \to c} |f'(x)| = \infty$),

– il n'y a pas de tangente ($\lim_{x \to c} (f'(x))$ n'existe pas).

**Exemple 6.5**

Étudiez la croissance de la fonction d'équation $f(x) = (x - 2)^{3/5}$.

▶ **Solution**

1. $\text{dom } f = \mathbb{R}$

2. $f'(x) = \dfrac{3}{5}(x-2)^{-2/5} \cdot 1 = \dfrac{3}{5(x-2)^{2/5}} = \dfrac{3}{5\sqrt[5]{(x-2)^2}}$

   $f'$ n'est pas définie en $x = 2$, d'où $\text{dom } f' = ]-\infty, 2[ \cup ]2, \infty[$.

   $f'(x) \neq 0 \quad \forall x \in \text{dom } f'$.

   Donc, $x = 2$ est la seule valeur critique du domaine de $f$.

3. Tableau de croissance de $f$ :

| $x$ | | 2 | |
|---|---|---|---|
| **Signe de $f'(x)$** | + | X | + |
| **Croissance de $f$** | ↗ | ni min ni max | ↗ |

4. Comme la fonction $f$ est croissante sur $\mathbb{R}$, elle n'admet aucun extremum, pas même au point d'abscisse 2.

Pour savoir ce qui se passe au point critique $(2, f(2))$, on étudie le comportement de la pente de la tangente à la courbe de $f$ au voisinage de $x = 2$ :

$$\lim_{x \to 2} \left( f'(x) \right) = \lim_{x \to 2} \left( \frac{3}{5\sqrt[5]{(x-2)^2}} \right) = +\infty$$

Cela signifie que plus l'abscisse d'un point sur la courbe est proche de 2, plus la tangente en ce point est inclinée vers la verticale. La courbe de $f$ a donc une tangente verticale en $(2, f(2))$ (voir la figure 6.10).

On note donc que la présence d'une tangente verticale ne suffit pas à signaler un pic.

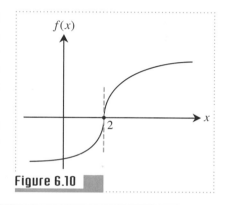

**Figure 6.10**

Les exemples précédents montrent que là où une fonction admet un extremum situé ailleurs qu'en un point frontière, le signe de la dérivée change de part et d'autre de la valeur pour laquelle elle est nulle ou non définie.

Quatre cas peuvent donc se présenter (voir les tableaux 6.2 à 6.5).

**Tableau 6.2**

| $x$ | | $c$ | |
|---|---|---|---|
| **Signe de $f'(x)$** | + | 0 | − |
| **Croissance de $f$** | ↗ | max $f(c)$ | ↘ |

**Tableau 6.4**

| $x$ | | $c$ | |
|---|---|---|---|
| **Signe de $f'(x)$** | + | X | − |
| **Croissance de $f$** | ↗ | max $f(c)$ | ↘ |

**Tableau 6.3**

| $x$ | | $c$ | |
|---|---|---|---|
| **Signe de $f'(x)$** | − | 0 | + |
| **Croissance de $f$** | ↘ | $f(c)$ min | ↗ |

**Tableau 6.5**

| $x$ | | $c$ | |
|---|---|---|---|
| **Signe de $f'(x)$** | − | X | + |
| **Croissance de $f$** | ↘ | $f(c)$ min | ↗ |

À partir de ces cas, on peut formuler un critère permettant, en l'absence du graphique d'une fonction, de localiser tous ses extremums (autres que les points frontières).

**CRITÈRE DE LA DÉRIVÉE PREMIÈRE**

Soit $f$ une fonction continue en une valeur critique $c$ du domaine de $f$.

Si le signe de $f'(x)$ change de part et d'autre de $x = c$, alors $f(c)$ est un extremum de $f$.

Après avoir localisé les extremums d'une fonction à l'aide de ce critère, on peut être intéressé d'en connaître la nature (ou la forme), notamment si on veut tracer le graphique de la fonction. Pour savoir si on est en présence d'un sommet arrondi ou d'un pic en un point $(c, f(c))$, on examine le comportement de la dérivée (c'est-à-dire de la pente de la tangente à la courbe) au voisinage de ce point.

Par exemple, les tableaux 6.2 et 6.3 indiquent respectivement la présence d'un maximum et d'un minimum en $x = c$ pour lesquels $f'(c) = 0$. On a déjà rencontré cette situation à l'exemple 6.2. Dans ces cas, on peut conclure que la tangente à la courbe en $(c, f(c))$ est horizontale, puisque sa pente est nulle, et on est alors en présence de sommets arrondis (voir la figure 6.11).

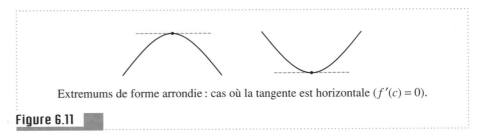

Extremums de forme arrondie : cas où la tangente est horizontale ($f'(c) = 0$).

**Figure 6.11**

Si, par contre, $f'(c)$ n'est pas définie, comme dans les tableaux 6.4 et 6.5, alors deux cas peuvent se produire : ou bien la tangente à la courbe en $(c, f(c))$ est verticale, ou bien il n'y a pas de tangente en ce point. Pour savoir laquelle des deux situations se présente, il faut examiner le comportement de $f'(x)$ au voisinage de $x = c$, c'est-à-dire évaluer la limite de $f'(x)$ lorsque $x$ tend vers $c$ par la droite et par la gauche.

Si cette limite est $+\infty$ d'un côté de $c$ et $-\infty$ de l'autre côté, comme on l'a vu à l'exemple 6.4, alors la tangente à la courbe en $(c, f(c))$ est verticale et on se trouve en présence d'un **pic**, généralement appelé **point de rebroussement** à cause de sa forme particulière (voir la figure 6.12). La courbe donne en effet l'impression de « rebrousser chemin » en ces points.

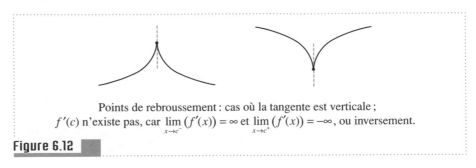

Points de rebroussement : cas où la tangente est verticale ;
$f'(c)$ n'existe pas, car $\lim_{x \to c^-} (f'(x)) = \infty$ et $\lim_{x \to c^+} (f'(x)) = -\infty$, ou inversement.

**Figure 6.12**

Si, finalement, la limite de $f'(x)$ lorsque $x$ tend vers $c$ n'existe pas parce que la limite à droite n'est pas égale à la limite à gauche (cas autres que $+\infty$ d'un côté et $-\infty$ de l'autre), alors on conclut qu'il n'y a pas de tangente à la courbe en $(c, f(c))$ (puisque les tangentes à gauche et à droite de ce point ne coïncident pas). Les sommets, dans un tel cas, ont aussi la forme d'un pic (voir la figure 6.13). Comme on l'a vu au chapitre 2 (voir notamment l'exemple 2.19 et le n° 1 a) des Exercices 2.9), ce genre de situation se produit généralement dans le cas de fonctions définies par morceaux ou de fonctions dont l'équation comporte une valeur absolue de la variable indépendante.

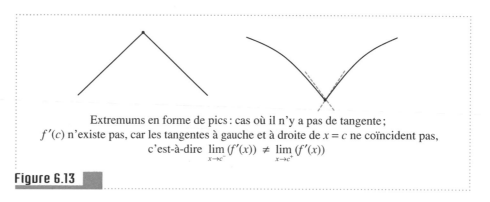

Extremums en forme de pics : cas où il n'y a pas de tangente ;
$f'(c)$ n'existe pas, car les tangentes à gauche et à droite de $x = c$ ne coïncident pas,
c'est-à-dire $\lim_{x \to c^-} (f'(x)) \neq \lim_{x \to c^+} (f'(x))$

**Figure 6.13**

De tout le raisonnement précédent, il est important de retenir que nous sommes partis de l'existence d'un extremum en $x = c$ (localisé à l'aide du critère de la dérivée première) pour ensuite en déterminer la nature (en analysant le comportement de la dérivée au voisinage de $x = c$).

Il ne faut donc pas commettre l'erreur de procéder à l'envers, c'est-à-dire de partir du fait que $f'(c) = 0$ ou que $f'(c)$ n'est pas définie pour en conclure qu'il y a un extremum en $x = c$. Comme on l'a vu aux exemples 6.3 et 6.5, l'existence d'une tangente horizontale ou verticale en un point d'une courbe ne garantit pas la présence d'un extremum à cet endroit. Les figures 6.14 et 6.15 illustrent différents cas où la pente de la tangente est nulle ou non définie en un point, mais où il n'y a aucun extremum à cet endroit.

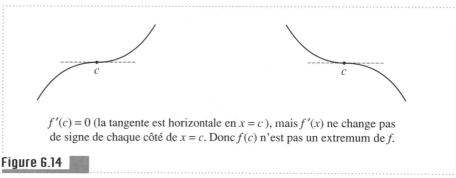

$f'(c) = 0$ (la tangente est horizontale en $x = c$), mais $f'(x)$ ne change pas
de signe de chaque côté de $x = c$. Donc $f(c)$ n'est pas un extremum de $f$.

**Figure 6.14**

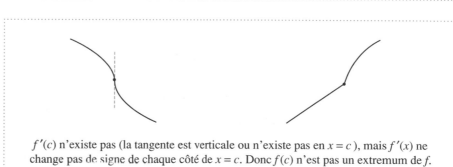

$f'(c)$ n'existe pas (la tangente est verticale ou n'existe pas en $x = c$), mais $f'(x)$ ne
change pas de signe de chaque côté de $x = c$. Donc $f(c)$ n'est pas un extremum de $f$.

**Figure 6.15**

**Marche à suivre pour déterminer les extremums d'une fonction**

Pour déterminer les extremums d'une fonction $f$ à partir de son équation, on procède de la façon suivante :

1. On trouve le domaine de la fonction.

2. On calcule la dérivée, $f'(x)$, et on détermine les valeurs critiques de $f$, c'est-à-dire les valeurs du domaine de $f$ pour lesquelles $f'(x)$ est nulle ou n'est pas définie.

3. On étudie la croissance et les extremums de $f$ en se basant sur les critères de croissance et de la dérivée première (cette étape se présente sous la forme d'un tableau-synthèse) et on évalue la valeur $f(c)$ des extremums.

4. On analyse au besoin le comportement de $f'(x)$ au voisinage des extremums et on conclut.

## EXERCICES 6.1

**1** Étudiez la croissance et trouvez les extremums des fonctions suivantes :

a) $f(x) = x^2 - 6x + 7$

b) $f(x) = \dfrac{x^3}{3} - 2x^2 - 5x$

c) $f(x) = -x^3 + 12x + 1$

d) $y = \dfrac{x^4}{4} - 2x^3 - 2$

e) $f(x) = \dfrac{x^5}{5} - 3x^3$

f) $f(x) = x^7 - \dfrac{28x^3}{3} + 2$

g) $f(x) = -x^{4/5} + 1$

h) $f(x) = 3x^{5/3} - 2$

i) $f(x) = (x + 4)^{2/3}$

j) $f(x) = \sqrt{x - 5}$

**2** La hauteur (en mètres) atteinte par un projectile $t$ secondes après qu'il a été lancé vers le haut est donnée par $h(t) = -4,9(t^2 - 10t - 11)$. Pendant combien de temps la trajectoire du projectile est-elle ascendante ? Pendant combien de temps est-elle descendante ?

**3** Supposons que la pente de la tangente à une courbe, en chacun de ses points, est donnée par

$$\frac{dy}{dx} = -2x^4(x+1)(x-2)^3(x-3)^2$$

a) Déterminez les valeurs de $x$ pour lesquelles $y$ est maximum.

b) Déterminez les valeurs de $x$ pour lesquelles $y$ est minimum.

## 6.2 Étude de la concavité et des points d'inflexion de la courbe d'une fonction

Pour décrire le mieux possible le comportement ou le graphique d'une fonction à partir de son équation, il faut non seulement savoir où elle est croissante ou décroissante, mais aussi déterminer, dans chaque cas, si elle croît (ou décroît) de plus en plus vite ou de moins en moins vite (voir la figure 6.16).

L'allure de la courbe n'est alors pas la même. En d'autres mots, il faut connaître la concavité de la courbe.

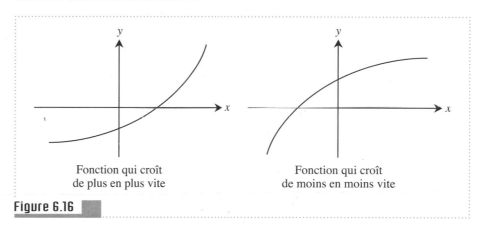

Fonction qui croît
de plus en plus vite

Fonction qui croît
de moins en moins vite

**Figure 6.16**

## Notions de concavité et de point d'inflexion

Une courbe est dite **concave vers le haut** ou **concave vers le bas** si elle est arquée vers le haut ou vers le bas (voir les figures 6.17 ct 6.18).

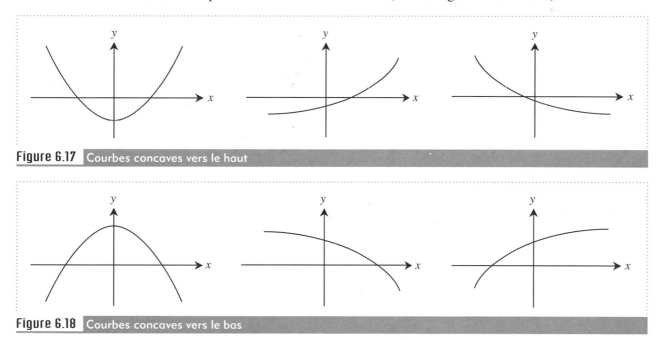

**Figure 6.17** Courbes concaves vers le haut

**Figure 6.18** Courbes concaves vers le bas

Un point où la courbe change de concavité est appelé **point d'inflexion** (voir la figure 6.19) :

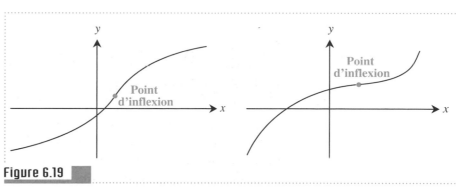

Point
d'inflexion

Point
d'inflexion

**Figure 6.19**

## Critère de concavité

Déduire la concavité d'une courbe ou localiser approximativement ses points d'inflexion à partir d'un graphique est relativement facile. Mais comment peut-on obtenir précisément ces informations, surtout lorsqu'on ne dispose que de l'équation d'une fonction? Comme pour l'étude de la croissance, essayons de voir s'il y a un lien entre la concavité de la courbe d'une fonction et la dérivée de la fonction.

Examinons d'abord la situation d'une fonction dont la courbe est **concave vers le haut**. Il peut s'agir soit d'une fonction qui *croît de plus en plus vite*, soit d'une fonction qui *décroît de moins en moins vite* (voir la figure 6.20).

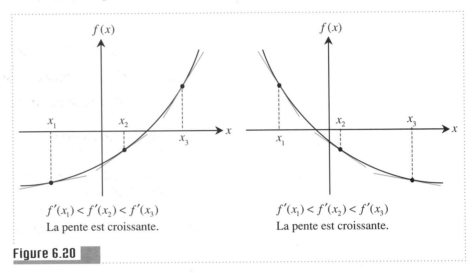

$f'(x_1) < f'(x_2) < f'(x_3)$
La pente est croissante.

$f'(x_1) < f'(x_2) < f'(x_3)$
La pente est croissante.

**Figure 6.20**

Dans l'un ou l'autre cas, on constate que la pente de la tangente, $f'(x)$, est partout croissante (avec des valeurs positives ou négatives selon le cas).

À l'inverse, une courbe **concave vers le bas** est le cas d'une fonction qui *croît de moins en moins vite* ou qui *décroît de plus en plus vite* (voir la figure 6.21).

Dans l'un ou l'autre cas, on constate que la pente de la tangente, $f'(x)$, est partout décroissante (avec des valeurs positives ou négatives selon le cas).

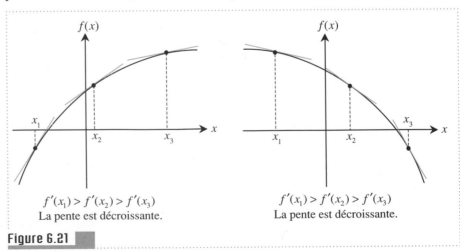

$f'(x_1) > f'(x_2) > f'(x_3)$
La pente est décroissante.

$f'(x_1) > f'(x_2) > f'(x_3)$
La pente est décroissante.

**Figure 6.21**

En résumé, on obtient les deux relations suivantes :

Courbe de $f$ concave vers le haut $\Leftrightarrow$ $f'$ croissante

Courbe de $f$ concave vers le bas $\Leftrightarrow$ $f'$ décroissante

Autrement dit, la concavité de la courbe de $f$ est liée à la croissance de $f'$. Or, on sait qu'une fonction est croissante si et seulement si sa dérivée est positive, et décroissante si et seulement si sa dérivée est négative. D'où la croissance de $f'$ est liée au signe de sa dérivée $(f')'$, qu'on note plus simplement $f''$. On peut donc compléter les relations précédentes de la façon suivante :

Courbe de $f$ concave vers le haut $\Leftrightarrow$ $f'$ croissante $\Leftrightarrow$ $f''$ positive

Courbe de $f$ concave vers le bas $\Leftrightarrow$ $f'$ décroissante $\Leftrightarrow$ $f''$ négative

$f''$, la dérivée de $f'$, est appelée la **dérivée seconde** de $f$.

Le signe de la dérivée seconde d'une fonction est par conséquent un indicateur de la concavité de la courbe de la fonction. De cette propriété, on tire le critère suivant.

**CRITÈRE DE CONCAVITÉ**

Soit $f$ une fonction telle que $f'$ est continue sur $[a, b]$*.

Si $f''(x) \geq 0$ $\forall x \in [a, b]$, alors la courbe de $f$ est concave vers le haut sur $[a, b]$.

Si $f''(x) \leq 0$ $\forall x \in [a, b]$, alors la courbe de $f$ est concave vers le bas sur $[a, b]$.

_____

* Le critère reste valide si l'intervalle est ouvert ou semi-ouvert.

Puisqu'un point d'inflexion est un point où la courbe change de concavité, on peut dire qu'en un point d'inflexion, la pente de la tangente (si elle est définie) atteint soit un maximum, soit un minimum, car la pente passe de croissante à décroissante, ou inversement (voir les graphiques de la figure 6.22).

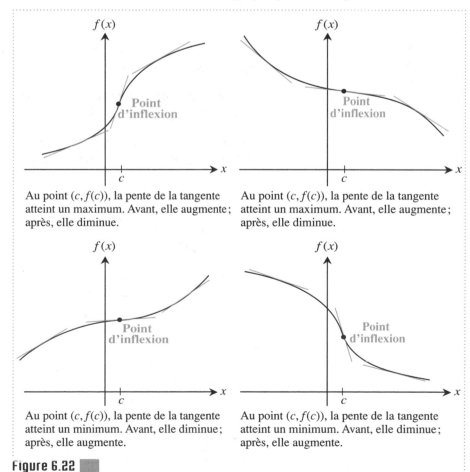

Au point $(c, f(c))$, la pente de la tangente atteint un maximum. Avant, elle augmente ; après, elle diminue.

Au point $(c, f(c))$, la pente de la tangente atteint un maximum. Avant, elle augmente ; après, elle diminue.

Au point $(c, f(c))$, la pente de la tangente atteint un minimum. Avant, elle diminue ; après, elle augmente.

Au point $(c, f(c))$, la pente de la tangente atteint un minimum. Avant, elle diminue ; après, elle augmente.

**Figure 6.22**

On connaît déjà un critère permettant de déterminer l'emplacement des minimums et des maximums d'une fonction $f$ à partir des signes de sa dérivée $f'$ : le critère de la dérivée première. Si on transpose celui-ci de manière à mettre en relation $f'$ et sa propre dérivée, $f''$, on obtient alors une façon de localiser les points d'inflexion de la courbe de la fonction $f$ :

Si $f''(c) = 0$ (ou $f''(c)$ n'est pas définie) et si le signe de $f''(x)$ change de part et d'autre de $x = c$, alors $f'(c)$ est un extremum de la fonction $f'$.

De cela, on tire le critère suivant :

**CRITÈRE DE LOCALISATION DES POINTS D'INFLEXION**

Soit $c$ une valeur critique du domaine de $f'$ (c'est-à-dire une valeur $c$ telle que $f''(c) = 0$ ou $f''(c)$ n'est pas définie).

Si le signe de $f''(x)$ change de part et d'autre de $x = c$, alors $(c, f(c))$ est un point d'inflexion de la courbe de $f$.

En combinant l'étude de la croissance d'une fonction et de la concavité de sa courbe à l'aide des dérivées première et seconde, on obtient une méthode permettant de tracer des graphiques beaucoup plus précisément qu'au chapitre 2 et couvrant un plus large éventail de fonctions. Cette méthode apporte ainsi une meilleure analyse du comportement d'une fonction à partir de son équation.

**Exemple 6.6**

Étudiez la croissance et la concavité de la courbe d'équation $f(x) = x^4 - 6x^2 + 7$ et tracez son graphique.

▶ *Solution*

1. $\operatorname{dom} f = \mathbb{R}$ ($f$ est une fonction polynomiale de degré 4).

2. On calcule les dérivées première et seconde :
$$f'(x) = 4x^3 - 12x = 4x(x^2 - 3) = 4x(x + \sqrt{3})(x - \sqrt{3})$$
$$f''(x) = (f'(x))' = 12x^2 - 12 = 12(x^2 - 1) = 12(x + 1)(x - 1)$$

3. On détermine les valeurs critiques de $f$ et de $f'$ :
$f'$ et $f''$ sont définies $\forall x \in \mathbb{R}$.
$f'(x) = 0 \Leftrightarrow x = -\sqrt{3}, \ x = 0 \ $ ou $ \ x = \sqrt{3}$
$f''(x) = 0 \Leftrightarrow x = -1$ ou $x = 1$

4. On regroupe dans un même tableau l'étude de la croissance et de la concavité de la courbe de $f$ :

| $x$ | | $-\sqrt{3}$ | | $-1$ | | $0$ | | $1$ | | $\sqrt{3}$ | |
|---|---|---|---|---|---|---|---|---|---|---|---|
| Signe de $f'(x)$ | $-$ | $0$ | | | $+$ | $0$ | | | $-$ | $0$ | | $+$ |
| Croissance de $f$ | ↘ | min | | ↗ | | | max | ↘ | | min | ↗ | |
| Signe de $f''(x)$ | | | $+$ | $0$ | | $-$ | | | $0$ | | $+$ | |
| Concavité de la courbe de $f$ | ⌣ | | | P.I. | | ⌢ | | | P.I. | | ⌣ | |

On obtient les points critiques suivants :

deux points minimums :

$$\left(-\sqrt{3}, f(-\sqrt{3})\right) = \left(-\sqrt{3}, -2\right)$$

$$\text{et } \left(\sqrt{3}, f(\sqrt{3})\right) = \left(\sqrt{3}, -2\right);$$

un point maximum : $(0, 7)$;

deux points d'inflexion : $(-1, 2)$ et $(1, 2)$.

5. On trace le graphique de $f(x) = x^4 - 6x^2 + 7$.

Puisque les abscisses des points critiques sont très proches les unes des autres ($\sqrt{3} \approx 1,7$), contrairement aux ordonnées, on choisit ici d'agrandir l'échelle horizontale pour les situer plus facilement. En réalité, si on prend la même échelle sur les deux axes, la courbe est beaucoup plus allongée verticalement.

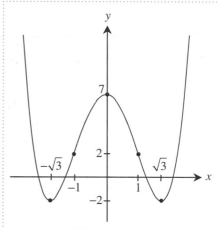

**Figure 6.23**

---

**Exemple 6.7**

Étudiez la croissance et la concavité de la courbe d'équation $f(x) = (x-1)^{2/3} + 2$ et tracez son graphique.

> *Solution*

Il s'agit de la fonction dont on a étudié la croissance à l'exemple 6.4 et dont il restait à préciser la concavité de la courbe de part et d'autre du sommet (en forme de pic).

1. $\operatorname{dom} f = \mathbb{R}$

2. On calcule les dérivées première et seconde :

$$f'(x) = \frac{2}{3}(x-1)^{-1/3} = \frac{2}{3\sqrt[3]{x-1}}$$

$$f''(x) = \left(\frac{2}{3}(x-1)^{-1/3}\right)' = -\frac{2}{9}(x-1)^{-4/3} = \frac{-2}{9\sqrt[3]{(x-1)^4}}$$

3. On détermine les valeurs critiques de $f$ et de $f'$ :

$f'$ et $f''$ ne sont pas définies en $x = 1$.

$f'(x) \neq 0 \quad \forall x \in \mathbb{R}\backslash\{1\}$

$f''(x) \neq 0 \quad \forall x \in \mathbb{R}\backslash\{1\}$

Donc, $x = 1$ est la seule valeur critique.

4. On remplit le tableau de croissance et de concavité :

| $x$ | | 1 | |
|---|---|---|---|
| **Signe de $f'(x)$** | – | X | + |
| **Croissance de $f$** | ↘ | min | ↗ |
| **Signe de $f''(x)$** | – | X | – |
| **Concavité de la courbe de $f$** | ⌢ | pic | ⌢ |

Point minimum : (1, 2)

On a vu, à l'exemple 6.4, que la tangente en ce point est verticale, car

$$\lim_{x \to 1^-}\left(f'(x)\right)=-\infty \quad \text{et} \quad \lim_{x \to 1^+}\left(f'(x)\right)=\infty$$

D'après la concavité qu'indique le tableau, la courbe de $f$ est concave vers le bas de chaque côté du point minimum. Il n'y a donc pas de point d'inflexion.

5. On trace le graphique de $f(x) = (x-1)^{2/3} + 2$ :

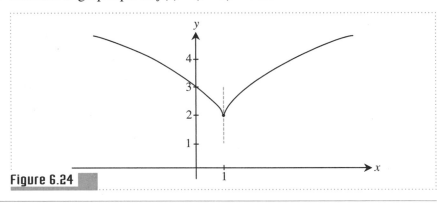

**Figure 6.24**

---

Étudiez la croissance et la concavité de la courbe d'équation $f(x) = (x-2)^{3/5}$ et tracez son graphique.

▶ *Solution*

Il s'agit de la fonction dont on a étudié la croissance à l'exemple 6.5. L'étude de la concavité permettra de préciser l'allure de la courbe.

1. $\operatorname{dom} f = \mathbb{R}$

2. On calcule les dérivées première et seconde :

$$f'(x)=\frac{3}{5}(x-2)^{-2/5} = \frac{3}{5\sqrt[5]{(x-2)^2}}$$

$$f''(x)=\left(\frac{3}{5}(x-2)^{-2/5}\right)' = -\frac{6}{25}(x-2)^{-7/5} = \frac{-6}{25\sqrt[5]{(x-2)^7}}$$

3. On détermine les valeurs critiques de $f$ et de $f'$ :

$f'$ et $f''$ ne sont pas définies en $x = 2$.

$f'(x) \neq 0 \quad \forall x \in \mathbb{R}\backslash\{2\}$

$f''(x) \neq 0 \quad \forall x \in \mathbb{R}\backslash\{2\}$

Alors, $x = 2$ est la seule valeur critique.

4. Tableau de croissance et de concavité :

| $x$ | | 2 | |
|---|---|---|---|
| **Signe de $f'(x)$** | + | X | + |
| **Croissance de $f$** | | ↗ | |
| **Signe de $f''(x)$** | + | X | − |
| **Concavité de la courbe de $f$** | ⌣ | P.I. | ⌢ |

Il n'y a pas d'extremum.

(2,0) est un point d'inflexion. La tangente en ce point est verticale (voir la justification à l'exemple 6.5).

5. Graphique de $f(x) = (x - 2)^{3/5}$ :

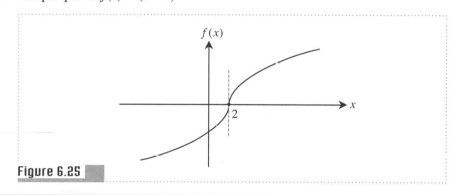

**Figure 6.25**

## Critère de la dérivée seconde

Pour plusieurs fonctions, il est possible de déterminer les extremums en forme de sommets arrondis sans recourir à l'étude de la croissance de la fonction, mais en utilisant plutôt la dérivée seconde.

En effet, si la courbe de $f$ possède un sommet arrondi en $(c, f(c))$, alors la tangente à la courbe en ce point est horizontale (voir la figure 6.26), c'est-à-dire que sa pente est nulle : $f'(c) = 0$. Si, de plus, $f''(c) > 0$, alors la courbe de $f$ est concave vers le haut au voisinage du point $(c, f(c))$. En combinant ces deux informations, on en conclut que la courbe de $f$ atteint un minimum en ce point (voir le premier graphique de la figure 6.26). Le raisonnement est similaire dans le cas d'un maximum (voir le second graphique de la figure 6.26).

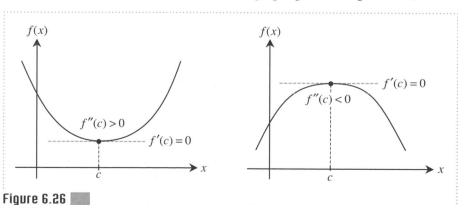

**Figure 6.26**

**CRITÈRE DE LA DÉRIVÉE SECONDE**

Soit $f$ une fonction telle que $f''$ est continue sur un intervalle $]a, b[$ contenant $c$.

Si $f'(c) = 0$ et $f''(c) > 0$, alors $f$ admet un minimum de forme arrondie en $x = c$.

Si $f'(c) = 0$ et $f''(c) < 0$, alors $f$ admet un maximum de forme arrondie en $x = c$.

**Remarque**

Le critère de la dérivée seconde n'est pas concluant si $f'(c) = 0$ et $f''(c) = 0$, ou bien si $f'(c)$ n'est pas définie. Il faut alors utiliser le critère de la dérivée première pour déterminer le comportement de la fonction au voisinage de $c$.

**Exemple 6.9**

Déterminez les extremums de la fonction d'équation $f(x) = x^4 - x^2 + 3$.

**Solution**

1. $\text{dom } f = \mathbb{R}$

2. On calcule les dérivées première et seconde :
$$f'(x) = 4x^3 - 2x = 2x(2x^2 - 1)$$
$$f''(x) = 12x^2 - 2 = 2(6x^2 - 1)$$

3. On cherche les valeurs critiques de $f$ :
$f'$ est définie $\forall x \in \mathbb{R}$.
$$f'(x) = 0 \iff x = 0, \quad x = \frac{1}{\sqrt{2}} \quad \text{ou} \quad x = -\frac{1}{\sqrt{2}}$$

4. On détermine le signe de la dérivée seconde aux valeurs critiques de $f$ :
$f''(0) = -2 < 0$. D'où $f$ admet un maximum en $x = 0$.

$f''\left(\dfrac{1}{\sqrt{2}}\right) = 4 > 0$. D'où $f$ admet un minimum en $x = \dfrac{1}{\sqrt{2}}$.

$f''\left(\dfrac{-1}{\sqrt{2}}\right) = 4 > 0$. D'où $f$ admet un minimum en $x = -\dfrac{1}{\sqrt{2}}$.

Dans le chapitre 9, nous reviendrons sur l'étude graphique des fonctions à l'aide des dérivées première et seconde, notamment pour l'étendre aux fonctions rationnelles et aux fonctions transcendantes.

## EXERCICES 6.2

**1** Étudiez la croissance et la concavité de chacune des courbes définies par les équations suivantes et tracez le graphique.

a) $f(x) = \dfrac{x^4}{4} + x^3 + 2$

b) $g(x) = \dfrac{3}{2}x^{2/3} - x$

c) $p(x) = \sqrt[5]{x+1}$

d) $f(x) = 4x^2 - 2x^4$

**2** Soit $f(x) = x^4 - \dfrac{3x^2}{2} + x$.

a) Montrez que la courbe de $f$ admet deux points d'inflexion.

b) Calculez la pente de la tangente en chacun de ces deux points.

**3** Soit $f(x) = x - \dfrac{1}{x}$. Étudiez la croissance et la concavité de la courbe de $f$. (Ne tracez pas son graphique.)

**4** Déterminez les extremums des fonctions suivantes en utilisant le critère de la dérivée seconde (si possible) et précisez leur valeur.

a) $f(x) = x^3 - 3x^2$

b) $f(x) = \dfrac{x^4}{4} - 3x^3 + 7x^2 + 5$

c) $g(x) = (x+1)^4$

d) $h(x) = x^{3/7} + 1$

**5** Soit $f$ une fonction telle que :

- dom $f = \,]-\infty, 3[$ ;
- les seules valeurs critiques de $f$ ou de $f'$ sont $x = -1, 0, 1$ et $2$ ;
- la courbe de $f$ a une asymptote verticale en $x = 3$.

Remplissez le tableau ci-dessous à l'aide des informations précédentes et en inscrivant dans les cases libres l'un ou l'autre des signes suivants :

| $+$ | $-$ | min | max | P.I. | X |

| $x$ | $-1$ | | $0$ | | $1$ | | $2$ | | $3$ |
|---|---|---|---|---|---|---|---|---|---|
| **Signe de $f'(x)$** | | | $0$ | | | | $0$ | | |
| **Croissance de $f$** | | | | | | | | | |
| **Signe de $f''(x)$** | $0$ | $-$ | $-$ | $-$ | $0$ | $+$ | $+$ | $+$ | |
| **Concavité de la courbe de $f$** | P.I. | | | | | | | | A.V. |

**6** Soit $f(x) = x^3 - 3x^2 - 2x + 1$.

a) Trouvez le point d'inflexion de la courbe de $f$.

b) Donnez l'équation de la droite tangente à la courbe de $f$ au point d'inflexion.

**7** Soit l'équation générale d'une fonction polynomiale du 3$^e$ degré : $f(x) = ax^3 + bx^2 + cx + d$. Démontrez que l'abscisse de son point d'inflexion est donnée par $x = \dfrac{-b}{3a}$.

**8** La position d'une particule se déplaçant en ligne droite est donnée par $s(t) = \dfrac{t^3}{3} - 10t^2 + 100t$ cm, où $t$ est le temps (en minutes), $t \le 30$.

a) Quelle est la vitesse de la particule à la fin de la 5$^e$ minute ?

b) Quelle est son accélération à la fin de la 5$^e$ minute ?

c) Sur quel ou quels intervalles de temps sa vitesse est-elle :

  i) croissante ?

  ii) décroissante ?

d) À quel moment sa vitesse est-elle minimale ?

# Chapitre 7
# Fonctions transcendantes et dérivées

Aperçu

**1** Étudier la croissance et la concavité des courbes définies par les équations suivantes :

a) $f(x) = \ln (4x + 3)$

b) $f(t) = t - \sin t$  pour  $t \in [-\pi, \pi]$

**2** Une équipe d'épidémiologistes estime que $t$ semaines après l'apparition d'un type particulier de maladie contagieuse, le nombre de personnes qui auront contracté la maladie sera donné approximativement par

$$N(t) = \frac{5}{1+4e^{-0,05t}} \text{ milliers de personnes.}$$

a) Quelle sera la vitesse de contamination à la fin de la première semaine ?

b) À quel moment la vitesse de contamination sera-t-elle à son maximum ?

c) Sur quelle ou quelles périodes de temps la vitesse de contamination sera-t-elle à la hausse ? À la baisse ?

Les fonctions étudiées dans les chapitres précédents ont une caractéristique commune : elles peuvent toutes être exprimées à l'aide d'un **nombre fini** d'opérations algébriques (addition, soustraction, multiplication, division, élévation à une puissance ou extraction d'une racine) sur la variable indépendante. C'est pourquoi on les appelle des fonctions « algébriques ».

Dans ce chapitre, nous étudions une catégorie différente de fonctions qui, contrairement aux précédentes, ne peuvent pas être exprimées à l'aide d'un nombre fini d'opérations algébriques. On les appelle des « **fonctions transcendantes** ». Nous verrons ainsi, dans l'ordre, les fonctions **exponentielles**, **logarithmiques** et **trigonométriques**[1].

Dans la section portant sur les fonctions exponentielles, nous rencontrerons aussi le nombre e, un nombre irrationnel et transcendant très important en mathématiques, tout comme $\pi$.

---

1. Les réciproques des fonctions trigonométriques et leurs dérivées sont traitées dans les annexes F et G.

Bien que les fonctions transcendantes puissent paraître plus complexes que les fonctions algébriques, d'un point de vue mathématique, elles sont beaucoup plus présentes dans la vie courante que les fonctions algébriques. On rencontre notamment les fonctions exponentielles (et leurs réciproques, les fonctions logarithmiques) dans la description du développement cellulaire, l'évolution des populations, la désintégration d'isotopes radioactifs, l'évolution du coût de la vie et tout ce qui se rapporte aux intérêts composés. On rencontre également les fonctions trigonométriques dans de nombreux contextes, notamment dans la description des phénomènes périodiques (circulaires, ondulatoires, etc.), aussi bien en physique qu'en astronomie, en acoustique ou en musique.

Pour chacun de ces types de fonctions, nous examinerons d'abord leurs caractéristiques principales ainsi que des applications dans des situations concrètes. Nous étudierons ensuite leurs dérivées, qui viendront compléter la liste des règles de dérivation vues au chapitre 5. Puis, nous utiliserons ces règles pour étudier la croissance de fonctions transcendantes, la concavité de leurs courbes et résoudre des problèmes concrets.

# 7.1 Fonctions exponentielles

De nombreux phénomènes de la vie courante se manifestent par **une croissance ou une décroissance exponentielle** : la multiplication cellulaire, la valeur d'un placement investi à un taux d'intérêt composé, la désintégration d'isotopes radioactifs, la dépréciation de certains biens matériels, la durée de vie de divers articles, etc. Les fonctions exponentielles servent aussi de modèles pour décrire l'évolution de populations, humaines ou animales, la propagation d'épidémies ou l'évolution du coût de la vie.

Voici un exemple simple de croissance exponentielle.

### Exemple 7.1

### Croissance cellulaire

Les cellules se multiplient en se divisant en deux périodiquement. Au départ, s'il y a une cellule dans un vase de Petri et que la division se fait toutes les heures, alors :

- après 1 heure, il y aura 2 cellules ;
- après 2 heures, il y aura 4 cellules ;
- après 3 heures, il y aura 8 cellules ;
- après 4 heures, il y aura 16 cellules ;

et ainsi de suite.

De façon générale, on peut dire qu'après $t$ heures, le nombre de cellules sera :

$$N(t) = \underbrace{2 \cdot 2 \cdot 2 \cdot 2 \cdot \ldots \cdot 2}_{t \text{ fois}} = 2^t$$

Si on reporte ces données graphiquement et qu'on relie les points, on obtient la courbe de la figure 7.1.

On constate que le nombre de cellules **augmente de plus en plus vite**, ce qui est caractéristique d'une **croissance exponentielle**.

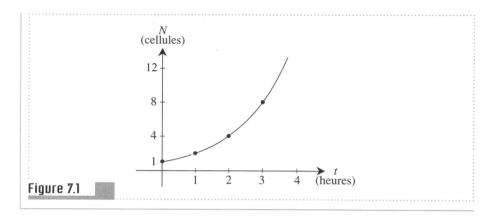

**Figure 7.1**

### Exemple 7.2

#### Désintégration radioactive

Le radium 226 se désintègre à un rythme tel qu'au bout de 1600 ans, il ne reste que la moitié de la quantité initiale. On dit alors que le radium 226 a une demi-vie de 1600 ans.

Par conséquent, si on dispose initialement de 10 g de radium 226, la quantité restante sera de :

- 5 g après 1600 ans ;
- 2,5 g après une autre période de 1600 ans, soit après 3200 ans ;
- 1,25 g après trois périodes de 1600 ans, soit après 4800 ans ;

et ainsi de suite.

Après $n$ périodes de 1600 ans, la quantité restante sera :

$$Q(n) = 10 \cdot \underbrace{\frac{1}{2} \cdot \frac{1}{2} \cdot \frac{1}{2} \cdot \frac{1}{2} \cdot \ldots \cdot \frac{1}{2}}_{n \text{ fois}} = 10 \left( \frac{1}{2} \right)^n$$

Comme on peut exprimer le temps $t$ en termes de périodes de 1600 ans, en posant $t = 1600n$, on peut reformuler l'équation précédente en fonction du nombre $t$ d'années écoulées :

$$Q(t) = 10 \left( \frac{1}{2} \right)^{\frac{t}{1600}}$$

Si on reporte ces données sur un graphique et qu'on relie les points, on obtient la courbe de la figure 7.2, où $Q$ représente la quantité restante de radium 226 après $t$ années.

On constate que la quantité de radium 226 **diminue de moins en moins vite**, ce qui est caractéristique d'une **décroissance exponentielle**.

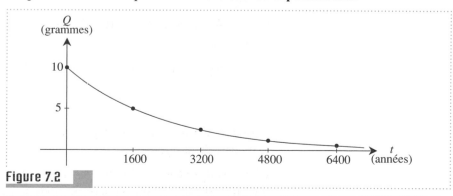

**Figure 7.2**

**DÉFINITION** ▶ **Fonction exponentielle**

Sous sa forme la plus simple, une fonction exponentielle est définie par la relation

$$f(x) = b^x$$

où $b$ est une constante réelle positive et différente de 1. Cette constante $b$ est appelée la **base** de la fonction exponentielle.

De façon générale, toute fonction dont la variable indépendante se trouve uniquement en exposant est qualifiée d'« exponentielle ».

**Remarques**

1. La base d'une fonction exponentielle doit être **différente de 1** car, sinon, on a :

$$f(x) = 1^x = 1,$$

qui est une fonction constante.

La base d'une fonction exponentielle doit aussi être **positive** car, sinon, la fonction n'est pas définie pour toutes les valeurs réelles de $x$. Par exemple, la fonction d'équation $f(x) = (-2)^x$ n'est pas définie pour $x = \frac{1}{2}$ puisqu'on obtient alors

$$f\left(\frac{1}{2}\right) = (-2)^{\frac{1}{2}} = \sqrt{-2},$$

un résultat qui n'est pas défini dans les réels.

2. Il faut faire attention de ne pas confondre les fonctions exponentielles et les fonctions définies par des puissances de la variable indépendante, même si leurs expressions symboliques sont parfois ressemblantes.

Par exemple, $f(x) = 3^x$ est une **fonction exponentielle de base 3**, car la variable indépendante $x$ se trouve en exposant.

Par contre, $f(x) = x^3$ est une **fonction polynomiale de degré 3**, car la variable indépendante $x$ est élevée à l'exposant 3.

Ces deux types de fonctions sont de natures totalement différentes, car le rôle joué par la variable indépendante n'est pas du tout le même dans les deux cas.

**Exemple 7.3**

Les fonctions définies par les équations suivantes sont des exemples de fonctions exponentielles :

$$f(x) = 2^x \qquad g(t) = \left(\frac{1}{3}\right)^t \qquad h(x) = (1,5)^x$$

$$Q(x) = 25 \cdot 2^{-x} \qquad V(t) = C \cdot (1,03)^{2t} \qquad y = e^{-x^2}$$

Les fonctions $f$, $g$ et $h$ sont des fonctions exponentielles élémentaires, les autres sont des combinaisons de fonctions dont l'une est une exponentielle élémentaire. $Q$ et $V$, par exemple, sont le produit d'une constante par une fonction exponentielle élémentaire.

## L'exponentielle naturelle

Dans l'exemple précédent, une des fonctions exponentielles données a pour base $e$. Cette constante est un nombre irrationnel très important en mathématiques, tout comme $\pi$. On retrouve d'ailleurs ces deux nombres sur toutes les calculatrices scientifiques.

La fonction exponentielle élémentaire de base $e$ joue notamment un rôle majeur en calcul différentiel, comme on le verra plus loin, d'où son appellation d'exponentielle « naturelle ».

**DÉFINITION**

### L'exponentielle naturelle

L'exponentielle naturelle est la fonction d'équation

$$f(x) = e^{x}$$

dont la base est le nombre irrationnel $e = 2{,}71828182\ldots$

### *Repère* historique

On doit au mathématicien et physicien suisse Leonhard Euler (1707-1783) le symbole e pour désigner le nombre irrationnel e = 2,71828182… Ce choix de la lettre e a donné lieu à diverses conjectures : e pour Euler ? e pour exponentielle ? e pour une autre raison ?

Dans ses travaux sur l'exponentielle, Euler a fait le rapprochement entre ce nombre et la série[2] suivante :

$$e = 1 + 1 + \frac{1}{1 \times 2} + \frac{1}{1 \times 2 \times 3} + \frac{1}{1 \times 2 \times 3 \times 4} + \frac{1}{1 \times 2 \times 3 \times 4 \times 5} + \cdots$$

Il a également démontré que e est un nombre irrationnel.

Beaucoup d'autres mathématiciens avant lui sont arrivés à ce nombre ou s'en sont approchés en travaillant sur d'autres sujets. Mentionnons notamment John Napier (ou Neper) (1550-1617), qui a introduit les logarithmes, et Jacob (Jacques) Bernoulli (1654-1705) qui, s'intéressant aux calculs d'intérêt, a été amené à étudier l'expression suivante :

$$\lim_{n \to \infty} \left( 1 + \frac{1}{n} \right)^{n}$$

dont la valeur est justement 2,71828182…, c'est-à-dire e.

Un siècle plus tard, Charles Hermite (1822-1901) a démontré que e est un nombre transcendant, c'est-à-dire qu'il n'est solution d'aucune équation polynomiale à coefficients rationnels (contrairement, par exemple, à $\sqrt{2}$, qui est aussi irrationnel, mais non transcendant puisqu'il est solution de l'équation $x^2 - 2 = 0$).

_____

2. En mathématiques, une série est l'addition d'un nombre infini de termes.

## Graphique des fonctions exponentielles élémentaires

Les courbes exponentielles ont une allure facilement reconnaissable (voir la figure 7.3).

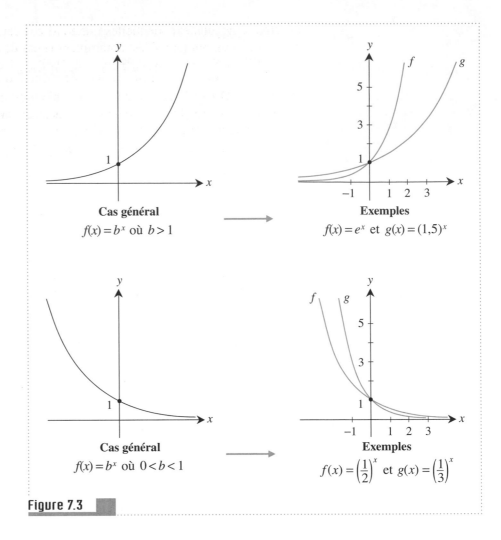

**Figure 7.3**

Si on observe les graphiques de la figure précédente, on peut noter plusieurs caractéristiques ou propriétés communes aux fonctions exponentielles élémentaires. En voici un résumé :

Soit $f$ une fonction exponentielle d'équation $f(x) = b^x$.

- Le domaine de $f$ est l'ensemble des nombres réels : dom $f = \mathbb{R}$.

- L'image de $f$ est l'ensemble des nombres réels strictement positifs : ima $f = \,]0, \infty[$.

- $f$ est continue sur $\mathbb{R}$.

- La courbe de $f$ passe par le point $(0, 1)$, car $b^0 = 1$ quelle que soit la valeur de $b$ ($b > 0$ et $b \neq 1$).

- La fonction $f$ est croissante si la base est plus grande que 1 et décroissante si la base est comprise entre 0 et 1.

- La courbe de $f$ est concave vers le haut quelle que soit la valeur de la base ($b > 0$ et $b \neq 1$).

- La courbe de $f$ a une asymptote horizontale d'équation $y = 0$ quelle que soit la valeur de $b$ ($b > 0$ et $b \neq 1$), car

$$\begin{cases} \lim_{x \to -\infty} (b^x) = 0 & \text{si } b > 1 \\ \lim_{x \to \infty} (b^x) = 0 & \text{si } 0 < b < 1 \end{cases}$$

D'autres fonctions exponentielles ont aussi ces caractéristiques ou en possèdent un certain nombre. C'est notamment le cas des fonctions de la forme

$$f(x) = k \cdot b^x \quad \text{ou} \quad f(x) = b^x + k$$

où $b > 0$, $b \neq 1$ et $k$ est une constante réelle non nulle. Le graphique de ces fonctions peut être obtenu aisément en effectuant une ou plusieurs transformations graphiques (translation, réflexion, etc.) sur la courbe de $f(x) = b^x$, comme on l'a vu de façon générale à la sous-section 2.1.3.

Dans le cas des fonctions exponentielles plus complexes, par exemple $f(x) = e^{1-x^2}$, il faut recourir à la dérivée pour étudier la croissance et la concavité de leur courbe, comme on le verra à la section 7.3.

Pour terminer cette section, nous examinons une application très utile des fonctions exponentielles dans la vie quotidienne : la notion d'intérêt composé. De nombreuses personnes ont déjà vécu une expérience de placement (compte bancaire, certificat garanti, etc.) ou d'endettement (carte de crédit, prêt automobile, prêt bancaire, etc.) et ont par conséquent été en contact avec la notion d'intérêt composé. Malheureusement, trop peu d'entre elles savent en évaluer l'impact, avec le résultat que beaucoup s'endettent, parfois énormément, sans même s'en rendre compte.

## Exemple 7.4

### Placement ou dette à intérêt composé

Dans cet exemple, nous expliquons comment calculer la valeur d'un placement après un certain temps lorsque l'intérêt est composé à différentes fréquences : une fois, deux fois ou plusieurs fois par année. Le calcul est identique dans le cas d'un endettement, seule la terminologie change.

**❶ Intérêt composé annuellement**

Prenons, par exemple, un montant de 1000 $ placé à un taux d'intérêt de 4 %[3] composé annuellement. Après un an, ce montant rapportera un intérêt de 1000 $ × 0,04 = 40 $.

De façon générale, un capital $C$ placé à un taux d'intérêt $i$ composé annuellement rapportera un intérêt de $C \cdot i$ au bout d'une année. La valeur du placement à la fin de la première année sera donc :

$$V(1) = \overbrace{C}^{\text{capital}} + \overbrace{C \cdot i}^{\text{intérêt}} = C(1+i)$$

À la fin de la deuxième année, la valeur du placement sera :

$$V(2) = \overbrace{C(1+i)}^{\text{capital}} + \overbrace{C(1+i) \cdot i}^{\text{intérêt}} = C(1+i)(1+i) = C(1+i)^2$$

Le même raisonnement vaut pour la troisième année et les années subséquentes.

À la fin de la $t^e$ année, la valeur du placement sera donc :

$$\boldsymbol{V(t) = C(1 + i)^t}$$

---

3. Historiquement, les taux d'intérêt fluctuent passablement dans le temps. La valeur du taux utilisé dans cet exemple n'est donnée qu'à titre indicatif.

Ainsi, le montant de 1000 $ placé à un taux de 4 % composé annuellement aura, après 5 ans, une valeur de :

$$V(5) = 1000 (1+0,04)^5 = 1000 (1,04)^5 \approx 1216,65 \text{ \$}$$

Évidemment, la valeur du placement serait plus importante si le taux d'intérêt était plus élevé (voir le n° 8 des Exercices 7.1).

**❷ Intérêt composé semestriellement**

Pour le calcul de la valeur du placement dans ce cas, on procède par semestre plutôt que par année, le taux d'intérêt par semestre étant de $\dfrac{i}{2}$. Ainsi, la valeur du placement est,

- après 1 semestre : $\qquad C\left(1+\dfrac{i}{2}\right)$

- après 2 semestres (ou 1 an) : $\qquad C\left(1+\dfrac{i}{2}\right)^2$

et ainsi de suite.

À la fin de la $t^e$ année, ou après $2t$ semestres, la valeur du placement est donnée par

$$V(t) = C\left(1+\frac{i}{2}\right)^{2t}$$

**❸ Intérêt composé $n$ fois par année**

L'intérêt peut aussi être composé 4 fois par année (on dit trimestriellement, c'est-à-dire tous les 3 mois), 12 fois par année (mensuellement) ou chaque jour (intérêt quotidien ; c'est notamment le cas pour les cartes de crédit).

De façon générale, si l'intérêt est composé $n$ fois par année, alors la valeur d'un placement (ou d'une dette) à la fin de la $t^e$ année est donnée par

$$V(t) = C\left(1+\frac{i}{n}\right)^{n \cdot t}$$

Ainsi, un montant de 1000 $ placé à un taux de 4 % composé trimestriellement aura, après 5 ans, une valeur de

$$V(5) = 1000\left(1+\frac{0,04}{4}\right)^{4 \cdot 5} = 1000 (1,01)^{20} \approx 1220,19 \text{ \$}$$

Ce résultat est légèrement supérieur au montant qu'on recevrait si l'intérêt était composé une seule fois par année : 1216,65 $, comme on l'a calculé en ❶.

L'écart entre les deux résultats varie aussi avec le taux d'intérêt : plus le taux est élevé, plus l'écart est grand.

Lorsque l'intérêt $i$ est composé un grand nombre de fois par année, ce qui est le cas pour l'intérêt quotidien, où $n = 365$, la valeur d'un placement (ou d'une dette) après $t$ années peut être approximée par la formule suivante :

$$V(t) = Ce^{i \cdot t}$$

## EXERCICES 7.1

**1** Dans un laboratoire, des techniciens ont recueilli une culture de tissus cellulaires. Ils y ont dénombré environ 500 cellules. Si la division cellulaire s'effectue toutes les demi-heures,

a) combien y aura-t-il de cellules :

   i) après 1 heure ?

   ii) après 5 heures ?

b) exprimez le nombre $N$ de cellules en fonction du temps $t$ (en heures) ;

c) tracez le graphique de cette fonction.

**2** Un fragment de météorite contient de l'actinium, un élément radioactif qui perd la moitié de sa masse tous les 23 ans environ. Si la masse d'actinium dans le fragment de météorite est de 240 g,

a) quelle sera la masse restante $Q$ dans $t$ années ?

b) représentez graphiquement la masse restante en fonction du temps ;

c) quelle sera la masse restante d'actinium :

   i) dans 10 ans ?

   ii) dans 100 ans ?

**3** Une certaine population d'insectes triple tous les six mois. Si la population initiale est de 1 million d'individus,

a) exprimez la population en fonction du temps (en années) ;

b) représentez graphiquement cette fonction.

**4** Identifiez les fonctions exponentielles parmi les suivantes :

a) $f(x) = 3x^5$

b) $f(x) = 3.5^x$

c) $f(x) = x^e$

d) $V(t) = 200 \cdot 3^{-t}$

e) $P(t) = 10(1.05)^{2t}$

f) $g(x) = e^{-\sqrt{x}}$

**5** Dites si les fonctions suivantes sont à croissance exponentielle ou à décroissance exponentielle :

a) $f(x) = \dfrac{1}{3^x}$

b) $f(t) = 5 \cdot e^t$

c) $g(x) = 0.5 \left(\dfrac{3}{2}\right)^x$

d) $f(x) = 3 \cdot 4^{-2x}$

e) $f(t) = 100(1.01)^{6t}$

f) $f(x) = \dfrac{1}{2} \cdot 3^{0.1x}$

**6** Dans chaque cas, représentez les fonctions sur un même système d'axes et observez.

a) $f(x) = 2^x$, $g(x) = 2^x + 1$ et $h(x) = 2^x - 3$

b) $f(x) = 3^x$, $g(x) = 2 \cdot 3^x$ et $h(x) = \dfrac{1}{5} \cdot 3^x$

c) $f(x) = e^x$, $g(x) = -e^x$, $h(x) = e^{-x}$ et $l(x) = -e^{-x}$

**7** La plupart des automobiles perdent environ 25 % de leur valeur chaque année, c'est-à-dire que la valeur à la fin d'une année est égale à 75 % de ce qu'elle était au début de l'année. Si le prix d'une voiture neuve est de 25 000 $,

a) quelle sera sa valeur approximative à la fin :

   i) de la première année ?

   ii) de la cinquième année ?

b) exprimez sa valeur résiduelle $V$ en fonction du temps $t$ (en années) ;

c) représentez graphiquement la valeur résiduelle de cette automobile en fonction du temps (en années).

**8** Une personne veut financer un achat de 5000 $ sur une période de 2 ans, mais elle ne sait quel mode de financement choisir. Déterminez, parmi les trois modes suivants, lequel serait le plus avantageux pour elle. Justifiez votre réponse.

a) Porter le montant de l'achat sur une carte de crédit dont le taux d'intérêt est de 19,5 % par année, composé quotidiennement.

b) Contracter un prêt bancaire à un taux d'intérêt de 2,75 % par trimestre, composé trimestriellement.

c) Contracter un prêt auprès d'une autre société financière à un taux d'intérêt de 1,65 % par mois, composé mensuellement.

**9** Dans chaque cas, conjecturez une équation pouvant correspondre à la courbe donnée.

a)

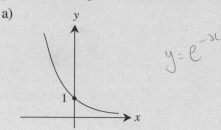

b)

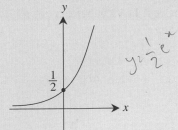

$y = \frac{1}{2}e^x$

c)

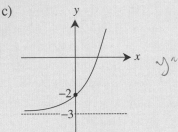

$y^x$

d)

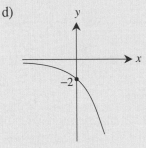

e)

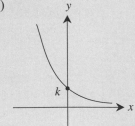

f)

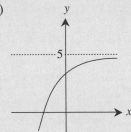

**10** Représentez graphiquement les fonctions définies par les équations suivantes. (Suggestion :
Pensez à simplifier au préalable.)

a) $f(x) = \sqrt{2^x}$

b) $f(x) = \dfrac{(3^x)^2}{9}$

c) $f(x) = e^{x+1} - e^x$

d) $f(x) = \dfrac{3^x}{2^{2x}}$

# 7.2 Fonctions logarithmiques

On a vu, dans l'exemple 7.1, que lorsque la division cellulaire s'effectue toutes
les heures et qu'il y a au début une cellule, le nombre total de cellules après
$t$ heures est donné par :

$$N(t) = 2^t$$

Pour savoir, par exemple, à quel moment il y aura 32 cellules, on doit résoudre
l'équation $2^t = 32$, c'est-à-dire trouver l'exposant qu'il faut donner à 2 pour
obtenir 32. La valeur de $t$ recherchée est appelée « le logarithme en base 2 de
32 » et est notée :

$$t = \log_2 32$$

Or, cette valeur est 5 puisque $2^5 = 32$. Donc, le temps requis pour que le
nombre de cellules atteigne 32 est de 5 heures.

De façon générale, le temps qu'il faut attendre pour que la division cellulaire
produise $N$ cellules, à partir d'une seule, est donné par :

$$t = \log_2 N$$

L'équation obtenue définit une fonction dont $N$ (le nombre de cellules) est la variable indépendante, et $t$ (le temps) est la variable dépendante. On peut écrire cette équation sous la forme suivante :

$$t(N) = \log_2 N$$

Cette nouvelle fonction est la **réciproque** de la fonction exponentielle d'équation $N(t) = 2^t$ (voir la figure 7.4).

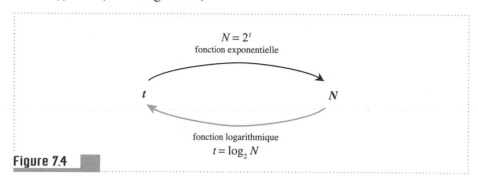

**Figure 7.4**

Graphiquement, on a les courbes illustrées à la figure 7.5.

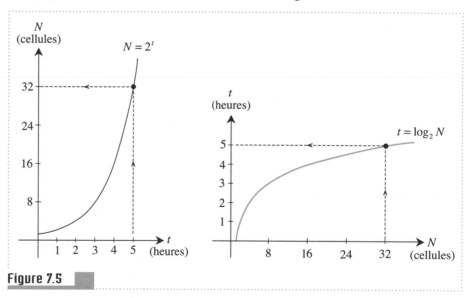

**Figure 7.5**

---

**DÉFINITION** ▶ **Fonction logarithmique**

Une fonction logarithmique est la réciproque d'une fonction exponentielle. Sous sa forme la plus simple, elle est définie par l'équation :

$$f(x) = \log_b x$$

où la base $b$ est positive et différente de 1.

En d'autres termes, si $b > 0$ et $b \neq 1$, alors :

$$y = \log_b x \iff b^y = x$$

La fonction logarithmique de base $e$ est appelée « fonction logarithmique naturelle », en référence à sa réciproque, l'exponentielle naturelle. On la note :

$$f(x) = \ln x.$$

Un logarithme en base 10 est noté tout simplement « log ».

On peut illustrer la relation d'équivalence entre les fonctions exponentielles et logarithmiques de la façon suivante (voir la figure 7.6).

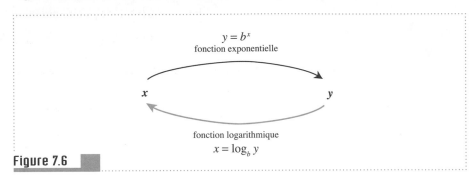

**Figure 7.6**

## Graphique des fonctions logarithmiques élémentaires

Comme les fonctions logarithmiques et exponentielles de même base sont les réciproques les unes des autres, leurs courbes sont symétriques par rapport à la droite d'équation $y = x$ (voir la figure 7.7).

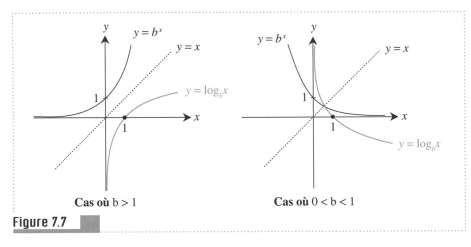

**Figure 7.7**

Si on observe les graphiques de la figure 7.7, on peut noter plusieurs caractéristiques ou propriétés des fonctions logarithmiques élémentaires qui découlent, par réciprocité, des caractéristiques des fonctions exponentielles. En voici un résumé.

Soit $f$ une fonction logarithmique d'équation $f(x) = \log_b x$.

- Le domaine de $f$ est l'ensemble des nombres réels strictement positifs : dom $f = ]0, \infty[$. Il correspond à l'image de la fonction exponentielle (la réciproque de $f$).

- L'image de $f$ est l'ensemble des nombres réels : ima $f = \mathbb{R}$ et correspond au domaine de la fonction réciproque.

- $f$ est continue sur $\mathbb{R}_+$, puisque sa réciproque est continue sur son domaine.

- La courbe de $f$ passe par le point $(1, 0)$ puisque sa réciproque passe par $(0, 1)$.

- La fonction $f$ est croissante si la base est plus grande que 1 et décroissante si la base est comprise entre 0 et 1.

- La courbe de $f$ est concave vers le bas si la base est plus grande que 1 et concave vers le haut si la base est comprise entre 0 et 1.

- La courbe de $f$ a une asymptote verticale d'équation $x = 0$, quelle que soit la valeur de la base ($b > 0$ et $b \neq 1$), puisque

$$\begin{cases} \lim_{x \to 0^+} (\log_b x) = -\infty & \text{si } b > 1 \\ \lim_{x \to 0^+} (\log_b x) = \infty & \text{si } 0 < b < 1 \end{cases}$$

En utilisant la relation d'équivalence entre les fonctions logarithmiques et exponentielles :

$$y = \log_b x \iff b^y = x$$

où $b > 0$ et $b \neq 1$, on peut justifier facilement plusieurs caractéristiques des fonctions logarithmiques élémentaires.

Ainsi, le domaine de ces fonctions exclut zéro et les nombres négatifs, car on ne pourrait avoir, par exemple, log 0 ou log ($-1$), puisqu'il n'existe aucun exposant réel tel que $10^y = 0$ ou $10^y = -1$.

Par contre, une fonction logarithmique élémentaire peut prendre toutes les valeurs réelles puisque $\log_b x$, ou $y$, est l'exposant de $b$ dans la forme exponentielle. Or, on sait que l'exposant, dans ce cas, peut prendre toutes les valeurs réelles.

On peut également justifier que toutes les courbes d'équation $y = \log_b x$ (où $b > 0$ et $b \neq 1$) passent par le point (1, 0), puisque l'égalité $\log_b 1 = 0$ est équivalente à $b^0 = 1$.

De la relation d'équivalence entre les fonctions logarithmiques et exponentielles découlent aussi plusieurs propriétés des logarithmes qui s'avèrent particulièrement utiles dans la résolution d'équations. En voici un résumé.

**PROPRIÉTÉS** ▶ **Logarithmes**

Si, dans la relation d'équivalence

$$y = \log_b x \iff b^y = x,$$

on substitue la valeur de l'une ou l'autre des variables dans une équation à sa valeur dans l'autre équation, on obtient alors les deux résultats suivants (où $b > 0$, $b \neq 1$, $x > 0$ et $y \in \mathbb{R}$) :

1. $\log_b b^y = y$, notamment : $\log_b 1 = 0$ et $\log_b b = 1$

2. $b^{\log_b x} = x$, notamment : $e^{\ln x} = x$

Des propriétés des exposants découlent également les propriétés suivantes (où $M > 0$, $N > 0$ et $K \in \mathbb{R}$) :

3. $\log_b (M \cdot N) = \log_b M + \log_b N$

4. $\log_b \left( \dfrac{M}{N} \right) = \log_b M - \log_b N$

5. $\log_b (M^K) = K \cdot \log_b M$

Formules de changement de base :

6. $\log_b N = \dfrac{\ln N}{\ln b}$ ou $\log_b N = \dfrac{\log N}{\log b}$

Sur le clavier d'une calculatrice scientifique, deux touches permettent de calculer des logarithmes, soit les touches **log** et **ln**, qui représentent respectivement le logarithme en base 10 et le logarithme en base $e$. Si on veut calculer le logarithme d'un nombre $N$ dans une autre base $b$, il faut utiliser l'une des formules de changement de base données précédemment.

Ces formules sont démontrées dans l'exemple suivant.

**Exemple 7.5**

Démontrez que $\log_b N = \dfrac{\ln N}{\ln b}$ et $\log_b N = \dfrac{\log N}{\log b}$, où $b > 0$, $b \neq 1$ et $N > 0$.

▶ *Démonstration*

Posons $x = \log_b N$, le logarithme cherché dans une base $b$ autre que 10 ou $e$.

Selon la définition des logarithmes, on a :

$$x = \log_b N \iff b^x = N$$

En prenant le logarithme en base $e$, ou en base 10, de chaque membre de la deuxième égalité, on obtient (voir chacune des solutions) :

| **En base $e$** | **En base 10** |
|:---:|:---:|
| $\ln(b^x) = \ln N$ | $\log(b^x) = \log N$ |
| $x \cdot \ln b = \ln N$ | $x \cdot \log b = \log N$ |
| $x = \dfrac{\ln N}{\ln b}$ | $x = \dfrac{\log N}{\log b}$ |

Puisque $x = \log_b N$, selon l'hypothèse de départ, on peut substituer cette valeur dans chacun des résultats obtenus, d'où :

$$\log_b N = \frac{\ln N}{\ln b} = \frac{\log N}{\log b}$$

**CQFD**

---

**Exemple 7.6**

Résolvez les équations suivantes :

a) $3^{2x-1} = 10$      b) $\log_5 3 + \dfrac{1}{2}\log_5 x = \log_5 15$

▶ *Solution*

a) À l'aide de la relation d'équivalence, on a :

$$3^{2x-1} = 10 \iff 2x - 1 = \log_3 10$$

D'où :

$$x = \frac{1 + \log_3 10}{2}$$

b) À l'aide des propriétés des logarithmes, on transforme successivement le membre de gauche de l'équation de la manière suivante :

$$\log_5 3 + \frac{1}{2}\log_5 x = \log_5 15$$
$$\log_5 3 + \log_5 x^{1/2} = \log_5 15$$
$$\log_5 3x^{1/2} = \log_5 15$$
$$3x^{1/2} = 15$$
$$x^{1/2} = 5$$
$$x = 25$$

**Exemple 7.7**

Déterminez le domaine des fonctions définies par les équations suivantes :

a) $f(x) = \log(x^2 - 4)$    b) $g(x) = \sqrt{\ln(x+3)}$

> *Solution*

a) Pour qu'un logarithme soit défini, il faut que son argument soit strictement positif :

$$x^2 - 4 > 0$$
$$x^2 > 4$$

Or, le carré d'un nombre est supérieur à 4 si la valeur absolue de ce nombre est supérieure à 2 :

$$|x| > 2$$

D'où :    $x < -2$  ou  $x > 2$

Par conséquent, dom $f = ]-\infty, -2[ \cup ]2, \infty[$.

b) Il faut que $\ln(x + 3)$ soit positif, sinon on ne peut extraire la racine carrée, donc :

$$\ln(x + 3) \geq 0$$

Pour résoudre cette inéquation, il faut « se défaire » du logarithme. On effectue alors l'opération inverse en passant à la forme exponentielle :

$$e^{\ln(x+3)} \geq e^0$$

D'où :    $x + 3 \geq 1$
$$x \geq -2$$

Par conséquent, dom $g = ]-2, -\infty[$.

---

**Exemple 7.8**

### Datation au carbone 14

Pour déterminer l'âge d'ossements ou d'objets anciens à base de matière organique, les archéologues utilisent une technique reposant sur le carbone 14, un isotope radioactif du carbone dont la demi-vie est d'environ 5750 ans. Le principe est le suivant : tout organisme vivant assimile, par ses fonctions biologiques, le carbone présent dans l'atmosphère, sans distinction isotopique. Ainsi, la proportion de carbone 14 (c'est-à-dire le rapport entre la quantité de carbone 14 et la quantité de carbone 12, isotope non radioactif du carbone) qu'on trouve chez les êtres vivants est la même que dans l'atmosphère. On pose l'hypothèse que cette proportion est demeurée à peu près constante au cours des époques.

À la mort d'un être vivant, le carbone 14 qu'il contient se désintègre en carbone 12 sans être remplacé, puisque les fonctions biologiques ont cessé. La proportion de carbone 14 dans un organisme mort va donc en diminuant de façon exponentielle. Après $t$ années, cette proportion $P$ est donnée par

$$P(t) = A\left(\frac{1}{2}\right)^{\frac{t}{5750}}$$

où $A$ est la proportion initiale de carbone 14 contenu dans l'être vivant au moment de sa mort (laquelle correspond à la proportion de carbone 14 dans l'atmosphère).

Cette équation indique que la proportion de carbone 14 dans un organisme mort diminue de moitié tous les 5750 ans (voir la figure 7.8).

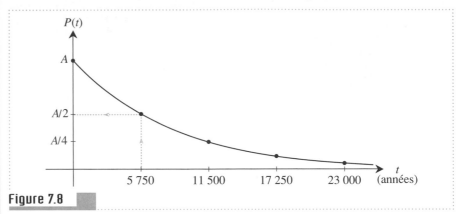

**Figure 7.8**

Supposons qu'on trouve sur un site archéologique des ossements dont la proportion de carbone 14, après analyse en laboratoire, est le tiers de ce qu'elle est dans l'atmosphère. Pour déterminer l'âge approximatif de ces ossements, il suffit de trouver la valeur de $t$ pour laquelle :

$$P(t) = \frac{A}{3}, \quad \text{c'est-à-dire :} \quad A\left(\frac{1}{2}\right)^{\frac{t}{5750}} = \frac{A}{3}$$

On résout cette équation par rapport à $t$ :

$$A\left(\frac{1}{2}\right)^{\frac{t}{5750}} = \frac{A}{3}$$

$$\left(\frac{1}{2}\right)^{\frac{t}{5750}} = \frac{1}{3}$$

$$\frac{t}{5750} = \log_{\frac{1}{2}}\left(\frac{1}{3}\right) \qquad \text{(passage à la forme logarithmique)}$$

$$t = 5750 \log_{\frac{1}{2}}\left(\frac{1}{3}\right)$$

$$t = 5750 \frac{\ln(1/3)}{\ln(1/2)} \qquad \text{(changement de base)}$$

D'où : $\qquad t \approx 9114$ ans

Compte tenu de l'imprécision dans ce genre de mesure, on dira que l'âge des ossements est d'environ 9000 ans.

De façon générale, on peut déterminer l'âge $t$ d'ossements ou d'objets anciens à partir de leur proportion $P$ de carbone 14 en résolvant l'équation suivante, où $0 < P < A$ :

$$A\left(\frac{1}{2}\right)^{\frac{t}{5750}} = P$$

$$\left(\frac{1}{2}\right)^{\frac{t}{5750}} = \frac{P}{A}$$

$$\frac{t}{5750} = \log_{\frac{1}{2}}\left(\frac{P}{A}\right)$$

$$t = 5750 \log_{\frac{1}{2}}\left(\frac{P}{A}\right)$$

$$t = 5750 \frac{\ln(P/A)}{\ln(1/2)}$$

Cette relation est représentée par le graphique de la figure 7.9.

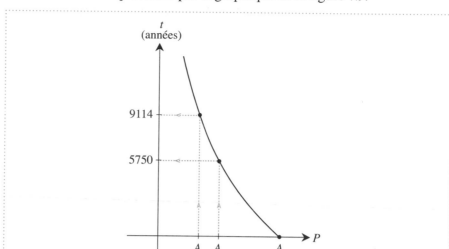

**Figure 7.9**

**Exemple 7.9**

## Période de doublement d'un capital ou d'une dette à intérêt composé

Calculez le temps requis pour qu'un capital ou une dette à intérêt composé soit doublé si l'intérêt est composé:

a) annuellement;

b) quotidiennement.

▶ *Solution*

La solution est formulée dans le cas d'un placement, mais le calcul est identique pour une dette; seule la terminologie change.

a) Dans l'exemple 7.4 ❶, on a vu qu'un capital $C$ placé à un taux d'intérêt $i$ composé annuellement a, après $t$ années, une valeur $V$ donnée par:

$$V(t) = C(1 + i)^t$$

Pour déterminer le temps requis pour que le capital double, il faut trouver la valeur de $t$ pour laquelle $V(t) = 2C$. En remplaçant cette valeur dans l'équation précédente, on obtient:

$$C(1+i)^t = 2C$$

$$(1+i)^t = 2$$

$$t = \log_{(1+i)} 2$$

$$t = \frac{\ln 2}{\ln(1+i)} \text{ ans}$$

On voit, d'après ce résultat, que le temps nécessaire pour doubler un capital investi à un taux d'intérêt composé annuellement dépend uniquement du taux d'intérêt et non du capital investi.

Ainsi, avec un taux d'intérêt de 5 % composé annuellement, le temps de doublement est:

$$t = \frac{\ln 2}{\ln 1,05} \approx 14,2 \text{ ans}$$

Dans ces conditions, on devra attendre environ 14 ans pour doubler son capital, que celui-ci soit de 100 $ ou de 100 000 $.

Avec un taux d'intérêt de 10 % composé annuellement, le temps de doublement est :

$$t = \frac{\ln 2}{\ln 1,10} \approx 7,3 \text{ ans}$$

À ce taux d'intérêt, un capital investi doublera donc après environ 7 ans.

b) Si l'intérêt est composé quotidiennement, on a vu dans l'exemple 7.4 ❸ que la valeur acquise après $t$ années peut être approximée par la formule :

$$V(t) = Ce^{it}$$

On cherche donc la valeur de $t$ pour laquelle $V(t) = 2C$, d'où :

$$Ce^{it} = 2C$$
$$e^{it} = 2$$
$$it = \ln 2$$
$$t = \frac{\ln 2}{i} \text{ ans}$$

Ainsi, avec un taux d'intérêt de 5 % composé quotidiennement, le capital double tous les

$$t = \frac{\ln 2}{0,05} \approx 13,9 \text{ ans}$$

tandis que si le taux d'intérêt est de 10 % composé quotidiennement, alors le capital double tous les

$$t = \frac{\ln 2}{0,10} \approx 6,9 \text{ ans}$$

Ces résultats sont intéressants dans le cas d'un placement, mais ils font réfléchir dans le cas d'une dette. Retarder un paiement ou l'étaler sur une longue période (financement par carte de crédit ou autre) peut nous amener à payer un montant considérable en intérêts, qui dépasse même parfois la valeur de la dette initiale.

## EXERCICES 7.2

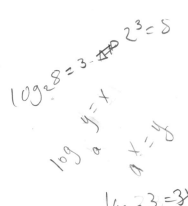

**1** Transformez les égalités suivantes sous une autre forme (exponentielle ou logarithmique selon le cas) :

a) $\log_3 243 = 5$

b) $5^4 = 625$

c) $\log\left(\frac{1}{10}\right) = -1$

d) $3 \cdot 2^x = 21$

e) $\log_9 3 = \frac{1}{2}$

f) $\sqrt{e^x} = 3$

**2** Résolvez les équations suivantes.

a) $\log_5 x = -3$

b) $2^{3x} = 3$

c) $5 \cdot 2^x = 3^x$

d) $3 \log_2 x - \log_2 5 = \log_2 1000$

e) $-\log x + 5 \log 2 = 0$

f) $\ln x - \ln(x - 2) = 0$

**3** Le nombre de micro-organismes dans un certain milieu, $t$ heures après le début de l'observation, est donné par :

$$N(t) = 5 \cdot 2^t$$

a) Quel est le nombre initial de micro-organismes ?

b) Combien de temps faut-il attendre pour que le nombre de micro-organismes décuple ?

c) Exprimez le temps $t$ d'observation en fonction du nombre $N$ de micro-organismes et représentez graphiquement cette fonction.

**4** La dépréciation d'une certaine machine est telle qu'après $x$ années d'utilisation, sa valeur résiduelle est de
$$V(x) = 10\ 000\ (0,9)^x\ \$$$

a) À quel moment cette machine ne vaudra-t-elle plus que 5000 \$, soit la moitié de sa valeur initiale ?

b) Exprimez le temps d'utilisation $x$ de cette machine en fonction de sa valeur résiduelle $V$ et représentez graphiquement la fonction obtenue.

**5** Dans chaque cas, tracez les courbes des fonctions données sur un même graphique, observez et commentez.

a) $f(x) = \log_2 x$, $g(x) = \ln x$ et $h(x) = \log x$

b) $f(x) = \ln x$, $g(x) = \ln(x + 3)$ et $h(x) = \ln(x - 1)$

c) $f(x) = \log_2 x$, $g(x) = 3 + \log_2 x$ et $h(x) = \log_2 x - 1$

d) $f(x) = -\log_2 x$ et $g(x) = \log_{\frac{1}{2}} x$

**6** Déterminez le domaine des fonctions suivantes :

a) $f(x) = \log_2(3x - 1)$

b) $g(x) = 4 \ln(x + 1)^2$

c) $h(x) = \dfrac{3}{\log (5 - x)}$

d) $m(x) = \sqrt{\log_5 (2x + 7)}$

**7** Le nombre de bactéries présentes dans l'organisme, $t$ heures après l'administration d'un antibiotique, est donné par :
$$N(t) = 125\ 000\ (0,8)^{t/2}$$

a) Quel était le nombre de bactéries dans l'organisme au moment de l'administration de l'antibiotique ?

b) Représentez graphiquement cette fonction.

c) Après combien de temps le nombre de bactéries aura-t-il chuté de moitié ?

d) Si on admet que le mal sera enrayé dès qu'il ne restera qu'une seule bactérie, déterminez le temps que prendra la guérison.

**8** Une substance radioactive se désintègre à un rythme tel qu'après une période de 100 ans, il ne reste que 65 % de la masse initiale. Sachant que cette substance se désintègre de façon exponentielle et qu'on dispose d'une masse de 300 g,

a) exprimez la quantité restante $Q$ de cette substance en fonction du temps $t$ (en années) et tracez le graphique de la fonction obtenue ;

b) calculez la demi-vie de cette substance radioactive, c'est-à-dire le temps nécessaire pour qu'il ne reste que la moitié de la quantité initiale.

**9** On place une somme de 10 000 \$ à un taux d'intérêt de 4,5 % composé annuellement. Dans combien de temps la valeur acquise atteindra-t-elle 15 000 \$ ?

**10** Des démographes prévoient que, dans $t$ années, la population d'un pays sera donnée par :
$$P(t) = \frac{250}{2 + 3e^{-0,05t}}\ \text{millions d'habitants.}$$

a) Quelle est la population actuelle de ce pays ?

b) Quelle sera la population de ce pays dans 25 ans ?

c) Dans combien de temps la population de ce pays aura-t-elle doublé ?

d) Que deviendra la population de ce pays à long terme ?

**11** Trouvez l'équation d'une fonction correspondant à chacun des graphiques suivants.

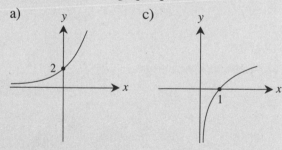

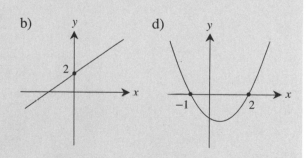

## 7.3 Dérivée des fonctions exponentielles

Soit la fonction d'équation $f(x) = b^x$, où $b > 1$. Pour le moment, nous n'avons aucune règle de dérivation permettant de dériver une telle fonction. Avant de recourir à la définition formelle de la dérivée, essayons de tracer un graphique approximatif de $f'$ comme on l'a fait à la section 4.3, en examinant les pentes de tangentes le long de la courbe de $f$ (voir la figure 7.10).

De cette observation, on peut tirer les informations suivantes :

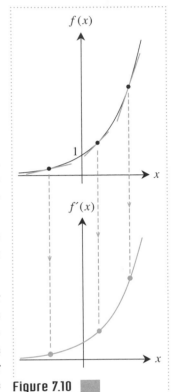

- Les pentes de tangentes à la courbe de $f$ sont toutes positives, donc $f'$ est partout positive.

- Les pentes de tangentes à la courbe de $f$ sont de plus en plus grandes à mesure que $x$ augmente, donc $f'$ est une fonction croissante sur tout son domaine.

- À l'opposé, lorsque $x$ tend vers $-\infty$, la pente de la tangente à la courbe de $f$ tend vers 0. La courbe de $f'$ possède donc une asymptote horizontale d'équation $y = 0$, tout comme la courbe de $f$.

La courbe de $f'$ est ainsi très semblable à celle de $f$, c'est-à-dire qu'elle a l'allure d'une fonction exponentielle de base plus grande que 1.

Il reste toutefois à préciser son équation, car l'ordonnée à l'origine de sa courbe est inconnue pour le moment, puisqu'on ignore la valeur précise de la pente de la tangente au point d'abscisse 0 de la courbe de $f$. Pour en savoir davantage sur cette équation, on recourt à la définition formelle de la dérivée :

**Figure 7.10**

$$f'(x) = \lim_{h \to 0} \left( \frac{f(x+h) - f(x)}{h} \right)$$

$$= \lim_{h \to 0} \left( \frac{b^{x+h} - b^x}{h} \right)$$

$$= \lim_{h \to 0} \left( \frac{b^x(b^h - 1)}{h} \right)$$

$$= b^x \cdot \lim_{h \to 0} \left( \frac{b^h - 1}{h} \right), \quad \text{car } b^x \text{ ne dépend pas de } h.$$

Le calcul de $\lim\limits_{h \to 0} \left( \dfrac{b^h - 1}{h} \right)$ dépasse le niveau de ce cours, mais on peut tout de même conclure que si cette limite existe, elle est égale à un nombre réel. On a alors :

$$f'(x) = b^x \cdot \lim_{h \to 0} \left( \frac{b^h - 1}{h} \right) = b^x \cdot C, \quad \text{où } C \in \mathbb{R}$$

D'où :  $\quad (b^x)' = C \cdot b^x$

Autrement dit, la dérivée d'une fonction exponentielle élémentaire est égale au produit d'une constante par la fonction elle-même.

Pour contourner la difficulté que pose le calcul de $\lim\limits_{h \to 0}\left(\dfrac{b^h - 1}{h}\right)$, calculons la valeur de l'expression $\dfrac{b^h - 1}{h}$ pour certaines valeurs de $b$ en prenant des valeurs de $h$ de plus en plus proches de 0. On aura ainsi une approximation de la limite cherchée pour ces valeurs de $b$. Le tableau 7.1 présente les résultats, arrondis à 6 décimales.

| Tableau 7.1 — Valeurs de $\dfrac{b^h - 1}{h}$ | $b = 2$ | $b = 2,5$ | $b = 3$ |
|---|---|---|---|
| $h = 0,1$ | 0,717734 | 0,959584 | 1,161232 |
| $h = 0,01$ | 0,695555 | 0,920502 | 1,104669 |
| $h = 0,001$ | 0,693387 | 0,916711 | 1,099216 |
| $h = 0,0001$ | 0,693171 | 0,916333 | 1,098673 |
| $h = 0,00001$ | 0,693149 | 0,916295 | 1,098618 |

On observe que, pour chaque valeur de la base $b$ dans ce tableau, plus $h$ est proche de 0, plus les résultats semblent se stabiliser, c'est-à-dire s'approcher respectivement d'un nombre particulier. Si on revient au résultat obtenu pour $(b^x)'$, on peut donc en tirer les approximations suivantes :

$$(2^x)' = 2^x \cdot \lim\limits_{h \to 0}\left(\dfrac{2^h - 1}{h}\right) \approx (0,693149)\, 2^x$$

$$(2,5^x)' = 2,5^x \cdot \lim\limits_{h \to 0}\left(\dfrac{2,5^h - 1}{h}\right) \approx (0,916295)\, 2,5^x$$

$$(3^x)' = 3^x \cdot \lim\limits_{h \to 0}\left(\dfrac{3^h - 1}{h}\right) \approx (1,098618)\, 3^x$$

On remarque, dans ces résultats, que lorsqu'on passe de la base 2 à la base 2,5, puis de 2,5 à 3, la valeur approximative de la limite correspondante passe de 0,693149 à 0,916295, puis de 0,916295 à 1,098618. Comme les fonctions exponentielles de forme $f(x) = b^x$ sont continues, ces résultats suggèrent qu'il existe une base $b$, d'une valeur située entre 2,5 et 3, telle que

$$\lim\limits_{h \to 0}\left(\dfrac{b^h - 1}{h}\right) = 1$$

Des calculs plus poussés montreraient que cette valeur de base est le nombre d'Euler : $e = 2,71828\ldots$ Autrement dit, la dérivée de la fonction exponentielle naturelle, $f(x) = e^x$, est égale à elle-même : $f'(x) = e^x$. Cette caractéristique extrêmement intéressante fait de $f(x) = e^x$ la fonction exponentielle la plus importante du point de vue de la dérivée. On peut résumer ce résultat en une règle de dérivation simple :

**RÈGLE DE DÉRIVATION** ▶ **Dérivée de la fonction exponentielle naturelle**

$$\dfrac{d(e^x)}{dx} = e^x \quad \text{ou} \quad \left(e^x\right)' = e^x$$

Littéralement :

« La dérivée de l'exponentielle naturelle est égale à elle-même. »

Forme générale, où $u$ est une fonction de $x$ :

$$\dfrac{d(e^u)}{dx} = e^u \cdot \dfrac{du}{dx} \quad \text{ou} \quad \left(e^u\right)' = e^u \cdot u'$$

**Remarque**

La forme générale de cette règle de dérivation découle de la règle de dérivation en chaîne (voir le chapitre 5):

$$\frac{dy}{dx} = \frac{dy}{du} \cdot \frac{du}{dx}$$

où $y$ est une fonction de $u$, et $u$ est une fonction de $x$.

En effet, si on pose $y = f(u) = e^u$, où $u$ est une fonction de $x$, on obtient:

$$\frac{d(e^u)}{dx} = \frac{d(e^u)}{du} \cdot \frac{du}{dx}$$

$$= e^u \cdot \frac{du}{dx}$$

**Exemple 7.10**

Dérivez les fonctions définies par les équations suivantes:

a) $f(x) = e^{1-x^2}$

b) $g(x) = \sqrt{e^{4x}+1}$

c) $u(t) = t\, e^{3t}$

**Solution**

a) $\begin{aligned} f'(x) &= \left(e^{1-x^2}\right)' \\ &= e^{1-x^2} \cdot (1-x^2)' \\ &= e^{1-x^2} \cdot (-2x) \\ &= -2x\, e^{1-x^2} \end{aligned}$

b) $\begin{aligned} g'(x) &= \left((e^{4x}+1)^{1/2}\right)' \\ &= \frac{1}{2}(e^{4x}+1)^{-1/2}(e^{4x}-1)' \\ &= \frac{1}{2}(e^{4x}+1)^{-1/2}(e^{4x} \cdot (4x)') \\ &= \frac{1}{2}(e^{4x}+1)^{-1/2}(e^{4x} \cdot 4) \\ &= \frac{2e^{4x}}{\sqrt{e^{4x}+1}} \end{aligned}$

c) $\begin{aligned} u'(t) &= \left(t\, e^{3t}\right)' \\ &= (t)' \cdot e^{3t} + t \cdot (e^{3t})' \\ &= e^{3t} + t\,(e^{3t} \cdot 3) \\ &= e^{3t}(1+3t) \end{aligned}$

**Exemple 7.11**

Étudiez la croissance et la concavité de la courbe d'équation $f(x) = x^3 e^x$.

▶ *Solution*

1. dom $f = \mathbb{R}$.

2. Dérivées première et seconde de la fonction :

$$f'(x) = 3x^2 e^x + x^3 e^x = x^2 e^x (x + 3)$$

$$f''(x) = (e^x(x^3 + 3x^2))' = \ldots = xe^x(x^2 + 6x + 6)$$

3. Valeurs critiques de $f$ et de $f'$ :

$f'$ et $f''$ sont définies pour tout $x \in \mathbb{R}$.

$f'(x) = 0 \iff x = 0$ ou $x = -3$

$f''(x) = 0 \iff x = 0,\ x = -3 - \sqrt{3} \approx -4,7$ ou $x = -3 + \sqrt{3} \approx -1,3$

4. Croissance et concavité :

| $x$ | | $-3-\sqrt{3}$ | | $-3$ | | $-3+\sqrt{3}$ | | $0$ | |
|---|---|---|---|---|---|---|---|---|---|
| **Signe de $f'(x)$** | $-$ | $-$ | $-$ | $0$ | $+$ | $+$ | $+$ | $0$ | $+$ |
| **Croissance de $f$** | | | | $f(-3)$ min | | | | | |
| **Signe de $f''(x)$** | $-$ | $0$ | $+$ | $+$ | $+$ | $0$ | $-$ | $0$ | $+$ |
| **Concavité de la courbe de $f$** | | P.I. | | | | P.I. | | P.I. | |

La courbe de $f$ a donc un minimum en $(-3, \approx -1,34)$ et trois points d'inflexion : en $-3 - \sqrt{3}$, en $-3 + \sqrt{3}$ et en $0$.

À l'aide de la règle de dérivation de la fonction exponentielle naturelle, on peut obtenir la règle de dérivation de toutes les autres fonctions exponentielles de base $b$ (où $b > 0$ et $b \neq 1$) par le procédé suivant :

Soit la fonction d'équation $y = b^x$, où $b > 0$ et $b \neq 1$.

Selon la réciprocité des fonctions exponentielle et logarithmique, on a :

$$b = e^{\ln b}$$

D'où :
$$b^x = (e^{\ln b})^x$$
$$= e^{x \ln b}$$

En dérivant les deux membres de l'équation résultante, on obtient :

$$\frac{d(b^x)}{dx} = \frac{d}{dx}(e^{x \ln b})$$
$$= e^{x \ln b} \cdot \frac{d}{dx}(x \cdot \ln b)$$
$$= e^{x \ln b} \cdot \ln b$$
$$= b^x \cdot \ln b$$

**RÈGLE DE DÉRIVATION** ▶ **Dérivée d'une fonction exponentielle de base quelconque**

$$\frac{d(b^x)}{dx} = b^x \cdot \ln b \quad \text{ou} \quad (b^x)' = b^x \cdot \ln b$$

Littéralement :

« La dérivée d'une fonction exponentielle de base $b$ est égale au produit de l'exponentielle par le logarithme naturel de sa base. »

Forme générale, où $u$ est une fonction de $x$ :

$$\frac{d(b^u)}{dx} = b^u \cdot \ln b \cdot \frac{du}{dx} \quad \text{ou} \quad (b^u)' = b^u \cdot \ln b \cdot u'$$

**Remarque**

La constante « $\ln b$ » apparaissant dans les formules de dérivation précédentes est le nombre qu'on obtient en évaluant la limite de l'expression qu'on a rencontrée en recourant à la définition formelle de la dérivée (voir la page 253), c'est-à-dire :

$$\lim_{h \to 0} \left( \frac{b^h - 1}{h} \right) = \ln b$$

**Exemple 7.12**

Dérivez les fonctions définies par les équations suivantes :

a) $f(x) = 3^{5x}$

b) $g(x) = 2^{x^3} \cdot 4^{2x}$

**Solution**

a) $f'(x) = (3^{5x})'$

$= 3^{5x} \cdot \ln 3 \cdot (5x)'$

$= (5 \ln 3) \cdot 3^{5x}$

b) Puisque $g(x) = 2^{x^3} \cdot 4^{2x} = 2^{x^3} \cdot (2^2)^{2x} = 2^{x^3} \cdot 2^{4x} = 2^{x^3 + 4x}$

on a : $g'(x) = (2^{x^3+4x})'$

$= 2^{x^3+4x} \cdot \ln 2 \cdot (x^3 + 4x)'$

$= (\ln 2)(3x^2 + 4) \cdot 2^{x^3+4x}$

## EXERCICES 7.3

**1** Dérivez les fonctions suivantes en simplifiant leur équation au préalable, s'il y a lieu :

a) $u(x) = \dfrac{\partial e^{x^3 - 5x}}{e^x}$

b) $g(x) = \dfrac{e^x - e^{-x}}{2}$

c) $h(x) = x^3 e^x + e^2$

d) $f(x) = (e^x + x^e)^7$

e) $y = \dfrac{x^2}{e^{2x} + 1}$

**2** Soit $f(x) = e^x$. En quel point de la courbe de $f$ la pente de la tangente prend-elle la valeur 2 ?

**3** Étudiez la croissance et la concavité des courbes définies par les équations suivantes :

a) $f(x) = 2x - e^x$

b) $f(x) = e^{-x^2/2}$

**4** Si la population d'une fourmilière naissante suit la loi $P(t) = 0,5e^t$, où $P$ est en milliers de fourmis et $t$ le temps écoulé en mois,

a) déterminez la population initiale;

b) quelle sera la population au bout d'un mois?

c) à quel rythme augmentera la population à la fin du premier mois?

**5** Selon la loi de refroidissement de Newton, un objet dont la température initiale est de $T_0$ degrés Celsius, placé dans un milieu ambiant de température $T_a < T_0$ pendant $t$ heures, verra sa température diminuer selon le modèle:

$$T(t) = (T_0 - T_a)\,e^{kt} + T_a, \text{ où } k < 0.$$

(La valeur de la constante $k$ dépend de la nature de l'objet.)

Un médecin légiste arrive sur les lieux d'un meurtre à 16 h. La température du cadavre à ce moment-là est de 30 °C et la température de la pièce où a eu lieu le crime est maintenue à 20 °C. Sachant que la température d'une personne vivante est de 37 °C et que $k \approx -0,05$ pour le corps humain,

a) quelle sera l'estimation du médecin légiste quant à l'heure à laquelle le meurtre a été commis?

b) à quel rythme diminue la température du corps au moment où le médecin légiste arrive sur les lieux?

**6** Une équipe d'épidémiologistes estime que $t$ semaines après l'apparition d'un type particulier de maladie contagieuse, le nombre de personnes qui auront contracté la maladie sera donné approximativement par

$$N(t) = \frac{5}{1 + 4e^{-0,05t}} \text{ milliers de personnes.}$$

Sachant que $N'(t) = \dfrac{e^{-0,05t}}{(1 + 4e^{-0,05t})^2}$ et que

$$N''(t) = \frac{-0,05e^{-0,05t}(1 - 4e^{-0,05t})}{(1 + 4e^{-0,05t})^3}$$

a) calculez la vitesse de contamination à la fin de la première semaine;

b) déterminez les périodes de temps où la vitesse de contamination sera à la hausse; à la baisse;

c) déterminez le moment où la vitesse de contamination sera à son maximum.

**7** Dérivez les fonctions définies par les équations suivantes:

a) $f(x) = 2 \cdot 3^{x/2}$

b) $g(x) = 5^{\sqrt[3]{x}}$

c) $s(t) = \dfrac{2^{t^2}}{4^{3t}}$

d) $u(x) = x \cdot \left(\dfrac{1}{2}\right)^x$

# 7.4 Dérivée des fonctions logarithmiques

Considérons en premier lieu la fonction **logarithmique naturelle** $f(x) = \ln x$.

Selon l'équivalence entre la forme logarithmique et la forme exponentielle, on peut écrire:

$$f(x) = \ln x \iff x = e^{f(x)}$$

En dérivant chaque membre de la dernière égalité, on obtient:

$$(x)' = \left(e^{f(x)}\right)'$$
$$1 = e^{f(x)} \cdot f'(x)$$

D'où:

$$f'(x) = \frac{1}{e^{f(x)}}$$
$$= \frac{1}{e^{\ln x}}$$
$$= \frac{1}{x}$$

Donc,

$$(\ln x)' = \frac{1}{x}$$

De ce résultat, on retient la règle de dérivation ci-après.

**RÈGLE DE DÉRIVATION**

**Dérivée de la fonction logarithmique naturelle**

$$\frac{d(\ln x)}{dx} = \frac{1}{x} \quad \text{ou} \quad (\ln x)' = \frac{1}{x}$$

Littéralement :

« La dérivée du logarithme naturel est égale à l'inverse de la variable indépendante. »

Forme générale, où $u$ est une fonction de $x$ :

$$\frac{d(\ln u)}{dx} = \frac{1}{u} \cdot \frac{du}{dx} \quad \text{ou} \quad (\ln u)' = \frac{1}{u} \cdot u'$$

---

**Exemple 7.13**

Déterminez l'équation de la tangente à la courbe de $f(x) = \ln x$ au point d'abscisse $x = \frac{1}{3}$.

> **Solution**

L'équation recherchée est de la forme $y = ax + b$, où $a = f'(1/3)$.

On a $f'(x) = \frac{1}{x}$, d'où $a = f'(1/3) = 3$.

L'équation de la tangente est alors : $y = 3x + b$.

Il reste à trouver la valeur de $b$, ce que l'on obtient en sachant que la tangente passe par le point $\left(1/3, f(1/3)\right) = \left(1/3, \ln(1/3)\right)$, d'où :

$$\ln\left(\frac{1}{3}\right) = 3 \cdot \frac{1}{3} + b \quad \Rightarrow \quad b = -1 + \ln\left(\frac{1}{3}\right) = -1 - \ln 3$$

Donc, l'équation de la tangente à la courbe de $f(x) = \ln x$ au point d'abscisse $x = \frac{1}{3}$ est :

$$y = 3x - (1 + \ln 3)$$

---

**Exemple 7.14**

Dérivez les fonctions définies par les équations suivantes :

a) $f(x) = \ln(4x + 3)$  

d) $h(x) = \ln\sqrt{3x^2 - 1}$

b) $g(x) = \ln(x^e \cdot e^x)$  

e) $v(u) = 5\ln\left(\frac{u}{1-u}\right)$

c) $f(t) = \ln^3 t$

> **Solution**

a) $f'(x) = \left(\ln(4x+3)\right)'$

$\qquad = \frac{1}{4x+3} \cdot (4x+3)'$

$\qquad = \frac{4}{4x+3}$

b) Avant de calculer la dérivée de cette fonction, il vaut mieux la simplifier en utilisant les propriétés des logarithmes :

$$g(x) = \ln(x^e \cdot e^x) = \ln(x^e) + \ln(e^x) = e \ln x + x \ln e = e \ln x + x$$

D'où : $$g'(x) = e \cdot \frac{1}{x} + 1 = \frac{e}{x} + 1$$

c) On a : $$f(t) = \ln^3 t = (\ln t)^3$$

D'où :
$$f'(t) = \left((\ln t)^3\right)'$$
$$= 3(\ln t)^2 \cdot (\ln t)'$$
$$= 3(\ln t)^2 \cdot \frac{1}{t}$$
$$= \frac{3\ln^2 t}{t}$$

d) On a : $$h(x) = \ln\left(3x^2 - 1\right)^{1/2} = \frac{1}{2}\ln(3x^2 - 1)$$

D'où :
$$h'(x) = \frac{1}{2} \cdot \frac{1}{3x^2 - 1} \cdot (3x^2 - 1)'$$
$$= \frac{1}{2} \cdot \frac{1}{3x^2 - 1} \cdot 6x$$
$$= \frac{3x}{3x^2 - 1}$$

e) Sachant que le logarithme d'un quotient est égal à une différence de logarithmes, on a :

$$v(u) = 5\ln\left(\frac{u}{1-u}\right) = 5\left[\ln u - \ln(1-u)\right]$$

D'où :
$$v'(u) = 5\left[\ln u - \ln(1-u)\right]'$$
$$= 5\left(\frac{1}{u} - \frac{1}{1-u} \cdot (-1)\right)$$
$$= \frac{5}{u(1-u)}$$

À partir de la règle de dérivation des fonctions exponentielles de base $b$, il est possible d'obtenir une règle permettant de dériver toutes les fonctions logarithmiques de base $b$ ($b > 0$ et $b \neq 1$). La démonstration, similaire à celle qui a été présentée pour la dérivée de la fonction logarithmique naturelle, est laissée en exercice.

**RÈGLE DE DÉRIVATION** ▶ **Dérivée d'une fonction logarithmique de base quelconque**

$$\frac{d(\log_b x)}{dx} = \frac{1}{x \ln b} \quad \text{ou} \quad (\log_b x)' = \frac{1}{x \ln b}$$

Forme générale, où $u$ est une fonction de $x$ :

$$\frac{d(\log_b u)}{dx} = \frac{1}{u \ln b} \cdot \frac{du}{dx} \quad \text{ou} \quad (\log_b u)' = \frac{1}{u \ln b} \cdot u'$$

**Exemple 7.15**

Dérivez les fonctions définies par les équations suivantes :

a) $f(x) = \log_4(3x^2 - 5x + 1)$
b) $g(x) = \log\sqrt{x^2 + 1}$

▶ *Solution*

a) $f'(x) = \left(\log_4(3x^2 - 5x + 1)\right)'$

$$= \frac{1}{(3x^2 - 5x + 1)\ln 4} \cdot (3x^2 - 5x + 1)'$$

$$= \frac{6x - 5}{(3x^2 - 5x + 1)\ln 4}$$

b) On a : $g(x) = \log\sqrt{x^2 + 1} = \log(x^2 + 1)^{1/2} = \frac{1}{2} \cdot \log(x^2 + 1)$

D'où : $g'(x) = \frac{1}{2} \cdot \frac{1}{(x^2 + 1)\ln 10} \cdot (x^2 + 1)' = \frac{x}{(x^2 + 1)\ln 10}$

## EXERCICES 7.4

**1** Dérivez les fonctions définies par les équations suivantes (simplifiez avant de dériver, s'il y a lieu, en utilisant les propriétés des logarithmes) :

a) $f(x) = \dfrac{3\ln x}{8} + 4x^3$   e) $f(x) = \dfrac{1}{\ln x}$

b) $y = \ln(a - x)^5$   f) $f(x) = \ln\left(\dfrac{2x+1}{2x-1}\right)$

c) $y = \ln^5(a - x)$   g) $u(x) = \ln\left(\ln(x + 6)\right)$

d) $g(t) = e^t \cdot \ln t$

**2** Soit $f(x) = \ln x$.

a) Calculez la pente de la tangente à la courbe de $f$ au point d'abscisse 2.

b) Donnez l'équation de la tangente à la courbe de $f$ en ce point.

**3** Si on exprime l'intensité sonore $w$ en watts par mètre carré, alors le nombre de décibels est donné par :

$$D(w) = \frac{10\ln w}{\ln 10} + 120$$

a) Donnez le taux de variation du nombre de décibels par rapport à l'intensité sonore.

b) Montrez que si l'on double le nombre de watts d'un amplificateur, on ne gagne que 3 décibels supplémentaires. Expliquez pourquoi cette augmentation est si petite, à l'aide de la réponse obtenue en a).

**4** Dans chaque cas, dites pour quelle ou quelles valeurs de $x$ la courbe de la fonction admet une tangente horizontale.

a) $f(x) = 2e^x - x$   c) $h(x) = \ln(3x - x^2)$

b) $g(x) = e^{x^2}$

**5** Déterminez les extremums de la fonction définie par l'équation $f(x) = \dfrac{x^2}{2} - \ln x$

**6** Étudiez la croissance et la concavité des courbes définies par les équations suivantes :

a) $f(x) = x - \ln x$

b) $f(x) = \dfrac{1}{x} + \ln x$

**7** Démontrez que $(\log_b x)' = \dfrac{1}{x\ln b}$.

(Inspirez-vous de la démonstration faite pour la dérivée de la fonction logarithmique naturelle.)

**8** Dérivez les fonctions définies par les équations suivantes :

a) $f(x) = 2\log_{\frac{1}{4}}(3x^2 + 5x - 7)$

b) $g(x) = \log_5^2(x^3 + 1) + \log_5(x^3 + 1)^2$

c) $h(t) = \log(t^2 \cdot 2^t)$

d) $w(u) = \dfrac{\log_3 u}{u}$

# 7.5 Fonctions trigonométriques sinus et cosinus

Les fonctions trigonométriques sont utilisées pour décrire des **phénomènes périodiques** comme les ondes, le mouvement circulaire ou le mouvement des planètes. Elles jouent donc un rôle important dans de nombreux domaines de l'activité humaine. On les voit notamment en physique, en astronomie, en acoustique et même en musique. Lorsqu'on restreint les fonctions trigonométriques à l'intérieur d'un triangle rectangle, on retrouve les rapports trigonométriques bien connus dont un rappel est présenté à l'annexe E.

Dans cette section, nous nous concentrons sur l'étude des deux principales fonctions trigonométriques : sinus et cosinus. Nous verrons ensuite les autres fonctions trigonométriques, dans la prochaine section, puis nous terminerons le chapitre avec l'étude des dérivées des fonctions trigonométriques.

## Cercle trigonométrique

Pour traiter les phénomènes périodiques ou circulaires, on a eu l'idée de représenter la variable indépendante sur la circonférence d'un cercle plutôt que sur la droite réelle. De cette façon, la variable indépendante revient périodiquement aux mêmes positions sur le cercle, au fur et à mesure que sa valeur augmente ou diminue. Elle engendre ainsi une périodicité des valeurs de la variable dépendante. Le cercle choisi comme référence, appelé **cercle trigonométrique**, est le cercle de rayon 1 centré à l'origine du plan cartésien.

On peut donc imaginer que la droite réelle « s'enroule » autour du cercle trigonométrique (voir la figure 7.11) où, par convention, **l'origine** est située au point (1, 0) et le déplacement s'effectue dans le **sens antihoraire** pour les valeurs positives de la variable indépendante, et dans le sens horaire pour les valeurs négatives.

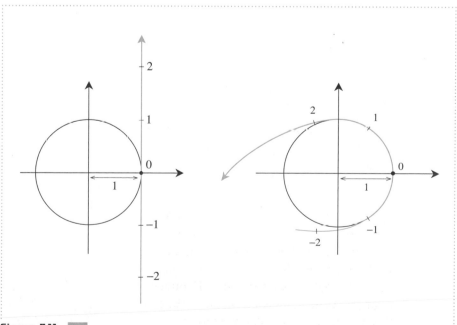

**Figure 7.11**

À tout nombre réel $t$, on peut donc associer un arc de longueur $t$ et un point $P(t)$ sur le cercle trigonométrique (voir la figure 7.12).

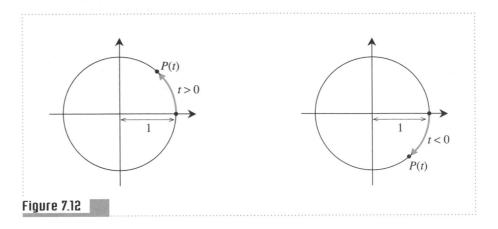

**Figure 7.12**

## Valeurs remarquables de la variable

Comme la circonférence du cercle trigonométrique mesure $2\pi$ (environ 6,28), les arcs les plus faciles à situer sont ceux dont la mesure correspond à un multiple ou à une fraction simple de $\pi$. Ce sont les **valeurs remarquables** de $t$. La figure 7.13 en donne quelques exemples.

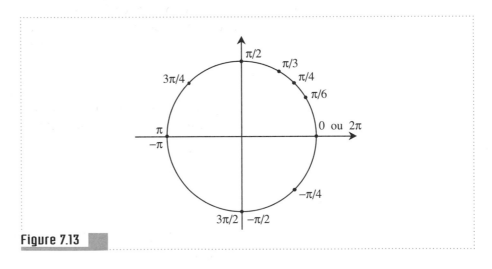

**Figure 7.13**

Ces arcs correspondent à des angles au centre également remarquables, comme l'indique le tableau 7.2.

| **Tableau 7.2** | Arcs et angles remarquables | | | | | |
|---|---|---|---|---|---|---|
| **Longueur d'arc** | $2\pi$ | $\pi$ | $\dfrac{\pi}{2}$ | $\dfrac{\pi}{3}$ | $\dfrac{\pi}{4}$ | $\dfrac{\pi}{6}$ |
| **Angle en degrés** | 360° | 180° | 90° | 60° | 45° | 30° |

Lorsque la mesure de l'arc est un multiple ou une fraction simple de $2\pi$, il est facile d'obtenir la mesure de l'angle au centre en degrés. Ce n'est pas le cas autrement, en particulier lorsque l'arc mesure une valeur entière ; on préfère alors exprimer les angles en radians.

**DÉFINITION** ▶ Un **radian**, en abrégé « rad », est la mesure de l'angle au centre du cercle trigonométrique qui sous-tend un arc de longueur 1 (voir la figure 7.14).

En conséquence, comme la circonférence du cercle trigonométrique mesure $2\pi$ et correspond à un angle au centre de 360°, il en résulte l'équivalence suivante entre les deux systèmes de mesures d'angles :

$$\pi \text{ rad} = 180° \quad \text{ou} \quad 1 \text{ rad} \approx 57,3°$$

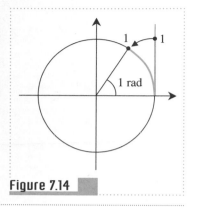

**Figure 7.14**

## Mouvement périodique

Si on revient à l'effet d'« enroulement » de la droite réelle autour du cercle trigonométrique (voir les figures 7.11 et 7.13), on constate qu'à chaque point $P$ du cercle correspond une infinité de nombres réels. Par exemple, les nombres …, $-6\pi$, $-4\pi$, $-2\pi$, 0, $2\pi$, $4\pi$, $6\pi$, … correspondent tous au point $(1, 0)$. De même, les nombres …, $-5\pi$, $-3\pi$, $-\pi$, $\pi$, $3\pi$, $5\pi$, … correspondent tous au point $(-1, 0)$, et ainsi de suite.

L'« enroulement » de la droite réelle autour du cercle illustre ainsi l'exemple le plus simple d'un **mouvement périodique**. En effet, si la variable indépendante $t$ varie de façon constante, alors le point $P(t)$ qui lui correspond sur le cercle trigonométrique se déplace en un mouvement circulaire cyclique.

Les coordonnées de $P(t)$ varient également de façon périodique en fonction de $t$, mais en un mouvement linéaire, horizontal ou vertical selon le cas. Comme elles jouent un rôle important dans le traitement des phénomènes périodiques, on leur a donné un nom particulier.

**DÉFINITION** ▶ **Fonctions sinus et cosinus**

Soit $t$ un nombre réel et $P(t)$ le point correspondant sur le cercle trigonométrique.

Le **sinus** de $t$ est l'ordonnée de $P(t)$ et est noté « $\sin t$ » (voir le premier cercle de la figure 7.15).

Le **cosinus** de $t$ est l'abscisse de $P(t)$ et est noté « $\cos t$ » (voir le deuxième cercle de la figure 7.15).

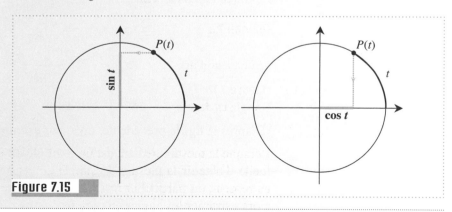

**Figure 7.15**

De la définition des fonctions sinus et cosinus, il résulte une relation trigonométrique importante.

En effet, si on relie le point

$$P(t) = (\cos t, \sin t)$$

du cercle trigonométrique au point $O(0, 0)$ (voir la figure 7.16), on obtient un triangle rectangle $OQP$, duquel on tire, grâce à la formule de Pythagore, le résultat suivant :

$$(\cos t)^2 + (\sin t)^2 = 1^2$$

ou 
$$\sin^2 t + \cos^2 t = 1$$

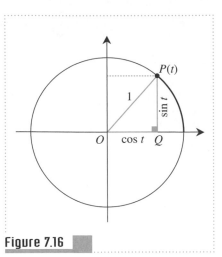

**Figure 7.16**

Cette relation est une identité, c'est-à-dire qu'elle est vraie quelle que soit la valeur de $t$.

## Valeurs remarquables des fonctions sinus et cosinus

Si on utilise l'identité précédente et des propriétés géométriques élémentaires des triangles rectangles, on peut facilement obtenir les valeurs de $\sin t$ et $\cos t$ pour les valeurs remarquables de $t$ (voir la figure 7.17). Il est utile de retenir ces valeurs, car elles peuvent accélérer les calculs et faciliter le tracé ou l'identification de courbes.

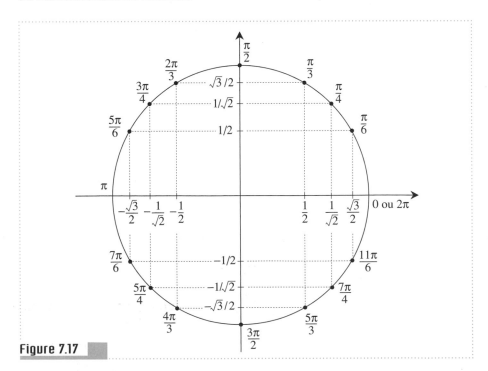

**Figure 7.17**

D'après la figure précédente, on a, par exemple :

$$P(0) = (1, 0) \quad \Rightarrow \quad \sin 0 = 0 \text{ et } \cos 0 = 1$$

$$P\left(\frac{\pi}{6}\right) = \left(\frac{\sqrt{3}}{2}, \frac{1}{2}\right) \quad \Rightarrow \quad \sin \frac{\pi}{6} = \frac{1}{2} \text{ et } \cos \frac{\pi}{6} = \frac{\sqrt{3}}{2}$$

En tenant compte de la périodicité, on a également, par exemple :

$$P\left(-\frac{\pi}{2}\right) = P\left(\frac{3\pi}{2}\right) = (0,-1) \quad \Rightarrow \quad \sin\left(-\frac{\pi}{2}\right) = -1 \ \text{et} \ \cos\left(-\frac{\pi}{2}\right) = 0$$

Pour des valeurs d'arcs (ou d'angles) non remarquables, on utilise une calculatrice en **mode radian**. Par exemple, on a :

$$\sin 1 \approx 0{,}8415 \ \text{et} \ \cos 1 \approx 0{,}5403$$
$$\sin 10 \approx -0{,}5440 \ \text{et} \ \cos 10 \approx -0{,}8391$$

## *Repère* historique

Le mot «sinus», attesté en 1625, a été emprunté au latin médiéval *sinus* et choisi exprès à des fins géométriques d'après son sens original : «pli de la toge». Il traduit le mot arabe *djayb* qui était employé en géométrie au sens de «demi-corde de l'arc double». Nombre de notions mathématiques occidentales proviennent des savants arabes qui ont vécu entre le VIIe et le XVe siècle et qui avaient assimilé les découvertes des mathématiciens grecs et indiens.

En 1754, le mot composé *co-sinus* a été choisi pour désigner le «sinus du complément de l'angle». On l'écrit en un seul mot, cosinus, depuis 1771.

## Graphique des fonctions sinus et cosinus

Pour obtenir le graphique cartésien des fonctions sinus et cosinus, il suffit de «dérouler» le cercle trigonométrique, c'est-à-dire de revenir à la droite réelle. Les valeurs de la variable indépendante $t$ se retrouveront alors sur l'axe horizontal, et les valeurs de la fonction (sinus ou cosinus, selon le cas), sur l'axe vertical. La figure 7.18 illustre le résultat pour la fonction sinus.

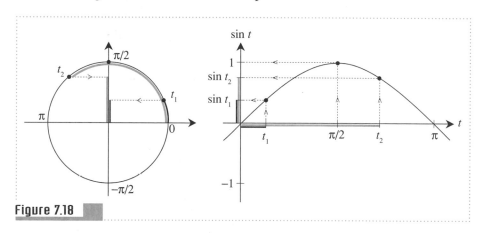

**Figure 7.18**

En prolongeant la courbe, on obtient le graphique de la figure 7.19.

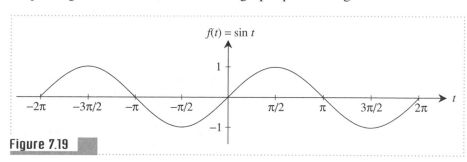

**Figure 7.19**

En procédant de façon analogue pour la fonction cosinus, on obtient le graphique de la figure 7.20.

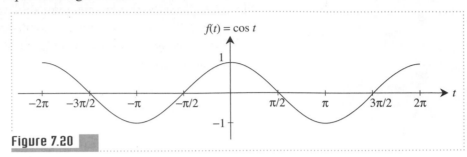

**Figure 7.20**

De la définition des fonctions sinus et cosinus ou de l'examen de leur courbe, on peut tirer les caractéristiques suivantes :

- Le domaine des fonctions sinus et cosinus est $\mathbb{R}$.
- L'image des fonctions sinus et cosinus est $[-1, 1]$.
- Les fonctions sinus et cosinus sont périodiques, de période $2\pi$.
- Les courbes des fonctions sinus et cosinus ont la forme d'une onde.
- La courbe de la fonction cosinus est une translation horizontale de $\dfrac{\pi}{2}$ unité de la courbe du sinus, d'où la relation suivante :

$$\cos t = \sin\left(t + \frac{\pi}{2}\right), \quad \forall t \in \mathbb{R}$$

**Exemple 7.16**

Une masse de 5 kg est attachée à un ressort (voir la figure 7.21). On tire cette masse vers le bas sur une distance de 30 cm, puis on la relâche. La position de la masse, par rapport à la règle graduée en centimètres, est donnée par :

$$p(t) = 30 \cos(2t)$$

où $t$ est le temps (en secondes) après avoir relâché la masse. (Ce modèle ne tient pas compte de la résistance de l'air, qui diminuerait graduellement l'amplitude des oscillations jusqu'à l'arrêt complet du mouvement.)

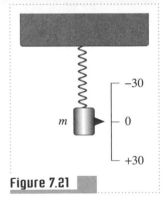

**Figure 7.21**

a) Où se trouve la masse après $\dfrac{\pi}{2}$ seconde ? Après 2,5 secondes ?

b) Représentez graphiquement ce mouvement pour $0 \le t \le 2\pi$.

▶ *Solution*

a) Lorsque $t = \dfrac{\pi}{2}$ s, la position de la masse est donnée par :

$$p\left(\frac{\pi}{2}\right) = 30 \cos(\pi) = 30(-1) = -30 \text{ cm}$$

Autrement dit, la masse se trouve à 30 cm au-dessus de sa position d'équilibre.

Lorsque $t = 2{,}5$ s, la position de la masse est :

$$p(2{,}5) = 30 \cos(5) \approx 8{,}5 \text{ cm}$$

La masse se trouve donc à 8,5 cm en dessous de sa position d'équilibre.

b) Lorsque $t$ passe de 0 à $2\pi$, $2t$ passe de 0 à $4\pi$. Par conséquent, $\cos(2t)$ effectue deux cycles complets dans l'intervalle donné. D'autre part, le coefficient 30 indique que la courbe du cosinus est étirée verticalement d'un facteur 30, c'est-à-dire que les valeurs de la fonction $p$ varient de $-30$ à 30. On a donc le graphique suivant pour le mouvement de la masse :

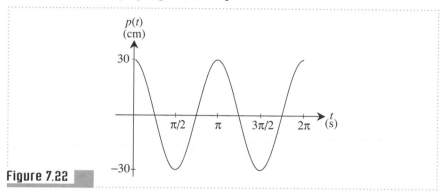

**Figure 7.22**

### Exemple 7.17

Résolvez l'équation : $2 \sin t \cdot \cos t = \cos t$ pour $t \in [-\pi, \pi]$.

▸ *Solution*

On regroupe les termes d'un même côté de l'équation et on les factorise. (Attention, on ne peut pas diviser chaque membre de l'égalité par $\cos t$, car ce facteur peut être égal à 0 sur l'intervalle considéré.) On obtient :

$$2 \sin t \cdot \cos t - \cos t = 0$$
$$\cos t \, (2 \sin t - 1) = 0$$

d'où :
$$\cos t = 0 \quad \text{ou} \quad 2 \sin t - 1 = 0$$

c'est-à-dire :
$$\cos t = 0 \quad \text{ou} \quad \sin t = \frac{1}{2}$$

Si on reporte ces valeurs dans le cercle trigonométrique, on obtient les points correspondants suivants (voir la figure 7.23) :

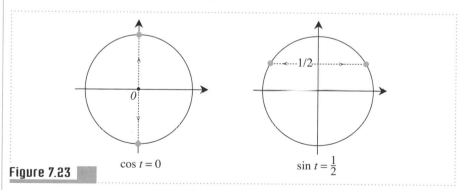

**Figure 7.23**

$\cos t = 0$          $\sin t = \dfrac{1}{2}$

Pour trouver les valeurs de $t$ qui correspondent à ces points dans l'intervalle donné, $[-\pi, \pi]$, il importe de bien visualiser ce domaine sur le cercle trigonométrique (voir la figure 7.24).

On obtient alors les valeurs de $t$ illustrées à la figure 7.25.

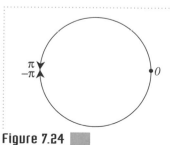

**Figure 7.24**

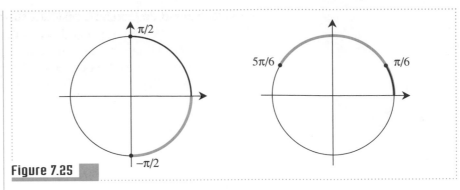

**Figure 7.25**

L'équation a donc pour solution : $-\dfrac{\pi}{2}$, $\dfrac{\pi}{6}$, $\dfrac{\pi}{2}$ et $\dfrac{5\pi}{6}$.

**Exemple 7.18**

Résolvez l'équation : $2\cos(3t) = \sqrt{3}$ pour $t \in \left[ -\dfrac{\pi}{3}, \dfrac{2\pi}{3} \right]$.

▶ *Solution*

$$2\cos(3t) = \sqrt{3} \quad \Leftrightarrow \quad \cos(3t) = \dfrac{\sqrt{3}}{2}$$

Pour simplifier cette dernière équation, on pose provisoirement $\alpha = 3t$.

On obtient alors :

$$\cos\alpha = \dfrac{\sqrt{3}}{2} \quad \text{pour} \quad \alpha \in \left[ 3\left(-\dfrac{\pi}{3}\right), 3\left(\dfrac{2\pi}{3}\right) \right] = [-\pi, 2\pi]$$

D'où (voir la figure 7.26) :

$$\alpha = -\dfrac{\pi}{6}, \ \dfrac{\pi}{6} \ \text{ou} \ \dfrac{11\pi}{6}$$

Si on revient à la variable initiale $t$,

où $t = \dfrac{\alpha}{3}$, on obtient les solutions suivantes :

$$t = -\dfrac{\pi}{18}, \ \dfrac{\pi}{18} \ \text{ou} \ \dfrac{11\pi}{18}$$

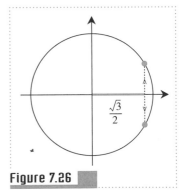

**Figure 7.26**

**Exemple 7.19**

Étudiez le signe de la fonction définie par l'équation $f(t) = \sin t\,(4\cos^2 t - 1)$ où $t \in [0, \pi[$.

▶ *Solution*

1. On détermine les zéros de la fonction dans l'intervalle donné :

$$\sin t\,(4\cos^2 t - 1) = 0$$

$$\sin t = 0 \quad \text{ou} \quad \cos^2 t = \dfrac{1}{4}$$

$$\sin t = 0 \quad \text{ou} \quad \cos t = \pm\dfrac{1}{2}$$

Sur l'intervalle $[0, \pi[$, on a les résultats suivants :

$$\sin t = 0 \implies t = 0$$

$$\cos t = \frac{1}{2} \implies t = \frac{\pi}{3}$$

$$\cos t = -\frac{1}{2} \implies t = \frac{2\pi}{3}$$

2. On étudie le signe de $f(t)$ :

| Valeurs de $t$ | X | 0 | | $\frac{\pi}{3}$ | | $\frac{2\pi}{3}$ | | $\pi$ |
|---|---|---|---|---|---|---|---|---|
| Signe de $f(t)$ | X | 0 | + | 0 | – | 0 | + | X |

La fonction est donc positive sur $\left]0, \dfrac{\pi}{3}\right[ \cup \left]\dfrac{2\pi}{3}, \pi\right[$ et négative sur $\left]\dfrac{\pi}{3}, \dfrac{2\pi}{3}\right[$.

## EXERCICES 7.5

**1** Indiquez, sur le cercle trigonométrique, les valeurs remarquables de $t$ dans l'intervalle $[-2\pi, 0]$.

**2** Indiquez, sur le cercle trigonométrique, les valeurs remarquables de $t$ dans l'intervalle $[-\pi, \pi]$.

**3** Dans chaque cas, représentez les trois fonctions sur un même système d'axes, observez et commentez.

a) $f(t) = \cos t$, $g(t) = 2 + \cos t$ et $h(t) = \cos t - 1$

b) $f(t) = \sin t$, $g(t) = 3 \sin t$ et $h(t) = \dfrac{1}{2}\sin t$

c) $f(t) = \cos t$, $g(t) = -\cos t$ et $h(t) = \cos(-t)$

d) $f(t) = \sin t$, $g(t) = \sin\left(t + \dfrac{\pi}{6}\right)$ et

$\qquad h(t) = \sin\left(t - \dfrac{\pi}{6}\right)$

e) $f(t) = \sin t$, $g(t) = \sin(2t)$ et $h(t) = \sin\left(\dfrac{t}{2}\right)$

**4** Dans chaque cas, trouvez une équation pouvant correspondre au graphique donné.

a)

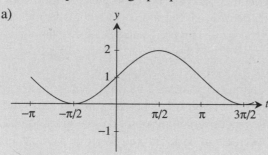

b)

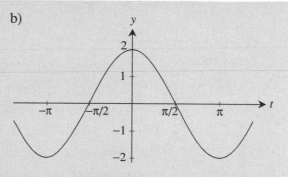

c)

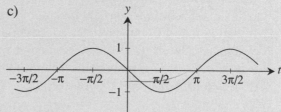

d)

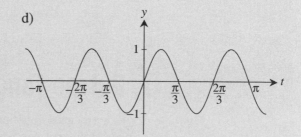

e)

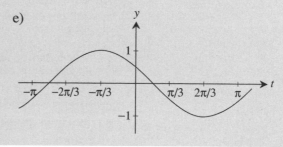

**5** Résolvez les équations suivantes :

a) $2\sin t + \sqrt{3} = 0$, pour $t \in [0, 4\pi]$

b) $2\sin^2 t - 1 = 0$, pour $t \in [0, 2\pi]$

c) $\sin t = 2\sin t \cdot \cos t$, pour $t \in [-\pi, \pi]$

d) $(2\cos t + 1)(\sin t - 2) = 0$, pour $t \in [0, 2\pi]$

e) $2\sin^2 t + \sin t - 1 = 0$, pour $t \in [0, 2\pi]$
(Suggestion : Posez $x = \sin t$ et résolvez l'équation quadratique obtenue.)

f) $\sin(4t) = 0$, pour $t \in [0, \pi]$

g) $\cos(2\pi t) = -1$, pour $t \in \mathbb{R}$

**6** Dans un circuit électrique oscillant composé d'un condensateur et d'une bobine, la charge $Q$ (en millicoulombs) du condensateur est donnée par :

$$Q(t) = Q_0 \sin\left(4t + \frac{\pi}{2}\right), \quad t \geq 0,$$

où $t$ est le temps en secondes et $Q_0$, la charge au temps $t = 0$.

a) Quelle est la charge après 5 secondes ?

b) À quels moments la charge est-elle nulle ?

c) À quels moments la charge atteint-elle $Q_0$ (sa valeur maximale) ?

**7** Une masse $M$ est attachée à un ressort et oscille le long d'un axe vertical $h$ gradué en centimètres. Les différentes forces en jeu donnent à la masse $M$ un mouvement harmonique qui est amorti par la résistance de l'air et les imperfections dans l'élasticité du ressort.

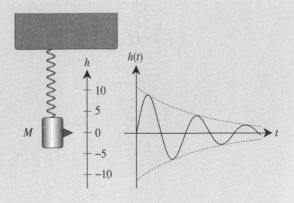

Le déplacement de la masse en fonction du temps $t$ est donné par le graphique ci-dessus. Cette courbe a une équation de la forme :

$$h(t) = Ae^{kt}\sin(bt)$$

où $t \geq 0$ ; $A$, $k$ et $b$ sont des constantes, et $k < 0$.

Prenons, par exemple, la fonction

$$h(t) = 5e^{-t}\sin t$$

où $t$ est en secondes.

a) Déterminez la position de la masse aux instants suivants :

i) $t = 0$ s     ii) $t = \dfrac{\pi}{2}$ s     iii) $t = 2$ s

b) À quels moments, au cours des 10 premières secondes, la masse passe-t-elle devant la position 0 ?

**8** Étudiez le signe des fonctions suivantes :

a) $f(t) = \sin t\,(1 + 2\cos t)$, sur $[0, \pi]$

b) $f(t) = 6\sin^2 t \cdot \cos t - 3\sin^2 t$, sur $\,]-\pi/2, \pi[$

# 7.6 Autres fonctions trigonométriques

La principale fonction trigonométrique est le sinus, puisque toutes les autres peuvent s'exprimer en termes de celle-ci, y compris la fonction cosinus. En effet, on peut, par exemple, obtenir $\cos t$ de l'une ou l'autre des formules suivantes :

$$\cos^2 t = 1 - \sin^2 t \quad \text{ou} \quad \cos t = \sin\left(t + \frac{\pi}{2}\right), \text{ quel que soit } t \in \mathbb{R}.$$

Il est cependant utile de connaître d'autres fonctions trigonométriques, car elles ont des caractéristiques différentes de celles du sinus qui les rendent intéressantes à titre de modèles, notamment du point de vue graphique. Il s'agit des fonctions **tangente** et **sécante** et de leurs « co-fonctions », **cotangente** et **cosécante**.

## Fonctions tangente et sécante

**DÉFINITION**

Soit $t$ un nombre réel et $P(t)$ le point correspondant sur le cercle trigonométrique.

La **tangente** de $t$, notée «tan $t$», se mesure sur une droite tangente au cercle, d'où l'appellation de cette fonction. Cette droite est parallèle à l'axe vertical, graduée dans les mêmes unités et a pour origine le point $A(1, 0)$ (voir la figure 7.27).

Par définition, tan $t$ est la mesure du segment $\overline{AB}$ intercepté sur cette droite par les rayons $\overline{OA}$ et $\overline{OP}$ (prolongé jusqu'à la droite tangente).

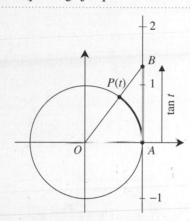

**Figure 7.27**

La **sécante** de $t$, notée «sec $t$», est la mesure du segment $\overline{OB}$, soit le rayon $\overline{OP}$ prolongé (voir la figure 7.28). Cette fonction se mesure donc sur une droite sécante au cercle trigonométrique, d'où son nom.

Lorsque le point $P(t)$ se trouve dans le 2e ou le 3e quadrant, on prolonge plutôt le rayon $\overline{OP}$ jusqu'à la droite tangente au cercle en $(-1, 0)$ pour représenter la sécante. Les valeurs de sec $t$ sont alors négatives.

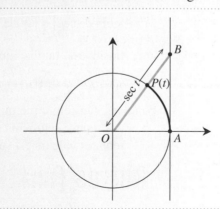

**Figure 7.28**

**Exemple 7.20**

Représentez, sur le cercle trigonométrique, les valeurs suivantes :

a) $\tan\left(\dfrac{\pi}{4}\right)$, $\tan\left(\dfrac{5\pi}{6}\right)$, $\tan\left(\dfrac{4\pi}{3}\right)$ et $\tan\left(\dfrac{5\pi}{3}\right)$

b) $\sec\left(\dfrac{2\pi}{3}\right)$, $\sec\left(\dfrac{7\pi}{6}\right)$, $\sec\left(\dfrac{\pi}{4}\right)$ et $\sec\left(\dfrac{7\pi}{4}\right)$

**▶ Solution**

a) Les valeurs données sont représentées à la figure 7.29 :

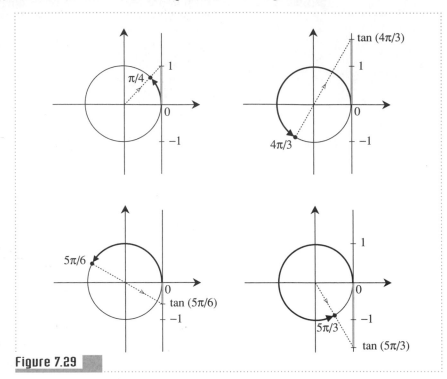

**Figure 7.29**

On constate que la fonction tangente peut prendre toutes les valeurs réelles possibles : positives, négatives ou nulle.

b) Les valeurs de sécante données sont représentées à la figure 7.30.

Selon la définition de sec $t$, les valeurs de $\sec\left(\dfrac{\pi}{4}\right)$ et de $\sec\left(\dfrac{7\pi}{4}\right)$ sont positives, tandis que celles de $\sec\left(\dfrac{2\pi}{3}\right)$ et de $\sec\left(\dfrac{7\pi}{6}\right)$ sont négatives. On remarque que la longueur des quatre segments qui représentent ces valeurs est supérieure à 1.

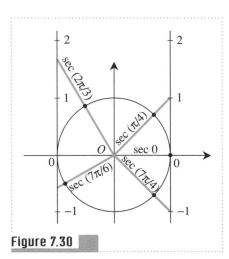

**Figure 7.30**

**Remarques**

1. Les fonctions tangente et sécante ne sont pas définies si $P(t)$ se trouve en $(0, 1)$ ou en $(0, -1)$, car le rayon $\overline{OP}$ est alors parallèle à la tangente au cercle en $(1, 0)$, ou en $(-1, 0)$, et ne peut donc pas la rencontrer (voir les figures 7.27 et 7.28). Par conséquent, leur domaine est :

$$\left\{ t \in \mathbb{R} \;\middle|\; t \neq (2k-1)\frac{\pi}{2} \;\text{ où }\; k \in \mathbb{Z} \right\}$$

2. L'image de la fonction tangente est $\mathbb{R}$, car l'expression $\tan t$ peut prendre toutes les valeurs réelles: positives, négatives ou nulle (voir la figure 7.31).

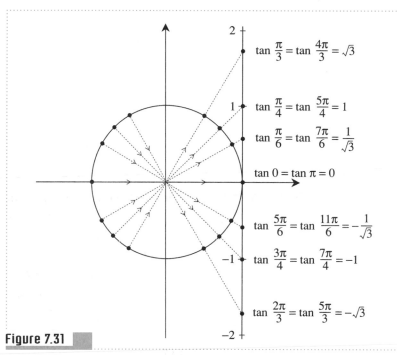

$$\tan \frac{\pi}{3} = \tan \frac{4\pi}{3} = \sqrt{3}$$

$$\tan \frac{\pi}{4} = \tan \frac{5\pi}{4} = 1$$

$$\tan \frac{\pi}{6} = \tan \frac{7\pi}{6} = \frac{1}{\sqrt{3}}$$

$$\tan 0 = \tan \pi = 0$$

$$\tan \frac{5\pi}{6} = \tan \frac{11\pi}{6} = -\frac{1}{\sqrt{3}}$$

$$\tan \frac{3\pi}{4} = \tan \frac{7\pi}{4} = -1$$

$$\tan \frac{2\pi}{3} = \tan \frac{5\pi}{3} = -\sqrt{3}$$

**Figure 7.31**

3. L'image de la fonction sécante est $]-\infty, -1] \cup [1, \infty[$, puisque $\sec t$ est, par définition, la mesure du «rayon prolongé». Sa valeur absolue est donc nécessairement plus grande que 1 ou égale à 1 (voir la figure 7.30).

## Graphique des fonctions tangente et sécante

Le graphique cartésien des fonctions tangente et sécante peut être obtenu, comme pour les fonctions sinus et cosinus, en «déroulant» le cercle trigonométrique pour le ramener sur l'axe horizontal. Les valeurs de $t$ sont alors reportées en abscisse, tandis que celles de $\tan t$ ou de $\sec t$ sont reportées en ordonnée (voir les figures 7.32 et 7.33).

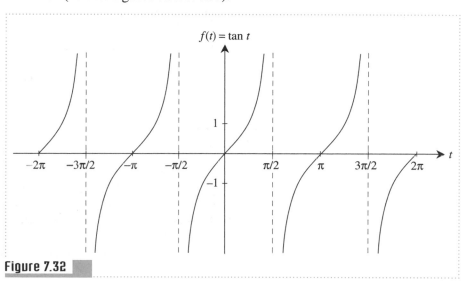

$f(t) = \tan t$

**Figure 7.32**

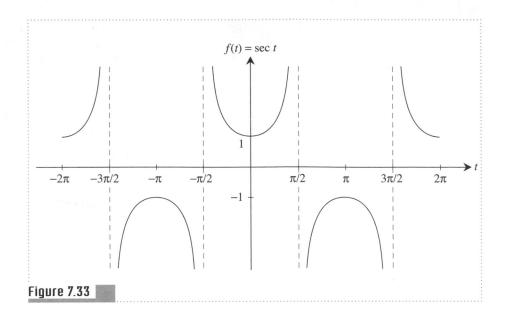

**Figure 7.33**

On observe que les fonctions tangente et sécante sont périodiques : la tangente, de période π, et la sécante, de période 2π. Leur courbe admet des asymptotes verticales là où les fonctions ne sont pas définies.

## Fonctions cotangente et cosécante

Comme leurs noms le laissent entendre, il y a des similitudes entre les fonctions tangente et cotangente (co-tangente) d'une part, et les fonctions sécante et cosécante (co-sécante) d'autre part.

**DÉFINITION** ▶

Soit $t$ un nombre réel et $P(t)$ le point correspondant sur le cercle trigonométrique.

La **cotangente** de $t$, notée « cot $t$ », se mesure sur la droite tangente au cercle au point $C(0, 1)$ (voir la figure 7.34). Cette droite, parallèle à l'axe horizontal, est graduée dans les mêmes unités et a pour origine le point $C$.

Par définition, cot $t$ est la mesure du segment $\overline{CD}$ intercepté sur cette droite par les rayons $\overline{OC}$ et $\overline{OP}$ (prolongé jusqu'à la droite tangente).

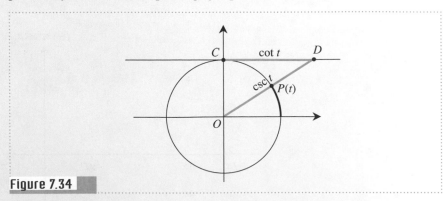

**Figure 7.34**

La **cosécante** de $t$, notée « csc $t$ », est la mesure du segment $\overline{OD}$, le rayon $\overline{OP}$ prolongé. Si le point $P(t)$ se trouve dans le 3e ou le 4e quadrant, on utilise la droite tangente au cercle en $(0, -1)$ ; csc $t$ prend alors une valeur négative.

**Remarques**

1. Les fonctions cotangente et cosécante ne sont pas définies si $P(t)$ se trouve en $(1, 0)$ ou en $(-1, 0)$, car le rayon $\overline{OP}$ (voir la figure 7.34) est alors parallèle à la tangente au cercle en $(0, 1)$, ou en $(0, -1)$, et ne peut donc pas la rencontrer. Par conséquent, le domaine de ces fonctions est :

$$\{t \in \mathbb{R} \mid t \neq k\pi \text{ où } k \in \mathbb{Z}\}$$

2. L'image de la fonction cotangente est $\mathbb{R}$, comme pour la fonction tangente, et l'image de la fonction cosécante est $]-\infty, -1] \cup [1, \infty[$, comme pour la fonction sécante.

## Graphique des fonctions cotangente et cosécante

Les graphiques cartésiens des fonctions cotangente et cosécante sont présentés aux figures 7.35 et 7.36 respectivement.

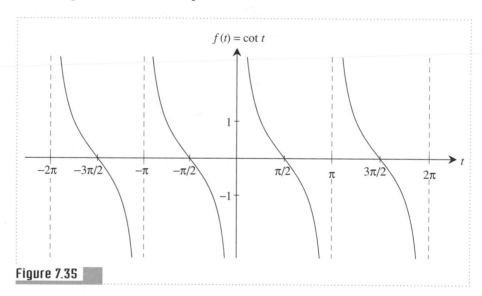

**Figure 7.35**

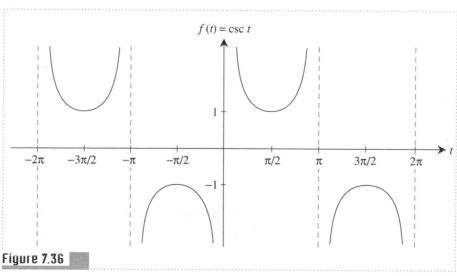

**Figure 7.36**

## Relations trigonométriques

Des définitions des fonctions trigonométriques, on peut tirer les sept relations ci-dessous. Les quatre premières réfèrent à la figure 7.37 et les autres à la figure 7.38.

Les relations 1, 4 et 7 dérivent de la formule de Pythagore ; les autres découlent de la relation de proportionnalité dans les triangles semblables.

1. $\overline{QP}^2 + \overline{OQ}^2 = \overline{OP}^2 \quad \Rightarrow \quad \sin^2 t + \cos^2 t = 1$

2. $\dfrac{\overline{AB}}{\overline{OA}} = \dfrac{\overline{QP}}{\overline{OQ}} \quad \Rightarrow \quad \dfrac{\tan t}{1} = \dfrac{\sin t}{\cos t} \quad \Rightarrow \quad \tan t = \dfrac{\sin t}{\cos t}$

3. $\dfrac{\overline{OB}}{\overline{OA}} = \dfrac{\overline{OP}}{\overline{OQ}} \quad \Rightarrow \quad \dfrac{\sec t}{1} = \dfrac{1}{\cos t} \quad \Rightarrow \quad \sec t = \dfrac{1}{\cos t}$

4. $\overline{OB}^2 = \overline{OA}^2 + \overline{AB}^2 \quad \Rightarrow \quad \sec^2 t = 1 + \tan^2 t$

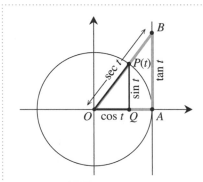

**Figure 7.37**

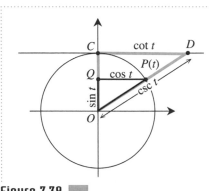

**Figure 7.38**

5. $\dfrac{\overline{CD}}{\overline{OC}} = \dfrac{\overline{QP}}{\overline{OQ}} \quad \Rightarrow \quad \dfrac{\cot t}{1} = \dfrac{\cos t}{\sin t} \quad \Rightarrow \quad \cot t = \dfrac{\cos t}{\sin t}$

6. $\dfrac{\overline{OD}}{\overline{OC}} = \dfrac{\overline{OP}}{\overline{OQ}} \quad \Rightarrow \quad \dfrac{\csc t}{1} = \dfrac{1}{\sin t} \quad \Rightarrow \quad \csc t = \dfrac{1}{\sin t}$

7. $\overline{OD}^2 = \overline{OC}^2 + \overline{CD}^2 \quad \Rightarrow \quad \csc^2 t = 1 + \cot^2 t$

## EXERCICES 7.6

**1** Sans utiliser la calculatrice, donnez la valeur des expressions suivantes :

a) $\sec 0$

b) $\csc\left(\dfrac{13\pi}{6}\right)$

c) $\sec\left(\dfrac{9\pi}{4}\right)$

d) $\tan\left(-\dfrac{2\pi}{3}\right)$

e) $\cot\left(-\dfrac{3\pi}{4}\right)$

**2** Utilisez la calculatrice pour trouver la valeur des expressions suivantes :

a) $\tan(1)$

b) $\cot(-10)$

c) $\csc(-5,5)$

d) $\sec(10,75)$

**3** À partir de la relation $\sec t = \dfrac{1}{\cos t}$ et du graphique de la fonction cosinus, expliquez les caractéristiques du graphique de la fonction sécante (domaine, image, zéros, intervalles de croissance et de décroissance, asymptotes verticales).

**4** À partir de la relation $\cot t = \dfrac{\cos t}{\sin t}$ et du graphique des fonctions sinus et cosinus, expliquez les caractéristiques du graphique de la fonction cotangente (domaine, image, zéros, intervalles de croissance et de décroissance, asymptotes verticales).

**5** Résolvez les équations suivantes :

a) $2 \cos t \tan t = \tan t$, pour $t \in [0, 2\pi[$

b) $\sin t \cos t = 0$, pour $t \in [0, 2\pi]$

c) $(\ln x - 1)(\tan x + 1) = 0$, pour $x \in ]0, \pi]$

**6** Trouvez la plus grande valeur de $\tan(\sin x)$.

**7** Dans chaque cas, trouvez l'équation d'une fonction correspondant au graphique.

a)

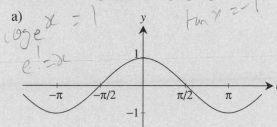

b)

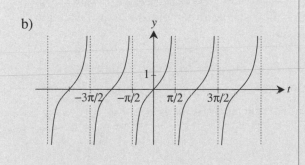

c)

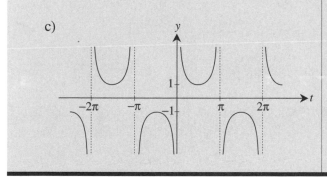

d)

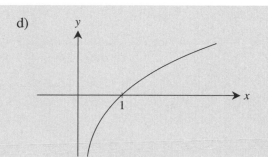

e)

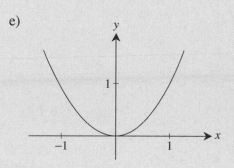

f)

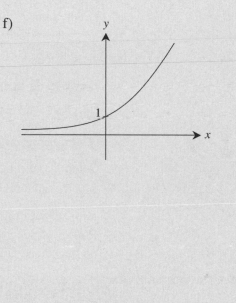

# 7.7 Dérivée des fonctions trigonométriques

Considérons en premier lieu la fonction sinus, puisque de la connaissance de sa dérivée découleront les règles de dérivation des autres fonctions trigonométriques.

Pour le moment, nous n'avons aucune règle de dérivation permettant d'obtenir la dérivée de $f(x) = \sin x$. Avant de recourir à la définition formelle de la dérivée, essayons de tracer un graphique approximatif de $f'$ en examinant les pentes de tangentes le long de la courbe de $f$ (voir la figure 7.39).

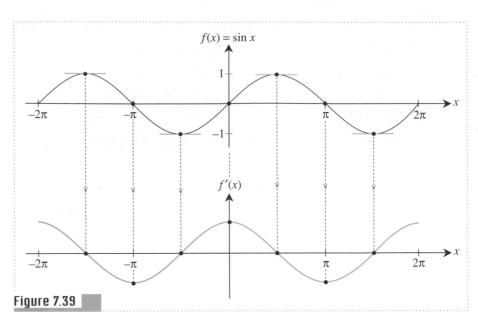

**Figure 7.39**

On observe que le graphique de la dérivée de la fonction sinus ressemble à celui de la fonction cosinus. En fait, il s'agit plus que d'une ressemblance, puisque $(\sin x)' = \cos x$, résultat que nous démontrons dans l'exemple suivant.

**Exemple 7.21**

### Dérivée de la fonction sinus

Soit $f(x) = \sin x$. Démontrez que $f'(x) = \cos x$.

▶ *Démonstration*

Selon la définition de la dérivée, on a :

$$\frac{d}{dx}(\sin x) = \lim_{h \to 0}\left(\frac{\sin(x+h) - \sin x}{h}\right)$$

Reportons les arcs $x$ et $(x + h)$ sur le cercle trigonométrique (voir le schéma de gauche de la figure 7.40).

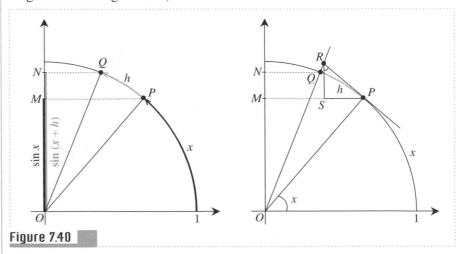

**Figure 7.40**

Selon la définition de la fonction sinus, on a respectivement :

$$\sin x = \overline{OM} \quad \text{et} \quad \sin(x+h) = \overline{ON}$$

D'où :
$$\sin(x+h) - \sin x = \overline{MN}$$

Du point $P$, on mène une tangente au cercle (voir le schéma de droite de la figure 7.40) jusqu'à sa rencontre (en $R$) avec le prolongement du rayon $\overline{OQ}$, puis on abaisse le segment $\overline{RS}$ perpendiculaire à $\overline{MP}$.

Si l'arc $h$ est très petit, on peut faire les deux approximations suivantes :

$$h \approx \overline{PR} \quad \text{et} \quad \overline{MN} \approx \overline{SR}$$

En reportant ces approximations dans l'équation de la dérivée, on obtient :

$$\frac{\sin(x+h) - \sin x}{h} \approx \frac{\overline{SR}}{\overline{PR}}$$

Ce rapport $\dfrac{\overline{SR}}{\overline{PR}}$, dans le triangle $SPR$, correspond au cosinus de l'angle $\widehat{SRP}$, d'où :

$$\frac{\sin(x+h) - \sin x}{h} \approx \cos \widehat{SRP}$$

Or, $\widehat{SRP}$ est congru à l'angle $x$, puisque leurs côtés homologues sont respectivement perpendiculaires. En effet, la tangente à un cercle est perpendiculaire au rayon issu du point de tangence.

Par conséquent, $\qquad \dfrac{\sin(x+h) - \sin x}{h} \approx \cos x$

À la limite, on a : $\qquad \displaystyle\lim_{h \to 0}\left( \frac{\sin(x+h) - \sin x}{h} \right) = \cos x$

La dérivée de la fonction sinus est donc : $\dfrac{d}{dx}(\sin x) = \cos x$.

**CQFD**

---

**Exemple 7.22**

### Dérivée de la fonction cosinus

Démontrez que $(\cos x)' = -\sin x$.

▶ *Démonstration*

Puisque $\cos x = \sin\left(x + \dfrac{\pi}{2}\right)$, $\forall x \in \mathbb{R}$, et $(\sin u)' = \cos u \cdot u'$, on a :

$$(\cos x)' = \left[ \sin\left(x + \frac{\pi}{2}\right) \right]' = \cos\left(x + \frac{\pi}{2}\right) \cdot \left(x + \frac{\pi}{2}\right)' = \cos\left(x + \frac{\pi}{2}\right)$$

Or, $\cos\left(x + \dfrac{\pi}{2}\right) = -\sin x$, $\forall x \in \mathbb{R}$, par translation horizontale de la courbe du cosinus.

Donc, $(\cos x)' = -\sin x$.

**CQFD**

---

Par un procédé analogue, on peut obtenir les dérivées des fonctions tangente, sécante, cotangente et cosécante en exprimant ces fonctions en termes de sinus et de cosinus.

**Exemple 7.23**

### Dérivée de la fonction tangente

Démontrez que $(\tan x)' = \sec^2 x$.

▶ *Démonstration*

$$
\begin{aligned}
(\tan x)' &= \left(\frac{\sin x}{\cos x}\right)' \\
&= \frac{(\sin x)' \cdot \cos x - \sin x \cdot (\cos x)'}{\cos^2 x} \\
&= \frac{\cos x \cdot \cos x - \sin x \cdot (-\sin x)}{\cos^2 x} \\
&= \frac{\cos^2 x + \sin^2 x}{\cos^2 x} \\
&= \frac{1}{\cos^2 x} \qquad (\text{car } \cos^2 x + \sin^2 x = 1) \\
&= \sec^2 x
\end{aligned}
$$

Donc $(\tan x)' = \sec^2 x$.

**CQFD**

On peut démontrer de manière similaire que $(\cot x)' = -\csc^2 x$. La démonstration est laissée en exercice.

**Exemple 7.24**

### Dérivée de la fonction sécante

Démontrez que $(\sec x)' = \sec x \cdot \tan x$.

▶ *Démonstration*

$$
\begin{aligned}
(\sec x)' &= \left(\frac{1}{\cos x}\right)' \\
&= \left((\cos x)^{-1}\right)' \\
&= -1 \cdot (\cos x)^{-2} \cdot (\cos x)' \\
&= -1 \cdot (\cos x)^{-2} \cdot (-\sin x) \\
&= \frac{\sin x}{\cos^2 x} \\
&= \frac{1}{\cos x} \cdot \frac{\sin x}{\cos x} \\
&= \sec x \cdot \tan x
\end{aligned}
$$

Donc $(\sec x)' = \sec x \cdot \tan x$.

**CQFD**

On peut démontrer de manière similaire que $(\csc x)' = -\csc x \cdot \cot x$. La démonstration est laissée en exercice.

**RÈGLES DE DÉRIVATION** ▶ **Dérivée des fonctions trigonométriques**

$$\frac{d(\sin x)}{dx} = \cos x \qquad\qquad (\sin x)' = \cos x$$

$$\frac{d(\cos x)}{dx} = -\sin x \qquad\qquad (\cos x)' = -\sin x$$

$$\frac{d(\tan x)}{dx} = \sec^2 x \qquad\qquad (\tan x)' = \sec^2 x$$

$$\frac{d(\sec x)}{dx} = \sec x \cdot \tan x \qquad\qquad (\sec x)' = \sec x \cdot \tan x$$

$$\frac{d(\cot x)}{dx} = -\csc^2 x \qquad\qquad (\cot x)' = -\csc^2 x$$

$$\frac{d(\csc x)}{dx} = -\csc x \cdot \cot x \qquad\qquad (\csc x)' = -\csc x \cdot \cot x$$

**Formes générales, où *u* est une fonction de *x***

$$\frac{d(\sin u)}{dx} = \cos u \cdot \frac{du}{dx} \qquad\qquad (\sin u)' = \cos u \cdot u'$$

$$\frac{d(\cos u)}{dx} = -\sin u \cdot \frac{du}{dx} \qquad\qquad (\cos u)' = -\sin u \cdot u'$$

$$\frac{d(\tan u)}{dx} = \sec^2 u \cdot \frac{du}{dx} \qquad\qquad (\tan u)' = \sec^2 u \cdot u'$$

$$\frac{d(\sec u)}{dx} = \sec u \cdot \tan u \cdot \frac{du}{dx} \qquad\qquad (\sec u)' = \sec u \cdot \tan u \cdot u'$$

$$\frac{d(\cot u)}{dx} = -\csc^2 u \cdot \frac{du}{dx} \qquad\qquad (\cot u)' = -\csc^2 u \cdot u'$$

$$\frac{d(\csc u)}{dx} = -\csc u \cdot \cot u \cdot \frac{du}{dx} \qquad\qquad (\csc u)' = -\csc u \cdot \cot u \cdot u'$$

**Exemple 7.25**

Soit $f(x) = \sin x$. Trouvez, pour $x \in [0, 2\pi]$, en quels endroits la pente de la tangente à la courbe de $f$ est égale à $\dfrac{\sqrt{3}}{2}$.

▶ *Solution*

La pente de la tangente à la courbe de $f$ est donnée par sa dérivée : $f'(x) = \cos x$.

Il faut donc résoudre l'équation $\cos x = \dfrac{\sqrt{3}}{2}$ pour $x \in [0, 2\pi]$.

L'intervalle considéré correspond à un tour complet du cercle trigonométrique, dans le sens antihoraire. Le cosinus prend la valeur recherchée en deux points différents de la circonférence, soit en $x = \dfrac{\pi}{6}$ et en $x = \dfrac{11\pi}{6}$.

**Exemple 7.26**

Dérivez les fonctions suivantes.

a) $g(x) = \cos\sqrt{x}$

b) $f(x) = \sin^3(e^x + x)$

c) $f(x) = \sec(x^2 + 1)$

d) $y = \sec x \cdot \ln x^2$

▶ *Solution*

a) $g'(x) = \left(\cos(x^{1/2})\right)'$

$\quad = -\sin(x^{1/2}) \cdot (x^{1/2})'$

$\quad = -\sin(x^{1/2}) \cdot \dfrac{1}{2}x^{-1/2}$

$\quad = \dfrac{-\sin\sqrt{x}}{2\sqrt{x}}$

b) $f(x) = \sin^3(e^x + x) = \left(\sin(e^x + x)\right)^3$

D'où : $f'(x) = 3\left(\sin(e^x + x)\right)^2 \cdot \left(\sin(e^x + x)\right)'$

$\quad = 3\left(\sin(e^x + x)\right)^2 \cdot \cos(e^x + x) \cdot (e^x + x)'$

$\quad = 3\left(\sin(e^x + x)\right)^2 \cdot \cos(e^x + x) \cdot (e^x + 1)$

$\quad = 3(e^x + 1)\sin^2(e^x + x) \cdot \cos(e^x + x)$

c) $f'(x) = \left(\sec(x^2 + 1)\right)'$

$\quad = \sec(x^2 + 1) \cdot \tan(x^2 + 1) \cdot (x^2 + 1)'$

$\quad = 2x\sec(x^2 + 1) \cdot \tan(x^2 + 1)$

d) $y = \sec x \cdot \ln x^2 = 2\sec x \cdot \ln x$

D'où : $\dfrac{dy}{dx} = 2\left((\sec x)' \cdot \ln x + \sec x \cdot (\ln x)'\right)$

$\quad = 2\left(\sec x \cdot \tan x \cdot \ln x + \sec x \cdot \dfrac{1}{x}\right)$

$\quad = (2\sec x)\left(\tan x \cdot \ln x + \dfrac{1}{x}\right)$

**Exemple 7.27**

Le phénomène des marées est un exemple de mouvement ondulatoire dont la période est d'environ 12 h 25 min. Les grandes marées de la baie du Mont-Saint-Michel, en France, sont particulièrement célèbres. La mer parcourt 15 km entre son point le plus bas, sur le littoral, et la base du mont. À marée basse, on peut s'y rendre à gué, alors qu'à marée haute, le mont est entièrement entouré d'eau. Les visiteurs venus à pied par la plage doivent donc être prudents au retour pour ne pas se faire prendre par la brusque montée des eaux qui, selon la légende, avancent « à la vitesse d'un cheval au galop ».

Le graphique de la figure 7.41 représente la variation du niveau de l'eau dans cette baie au cours d'une partie d'une journée du mois d'août 2009.

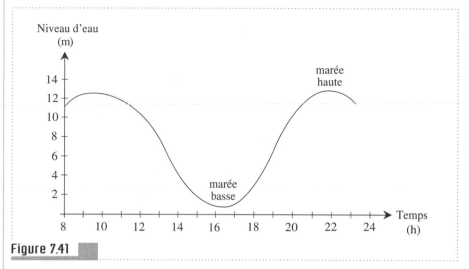

**Figure 7.41**

À partir du graphique, déterminez approximativement :

a) le moment où l'eau a monté le plus rapidement au cours de cette période ;

b) la vitesse à laquelle l'eau montait à ce moment-là. Cette vitesse correspond-elle à la légende ?

> **Solution**

a) On cherche sur la courbe le point où la tangente a la plus grande inclinaison : il s'agit environ du point (19, 7) (voir la figure 7.42). La marée a donc monté le plus rapidement vers 19 h au cours de cette période.

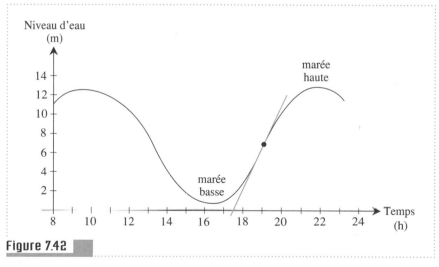

**Figure 7.42**

b) Pour calculer approximativement la vitesse à laquelle l'eau montait à ce moment-là, il suffit de prendre deux points sur la tangente à la courbe et d'en calculer la pente. Par exemple, on a approximativement les points (17,5 ; 0) et (19, 7), d'où la pente est :

$$\frac{7-0}{19-17,5} \approx 4,7 \text{ m/h}$$

L'eau montait donc rapidement à ce moment-là, à environ 5 mètres à l'heure, mais tout de même pas « à la vitesse d'un cheval au galop ».

Le tableau 7.3 regroupe les règles de dérivation des fonctions transcendantes dans leur forme générale et selon les deux notations.

**Tableau 7.3**

| Règles de dérivation des fonctions transcendantes où $u$ est une fonction de $x$ | |
|---|---|
| $\dfrac{d(e^u)}{dx} = e^u \cdot \dfrac{du}{dx}$ | $(e^u)' = e^u \cdot u'$ |
| $\dfrac{d(b^u)}{dx} = b^u \cdot \ln b \cdot \dfrac{du}{dx}$ | $(b^u)' = b^u \cdot \ln b \cdot u'$ |
| $\dfrac{d(\ln u)}{dx} = \dfrac{1}{u} \cdot \dfrac{du}{dx}$ | $(\ln u)' = \dfrac{1}{u} \cdot u'$ |
| $\dfrac{d(\log_b u)}{dx} = \dfrac{1}{u\ln b} \cdot \dfrac{du}{dx}$ | $(\log_b u)' = \dfrac{1}{u\ln b} \cdot u'$ |
| $\dfrac{d(\sin u)}{dx} = \cos u \cdot \dfrac{du}{dx}$ | $(\sin u)' = \cos u \cdot u'$ |
| $\dfrac{d(\cos u)}{dx} = -\sin u \cdot \dfrac{du}{dx}$ | $(\cos u)' = -\sin u \cdot u'$ |
| $\dfrac{d(\tan u)}{dx} = \sec^2 u \cdot \dfrac{du}{dx}$ | $(\tan u)' = \sec^2 u \cdot u'$ |
| $\dfrac{d(\sec u)}{dx} = \sec u \cdot \tan u \cdot \dfrac{du}{dx}$ | $(\sec u)' = \sec u \cdot \tan u \cdot u'$ |
| $\dfrac{d(\cot u)}{dx} = -\csc^2 u \cdot \dfrac{du}{dx}$ | $(\cot u)' = -\csc^2 u \cdot u'$ |
| $\dfrac{d(\csc u)}{dx} = -\csc u \cdot \cot u \cdot \dfrac{du}{dx}$ | $(\csc u)' = -\csc u \cdot \cot u \cdot u'$ |

## EXERCICES 7.7

**1** Soit $f(x) = \cos x$. Trouvez l'équation de la droite tangente à la courbe de $f$ au point d'abscisse $x = \dfrac{\pi}{3}$.

**2** Soit $f(x) = \sin x$. En quel ou quels points de la courbe de $f$ la pente de la tangente prend-elle la valeur :

a) $\dfrac{1}{2}$ ?          b) $\dfrac{3}{2}$ ?

**3** a) Quelle est la plus grande valeur que peut prendre la pente de la tangente à la courbe de la fonction sinus ?

b) Quelle est la plus petite valeur que peut prendre la pente de la tangente à la courbe de la fonction cosinus ?

**4** Dérivez les fonctions suivantes :

a) $f(x) = \dfrac{\cos(x^2 - 3x + 1)}{2}$

b) $g(x) = \sqrt{\cos(\pi x) + x}$

c) $s(u) = \ln(\cos^2 u) + \cos(\ln^2 u)$

d) $h(x) = e^{2x} \sin^4 x$

e) $f(x) = \sin x^6 + \sin^6 x$

f) $w(u) = \dfrac{\sin u}{1 + \cos u}$

**5** Le nombre d'heures d'ensoleillement quotidien, c'est-à-dire la différence entre le lever et le coucher du soleil, dépend de l'endroit où on se trouve sur la Terre et du moment de l'année. À l'équateur, par exemple, l'ensoleillement quotidien est pratiquement constant (environ 12 h), alors que près des pôles, il varie énormément au cours d'une année, passant d'une période de nuit totale à une période de clarté totale. À Montréal (45°5' de latitude nord, 73°6' de longitude ouest), le nombre d'heures d'ensoleillement quotidien peut être approximé par l'équation suivante :

$$N(t) = \frac{7}{2}\sin\left(\frac{\pi}{6}t - \frac{2,7\pi}{6}\right) + 12,2$$

où $t$ est le nombre de mois après le début de l'année, $0 \le t \le 12$.

(Pour simplifier le problème, on suppose que les mois ont tous la même durée.)

D'après ce modèle,

a) déterminez le nombre maximal et le nombre minimal d'heures d'ensoleillement quotidien à Montréal ; à quels moments de l'année les atteint-on ?

b) déterminez le moment de l'année où la durée d'ensoleillement quotidien augmente le plus rapidement à Montréal ;

c) tracez le graphique approximatif de l'ensoleillement quotidien à Montréal au cours d'une année.

**6** Étudiez la croissance et la concavité des courbes définies par les équations suivantes :

a) $f(x) = \frac{x\sqrt{2}}{2} + \cos x$, pour $x \in \left[-\frac{\pi}{2}, \frac{\pi}{2}\right]$

b) $f(t) = t - \sin t$, pour $t \in [-\pi, \pi]$

**7** Une masse de 2 kg est suspendue à un ressort. Si on tire cette masse sur une distance de 30 cm par rapport à sa position d'équilibre et qu'on la relâche, alors la position de la masse, $t$ secondes après l'avoir relâchée, est donnée par

$$y(t) = 30 \cos t \text{ cm.}$$

(Ce modèle ne tient pas compte de la friction de l'air ni des imperfections du ressort.)

a) Quelle est la position de la masse après 0,5 seconde ?

b) Déterminez la vitesse de la masse après $t$ secondes.

c) À quel moment la masse repassera-t-elle par sa position d'équilibre la première fois ? Quelle sera alors sa vitesse ?

**8** Dans un circuit électrique oscillant composé d'un condensateur et d'une bobine, la charge $Q$ (en millicoulombs) du condensateur est donnée par

$$Q(t) = Q_0 \sin\left(2t + \frac{\pi}{2}\right)$$

où $t$ est le temps (en secondes), et $Q_0$ est la charge initiale.

a) Quelle est la charge du condensateur à la fin de la 5e seconde ?

b) Quelle est la charge maximale du condensateur ? À quel ou quels moments est-elle atteinte ?

c) À quels moments la charge est-elle nulle ?

d) Calculez le taux de variation de la charge du condensateur aux instants suivants et interprétez les résultats :

   i) $t = \dfrac{\pi}{4}$ s           ii) $t = \dfrac{7\pi}{12}$ s

**9** Démontrez les règles de dérivation suivantes :

a) $(\cot x)' = -\csc^2 x$

b) $(\csc x)' = -\csc x \cdot \cot x$

**10** Dérivez les fonctions suivantes :

a) $f(x) = e^{\tan\sqrt{x+1}}$

b) $g(x) = \sec^{10}\left(\dfrac{2}{x}\right)$

c) $u(x) = \dfrac{k}{4\sec x}$

d) $f(x) = \dfrac{\sec x}{e^x}$

e) $f(x) = \ln(x\tan x)$

f) $f(x) = (2x + 1)^2 \cot x$

**11** Soit $f(x) = \tan(\pi x)$, où $-\dfrac{1}{2} \le x \le \dfrac{1}{2}$. Déterminez les valeurs pour lesquelles la tangente à la courbe de $f$ est parallèle à la droite d'équation $y = \pi x + 1$. Trouvez l'équation de cette tangente.

# Chapitre 8

# Application de la dérivée à l'optimisation

**1** On veut minimiser le coût de fabrication d'une cannette de 355 mL. Si pour cela il suffit de minimiser la surface de métal utilisée, quelles doivent être les dimensions de la cannette pour atteindre cet objectif?

**2** On dispose d'une feuille de carton de 100 cm sur 60 cm avec laquelle on veut fabriquer une boîte rectangulaire ouverte en découpant des carrés dans chaque coin et en relevant les côtés pour former la boîte (voir l'illustration ci-dessous). Quelles doivent être les dimensions de cette boîte pour que son volume soit maximal? Quel est ce volume maximal?

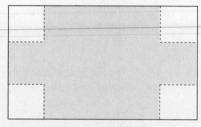

Les outils mathématiques que nous avons développés dans le chapitre 6 pour déterminer les extremums d'une fonction ont une portée concrète. En effet, dans de nombreux champs de l'activité humaine, on cherche à optimiser, c'est-à-dire à tirer le plus grand avantage possible en minimisant ou en maximisant l'un des aspects de la situation considérée. Par exemple, les ingénieurs de l'industrie automobile veulent construire la voiture la moins énergivore possible; les urbanistes cherchent à maximiser la fluidité de la circulation sur les grands axes routiers d'une ville; les chefs d'entreprise souhaitent minimiser les coûts de production; les publicitaires cherchent à obtenir la plus grande visibilité pour un produit donné. Tous ces problèmes reviennent à optimiser une ou plusieurs quantités. S'il est possible d'exprimer ces quantités au moyen de formules, on sera en mesure d'apporter une solution mathématique à ces problèmes: il s'agira alors d'appliquer l'outil de la dérivée.

Dans ce chapitre, nous allons donc porter notre attention sur la résolution de problèmes d'optimisation en contexte. L'étape cruciale dans la résolution de ce genre de problèmes est celle de la **modélisation mathématique** – c'est-à-dire l'étape où l'on traduit le contexte en langage mathématique – car, dans la vie réelle, les situations où l'on cherche une solution optimale ne se présentent pas avec des formules toutes faites, pas plus que ces formules ne viennent à l'esprit par science infuse. De plus, dans ces situations, les variables sont soumises à des contraintes découlant du contexte ou de conditions imposées. Ces contraintes peuvent porter sur la forme d'un schéma, sur une relation imposée entre des variables ou sur la restriction de leur domaine.

Il faut donc analyser la situation donnée avant de la mathématiser. Ce travail de traduction mathématique exige réflexion et méthode, d'où l'importance d'élaborer une démarche ordonnée. Comme nous avons insisté sur la pratique de la traduction symbolique dans les chapitres antérieurs, cet entraînement devrait faciliter ici le travail de modélisation mathématique.

# 8.1 Contextes simples

Pour nous familiariser avec la modélisation mathématique dans les problèmes d'optimisation, commençons par des exemples dans des contextes simples. Nous verrons ainsi comment traduire mathématiquement une situation donnée, au fur et à mesure de la lecture de l'énoncé, puis comment procéder ensuite pour résoudre le problème posé.

## Exemple 8.1

Un amateur de légumes frais souhaite aménager un potager de forme rectangulaire de 40 m², entouré d'une clôture métallique. Afin d'intéresser ses enfants au jardinage, il veut leur réserver une section qu'il délimitera à l'aide d'une clôture parallèle à l'un des côtés.

Quelle est la longueur minimale de clôture nécessaire pour réaliser ce projet et quelles sont alors les dimensions du potager ?

### ▶ *Solution*

#### ❶ **Traduction du problème**

On résume le problème en traduisant et en classant toutes les informations pertinentes.

On schématise d'abord le potager, dont la forme est imposée (voir la figure 8.1). On définit ensuite les variables avec leurs unités et leur domaine, puis on note les autres données.

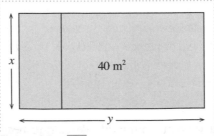

$x$ : largeur du potager (m), $x > 0$

$y$ : longueur du potager (m), $y > 0$

$L$ : longueur totale de la clôture (m), $L > 0$

Aire du potager = 40 m²

**Figure 8.1**

Il est à noter que l'aire du potager n'est pas une variable, mais une constante dans la donnée du problème. Elle constitue ici une contrainte qui se traduit par une relation imposée sur les variables, soit $xy = 40$.

On détermine finalement l'objectif du problème, soit la quantité à optimiser.

Objectif : On veut **minimiser la longueur totale $L$ de la clôture.**

**❷ Équation de la quantité à optimiser**

La longueur totale de la clôture est donnée par

$$L = 3x + 2y$$

Afin de poursuivre la résolution, il faut exprimer $L$ en fonction d'une seule variable. Pour cela, on recourt à l'équation de la contrainte sur l'aire dont on isole l'une des variables :

$$xy = 40, \text{ d'où } y = \frac{40}{x}.$$

Après substitution dans l'équation de $L$, on obtient :

$$L(x) = 3x + \frac{80}{x}, \text{ où } x > 0.$$

**❸ Recherche du minimum de $L$**

Comme l'objectif est de minimiser la longueur totale de la clôture, il s'agit de trouver le minimum de la fonction $L$. On dérive d'abord la fonction :

$$L'(x) = 3 - \frac{80}{x^2}, \text{ où } x > 0.$$

On détermine ensuite les valeurs critiques de $L$ :

$$L'(x) = 0 \quad \text{si} \quad 3 - \frac{80}{x^2} = 0$$

$$x^2 = \frac{80}{3}$$

$$x = \sqrt{\frac{80}{3}} \approx 5,16 \text{ m}$$

On ne retient pas la valeur $-\sqrt{\frac{80}{3}}$, car elle ne fait pas partie du domaine de $L$.

On vérifie si $L\left(\sqrt{80/3}\right)$ est un minimum de la fonction :

| $x$ | 0 | | $\approx 5{,}16$ | |
|---|---|---|---|---|
| **Signe de $L'(x)$** | X | $-$ | 0 | $+$ |
| **Croissance de $L$** | X | ↘ | min | ↗ |

La fonction $L$ atteint un minimum en $x = \sqrt{\frac{80}{3}}$.

On a alors : $y = \frac{40}{x} = 40\sqrt{\frac{3}{80}} \approx 7,75 \text{ m}$

D'où : $L = 3x + 2y \approx 31 \text{ m}$.

**❹ Conclusion**

La longueur minimale de clôture nécessaire est d'environ 31 m. Les dimensions du potager sont alors d'environ 5,16 m sur 7,75 m (voir la figure 8.2). On remarque qu'un des côtés de la section du potager réservée aux enfants mesure aussi 5,16 m, mais que la mesure de l'autre côté n'est pas déterminée, puisqu'elle n'influence pas la longueur totale de la clôture.

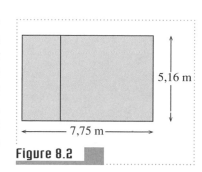

**Figure 8.2**

## Commentaires sur la démarche

Ce premier exemple donne une bonne idée de la façon de procéder pour résoudre un problème d'optimisation. Pour éviter de partir sur une fausse piste à la lecture d'un tel problème, ou de se lancer dans plusieurs directions à la fois, il importe de suivre un cheminement systématique. C'est pourquoi nous reprenons une par une les étapes de la démarche adoptée, afin de bien les expliquer.

La première étape, la **traduction du problème**, est l'étape cruciale dans la résolution d'un problème d'optimisation. Le reste de la solution et donc la validité de la réponse reposent sur une bonne compréhension du problème et sur une transposition exacte des données en termes mathématiques. Pour ce faire, il faut bien lire le problème, le relire au besoin, en traduisant au fur et à mesure les informations données. On schématise d'abord ce dont il est question, s'il y a lieu, car cela permet de bien « visualiser » la situation. On définit ensuite les variables en précisant leur domaine et leurs unités. On note les autres données ou contraintes, puis on termine avec la question-clé : que veut-on maximiser ou minimiser ? C'est l'objectif du problème. Cette quantité, que l'on veut optimiser, est **la** fonction sur laquelle porte le reste de la solution.

À la deuxième étape, on pose l'**équation de la quantité à optimiser**. On exprime cette fonction en termes d'une seule variable, s'il y a lieu. C'est à cette étape que les contraintes ou les autres données du problème interviennent, puisqu'elles permettent d'établir une relation entre les variables en question. On précise ensuite le domaine de la fonction obtenue d'après le contexte du problème.

La troisième étape, la **recherche de l'optimum**, est l'étape des calculs. On dérive d'abord la fonction à optimiser et on étudie le signe de la dérivée afin de localiser l'extremum recherché. On privilégie ici le critère de la dérivée première (tableau de croissance) à celui de la dérivée seconde, car il s'applique dans tous les cas, y compris pour les points frontières, très fréquents dans les situations concrètes. On termine cette étape en calculant, s'il y a lieu, tous les éléments demandés en relation avec l'extremum recherché.

La dernière étape est la **conclusion** du problème. On formule la réponse dans le contexte en précisant les unités. Avant de terminer, il est bon de vérifier si la réponse donnée est plausible dans le contexte. Si elle ne l'est pas, c'est le signe qu'une erreur s'est glissée dans la solution et on peut alors la détecter.

Le prochain exemple permet de mettre en application cette démarche.

### Exemple 8.2

Soit la demi-parabole d'équation $y = x^2$, où $x \geq 0$. Déterminez le point de la courbe le plus rapproché du point $(0, 1)$.

> *Solution*

❶ **Traduction du problème**

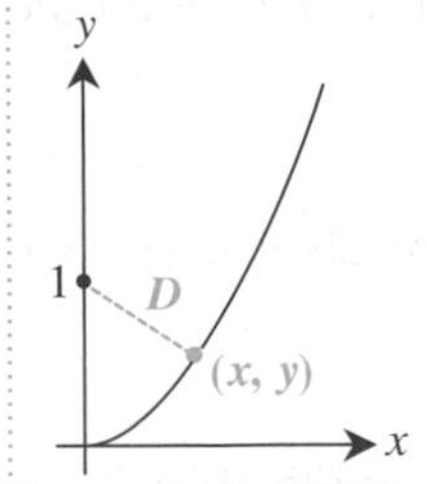

$x$ : abscisse du point recherché, $x \geq 0$

$y$ : ordonnée du point recherché, $y \geq 0$

$D$ : distance entre $(0, 1)$ et le point recherché, $D > 0$

La contrainte est donnée ici par l'équation de la courbe : $y = x^2$.

N.B. : Il n'y a pas d'unités.

**Figure 8.3**

Objectif : On veut **minimiser la distance $D$**.

**❷ Équation de la distance**

La distance $D$ entre les points $(x, y)$ et $(0, 1)$ est donnée par :

$$D = \sqrt{(x-0)^2 + (1-y)^2}$$

Cette équation est tirée de la formule de Pythagore dans le cas d'un triangle rectangle vu dans un plan cartésien et dont les extrémités de l'hypoténuse sont les points $(x, y)$ et $(0, 1)$ (voir la figure 8.4).

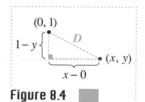

**Figure 8.4**

On exprime $D$ en fonction d'une seule variable (sachant que $y = x^2$) :

$$D(x) = \sqrt{x^2 + (1 - x^2)^2}, \quad \text{où } x \geq 0.$$

**❸ Recherche du minimum de $D$**

On dérive la fonction $D$ :

$$D'(x) = \frac{1}{2}\left(x^2 + (1-x^2)^2\right)^{-1/2}\left(x^2 + (1-x^2)^2\right)'$$

$$= \frac{1}{2}\left(x^2 + (1-x^2)^2\right)^{-1/2}\left(2x + 2(1-x^2)(-2x)\right)$$

$$= \frac{\cancel{2}\,x\left(1 - 2(1-x^2)\right)}{\cancel{2}\sqrt{x^2 + (1-x^2)^2}}$$

$$= \frac{x\left(2x^2 - 1\right)}{\sqrt{x^2 + (1-x^2)^2}}$$

Le domaine de $D'$ est le même que celui de $D$ ($x \geq 0$), puisque le dénominateur ne s'annule pas.

Valeurs critiques de $D$ :

$$D'(x) = 0 \quad \text{si} \quad x(2x^2 - 1) = 0, \quad \text{où } x \geq 0,$$

d'où $x = 0$ ou $x = \dfrac{1}{\sqrt{2}} \approx 0{,}7$.

On vérifie si $D$ a un minimum :

| $x$ | X | 0 | | $1/\sqrt{2}$ | |
|---|---|---|---|---|---|
| **Signe de $D'(x)$** | X | 0 | − | 0 | + |
| **Croissance de $D$** | X | max | ↘ min | | ↗ |

Le minimum de $D$ est situé à $x = \dfrac{1}{\sqrt{2}}$.

L'ordonnée du point recherché est alors $y = \left(\dfrac{1}{\sqrt{2}}\right)^2 = \dfrac{1}{2}$.

**❹ Conclusion**

Le point de la demi-parabole le plus rapproché du point $(0, 1)$ est $\left(\dfrac{1}{\sqrt{2}}, \dfrac{1}{2}\right)$, soit $(\approx 0{,}7 ; 0{,}5)$.

Les deux exemples précédents nous permettent de résumer la démarche pour résoudre un problème d'optimisation.

| Tableau 8.1 | Marche à suivre dans la recherche d'une solution optimale |
|---|---|

**❶ Traduction du problème**

Bien lire le problème, le relire au besoin.
Schématiser la situation, s'il y a lieu.
Définir les variables avec leurs unités et leur domaine.
Noter les autres données ou contraintes.
Déterminer l'objectif du problème : que veut-on maximiser ou minimiser ?

**❷ Équation de la quantité à optimiser**

Formuler l'équation de la quantité à optimiser.
L'exprimer en termes d'une seule variable, s'il y a lieu : utiliser pour ce faire une donnée ou contrainte mettant en relation les variables en question.
Préciser, dans le contexte, le domaine de la fonction obtenue.

**❸ Recherche de la solution optimale**

Déterminer, dans les limites du domaine, le minimum ou le maximum recherché en utilisant, de préférence, le critère de la dérivée première (tableau de croissance) ; ne pas oublier les points frontières.
S'il y a plusieurs solutions possibles, déterminer l'extremum absolu en comparant les valeurs de la fonction en chacun des extremums.
Calculer les éléments demandés en relation avec l'extremum recherché.

**❹ Conclusion**

Formuler la réponse dans le contexte en précisant les unités.
S'assurer que la réponse est plausible ; sinon, vérifier s'il y a une erreur.

## EXERCICES 8.1

**1** On dispose de 50 m de clôture pour entourer un terrain de forme rectangulaire dans une zone inhabitée. Quelles dimensions doit-on donner au terrain pour en maximiser la superficie ? Quelle est alors la superficie maximale ?

**2** On dispose d'une feuille de carton de 100 cm sur 60 cm avec laquelle on veut fabriquer une boîte rectangulaire ouverte en découpant des carrés dans chaque coin et en relevant les côtés pour former la boîte (voir l'illustration ci-dessous). Quelles doivent être les dimensions de cette boîte pour que son volume soit maximal ? Quel est ce volume maximal ?

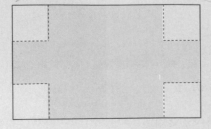

**3** Quel point de la courbe d'équation $y = \sqrt{x}$ est le plus près du point $(1, 0)$ ?

**4** On inscrit un rectangle sous la courbe d'équation $y = e^{-x/2}$ dans le premier quadrant, deux des côtés reposant sur les axes. Quelle est l'aire maximale du rectangle ? Donnez-en les dimensions.

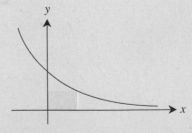

**5** Calculez la plus courte distance verticale entre les courbes d'équations $y = x^3$ et $y = -\dfrac{1}{x}$ pour $x > 0$.

**6** Montrez que, de tous les rectangles d'aire $A$, le carré est celui qui minimise le périmètre.

# 8.2 Contextes plus élaborés

Dans cette section, nous examinons des situations qui peuvent sembler complexes à première vue, mais qui ne sont pas plus difficiles à traiter que les précédentes, si on procède de façon méthodique. Nous suivrons donc la même démarche qu'à la section précédente en nous référant au tableau 8.1 de la page 292. Nous allégerons cependant la solution des problèmes en ne répétant plus les explications maintenant comprises et en plaçant en retrait les calculs connexes et les commentaires. Cela nous permettra de mieux suivre le fil conducteur de la solution. En voici un premier exemple.

### Exemple 8.3

Un graphiste doit concevoir une affiche publicitaire de forme rectangulaire qui aura une superficie de 2400 cm², des marges de 5 cm à gauche et à droite, et de 3 cm en haut et en bas. Quelles doivent être les dimensions de l'affiche pour que l'aire de la surface imprimée soit maximale ?

▶ *Solution*

**1** **Traduction du problème**

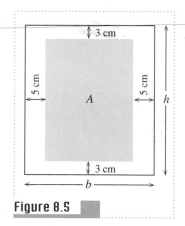

**Figure 8.5**

Variables :

$b$ : mesure de la base de l'affiche (cm), $b > 10$ à cause des marges de côtés

$h$ : hauteur de l'affiche (cm), $h > 6$ à cause des marges du haut et du bas

$A$ : aire de la surface imprimée (cm²), $A > 0$

Autre donnée :

Aire de l'affiche = 2400 cm², d'où :
$$bh = 2400$$

Objectif : On veut **maximiser l'aire $A$ de la surface imprimée.**

**2** **Équation de l'aire de la surface imprimée**

$$A = \underbrace{(b-10)}_{\text{base}}\underbrace{(h-6)}_{\text{hauteur}}$$

Pour exprimer $A$ en fonction d'une seule variable, on utilise la relation entre $b$ et $h$ découlant de la contrainte sur l'aire de l'affiche :

$$bh = 2400 \quad \Rightarrow \quad h = \frac{2400}{b}$$

$$A(b) = (b-10)\left(\frac{2400}{b} - 6\right), \quad \text{où } b > 10 \text{ et } h = \frac{2400}{b} > 6$$

$$= 2460 - \frac{24\,000}{b} - 6b, \quad \text{où } 10 < b < 400$$

**3** **Recherche du maximum de $A$**

$$A'(b) = \frac{24\,000}{b^2} - 6, \quad \text{où } 10 < b < 400$$

$$A'(b) = 0 \quad \text{si} \quad \frac{24\,000}{b^2} - 6 = 0$$

$$b^2 = 4000$$

$$b = 20\sqrt{10} \approx 63 \text{ cm}$$

| $b$ | 10 | | $\approx 63$ | | 400 |
|---|---|---|---|---|---|
| **Signe de $A'(b)$** | X | + | 0 | − | X |
| **Croissance de $A$** | X | ↗ | max | ↘ | X |

$A$ atteint un maximum en $b = 20\sqrt{10} \approx 63$ cm.

On a alors : $h = \dfrac{2400}{20\sqrt{10}} \approx 38$ cm.

**④ Conclusion**

Les dimensions de l'affiche qui maximisent l'aire de la surface imprimée sont d'environ 63 cm pour la base et 38 cm pour la hauteur.

---

**Exemple 8.4**

On veut construire une boîte de base carrée et d'une capacité de 3 m³. Pour des raisons de solidité, on utilisera, pour le fond et le dessus, un matériau dont le coût est deux fois plus élevé que celui du matériau employé pour les côtés de la boîte.

Quel est le coût total minimal des matériaux nécessaires pour fabriquer cette boîte et quelles en sont alors les dimensions ?

**▶ Solution**

**① Traduction du problème**

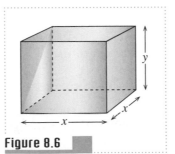

Variables :

$x$ : côté de la base carrée (m), $x > 0$

$y$ : hauteur de la boîte (m), $y > 0$

$C$ : coût total des matériaux ($), $C > 0$

**Figure 8.6**

Autres données :

- Volume de la boîte = 3 m³, d'où $x^2 y = 3$.

- Les coûts des matériaux ne sont pas donnés, mais on sait que le matériau pour le fond et le dessus de la boîte coûte deux fois plus cher que le matériau pour les côtés. On peut donc poser :

  coût pour les côtés = $k$ $/m² ;

  coût pour le fond et le dessus = $2k$ $/m².

**Objectif :** On veut **minimiser le coût total $C$ des matériaux.**

**❷ Équation du coût total des matériaux**

$C$ = coût du fond et du dessus + coût des 4 côtés

$$C = \underbrace{(2x^2)\ \mathrm{m}^2}_{\text{aire}} \cdot \underbrace{2k\ \$/\mathrm{m}^2}_{\text{coût}} + \underbrace{(4xy)\ \mathrm{m}^2}_{\text{aire}} \cdot \underbrace{k\ \$/\mathrm{m}^2}_{\text{coût}}$$

$$= 2x^2 \cdot 2k + 4xy \cdot k$$

$$= 4kx^2 + 4kxy$$

Pour exprimer $C$ en fonction d'une seule variable, on utilise la relation entre $x$ et $y$ découlant de la contrainte sur le volume (on choisit la variable la plus facile à isoler) :

$$x^2 y = 3 \quad \Rightarrow \quad y = \frac{3}{x^2}$$

$$C(x) = 4kx^2 + 4kx \cdot \frac{3}{x^2}$$

$$= 4kx^2 + \frac{12k}{x}$$

$$= 4k\left(x^2 + \frac{3}{x}\right), \quad \text{où } x > 0$$

**❸ Recherche du minimum de $C$**

$$C'(x) = 4k\left(2x - \frac{3}{x^2}\right), \quad \text{où } x > 0$$

$$C'(x) = 0 \quad \text{si} \quad 2x = \frac{3}{x^2}$$

$$x^3 = \frac{3}{2}$$

$$x = \sqrt[3]{3/2} \approx 1,14\ \mathrm{m}$$

| $x$ | 0 | | $\approx 1,14$ | |
|---|---|---|---|---|
| **Signe de $C'(x)$** | X | – | 0 | + |
| **Croissance de $C$** | X | ↘ | min | ↗ |

$C$ atteint un minimum en $x = \sqrt[3]{3/2} \approx 1,14$ m.

On a alors : $y = \dfrac{3}{\left(\sqrt[3]{3/2}\right)^2} \approx 2,29$ m et $C \approx 15,72k$ \$.

**❹ Conclusion**

Le coût minimal des matériaux pour fabriquer la boîte est de $15,72k$ \$ si le côté de la base mesure environ 1,14 m et la hauteur, environ 2,29 m ($k$ est le coût par mètre carré du matériau pour les côtés).

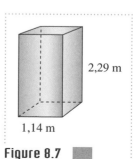

2,29 m

1,14 m

**Figure 8.7**

On veut fabriquer un réservoir de forme cylindrique, ouvert sur le dessus et d'une capacité de 10 m³. Déterminez les dimensions du réservoir qui minimisent la quantité de matériau nécessaire pour le construire.

> **Solution**

**❶ Traduction du problème**

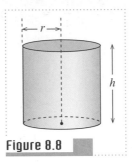

**Figure 8.8**

Variables :

$r$ : mesure du rayon du réservoir (m), $r > 0$

$h$ : hauteur du réservoir (m), $h > 0$

$A$ : aire totale du réservoir ou quantité de matériau nécessaire (m²), $A > 0$

Note : On suppose que l'épaisseur du fond et de la paroi circulaire est la même, de sorte qu'on peut considérer seulement la superficie pour calculer la quantité de matériau utilisé.

Autre donnée :

Volume du réservoir = 10 m³, d'où $\pi r^2 h = 10$.

> Objectif : On veut **minimiser l'aire totale $A$ du réservoir**.

**❷ Équation de l'aire totale du réservoir**

Pour fabriquer le réservoir, on a besoin des sections suivantes (voir la figure 8.9) :

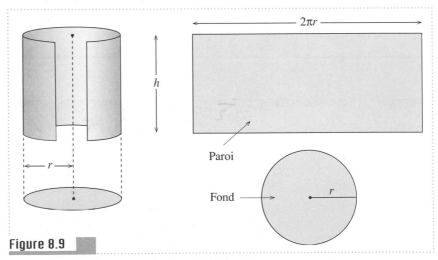

Paroi

Fond

**Figure 8.9**

D'où l'équation de l'aire totale du réservoir est :

$A$ = aire de la paroi + aire du fond

$A = 2\pi rh + \pi r^2$    Pour exprimer $A$ en fonction d'une seule variable, on utilise la relation entre $r$ et $h$ découlant de la contrainte sur le volume :

$$\pi r^2 h = 10 \quad \Rightarrow \quad h = \frac{10}{\pi r^2}$$

$$A(r) = 2\pi r \cdot \frac{10}{\pi r^2} + \pi r^2$$

$$= \frac{20}{r} + \pi r^2, \quad \text{où} \ \ r > 0$$

❸ **Recherche du minimum de A**

$$A'(r) = -\frac{20}{r^2} + 2\pi r, \quad \text{où} \quad r > 0$$

$$A'(r) = 0 \quad \text{si} \quad 2\pi r = \frac{20}{r^2}$$

$$r^3 = \frac{20}{2\pi}$$

$$r = \sqrt[3]{\frac{10}{\pi}} \approx 1,47 \text{ m}$$

| $r$ | 0 | | $\approx 1,47$ | |
|---|---|---|---|---|
| **Signe de $A'(r)$** | X | – | 0 | + |
| **Croissance de $A$** | X | ↘ | min | ↗ |

$A$ atteint un minimum en $r = \sqrt[3]{\dfrac{10}{\pi}} \approx 1,47$ m.

On a alors : $h = \dfrac{10}{\pi(10/\pi)^{2/3}} = \sqrt[3]{\dfrac{10}{\pi}} \approx 1,47$ m.

❹ **Conclusion**

Pour minimiser la quantité de matériau nécessaire à la fabrication de ce réservoir, il faut que son rayon et sa hauteur soient tous deux d'environ 1,47 m (voir la figure 8.10).

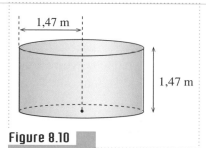

**Figure 8.10**

---

## EXERCICES 8.2

**1** On veut fabriquer un abreuvoir (pour les chevaux) de forme rectangulaire à partir d'une feuille métallique de 1 m sur 3 m en la pliant dans le sens de la longueur (voir la figure ci-dessous). On fermera les extrémités plus tard au moyen d'autres sections métalliques. Où doit-on plier la feuille pour maximiser le volume de l'abreuvoir ? Donnez alors les dimensions de l'abreuvoir et le volume maximal.

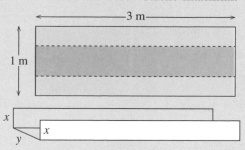

**2** On cherche à minimiser le coût de fabrication d'une cannette de 355 mL. Si pour cela il suffit de minimiser la surface de métal utilisée, quelles doivent être les dimensions de la cannette pour atteindre cet objectif ?

**3** Un graphiste doit concevoir une affiche publicitaire de forme rectangulaire en respectant les conditions suivantes : la surface imprimée devra être de 500 cm², les marges de côté devront être de 4 cm chacune, et les marges du haut et du bas de 6 cm chacune. Quelles doivent être les dimensions de la plus petite feuille de papier glacé qu'on peut utiliser pour produire cette affiche ?

**4** Une ville prévoit l'aménagement d'un terrain de jeu qui aura la forme d'un rectangle terminé aux deux extrémités par un demi-cercle (voir la figure ci-dessous). Une piste de course de 440 m fera le tour du terrain. Quelle est l'aire maximale de la partie rectangulaire du terrain de jeu ? Donnez-en les dimensions.

**5** On inscrit un rectangle sous la courbe d'équation $y = \cos x$, où $-\pi/2 < x < \pi/2$, la base du rectangle reposant sur l'axe des $x$. Quelles sont les dimensions du rectangle dont le périmètre est maximal ?

**6** Chaque page d'un livre de mathématiques doit avoir une superficie de 518 cm². Les marges sont de 2 cm et de 7 cm pour les côtés, de 3 cm en haut et de 2 cm en bas. Quelles dimensions doit avoir le livre si l'on veut minimiser le nombre de pages, c'est-à-dire maximiser la surface imprimée de chaque page ?

**7** On veut construire un réservoir cylindrique dont le volume sera de 50 m³. Le matériau utilisé pour le fond et le dessus coûte 50 \$/m², et celui pour la paroi coûte 30 \$/m². Quelles sont les dimensions du réservoir de coût minimal ? Quel est le coût minimal de ce réservoir ?

**8** On dispose d'une corde de 10 m de longueur avec laquelle on aimerait former un cercle et un carré en la coupant en deux parties.

a) Déterminez l'endroit où il faut couper la corde pour que l'aire totale des deux figures soit :

   i) maximale ;       ii) minimale.

   (Note : On peut, à la limite, utiliser toute la corde pour former soit un cercle, soit un carré.)

b) Donnez l'aire totale dans chaque cas.

**9** On inscrit un rectangle dans le demi-cercle d'équation $x^2 + y^2 = 25$, où $y > 0$, la base du rectangle reposant sur l'axe des $x$.

a) Déterminez le périmètre maximal de ce rectangle ; donnez-en les dimensions.

b) Déterminez l'aire maximale de ce rectangle ; donnez-en les dimensions.

**10** Une fenêtre a la forme d'un rectangle surmonté d'un demi-cercle. Quelle est l'aire maximale d'une telle fenêtre si son périmètre doit mesurer 5 m ? Donnez-en les dimensions.

**11** On veut construire une fenêtre ayant la forme d'un rectangle surmonté d'un demi-cercle. Il en coûte 125 \$/m de contour pour la partie rectangulaire (3 côtés) et 200 \$/m de contour pour la partie circulaire. Si on dispose d'un budget de 800 \$ pour ces matériaux, quelles doivent être les dimensions de la fenêtre pour maximiser l'entrée de lumière ?

**12** On veut fabriquer une gouttière avec une feuille de métal de 4 m sur 24 cm en la pliant selon l'illustration ci-dessous. La gouttière sera fermée à une extrémité ; l'autre extrémité sera raccordée à un drain pour l'écoulement de l'eau. Pour quelle valeur de l'angle $\theta$ la capacité de la gouttière sera-t-elle maximale ? Quelle est cette capacité maximale ?

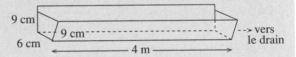

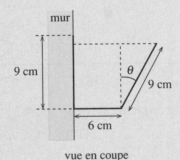

vue en coupe

**13** La ville B est située à 50 km à l'est de la ville A, et la ville C à 20 km au nord de B (voir la figure ci-dessous). Il n'existe actuellement aucune route directe reliant A à C. Les gens qui veulent aller de l'une à l'autre de ces deux villes sont donc obligés de passer par B. On projette de construire une nouvelle route afin de passer plus rapidement de A à C (en tramé sur la figure).

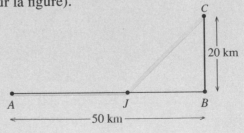

Pour le tronçon AJ, on estime les coûts de réfection et d'élargissement de la route actuelle à 500 000 $/km. Pour le nouveau tronçon, les coûts sont estimés à 2 000 000 $/km. Où doit-on situer la jonction J pour minimiser le coût total de la nouvelle route AJC ? Quel est ce coût minimal ?

**14** Dans l'exercice précédent, démontrez que l'emplacement de la jonction J par rapport à la ville B est fixe, quelle que soit la distance entre les villes A et B, pourvu que cette distance soit supérieure à 5,16 km.

**15** Un camion qui roule à une vitesse constante de $x$ km/h consomme $\dfrac{x}{300}$ L/km si la vitesse est comprise entre 60 et 100 km/h. L'essence coûte 1,50 $/L et le salaire du routier est de 25 $/h.

a) À quelle vitesse constante $x$ (entre 60 et 100 km/h) le routier doit-il conduire pour que le coût d'un trajet de 500 km soit minimal ? Quel est ce coût minimal ?

b) La vitesse optimale dépend-elle de la distance à parcourir ? Justifiez votre réponse.

**16** Le bateau A quitte le port à 9 h et navigue vers le sud à une vitesse de 10 nœuds (1 nœud équivaut à 1 mille marin par heure). Au moment où le bateau A quitte le port, le bateau B est à 100 milles à l'ouest du port et navigue vers l'est à une vitesse de 6 nœuds (voir la figure ci-dessous). À quel moment les bateaux seront-ils le plus proche l'un de l'autre ?

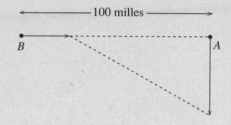

# Chapitre 9
# Étude graphique complète

1  Analyser les fonctions d'équations suivantes et tracer leur graphique :

   a) $f(x) = x \cdot e^{-x}$

   b) $f(x) = \dfrac{x^2 - 2x - 3}{(x+2)^2}$

2  Déterminer toutes les asymptotes de la courbe d'équation $f(x) = \dfrac{-x^3}{x^2 - 9}$.

Dans ce chapitre, notre attention se porte sur l'étude graphique complète de fonctions diverses, algébriques ou transcendantes, dont seule l'équation est connue. Nous synthétisons ce qui a été vu aux chapitres 2 et 6 et rassemblons les outils graphiques développés jusqu'à présent afin de déterminer avec précision l'allure graphique de ces fonctions.

La méthode exposée au chapitre 2 pour tracer le graphique de fonctions algébriques présente des avantages et des inconvénients. Elle permet de tirer des informations graphiques à partir de l'équation de la fonction, mais elle donne peu de précision sur la position des extremums et des points d'inflexion. Comme nous l'avons vu au chapitre 6, c'est par l'étude du signe des dérivées (première et seconde) qu'il est possible de combler ces lacunes et de préciser davantage l'allure de la courbe.

Dans ce chapitre, nous allons donc tirer parti de l'un et l'autre de ces moyens, au besoin, pour faire une étude complète du graphique d'une fonction quelconque, algébrique ou transcendante, à partir de son équation. De la première méthode sont tirées les informations les plus immédiates : le domaine, les zéros, l'ordonnée à l'origine, le signe de la fonction et les asymptotes ; de l'autre sont déduits les intervalles de croissance et de concavité, ainsi que la position des extremums et des points d'inflexion. Ces informations rassemblées permettent alors de tracer un portrait juste de la fonction.

# 9.1 | Étude graphique de fonctions simples

Avant de commencer l'étude menant au graphique d'une fonction à partir de son équation, il est bon d'avoir à l'esprit les recommandations qui suivent.

**① Ne pas compliquer ce qui est simple**

Il faut éviter d'utiliser des outils complexes lorsque ce n'est pas nécessaire. Par exemple, le recours aux dérivées est superflu pour tracer le graphique de fonctions élémentaires telles que les suivantes :

$$f(x) = x^2 \qquad f(x) = x^3 \qquad f(x) = \sqrt{x} \qquad f(x) = \frac{1}{x}$$

$$f(x) = e^x \qquad f(x) = \ln x \qquad f(x) = \sin x \qquad f(x) = \cos x$$

Il n'est pas non plus nécessaire de recourir aux dérivées lorsqu'on peut déduire le graphique d'une fonction au moyen d'opérations de translation, de réflexion, etc., sur des graphiques de fonctions élémentaires. En voici quelques exemples :

$$f(x) = x^2 + 5 \qquad f(x) = -e^x \qquad f(x) = 3 \sin x \qquad f(x) = -\frac{1}{2}\cos x$$

**② Ne pas substituer les calculs à l'intuition**

Il faut plutôt utiliser les calculs pour confirmer ou préciser l'intuition. Par exemple, si on a sous les yeux l'équation :

$$f(x) = x + \sin x,$$

on devrait soupçonner que la courbe de $f$ oscille (en raison du terme $\sin x$) avec une « tendance à la hausse » (en raison de l'ajout du terme $x$).

Dans la mesure du possible, il faut avoir à l'esprit une image approximative de la courbe avant même de commencer à calculer quoi que ce soit. Les calculs (pour trouver les zéros, les dérivées, etc.) viennent préciser l'allure de la courbe qu'on soupçonne au départ.

Commençons l'étude graphique par des fonctions dont il est facile de calculer les dérivées (première et seconde).

**Exemple 9.1**

Analysez la fonction d'équation $f(x) = 3x^5 - 10x^3 + 2$ et tracez son graphique.

*Solution*

**①** On tire le maximum d'informations simples (domaine, zéros, signes, etc.) à partir de l'équation de la fonction.

**Domaine de la fonction**

Comme $f$ est une fonction polynomiale, elle est définie pour toutes les valeurs de $x$, d'où dom $f = \mathbb{R}$.

**Points d'intersection avec les axes**

Avec l'axe des $y$ :  si $x = 0$, alors $y = 2$ ; on a donc le point $(0, 2)$.

Avec l'axe des $x$ :  si $y = 0$, on obtient l'équation $3x^5 - 10x^3 + 2 = 0$, dont les zéros sont difficiles à trouver. On laisse donc de côté cette étape.

### Signe de *f*

En l'absence des zéros de la fonction, on peut difficilement étudier son signe. On laisse donc également cette étape de côté.

**2** On recourt au calcul des dérivées (première et seconde) pour étudier la croissance de la fonction et la concavité de sa courbe.

### Calcul des dérivées

$$f'(x) = 15x^4 - 30x^2 = 15x^2(x^2 - 2) = 15x^2(x - \sqrt{2})(x + \sqrt{2})$$

$$f''(x) = 60x^3 - 60x = 60x(x^2 - 1) = 60x(x - 1)(x + 1)$$

### Valeurs critiques

$f'$ et $f''$ sont définies $\forall x \in \mathbb{R}$.

$f'(x) = 0$ pour $x = -\sqrt{2}$, 0 ou $\sqrt{2}$, où $\sqrt{2} \approx 1,4$.

$f''(x) = 0$ pour $x = -1$, 0 ou 1.

### Croissance et concavité

| $x$ | | $-\sqrt{2}$ | $-1$ | | $0$ | | $1$ | $\sqrt{2}$ | |
|---|---|---|---|---|---|---|---|---|---|
| **Signe de $f'(x)$** | + | 0 | – | – | 0 | – | – | 0 | + |
| **Croissance de $f$** | ↗ | max | ↘ | | | | ↘ min | | ↗ |
| **Signe de $f''(x)$** | – | | 0 | + | 0 | – | 0 | | + |
| **Concavité de la courbe de $f$** | ⌢ | | P.I. | ⌣ | P.I. | ⌢ | P.I. | | ⌣ |

La courbe de $f$ a donc un maximum en $(-\sqrt{2};\ \approx 13,3)$, un minimum en $(\sqrt{2};\ \approx -9,3)$ et trois points d'inflexion : $(-1, 9)$, $(0, 2)$ et $(1, -5)$.

On remarque que la tangente au point d'inflexion $(0, 2)$ est horizontale, puisque $f'(0) = 0$.

**3** On trace le graphique de la fonction d'équation $f(x) = 3x^5 - 10x^3 + 2$ en suivant les indications du tableau et en choisissant une échelle adéquate pour bien illustrer les aspects importants de la courbe.

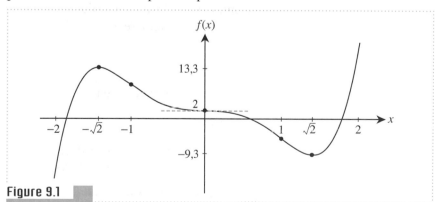

**Figure 9.1**

En plus des informations déjà connues, on constate que la courbe coupe trois fois l'axe des *x*. La fonction a donc trois zéros : un entre $-2$ et $-\sqrt{2}$, un deuxième entre 0 et 1, et un troisième entre $\sqrt{2}$ et 2. On ne peut calculer ces zéros exactement, mais il existe une méthode pour les approximer (voir la Méthode de Newton à l'annexe H).

**Exemple 9.2**

Analysez la fonction d'équation $f(x) = x + \sin x$, où $x \in [-2\pi, 2\pi]$ et tracez son graphique.

▶ *Solution*

**❶ Informations tirées de l'équation de la fonction**

On soupçonne que la courbe de $f$ oscille, en raison du terme $\sin x$, avec une «tendance à la hausse», en raison de l'ajout du terme $x$.

**Domaine de la fonction**

$\operatorname{dom} f = [-2\pi, 2\pi]$.

Il s'agit d'un domaine restreint, puisque le domaine naturel de cette fonction est $\mathbb{R}$.

**Points d'intersection avec les axes**

Si $x = 0$, alors $y = 0$; on a donc le point $(0, 0)$.

Si $y = 0$, alors $x + \sin x = 0$. On a déjà $x = 0$ (du calcul précédent); s'il existe d'autres solutions, on ne peut les trouver facilement. On laisse donc cette étape de côté.

**Signe de $f$**

Comme on ne peut pas déterminer avec certitude tous les zéros de la fonction, on peut difficilement étudier son signe. On passe donc à l'étape suivante.

**❷ Étude des dérivées**

**Calcul des dérivées**

$f'(x) = 1 + \cos x$

$f''(x) = -\sin x$

**Valeurs critiques**

$f'$ et $f''$ sont définies sur $[-2\pi, 2\pi]$.

$f'(x) = 0$ pour $x = -\pi$ ou $\pi$.

$f''(x) = 0$ pour $x = -2\pi, -\pi, 0, \pi$ ou $2\pi$.

**Croissance et concavité**

| $x$ | X | $-2\pi$ | | $-\pi$ | | $0$ | | $\pi$ | | $2\pi$ | X |
|---|---|---|---|---|---|---|---|---|---|---|---|
| **Signe de $f'(x)$** | X | + | | 0 | | + | | 0 | | + | X |
| **Croissance de $f$** | X | min | | | | | | | | max | X |
| **Signe de $f''(x)$** | X | 0 | − | 0 | + | 0 | − | 0 | + | 0 | X |
| **Concavité de la courbe de $f$** | X | ⌢ | | P.I. | ⌣ | P.I. | ⌢ | P.I. | | ⌣ | X |

$(-2\pi, -2\pi)$ est un point minimum et $(2\pi, 2\pi)$, un point maximum de la courbe de $f$. Ces points sont des extremums de la courbe parce qu'ils sont des points frontières.

$(-\pi, -\pi)$, $(0, 0)$ et $(\pi, \pi)$ sont des points d'inflexion.

On remarque que la dérivée s'annule aux points d'inflexion $(-\pi, -\pi)$ et $(\pi, \pi)$. La tangente à la courbe en chacun de ces points est donc horizontale.

❸ **Graphique de la fonction :** $f(x) = x + \sin x$

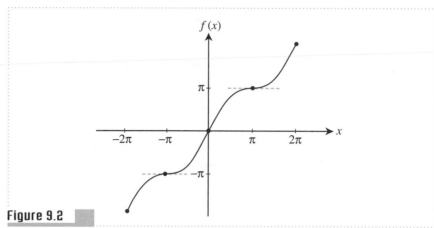

**Figure 9.2**

---

**Exemple 9.3**

Analysez la fonction d'équation $f(x) = x - \sqrt{x}$ et tracez son graphique.

▶ *Solution*

❶ **Informations tirées de l'équation de la fonction**

**Domaine de la fonction**

$\mathrm{dom}\, f = [0, \infty[$, car le terme $\sqrt{x}$ n'est défini que pour $x \geq 0$.

**Points d'intersection avec les axes**

Si $x = 0$, alors $y = 0$.
Si $y = 0$, alors $x - \sqrt{x} = \sqrt{x}(\sqrt{x} - 1) = 0$, d'où $x = 0$ ou $x = 1$.
On a donc les points $(0, 0)$ et $(1, 0)$.

**Signe de f**

Pour étudier le signe de $f$, il est préférable d'utiliser la forme factorisée de $f(x)$ :

$$f(x) = \sqrt{x}\left(\sqrt{x} - 1\right)$$

Le facteur $\sqrt{x}$ est toujours positif, donc $f(x)$ est positif si $(\sqrt{x} - 1)$ l'est, c'est-à-dire si $x > 1$ ; $f(x)$ est négatif si $0 < x < 1$.

On reporte les informations obtenues sur le graphique avant de poursuivre la solution.

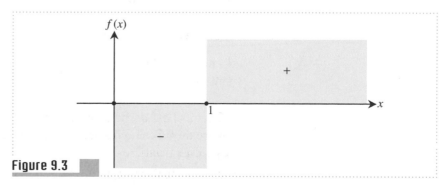

**Figure 9.3**

**2 Étude des dérivées**

**Calcul des dérivées**

$$f'(x) = 1 - \frac{1}{2}x^{-1/2} = 1 - \frac{1}{2\sqrt{x}}$$

$$f''(x) = \frac{1}{4}x^{-3/2} = \frac{1}{4\sqrt[2]{x^3}}$$

**Valeurs critiques**

$f'$ et $f''$ ne sont pas définies pour $x = 0$.

$$f'(x) = 0 \quad \text{si} \quad 1 - \frac{1}{2\sqrt{x}} = 0$$

D'où : $\qquad \dfrac{1}{2\sqrt{x}} = 1 \quad \Rightarrow \quad \sqrt{x} = \dfrac{1}{2} \quad \Rightarrow \quad x = \dfrac{1}{4}$

$f''(x) \neq 0$ quel que soit $x > 0$, car son numérateur est constant.

**Croissance et concavité**

| $x$ | X | 0 | | $\frac{1}{4}$ | |
|---|---|---|---|---|---|
| **Signe de** $f'(x)$ | X | X | – | 0 | + |
| **Croissance de** $f$ | X | max | ↘ | min | ↗ |
| **Signe de** $f''(x)$ | X | X | | + | |
| **Concavité de la courbe de** $f$ | X | | ⌣ | | |

La courbe de $f$ a donc un maximum au point frontière $(0, 0)$ et un minimum en $\left(\dfrac{1}{4}, -\dfrac{1}{4}\right)$. Elle n'a aucun point d'inflexion.

Comme la fonction est définie en $x = 0$, mais non sa dérivée, on examine le comportement de $f'(x)$, la pente de la tangente à la courbe de $f$, au voisinage de $0^+$ :

$$\lim_{x \to 0^+} \left(f'(x)\right) = \lim_{x \to 0^+} \left(1 - \frac{1}{2\sqrt{x}}\right) = -\infty$$

La tangente à la courbe de $f$ au point $(0, 0)$ est donc verticale.

**3 Graphique de la fonction :** $f(x) = x - \sqrt{x}$

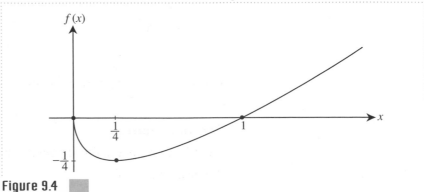

**Figure 9.4**

**Exemple 9.4**

Analysez la fonction d'équation $f(x) = (x^2 - 1)^{2/3}$ et tracez son graphique.

> *Solution*

❶ **Informations tirées de l'équation de la fonction**

**Domaine de la fonction**

On a $f(x) = \sqrt[3]{(x^2 - 1)^2}$.

Comme on peut extraire la racine cubique de tout nombre réel, on a : $\text{dom} f = \mathbb{R}$.

**Points d'intersection avec les axes**

Si $x = 0$, alors $y = 1$.

Si $y = 0$, alors $(x^2 - 1)^{2/3} = 0$, d'où $x = \pm 1$.

On a donc les points $(-1, 0)$, $(0, 1)$ et $(1, 0)$.

**Signe de $f$**

$f(x)$ est toujours positif, car il s'agit de la racine cubique d'un carré.

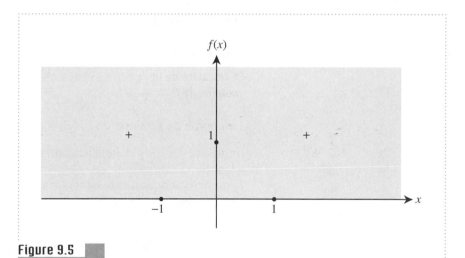

**Figure 9.5**

❷ **Étude des dérivées**

**Calcul des dérivées**

$$f'(x) = \frac{2}{3}(x^2 - 1)^{-1/3}(2x) = \frac{4x}{3(x^2 - 1)^{1/3}}$$

$$f''(x) = \frac{4(x^2 - 3)}{9(x^2 - 1)^{4/3}} \quad \text{(résultat de la dérivée d'un quotient)}$$

**Valeurs critiques**

$f'$ et $f''$ ne sont pas définies pour $x = \pm 1$.

$f'(x) = 0$ pour $x = 0$.

$f''(x) = 0$ pour $x = -\sqrt{3}$ ou $\sqrt{3}$.

**Croissance et concavité**

| $x$ | | $-\sqrt{3}$ | | $-1$ | | $0$ | | $1$ | | $\sqrt{3}$ |
|---|---|---|---|---|---|---|---|---|---|---|
| Signe de $f'(x)$ | | $-$ | | X | $+$ | | $0$ | $-$ | X | | $+$ |
| Croissance de $f$ | | ↘ | | min | ↗ | max | | ↘ | min | | ↗ |
| Signe de $f''(x)$ | $+$ | $0$ | $-$ | X | | $-$ | | | X | $-$ | $0$ $+$ |
| Concavité de la courbe de $f$ | ⌢ | P.I. | ⌣ | | | | | | | ⌢ | P.I. ⌣ |

$(-1, 0)$ et $(1, 0)$ sont des points minimums, et $(0, 1)$ est un point maximum de la courbe de $f$.

$(-\sqrt{3}, \sqrt[3]{4})$ et $(\sqrt{3}, \sqrt[3]{4})$ sont des points d'inflexion, où $\sqrt{3} \approx 1,73$ et $\sqrt[3]{4} \approx 1,59$.

On observe que la fonction $f$ est définie en $x = -1$ et en $x = 1$, mais non sa dérivée. Si on examine le comportement de $f'(x)$, la pente de la tangente à la courbe de $f$, au voisinage de $x = -1$ et de $x = 1$, on constate que $|f'(x)| \to \infty$ si $x \to 1$ ou $-1$. La courbe de $f$ a donc une tangente verticale aux points d'abscisses $-1$ et $1$.

③ **Graphique de la fonction :** $f(x) = \sqrt[3]{\left(x^2 - 1\right)^2}$

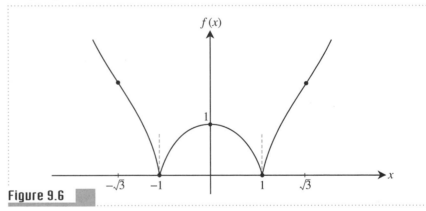

**Figure 9.6**

---

**1** Analysez les fonctions d'équations suivantes et tracez leur graphique :

a) $f(x) = x^3 - 3x^2$

b) $g(x) = \dfrac{x^4}{4} + x^3 + 2$

c) $h(x) = (x^2 - 5)^3$

d) $f(x) = x - \dfrac{x^{3/2}}{3}$

e) $p(x) = \sin x - \dfrac{x\sqrt{2}}{2}$, où $x \in \left[-\dfrac{\pi}{2}, \pi\right]$

f) $f(x) = \sin x - \cos x$, où $x \in [-\pi, \pi]$

**2** Analysez la fonction d'équation
$$h(x) = (x - 2) \cdot \sqrt[3]{x}$$
et tracez son graphique, sachant que
$$h'(x) = \frac{2(2x - 1)}{3 \sqrt[3]{x^2}} \quad \text{et} \quad h''(x) = \frac{4(x + 1)}{9 \sqrt[3]{x^5}}.$$

**3** Analysez la fonction d'équation
$$h(x) = x^{2/3} - \frac{1}{5}x^{5/3}$$
et tracez son graphique, sachant que
$$h'(x) = \frac{2 - x}{3 \sqrt[3]{x}} \quad \text{et} \quad h''(x) = \frac{-2(x + 1)}{9 \sqrt[3]{x^4}}.$$

# 9.2 Étude graphique de fonctions rationnelles

Dans le chapitre 2, nous avons étudié un type particulier de fonctions rationnelles : les fonctions définies par l'inverse d'un polynôme. Nous y avons exposé une méthode pour tracer le graphique de ces fonctions à partir de leur équation. À l'aide des dérivées, nous pouvons maintenant élargir l'étude graphique aux autres fonctions rationnelles, c'est-à-dire à celles qui s'expriment comme un quotient de polynômes où le numérateur est de degré supérieur ou égal à 1. Cependant, comme les dérivées première et seconde de ces fonctions sont souvent longues à calculer, il importe de tirer le maximum d'informations de l'équation de la fonction : le domaine, les asymptotes verticales (s'il y a lieu), les zéros, le signe de la fonction et son comportement à l'infini.

### Exemple 9.5

Analysez la fonction d'équation $f(x) = \dfrac{x}{x^2 - 9}$ et tracez son graphique.

▶ *Solution*

**❶ Informations tirées de l'équation de la fonction**

**Domaine et asymptotes verticales**

La fonction est définie partout sauf en $x = -3$ et en $x = 3$ où le dénominateur de $f(x)$ s'annule. D'où dom $f = \mathbb{R}\backslash\{-3, 3\}$ et la courbe de $f$ admet deux asymptotes verticales d'équations $x = -3$ et $x = 3$.

**Points d'intersection avec les axes**

Si $x = 0$, alors $y = 0$.

Si $y = 0$, alors $x = 0$, puisqu'un quotient ne s'annule que si son numérateur s'annule.

On a donc le point $(0, 0)$.

**Signe de f**

On détermine le signe de $f$ de part et d'autre du zéro et des asymptotes verticales en prenant la forme factorisée de $f(x)$ :

$$f(x) = \frac{x}{(x+3)(x-3)}$$

| $x$ | | $-3$ | | $0$ | | $3$ | |
|---|---|---|---|---|---|---|---|
| Signe de $f(x)$ | $-$ | ↘↑ | $+$ | $0$ | $-$ | ↘↑ | $+$ |

Les flèches indiquent le comportement de la courbe au voisinage des asymptotes verticales.

On rassemble toutes les informations précédentes dans le graphique de la page suivante.

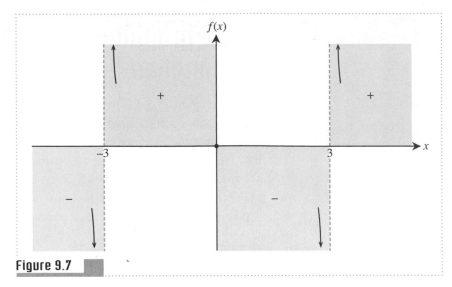

**Figure 9.7**

Rappelons que le sens des flèches est donné par le signe de la fonction. Si celle-ci est de signe négatif à gauche d'une asymptote verticale, par exemple, alors la courbe ne peut que s'abaisser vers −∞ de ce côté de l'asymptote. De même, si la fonction est de signe positif à droite d'une asymptote verticale, alors la courbe ne peut que s'élever vers +∞ de ce côté de l'asymptote.

### Comportement de la fonction à l'infini

$\lim\limits_{x \to +\infty} \left( \dfrac{x}{x^2 - 9} \right) = 0$, car le dénominateur de $f(x)$ (de degré 2) croît plus rapidement que le numérateur (de degré 1); la fraction diminue alors et tend vers 0.

Le raisonnement est similaire quand $x$ tend vers −∞ : $\lim\limits_{x \to -\infty} \left( \dfrac{x}{x^2 - 9} \right) = 0$.

La courbe de $f$ a donc une asymptote horizontale d'équation $y = 0$.

À partir de toutes les informations précédentes, obtenues avec facilité, on peut déjà tracer un graphique approximatif de la fonction.

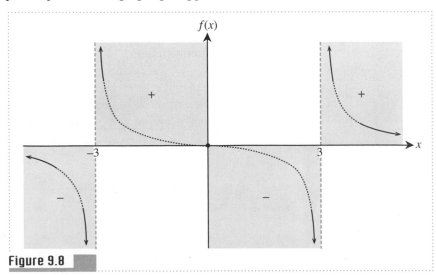

**Figure 9.8**

On constate que, dans l'intervalle ]−3, 3[, la courbe doit nécessairement changer de concavité pour s'approcher des deux asymptotes verticales. Cependant, on ne peut localiser avec certitude le point d'inflexion pour le moment. Est-il situé à l'origine? Pour plus de précision, on recourt aux dérivées.

**❷ Étude des dérivées**

**Dérivée première**

$$f'(x) = \left(\frac{x}{x^2-9}\right)'$$

$$= \frac{1\cdot(x^2-9)-x(2x)}{\left(x^2-9\right)^2}$$

$$= \frac{-x^2-9}{\left(x^2-9\right)^2} = \frac{-(x^2+9)}{\left(x^2-9\right)^2}$$

Comme les calculs de dérivées de quotients sont longs à effectuer et que toute erreur risque de donner de mauvaises informations sur l'allure de la courbe, il est préférable d'étudier immédiatement la croissance de la fonction avant de calculer $f''(x)$. Si le résultat concorde avec le graphique approximatif obtenu plus haut, on pourra alors poursuivre les calculs, sinon il faudra vérifier s'il y a une erreur dans le calcul de $f'(x)$.

$f'$ n'est pas définie en $x = -3$ ct $x = 3$.

$f'(x)$ ne peut s'annuler, puisque son numérateur est strictement négatif pour toutes les valeurs du domaine.

**Croissance de _f_**

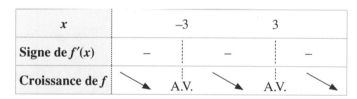

| $x$ | | $-3$ | | $3$ | |
|---|---|---|---|---|---|
| Signe de $f'(x)$ | $-$ | | $-$ | | $-$ |
| Croissance de $f$ | ↘ | A.V. | ↘ | A.V. | ↘ |

Il y a concordance entre la croissance indiquée dans le tableau et la figure 9.8. On peut alors poursuivre les calculs.

**Dérivée seconde**

$$f''(x) = \left(\frac{-(x^2+9)}{\left(x^2-9\right)^2}\right)'$$

$$= \frac{-2x(x^2-9)^2+(x^2+9)2(x^2-9)(2x)}{\left(x^2-9\right)^4}$$

$$= \frac{2x(x^2-9)\left[-(x^2-9)+2(x^2+9)\right]}{\left(x^2-9\right)^4}$$

$$= \frac{2x(x^2+27)}{\left(x^2-9\right)^3}$$

$f''$ n'est pas définie en $x = -3$ et $x = 3$.

$f''(x) - 0$ pour $x = 0$.

On peut maintenant compléter le tableau de croissance et de concavité.

**Croissance et concavité**

| $x$ | | $-3$ | | $0$ | | $3$ | |
|---|---|---|---|---|---|---|---|
| **Signe de $f'(x)$** | | $-$ | | $-$ | | | $-$ |
| **Croissance de $f$** | | | | | | | |
| **Signe de $f''(x)$** | | $-$ | $+$ | $0$ | $-$ | | $+$ |
| **Concavité de la courbe de $f$** | | A.V. | | P.I. | | A.V. | |

On remarque qu'il y a concordance entre la concavité indiquée dans le tableau et la figure 9.8.

Le point d'inflexion est bel et bien situé à $(0, 0)$. Cependant, la tangente à la courbe en ce point n'est pas horizontale, comme le laissait entrevoir le graphique approximatif ; elle est plutôt de pente négative, puisque $f'(0) < 0$. Il faut en tenir compte quand on trace la courbe en ce point.

❸ **Graphique de la fonction :** $f(x) = \dfrac{x}{x^2 - 9}$

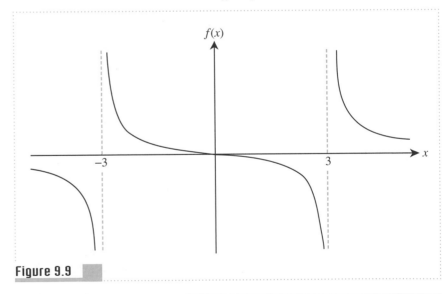

**Figure 9.9**

Dans la solution de l'exemple précédent, on peut constater que le calcul des dérivées est beaucoup plus long que les étapes préliminaires qui ne demandent qu'un simple examen de l'équation de la fonction. On ne recommandera donc jamais trop de tirer le plus d'informations possible de l'équation d'une fonction rationnelle avant de se lancer dans le calcul des dérivées.

**Exemple 9.6**

Analysez la fonction d'équation $f(x) = \dfrac{x^2 - 2x - 3}{(x+2)^2}$ et tracez son graphique.

*Solution*

Sous la forme factorisée, on a : $f(x) = \dfrac{(x+1)(x-3)}{(x+2)^2}$.

**❶ Informations tirées de l'équation de la fonction**

### Domaine et asymptotes verticales

Le dénominateur de $f(x)$ s'annule en $x = -2$, donc dom $f = \mathbb{R} \backslash \{-2\}$ et la courbe de $f$ admet une asymptote verticale d'équation $x = -2$.

### Points d'intersection avec les axes

$$x = 0 \quad \Rightarrow \quad y = -\frac{3}{4}$$

$$y = 0 \quad \Rightarrow \quad x = -1 \quad \text{ou} \quad x = 3$$

On a alors les points $(-1, 0)$, $(0, -3/4)$ et $(3, 0)$.

### Signe de $f$

On reporte sur le graphique les informations obtenues (asymptote verticale, points d'intersection avec les axes), puis, dans chacune des régions ainsi déterminées, on étudie le signe de $f(x) = \dfrac{(x+1)(x-3)}{(x+2)^2}$.

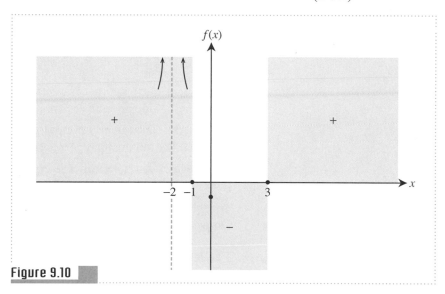

**Figure 9.10**

Le signe de $f(x)$ ne change pas de chaque côté de l'asymptote verticale, car le facteur correspondant, $(x + 2)$, est au carré dans l'équation de $f$.

### Comportement de la fonction à l'infini

Revenons à l'équation initiale : $f(x) = \dfrac{x^2 - 2x - 3}{(x+2)^2}$.

De façon générale, avant d'étudier le comportement à l'infini d'un quotient de polynômes où le degré du numérateur est supérieur ou égal à celui du dénominateur, il est préférable d'effectuer la division polynomiale. Dans le cas présent, il y a égalité des degrés, alors on effectue la division après avoir développé le dénominateur :

$$
\begin{array}{r|l}
x^2 - 2x - 3 & \underline{x^2 + 4x + 4} \\
\underline{-(x^2 + 4x + 4)} & 1 \\
-6x - 7 &
\end{array}
$$

D'où : $\qquad f(x) = 1 + \dfrac{-6x - 7}{(x+2)^2} = 1 - \dfrac{6x + 7}{(x+2)^2}$

Sous cette forme, on peut étudier le comportement de $f$ à l'infini :

$$\lim_{x \to \pm\infty} \left( 1 - \frac{6x + 7}{(x + 2)^2} \right) = 1$$

car la partie fractionnaire de la différence tend vers 0. La courbe de $f$ a donc une asymptote horizontale d'équation $y = 1$.

En ajoutant cette information aux précédentes, on peut tracer un graphique approximatif de la fonction :

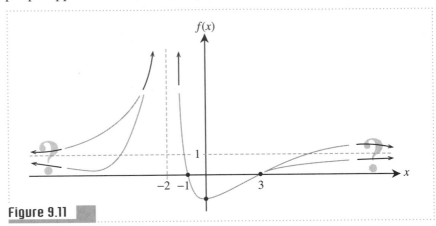

**Figure 9.11**

On observe que $f$ doit nécessairement avoir un minimum entre $x = -1$ et $x = 3$, mais sa position reste à préciser.

On observe aussi que la courbe doit nécessairement avoir au moins un point d'inflexion quelque part à droite de $x = 0$. Il faudra le préciser.

Il faut également déterminer le comportement de la courbe à l'infini pour savoir si elle se rapproche de l'asymptote horizontale par le dessus ou par le dessous.

On passe alors à l'étape suivante.

### ❷ Étude des dérivées

#### Dérivée première

Le calcul de la dérivée est plus rapide avec l'expression de $f(x)$ obtenue après la division polynomiale :

$$
\begin{aligned}
f'(x) &= \left( 1 - \frac{6x + 7}{(x + 2)^2} \right)' \\[2mm]
&= 0 - \left[ \frac{6(x + 2)^2 - (6x + 7)2(x + 2)}{(x + 2)^4} \right] \\[2mm]
&= \frac{-2(x + 2)\left[ 3(x + 2) - (6x + 7) \right]}{(x + 2)^4} \\[2mm]
&= \frac{-2[3x + 6 - 6x - 7]}{(x + 2)^3} \\[2mm]
&= \frac{2(3x + 1)}{(x + 2)^3}
\end{aligned}
$$

$f'$ n'est pas définie en $x = -2$.

$f'(x) = 0$ pour $x = -\dfrac{1}{3}$.

**Croissance de *f***

| $x$ | | −2 | | $-\dfrac{1}{3}$ | |
|---|---|---|---|---|---|
| **Signe de $f'(x)$** | + | | − | 0 | + |
| **Croissance de *f*** | ↗ | A.V. | ↘ | min | ↗ |

On constate qu'il y a concordance entre la croissance indiquée dans le tableau et la figure 9.11. Le minimum est situé au point $\left(-\dfrac{1}{3}, -\dfrac{4}{5}\right)$. On peut donc passer au calcul de la dérivée seconde.

**Dérivée seconde**

$$f''(x) = \left(\frac{6x+2}{(x+2)^3}\right)'$$

$$= \frac{6(x+2)^3 - (6x+2)\cdot 3(x+2)^2}{(x+2)^6}$$

$$= \frac{3(x+2)^2\left[2(x+2) - (6x+2)\right]}{(x+2)^6}$$

$$= \frac{3(2x+4-6x-2)}{(x+2)^4}$$

$$= \frac{3(-4x+2)}{(x+2)^4}$$

$$= \frac{-6(2x-1)}{(x+2)^4}$$

$f''$ n'est pas définie en $x = -2$.

$f''(x) = 0$ pour $x = \dfrac{1}{2}$.

On complète le tableau précédent avec l'étude de la concavité.

**Croissance et concavité**

| $x$ | | −2 | | $-\dfrac{1}{3}$ | | $\dfrac{1}{2}$ | |
|---|---|---|---|---|---|---|---|
| **Signe de $f'(x)$** | + | | − | 0 | + | | |
| **Croissance de *f*** | ↗ | | ↘ | min | ↗ | | |
| **Signe de $f''(x)$** | + | | + | | | 0 | − |
| **Concavité de la courbe de *f*** | ⌣ | A.V. | ⌣ | | | P.I. | ⌢ |

Le point d'inflexion est situé à $\left(\dfrac{1}{2}, -\dfrac{3}{5}\right)$ et le point minimum à $\left(-\dfrac{1}{3}, -\dfrac{4}{5}\right)$.

L'étude des dérivées indique qu'il n'y a aucun autre extremum ou point d'inflexion ailleurs sur la courbe. On peut donc préciser le graphique.

❸ **Graphique de la fonction :** $f(x) = \dfrac{x^2 - 2x - 3}{(x+2)^2}$

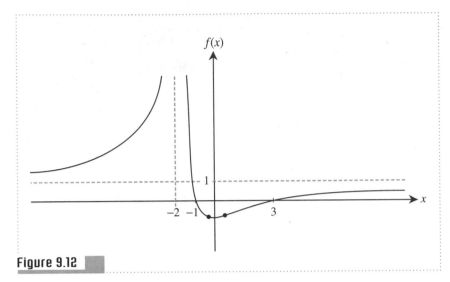

**Figure 9.12**

On observe que les informations sur la croissance et la concavité de la courbe déterminent la façon avec laquelle celle-ci s'approche de l'asymptote horizontale. On constate également que la courbe coupe l'asymptote horizontale entre $x = -2$ et $x = -1$, ce qui n'est pas anormal, puisque c'est seulement pour des valeurs de plus en plus grandes de $x$ (en valeur absolue) que le comportement asymptotique a lieu.

**En résumé**, pour tracer le graphique d'une fonction rationnelle, il importe de tirer le maximum d'informations de son équation avant de passer aux calculs de dérivées. Comme on l'a vu dans les exemples précédents, l'équation d'une telle fonction peut nous renseigner rapidement sur :

- la présence ou non d'asymptotes verticales (là où le dénominateur de la fonction s'annule) ;

- les points d'intersection avec les axes ;

- le signe de la fonction ;

- son comportement à l'infini (la présence ou non d'une asymptote horizontale à la courbe).

En reportant au fur et à mesure ces informations sur le graphique, on peut très souvent, dès la fin de cette étape, avoir déjà une assez bonne idée de l'allure de la courbe.

Il faut toutefois recourir à l'étude de la croissance et de la concavité pour préciser toutes les caractéristiques de la courbe. On garde cette partie pour la fin, car les calculs de dérivées de quotients sont parfois longs à effectuer et une seule erreur pourrait fausser complètement la vision de la courbe si on commençait par cette étape. On étudie d'abord la croissance de la fonction et on vérifie si les résultats concordent avec les informations précédentes, puis on termine avec l'étude de la concavité et le tracé final de la courbe.

**EXERCICES 9.2**

**1** Analysez la fonction d'équation $h(x) = \dfrac{x^2+1}{(x+1)^2}$ et tracez son graphique, sachant que

$$h'(x) = \frac{2(x-1)}{(x+1)^3} \quad \text{et} \quad h''(x) = \frac{-4(x-2)}{(x+1)^4}.$$

**2** Analysez les fonctions d'équations suivantes et tracez leur graphique :

a) $g(x) = \dfrac{2x-1}{x+2}$

b) $f(x) = \dfrac{x}{4-x^2}$

c) $f(x) = \dfrac{x^2-1}{x^2-4}$ (Suggestion : Effectuez la division polynomiale avant de dériver.)

d) $g(x) = \dfrac{x^2-4}{x^2-1}$

e) $h(x) = \dfrac{3x-x^2}{(x+1)^2}$

# 9.3 Comportement à l'infini

Comme on l'a vu à la section précédente, le comportement à l'infini d'une fonction est une information utile et facile à trouver dans le cas des fonctions rationnelles. Cette donnée nous renseigne non seulement sur l'allure de la courbe à ses extrémités horizontales, mais représente souvent une des principales caractéristiques de la courbe, notamment lorsqu'il n'y a pas d'extremum ou de point d'inflexion.

L'étude du comportement à l'infini n'est toutefois pas pertinente pour tous les types de fonctions. Pour les fonctions polynomiales, par exemple, elle ne nous apprend rien de plus sur l'allure de la courbe, sinon qu'elle s'élève (ou s'abaisse) jusqu'à $+\infty$ (ou $-\infty$).

En principe, on étudie le comportement à l'infini d'une fonction lorsqu'on soupçonne, d'après son équation (notamment lorsqu'il y a un quotient), la présence d'un phénomène asymptotique aux extrémités de la courbe. Ce phénomène asymptotique peut prendre différentes formes : la courbe peut s'approcher d'une **asymptote horizontale**, d'une **asymptote oblique**, d'une **asymptote parabolique** ou de toute autre courbe, comme on va le voir dans les prochains exemples.

**Exemple 9.7**

Étudiez le comportement à l'infini de la courbe d'équation $f(x) = \dfrac{x^3-x+1}{x^2-1}$.

> **Solution**

Dans le cas d'une fonction rationnelle, l'étude du comportement à l'infini est grandement facilitée si on effectue au préalable la **division polynomiale**, lorsque le degré du numérateur est supérieur ou égal au degré du dénominateur.

Dans le cas présent, on obtient, après division polynomiale :

$$f(x) = x + \frac{1}{x^2-1}$$

Sous cette forme, l'équation fait voir que la fraction $\dfrac{1}{x^2-1}$ diminue de plus en plus et tend vers 0 lorsque $x$ devient très grand (en valeur absolue) :

$$\lim_{x \to \pm\infty} \left( \frac{1}{x^2-1} \right) = 0$$

Par conséquent, la courbe de $f$ se rapproche de plus en plus de la droite d'équation $y = x$ lorsque $x \to \pm\infty$. Autrement dit, on peut écrire :

$$f(x) \to x \quad \text{lorsque} \quad x \to \pm\infty.$$

La droite d'équation $y = x$ est donc une **asymptote oblique** à la courbe de $f$. La figure 9.13 illustre le comportement à l'infini de cette fonction :

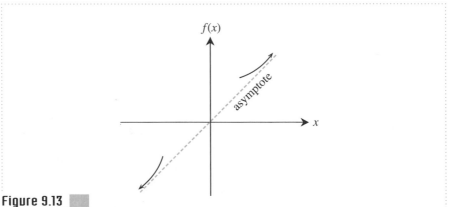

**Figure 9.13**

Dans cette figure, on remarque que les parties de courbe illustrées sont situées au-dessus de l'asymptote oblique. Cela s'explique du fait que, dans l'expression de $f(x)$, la valeur de $x$ est **augmentée** de la quantité $\dfrac{1}{x^2-1}$, laquelle est **positive** si $|x| > 1$, donc nécessairement positive si $x \to \pm\infty$.

### Exemple 9.8

Étudiez le comportement à l'infini de la courbe d'équation $f(x) = \dfrac{x^3 - 8}{x}$.

**Solution**

Après division (terme à terme), on obtient : $f(x) = x^2 - \dfrac{8}{x}$.

D'après cette équation, on constate qu'à l'infini, la courbe de $f$ se rapproche de plus en plus de la parabole d'équation $y = x^2$, car la fraction $\dfrac{8}{x}$ tend vers 0 lorsque $x$ tend vers $\pm\infty$. Autrement dit :

$$f(x) \to x^2 \quad \text{lorsque} \quad x \to \pm\infty.$$

La courbe de $f$ a donc une **asymptote parabolique** d'équation $y = x^2$, comme l'illustre la figure 9.14.

Pour connaître la position de la courbe par rapport à l'asymptote parabolique, on étudie le signe de la quantité « restante », $-\dfrac{8}{x}$, dans l'expression de $f(x)$ :

pour $x < 0$, on a $-\dfrac{8}{x} > 0$ ;  pour $x > 0$, on a $-\dfrac{8}{x} < 0$.

Par conséquent, la valeur de $x^2$ est augmentée d'une quantité positive lorsque $x$ tend vers $-\infty$, et diminuée de l'équivalent lorsque $x$ tend vers $+\infty$. La courbe de $f$ est donc située au-dessus de l'asymptote parabolique dans sa partie gauche et en dessous dans sa partie droite.

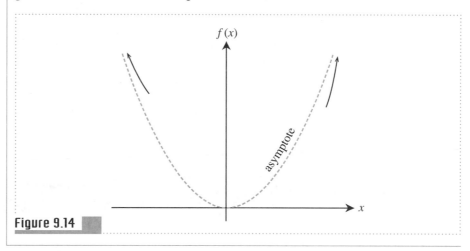

**Figure 9.14**

De façon générale, le comportement à l'infini d'une fonction rationnelle ressemble à celui de la fonction polynomiale résultant de la division polynomiale (c'est-à-dire la partie entière du quotient).

Toutefois, les asymptotes horizontales, obliques, paraboliques ou autres ne sont pas le propre des seules fonctions rationnelles. Voici des exemples de fonctions non rationnelles qui admettent ce genre d'asymptotes.

**Exemple 9.9**

Dans chaque cas, étudiez le comportement à l'infini de la fonction et donnez l'équation de l'asymptote résultante :

a) $f(x) = 2 + \dfrac{1}{\sqrt{x}}$

b) $g(x) = 2x + \dfrac{\sin x}{x}$

c) $h(x) = \dfrac{x+1}{e^x}$

▶ *Solution*

a) La fonction $f$ n'est définie que pour les valeurs positives de $x$. Par conséquent, on n'étudie son comportement que lorsque $x$ tend vers $+\infty$ :

$$\lim_{x \to +\infty} \left( 2 + \frac{1}{\sqrt{x}} \right) = 2$$

La courbe de $f$ a donc une asymptote horizontale d'équation $y = 2$.

b) Dans l'expression de $g(x)$, la fraction $\dfrac{\sin x}{x}$ tend vers 0 lorsque $x$ tend vers $+\infty$, car, en valeur absolue, la valeur du numérateur ne dépasse pas 1 et celle du dénominateur augmente sans cesse. On peut donc écrire :

$$g(x) \to 2x \quad \text{lorsque} \quad x \to \pm\infty.$$

Par conséquent, la courbe de $g$ a une asymptote oblique d'équation $y = 2x$.

c) L'expression de $h(x)$ est un quotient dont le numérateur (un polynôme du premier degré) augmente beaucoup moins vite que le dénominateur (l'exponentielle naturelle). On peut s'en convaincre en visualisant leurs courbes respectives ou en calculant $h(x)$ pour de grandes valeurs de $x$ (en valeur absolue). Par conséquent,

$$\lim_{x \to \pm\infty} \left( \frac{x+1}{e^x} \right) = 0$$

Il existe un moyen formel de traiter ce genre de cas : la **règle de L'Hospital** (du nom du mathématicien français Guillaume de L'Hospital, 1661-1704), qui sera exposée dans le cours de calcul intégral.

La courbe de $h$ a donc une asymptote horizontale d'équation $y = 0$.

## EXERCICES 9.3

**1** Dans chaque cas, étudiez le comportement à l'infini de la fonction et donnez l'équation de l'asymptote résultante. (La représentation graphique n'est pas exigée.)

a) $g(x) = \dfrac{-x^3}{x^2+1}$

b) $f(x) = \dfrac{x^3 - x^2 - x}{x+1}$

c) $h(x) = \dfrac{x^4 + 2}{x}$

d) $f(x) = \dfrac{1 - 2x}{1+x}$

e) $p(x) = \dfrac{4x^2 + 9}{3x^2 - 1}$

f) $g(x) = \dfrac{x^2 - 4}{x^3 + 1}$

g) $h(x) = 3x - 2 + \dfrac{1}{\sqrt{x}}$

h) $f(x) = x + \dfrac{\cos x}{x^2}$

**2** Dans chaque cas, étudiez le comportement de la fonction à l'infini et tracez la courbe au voisinage de son asymptote.

a) $f(x) = x - \dfrac{1}{x^2}$

b) $g(x) = x^2 + \dfrac{x}{x^3 + 1}$

c) $h(x) = -x + \dfrac{x}{2x^2 + 3}$

d) $y = 2x - 3 - \dfrac{1}{x - 1}$

e) $f(x) = 3 - \dfrac{1}{x^3}$

**3** Déterminez toutes les asymptotes de la courbe de chacune des fonctions d'équations suivantes. (La représentation graphique n'est pas exigée.)

a) $f(x) = \dfrac{4x^2 - 1}{x^2 - x - 6}$

b) $f(x) = \dfrac{-x^3}{x^2 - 9}$

**4** Analysez la fonction d'équation $h(x) = x + \dfrac{1}{x^2}$ et tracez son graphique.

## 9.4 Étude graphique de fonctions diverses

Rappelons quelques conseils d'usage avant de tracer le graphique d'une fonction à partir de son équation :

– ne pas compliquer ce qui est simple ;

– ne pas substituer les calculs à l'intuition ;

– aller du plus simple au plus complexe.

Concrètement, on peut traduire ces principes sous la forme d'une marche à suivre.

**Tableau 9.1** — Marche à suivre pour tracer le graphique d'une fonction

❶ **Tirer le maximum d'informations de l'équation de la fonction :**

- le domaine : de cette information, on peut déduire la présence ou non d'asymptotes verticales à la courbe (là où le dénominateur de la fonction s'annule) ;
- les points d'intersection de la courbe avec les axes ;
- le signe de la fonction ;
- le comportement de la fonction à l'infini (s'il y a lieu).

❷ **Recourir aux dérivées première et seconde pour étudier la croissance et la concavité de la courbe.**

❸ **Tracer le graphique de la fonction.**

**Exemple 9.10**

Analysez la fonction d'équation $f(x) = e^{-x^2}$ et tracez son graphique.

▶ *Solution*

❶ **Informations tirées de l'équation de la fonction**

**Domaine de la fonction**

L'équation de $f$ peut s'écrire sous la forme :

$$f(x) = \frac{1}{e^{x^2}}, \quad \text{où } e^{x^2} \text{ est strictement positif quel que soit } x \in \mathbb{R}.$$

Donc, dom $f = \mathbb{R}$.

**Points d'intersection avec les axes**

$x = 0 \implies y = e^0 = 1$

$y$ ne peut prendre la valeur 0, car $\frac{1}{e^{x^2}} \neq 0 \quad \forall x \in \mathbb{R}$.

On a donc le point $(0, 1)$.

**Signe de $f$**

La fonction est strictement positive car :

$$f(x) = \frac{1}{e^{x^2}} > 0 \quad \forall x \in \mathbb{R}.$$

La courbe de $f$ est donc située au-dessus de l'axe des $x$.

**Comportement de la fonction à l'infini**

$$\lim_{x \to \pm\infty} \left( f(x) \right) = \lim_{x \to \pm\infty} \left( \frac{1}{e^{x^2}} \right) = 0$$

La courbe de $f$ a donc une asymptote horizontale d'équation $y = 0$.

Si on reporte sur un graphique les informations obtenues jusqu'à présent, on obtient le résultat illustré à la figure 9.15.

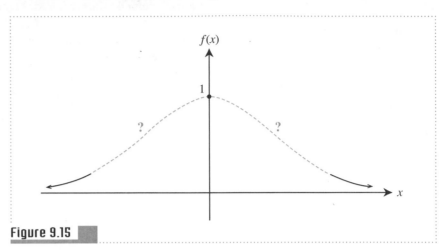

**Figure 9.15**

② **Étude des dérivées**

**Calcul des dérivées**

$$f'(x) = \left(e^{-x^2}\right)' = e^{-x^2} \cdot (-2x) = -2xe^{-x^2} \ \text{ou} \ \frac{-2x}{e^{x^2}}$$

$$f''(x) = \left(-2xe^{-x^2}\right)' = -2\left(xe^{-x^2}\right)' = -2\left[1 \cdot e^{-x^2} + x\left(e^{-x^2}(-2x)\right)\right]$$

$$= -2\left[e^{-x^2} - 2x^2 e^{-x^2}\right] = -2e^{-x^2}(1 - 2x^2) \ \text{ou} \ \frac{2(2x^2 - 1)}{e^{x^2}}$$

**Valeurs critiques**

$f'$ et $f''$ sont définies sur $\mathbb{R}$.

$f'(x) = 0$ pour $x = 0$.

$f''(x) = 0$ pour $x = -\dfrac{1}{\sqrt{2}}$ ou $\dfrac{1}{\sqrt{2}}$, où $\dfrac{1}{\sqrt{2}} \approx 0,7$.

**Croissance et concavité**

| $x$ | | $-\dfrac{1}{\sqrt{2}}$ | | $0$ | | $\dfrac{1}{\sqrt{2}}$ | |
|---|---|---|---|---|---|---|---|
| Signe de $f'(x)$ | | $+$ | | $0$ | | $-$ | |
| Croissance de $f$ | | | | max | | | |
| Signe de $f''(x)$ | $+$ | $0$ | | $-$ | | $0$ | $+$ |
| Concavité de la courbe de $f$ | | P.I. | | | | P.I. | |

La courbe de $f$ a un maximum au point $(0, 1)$ et deux points d'inflexion,

$\left(-\dfrac{1}{\sqrt{2}}, \ e^{-1/2}\right)$ et $\left(\dfrac{1}{\sqrt{2}}, \ e^{-1/2}\right)$, où $\dfrac{1}{\sqrt{2}} \approx 0,7$ et $e^{-1/2} \approx 0,6$.

❸ **Graphique de la fonction :** $f(x) = e^{-x^2}$

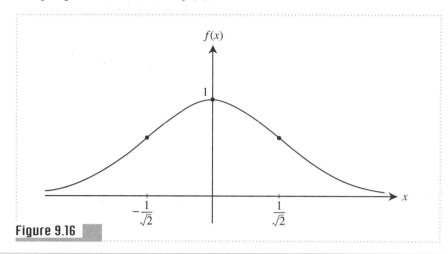

**Figure 9.16**

Analysez la fonction d'équation $f(x) = x \cdot \ln x$ et tracez son graphique.

▶ *Solution*

❶ **Informations tirées de l'équation de la fonction**

**Domaine de la fonction**

dom $f = \ ]0, \infty[$, car $\ln x$ est défini uniquement pour $x > 0$.

**Points d'intersection avec les axes**

$x$ ne peut pas prendre la valeur 0, car cette valeur n'appartient pas au domaine de $f$. Donc, il n'y a pas d'ordonnée à l'origine.

Par contre, si $y = 0$, alors $x \cdot \ln x = 0$, d'où $\ln x = 0$, c'est-à-dire $x = 1$.

On a alors le point $(1, 0)$.

**Signe de $f$**

Le signe de $f(x)$ dépend du signe de $\ln x$. Donc,

$f(x) > 0$ si $x > 1$,

$f(x) < 0$ si $0 < x < 1$.

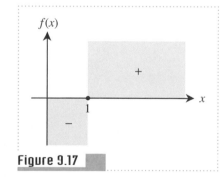

**Figure 9.17**

**Comportement de la fonction à l'infini**

Compte tenu du domaine de la fonction, on n'étudie son comportement que lorsque $x$ tend vers $+\infty$ :

$$\lim_{x \to +\infty} (x \cdot \ln x) = +\infty,$$

car les deux facteurs de $f(x)$ augmentent à mesure que $x$ augmente. Il n'y a donc aucune asymptote particulière à première vue.

Comme on manque d'information pour avoir un aperçu de la courbe, on passe à l'étape suivante.

**❷ Étude des dérivées**

**Calcul des dérivées**

$$f'(x) = (x \cdot \ln x)' = 1 \cdot \ln x + x \cdot \frac{1}{x} = \ln x + 1$$

$$f''(x) = (\ln x + 1)' = \frac{1}{x}$$

**Valeurs critiques**

$f'$ et $f''$ sont définies sur $]0, \infty[$.

$f'(x) = 0$ si $\ln x = -1$, c'est-à-dire si $x = e^{-1} = \frac{1}{e} \approx 0,37$.

$f''(x) \neq 0$ quel que soit $x \in ]0, \infty[$.

**Croissance et concavité**

| $x$ | 0 | | $\frac{1}{e}$ | |
|---|---|---|---|---|
| **Signe de** $f'(x)$ | ✕ | – | 0 | + |
| **Croissance de** $f$ | ✕ | ↘ | min | ↗ |
| **Signe de** $f''(x)$ | ✕ | + | + | + |
| **Concavité de la courbe de** $f$ | ✕ | ⌣ | | |

La courbe de $f$ a un minimum au point $\left( \frac{1}{e}, -\frac{1}{e} \right)$, où $\frac{1}{e} \approx 0,37$.

**❸ Graphique de la fonction :** $f(x) = x \cdot \ln x$

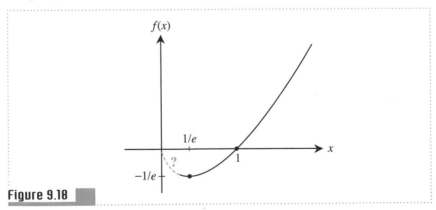

**Figure 9.18**

Le tracé de la courbe soulève une question : quel est son comportement au voisinage de $x = 0$ étant donné que la fonction n'est pas définie en cette valeur ?

Il est clair, d'après la figure 9.18, qu'il n'y a pas d'asymptote verticale à cet endroit, puisque la fonction est à la fois négative et décroissante sur l'intervalle $]0, 1/e[$.

Il reste à savoir si la courbe se rapproche du point $(0, 0)$, sans toutefois l'atteindre. Le signe de la fonction et le tableau de croissance et de concavité semblent l'indiquer. Il en résulterait que

$$f(x) = x \cdot \ln x \to 0^- \quad \text{lorsque} \quad x \to 0^+,$$

d'où la courbe aurait une discontinuité en forme de trou.

On peut le vérifier au moyen d'une calculatrice en évaluant $f(x)$ pour des valeurs de $x$ positives très proches de 0. (Le procédé formel consiste toutefois à utiliser la règle de L'Hospital, comme on l'a mentionné à l'exemple 9.9 c).)

Pour le moment, on peut admettre l'existence d'un trou au point (0, 0). Le graphique de la fonction d'équation $f(x) = x \cdot \ln x$ est donc le suivant :

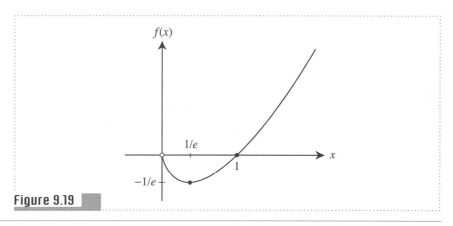

**Figure 9.19**

---

**Exemple 9.12**

Analysez la fonction d'équation $f(x) = x^2 e^{-x}$ et tracez son graphique.

▶ *Solution*

**❶ Informations tirées de l'équation de la fonction**

**Domaine de la fonction**

L'équation de $f$ peut s'écrire sous la forme :

$$f(x) = \frac{x^2}{e^x}, \text{ où } e^x \neq 0 \text{ quel que soit } x \in \mathbb{R}.$$

Donc, dom $f = \mathbb{R}$.

**Points d'intersection avec les axes**

$x = 0 \implies y = 0$

$y = 0 \implies x = 0$

On a donc le point (0, 0).

**Signe de $f$**

Le numérateur et le dénominateur de $f(x)$ sont tous les deux positifs, quel que soit $x \in \mathbb{R}$. Par conséquent, la courbe de $f$ est située au-dessus de l'axe horizontal, sauf au point (0, 0).

**Comportement de la fonction à l'infini**

Il faut séparer l'étude en deux cas, selon que $x \to +\infty$ ou que $x \to -\infty$, en raison de l'exponentielle :

1) Vers $+\infty$ :
$$\lim_{x \to +\infty} \left( \frac{x^2}{e^x} \right) = 0,$$

car $e^x$ augmente beaucoup plus vite que $x^2$ (revoir au besoin les graphiques des fonctions élémentaires en jeu).

2) Vers $-\infty$ :
$$\lim_{x \to -\infty} \left( \frac{x^2}{e^x} \right) = \lim_{x \to -\infty} \left( x^2 e^{-x} \right) = +\infty,$$

car les deux facteurs, $x^2$ et $e^{-x}$, augmentent lorsque $x \to -\infty$ (revoir au besoin les graphiques de $y = x^2$ et $y = e^{-x}$).

Par conséquent, d'après la première limite, la courbe de $f$ a une asymptote horizontale d'équation $y = 0$ (à la droite du graphique), tandis que, d'après la seconde limite, la courbe de $f$ n'a pas d'asymptote particulière à gauche du graphique.

En ajoutant ces informations aux précédentes, on peut tracer un graphique approximatif de la fonction :

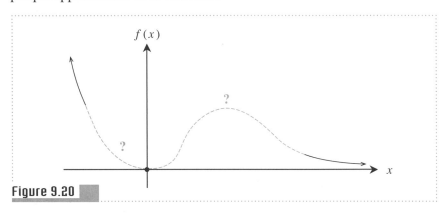

**Figure 9.20**

On observe que pour relier les parties connues de la courbe entre elles, on doit nécessairement avoir au moins deux sommets et au moins deux points d'inflexion. Passons à l'étape suivante pour préciser l'allure de la courbe.

## ❷ Étude des dérivées

### Calcul des dérivées

$$f'(x) = (x^2 e^{-x})' = 2x \cdot e^{-x} + x^2 \cdot e^{-x}(-1) = xe^{-x}(2-x)$$

$$f''(x) = \left( xe^{-x}(2-x) \right)' = \left( e^{-x}(2x - x^2) \right)' = e^{-x}(-1)(2x - x^2) + e^{-x}(2 - 2x)$$

$$= e^{-x}(-2x + x^2 + 2 - 2x) = e^{-x}(x^2 - 4x + 2)$$

### Valeurs critiques

$f'$ et $f''$ sont définies sur $\mathbb{R}$.

$f'(x) = 0$ pour $x = 0$ ou $x = 2$.

$f''(x) = 0$ pour $x = 2 - \sqrt{2} \approx 0{,}59$ ou $x = 2 + \sqrt{2} \approx 3{,}41$.

### Croissance et concavité

| $x$ | | 0 | | $2-\sqrt{2}$ | | 2 | | $2+\sqrt{2}$ | |
|---|---|---|---|---|---|---|---|---|---|
| **Signe de $f'(x)$** | | $-$ | 0 | | $+$ | 0 | | $-$ | $-$ |
| **Croissance de $f$** | | ↘ min | | ↗ | | max | | ↘ | ↘ |
| **Signe de $f''(x)$** | | $+$ | | 0 | | $-$ | | 0 | $+$ |
| **Concavité de la courbe de $f$** | | ⌣ | | P.I. ⌢ | | | | P.I. ⌣ | |

La courbe de $f$ a donc un minimum en $(0, 0)$, un maximum en $\left(2, \dfrac{4}{e^2}\right)$, où $\dfrac{4}{e^2} \approx 0,54$, et deux points d'inflexion situés à environ $(0,59;\ 0,19)$ et $(3,41;\ 0,38)$.

❸ **Graphique de la fonction :** $f(x) = x^2 e^{-x}$

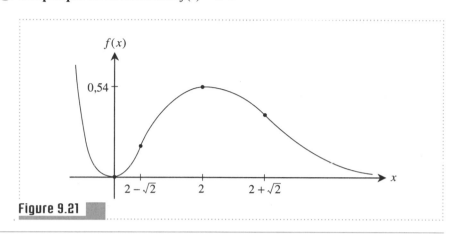

**Figure 9.21**

Comme exercice-synthèse pour ce chapitre, nous suggérons de consulter une activité ludique et formatrice : « Coder-décoder », dans l'ouvrage *Intervenir sur les langages en mathématiques et en sciences*[1].

## EXERCICES 9.4

**1** Analysez les fonctions d'équations suivantes et tracez leur graphique :

a) $f(x) = \dfrac{1}{1 + x^2}$

b) $g(x) = \dfrac{x^2}{x - 1}$

c) $f(x) = \dfrac{x^4}{4} - \dfrac{4x^3}{3} + 2x^2 - 1$

d) $h(x) = x \cdot e^{-x}$

e) $f(x) = 1 - e^{-x} + xe^{-x}$

f) $h(x) = \dfrac{e^x}{x}$, sachant que

$$h''(x) = \dfrac{e^x(x^2 - 2x + 2)}{x^3}$$

**2** Analysez la fonction d'équation $h(x) = \dfrac{4x^2}{x^2 + 1}$ et tracez son graphique, sachant que

$$h'(x) = \dfrac{8x}{\left(x^2 + 1\right)^2} \text{ et } h''(x) = \dfrac{8(1 - 3x^2)}{\left(x^2 + 1\right)^3}.$$

**3** Analysez la fonction d'équation $f(x) = \dfrac{x^3}{x^3 - 1}$ et tracez son graphique, sachant que

$$f'(x) = \dfrac{-3x^2}{\left(x^3 - 1\right)^2} \text{ et } f''(x) = \dfrac{6x(2x^3 + 1)}{\left(x^3 - 1\right)^3}.$$

1. DE SERRES, Margot (dir.). *Intervenir sur les langages en mathématiques et en sciences*, Montréal, Modulo, 2003, p. 284-300, coll. « Astroïdes ». (On peut aussi télécharger l'activité en se rendant sur le site www.groupemodulo.com).

# Chapitre 10
# Dérivation implicite et taux de variation liés

**Aperçu**

**1** Calculer la dérivée de $y$ par rapport à $x$ si $e^x \cdot \sin y = e^y \cdot \cos x$.

**2** Un réservoir rempli d'eau a la forme d'un cône circulaire inversé (la pointe vers le bas) de 3 m de hauteur et de 1 m de rayon à la partie supérieure. L'eau s'écoule par le fond à un débit de 0,05 m³/min. À quelle vitesse le niveau d'eau descend-il lorsqu'il atteint 2 m ?

Dans ce dernier chapitre, nous terminons l'étude du calcul différentiel par la dérivation implicite et les taux de variation liés, deux sujets qui font appel à la règle de dérivation en chaîne (voir le chapitre 5).

La **dérivation implicite** est un procédé qui permet de calculer la dérivée d'une fonction (ou d'une variable) sans que cette dernière soit au préalable isolée dans l'équation. Dans les calculs de dérivées que nous avons effectués jusqu'à présent, la variable dépendante était toujours isolée ou, du moins, pouvait l'être facilement : elle était notamment exprimée sous la forme y = f(x). Or, il n'est pas toujours facile, voire possible, d'isoler la variable dépendante d'une équation, comme dans l'exemple suivant : y + ln y = x + 1. Nous verrons comment, par dérivation implicite, calculer des dérivées dans de tels cas.

Le deuxième sujet concerne les **taux de variation liés**. Dans de nombreuses situations de la vie courante, on s'intéresse davantage aux taux de variation qu'à la valeur des variables. Ainsi, lorsque l'on conduit une voiture, on surveille davantage la vitesse (taux de variation) à laquelle on roule que la distance parcourue. Dans ces situations, il arrive aussi que plusieurs variables soient en relation les unes avec les autres; leurs taux de variation sont alors également interdépendants, d'où l'expression «taux de variation liés» ou, plus succinctement, «taux liés». Par exemple, si on pompe l'eau d'une piscine à un certain rythme, le niveau d'eau baissera à une certaine vitesse.

La résolution de ce genre de problèmes ainsi que la dérivation implicite font intervenir la règle de dérivation en chaîne, comme nous le verrons plus loin dans les calculs.

## 10.1 Dérivation implicite

La plupart des équations vues jusqu'à présent étaient de la forme $y = f(x)$, la variable dépendante, $y$, étant isolée d'un côté de l'égalité et exprimée en termes de la variable indépendante. On dit que $y$ est définie *explicitement* par une telle équation. Dans le cas contraire, si la variable $y$ est combinée à d'autres termes ou facteurs variables, comme dans l'exemple suivant : $y^3 + xy = x^2 - 1$, on dit qu'elle est définie *implicitement*, le préfixe « im » indiquant que la variable dépendante est à l'intérieur de l'équation.

Pour calculer la dérivée d'une variable définie implicitement, il est préférable de ne pas tenter de l'isoler au préalable, car cette tâche s'avère souvent complexe, voire impossible. On doit plutôt procéder directement en dérivant (par rapport à la variable indépendante) chacun des termes de l'équation implicite. On dit alors qu'on **dérive implicitement** l'équation ou qu'on procède par **dérivation implicite**. L'exemple suivant illustre la façon de procéder.

### Exemple 10.1

Calculez la pente de la tangente à la courbe d'équation $x^5 + y^5 - 3y = 3$ au point $(1, -1)$.

> **Solution**

Il faut calculer $\dfrac{dy}{dx}$, la dérivée de $y$ par rapport à $x$, sachant que :

$$x^5 + y^5 - 3y = 3$$

Comme on ne peut isoler $y$ dans cette équation, on dérive les deux membres (de l'équation) par rapport à $x$ en utilisant les règles de dérivation connues et en gardant à l'esprit que $y$ est la variable dépendante, c'est-à-dire une **fonction de $x$**.

$$\underbrace{\frac{d}{dx}(x^5 + y^5 - 3y)}_{\text{dérivée d'une somme}} = \underbrace{\frac{d}{dx}(3)}_{\substack{\text{dérivée d'une} \\ \text{constante}}}$$

$$\underbrace{\frac{d(x^5)}{dx}}_{\substack{\text{dérivée} \\ \text{d'une puissance} \\ \text{de la variable} \\ \text{indépendante}}} + \underbrace{\frac{d(y^5)}{dx}}_{\substack{\text{dérivée} \\ \text{d'une puissance} \\ \text{de la variable} \\ \textbf{dépendante}}} - \underbrace{\frac{d(3y)}{dx}}_{\substack{\text{dérivée du produit} \\ \text{d'une constante} \\ \text{par la variable} \\ \textbf{dépendante}}} = 0$$

$$5x^4 + \underbrace{\frac{d(y^5)}{dy} \cdot \frac{dy}{dx}}_{\substack{\textbf{dérivation} \\ \textbf{en chaîne}}} - 3 \cdot \frac{d(y)}{dx} = 0$$

$$5x^4 + 5y^4 \cdot \frac{dy}{dx} - 3\frac{dy}{dx} = 0$$

On factorise les termes ayant en commun l'expression $\dfrac{dy}{dx}$, puis on isole ce facteur :

$$5x^4 + \frac{dy}{dx} \cdot (5y^4 - 3) = 0$$

$$\frac{dy}{dx} \cdot (5y^4 - 3) = -5x^4$$

$$\frac{dy}{dx} = \frac{-5x^4}{5y^4 - 3}$$

On évalue le résultat au point $(1, -1)$ :

$$\left.\frac{dy}{dx}\right|_{\substack{x=1 \\ y=-1}} = \frac{-5}{2}$$

La pente de la tangente à la courbe au point $(1, -1)$ est donc $-5/2$.

La dérivation implicite permet notamment de calculer avec rapidité la pente de la tangente à certaines courbes, comme le cercle ou l'ellipse, dont l'équation est généralement donnée sous forme implicite.

**Exemple 10.2**

Calculez la pente de la tangente à l'ellipse d'équation

$$\frac{x^2}{4} + \frac{y^2}{9} = 1$$

au point d'abscisse 1 dans le premier quadrant (voir la figure 10.1).

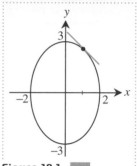

**Figure 10.1**

> *Solution*

On dérive les deux membres de l'équation par rapport à $x$ :

$$\frac{d}{dx}\left(\frac{x^2}{4}\right) + \frac{d}{dx}\left(\frac{y^2}{9}\right) = \frac{d}{dx}(1)$$

$$\frac{x}{2} + \frac{d}{dy}\left(\frac{y^2}{9}\right) \cdot \frac{dy}{dx} = 0$$

$$\frac{x}{2} + \frac{2y}{9} \cdot \frac{dy}{dx} = 0$$

On isole $\dfrac{dy}{dx}$ :

$$\frac{2y}{9} \cdot \frac{dy}{dx} = -\frac{x}{2}$$

$$\frac{dy}{dx} = -\frac{x}{2} \cdot \frac{9}{2y} = -\frac{9x}{4y}$$

Avant d'évaluer la dérivée au point d'abscisse 1 du premier quadrant, il faut trouver l'ordonnée de ce point, puisque la dérivée est exprimée en termes de $x$ et de $y$. Pour y arriver, on recourt à l'équation de l'ellipse :

$$\frac{1}{4} + \frac{y^2}{9} = 1 \quad \Rightarrow \quad \frac{y^2}{9} = \frac{3}{4} \quad \Rightarrow \quad y^2 = \frac{27}{4}$$

Comme le point est situé dans le premier quadrant, on prend la racine positive de $y$ : $y = \dfrac{3\sqrt{3}}{2}$.

La pente de la tangente au point $\left(1, \dfrac{3\sqrt{3}}{2}\right)$ est donc :

$$\left.\frac{dy}{dx}\right|_{\substack{x=1 \\ y=\frac{3\sqrt{3}}{2}}} = -\frac{9}{6\sqrt{3}} = -\frac{\sqrt{3}}{2}$$

**Exemple 10.3**

Calculez $\dfrac{dy}{dx}$, sachant que $e^y + \ln x = xy$.

▶ *Solution*

On dérive implicitement les deux membres de l'équation par rapport à $x$ :

$$\frac{d}{dx}(e^y + \ln x) = \frac{d}{dx}(xy)$$

$$\frac{d(e^y)}{dx} + \frac{d(\ln x)}{dx} = \frac{dx}{dx} \cdot y + x \cdot \frac{dy}{dx}$$

$$\frac{d(e^y)}{dy} \cdot \frac{dy}{dx} + \frac{1}{x} = 1 \cdot y + x \cdot \frac{dy}{dx}$$

$$e^y \cdot \frac{dy}{dx} + \frac{1}{x} = y + x \cdot \frac{dy}{dx}$$

On regroupe les termes ayant en commun $\dfrac{dy}{dx}$, puis on les factorise avant d'isoler ce facteur :

$$e^y \cdot \frac{dy}{dx} - x \cdot \frac{dy}{dx} = y - \frac{1}{x}$$

$$\frac{dy}{dx} \cdot (e^y - x) = y - \frac{1}{x}$$

$$\frac{dy}{dx} = \frac{y - \dfrac{1}{x}}{e^y - x}$$

$$= \frac{xy - 1}{x(e^y - x)}$$

L'exemple suivant illustre une situation où plusieurs variables dépendent d'une même variable indépendante.

**Exemple 10.4**

Une particule se déplace sur un plan cartésien. Les coordonnées $x$ et $y$ de sa position (en mètres) sont fonction du temps $t$ (en secondes) et vérifient l'équation suivante :

$$x^3 + 2y^2 = 16\sqrt{y} + 4t$$

Sachant que la position de la particule à $t = 5$ s est $(-1, 4)$ et que sa vitesse dans le sens vertical à ce moment-là est de $0,25$ m/s, déterminez sa vitesse dans le sens horizontal à ce moment.

▶ *Solution*

Traduisons d'abord symboliquement, en fonction du temps, les informations données :

$$x(5) = -1, \quad y(5) = 4 \quad \text{et} \quad \left.\frac{dy}{dt}\right|_{t=5} = 0,25$$

On veut déterminer la vitesse de la particule dans le sens horizontal à $t = 5$ s, c'est-à-dire $\left.\dfrac{dx}{dt}\right|_{t=5}$.

Pour y arriver, on dérive implicitement, par rapport à $t$, les deux membres de l'équation qui décrit le mouvement de la particule :

$$\frac{d}{dt}(x^3 + 2y^2) = \frac{d}{dt}(16\sqrt{y} + 4t)$$

$$\frac{d(x^3)}{dt} + \frac{d(2y^2)}{dt} = \frac{d(16y^{1/2})}{dt} + \frac{d(4t)}{dt}$$

$$\frac{d(x^3)}{dx} \cdot \frac{dx}{dt} + \frac{d(2y^2)}{dy} \cdot \frac{dy}{dt} = \frac{d(16y^{1/2})}{dy} \cdot \frac{dy}{dt} + \frac{d(4t)}{dt}$$

$$3x^2 \cdot \frac{dx}{dt} + 4y \cdot \frac{dy}{dt} = 8y^{-1/2} \cdot \frac{dy}{dt} + 4$$

À cette étape, il est préférable de remplacer tout de suite les variables et le taux de variation de $y$ par rapport à $t$ par les valeurs connues (lorsque $t = 5$) et de simplifier ensuite :

$$3(-1)^2 \cdot \frac{dx}{dt}\bigg|_{t=5} + 4 \cdot 4 \cdot 0{,}25 = 8 \cdot \frac{1}{\sqrt{4}} \cdot 0{,}25 + 4$$

$$3 \cdot \frac{dx}{dt}\bigg|_{t=5} + 4 = 5$$

$$\frac{dx}{dt}\bigg|_{t=5} = \frac{1}{3} \text{ m/s}$$

Donc, au temps $t = 5$ s, la particule se déplace horizontalement à la vitesse de $\frac{1}{3}$ m/s.

On a déjà démontré la règle de dérivation d'une puissance de la variable :

$$\frac{d(x^n)}{dx} = nx^{n-1}$$

pour des valeurs entières de $n$. Au moyen de la dérivation implicite, on peut à présent démontrer que cette règle demeure valide pour toute valeur rationnelle de $n$, c'est-à-dire pour $n \in \mathbb{Q}$.

### Exemple 10.5

Démontrez que $\dfrac{d(x^r)}{dx} = r\,x^{r-1}$ pour tout $r \in \mathbb{Q}$.

▸ *Démonstration*

On pose $y = x^r$, où $r \in \mathbb{Q}$.

On peut écrire $r = \dfrac{m}{n}$, où $m \in \mathbb{Z}$ et $n \in \mathbb{Z}^*$. On a alors :

$$y = x^{m/n}$$

Si on élève à l'exposant $n$ chaque membre de l'égalité, on obtient des exposants entiers pour les variables $x$ et $y$ :

$$y^n = x^m$$

On dérive implicitement les deux membres de l'équation :

$$\frac{d(y^n)}{dx} = \frac{d(x^m)}{dx}$$

$$\frac{d(y^n)}{dy} \cdot \frac{dy}{dx} = mx^{m-1}$$

$$ny^{n-1} \cdot \frac{dy}{dx} = mx^{m-1}$$

D'où :

$$\frac{dy}{dx} = \frac{mx^{m-1}}{ny^{n-1}}$$

$$= \frac{m}{n} \cdot \frac{x^{m-1}}{y^{n-1}}$$

$$= \frac{m}{n} \cdot \frac{x^{m-1}}{(x^{m/n})^{n-1}}, \quad \text{puisque } y = x^{m/n}$$

$$= \frac{m}{n} \cdot \frac{x^{m-1}}{x^{m-m/n}}$$

$$= \frac{m}{n} \cdot x^{m-1-m+\frac{m}{n}}$$

$$= \frac{m}{n} \cdot x^{\frac{m}{n}-1}, \quad \text{où } \frac{m}{n} = r$$

$$= r \cdot x^{r-1}$$

Donc,

$$\frac{d(x^r)}{dx} = rx^{r-1}$$

CQFD

## EXERCICES 10.1

**1** Dans chaque cas, calculez la dérivée de $y$ par rapport à $x$.

a) $x^2 + 3y^2 = 4x + 5y + 10$

b) $3x^2 + xy^2 + 2 = y + 4x + c^2$, où $c$ est une constante.

c) $x^2 - \dfrac{x^2}{y} + y^2 - 5 = 0$

d) $e^x \cdot \sin y = e^y \cdot \cos x$

e) $by^3 + \ln y = ax$, où $a$ et $b$ sont des constantes.

f) $x^3 \cdot \tan y + 5y = 1$

**2** Soit l'ellipse d'équation $9x^2 + 25y^2 = 225$.

a) Calculez $\dfrac{dy}{dx}$.

b) Donnez l'équation de la tangente à l'ellipse aux points suivants et représentez graphiquement les résultats :

i) $(0, 3)$ ii) $(-4; 1,8)$ iii) $(5, 0)$

**3** Dans chaque cas, calculez la pente de la tangente à la courbe au point $(1, 4)$. (Pour simplifier les calculs, suivez la stratégie adoptée dans l'exemple 10.4.)

a) $4\sqrt{xy} - (x + y)^3 + 100x = 0$

b) $e^{(x+y)^2-25} + \dfrac{y}{x} = 5$

**4** Donnez l'équation de la tangente à la courbe d'équation $2x^2 + y^2 = 3xy + 3$ au point ou aux points d'abscisse 2.

**5** Donnez l'équation de la normale à la courbe d'équation $3x^2 + 2xy - y^2 - 3 = 0$ au point ou aux points d'abscisse 1.

**6** La courbe ci-après, qui épouse un cercle à son sommet, est appelée « courbe d'Agnesi », en l'honneur de la mathématicienne Maria Gaetana Agnesi (voir l'encadré Repère historique ci-après).

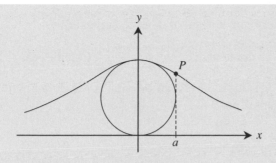

Cette courbe a pour équation :

$$x^2 y = 4a^2(2a - y)$$

a) Trouvez l'ordonnée du point $P$ dont l'abscisse est $a$.

b) Déterminez l'équation de la tangente à la courbe en ce point.

**7** Soit l'équation $3x^2 - 2xy + y^2 = 6$, où $x$ et $y$ sont des fonctions de $t$.

Calculez $\left.\dfrac{dy}{dt}\right|_{\substack{x=1 \\ y=3}}$, sachant que $\left.\dfrac{dx}{dt}\right|_{\substack{x=1 \\ y=3}} = -\dfrac{2}{3}$.

**8** Démontrez que les courbes d'équations

$$x^2 y + xy^2 + ax + by = 0 \quad \text{et}$$

$$x^3 y + xy^3 - bx + ay = 0, \text{ où } a > 0 \text{ et } b > 0,$$

se croisent à angle droit à l'origine.

## *Repère* historique

Maria Gaetana Agnesi (1718-1799), mathématicienne, philosophe et polyglotte érudite, s'est fait connaître en 1748 par un important traité d'analyse intitulé *Instituzioni analitiche ad uso della gioventù italiana*, qui lui a assuré une notoriété immédiate. Ainsi, elle a été la première femme non seulement à faire publier des travaux en mathématiques, mais aussi à obtenir une chaire de mathématiques dans une université.

## 10.2 Taux de variation liés

L'étude des phénomènes naturels ou des situations de la vie courante révèle souvent la présence de plusieurs variables qui interagissent les unes avec les autres ou qui dépendent, à leur tour, d'autres variables. Par exemple, la population (le nombre d'habitants) d'un pays varie en fonction de différents facteurs : la natalité, la mortalité, l'immigration et l'émigration qui, à leur tour, dépendent d'autres facteurs comme le niveau de vie, l'hygiène, etc.

Lorsque plusieurs variables sont ainsi liées, leurs taux de variation (par rapport à une même variable indépendante ou l'une par rapport à l'autre) le sont nécessairement aussi, d'où l'expression **taux de variation liés**. Le calcul de taux de variation, dans ces cas, fait notamment intervenir la règle de dérivation en chaîne. Voici un premier exemple simple de ce genre de situation.

### Exemple 10.6

Une étude écologique effectuée dans une région donnée indique que, pour une population de $p$ milliers d'habitants, le niveau de monoxyde carbone dans l'air est donné par

$$M(p) = \sqrt{0{,}07p^2 + 15} \text{ parties par million (ppm)}.$$

On estime, de plus, que dans $t$ années, la population de la région atteindra :

$$p(t) = 0{,}08t^2 + 4{,}2 \text{ milliers d'habitants}.$$

a) Indiquez le lien de dépendance entre les variables en jeu.

b) Calculez $\dfrac{dp}{dt}\bigg|_{t=8}$ et interprétez le résultat dans ce contexte.

c) Que représente, dans ce contexte, l'expression $\dfrac{dM}{dp}$ ? Calculez-la.

d) Quel sera le taux de variation du niveau de monoxyde de carbone dans l'air de cette région dans 2 ans ?

▶ *Solution*

a) $M$ dépend directement de $p$, et $p$ dépend directement de $t$. D'où $M$ dépend indirectement de $t$.

b) $\dfrac{dp}{dt} = \dfrac{d}{dt}(0,08\,t^2 + 4,2) = 0,16\,t$

D'où $\dfrac{dp}{dt}\bigg|_{t=8} = 1,28$ millier d'habitants par année.

On prévoit donc que, dans 8 ans, la population de cette région augmentera au rythme de 1280 habitants par année.

c) $\dfrac{dM}{dp}$ représente le taux de variation du niveau de monoxyde de carbone dans l'air par rapport à la population de cette région (en ppm par millier d'habitants).

$$\dfrac{dM}{dp} = \dfrac{d}{dp}\left(\sqrt{0,07\,p^2 + 15}\right)$$

$$= \dfrac{d}{dp}\left((0,07\,p^2 + 15)^{1/2}\right)$$

$$= \dfrac{1}{2}(0,07\,p^2 + 15)^{-1/2} \cdot 0,14\,p$$

$$= \dfrac{0,07\,p}{\sqrt{0,07\,p^2 + 15}} \quad \text{ppm / millier d'habitants}$$

d) On cherche $\dfrac{dM}{dt}\bigg|_{t=2}$.

Pour trouver le taux de variation de $M$ par rapport à $t$, on recourt à la règle de dérivation en chaîne en se rappelant que $M$ dépend directement de $p$ et que $p$ dépend directement de $t$ :

$$\dfrac{dM}{dt} = \dfrac{dM}{dp} \cdot \dfrac{dp}{dt}$$

Les deux taux de variation qui apparaissent du côté droit de l'équation ont été calculés précédemment, en b) et en c). En les remplaçant par leurs résultats respectifs, on obtient :

$$\dfrac{dM}{dt} = \dfrac{0,07\,p}{\sqrt{0,07\,p^2 + 15}} \cdot 0,16\,t$$

Lorsque $t = 2$, on a $p(2) = 4,52$, et alors :

$$\dfrac{dM}{dt}\bigg|_{t=2} = \dfrac{0,07(4,52)}{\sqrt{0,07(4,52)^2 + 15}} \cdot 0,16(2) \approx 0,025$$

Donc, selon les prévisions, le niveau de monoxyde de carbone dans l'air de cctte région augmentera au rythme de 0,025 ppm/année dans 2 ans.

Dans la réalité, les informations sont rarement présentées sous forme d'équations, contrairement à l'exemple précédent. Il faut alors traduire les données en termes d'équations. De plus, dans de nombreux contextes, il est fréquent de s'exprimer en termes de taux de variation plutôt que de se référer aux valeurs des variables. On parle ainsi plus souvent du débit d'un cours d'eau que de la quantité d'eau écoulée à un moment donné, ou de la vitesse à laquelle on se déplace plutôt que de la distance parcourue.

L'exemple suivant illustre ce genre de situation et propose une démarche méthodique pour faciliter la résolution de problèmes dans de tels contextes.

## Exemple 10.7

Un piéton qui mesure 1,70 m s'éloigne d'un lampadaire de 3 m de hauteur en marchant à une vitesse de 0,8 m/s. À quelle vitesse la longueur de son ombre augmente-t-elle ?

▶ *Solution*

**❶ Traduction mathématique du problème**

**On visualise** la situation en dessinant un croquis qui donne l'idée du mouvement.

**Figure 10.2**

**On schématise** la situation et on définit les variables avec leurs unités :

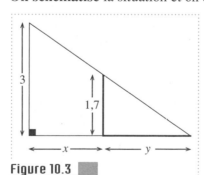

**Figure 10.3**

$x$ : distance entre le piéton et le lampadaire (m)

$y$ : longueur de l'ombre (m)

$t$ : temps (s)

On traduit mathématiquement **le reste de l'information** :

« Le piéton s'éloigne du lampadaire en marchant à une vitesse de 0,8 m/s. »

Comme $x$ représente la distance entre le piéton et le lampadaire, cette information se traduit mathématiquement comme suit :

$$\frac{dx}{dt} = 0,8 \text{ m/s}$$

On traduit mathématiquement **la question** :

« À quelle vitesse la longueur de son ombre augmente-t-elle ? »

Mathématiquement : $\dfrac{dy}{dt} = ?$

❷ **Calculs**

Pour répondre à la question posée, il faut établir un lien entre $\dfrac{dy}{dt}$ et $\dfrac{dx}{dt}$, le taux de variation cherché et le taux de variation connu. Pour y parvenir, on doit au préalable établir une relation entre les variables $x$ et $y$, relation que l'on dérivera ensuite par rapport à $t$.

**Relation** entre $x$ et $y$ :

En observant la figure 10.3, on constate qu'il y a deux triangles semblables ; leurs côtés sont donc proportionnels. On établit le premier rapport en commençant par $y$, puisque c'est la variable sur laquelle porte la question :

$$\frac{y}{1,7} = \frac{x+y}{3}$$

D'où :
$$3y = 1,7x + 1,7y$$
$$1,3y = 1,7x$$
$$y = \frac{17}{13}x$$

**On dérive** les deux membres de l'équation **par rapport à** $t$ :

$$\frac{dy}{dt} = \frac{17}{13}\frac{dx}{dt}$$

**On évalue** le taux de variation cherché :

$$\frac{dy}{dt} = \frac{17}{13} \cdot 0,8 \approx 1,05 \text{ m/s}$$

❸ **Réponse**

La longueur de l'ombre du piéton augmente donc à une vitesse d'environ 1,05 m/s.

## Commentaires sur la démarche

Ce premier exemple donne une bonne idée de la façon de procéder pour résoudre un problème de taux de variation liés. Comme on peut le constater, la **traduction du problème**, qui va de la visualisation de la situation à la formulation mathématique de la question, constitue l'étape la plus importante de la solution, beaucoup plus encore que dans les problèmes d'optimisation (vus au chapitre 8). En effet, dans le cas présent, le reste de la solution est relativement court ; la validité de la réponse repose donc sur une bonne compréhension de la situation et sur une traduction fidèle des divers éléments d'information. Par conséquent, il importe d'apporter un grand soin à cette étape et de bien lire l'énoncé du problème.

Il faut tout d'abord visualiser la situation, car, s'il y a des taux de variation liés, c'est que plusieurs variables sont en relation les unes avec les autres ou dépendent d'une même variable indépendante. Dans le cas d'un mouvement, on illustre ce qui bouge à l'aide d'un croquis en en précisant la direction et le sens. Il n'est pas nécessaire ici de faire un dessin détaillé, comme nous l'avons fait dans l'exemple précédent ; une illustration correcte du mouvement suffit.

Lorsqu'on a bien visualisé la situation, on la synthétise à l'aide d'un schéma et on définit les variables en jeu avec leurs unités. On traduit ensuite mathématiquement les données additionnelles (le ou les taux de variation donnés), puis la question (le taux de variation cherché).

On passe ensuite à l'étape des **calculs**. On trouve tout d'abord une relation entre les variables dépendantes impliquées dans les taux de variation, cherché et connu. On dérive ensuite, explicitement ou implicitement, cette relation par rapport à la variable indépendante, puis on évalue le taux de variation cherché pour les valeurs indiquées des variables.

On termine la solution en formulant la **réponse** dans le contexte et en précisant les unités (on s'assure que cette réponse est plausible dans le contexte).

Dans les exemples suivants, nous suivons systématiquement cette démarche en détaillant chacune des étapes.

## Exemple 10.8

Un réservoir a la forme d'un cône circulaire inversé (la pointe vers le bas) dont la hauteur mesure 6 m et le rayon, 2 m. On remplit ce réservoir d'eau à un débit de 0,1 m³/min. À quelle vitesse le niveau d'eau monte-t-il dans le réservoir lorsqu'il atteint 4 m?

### Solution

**①** **Traduction du problème**

**Visualisation de la situation:**

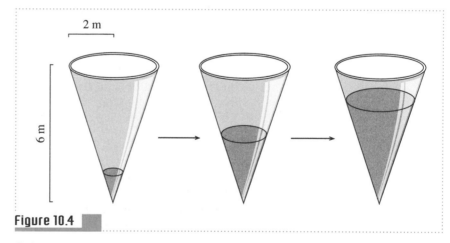

**Figure 10.4**

**Schéma et définition des variables:**

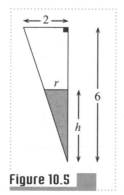

**Figure 10.5**

$V$: volume d'eau dans le réservoir (m³)

$h$: niveau d'eau (m)

$r$: rayon à la surface de l'eau (m)

$t$: temps (min)

**Donnée additionnelle** (taux de variation donné) : $\dfrac{dV}{dt} = 0{,}1\ \mathrm{m^3/min}$

**Question** (taux de variation cherché) : $\left.\dfrac{dh}{dt}\right|_{h=4} = ?$

❷ **Calculs**

**Relation entre V et h :**

Les taux de variation en jeu ici portent sur les variables $V$ et $h$, représentant respectivement le volume d'eau dans le réservoir et le niveau d'eau. Il faut donc trouver une relation entre ces deux variables.

Puisque le volume d'eau a la forme d'un cône circulaire, on peut utiliser la formule suivante :

$$V = \frac{\pi}{3} r^2 h$$

Dans cette équation, $V$ dépend de deux variables, $r$ et $h$. Pour l'exprimer uniquement en termes de $h$, il faut trouver une relation entre $r$ et $h$, et exprimer $r$ en fonction de $h$.

Si on revient au schéma de la figure 10.5, on remarque la présence de deux triangles semblables, d'où l'on peut tirer la relation suivante :

$$\frac{r}{h} = \frac{2}{6} \quad \Rightarrow \quad r = \frac{h}{3}$$

On remplace ce résultat dans l'équation du volume :

$$V = \frac{\pi}{3}\left(\frac{h}{3}\right)^2 h$$
$$= \frac{\pi}{27} h^3$$

**Dérivée par rapport à t** (la variable indépendante) :

Les taux de variation en jeu dans ce problème sont exprimés en fonction du temps. Il faut donc dériver l'équation précédente par rapport à $t$.

Bien qu'on cherche $\dfrac{dh}{dt}$, on peut s'abstenir d'isoler $h$ dans l'équation et dériver cette dernière implicitement (par la règle de dérivation en chaîne) :

$$\frac{dV}{dt} = \frac{dV}{dh} \cdot \frac{dh}{dt}$$
$$= \frac{3\pi h^2}{27} \cdot \frac{dh}{dt}$$
$$= \frac{\pi h^2}{9} \cdot \frac{dh}{dt}$$

D'où : 
$$\frac{dh}{dt} = \frac{9}{\pi h^2} \cdot \frac{dV}{dt}$$

**Évaluation :**

On évalue ce taux de variation lorsque $h = 4$ m en tenant compte des autres données :

$$\left.\frac{dh}{dt}\right|_{h=4} = \frac{9}{\pi (4)^2} \cdot 0{,}1$$
$$\approx 0{,}018\ \mathrm{m/min}, \quad \text{ou}\ 1{,}8\ \mathrm{cm/min}.$$

Il faut noter que les unités sont indiquées par les variables en jeu dans le taux cherché, $\dfrac{dh}{dt}$.

**③ Réponse**

Le niveau d'eau, au moment où il atteint 4 m, monte au rythme d'environ 1,8 cm/min.

---

**Exemple 10.9**

Un avion de ligne vole à une altitude de 7 km et à une vitesse de 750 km/h dans la direction d'un observateur qui le suit des yeux au sol à l'aide de jumelles. Calculez le taux de variation, par rapport au temps, de l'angle d'élévation de la ligne de vision de l'observateur lorsque l'avion se trouve à une distance horizontale de 5 km de ce dernier. (Pour simplifier le problème, on ne tiendra pas compte de la hauteur à laquelle se situent les yeux de l'observateur par rapport au sol.)

▶ *Solution*

**① Traduction du problème**

**Visualisation de la situation :**

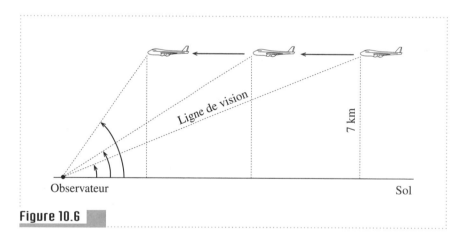

Ligne de vision

7 km

Observateur                  Sol

**Figure 10.6**

**Schéma et définition des variables :**

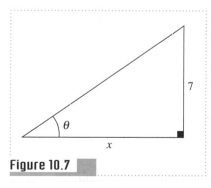

$x$ : distance horizontale entre l'observateur et l'avion (km)

$\theta$ : angle d'élévation de la ligne de vision (rad)

$t$ : temps (h)

**Figure 10.7**

Il est préférable d'utiliser les radians dans ce genre de problème afin d'obtenir la concordance des unités dans la dérivée.

**Donnée additionnelle** (taux de variation donné) : $\dfrac{dx}{dt} = -750$ km/h

Le signe négatif résulte du fait que $x$ diminue lorsque le temps avance. D'où l'importance de bien représenter la situation avant de commencer à calculer.

**Question** (taux de variation cherché) : $\left.\dfrac{d\theta}{dt}\right|_{x=5} = \;?$

❷ **Calculs**

**Relation entre $x$ et $\theta$ :**

Dans le triangle rectangle (voir la figure 10.7), on a :

$$\frac{x}{7} = \cot\theta \quad\Rightarrow\quad x = 7\cot\theta$$

**Dérivée par rapport à $t$ :**

$$\begin{aligned}
\frac{dx}{dt} &= \frac{dx}{d\theta}\cdot\frac{d\theta}{dt} \\[4pt]
&= \frac{d(7\cot\theta)}{d\theta}\cdot\frac{d\theta}{dt} \\[4pt]
&= -7\csc^2\theta \cdot \frac{d\theta}{dt}
\end{aligned}$$

D'où : 
$$\begin{aligned}
\frac{d\theta}{dt} &= \frac{1}{-7\csc^2\theta}\cdot\frac{dx}{dt} \\[4pt]
&= -\frac{1}{7}\sin^2\theta\cdot(-750) \;=\; \frac{750}{7}\sin^2\theta
\end{aligned}$$

**Évaluation :**

Pour évaluer ce taux lorsque $x = 5$, il faut calculer $\sin\theta$ pour cette valeur. On l'obtient à l'aide du triangle rectangle correspondant (voir la figure 10.8). On calcule d'abord l'hypoténuse :

$$\sqrt{5^2 + 7^2} = \sqrt{74}$$

D'où : 
$$\sin\theta = \frac{7}{\sqrt{74}}$$

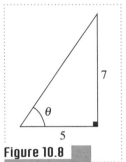

**Figure 10.8**

et 
$$\left.\frac{d\theta}{dt}\right|_{x=5} = \frac{750}{7}\left(\frac{7}{\sqrt{74}}\right)^2 \approx 70{,}9 \text{ rad/h} \;\text{ ou }\; 1{,}1\,°/s$$

❸ **Réponse**

Lorsque l'avion se trouve à 5 km de l'observateur et s'en approche, l'angle d'élévation de la ligne de vision de celui-ci augmente à une vitesse d'environ 1,1 °/s.

---

**Exemple 10.10**

Un phare est situé à 8 km en ligne droite de la rive (voir la figure 10.9). Son projecteur fait un tour sur lui-même toutes les 20 secondes. À quelle vitesse le point lumineux se déplace-t-il sur la rive lorsqu'il est à 4 km du point de la rive le plus proche du phare et qu'il s'en approche ? (On supposera, pour simplifier le problème, que la rive est droite dans cette partie.)

▶ *Solution*

**❶ Traduction du problème**

**Visualisation de la situation :**

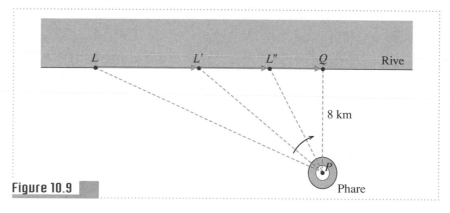

**Figure 10.9**

**Schéma et définition des variables :**

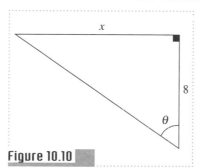

**Figure 10.10**

$x$ : distance entre le point lumineux $L$ et le point $Q$ (sur la rive) le plus proche du phare (km)

$\theta$ : angle entre le rayon lumineux $PL$ et la ligne fixe $PQ$ (rad)

$t$ : temps (s)

**Donnée additionnelle :**

Comme le projecteur fait un tour (c'est-à-dire $2\pi$ radians) toutes les 20 secondes, on a une information sur le taux de variation de l'angle $\theta$ par rapport au temps $t$ :

$$\frac{d\theta}{dt} = -\frac{2\pi}{20} = -\frac{\pi}{10} \text{ rad/s}$$

Le signe négatif est dû au fait que l'angle $\theta$ diminue (voir la figure 10.9) lorsque le point $L$ se rapproche du point $Q$.

**Question :** $\left.\dfrac{dx}{dt}\right|_{x=4} = ?$

**❷ Calculs**

**Relation entre $\theta$ et $x$ :**

Dans le triangle rectangle, on a :

$$\frac{x}{8} = \tan\theta \quad \Rightarrow \quad x = 8\tan\theta$$

**Dérivée par rapport à $t$ :**

$$\begin{aligned}
\frac{dx}{dt} &= \frac{dx}{d\theta} \cdot \frac{d\theta}{dt} \\[2mm]
&= \frac{d(8\tan\theta)}{d\theta} \cdot \frac{d\theta}{dt} \\[2mm]
&= 8\sec^2\theta \cdot \frac{d\theta}{dt}
\end{aligned}$$

**Évaluation :**

Pour évaluer ce résultat lorsque $x = 4$, on recourt au triangle rectangle correspondant à cette valeur (voir la figure 10.11).

On calcule d'abord l'hypoténuse :

$$\sqrt{4^2 + 8^2} = \sqrt{80}$$

D'où :

$$\sec \theta = \frac{\sqrt{80}}{8}$$

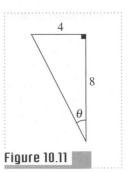

**Figure 10.11**

On remplace la valeur de $\sec \theta$ dans l'équation du taux de variation :

$$\frac{dx}{dt}\bigg|_{x=4} = 8\left(\frac{\sqrt{80}}{8}\right)^2 \cdot \left(-\frac{\pi}{10}\right) = -\pi \approx -3,14 \text{ km/s}$$

Le signe négatif du résultat indique que $x$ diminue par rapport au temps.

**❸ Réponse**

Lorsque le point lumineux est à 4 km du point de la rive le plus proche du phare, il s'en approche à une vitesse d'environ 3,14 km/s.

On résume dans le tableau suivant la démarche adoptée dans les exemples précédents.

**Tableau 10.1** Marche à suivre pour résoudre un problème de taux de variation liés

**❶ Traduction du problème**

- Bien lire le problème, le relire au besoin.
- Visualiser la situation à l'aide d'un croquis donnant l'idée du mouvement.
- Faire un schéma synthétique, définir les variables et donner leurs unités.
- Traduire mathématiquement les autres données (le ou les taux de variation donnés).
- Traduire mathématiquement la question (le taux de variation cherché).

**❷ Calculs**

- Trouver une relation entre les variables dépendantes en jeu dans les taux de variation (cherché et connu).
- Dériver la relation (explicitement ou implicitement) par rapport à la variable indépendante.
- Évaluer le taux de variation cherché.

**❸ Réponse**

- Formuler la réponse dans le contexte (s'assurer qu'elle est plausible).

## EXERCICES 10.2

**1** Lorsqu'on lance un caillou dans un lac, sa chute produit des ondes concentriques. Si le rayon du front d'ondes augmente au rythme de 5 cm/s au moment où il atteint 20 cm, déterminez à quelle vitesse l'aire de la surface délimitée par le front d'ondes augmente à ce moment.

**2** Un réservoir a la forme d'un cylindre de 10 cm de rayon et de 50 cm de hauteur. Si on le remplit d'eau au rythme de 40 cm³/s, à quelle vitesse le niveau d'eau montera-t-il? Cette vitesse est-elle constante? (Justifiez votre réponse.)

**3** Les arêtes d'un cube s'allongent à une vitesse de 2 cm/s. À quelle vitesse l'aire de la surface du cube augmente-t-elle lorsque les arêtes mesurent:

a) 1 cm?               b) 5 cm?

**4** On gonfle un ballon-sonde parfaitement sphérique au rythme de 125 m³/min. À quelle vitesse le rayon varie-t-il lorsqu'il atteint 3 m? (Le volume d'une sphère de rayon $r$ est donné par $V = \dfrac{4}{3}\pi r^3$.)

**5** Un homme qui mesure 1,80 m s'approche d'un lampadaire de 6 m de hauteur en marchant à une vitesse de 0,5 m/s.

a) À quelle vitesse la longueur de son ombre varie-t-elle?

b) À quelle vitesse l'extrémité de son ombre se déplace-t-elle?

**6** Un réservoir rempli d'eau a la forme d'un cône circulaire inversé (la pointe vers le bas) de 3 m de hauteur et de 1 m de rayon à la partie supérieure. L'eau s'écoule par le fond à un débit de 0,05 m³/min. À quelle vitesse le niveau d'eau baisse-t-il lorsqu'il atteint 2 m? (Le volume d'un cône de rayon $r$ et de hauteur $h$ est donné par $V = \dfrac{1}{3}\pi r^2 h$.)

**7** Un observateur regarde un objet qui tombe du haut d'un gratte-ciel. La distance entre l'observateur et le point de chute de l'objet est de 300 m. Si l'angle de vision de l'observateur diminue au rythme de 0,08 rad/s lorsqu'il est de π/3 rad, trouvez la vitesse à laquelle tombe l'objet à cet instant.

**8** Une échelle de 6 m de longueur est appuyée contre un mur. On éloigne le pied de l'échelle du mur à une vitesse de 0,5 m/s. À quelle vitesse le haut de l'échelle descend-il lorsqu'il se trouve à 4 m du sol?

**9** Un observateur au sol regarde des laveurs de vitres hisser une plate-forme le long d'un édifice. L'observateur est à 200 m du pied de l'édifice et la plate-forme monte à une vitesse de 0,2 m/s. À quelle vitesse varie l'angle de vision de l'observateur lorsque la plate-forme se trouve à 40 m du sol?

**10** Une personne fait voler un cerf-volant en tenant ses mains à 2 m du sol et en laissant glisser la corde. Le vent souffle de façon stable et entraîne le cerf-volant horizontalement à une vitesse de 10 m/min et à une altitude de 40 m. À quelle vitesse la corde du cerf-volant glisse-t-elle entre les mains de la personne lorsque la partie de la corde tendue mesure 50 m?

# Annexes

Les annexes qui suivent complètent certaines parties de la matière abordée dans ce manuel. Des exercices accompagnent plusieurs d'entre elles.

De plus, on peut consulter le site www.groupemodulo.com et télécharger des activités complémentaires concernant, par exemple, la maîtrise des codes de base des graphiques cartésiens, l'analyse d'expressions symboliques comme celles qui sont relatives aux limites, et l'habileté à coder symboliquement le graphique d'une fonction et à visualiser la courbe d'une fonction à partir d'une description symbolique. Ces activités visent à améliorer, chez les étudiants, leur compréhension du langage mathématique selon ses trois formes : littérale, symbolique et graphique.

# Annexe A Le théorème de Pythagore — démonstration

Dans un triangle rectangle, le carré de l'hypoténuse est égal à la somme des carrés des côtés de l'angle droit (voir la figure A.1). Cette célèbre relation est connue sous le nom de théorème (ou formule) de Pythagore.

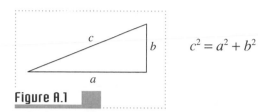

$$c^2 = a^2 + b^2$$

**Figure A.1**

Il existe plus de 350 démonstrations de ce théorème. En voici une, choisie parmi les plus courtes.

On pose la construction géométrique de la figure A.2, dans laquelle on trouve le triangle rectangle de côtés $a$, $b$ et $c$.

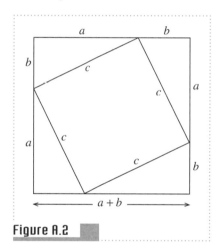

**Figure A.2**

Selon cette construction géométrique, on a

aire du grand carré = aire du petit carré + aire des 4 triangles rectangles

$$(a+b)^2 = c^2 + 4\left(\frac{ab}{2}\right)$$
$$= c^2 + 2ab$$

De cette identité, en développant le carré du binôme, on tire :

$$a^2 + 2ab + b^2 = c^2 + 2ab$$

D'où, après simplification,

$$a^2 + b^2 = c^2$$

# Annexe B | La formule du binôme de Newton

La formule du binôme de Newton donne le développement de la puissance entière $n$ d'un binôme : $(a + b)^n$. Elle repose sur la notion de factorielle : la factorielle d'un entier naturel $n$, notée $n!$ (qui se lit « $n$ factoriel » ou « factorielle de $n$ »), est le produit des entiers naturels inférieurs ou égaux à $n$. Par exemple, $5! = 5 \times 4 \times 3 \times 2 \times 1$ et $1! = 1$.

$$(a+b)^n = a^n + \binom{n}{n-1}a^{n-1}b + \binom{n}{n-2}a^{n-2}b^2 + \binom{n}{n-3}a^{n-3}b^3 + \ldots$$

$$+ \binom{n}{3}a^3 b^{n-3} + \binom{n}{2}a^2 b^{n-2} + \binom{n}{1}a\, b^{n-1} + b^n$$

où $\binom{n}{k} = \dfrac{n!}{(n-k)!\,k!}$ et $n, k \in \mathbb{N}$ et $n \geq k$. On pose, par définition, $0! = 1$.

# Annexe C Le triangle de Pascal

Le développement de la puissance $(a + b)^n$, où $n \in \mathbb{N}$, peut être obtenu à l'aide d'un arrangement géométrique connu sous le nom de «triangle de Pascal» (voir la figure C.1). Dans ce triangle, les nombres d'une rangée représentent les coefficients du développement d'une puissance donnée. Chaque rangée commence et se termine par le coefficient 1. Après les deux premières rangées (situées au sommet du triangle), on obtient les coefficients intermédiaires d'une rangée en faisant la somme des deux coefficients placés juste au-dessus.

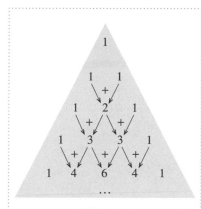

$(a + b)^0 = \mathbf{1}$

$(a + b)^1 = \mathbf{1}a + \mathbf{1}b$

$(a + b)^2 = \mathbf{1}a + \mathbf{2}ab + \mathbf{1}b$

$(a + b)^3 = \mathbf{1}a^3 + \mathbf{3}a^2b + \mathbf{3}ab^2 + \mathbf{1}b^3$

$(a + b)^4 = \mathbf{1}a^4 + \mathbf{4}a^3b + \mathbf{6}a^2b^2 + \mathbf{4}ab^3 + \mathbf{1}b^4$

**Figure C.1**

## *Repère* historique

Contrairement à ce que son nom peut laisser supposer, le triangle de Pascal n'est pas une construction imaginée par le mathématicien français Blaise Pascal (1623-1662). Cette construction était connue de ses contemporains et aussi des Chinois et des Arabes bien des siècles auparavant. Ce nom lui a été donné en raison des applications qu'il a su en tirer dans la théorie des probabilités.

# Annexe D — Les limites de fonctions

Quand on écrit :

$$\lim_{x \to a}\big(f(x)\big) = L, \text{ où } a \text{ et } L \in \mathbb{R},$$

on veut dire, par cette limite de fonction, que plus l'abscisse $x$ se rapproche de $a$ par des valeurs aussi bien supérieures qu'inférieures (sans jamais égaler $a$), plus l'ordonnée $f(x)$ se rapproche de $L$.

Bien qu'elle soit valable intuitivement, cette définition du concept de limite de fonction reste imprécise du point de vue mathématique parce qu'elle recourt à une expression non mathématique : « se rapproche de ». Qu'est-ce que cette expression signifie d'un point de vue strictement mathématique ?

C'est le mathématicien français Augustin Cauchy (1789-1857) qui a répondu à cette question en faisant appel à la notion d'inégalité.

Lorsqu'on dit que « l'ordonnée $f(x)$ se rapproche de $L$ », cela signifie mathématiquement que la différence entre les valeurs de $f(x)$ et de $L$ peut être aussi petite qu'on veut, ce qui peut se traduire symboliquement comme suit :

$|f(x) - L| < \varepsilon$, où $\varepsilon$ (la lettre grecque minuscule « epsilon ») représente un nombre positif aussi petit qu'on veut.

De manière similaire, on exprime mathématiquement l'expression « l'abscisse $x$ se rapproche de $a$ » par

$|x - a| < \delta$, où $\delta$ (la lettre grecque minuscule « delta ») représente un nombre positif suffisamment petit.

Par conséquent, la définition rigoureuse du concept de limite est donnée ci-après.

**DÉFINITION FORMELLE DE LA LIMITE**

$\lim_{x \to a}\big(f(x)\big) = L$, où $a$ et $L \in \mathbb{R}$, signifie que pour toute valeur $\varepsilon > 0$ (aussi petite qu'on veut), il existe une valeur $\delta > 0$ (suffisamment petite) telle que si $|x - a| < \delta$, alors $|f(x) - L| < \varepsilon$.

En d'autres mots, cette définition signifie que pour toute valeur de $\varepsilon$ qu'on prend pour encadrer la différence en valeur absolue entre $f(x)$ et $L$, $\varepsilon$ aussi petit soit-il, il est possible de déterminer une valeur correspondante de $\delta$ pour encadrer la différence en valeur absolue entre $x$ et $a$ (voir la figure D.1).

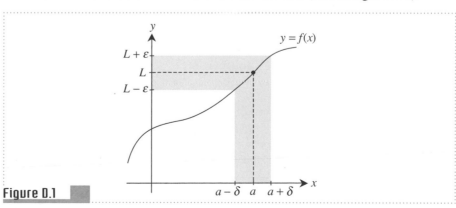

**Figure D.1**

Dans ce qui suit, nous développerons davantage la notion de limite de fonction, mais en privilégiant l'approche intuitive. Bien que celle-ci soit moins rigoureuse que le recours à la définition formelle, elle est moins difficile et suffit à une bonne compréhension du sujet.

## Limite à gauche et limite à droite

Soit $f$ une fonction, $a \in \mathbb{R}$ et $L \in \mathbb{R}$. Si $f(x)$ tend vers $L$ lorsque $x$ tend vers $a$ par des valeurs inférieures à $a$, on dit que $f$ admet une limite à gauche en $x = a$ et on écrit symboliquement :

$$\lim_{x \to a^-} \big(f(x)\big) = L$$

$x \to a^-$ signifie que $x$ tend vers $a$ par la gauche sur l'axe des $x$ :

De même, si $f(x)$ tend vers $L$ lorsque $x$ tend vers $a$ par des valeurs supérieures à $a$, on dit que $f$ admet une limite à droite en $x = a$ et on écrit symboliquement :

$$\lim_{x \to a^+} \big(f(x)\big) = L$$

$x \to a^+$ signifie que $x$ tend vers $a$ par la droite sur l'axe des $x$ :

### Exemple D.1

a) Soit $f(x) = \begin{cases} x - 1 & \text{si } x \leq 2 \\ x^2 + 1 & \text{si } x > 2 \end{cases}$

On a :

$$\lim_{x \to 2^-} \big(f(x)\big) = \lim_{x \to 2^-} (x - 1) = 1$$

$$\lim_{x \to 2^+} \big(f(x)\big) = \lim_{x \to 2^+} (x^2 + 1) = 5$$

b) Soit $f(x) = x^2 - 4$.

On a :

$$\lim_{x \to 1^-} \big(f(x)\big) = \lim_{x \to 1^-} (x^2 - 4) = -3$$

$$\lim_{x \to 1^+} \big(f(x)\big) = \lim_{x \to 1^+} (x^2 - 4) = -3$$

c) Soit $f(x) = \begin{cases} 1 - x^2 & \text{si } x < 0 \\ \sqrt[3]{x} + 1 & \text{si } x \geq 0 \end{cases}$

On a :

$$\lim_{x \to 0^-} \big(f(x)\big) = \lim_{x \to 0^-} (1 - x^2) = 1$$

$$\lim_{x \to 0^+} \big(f(x)\big) = \lim_{x \to 0^+} \big(\sqrt[3]{x} + 1\big) = 1$$

## EXERCICES D.1

**1** Soit $f(x) = \begin{cases} |x| & \text{si } x < -2 \\ x^2 & \text{si } x \geq -2 \end{cases}$

Évaluez :

a) $\lim_{x \to -2} (f(x))$

b) $\lim_{x \to -2^+} (f(x))$

c) $\lim_{x \to 2^-} (f(x))$

d) $\lim_{x \to 2^+} (f(x))$

**2** Soit $g(x) = \dfrac{x}{|x|}$

Évaluez :

a) $\lim_{x \to -3^+} (g(x))$

b) $\lim_{x \to 0^-} (g(x))$

c) $\lim_{x \to 0^+} (g(x))$

**3** Soit $f(x) = \sqrt{4 - x}$

Évaluez :

a) $\lim_{x \to -5^-} (f(x))$

b) $\lim_{x \to -5^+} (f(x))$

c) $\lim_{x \to 4^-} (f(x))$

## Unicité de la limite

Soit $a \in \mathbb{R}$ et $L \in \mathbb{R}$. Une fonction $f$ admet une limite en $x = a$ si et seulement si elle admet une limite à gauche et une limite à droite en $x = a$ et si ces deux limites sont égales :

$$\lim_{x \to a}(f(x)) = L \quad \Leftrightarrow \quad \begin{cases} \lim_{x \to a^-}(f(x)) = L & \text{(limite à gauche)} \\ \lim_{x \to a^+}(f(x)) = L & \text{(limite à droite)} \end{cases}$$

### Exemple D.2

Soit $f(x) = \begin{cases} (x-1)^2 & \text{si } x < 1 \\ \sqrt{x-1} & \text{si } x \geq 1 \end{cases}$

Puisque $\lim_{x \to 1^-}(f(x)) = \lim_{x \to 1^-}((x-1)^2) = 0$ et $\lim_{x \to 1^+}(f(x)) = \lim_{x \to 1^+}(\sqrt{x-1}) = 0$,

on en conclut que $\lim_{x \to 1}(f(x)) = 0$.

Lorsque la limite à gauche et la limite à droite en $x = a$ ne sont pas égales, on dit que la limite en $x = a$ n'existe pas.

### Exemple D.3

Soit $f(x) = \begin{cases} (x+1)^2 & \text{si } x < 1 \\ x-1 & \text{si } x \geq 1 \end{cases}$

$\lim_{x \to 1}(f(x))$ n'existe pas, car la limite à gauche diffère de la limite à droite :

$$\lim_{x \to 1^-}(f(x)) = \lim_{x \to 1^-}((x+1)^2) = 4 \quad \text{et} \quad \lim_{x \to 1^+}(f(x)) = \lim_{x \to 1^+}(x-1) = 0$$

## Limite infinie

Soit $f$ une fonction et $a \in \mathbb{R}$. On parle de limite infinie dans les cas suivants :

$$\lim_{x \to a}(f(x)) = \infty \ (\text{ou } -\infty)$$

$$\lim_{x \to a^-}(f(x)) = \infty \ (\text{ou } -\infty)$$

$$\lim_{x \to a^+}(f(x)) = \infty \ (\text{ou } -\infty)$$

Note : Le symbole $\infty$, qui se lit « infini », ne représente pas un nombre réel. Il en est de même pour le symbole $-\infty$, qui se lit « moins l'infini ». Un nombre réel est par définition une quantité finie.

### Exemple D.4

a) $\lim\limits_{x \to 0^+}\left(\dfrac{1}{x}\right) = \infty$

Lorsque $x$ tend vers 0 par la droite (ou devient infiniment petit dans les positifs), $\dfrac{1}{x}$ tend vers $\infty$ (ou devient infiniment grand).

b) $\lim\limits_{x \to 0}\left(\dfrac{-1}{x^2}\right) = -\infty$

Lorsque $x$ tend vers 0 autant par la gauche que par la droite, $\dfrac{-1}{x^2}$ tend vers $-\infty$. En effet, en raison du carré de $x$, le dénominateur est positif même si $x$ tend vers 0 par la gauche (ou devient infiniment petit dans les négatifs).

Comme les symboles $\infty$ et $-\infty$ ne sont pas des nombres réels, on considère que la limite n'existe pas quand on a $\lim\limits_{x \to a}(f(x)) = \infty$ ou $\lim\limits_{x \to a}(f(x)) = -\infty$. Il en est de même pour la limite à gauche et la limite à droite lorsqu'elles sont infinies.

## Limite à l'infini

Soit $f$ une fonction de $x$. On parle de **limite à l'infini** de $f$ lorsque $x \to +\infty$ ou $x \to -\infty$ :

$$\lim_{x \to +\infty}(f(x)) = L$$

$$\lim_{x \to -\infty}(f(x)) = L$$

### Exemple D.5

a) $\lim\limits_{x \to +\infty}\left(\dfrac{1}{x}\right) = 0$

b) $\lim\limits_{x \to -\infty}(x^2 - 1) = \infty$

## Existence d'une limite

On dit que la limite d'une fonction $f$ existe si et seulement si

$$\lim_{x \to a}(f(x)) = L, \text{ où } L \in \mathbb{R}.$$

Cela signifie que $f(x)$ tend vers un nombre réel $L$ lorsque $x$ tend vers $a$. On parle alors de **limite finie**.

Par conséquent, si $f(x)$ ne tend pas vers un nombre réel lorsque $x$ tend vers $a$, on dit que la limite de $f$ n'existe pas. Cela survient dans les cas où :

1. la limite est infinie : $\lim_{x \to a}(f(x)) = \infty$ (ou $-\infty$) ;

2. la limite à gauche n'est pas égale à la limite à droite lorsque $x$ tend vers $a$, où $a \in \mathbb{R}$ : $\lim_{x \to a^-}(f(x)) \neq \lim_{x \to a^+}(f(x))$ ;

3. la limite n'est ni infinie ni finie (voir l'exemple D.6 en d).

### Exemple D.6

**Cas où la limite d'une fonction n'existe pas**

a) $\lim_{x \to 1}\left(\dfrac{1}{(x-1)^2}\right) = \infty$

b) $\lim_{x \to +\infty}(x^2 - 1) = \infty$

c) $\lim_{x \to 0}\left(\dfrac{1}{x}\right)$ n'existe pas, car $\lim_{x \to 0^-}\left(\dfrac{1}{x}\right) = -\infty$ et $\lim_{x \to 0^+}\left(\dfrac{1}{x}\right) = \infty$.

d) $\lim_{x \to +\infty}(\sin x)$ n'existe pas, puisque la courbe du sinus oscille entre les valeurs $-1$ et $1$.

## Propriétés des limites

Le tableau D.1 présente les propriétés des limites. Si $\lim_{x \to a}(f(x))$ et $\lim_{x \to a}(g(x))$ existent, on obtient ce qui suit.

**Tableau D.1**

| | | |
|---|---|---|
| 1 | $\lim_{x \to a}(k \cdot f(x)) = k \cdot \lim_{x \to a}(f(x))$, où $k \in \mathbb{R}$ | La limite du produit d'une constante par une fonction est égale au produit de la constante par la limite de la fonction si cette limite existe. |
| 2 | $\lim_{x \to a}(f(x) \pm g(x)) = \lim_{x \to a}(f(x)) \pm \lim_{x \to a}(g(x))$ | La limite d'une somme (ou d'une différence) est égale à la somme des limites si ces dernières existent. |
| 3 | $\lim_{x \to a}(f(x) \cdot g(x)) = \lim_{x \to a}(f(x)) \cdot \lim_{x \to a}(g(x))$ | La limite d'un produit est égale au produit des limites si ces dernières existent. |
| 4 | $\lim_{x \to a}\left(\dfrac{f(x)}{g(x)}\right) = \dfrac{\lim_{x \to a}(f(x))}{\lim_{x \to a}(g(x))}$ si $\lim_{x \to a}(g(x)) \neq 0$ | La limite d'un quotient est égale au quotient des limites si ces dernières existent et que celle au dénominateur est non nulle. |

**Tableau D.1** *(suite)*

| | | |
|---|---|---|
| 5 | $\lim_{x \to a}\left(f(x)\right)^{n} = \left(\lim_{x \to a}\left(f(x)\right)\right)^{n}$ où $n \in \mathbb{N}^{*}$ | La limite d'une puissance est égale à la puissance de la limite si cette dernière existe. |
| 6 | $\lim_{x \to a}\sqrt[n]{f(x)} = \sqrt[n]{\lim_{x \to a}\left(f(x)\right)}$ où $n \in \mathbb{N}^{*}$ | La limite d'une racine $n$-ième est égale à la racine $n$-ième de la limite si cette dernière existe. |

Ces opérations sont aussi valides pour les limites à gauche et les limites à droite.

## EXERCICE D.2

**1** À l'aide des propriétés des limites, évaluez les limites suivantes :

a) $\lim_{x \to 3}\left(10(x-5)\right)$

b) $\lim_{x \to 0}\left((x+2)\cos x\right)$

c) $\lim_{x \to 5}\left(\dfrac{x^{2}-1}{4x+1}\right)$

d) $\lim_{x \to \infty}\sqrt{1+\dfrac{1}{x}}$

e) $\lim_{x \to 0}\left(e^{x} + \ln(x+1)\right)$

## Théorème du sandwich (ou d'encadrement)

Ce théorème permet d'évaluer la limite d'une fonction par comparaison à deux autres fonctions dont la limite est déjà connue ou est plus facile à déterminer.

Soit trois fonctions $f$, $g$ et $h$ telles que $f(x) \leq g(x) \leq h(x)$ pour tout $x$ sur un intervalle contenant $a$ (sauf peut-être pour $x = a$).

Si $\lim_{x \to a}\left(f(x)\right) = L$ et $\lim_{x \to a}\left(h(x)\right) = L$, alors $\lim_{x \to a}\left(g(x)\right) = L$.

Autrement dit, si deux fonctions, $f$ et $g$, admettent la même limite lorsque $x$ tend vers $a$ et qu'une troisième fonction, $g$, est « prise en étau » entre $f$ et $g$ dans le voisinage de $x = a$, alors la fonction $g$ admet la même limite lorsque $x$ tend vers $a$.

En effet, à partir de la double inégalité (valide au voisinage de $x = a$)

$$f(x) \leq g(x) \leq h(x),$$

on peut poser :

$$\lim_{x \to a}\left(f(x)\right) \leq \lim_{x \to a}\left(g(x)\right) \leq \lim_{x \to a}\left(h(x)\right)$$

Or, si les deux limites aux extrémités de la double inégalité donnent le même résultat $L$, il en résulte que la limite au centre est aussi égale à $L$.

Le théorème du sandwich[1] peut être restreint aux limites à gauche (ou à droite) ou être étendu aux limites à l'infini (dans ce dernier cas, la condition portant sur l'abscisse $a$ ne s'applique pas).

---

1. Ce théorème est également connu sous le nom de « théorème des gendarmes ». Il tire ce nom du parallèle suivant : les fonctions $f$ et $h$ sont comparées à des gendarmes et $g$ à un prisonnier. Comme les gendarmes $f$ et $h$ encadrent le prisonnier $g$, ce dernier est obligé de les suivre jusqu'à la prison $L$.

**Exemple D.7**

Évaluez :

a) $\lim\limits_{x \to 0^+} \left[ x^2 \sin\left(\dfrac{1}{x}\right) \right]$

b) $\lim\limits_{x \to \infty} \left( \dfrac{\sin x}{x} \right)$

▶ *Solution*

a) Bien qu'il s'agisse de la limite d'un produit, on ne peut utiliser la propriété 3 des limites, car $\lim\limits_{x \to 0^+} \left[ \sin\left(\dfrac{1}{x}\right) \right]$ n'existe pas. En effet, comme $\dfrac{1}{x} \to \infty$ lorsque $x \to 0^+$, $\sin(\infty)$ n'est pas défini.

Toutefois, pour $x \neq 0$, on a :

$$-1 \leq \sin\left(\frac{1}{x}\right) \leq 1$$

D'où, en multipliant chaque membre de la double inégalité par $x^2$, on a :

$$-x^2 \leq x^2 \sin\left(\frac{1}{x}\right) \leq x^2$$

Or, $\qquad \lim\limits_{x \to 0^+} \left(-x^2\right) = 0 \quad$ et $\quad \lim\limits_{x \to 0^+} \left(x^2\right) = 0$

Donc, par le théorème du sandwich :

$$\lim\limits_{x \to 0^+} \left[ x^2 \sin\left(\frac{1}{x}\right) \right] = 0$$

b) Comme $\lim\limits_{x \to \infty} (\sin x)$ n'existe pas, on ne peut utiliser la propriété 4 concernant la limite d'un quotient.

Toutefois, on a : $\qquad -1 \leq \sin x \leq 1$

D'où, en divisant chaque membre de la double inégalité par $x$ (où $x > 0$ puisque $x \to \infty$), on a :

$$\frac{-1}{x} \leq \frac{\sin x}{x} \leq \frac{1}{x}$$

Or, $\qquad \lim\limits_{x \to \infty} \left(\dfrac{-1}{x}\right) = 0 \quad$ et $\quad \lim\limits_{x \to \infty} \left(\dfrac{1}{x}\right) = 0$

Donc, par le théorème du sandwich :

$$\lim\limits_{x \to \infty} \left( \frac{\sin x}{x} \right) = 0$$

## EXERCICES D.3

**1** À l'aide du théorème du sandwich, évaluez :

a) $\lim\limits_{x \to 0^+} \left( x \cos\left(\dfrac{1}{x}\right) \right)$

b) $\lim\limits_{x \to \infty} \left( \dfrac{1 + \cos x}{x} \right)$

**2** Sachant que

$$\cos x \leq \frac{\sin x}{x} \leq 1 \quad \text{pour } x \in \left] -\frac{\pi}{2},\ \frac{\pi}{2} \right[,$$

démontrez que $\lim\limits_{x \to 0} \left( \dfrac{\sin x}{x} \right) = 1$.

## Calcul de limites et formes particulières

Forme $\dfrac{1}{0}$

Le quotient $\dfrac{1}{0}$ est non défini puisque la division par zéro n'a aucun sens. Toutefois, lorsque ce quotient provient du calcul d'une limite, il a un autre sens : il signifie que le dénominateur tend vers 0 (comme on l'a vu précédemment dans des exemples). Autrement dit, le dénominateur est une expression variable dont la valeur devient infiniment petite (soit dans les positifs, soit dans les négatifs). On obtient alors la forme $\dfrac{1}{0^+}$ ou $\dfrac{1}{0^-}$. De manière générale, on parle de la forme $\dfrac{1}{0}$. Dans ce cas, la limite peut donner un résultat infiniment grand (soit $+\infty$, soit $-\infty$) ou non défini.

Il en est de même pour la forme $\dfrac{k}{0}$, où $k \neq 0$.

**Exemple D.8**

a) $\lim\limits_{x \to 3^-}\left(\underbrace{\dfrac{1}{x-3}}_{\text{forme } \frac{1}{0^-}}\right) = -\infty$

b) $\lim\limits_{x \to 1}\left(\dfrac{1}{(x-1)^2}\right) = \begin{cases} \lim\limits_{x \to 1^-}\left(\underbrace{\dfrac{1}{(x-1)^2}}_{\text{forme } \frac{1}{0^+}}\right) = \infty \\[2em] \lim\limits_{x \to 1^+}\left(\underbrace{\dfrac{1}{(x-1)^2}}_{\text{forme } \frac{1}{0^+}}\right) = \infty \end{cases}$

D'où $\lim\limits_{x \to 1}\left(\dfrac{1}{(x-1)^2}\right) = \infty$

c) $\lim\limits_{x \to 0}\left(\dfrac{5}{xe^x}\right) = \begin{cases} \lim\limits_{x \to 0^-}\left(\underbrace{\dfrac{5}{xe^x}}_{\text{forme } \frac{5}{0^-}}\right) = -\infty \\[2em] \lim\limits_{x \to 0^+}\left(\underbrace{\dfrac{5}{xe^x}}_{\text{forme } \frac{5}{0^+}}\right) = \infty \end{cases}$

D'où $\lim\limits_{x \to 0}\left(\dfrac{5}{xe^x}\right)$ est non définie.

## EXERCICE D.4

**1** Évaluez les limites suivantes :

a) $\lim\limits_{x \to 1^-}\left(\dfrac{1}{x(x-1)}\right)$   b) $\lim\limits_{x \to 2^+}\left(\dfrac{-1}{x-2}\right)$   c) $\lim\limits_{x \to -3}\left(\dfrac{2}{(x+3)^2}\right)$   d) $\lim\limits_{x \to 2}\left(\dfrac{1}{(x-2)^3}\right)$   e) $\lim\limits_{x \to 6^-}\left(\dfrac{6}{\sqrt{36-x^2}}\right)$

## Opérations sur les limites infinies

Lorsque le calcul de limite consiste à effectuer une somme, une différence, un produit ou un quotient de limites infinies, ou encore la puissance ou la racine $n$-ième d'une limite infinie, on ne peut utiliser les mêmes règles que celles valant pour les nombres réels, c'est-à-dire les règles relatives aux propriétés des limites (voir le tableau D.1), étant donné que $\infty$ et $-\infty$ ne représentent pas des nombres réels. Il faut plutôt analyser les expressions selon les règles exposées dans le tableau D.2 (où $k$ désigne une constante positive et $n \in \mathbb{N}^*$).

**Tableau D.2**

| Somme et différence | Produit | Quotient | Puissance et racine |
|---|---|---|---|
| $\infty + \infty = \infty$ | $\infty \cdot \infty = \infty$ | $\dfrac{\pm k}{\pm\infty} = 0$ | $\infty^n = \infty$ |
| $-\infty - \infty = -\infty$ | $\infty \cdot (-\infty) = -\infty$ | $\dfrac{\infty}{k} = \infty$ | $(-\infty)^{2n} = \infty$ |
| $\infty \pm k = \infty$ | $(-\infty) \cdot \infty = -\infty$ | $\dfrac{-\infty}{k} = -\infty$ | $(-\infty)^{2n+1} = -\infty$ |
| $-\infty \pm k = -\infty$ | $k \cdot \infty = \infty$ | $\dfrac{\infty}{-k} = -\infty$ | $\sqrt[n]{\infty} = \infty$ |
| | $k \cdot (-\infty) = -\infty$ | $\dfrac{-\infty}{-k} = \infty$ | $\sqrt[2n+1]{-\infty} = -\infty$ |
| | $(-k) \cdot \infty = -\infty$ | | |
| | $(-k) \cdot (-\infty) = \infty$ | | |

Les règles ci-dessus excluent les opérations suivantes : $\dfrac{0}{0}, \dfrac{\pm\infty}{\pm\infty}, \infty - \infty, 0 \cdot (\pm\infty)$.

Ces opérations soulèvent des difficultés et sont traitées plus loin à la section Formes indéterminées.

**Exemple D.9**

Évaluez

a) $\lim\limits_{x\to 0}\left(2 + \dfrac{1}{x^2}\right)$

b) $\lim\limits_{x\to 0^+}\left(2 + \dfrac{1}{x}\right)^4$

**Solution**

a) $\lim\limits_{x\to 0}\underbrace{\left(2 + \dfrac{1}{x^2}\right)}_{2+\infty} = \infty$

b) $\lim\limits_{x\to 0^+}\underbrace{\left(2 + \dfrac{1}{x}\right)^4}_{\substack{(2-\infty)^4=(-\infty)^4\\=\infty}} = \infty$

## EXERCICE D.5

**1** Évaluez les limites suivantes :

a) $\lim\limits_{x\to 0^+}\left(\dfrac{1}{x} + \dfrac{3}{x^2}\right)$

b) $\lim\limits_{x\to 0^-}\left(\dfrac{1}{x} + 100\right)$

c) $\lim\limits_{x\to\infty}(-x(x-20))$

d) $\lim\limits_{x\to\infty}\left(\dfrac{100}{x-10}\right)$

e) $\lim\limits_{x\to-\infty}\left(\sqrt{x^2-1}\right)$

f) $\lim\limits_{x\to\infty}\left(x\sqrt{x^2-1}\right)$

g) $\lim\limits_{x\to-\infty}\left(\dfrac{-5}{\sqrt{10-x}}\right)$

h) $\lim\limits_{x \to 2^+} \left( \left(1 + \dfrac{1}{x-2}\right) \left(2 + \dfrac{1}{2-x}\right) \right)$

i) $\lim\limits_{x \to \infty} \left( \dfrac{\sqrt{x}}{1000} \right)$

j) $\lim\limits_{x \to 0^+} \left( \dfrac{1}{\sqrt{x}} + \dfrac{1}{x} \right)$

k) $\lim\limits_{x \to 1} \left( \sqrt[3]{1 - \dfrac{1}{(x-1)^2}} \right)$

## Formes indéterminées

Dans le calcul de limites, on peut être amené à évaluer des expressions de la forme $\dfrac{0}{0}, \dfrac{\pm\infty}{\pm\infty}, \infty - \infty$ ou $0 \cdot (\pm\infty)$. En voici deux exemples :

$$\lim\limits_{x \to 3} \left( \dfrac{x-3}{x^2-9} \right) = \dfrac{0}{0} \qquad \lim\limits_{x \to \infty} \left( \sqrt{x} - x^2 \right) = \infty - \infty$$

Or, ces expressions sont des **formes indéterminées**, en ce sens qu'il nous est impossible de déterminer leur valeur directement. Par exemple, la forme $\dfrac{0}{0}$ signifie que, dans le calcul de la limite, le numérateur et le dénominateur tendent vers zéro lorsque la variable $x$ tend vers sa valeur limite. Pourtant, cela ne nous donne pas la limite du quotient, car la division d'un infiniment petit par un infiniment petit ne donne pas nécessairement 1. En effet, des quantités qui deviennent infiniment petites peuvent diminuer à des rythmes différents, de sorte que leur quotient ne sera pas égal à 1.

Pour des raisons similaires, la division d'un infiniment grand par un autre infiniment grand $\left( \dfrac{\infty}{\infty} \right)$ peut donner un résultat différent de 1.

Quant aux formes $\infty - \infty$ et $0 \cdot (\pm\infty)$, elles ne donnent pas nécessairement un résultat nul, contrairement à ce qu'on pourrait penser à première vue. La forme $0 \cdot (\pm\infty)$ correspond au produit d'un infiniment petit (représenté par le symbole 0) et d'un infiniment grand (positif ou négatif), produit qui est de prime abord indéterminé.

Pour lever ces indéterminations, il faut pousser plus loin l'analyse de l'expression dont on cherche la limite. Dans plusieurs cas (notamment ceux qui comportent des fonctions algébriques), il suffit pour cela de simplifier l'expression ou de la transformer algébriquement.

### Exemple D.10

Évaluez $\lim\limits_{x \to 3} \left( \dfrac{x-3}{x^2-9} \right)$.

▶ *Solution*

La limite du quotient donne la forme indéterminée $\dfrac{0}{0}$. Pour lever l'indétermination dans ce cas, on simplifie le quotient en développant la différence de carrés au dénominateur :

$$\lim\limits_{x \to 3} \underbrace{\left( \dfrac{x-3}{x^2-9} \right)}_{\text{forme } \frac{0}{0}} = \lim\limits_{x \to 3} \left( \dfrac{x-3}{(x-3)(x+3)} \right) = \lim\limits_{x \to 3} \left( \dfrac{1}{x+3} \right) = \dfrac{1}{6}$$

**Exemple D.11**

Évaluez $\lim\limits_{x \to 1}\left(\dfrac{2-\sqrt{x^2+3}}{x-1}\right)$.

**Solution**

Pour lever l'indétermination obtenue $\left(\dfrac{0}{0}\right)$, on simplifie le quotient au moyen du conjugué du numérateur et de la factorisation :

$$\lim_{x \to 1}\underbrace{\left(\frac{2-\sqrt{x^2+3}}{x-1}\right)}_{\text{forme } \frac{0}{0}} = \lim_{x \to 1}\left(\frac{2-\sqrt{x^2+3}}{x-1} \cdot \frac{2+\sqrt{x^2+3}}{2+\sqrt{x^2+3}}\right)$$

$$= \lim_{x \to 1}\left(\frac{4-(x^2+3)}{(x-1)(2+\sqrt{x^2+3})}\right)$$

$$= \lim_{x \to 1}\left(\frac{1-x^2}{(x-1)(2+\sqrt{x^2+3})}\right)$$

$$= \lim_{x \to 1}\left(\frac{\cancel{(1-x)}(1+x)}{-\cancel{(1-x)}(2+\sqrt{x^2+3})}\right)$$

$$= \lim_{x \to 1}\left(\frac{-(1+x)}{(2+\sqrt{x^2+3})}\right)$$

$$= \frac{-2}{4} = -\frac{1}{2}$$

**Exemple D.12**

Évaluez $\lim\limits_{x \to \infty}\left(\dfrac{2x^2+x+3}{9x^2-1}\right)$.

**Solution**

La limite du quotient donne la forme indéterminée $\dfrac{\infty}{\infty}$. Pour lever l'indétermination dans ce cas, il faut faire en sorte que les termes du numérateur et du dénominateur n'augmentent pas indéfiniment lorsque $x \to \infty$. Pour y arriver, on divise chacun de ces termes par la puissance de $x$ la plus élevée apparaissant au dénominateur :

$$\lim_{x \to \infty}\underbrace{\left(\frac{2x^2+x+3}{9x^2-1}\right)}_{\text{forme } \frac{\infty}{\infty}} = \lim_{x \to \infty}\left(\frac{\dfrac{2x^2}{x^2}+\dfrac{x}{x^2}+\dfrac{3}{x^2}}{\dfrac{9x^2}{x^2}-\dfrac{1}{x^2}}\right)$$

$$= \lim_{x \to \infty}\left(\frac{2+\dfrac{1}{x}+\dfrac{3}{x^2}}{9-\dfrac{1}{x^2}}\right)$$

$$= \frac{2}{9}$$

**Exemple D.13**

Évaluez $\lim\limits_{x \to -\infty}\left(\dfrac{5x^2 - 10x + 13}{x^3 + x - 10}\right)$.

> **Solution**

$$\lim_{x \to -\infty}\underbrace{\left(\frac{5x^2 - 10x + 13}{x^3 + x - 10}\right)}_{\text{forme }\frac{\infty}{-\infty}} = \lim_{x \to -\infty}\left(\frac{\dfrac{5x^2}{x^3} - \dfrac{10x}{x^3} + \dfrac{13}{x^3}}{\dfrac{x^3}{x^3} + \dfrac{x}{x^3} - \dfrac{10}{x^3}}\right)$$

$$= \lim_{x \to -\infty}\left(\frac{\dfrac{5}{x} - \dfrac{10}{x^2} + \dfrac{13}{x^3}}{1 + \dfrac{1}{x^2} - \dfrac{10}{x^3}}\right)$$

$$= \frac{0}{1} = 0$$

**Exemple D.14**

Évaluez $\lim\limits_{x \to \infty}\left(\dfrac{x^2 + 1}{\sqrt{7x^2 + 10}}\right)$.

> **Solution**

On a la forme indéterminée $\dfrac{\infty}{\infty}$. La puissance de $x$ la plus élevée au dénominateur est de degré 2 et elle est sous une racine carrée. Cela revient donc à diviser les termes du numérateur (c'est-à-dire hors de la racine carrée) par $x$ lorsqu'on divise par $x^2$ les termes sous la racine carrée :

$$\lim_{x \to \infty}\left(\frac{x^2 + 1}{\sqrt{7x^2 + 10}}\right) = \lim_{x \to \infty}\left(\frac{\dfrac{x^2}{x} + \dfrac{1}{x}}{\sqrt{\dfrac{7x^2}{x^2} + \dfrac{10}{x^2}}}\right)$$

$$= \lim_{x \to \infty}\underbrace{\left(\frac{x + \dfrac{1}{x}}{\sqrt{7 + \dfrac{10}{x^2}}}\right)}_{\frac{\infty}{\sqrt{7}}}$$

$$= \infty$$

**Exemple D.15**

Évaluez $\lim\limits_{x \to 0^+}\left(\dfrac{1}{x} - \dfrac{1}{x^2}\right)$.

> **Solution**

La limite de cette différence donne la forme indéterminée $\infty - \infty$ :

$$\lim_{x \to 0^+}\underbrace{\left(\frac{1}{x} - \frac{1}{x^2}\right)}_{\frac{1}{0^+} - \frac{1}{0^+} = \infty - \infty}$$

Pour lever l'indétermination dans ce cas, on met les deux fractions sur un dénominateur commun :

$$\lim_{x \to 0^+}\left(\frac{1}{x} - \frac{1}{x^2}\right) = \lim_{x \to 0^+}\left(\frac{x}{x^2} - \frac{1}{x^2}\right)$$

$$= \lim_{x \to 0^+}\underbrace{\left(\frac{x-1}{x^2}\right)}_{\frac{-1}{0^+} = -\infty}$$

$$= -\infty$$

### Exemple D.16

Évaluez $\lim_{x \to \infty}\left(x^3 - 10x^2\right)$.

#### Solution

On a la forme indéterminée $\infty - \infty$. Comme le premier terme comporte une puissance plus grande que le deuxième, il augmente beaucoup plus rapidement. Par conséquent, la différence entre les deux termes augmentera sans fin. D'où :

$$\lim_{x \to \infty}\left(x^3 - 10x^2\right) - \infty$$

On peut arriver à ce même résultat au moyen d'une factorisation :

$$\lim_{x \to \infty}\left(x^3 - 10x^2\right) = \lim_{x \to \infty}\underbrace{\left(x^3\left(1 - \frac{10}{x}\right)\right)}_{\infty \cdot 1}$$

$$= \infty$$

Plus généralement, on peut affirmer qu'un polynôme d'équation

$$f(x) = a_n x^n + a_{n-1}x^{n-1} + \ldots + a_1 x + a_0$$

se comporte à l'infini de la même manière que son terme de plus grande puissance $a_n x^n$ :

$$\lim_{x \to \pm\infty}\left(a_n x^n + a_{n-1}x^{n-1} + \ldots + a_1 x + a_0\right) = \lim_{x \to \pm\infty}\left(a_n x^n\right)$$

### Exemple D.17

Évaluez $\lim_{x \to \infty}\left(-2x^4 + x^3 - 7x + 6\right)$.

#### Solution

$$\lim_{x \to \infty}\left(-2x^4 + x^3 - 7x + 6\right) = \lim_{x \to \infty}\left(-2x^4\right)$$

$$= -\infty$$

**Exemple D.18**

Évaluez $\lim\limits_{x\to\infty}\left(\sqrt{2x-1}-\sqrt{x+5}\right)$.

**Solution**

On a la forme indéterminée $\infty-\infty$. Pour lever l'indétermination dans ce cas, on transforme la différence à l'aide du conjugué :

$$\lim\limits_{x\to\infty}\underbrace{\left(\sqrt{2x-1}-\sqrt{x+5}\right)}_{\infty-\infty}=\lim\limits_{x\to\infty}\left(\left(\sqrt{2x-1}-\sqrt{x+5}\right)\cdot\frac{\sqrt{2x-1}+\sqrt{x+5}}{\sqrt{2x-1}+\sqrt{x+5}}\right)$$

$$=\lim\limits_{x\to\infty}\left(\frac{(2x-1)-(x+5)}{\sqrt{2x-1}+\sqrt{x+5}}\right)$$

$$=\lim\limits_{x\to\infty}\underbrace{\left(\frac{x-6}{\sqrt{2x-1}+\sqrt{x+5}}\right)}_{\frac{\infty}{\infty}}$$

$$=\lim\limits_{x\to\infty}\left(\frac{\dfrac{x}{\sqrt{x}}-\dfrac{6}{\sqrt{x}}}{\sqrt{\dfrac{2x}{x}-\dfrac{1}{x}}+\sqrt{\dfrac{x}{x}+\dfrac{5}{x}}}\right)$$

$$=\lim\limits_{x\to\infty}\underbrace{\left(\frac{\sqrt{x}-\dfrac{6}{\sqrt{x}}}{\sqrt{2-\dfrac{1}{x}}+\sqrt{1+\dfrac{5}{x}}}\right)}_{\frac{\infty}{\sqrt{2}+1}}$$

Comme la puissance la plus élevée au dénominateur est de degré 1 et qu'elle est sous deux racines carrées, cela revient à diviser les termes hors des racines carrées par $\sqrt{x}$ lorsqu'on divise par $x$ les termes sous les racines carrées.

$$=\infty$$

**Exemple D.19**

Évaluez $\lim\limits_{x\to0^+}\left(x\cdot\sqrt{5+\dfrac{1}{x^3}}\right)$.

**Solution**

La limite de ce produit donne la forme indéterminée $0\cdot\infty$. Pour lever l'indétermination dans ce cas, on transforme le produit en termes d'une racine carrée d'un produit :

$$\lim\limits_{x\to0^+}\underbrace{\left(x\cdot\sqrt{5+\dfrac{1}{x^3}}\right)}_{0\cdot\infty}=\lim\limits_{x\to0^+}\left(\sqrt{x^2\left(5+\dfrac{1}{x^3}\right)}\right)$$

$$=\lim\limits_{x\to0^+}\underbrace{\left(\sqrt{5x^2+\dfrac{1}{x}}\right)}_{\sqrt{0+\frac{1}{0^+}}}$$

$$=\infty$$

## EXERCICE D.6

**1** Évaluez :

a) $\lim_{x \to -5} \left( \dfrac{x^2 - 25}{x^2 + 5x} \right)$

b) $\lim_{x \to 1} \left( \dfrac{x^2 + x - 2}{x^2 - 3x + 2} \right)$

c) $\lim_{x \to \infty} \left( \dfrac{10x^2 + 2x - 1}{2x^2 + 7x - 2} \right)$

d) $\lim_{x \to 4} \left( \dfrac{2 - \sqrt{x}}{4 - x} \right)$

e) $\lim_{x \to 0} \left( \dfrac{x}{3\sqrt{x+1} - \sqrt{x+9}} \right)$

f) $\lim_{x \to -\infty} \left( \dfrac{10x^3 + x^2 - 8}{5x^2 + x + 3} \right)$

g) $\lim_{x \to 0} \left( \dfrac{|x|}{x^2} \right)$

h) $\lim_{x \to \infty} \left( \dfrac{\sqrt{x^2 + 1}}{2x - 1} \right)$

i) $\lim_{x \to \infty} \left( \sqrt{x^2 - 1} - x \right)$

j) $\lim_{x \to -\infty} \left( x^2 - (x+4)^2 \right)$

k) $\lim_{x \to \infty} \left( \dfrac{3x + 1}{x + \sqrt{x^2 + x + 1}} \right)$

l) $\lim_{x \to 0^+} \left( \dfrac{3}{x^2} - \dfrac{2}{x^3} \right)$

m) $\lim_{x \to 1^-} \left( \dfrac{1}{x-1} - \dfrac{1}{x(x-1)} \right)$

n) $\lim_{x \to 0^+} \left( x \sqrt{1 + \dfrac{4}{x^3}} \right)$

o) $\lim_{x \to 2^+} \left( \dfrac{1}{4 - x^2} - \dfrac{1}{x(2-x)} \right)$

p) $\lim_{x \to \infty} \left( \sqrt{\dfrac{3x^2 + 8}{2x^2 + x - 1}} \right)$

q) $\lim_{x \to 0^+} \left( x \left( 9 + \dfrac{1}{\sqrt{x}} \right) \right)$

r) $\lim_{x \to 0^+} \left( \sqrt{x} \left( 9 + \dfrac{1}{x} \right) \right)$

s) $\lim_{x \to \infty} \left( \sqrt{x^2 + 1} - \sqrt{x^2 - 4} \right)$

t) $\lim_{x \to \infty} \left( \dfrac{x^3 + 8}{5x^4 + 3x - 4} \right)$

u) $\lim_{x \to \infty} \left( \dfrac{\sqrt{x}}{\sqrt{x + \sqrt{x}}} \right)$

v) $\lim_{x \to 3} \left( \dfrac{x - \sqrt{6 + x}}{x - 3} \right)$

w) $\lim_{x \to 0^+} \left( \dfrac{1}{x} - \dfrac{1}{\sqrt{x}} \right)$

# Annexe E  La trigonométrie

La trigonométrie est l'étude des rapports de longueurs de côtés dans un triangle rectangle (voir la figure E.1). À chacun de ces rapports, on a donné un nom.

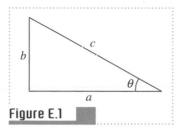

**Figure E.1**

$$\text{sinus}: \sin \theta = \frac{b}{c} \qquad \text{cosécante}: \csc \theta = \frac{c}{b}$$

$$\text{cosinus}: \cos \theta = \frac{a}{c} \qquad \text{sécante}: \sec \theta = \frac{c}{a}$$

$$\text{tangente}: \tan \theta = \frac{b}{a} \qquad \text{cotangente}: \cot \theta = \frac{a}{b}$$

Les rapports trigonométriques ont la propriété de ne varier qu'en fonction de l'angle $\theta$. Autrement dit, dans des triangles semblables, chacun de ces rapports est préservé.

Il est à remarquer que le sinus et le cosinus sont les deux seuls rapports trigonométriques fondamentaux, les quatre autres pouvant être définis à partir d'eux.

$$\tan \theta = \frac{b}{a} = \frac{b/c}{a/c} = \frac{\sin \theta}{\cos \theta} \qquad \cot \theta = \frac{a}{b} = \frac{a/c}{b/c} = \frac{\cos \theta}{\sin \theta}$$

$$\sec \theta = \frac{c}{a} = \frac{1}{a/c} = \frac{1}{\cos \theta} \qquad \csc \theta = \frac{c}{b} = \frac{1}{b/c} = \frac{1}{\sin \theta}$$

## Exemple E.1

Le sinus est utilisé dans la signalisation routière pour indiquer la dénivellation d'une pente. En bordure d'une route dont la pente est assez prononcée, on peut voir un panneau de pente raide semblable à celui de la figure E.2. Le pourcentage apparaissant sur ce panneau indique le rapport de la dénivellation de la route sur une distance parcourue de 100 m. Il correspond donc au sinus.

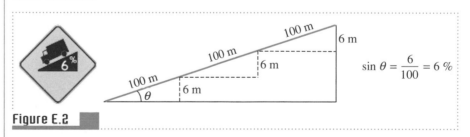

**Figure E.2**

## PRINCIPALES IDENTITÉS TRIGONOMÉTRIQUES

1. $\sin^2 \theta + \cos^2 \theta = 1$

2. $\tan^2 \theta + 1 = \sec^2 \theta$

3. $\cot^2 \theta + 1 = \csc^2 \theta$

4. $\sin(A \pm B) = \sin A \cos B \pm \cos A \sin B$

5. $\cos(A \pm B) = \cos A \cos B \mp \sin A \sin B$

6. $\tan(A \pm B) = \dfrac{\tan A \pm \tan B}{1 \mp \tan A \tan B}$

7. $\sin(2\theta) = 2 \sin \theta \cos \theta$

8. $\cos(2\theta) = \cos^2 \theta - \sin^2 \theta$

9. $\sin^2 \theta = \dfrac{1}{2}(1 - \cos(2\theta))$

10. $\cos^2 \theta = \dfrac{1}{2}(1 + \cos(2\theta))$

11. $\sin(-\theta) = -\sin \theta$

12. $\cos(-\theta) = \cos \theta$

## EXERCICES E.1

**1** Considérez le triangle rectangle ci-contre. Évaluez les rapports trigonométriques suivants :

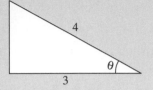

a) cos $\theta$

b) csc $\theta$

c) cot $\theta$

**2** À 10 m d'un arbre, l'angle d'élévation du sol au sommet de l'arbre est de 60°. Trouvez la hauteur de l'arbre.

**3** Ayers Rock est un massif rocheux qui se dresse presque à la verticale dans le désert des Territoires du Nord en Australie. Des excursionnistes se dirigent lentement vers ce mont qui atteint une hauteur de 300 m. Si, à un moment donné, ils remarquent que l'angle d'élévation du sol au sommet du mont est de 10°, à quelle distance se trouvent-ils du massif ?

# Annexe F | Les réciproques des fonctions trigonométriques

## La fonction arcsinus

Prenons la fonction d'équation $f(x) = \sin x$ (voir la figure F.1).

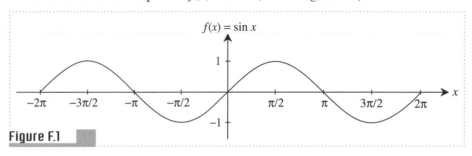

**Figure F.1**

En raison du caractère périodique de cette fonction, sa réciproque n'est pas une fonction. Toutefois, si on restreint son domaine à un intervalle de croissance (ou de décroissance), on peut définir une réciproque. Par convention, on choisit l'intervalle $\left[-\dfrac{\pi}{2},\ \dfrac{\pi}{2}\right]$ et on note « arcsin » la fonction réciproque obtenue :

$$y = \sin x, \quad \text{où } x \in \left[-\frac{\pi}{2},\ \frac{\pi}{2}\right] \quad \leftrightarrow \quad x = \arcsin y$$

Dans le cercle trigonométrique, $\arcsin y$ représente graphiquement l'arc de cercle pour lequel le sinus vaut $y$ (voir la figure F.2).

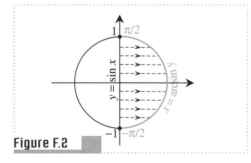

**Figure F.2**

Par exemple,

$$\arcsin\left(\frac{1}{2}\right) = \frac{\pi}{6},$$

c'est-à-dire l'arc qui a pour sinus $\dfrac{1}{2}$ est $\dfrac{\pi}{6}$ (voir la figure F.3).

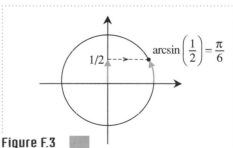

**Figure F.3**

De même,

$$\arcsin\left(-\frac{\sqrt{3}}{2}\right) = -\frac{\pi}{3},$$

c'est-à-dire l'arc qui a pour sinus $-\dfrac{\sqrt{3}}{2}$ est $-\dfrac{\pi}{3}$ (voir la figure F.4).

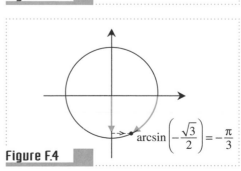

**Figure F.4**

Le terme « arcsin » est la contraction de la formule latine *arcus cuius sinus*.

On obtient le graphique cartésien de la fonction arcsinus en prenant le symétrique de la courbe d'équation $y = \sin x$ par rapport à la droite $y = x$ sur l'intervalle $\left[-\dfrac{\pi}{2},\ \dfrac{\pi}{2}\right]$ (voir la figure F.5).

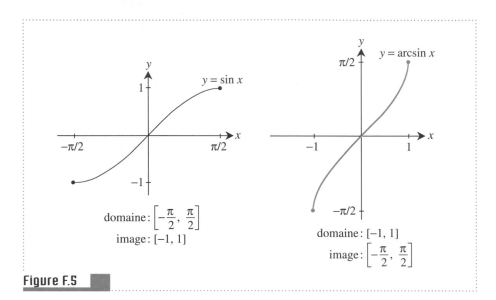

**Figure F.5**

## Question de *vocabulaire*

Les notations des réciproques des fonctions trigonométriques ne sont pas les mêmes en français et en anglais. Ainsi, dans le monde francophone, la réciproque du sinus se note arcsin x, alors que dans le monde anglophone elle se note sin⁻¹ x (où le nombre −1 ne représente pas un exposant, mais un indicateur de relation inverse). C'est cette dernière notation qui figure sur les calculatrices. Or, elle prête à confusion parce qu'on peut la confondre avec l'inverse multiplicatif $\dfrac{1}{\sin x}$. Il en est de même de l'appellation « fonctions trigonométriques inverses », qu'on trouve dans plusieurs manuels de mathématiques. Il est plus juste de parler de « fonctions trigonométriques réciproques ».

## La fonction arccosinus

Pour définir la fonction réciproque à la fonction cosinus, on restreint par convention son domaine à l'intervalle $[0, \pi]$ :

$$y = \cos x, \ \text{où} \ x \in \left[0,\ \pi\right] \quad \Leftrightarrow \quad x = \arccos y$$

Dans le cercle trigonométrique, arccos y représente graphiquement l'arc de cercle pour lequel le cosinus vaut y (voir la figure F.6).

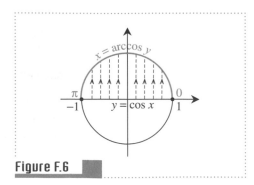

**Figure F.6**

**Exemple F.1**

Dans le cercle trigonométrique, représentez $\arccos\left(\dfrac{1}{2}\right)$, $\arccos 0$ et $\arccos\left(-\dfrac{1}{\sqrt{2}}\right)$.

▶ *Solution*

$\arccos\left(\dfrac{1}{2}\right)$ est l'arc qui a pour cosinus $\dfrac{1}{2}$ (voir la figure F.7). Cet arc est $\dfrac{\pi}{3}$ (en radians). D'où :

$\arccos\left(\dfrac{1}{2}\right) = \dfrac{\pi}{3}$.

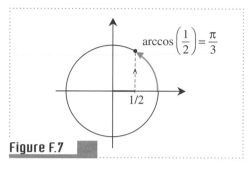

**Figure F.7**

De manière similaire, on représente $\arccos 0$ et $\arccos\left(-\dfrac{1}{\sqrt{2}}\right)$ dans le cercle trigonométrique comme suit :

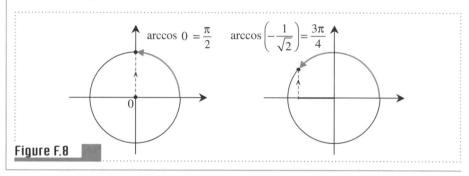

**Figure F.8**

On obtient le graphique cartésien de la fonction arccosinus en prenant le symétrique de la courbe d'équation $y = \cos x$ par rapport à la droite $y = x$ sur l'intervalle $[0, \pi]$ (voir la figure F.9).

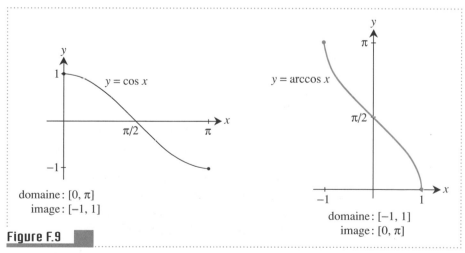

domaine : $[0, \pi]$
image : $[-1, 1]$

domaine : $[-1, 1]$
image : $[0, \pi]$

**Figure F.9**

Si on observe les graphiques des fonctions $y = \arccos x$ et $y = \arcsin x$, on peut établir la relation suivante à l'aide des opérations de réflexion et de translation verticale :

$$\arccos x = \dfrac{\pi}{2} - \arcsin x$$

## La fonction arctangente

Pour définir la fonction réciproque à la fonction tangente, on restreint par convention son domaine à l'intervalle $\left]-\dfrac{\pi}{2}, \dfrac{\pi}{2}\right[$ :

$$y = \tan x, \text{ où } x \in \left]-\dfrac{\pi}{2}, \dfrac{\pi}{2}\right[ \quad \Leftrightarrow \quad x = \arctan y$$

Dans le cercle trigonométrique, arctan $y$ représente graphiquement l'arc de cercle pour lequel la mesure sur la tangente au cercle au point (1, 0) vaut $y$ (voir la figure F.10).

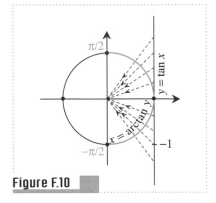

**Figure F.10**

### Exemple F.2

Représentez arctan 2, arctan 0 et $\arctan\left(-\dfrac{2}{3}\right)$.

▶ *Solution*

arctan 2 est l'arc qui a pour tangente 2. On mesure une longueur de 2 unités sur la tangente au cercle à partir du point (1, 0), puis on relie l'extrémité de cette longueur au centre du cercle ; l'arc intercepté est arctan 2 (voir la figure F.11).

La calculatrice donne :

$$\arctan 2 \approx 1{,}1 \text{ rad.}$$

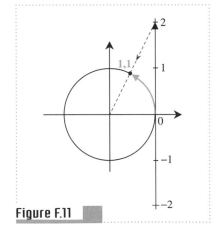

**Figure F.11**

arctan 0 est l'arc qui a pour tangente 0. Sur la figure F.12, on constate que :

$$\arctan 0 = 0 \text{ rad.}$$

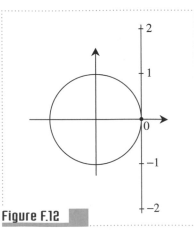

**Figure F.12**

$\arctan\left(-\dfrac{2}{3}\right)$ est l'arc qui a pour tangente $-2/3$ (voir la figure F.13). La calculatrice donne :

$$\arctan\left(-\dfrac{2}{3}\right) = -0,59 \text{ rad.}$$

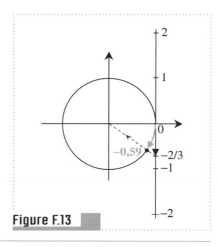

**Figure F.13**

On obtient le graphique cartésien de la fonction arctangente en prenant le symétrique de la courbe d'équation $y = \tan x$ par rapport à la droite $y = x$ sur l'intervalle $\left]-\dfrac{\pi}{2},\ \dfrac{\pi}{2}\right[$ (voir la figure F.14).

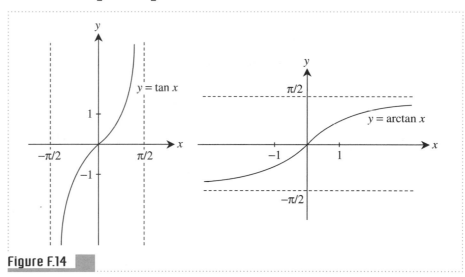

**Figure F.14**

## Les fonctions arccotangente, arcsécante et arccosécante

Les graphiques cartésiens des réciproques aux trois autres fonctions trigonométriques sont les suivants (voir les figures F.15 à F.17) :

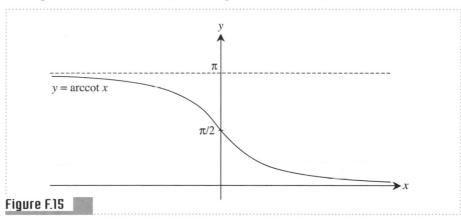

**Figure F.15**

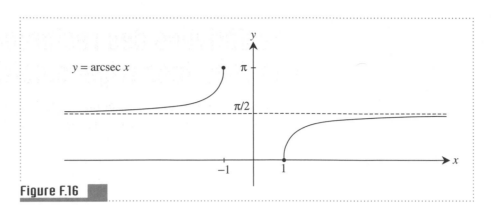

Figure F.16

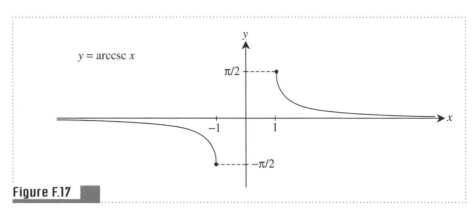

Figure F.17

## EXERCICES F.1

**1** Dans le cercle trigonométrique, représentez :

a) $\arcsin \dfrac{1}{3}$

b) $\arccos\left(-\dfrac{2}{3}\right)$

c) $\arctan 3$

d) $\arcsin\left(-\dfrac{2}{3}\right)$

**2** Donnez la valeur exacte des expressions suivantes :

a) $\arcsin \dfrac{1}{\sqrt{2}}$

b) $\arccos\left(\dfrac{\sqrt{3}}{2}\right)$

c) $\arctan(-1)$

d) $\arcsin(-1)$

e) $\operatorname{arcsec} 2$

f) $\operatorname{arccsc}\left(\dfrac{2}{\sqrt{3}}\right)$

**3** Évaluez les expressions suivantes à l'aide d'une calculatrice. (Exprimez les réponses en radians.)

a) $\arcsin 0{,}8$

b) $\arccos\left(-\dfrac{1}{4}\right)$

c) $\arctan 9$

d) $\cos(\arcsin(-0{,}3))$

e) $\operatorname{arcsec} 4$

**4** Représentez les expressions suivantes sur le cercle trigonométrique et calculez leur valeur exacte :

a) $\sin\left(\arccos\left(-\dfrac{1}{4}\right)\right)$

b) $\tan\left(\arcsin \dfrac{2}{3}\right)$

**5** Simplifiez les expressions suivantes et précisez les valeurs que peut prendre la variable :

a) $\cos(\arccos x)$      c) $\arctan(\tan x)$

b) $\arcsin(\sin x)$      d) $\cos(\arcsin x)$

# Annexe G — Les dérivées des réciproques des fonctions trigonométriques

Pour trouver la dérivée de la fonction d'équation $y = \arcsin x$, il suffit de passer par sa réciproque et d'utiliser la dérivation implicite :

$$y = \arcsin x$$

$$\sin y = x, \quad \text{où} \quad -\frac{\pi}{2} \le y \le \frac{\pi}{2}$$

$$\frac{d(\sin y)}{dx} = \frac{d(x)}{dx}$$

$$\cos y \cdot \frac{dy}{dx} = 1 \quad \text{(par dérivation implicite)}$$

$$\frac{dy}{dx} = \frac{1}{\cos y} \quad \text{(si } \cos y \neq 0)$$

Or, $\cos y \neq 0$ pour $-\frac{\pi}{2} < y < \frac{\pi}{2}$. En effet, la dérivée de la fonction arcsinus n'est définie que sur l'intervalle ouvert $\left]-\frac{\pi}{2}, \frac{\pi}{2}\right[$, puisque la tangente est verticale aux points frontières de la courbe (voir la figure F.5 à l'annexe F). On a ainsi :

$$\frac{dy}{dx} = \frac{1}{\cos y} \quad \text{où} \quad -\frac{\pi}{2} < y < \frac{\pi}{2}$$

On remarque que la dérivée obtenue est exprimée en termes de $y$. Pour l'avoir en termes de $x$, on utilise l'identité trigonométrique $\sin^2 y + \cos^2 y = 1$, sachant que $\sin y = x$ :

$$\sin^2 y + \cos^2 y = 1, \quad \text{où} \quad \sin y = x$$

$$x^2 + \cos^2 y = 1$$

$$\cos^2 y = 1 - x^2$$

$$\cos y = \pm\sqrt{1 - x^2}$$

Comme $-\frac{\pi}{2} < y < \frac{\pi}{2}$, le signe de $\cos y$ est positif. D'où :

$$\cos y = \sqrt{1 - x^2}$$

Alors

$$\frac{dy}{dx} = \frac{1}{\cos y}$$

$$= \frac{1}{\sqrt{1 - x^2}}$$

Donc,

$$(\arcsin x)' = \frac{1}{\sqrt{1 - x^2}}$$

La forme générale de cette règle de dérivation est la suivante (où $u$ est une fonction de $x$) :

$$(\arcsin u)' = \frac{1}{\sqrt{1 - u^2}} \cdot u'$$

De manière similaire, on peut obtenir les dérivées des autres fonctions réciproques trigonométriques. La liste complète des règles de dérivation ainsi obtenues est donnée dans le tableau G.1 selon les deux notations en usage (où $u$ est une fonction de $x$).

**Tableau G.1**

| | |
|---|---|
| $(\arcsin u)' = \dfrac{1}{\sqrt{1-u^2}} \cdot u'$ | $\dfrac{d}{dx}(\arcsin u) = \dfrac{1}{\sqrt{1-u^2}} \cdot \dfrac{du}{dx}$ |
| $(\arccos u)' = \dfrac{-1}{\sqrt{1-u^2}} \cdot u'$ | $\dfrac{d}{dx}(\arccos u) = \dfrac{-1}{\sqrt{1-u^2}} \cdot \dfrac{du}{dx}$ |
| $(\arctan u)' = \dfrac{1}{1+u^2} \cdot u'$ | $\dfrac{d}{dx}(\arctan u) = \dfrac{1}{1+u^2} \cdot \dfrac{du}{dx}$ |
| $(\operatorname{arccot} u)' = \dfrac{-1}{1+u^2} \cdot u'$ | $\dfrac{d}{dx}(\operatorname{arccot} u) = \dfrac{-1}{1+u^2} \cdot \dfrac{du}{dx}$ |
| $(\operatorname{arcsec} u)' = \dfrac{1}{|u|\sqrt{u^2-1}} \cdot u'$ | $\dfrac{d}{dx}(\operatorname{arcsec} u) = \dfrac{1}{|u|\sqrt{u^2-1}} \cdot \dfrac{du}{dx}$ |
| $(\operatorname{arccsc} u)' = \dfrac{-1}{|u|\sqrt{u^2-1}} \cdot u'$ | $\dfrac{d}{dx}(\operatorname{arccsc} u) = \dfrac{-1}{|u|\sqrt{u^2-1}} \cdot \dfrac{du}{dx}$ |

## EXERCICES G.1

**1** Trouvez la dérivée de chacune des fonctions suivantes :

a) $f(x) = \arcsin(x^3)$

b) $f(x) = \arctan(e^x)$

c) $g(x) = \arccos^3(1 - x)$

d) $h(x) = \operatorname{arccot}(\sqrt{x})$

e) $f(x) = x \cdot \arcsin x$

f) $f(x) = e^{\operatorname{arcsec}(x^2-1)}$

g) $f(x) = \dfrac{1}{\arctan(2x)}$

h) $g(t) = \operatorname{arcsec}(t^4 + 3)$

i) $h(u) = \ln(\operatorname{arccsc} u)$

**2** Trouvez l'équation de la tangente à la courbe d'équation $f(x) = \arctan x$ au point d'abscisse 1.

# Annexe H | La méthode de Newton

La méthode de Newton est un procédé itératif qui permet de trouver des approximations successives d'un zéro d'une fonction à l'aide de la dérivée. On recourt à cette méthode lorsque la résolution par voie algébrique est difficile ou impossible.

Par exemple, dans chacune des deux équations suivantes :

$$x^5 - 2x + 3 = 0 \quad \text{et} \quad x + e^x = 0,$$

il est impossible d'isoler l'inconnue $x$ et donc de résoudre par voie algébrique ces équations.

La seule voie possible consiste à utiliser une méthode d'approximation des solutions (si, bien sûr, ces solutions existent).

La méthode de Newton permet de résoudre ce genre d'équations par approximations successives. Elle présuppose néanmoins l'existence *a priori* d'au moins une solution à l'équation. Elle présuppose également que l'on connaisse déjà une première approximation d'une solution à l'équation.

Avant d'exposer la méthode de Newton, voyons comment s'assurer de l'existence d'une solution et comment en donner une première approximation.

## Existence d'une solution et première approximation

Si $f$ est une fonction continue sur l'intervalle $[a, b]$ tel que $f(a)$ et $f(b)$ sont de signe opposé, alors la fonction $f$ admet au moins un zéro $x_0 \in {]a, b[}$ (voir la figure H.1).

Autrement dit, il existe au moins une solution à l'équation $f(x) = 0$ dans l'intervalle $]a, b[$.

De plus, si la dérivée de $f$ est non nulle et ne change pas de signe sur $[a, b]$, alors la fonction $f$ admet un seul zéro dans cet intervalle.

Par conséquent, l'équation $f(x) = 0$ admet une seule solution dans l'intervalle $]a, b[$.

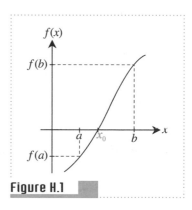

**Figure H.1**

Dans ce cas, on pourrait prendre comme première approximation de la solution un nombre quelconque entre $a$ et $b$. Ce pourrait être par exemple la moyenne de $a$ et de $b$ : $\dfrac{a+b}{2}$.

## Approximations successives de la solution

Sachant que la fonction $f$ est dérivable sur $[a, b]$ et que l'équation $f(x) = 0$ admet une seule solution $x_0 \in {]a, b[}$, on choisit, dans l'intervalle $[a, b]$, une première approximation de $x_0$ qu'on note $a_1$.

La méthode de Newton consiste à trouver une meilleure approximation de $x_0$ à l'aide de la tangente à la courbe de $f$ au point d'abscisse $a_1$ (voir la figure H.2). L'abscisse du point d'intersection de cette tangente avec l'axe horizontal est cette nouvelle approximation, notée $a_2$. Comme $a_2$ est plus près de $x_0$ que ne l'est $a_1$, l'approximation est meilleure. À nouveau, on peut trouver une meilleure approximation de $x_0$ à l'aide de la tangente à la courbe au point d'abscisse $a_2$. On obtient alors $a_3$. Il suffit de répéter le procédé autant de fois qu'il faut pour obtenir la précision cherchée.

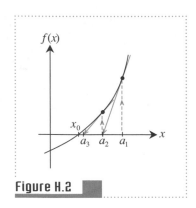

**Figure H.2**

Déterminons une formule de récurrence permettant de calculer une nouvelle approximation à partir d'une approximation trouvée à l'étape précédente.

Notons $a_n$ l'approximation trouvée à la $n$-ième étape et $a_{n+1}$ l'approximation suivante.

Pour trouver $a_{n+1}$ à l'aide de $a_n$, il faut considérer la tangente à la courbe de $f$ au point $P(a_n, f(a_n))$ dont la pente est donnée par $f'(a_n)$ (voir la figure H.3). Or, cette tangente est aussi la droite dont on peut calculer la pente au moyen des coordonnées des points $P$ et $Q$, de sorte qu'on peut poser l'équation suivante :

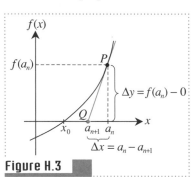

**Figure H.3**

$$f'(a_n) = \frac{f(a_n) - 0}{a_n - a_{n+1}}$$

De cette équation, on tire $a_{n+1}$ en l'isolant :

$$f'(a_n) \cdot (a_n - a_{n+1}) = f(a_n)$$

$$(a_n - a_{n+1}) = \frac{f(a_n)}{f'(a_n)}$$

$$a_{n+1} = a_n - \frac{f(a_n)}{f'(a_n)}$$

La formule de récurrence est donc :

$$a_{n+1} = a_n - \frac{f(a_n)}{f'(a_n)}$$

Autrement dit, la $(n + 1)^{\text{ième}}$ approximation est donnée par la $n^{\text{ième}}$ approximation moins le rapport de la fonction sur sa dérivée, toutes deux évaluées à la $n^{\text{ième}}$ approximation.

## Les limites de la méthode de Newton

La méthode de Newton ne fonctionne pas dans tous les cas. Trois situations problématiques peuvent survenir. Premièrement, si l'on ne s'est pas assuré que la dérivée de la fonction ne s'annule pas sur l'intervalle $[a, b]$, il se pourrait qu'à une certaine étape du procédé itératif on se retrouve avec une approximation pour laquelle la dérivée de la fonction est nulle (voir la figure H.4). Dans ce cas, la tangente ne coupe pas l'axe horizontal et on ne peut alors trouver une meilleure approximation. Cela entraîne, dans la formule de récurrence, une division par zéro.

Deuxièmement, il se peut que la suite des approximations ne converge pas vers le zéro recherché. Par exemple, à la figure H.5, les approximations successives alternent entre deux valeurs situées de part et d'autre du zéro.

Troisièmement, la suite des approximations peut diverger, de sorte que les valeurs obtenues s'éloignent de plus en plus du zéro (voir la figure H.6).

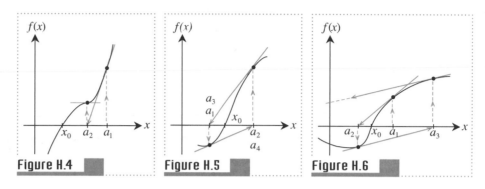

**Figure H.4**    **Figure H.5**    **Figure H.6**

# Annexe I : La différentielle

Comme la tangente en un point d'une courbe se confond avec la courbe au voisinage immédiat de ce point, on peut utiliser le concept de dérivée à des fins d'approximation. Plus précisément, la dérivée peut servir à calculer rapidement une approximation de la variation de la variable dépendante lorsque la variable indépendante varie faiblement. Une application concrète de ce qui précède est le calcul d'incertitudes en sciences expérimentales, où l'imprécision des mesures rend impossible l'exactitude des valeurs recherchées.

La figure I.1 illustre le procédé permettant d'approximer la variation des ordonnées d'une fonction $f$ sur l'intervalle $[x, x + \Delta x]$ à l'aide de la tangente à la courbe de $f$ au point $P(x, f(x))$. On observe que :

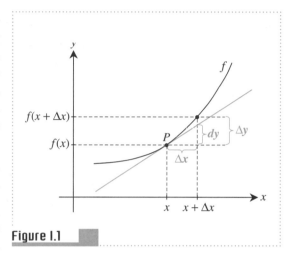

**Figure I.1**

- $\Delta x$ désigne la variation horizontale entre les points d'abscisses $x$ et $x + \Delta x$ ;

- $\Delta y = f(x + \Delta x) - f(x)$ désigne la variation verticale sur la courbe de $f$ entre les points d'abscisses $x$ et $x + \Delta x$ ;

- $dy$ désigne la variation verticale sur la tangente à la courbe de $f$ entre les points d'abscisses $x$ et $x + \Delta x$.

On appelle $dy$ la **différentielle de $y$**, par référence à la différence en $y$ sur la tangente à la courbe. De même, la différence correspondante en $x$ sur la tangente est appelée la **différentielle de $x$**, notée $dx$, et elle est égale ici à $\Delta x$.

On remarque qu'au voisinage immédiat du point $P$, la courbe de $f$ se confond avec la tangente en $P$. Par conséquent, si la variation $\Delta x$ (ou $dx$) est petite, alors $dy$, la différentielle de $y$, est une bonne approximation de $\Delta y$ :

$$\Delta y \approx dy$$

Or, $dy$ peut être calculé à l'aide de l'égalité suivante, faisant intervenir le quotient des différentielles de $y$ et de $x$ et la dérivée de $f$ :

$$\frac{dy}{dx} = f'(x), \text{ où } dx = \Delta x.$$

En effet, de cette égalité, on tire :

$$dy = f'(x) \cdot dx$$

Autrement dit, la différentielle de $y$ peut être calculée au moyen de la dérivée de $f$ au point d'abscisse $x$ et de la variation en $x$ entre les points d'abscisses $x$ et $x + \Delta x$.

Comme $\Delta y \approx dy$, on peut alors approximer $\Delta y$ de la manière suivante :

$$\Delta y \approx f'(x) \cdot dx, \text{ où } dx \text{ est relativement petit.}$$

La différentielle de $y$, appelée aussi la «différentielle de la fonction», représente donc une bonne approximation de la variation $\Delta y$ de la fonction $f$ au voisinage d'un point donné.

L'exemple suivant met en application ce procédé dans le cas de l'approximation d'une racine carrée.

**Exemple I.1**

À l'aide de la différentielle, approximez $\sqrt{10}$.

▶ *Solution*

Pour approximer $\sqrt{10}$ à l'aide de la différentielle, on prend comme fonction $f(x) = \sqrt{x}$. Sa différentielle est donnée par

$$dy = f'(x) \cdot dx = \frac{1}{2\sqrt{x}} \cdot dx$$

L'approximation doit partir d'un point $P$ dont l'abscisse est près de $x = 10$ et dont l'ordonnée peut être calculée de façon exacte. On choisit le point d'abscisse $x = 9$, car 9 est le carré parfait le plus près de 10.

L'intervalle considéré est donc $[9, 10]$, d'où l'on obtient $dx = 10 - 9 = 1$.

Par conséquent, la variation de $f$ sur $[9, 10]$ sera approximée par la différentielle $dy$ évaluée au point d'abscisse 9 :

$$\Delta y \approx dy = \frac{1}{2\sqrt{9}} \cdot 1 = \frac{1}{6}$$

Pour approximer $\sqrt{10}$, il suffit d'additionner cette approximation à la valeur de l'ordonnée du point $P$ d'abscisse 9 (la figure I.2 illustre ce calcul) :

$$\sqrt{10} \approx 3 + \frac{1}{6} \approx 3,1667$$

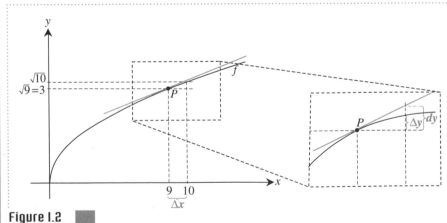

**Figure I.2**

Une comparaison avec la valeur de $\sqrt{10}$ calculée à l'aide de la calculatrice permet d'avoir une idée de la précision obtenue :

$$\sqrt{10} \approx 3,1623$$

On constate que les deux premières décimales sont exactes.

L'exemple suivant est une application de la différentielle au calcul d'incertitude.

---

**Exemple I.2**

Soit une boîte cubique. On mesure la longueur de l'une de ses arêtes à l'aide d'une règle dont la précision est de ±0,1 cm. Quelle est l'incertitude relative sur le volume de la boîte si la mesure obtenue pour l'arête est de 10 cm?

▶ *Solution*

Le volume d'un cube de côté $c$ est donné par

$$V(c) = c^3$$

Avec une mesure de 10 cm pour l'arête, on obtient donc un volume de

$$V(10) = 1000 \text{ cm}^3$$

La différentielle de $V$ est donnée par

$$dV = 3c^2 \cdot dc$$

Dans le présent contexte, l'expression $dc$ représente l'incertitude sur la mesure de l'arête (±0,1 cm). Par conséquent, pour $c = 10$, on obtient:

$$dV = 3(10)^2 \cdot (\pm 0,1) = \pm 30$$

L'incertitude relative sur le volume peut donc être approximée par

$$\frac{\Delta V}{V} \approx \frac{|dV|}{V} = \frac{30}{1000} = 0,03 = 3\,\%$$

---

## EXERCICES I.1

**1** À l'aide de la différentielle, approximez la valeur de l'expression donnée.

a) $\sqrt{15,5}$    b) $\sin(0,05)$    c) $\sqrt[3]{9}$    d) $\ln 1,2$

**2** La mesure du côté d'un carré est de $5 \pm 0,2$ cm. Estimez l'incertitude relative sur l'aire du carré.

# Réponses aux exercices

## Chapitre 1

1. a) Soit $a$ et $b$ deux nombres impairs.

    Alors $a = 2n + 1$ et $b = 2m + 1$, où $n, m \in \mathbb{N}$.

    D'où

    $$
    \begin{aligned}
    a + b &= (2n+1) + (2m+1) \\
    &= 2n + 2m + 2 \\
    &= 2(n + m + 1) \\
    &= 2k, \quad \text{où } k \in \mathbb{N}
    \end{aligned}
    $$

    Donc, la somme de deux nombres impairs est paire.

    CQFD

    b) Soit $a$ le prédécesseur immédiat d'un multiple de 3 et $b$, le successeur immédiat d'un multiple de 3.

    Alors $a = 3n - 1$, où $n \in \mathbb{N}^*$,

    et $b = 3m + 1$, où $m \in \mathbb{N}$.

    D'où

    $$
    \begin{aligned}
    a + b &= (3n-1) + (3m+1) \\
    &= 3n + 3m \\
    &= 3(n + m) \\
    &= 3k, \quad \text{où } k \in \mathbb{N}
    \end{aligned}
    $$

    Donc, la somme du prédécesseur immédiat d'un multiple de 3 et du successeur immédiat d'un multiple de 3 est aussi un multiple de 3.

    CQFD

    c) Soit $a$ un nombre pair.

    Alors $a = 2n$, où $n \in \mathbb{N}$.

    D'où

    $$
    \begin{aligned}
    a^2 &= (2n)^2 \\
    &= 4n^2 \\
    &= 2(2n^2) \\
    &= 2k, \quad \text{où } k \in \mathbb{N}
    \end{aligned}
    $$

    Donc, le carré d'un nombre pair est aussi pair.

    CQFD

    d) Consultez votre professeur pour vérifier votre réponse.

    e) Soit $a$ une puissance de 3.

    Alors $a = 3^n$, où $n \in \mathbb{N}^*$.

    D'où

    $$
    \begin{aligned}
    a^2 &= \left(3^n\right)^2 \\
    &= 3^{2n} \\
    &= \left(3^2\right)^n \\
    &= 9^n
    \end{aligned}
    $$

    Donc, le carré d'une puissance de 3 est une puissance de 9.

    CQFD

    f) Soit $a$ et $b$ deux puissances de 2 consécutives.

    Alors $a = 2^n$ et $b = 2^{n+1}$, où $n \in \mathbb{N}^*$.

    D'où

    $$
    \begin{aligned}
    a + b &= 2^n + 2^{n+1} \\
    &= 2^n (1 + 2) \text{ (factorisation de la plus petite puissance de 2)} \\
    &= 3 \cdot 2^n \\
    &= 3k, \quad \text{où } k \in \mathbb{N}^*
    \end{aligned}
    $$

    Donc, la somme de deux puissances de 2 consécutives est un multiple de 3.

    CQFD

    g) Soit $a$ et $b$ deux carrés consécutifs.

    Alors $a = n^2$ et $b = (n+1)^2$, où $n \in \mathbb{N}$.

    D'où

    $$
    \begin{aligned}
    a + b &= n^2 + (n+1)^2 \\
    &= n^2 + n^2 + 2n + 1 \\
    &= 2n^2 + 2n + 1 \\
    &= 2(n^2 + n) + 1 \\
    &= 2m + 1, \quad \text{où } m \in \mathbb{N}
    \end{aligned}
    $$

    Donc, la somme de deux carrés consécutifs est impaire.

    CQFD

    h) Consultez votre professeur pour vérifier votre réponse.

2. a) Converse : Si un nombre naturel est un multiple de 3, alors la somme de ses chiffres est un multiple de 3.

    Contraposée : Si un nombre naturel n'est pas un multiple de 3, alors la somme de ses chiffres n'est pas un multiple de 3.

    b) Transformons au préalable la proposition en conditionnel : Si deux nombres sont impairs, alors leur produit est impair.

    Converse : Si le produit de deux nombres (naturels) est impair, alors ces deux nombres sont impairs.

    Contraposée : Si le produit de deux nombres (naturels) est pair, alors ces deux nombres ne sont pas tous deux impairs. Ici le conséquent de la contraposée ne peut pas être : « alors ces deux nombres sont pairs ». En effet, il exclurait les cas où un seul des deux nombres est pair, ce que peut signifier la négation de « ces deux nombres sont impairs ».

3. a) Soit $n$ un nombre impair.

    Alors $n = 2k + 1$, où $k \in \mathbb{N}$.

D'où

$$n^2 = (2k+1)^2$$
$$= 4k^2 + 4k + 1$$
$$= 2(2k^2 + 2k) + 1$$
$$= 2m + 1, \quad \text{où } m \in \mathbb{N}$$

Donc, si $n$ est impair, alors $n^2$ est impair.

**COFO**

b) Sachant qu'il est vrai que si $n$ est impair, alors $n^2$ est impair, il s'ensuit que la contraposée de ce conditionnel est nécessairement vraie, à savoir que si $n^2$ n'est pas impair, alors $n$ n'est pas impair. Or, comme $n \in \mathbb{N}$, la contraposée est équivalente à cette formulation : si $n^2$ est pair, alors $n$ est pair (puisqu'un nombre naturel qui n'est pas impair est nécessairement pair).

c) Par b), on sait qu'il est vrai que si $n^2$ est pair, alors $n$ est pair. Par le n° 1 c), on sait aussi qu'il est vrai que si $n$ est pair, alors $n^2$ est pair. Comme le second conditionnel est la converse du premier, il s'ensuit le biconditionnel suivant : $n^2$ est pair si et seulement si $n$ est pair.

4. Si on pose $n^2 = 9$, on a un carré qui est un multiple de 9, mais alors $n = 3$, qui n'est pas un multiple de 9.

5. Il s'agit de démontrer chacune des deux implications suivantes : 1) si la somme de deux nombres naturels est impaire, alors ces deux nombres sont de parité opposée ; 2) si deux nombres sont de parité opposée, alors leur somme est impaire.

Pour démontrer la première implication, il est préférable de passer par sa contraposée : Si deux nombres naturels sont de même parité (soit tous deux pairs, soit tous deux impairs), alors leur somme est paire.

Comme on a démontré au n° 1 a) que si deux nombres sont impairs, alors leur somme est paire, il reste à démontrer que la somme de deux nombres pairs est paire.

Soit $a$ et $b$ deux nombres pairs.

Alors $a = 2n$, où $n \in \mathbb{N}$,

et $b = 2m$, où $m \in \mathbb{N}$.

D'où

$$a + b = 2n + 2m$$
$$= 2(n + m)$$
$$= 2k, \quad \text{où } k \in \mathbb{N}$$

Donc, la somme de deux nombres pairs est paire.

Passons à la démonstration de la deuxième implication. Comme cette implication est équivalente à celle qui est démontrée à l'exemple 1.1, on peut se rapporter à la démonstration qui en a été faite.

Par conséquent, la somme de deux nombres naturels est impaire si et seulement si les deux nombres sont de parité opposée.

**COFO**

6. a) $a^2 \cdot a^3 = (a \cdot a) \cdot (a \cdot a \cdot a) = a \cdot a \cdot a \cdot a \cdot a = a^5$
   par définition de la notion d'exposant

   b) $(a \cdot b)^3 = (a \cdot b) \cdot (a \cdot b) \cdot (a \cdot b)$
   par définition de la notion d'exposant

   $= a \cdot a \cdot a \cdot b \cdot b \cdot b$
   par regroupement des facteurs identiques
   (la multiplication étant commutative et associative)

   $= a^3 \cdot b^3$
   par définition de la notion d'exposant

c) Comme $n \in \mathbb{N}^*$, on peut écrire progressivement, sur la base de la définition de la notion d'exposant :
$$(a^n)^2 = (a^n) \cdot (a^n) = \underbrace{(a \cdot a \cdot ... \cdot a)}_{n \text{ fois}} \cdot \underbrace{(a \cdot a \cdot ... \cdot a)}_{n \text{ fois}} = a^{2n}$$
$$\underbrace{\phantom{xxxxxxxxxxxxxxxxxxxxxxxxx}}_{n + n = 2n \text{ fois}}$$

d) Consultez votre professeur au besoin.

7. a) Un des contre-exemples est $4 + 6 = 10$ ; le résultat de la somme n'est pas impair.

   b) Un des contre-exemples est $6 + 7 = 13$ ; le résultat de la somme n'est pas un multiple de 5.

   c) Un des contre-exemples est $2^2 + 2^3 = 4 + 8 = 12$ ; le résultat de la somme n'est pas une puissance de 2.

   d) Un des contre-exemples est $1{,}5 + 0{,}5 = 2$ ; la somme est un nombre naturel, mais 1,5 et 0,5 ne sont pas des nombres naturels.

   e) Consultez votre professeur au besoin.

8. a) Si on pose $a = 1$ et $b = 1$, on obtient, d'un côté de l'égalité, $(a + b)^2 = (1 + 1)^2 = 4$ alors que de l'autre, on a $a^2 + b^2 = 1^2 + 1^2 = 2$.

   b) Si on pose $a = 2$, $n = 2$ et $m = 3$, on obtient, d'un côté de l'égalité, $2^2 \times 2^3 = 4 \times 8 = 32$ alors que de l'autre, on a $2^{2 \times 3} = 2^6 = 64$.

   c) Soit $a = 1$ et $b = 2$. On a $a^2 + b^2 = 1^2 + 2^2 = 5$. Or, 5 n'est pas le carré d'un nombre naturel.

9. Cette relation est vraie à la seule condition que les nombres $a$, $b$ et $c$ représentent la longueur des côtés d'un triangle rectangle. Ces nombres ne sont pas alors nécessairement des nombres naturels.

**EXERCICES 1.2**

1. Les seules modifications concernent l'ensemble de nombres dont les éléments sont les valeurs des variables $n$, $m$ et $k$. Il faudrait que $n, m \in \mathbb{Z}$ et que $k \in \mathbb{Z}$.

2. a) Consultez votre professeur au besoin.

   b) Soit $a$ et $b$ deux nombres impairs.
   Alors $a = 2n + 1$, où $n \in \mathbb{Z}$, et $b = 2m + 1$, où $m \in \mathbb{Z}$.
   D'où : $a^2 - b^2 = (2n+1)^2 - (2m+1)^2$
   $$= 4n^2 + 4n + 1 - (4m^2 + 4m + 1)$$
   $$= 4n^2 + 4n + 1 - 4m^2 - 4m - 1$$
   $$= 4n^2 + 4n - 4m^2 - 4m$$
   $$= 2(2n^2 + 2n - 2m^2 - 2m)$$
   $$= 2k, \quad \text{où } k \in \mathbb{Z}$$

   Donc, la différence des carrés de deux nombres impairs est paire.

   **COFO**

   c) Consultez votre professeur au besoin.

   d) Soit $a$ le carré d'un nombre impair.
   Alors $a = (2n + 1)^2$, où $n \in \mathbb{Z}$.
   En conséquence, son prédécesseur est :
   $$a - 1 = (2n+1)^2 - 1$$
   $$= (4n^2 + 4n + 1) - 1$$
   $$= 4n^2 + 4n$$
   $$= 4(n^2 + n)$$
   $$= 4k, \quad \text{où } k \in \mathbb{Z}$$

Donc, le prédécesseur du carré d'un nombre impair est un multiple de 4.

**CQFD**

e) Soit $a$ et $b$ deux entiers consécutifs entre deux multiples de 3.

Alors $a = 3n + 1$ et $b = 3n + 2$, où $n \in \mathbb{Z}$.

D'où

$$\begin{aligned} a^2 - b^2 &= (3n+1)^2 - (3n+2)^2 \\ &= 9n^2 + 6n + 1 - (9n^2 + 12n + 4) \\ &= 9n^2 - 9n^2 + 6n - 12n + 1 - 4 \\ &= -6n - 3 \\ &= 3(-2n - 1) \\ &= 3m, \quad \text{où } m \in \mathbb{Z} \end{aligned}$$

(Il est à noter que la forme $b^2 - a^2$ aurait mené au même résultat.)

Donc, la différence des carrés de deux entiers entre deux multiples de 3 consécutifs est un multiple de 3.

**CQFD**

f) La démonstration est similaire à celle du n° 1 g) des Exercices 1.1.

3. a) Pour énoncer la contraposée de la conjecture, il faut d'abord reformuler cette conjecture sous la forme d'un conditionnel : Si un carré est impair, alors il est le carré d'un impair. Autrement dit : Si $a^2$ est impair, alors $a$ est impair.

La contraposée est alors : Si $a$ n'est pas impair, alors $a^2$ n'est pas impair.

Ou plus simplement : Si $a$ est pair, alors $a^2$ est pair.

Or, ce conditionnel a été démontré au n° 1 c) des Exercices 1.1.

Donc, la conjecture en question est vraie, à savoir que tout carré impair est le carré d'un nombre impair.

**CQFD**

b) Soit $a^2$ un carré impair.

Alors $a^2 = 2n + 1$, où $n \in \mathbb{Z}$.

À l'aide de cette égalité, il faut déduire que $a$ est impair. Pour y arriver, on retranche 1 de chaque côté de cette égalité. On obtient :

$$a^2 - 1 = 2n$$

Or, le membre de gauche peut être considéré comme une différence de carré, laquelle peut être factorisée. D'où l'on obtient :

$$(a - 1)(a + 1) = 2n$$

Le produit obtenu à gauche de l'égalité doit être pair selon ce qu'indique le membre de droite. Or, un produit est pair si au moins l'un de ses facteurs est pair.

Puisque $(a - 1)$ et $(a + 1)$ sont respectivement le prédécesseur et le successeur du même entier, ils sont nécessairement de même parité. Il s'ensuit que ces deux facteurs sont pairs.

On peut alors en tirer que $a$ est impair.

Donc, tout carré impair est le carré d'un nombre impair.

**CQFD**

4. La contraposée de la conjecture est : Si $p$ n'est pas un multiple de 3, alors $p^2$ n'est pas un multiple de 3. Démontrons la contraposée. (Note : Il est plus facile de démontrer la contraposée de cette conjecture que la conjecture elle-même.)

Soit $p$ un non-multiple de 3.

Alors $p = 3n + 1$ ou $p = 3n + 2$, où $n \in \mathbb{Z}$.

D'où

$$\begin{aligned} p^2 &= (3n+1)^2 & \text{ou} && p^2 &= (3n+2)^2 \\ p^2 &= 9n^2 + 6n + 1 & \text{ou} && p^2 &= 9n^2 + 12n + 4 \\ p^2 &= 3(3n^2 + 2n) + 1 & \text{ou} && p^2 &= 9n^2 + 12n + 3 + 1 \\ p^2 &= 3m + 1, \text{ où } m \in \mathbb{N} & \text{ou} && p^2 &= 3(3n^2 + 4n + 1) + 1 \\ &&&& p^2 &= 3k + 1, \text{ où } k \in \mathbb{N} \end{aligned}$$

Dans les deux cas, $p^2$ n'est pas un multiple de 3.

Donc, si $p$ n'est pas un multiple de 3, alors $p^2$ n'est pas un multiple de 3.

Comme ce conditionnel est la contraposée de la conjecture initiale, celle-ci se trouve également démontrée.

Par conséquent, si $p^2$ est un multiple de 3, alors $p$ est un multiple de 3.

**CQFD**

5. On a :

$$\begin{aligned} 5^n - 5^{n-1} &= 5^{n-1} \cdot 5^1 - 5^{n-1} \\ &= 5^{n-1}(5 - 1) \\ &= 4 \cdot 5^{n-1} \\ &= 4k, \quad \text{où } k \in \mathbb{N}^* \end{aligned}$$

Donc, $5n - 5^{n-1}$ est un multiple de 4.

**CQFD**

6. a) $(-1)^{2n} = \left((-1)^2\right)^n$ par la 2e loi des exposants
$= (1)^n$ par la loi des signes
$= 1$

b) $(-1)^{2n+1} = \underbrace{(-1)^{2n}} \cdot (-1)^1$ par la 1re loi des exposants
$= 1 \cdot (-1)$ d'après a)
$= -1$

c) $(-3)^{2n+1} = (-1 \cdot 3)^{2n+1}$
$= (-1)^{2n+1} 3^{2n+1}$ par la 3e loi des exposants
$= (-1) \cdot 3^{2n+1}$ d'après b)
$= -3^{2n+1}$

d) $-1^{2n} = -(1^{2n}) = -(1) = -1$

e) $(-1)^{3n} = \left((-1)^3\right)^n = (-1)^n$

f) $(-1)^n + (-1)^{n+1} = (-1)^n + (-1)^n(-1)$
$= (-1)^n(1 + (-1))$
$= (-1)^n \cdot 0$
$= 0$

g) $(-1)^{(2n+1)^2} = (-1)^{4n^2+4n+1}$
$= (-1)^{2(2n^2+2n)+1}$
$= (-1)^{2k+1}, \quad \text{où } k \in \mathbb{N}$
$= -1$ d'après b)

7. Selon la définition, on a, par développement successif de chacune des deux valeurs absolues :

$$|v| = |w| \Leftrightarrow \begin{cases} |v| = w \Leftrightarrow \begin{cases} v = w \\ \text{ou} \\ v = -w \end{cases} \\ \text{ou} \\ |v| = -w \Leftrightarrow \begin{cases} v = -w \\ \text{ou} \\ v = -(-w) \end{cases} \end{cases}$$

Les quatre équations qu'on obtient finalement se ramènent à deux équations différentes : $v = w$ et $v = -w$. D'où l'on peut écrire plus simplement :

$$|v| = |w| \Leftrightarrow v = w \text{ ou } v = -w$$

**COFD**

On remarque que la démonstration n'a pas nécessité de décomposer le biconditionnel en son conditionnel et sa converse. On peut procéder de manière directe lorsqu'un biconditionnel ne fait que relier des équations entre elles.

8. a) On tire un contre-exemple en prenant un entier positif et un entier négatif.

   b) Même réponse qu'en a).

9. a) Si on pose $n = 2$, on obtient, d'un côté de l'égalité, $5^2 - 2^2 = 25 - 4 = 21$ alors que de l'autre, on a $3^2 = 9$.

   b) Si on pose $n = 1$, on obtient, d'un côté de l'égalité, $\left((-1)^1\right)^2 = (-1)^2 = 1$ alors que de l'autre, on a $(-1)^{1^2} = (-1)^1 = -1$.

### EXERCICES 1.3

1. On pose $x = 0,4\overline{9}$
   Alors $10x = 4,\overline{9}$

   Comme le membre de droite de la deuxième équation n'a pas la même partie décimale que celui de la première équation, il faut chercher une nouvelle équation avec la même partie décimale que dans la deuxième équation. Pour cela, on peut prendre :
   $100x = 49,\overline{9}$

   On soustrait deux à deux les membres correspondants des deux équations :
   $$100x - 10x = 49,\overline{9} - 4,\overline{9}$$
   $$90x = 45$$
   $$x = \frac{45}{90}$$
   $$x = \frac{1}{2}$$
   $$x = 0,5$$

   Donc, $0,5 = 0,4\overline{9}$

2. $\dfrac{a}{b} + \dfrac{c}{b} = a \cdot b^{-1} + c \cdot b^{-1}$
   $$= b^{-1}(a + c)$$
   $$= \frac{1}{b} \cdot (a + c)$$
   $$= \frac{a + c}{b}$$

3. Soit $\dfrac{a}{b}$ un quotient d'impairs.
   Alors $\dfrac{a}{b} = \dfrac{2n+1}{2m+1}$, où $n, m \in \mathbb{Z}$.
   D'où
   $$\left(\frac{a}{b}\right)^2 = \left(\frac{2n+1}{2m+1}\right)^2$$
   $$= \frac{(2n+1)^2}{(2m+1)^2}$$
   $$= \frac{4n^2 + 4n + 1}{4m^2 + 4m + 1}$$
   $$= \frac{2k+1}{2j+1}, \qquad \text{où } k, j \in \mathbb{Z}$$

   Donc, le carré d'un quotient d'impairs est un quotient d'impairs.

4. Par la règle des signes, on peut poser :
   $$(-a) \cdot (-b) = a \cdot b$$
   Si on divise chaque côté de l'égalité par $(-b) \cdot b$, on obtient :
   $$\frac{(-a) \cdot (-b)}{(-b) \cdot b} = \frac{a \cdot b}{(-b) \cdot b}, \text{ où } b \neq 0$$

   Dans chaque membre de l'égalité, on peut diviser le numérateur et le dénominateur par les facteurs identiques :
   $$\frac{(-a) \cdot \cancel{(-b)}}{\cancel{(-b)} \cdot b} = \frac{a \cdot \cancel{b}}{(-b) \cdot \cancel{b}}$$

   D'où il reste :
   $$\frac{-a}{b} = \frac{a}{-b}$$

**COFD**

5. a) $(-1)^{-2n} = \dfrac{1}{(-1)^{2n}}$
   $$= \frac{1}{\left((-1)^2\right)^n}$$
   $$= \frac{1}{1^n}$$
   $$= 1$$

   b) $\dfrac{1}{3x^n} = \dfrac{1}{3} \cdot \dfrac{1}{x^n}$
   $$= \frac{1}{3} \cdot x^{-n}$$
   $$= \frac{1}{3} x^{-n}$$

   c) $\dfrac{(-5)^n}{(-5)^{n-1}} = (-5)^{n-(n-1)}$   par la 4$^e$ loi des exposants
   $$= (-5)^1$$
   $$= -5$$

   d) $\dfrac{(-5)^n}{5^{n-1}} = \dfrac{(-1 \cdot 5)^n}{5^{n-1}}$
   $$= \frac{(-1)^n \cdot 5^n}{5^{n-1}}$$
   $$= (-1)^n \cdot 5^{n-(n-1)}$$
   $$= (-1)^n 5$$

e) $\dfrac{9^{n+1}}{3^{2n-1}} = \dfrac{\left(3^2\right)^{n+1}}{3^{2n-1}}$

$= \dfrac{3^{2(n+1)}}{3^{2n-1}}$

$= 3^{2n+2-(2n-1)}$

$= 3^3$

f) Exprimez le numérateur et le dénominateur de la fraction avec la même base et simplifiez à l'aide des règles des exposants.

g) $(-1)^{2n-1} = (-1)^{2n} \cdot (-1)^{-1}$

$= 1 \cdot \dfrac{1}{-1}$

$= -1$

h) $-1^{-2n} = -\dfrac{1}{(1)^{2n}}$

$= -\dfrac{1}{1}$

$= -1$

6. a) $\dfrac{2}{a} + b = \dfrac{2}{a} + \dfrac{ab}{a} = \dfrac{2+ab}{a}$

b) $\dfrac{5}{a} + \dfrac{2}{b} = \dfrac{5b}{ab} + \dfrac{2a}{ab} = \dfrac{5b+2a}{ab}$

c) $\dfrac{1}{a} + \dfrac{1}{a^2} = \dfrac{a}{a^2} + \dfrac{1}{a^2} = \dfrac{a+1}{a^2}$

d) $\dfrac{b-1}{b^2}$

e) $\dfrac{1}{a} + \dfrac{1}{a+b} = \dfrac{a+b}{a(a+b)} + \dfrac{a}{a(a+b)} = \dfrac{2a+b}{a(a+b)}$

f) $\dfrac{1}{a+b} + \dfrac{1}{a-b} = \dfrac{a+b+a-b}{(a+b)(a-b)} = \dfrac{2a}{(a+b)(a-b)}$

ou $\dfrac{2a}{a^2-b^2}$

g) $\dfrac{2}{ab^2} - \dfrac{3}{a^2b} = \dfrac{2a}{a^2b^2} - \dfrac{3b}{a^2b^2} = \dfrac{2a-3b}{a^2b^2}$

h) $\dfrac{a}{a+b} - \dfrac{b}{a-b} = \dfrac{a(a-b)-b(a+b)}{(a+b)(a-b)} = \dfrac{a^2-2ab-b^2}{(a+b)(a-b)}$

ou $\dfrac{a^2-2ab-b^2}{a^2-b^2}$

i) $\dfrac{a}{a^2-b^2} + \dfrac{b}{a+b} = \dfrac{a}{a^2-b^2} + \dfrac{b(a-b)}{a^2-b^2} = \dfrac{a+ab-b^2}{a^2-b^2}$

j) $\dfrac{a^2+ab+a^2b+b^3}{(a^2+b^2)(a+b)}$

7. De nombreux contre-exemples existent pour chaque cas.

## EXERCICES 1.4

1. On suppose que $\sqrt{3}$ est rationnel, c'est-à-dire qu'on peut poser :
$\sqrt{3} = \dfrac{a}{b}$, où $a$ et $b$ sont des entiers tels que la fraction $\dfrac{a}{b}$ est déjà réduite ($a$ et $b$ n'ont pas de facteur commun autre que 1) et $b$ est non nul.

Alors

$$\left(\sqrt{3}\right)^2 = \left(\dfrac{a}{b}\right)^2$$

$$\Rightarrow 3 = \dfrac{a^2}{b^2}$$

$$\Rightarrow a^2 = 3b^2$$

D'où : $\qquad a^2 = 3b^2$

Le membre de droite de cette égalité indique que $a^2$ est un multiple de 3. Or, si le carré d'un nombre est un multiple de 3, alors ce nombre est lui-même un multiple de 3, selon la propriété démontrée au n° 4 des Exercices 1.2.

D'où l'on peut poser :

$$a = 3k, \text{ où } k \in \mathbb{N}.$$

Si on substitue $3k$ à $a$ dans l'équation $a^2 = 3b^2$, on obtient, par simplifications successives :

$$(3k)^2 = 3b^2$$

$$9k^2 = 3b^2$$

$$3k^2 = b^2$$

Le membre de gauche de l'égalité indique que $b^2$ est un multiple de 3 et donc que $b$ l'est aussi.

En conséquence, $a$ et $b$ sont deux multiples de 3. Or, ce qui précède est contradictoire, car on a supposé au début que la fraction $\dfrac{a}{b}$ était déjà réduite, c'est-à-dire que $a$ et $b$ ne peuvent avoir aucun facteur commun, ce qui n'est pas le cas ici.

Il y a donc contradiction à supposer que $\sqrt{3}$ est rationnel.

En conclusion, $\sqrt{3}$ ne peut être qu'irrationnel.

2. a) $\sqrt[k]{a} \cdot \sqrt[k]{b} = a^{1/k} \cdot b^{1/k}$

$= (a \cdot b)^{1/k}$

$= \sqrt[k]{ab}$

b) $\sqrt[n]{a^m} = \left(a^m\right)^{1/n}$

$= a^{m \cdot \frac{1}{n}}$

$= a^{\frac{1}{n} \cdot m}$

$= \left(a^{1/n}\right)^m$

$= \left(\sqrt[n]{a}\right)^m$

c) $\sqrt{a^3} = \sqrt{a^2 \cdot a}$ $\qquad\qquad \sqrt{a^3} = a^{3/2}$

$\quad = \sqrt{a^2} \cdot \sqrt{a}$ $\qquad$ ou $\qquad = a^{1+1/2}$

$\quad = a\sqrt{a}$ $\qquad\qquad\qquad\quad = a^1 \cdot a^{1/2}$

$\qquad\qquad\qquad\qquad\qquad\qquad = a\sqrt{a}$

d) $\sqrt[3]{a^4} = \sqrt[3]{a^3 \cdot a}$

$= \sqrt[3]{a^3} \cdot \sqrt[3]{a}$

$= a\sqrt[3]{a}$

3. Supposons que $\sqrt{a} + \sqrt{b}$ est rationnel, où $a, b \in \mathbb{N}^*$.

Alors on peut poser que :
$\sqrt{a} + \sqrt{b} = \dfrac{p}{q}$, où $p$ et $q$ sont des entiers tels que la fraction $\dfrac{p}{q}$ est déjà réduite ($p$ et $q$ n'ont pas de facteur commun autre que 1) et $q$ est non nul.

D'où

$$\left(\sqrt{a}+\sqrt{b}\right)^2 = \left(\frac{p}{q}\right)^2$$

$$a+2\sqrt{a}\sqrt{b}+b = \frac{p^2}{q^2}$$

$$a+2\sqrt{ab}+b = \frac{p^2}{q^2}$$

Or, on sait que $\sqrt{ab}$ est irrationnel. Si on l'isole dans l'égalité précédente, on obtient :

$$\sqrt{ab} = \frac{1}{2}\left(\frac{p^2}{q^2}-a-b\right)$$

c'est-à-dire

$$\sqrt{ab} = \frac{1}{2}\left(\frac{p^2-(a+b)q^2}{q^2}\right)$$

$$= \frac{p^2-(a+b)q^2}{2q^2}$$

Or, le membre de droite de l'égalité est un quotient d'entiers, puisque $a$, $b$, $p$ et $q$ sont entiers. Il est donc rationnel.

Il y a alors contradiction avec le membre de gauche, qu'on sait irrationnel.

Il y a donc contradiction à supposer au départ que $\sqrt{a}+\sqrt{b}$ est rationnel.

Par conséquent, $\sqrt{a}+\sqrt{b}$ est irrationnel si $\sqrt{ab}$ est irrationnel.

**COFO**

4. Supposons qu'il existe des nombres naturels différents $n$, $m$ et $k$ tels que $2^n + 2^m = 2^k$.

Comme $n$, $m$ et $k$ sont des entiers différents, on peut poser que $m > n$.

On a également $k > m$, puisque $2^m < 2^k$.

Posons alors $m = n + i$ et $k = m + j$, où $i, j \in \mathbb{N}^*$.

À l'aide des deux dernières équations, on peut écrire :

$$k = n + i + j.$$

Maintenant, on peut réécrire l'équation $2^n + 2^m = 2^k$ sous cette forme :

$$2^n + 2^{n+i} = 2^{n+i+j}.$$

D'où, par factorisation des deux puissances de 2 dans la somme et une reformulation de la puissance de 2 à droite, on obtient :

$$2^n(1 + 2^i) = 2^n \cdot 2^{i+j}.$$

Divisons par le facteur commun :

$$(1+2^i) = \frac{2^n \cdot 2^{i+j}}{2^n}$$

$$1+2^i = 2^{i+j}$$

Or, l'égalité obtenue est contradictoire puisque son membre de gauche est nécessairement un nombre impair, alors que son membre de droite est nécessairement un nombre pair.

Il y a donc contradiction à supposer qu'il existe des nombres naturels différents $n$, $m$ et $k$ tels que $2^n + 2^m = 2^k$.

En conclusion, il n'existe pas de nombres naturels différents $n$, $m$ et $k$ tels que $2^n + 2^m = 2^k$.

**COFO**

5. a) Si on pose $a = 1$ et $b = 1$, on obtient :
$\sqrt{1^2+1^2} = \sqrt{2}$, alors que $1 + 1 = 2$.

b) Si on pose $a = 1$, $b = 1$ et $n = 2$, on obtient :
$(1 + 1)^2 = 4$, alors que $1^2 + 1^2 = 2$.

## EXERCICES 1.5

1. a) $|2x|-1=5 \iff |2x|=6 \iff 2x=\pm 6 \iff x=\pm 3$

b) $x = 13$ ou $x = -3$

c) $\dfrac{2}{x+10}=-5 \iff 2=-5(x+10) \iff 2=-5x-50$

$\iff 5x=-52 \iff x=\dfrac{-52}{5}$

d) $\dfrac{1}{1-|x|}=3 \iff \dfrac{1}{3}=1-|x| \iff |x|=1-\dfrac{1}{3}$

$\iff |x|=\dfrac{2}{3} \iff x=\pm\dfrac{2}{3}$

e) $x=\dfrac{5}{3}$ ou $x=-\dfrac{1}{3}$

f) $\sqrt{|4x|+1}=3 \iff |4x|+1=9 \iff |4x|=8$

$\iff 4x=\pm 8 \iff x=\pm 2$

g) Il faut que l'exposant soit nul. D'où il suffit de résoudre l'équation $3x - 4 = 0$.

Donc, $x=\dfrac{4}{3}$.

2. $|x-2|=|2x+3|$

$\iff x-2=2x+3$ ou $x-2=-(2x+3)$

$\iff x=-5$ ou $x=-\dfrac{1}{3}$

## EXERCICES 1.6

1. a) $4x^2 - x = x(4x-1) = 0$

$\iff x=0$ ou $4x-1=0$

$\iff x=0$ ou $x=\dfrac{1}{4}$

b) $x = \pm 5$

c) $x^2 - 3x - 10 = (x+2)(x-5) = 0$ pour $x = -2$ ou $x = 5$

d) $x = 0$ ou $x = 6$

e) $x^2 + 7x - 60 = (x+12)(x-5) = 0$ pour $x = -12$ ou $x = 5$

f) $x^2 + 2x + 1 = (x+1)^2 = 0$ pour $x = -1$

g) $x^2 + 7x - 55 = 5 \iff x^2 + 7x - 60 = 0$, cette équation est identique à celle en e). Donc, les solutions sont les mêmes.

h) Il n'y a aucune solution dans $\mathbb{R}$, puisque la somme d'un carré et d'un nombre positif ne s'annule jamais.

i) $\dfrac{1}{(x-3)^2}=\dfrac{1}{4} \iff 4=(x-3)^2 \iff x-3=\pm 2$

$\iff x=1$ ou $x=5$

j) $x = 0$ ou $x = 3$

k) $x=\dfrac{5}{2}$ ou $x=-\dfrac{7}{2}$

2. Pour que $x^2 + px + q$ soit équivalent à un trinôme carré parfait, il faut que la relation entre $p$ et $q$ soit la suivante :

$$q = \left(\frac{p}{2}\right)^2$$

3. a) Par la formule de Pythagore, on obtient une équation quadratique à résoudre :

$$x^2 + x = 6 \iff x^2 + x - 6 = 0$$
$$\iff (x-2)(x+3) = 0$$

D'où $x = 2$ ou $x = -3$. La seconde solution est à rejeter puisque, dans le triangle rectangle, $x > 0$.

Donc, les longueurs des deux cathètes sont 2 et $\sqrt{2}$.

b) Les longueurs des deux cathètes sont $\sqrt{20} = 2\sqrt{5}$ et $4\sqrt{5}$.

c) La longueur de l'hypoténuse est de $\frac{5}{2}$ et celle de la cathète, de $\frac{3}{2}$.

4. Soit $x$ un nombre réel. On doit alors résoudre $x^2 + x = 12$. Par la méthode produit et somme, on obtient les nombres réels $-4$ et $3$.

5. a) $\dfrac{1}{x+1} = x - 1 \iff 1 = (x+1)(x-1) \iff 1 = x^2 - 1$

$$\iff x^2 = 2 \iff x = \pm\sqrt{2}$$

b) $x = \dfrac{-5 \pm \sqrt{5}}{2}$

c) $\dfrac{1}{x^2+1} = 2 \iff 1 = 2(x^2+1) \iff 1 = 2x^2 + 2$

$$\iff -1 = 2x^2$$

Il n'y a aucune solution dans $\mathbb{R}$, car le double d'un carré ne peut être négatif.

d) $x = \pm\sqrt{\dfrac{3}{2}}$

e) $x = \pm\sqrt{2}$

6. Soit $p$ la profondeur de l'eau au-dessous de la coque du navire. Il s'agit de résoudre l'équation $151^2 = p^2 + 10^2$. On obtient comme solution : $p \approx 150{,}67$. Donc, la profondeur de l'eau que devrait indiquer le sonar est, si on tient compte du tirant d'eau, de 152,67 m.

7. a) $(x-a)^2 = \big(-(a-x)\big)^2 = (-1)^2(a-x)^2 = (a-x)^2$

b) $(x-a)^3 = \big(-(a-x)\big)^3 = (-1)^3(a-x)^3 = -(a-x)^3$

c) $(x^2-a^2)^2 = \big((x-a)(x+a)\big)^2 = (x-a)^2(x+a)^2$

d) $(x-a)^{2n} = \big(-(a-x)\big)^{2n} = (-1)^{2n}(a-x)^{2n} = (a-x)^{2n}$

e) $x^3 - bx = x(x^2 - b) = x(x - \sqrt{b})(x + \sqrt{b})$

f) $(x-a)^{2n+1}(x+a)^{2n} = (x-a)^{2n}(x-a)(x+a)^{2n}$

$$= (x-a)^{2n}(x+a)^{2n}(x-a)$$
$$= \big((x-a)(x+a)\big)^{2n}(x-a)$$
$$= (x^2-a^2)^{2n}(x-a)$$

g) Consultez votre professeur au besoin.

h) Consultez votre professeur au besoin.

8. a) On décompose $31^2$ comme suit :

$$(30+1)^2 = 30^2 + 2\cdot 30 + 1^2$$
$$= 900 + 60 + 1$$
$$= 961$$

b) Il faut voir 29 sous la forme $30 - 1$ et utiliser l'identité remarquable appropriée.

c) Il s'agit de prendre l'identité remarquable comprenant le produit d'une somme et d'une différence.

9. a) $x + 3$ (si $x \ne 3$)

b) $\dfrac{225x^8}{8y}$ (si $x \ne 0$ et $y \ne 0$)

c) $\dfrac{(x+a)^2 - x^2}{a} = \dfrac{x^2 + 2xa + a^2 - x^2}{a} = \dfrac{2xa + a^2}{a}$

$$= \dfrac{a(2x+a)}{a} = 2x + a \quad (\text{si } a \ne 0)$$

d) $\dfrac{3(x+h)^2 - 5(x+h) - (3x^2 - 5x)}{h}$

$$= \dfrac{3(x^2 + 2xh + h^2) - 5x - 5h - 3x^2 + 5x}{h}$$
$$= \dfrac{3x^2 + 6xh + 3h^2 - 5h - 3x^2}{h} = \dfrac{6xh + 3h^2 - 5h}{h}$$
$$= \dfrac{h(6x + 3h - 5)}{h} = 6x + 3h - 5 \quad (\text{si } h \ne 0)$$

e) $-10x - 5h + 11$ (si $h \ne 0$)

f) $\dfrac{x^2 + 6x - (a^2 + 6a)}{x-a} = \dfrac{x^2 - a^2 + 6x - 6a}{x-a}$

$$= \dfrac{(x-a)(x+a) + 6(x-a)}{x-a}$$
$$= \dfrac{(x-a)\big[(x+a)+6\big]}{x-a}$$
$$= x + a + 6 \quad (\text{si } x - a \ne 0)$$

g) $3(x+a) - 1$ (si $x - a \ne 0$)

h) $\dfrac{\dfrac{1}{x} - \dfrac{1}{a}}{x-a} = \dfrac{\dfrac{a-x}{xa}}{x-a} = \dfrac{a-x}{xa} \cdot \dfrac{1}{x-a} = \dfrac{a-x}{xa(x-a)}$

$$= \dfrac{-(x-a)}{xa(x-a)} = \dfrac{-1}{xa} \quad (\text{si } x - a \ne 0)$$

i) $\dfrac{-1}{x(x+h)}$ (si $h \ne 0$)

j) $\dfrac{-(x+a)}{x^2 a^2}$ (si $x - a \ne 0$)

k) $\dfrac{(2-x)^2}{x(x-2)} = \dfrac{(x-2)^2}{x(x-2)} = \dfrac{x-2}{x}$ (si $x \ne 2$)

l) $\dfrac{x^{1/2}}{a^2}$ (si $x \ne 0$ et $a \ne 0$)

*Chapitre 2*

1. a) $y = \dfrac{x^2}{3}$

   b) $y = \left(\dfrac{x}{3}\right)^2$

2. a) $f(x) = \dfrac{1}{\sqrt{x}}$

   b) $f(x) = \sqrt[3]{x+k}$

   c) $f(x) = \sqrt[3]{x} + k$

3. a) $\operatorname{dom} f = \mathbb{R} \setminus \{-1, 1\}$

   b) $\operatorname{dom} f = \ ]{-\infty}, 0]$

   c) $\operatorname{dom} g = \mathbb{R}$

   d) $\operatorname{dom} h = \mathbb{R}$

   e) $\operatorname{dom} f = \mathbb{R}$

   f) $\operatorname{dom} f = \mathbb{R} \setminus \{1\}$

   g) $\operatorname{dom} g = [-3, 2[\, \cup\, ]2, \infty[$

1.

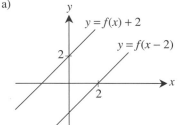

2. a) $x \in \ ]{-\infty}, -2[\, \cup\, ]1, 4[$

   b) $x \in \ ]{-2}, 1[\, \cup\, ]4, \infty[$

3. a) $g(0) = 5$

   b) $h(-2) = 10$

   c) $f(5) = 0$

4. Les énoncés a) et c) sont fautifs. À la place de l'énoncé a), on devrait dire : « –2 est un zéro de la fonction *f*. » À la place de l'énoncé c), on devrait dire : « (3, *f*(3)) est un point d'intersection de la courbe de *f* avec l'axe des *x*. »

5. a) Zéros : 0 et 9 ; ordonnée à l'origine : 0

   b) Zéros : –3 et 3 ; ordonnée à l'origine : –9

   c) Zéro : 0 ; ordonnée à l'origine : 0

   d) Zéro : –5 ; ordonnée à l'origine : 25

   e) Aucun zéro ; aucune ordonnée à l'origine

   f) Zéros : –1 et 3 ; ordonnée à l'origine : 3

   g) Zéros : –1, 0 et 1 ; ordonnée à l'origine : 0

   h) Zéro : $\sqrt[3]{2}$ ; ordonnée à l'origine : 2

6. Non. Avoir plus d'une ordonnée à l'origine entrerait en contradiction avec la définition d'une fonction. Selon celle-ci, à chaque valeur d'abscisse du domaine de la fonction correspond une et une seule valeur d'ordonnée.

7. Pour démontrer que *b* est un zéro de *g*, il suffit de montrer que $g(b) = 0$.

   Or, par hypothèse, *b* est un zéro de *f*.

   Alors, par définition d'un zéro, $f(b) = 0$.

   D'où $g(b) = k \cdot f(b) = k \cdot 0 = 0$.

   Donc, *b* est aussi un zéro de *g*.

   COFD

1. a)

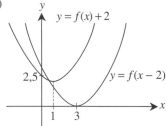

   b)

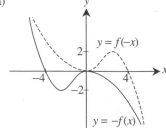

2. a)

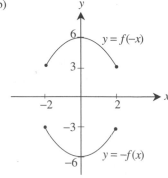

   b)

3. a)

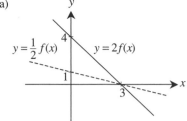

b)

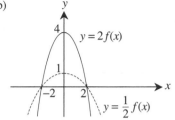

4.

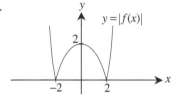

5. a) $f(a) = \dfrac{-a^2}{2a+1}$

b) $f(-x) = \dfrac{-x^2}{-2x+1}$

c) $f(x+k) = \dfrac{-(x+k)^2}{2(x+k)+1}$

## EXERCICES 2.4

1. a) La fonction est paire, car $f(-x) = f(x)$ pour tout $x \in \mathbb{R}$. En effet,

$$f(-x) = (-x)^4 - (-x)^2 + 1$$
$$= x^4 - x^2 + 1$$
$$= f(x)$$

b) La fonction est impaire, car $g(-x) = -g(x)$ pour tout $x \in \mathbb{R}$. En effet,

$$g(-x) = (-x)^3 - 2(-x)$$
$$= -x^3 + 2x$$
$$= -(x^3 - 2x)$$
$$= -g(x)$$

c) La fonction n'est ni paire ni impaire, car $f(-x) \neq f(x)$ et $f(-x) \neq -f(x)$.

d) La fonction est impaire.

e) La fonction est impaire.

f) La fonction est paire.

g) La fonction n'est ni paire ni impaire.

2. Oui. À la condition qu'un des zéros soit nul.

3. Par hypothèse, on a : $f(0) \neq 0$. Or, si $a$ est un zéro non nul de $f$, alors $-a$ est aussi un zéro de $f$ puisque $f$ est paire. Donc, les zéros de $f$ ne peuvent être qu'en nombre pair.

## EXERCICES 2.5

1. Il s'agit de tracer une droite verticale.

2. Oui. À chaque valeur d'abscisse des points d'une droite horizontale correspond une et une seule ordonnée, même si celle-ci est toujours identique.

3. a) Les coordonnées des points $(2, 0)$ et $(0, 3)$ satisfont à l'équation. D'où le graphique de la droite est :

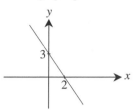

b) De l'équation, on tire le zéro 5 et l'ordonnée à l'origine 5. D'où le graphique de la droite est :

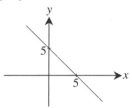

c) Les coordonnées des points $(-8, 0)$ et $(0, 6)$ satisfont à l'équation. D'où le graphique de la droite est :

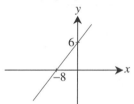

d) L'équation est celle d'une droite verticale positionnée à $x = -1$.

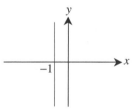

e) De l'équation, on tire le zéro 3 et l'ordonnée à l'origine −5. D'où le graphique de la droite est :

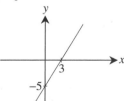

f) Les coordonnées des points $\left(\dfrac{1}{2}, 0\right)$ et $\left(0, -\dfrac{1}{4}\right)$ satisfont à l'équation. D'où le graphique de la droite est :

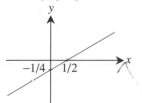

g) Les coordonnées des points (0, 0) et (2, 1) satisfont à l'équation. D'où le graphique de la droite est :

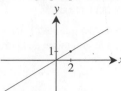

h) Les coordonnées des points (–2, 0) et (0, –3) satisfont à l'équation (remarquez que l'équation n'est pas symétrique ; c'est une autre forme d'équation possible). D'où le graphique de la droite est :

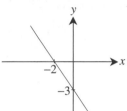

4. a) $y = -\dfrac{3x}{2} + 3$

$y = \dfrac{3x}{4} + 6$

b) Forme générale : $5x - 3y - 15 = 0$

(équation équivalente : $-5x + 3y + 15 = 0$)

Forme symétrique : $\dfrac{x}{3} + \dfrac{y}{-5} = 1$

(équation équivalente : $\dfrac{x}{3} - \dfrac{y}{5} = 1$)

5. Des droites parallèles entre elles ont la même pente. Les droites parallèles entre elles au n° 3 sont a) et h), de pente $-\dfrac{3}{2}$ ; f) et g), de pente $\dfrac{1}{2}$.

6. a) $P(c) = 3c$, où $c \geq 0$

b) D'après la forme fonctionnelle de l'équation en a), le graphique est celui d'une demi-droite de pente 3 et d'ordonnée à l'origine 0.

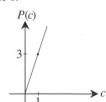

7. a)
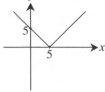

b)
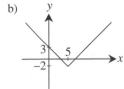

c)
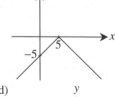

d)
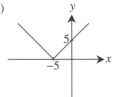

8. Il faut démontrer que $\dfrac{f(x_2) - f(x_1)}{x_2 - x_1} = a$ pour $f(x) = ax + b$.

$$\dfrac{f(x_2) - f(x_1)}{x_2 - x_1} = \dfrac{ax_2 + b - (ax_1 + b)}{x_2 - x_1}$$

$$= \dfrac{ax_2 + b - ax_1 - b}{x_2 - x_1}$$

$$= \dfrac{ax_2 - ax_1}{x_2 - x_1}$$

$$= \dfrac{a(x_2 - x_1)}{x_2 - x_1}$$

$$= \dfrac{a\,\cancel{(x_2 - x_1)}}{\cancel{x_2 - x_1}}, \quad \text{puisque } x_1 \neq x_2$$

$$= a$$

9. $ax + by + c = 0 \implies by = -ax - c \implies y = \dfrac{-ax - c}{b}$

$\implies y = \dfrac{-a}{b} x - \dfrac{c}{b}$ où $b \neq 0$

$\implies \underbrace{y = mx + n}_{\text{forme équivalente à}\atop y = ax + b}$ (par réduction symbolique des constantes)

### EXERCICES 2.6

1. Non. Une parabole peut être horizontale.

2. a)
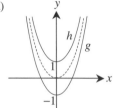

c)
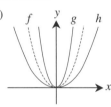

b)
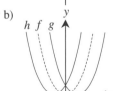

d)
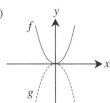

3. a) $A(c) = \dfrac{c^2}{2}$, où $c \geq 0$

b)
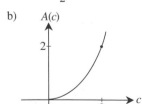

4. a)
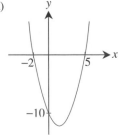

b)
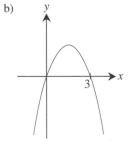

c)
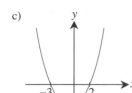

d)
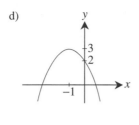

3.
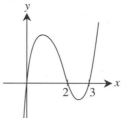

5. a) $P(r) = 2\pi r + 100$, où $r \geq 0$

b) $A(r) = \pi r^2 + 100r$, où $r \geq 0$

c) La fonction $P$ est de degré 1 ; la fonction $A$ est de degré 2.

d) La fonction $P$ représente graphiquement une demi-droite de pente $2\pi$ et d'ordonnée à l'origine 100, tandis que la fonction $A$ représente graphiquement une demi-parabole orientée vers le haut dont l'ordonnée à l'origine est 0.

e) Environ 8 m

6. Pour trouver les valeurs des deux coefficients, il s'agit de résoudre le système suivant de deux équations à deux inconnues :

$$a - b + 1 = 0$$
$$a + b + 1 = -4$$

Solutions : $a = -3$ et $b = -2$

### EXERCICES 2.7

1. b), parce que l'inverse d'un polynôme ne se ramène pas à un polynôme.

d) et g), parce qu'un des exposants de la variable indépendante est fractionnaire.

e), parce que la racine carrée d'un polynôme ne se ramène pas à un polynôme.

2. a)
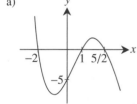

e)
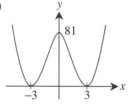

b)
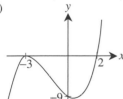

f)
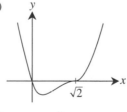

c)
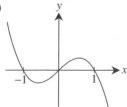

g)
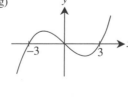

d)
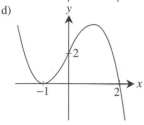

4. a) $f(x) = -(x-1)(x-4)$ ou $f(x) = -\dfrac{1}{2}(x-1)(x-4)$, ou de façon générale :

$$f(x) = a(x-1)(x-4), \text{ où } a < 0$$

b) $f(x) = ax(x+1)(x-3)$, où $a > 0$

c) $f(x) = a(x+1)^2(x-3)$, où $a < 0$

d) $f(x) = a(x+2)(x-2)^3$, où $a < 0$

5. a)
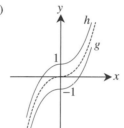

c)
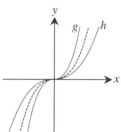

b)
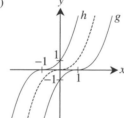

d)
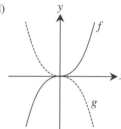

6. $V(x) = x(20 - 2x)(60 - 2x)$

dom $V = ]0, 10[$

7. $V(r) = \dfrac{4\pi r^3}{3} + 2\pi r^2$, où $r > 0$

8. a)
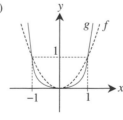

b)
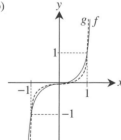

9. Les deux fonctions en a) sont paires, tandis que les deux fonctions en b) sont impaires.

10. Il s'agit de choisir deux abscisses satisfaisant à l'antécédent ($a < b$), comme $-2$ et $-1$, et de trouver une fonction $f$ qui contredit le conséquent ($f(a) < f(b)$), comme $f(x) = x^2$. En effet, pour cette fonction, on a $f(-2) > f(-1)$, et non $f(-2) < f(-1)$.

11. Consultez votre professeur au besoin.

1. a)

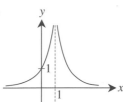

c)

b)

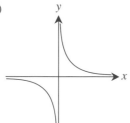

d)

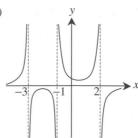

2. a) $\lim\limits_{x \to -3^-}\left(f(x)\right) = -\infty$ et $\lim\limits_{x \to -3^+}\left(f(x)\right) = +\infty$

   b) $\lim\limits_{x \to 1}\left(f(x)\right) = +\infty$

3. a) Le graphique de $g$ est obtenu par translation horizontale, de 3 unités vers la droite, du graphique de $f(x) = \dfrac{1}{x+3}$.

   b) Le graphique de $g$ est obtenu par translation horizontale, de 2 unités vers la gauche, du graphique de $f(x) = \dfrac{1}{(x-1)^2}$.

   c) Le graphique de $g$ est obtenu par translation verticale, de 1 unité vers le haut, du graphique de $f(x) = \dfrac{1}{x^2+1}$.

   d) Le graphique de $g$ est obtenu par étirement vertical du graphique de $f(x) = \dfrac{1}{x^2+1}$, de telle sorte que toutes les ordonnées des points sont doublées.

4. a)

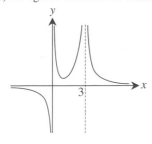

   b)

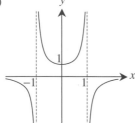

   c) Il s'agit de factoriser le dénominateur.

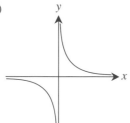

5. a) $f(x) = \dfrac{-4}{(x-4)}$

   b) $g(x) = \dfrac{4}{(x+2)^2}$ ou $\dfrac{16}{(x+2)^4}$ ou ...

6. a) $f(x) = \dfrac{12}{x+4}$

   b) $f(x) = \dfrac{-18}{(x-3)^2}$

   c) $f(x) = \dfrac{3}{(x+1)(x-1)}$

   d) $g(x) = \dfrac{4}{x(x+3)(x-2)^2}$

7. Note : Dans chaque cas, plusieurs autres graphiques sont possibles.

   a)

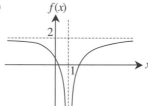

   b)

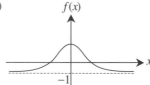

   c)

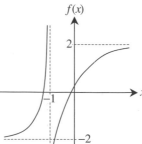

   d)

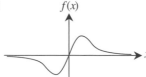

8. a) $P(V) = \dfrac{nRT}{V}$, où $V > 0$

b) $P(V)$

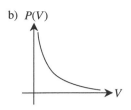

## EXERCICES 2.9

1. a)

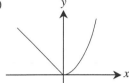

La fonction est continue.

b)

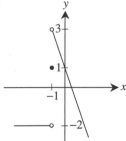

La fonction n'est pas continue en $x = -1$.

2. a) i) $\lim\limits_{x \to 4^-} \left(f(x)\right) = \lim\limits_{x \to 4^-} \left(\sqrt{x} - x^2 + 10\right) = 2 - 16 + 10 = -4$

ii) $\lim\limits_{x \to 4^+} \left(f(x)\right) = \lim\limits_{x \to 4^+} \left(\dfrac{x+2}{x^2-10}\right) = \dfrac{6}{6} = 1$

iii) $\lim\limits_{x \to 4} \left(f(x)\right)$ est non définie (ou n'existe pas) puisque la limite à gauche et la limite à droite ne donnent pas le même résultat.

b) La fonction $f$ n'est pas continue en $x = 4$ puisque la deuxième condition de la définition de la continuité n'est pas remplie : $\lim\limits_{x \to 4} \left(f(x)\right)$ est non définie.

3. a) i) 0

ii) 0

iii) 0

b) La fonction $g$ est continue en $x = -1$, car les trois conditions de la définition de la continuité sont remplies : 1) $g(-1)$ est définie ; 2) $\lim\limits_{x \to -1} \left(g(x)\right) = 0$ ; 3) $g(-1) = 0$.

4. Seule la fonction en d) est continue. En effet, les fonctions en a) et en b) ne sont pas continues parce que $f(0)$ n'est pas définie (autrement dit, c'est la première condition de la définition de la continuité qui n'est pas remplie). De plus, la fonction en c) n'est pas continue parce qu'il y a un saut en $x = 0$ : la limite à gauche (de $x = 0$) vaut 4, et la limite à droite vaut 1 (autrement dit, c'est la deuxième condition de la définition qui n'est pas remplie).

5. a) $f$ est continue sur tout intervalle de son domaine (dom $f$ = ]$-\infty$, 0]).

b) $g$ est continue sur tout intervalle de son domaine (dom $g$ = $\mathbb{R}$).

c) $h$ est continue sur tout intervalle de son domaine (dom $h$ = $\mathbb{R}$).

d) $f$ n'est pas continue sur tout intervalle de son domaine (dom $f$ = $\mathbb{R}$) parce que la deuxième condition de la définition de la continuité n'est pas remplie pour certaines valeurs du domaine. Par exemple, en $x = 0$, la limite à gauche et la limite à droite diffèrent : $\lim\limits_{x \to 0^-} \left(f(x)\right) = 1$ et $\lim\limits_{x \to 0^+} \left(f(x)\right) = 2$.

e) $f$ est continue sur tout intervalle de son domaine (dom $f$ = $\mathbb{R}$).

## EXERCICES 2.10

1. a)

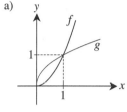

c)

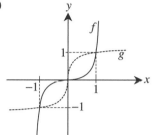

b)

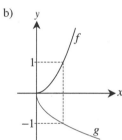

2. a) $y = \sqrt[3]{x-5}$

b) $y = x^{4/3}$, où $x \geq 0$

c) $y = 2 + \sqrt[3]{1-x}$

d) $y = \left(\dfrac{1}{x} - 1\right)^2$, où $x \in$ ]0, 1]

3. $y = -\sqrt{\dfrac{1}{x} - 4}$, où $x \in \left]0, \dfrac{1}{4}\right]$

4. Soit $y = ax + b$. Échangeons les noms des variables :

$$x = ay + b.$$

En isolant $y$, on obtient la forme fonctionnelle, qu'on peut transformer algébriquement :

$$y = \dfrac{x-b}{a}$$

$$= \dfrac{x}{a} - \dfrac{b}{a}$$

$$= \dfrac{1}{a}x - \dfrac{b}{a}$$

$$= cx + d \quad \text{(par réduction symbolique)}$$

L'équation obtenue, $y = cx + d$, où $c$ et $d$ sont des constantes, est équivalente à l'équation $y = ax + b$.

Donc, la réciproque a également pour forme fonctionnelle l'équation d'une droite.

**COFD**

5. a) $r(A) = \sqrt{\dfrac{A}{\pi}}$

b) Comme la fonction $r$ est équivalente à $r(A) = k\sqrt{A}$, où $k = \dfrac{1}{\sqrt{\pi}}$, le graphique n'est qu'une contraction verticale du graphique de la fonction racine carrée :

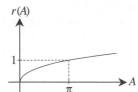

6. $N(A) = c \cdot \sqrt[3]{A}$, où $a \geq 0$.

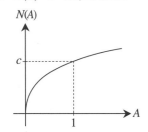

7. a)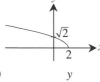

b)

c)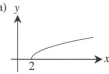

d)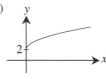

e)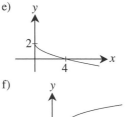

f) 

g)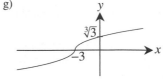

8. a) $y = x - 1$

b) $y = (x + 1)^2$ ou $y = a(x + 1)^2$, où $a > 0$.
Ou plus généralement encore : $y = a(x + 1)^{2k}$, où $a > 0$ et $k \in \mathbb{N}^*$.

c) $y = -(x - 2)^3$ ou $y = a(x - 2)^3$, où $a < 0$.
Ou plus généralement encore : $y = a(x - 2)^{2k+1}$, où $a < 0$ et $k \in \mathbb{N}^*$.

d) $y = \dfrac{-1}{(x+1)^2}$ ou $y = \dfrac{a}{(x+1)^2}$, où $a < 0$.
Ou plus généralement encore : $y = \dfrac{a}{(x+1)^{2k}}$, où $a < 0$ et $k \in \mathbb{N}^*$.

e) $y = \sqrt{x+3}$ ou $y = a\sqrt{x+3}$, où $a > 0$.
Ou plus généralement encore : $y = a\,\sqrt[2k]{x+3}$, où $a > 0$ et $k \in \mathbb{N}^*$.

f) $y = -\sqrt{2-x}$ ou $y = a\sqrt{2-x}$, où $a < 0$.
Ou plus généralement encore : $y = a\,\sqrt[2k]{2-x}$, où $a < 0$ et $k \in \mathbb{N}^*$.

g) $y = \sqrt[3]{x+1}$ ou $y = a\sqrt[3]{x+1}$, où $a > 0$.
Ou plus généralement encore : $y = a(x + 1)^{1/(2k+1)}$, où $a > 0$ et $k \in \mathbb{N}^*$.

h) $y = \sqrt[3]{x}+1$ ou $y = a\sqrt[3]{x}+1$, où $a > 0$.
Ou plus généralement encore : $y = ax^{1/(2k+1)} + 1$, où $a > 0$ et $k \in \mathbb{N}^*$.

# Chapitre 3

## EXERCICES 3.1

1. a) i) $\Delta H = H(6) - H(0) \approx 15{,}7$ cm
Durant les six premiers mois, un bébé grandit en moyenne d'environ 15,7 cm.

   ii) $\Delta H = H(6) - H(5) \approx 1{,}7$ cm
Durant le sixième mois, un bébé grandit en moyenne d'environ 1,7 cm.

   b) i) La variation de la taille moyenne d'un bébé entre la fin de son 18e mois et celle de son 21e mois.

   ii) La taille moyenne d'un bébé à sa naissance.

   c) i) La variation des ordonnées de la courbe de $H$ entre les points d'abscisses 23 et 24.

   ii) L'ordonnée de la courbe de $H$ au point d'abscisse 36.

2. On a $A(r) = \pi r^2$.

   a) $\Delta A = A(10) - A(5) = 75\pi$ cm$^2 \approx 235{,}6$ cm$^2$
L'aire d'un cercle augmente de $75\pi$ cm$^2$ lorsque son rayon passe de 5 à 10 cm.

   b) $\Delta A = A(r + \Delta r) - A(r) = \pi(r + \Delta r)^2 - \pi r^2$
   $$= \pi\left(r^2 + 2r \cdot \Delta r + (\Delta r)^2\right) - \pi r^2$$
   $$= \pi\left(r^2 + 2r \cdot \Delta r + (\Delta r)^2 - r^2\right)$$
   $$= \pi\left(2r \cdot \Delta r + (\Delta r)^2\right) = \pi(\Delta r)(2r + \Delta r)$$

   c) La variation des ordonnées de la courbe de $A$ entre les points d'abscisses 5 et 6.

3. a) $\Delta p = p(2) - p(0) \approx -85{,}7$ cm

b) $\Delta p = p(8) - p(7) \approx -0,55$ cm

c) i) $p(10) \approx 3,2$ cm ; c'est la position du mobile 10 s après son départ.

   ii) $p(5) - p(0) \approx -93,8$ cm ; 5 secondes après son départ, le mobile se trouve à 93,8 cm en arrière de sa position initiale.

4. On a $V = \pi r^2 h$.

   a) Comme $r = 2$, on peut écrire $V(h) = \pi(2)^2 h = 4\pi h$.

   D'où $\Delta V = V(h + \Delta h) - V(h)$
   $= 4\pi(h + \Delta h) - 4\pi h$
   $= 4\pi(\Delta h)$ cm$^3$.

   b) Comme $h = 2$, on peut écrire $V(h) = 2\pi r^2$.

   D'où $\Delta V = V(r + \Delta r) - V(r) = 2\pi(r + \Delta r)^2 - 2\pi r^2 = \ldots$
   $= 2\pi(\Delta r)(2r + \Delta r)$ cm$^3$.

5. Pour réfuter les égalités, prenons comme fonction $f(x) = x^2$.

   a) $f(x + \Delta x) = (x + \Delta x)^2$
   $= \underbrace{x^2}_{f(x)} + 2x \cdot \Delta x + (\Delta x)^2$
   $\neq f(x) + \Delta x$

   b) $f(x + \Delta x) = (x + \Delta x)^2$
   $= \underbrace{x^2}_{f(x)} + 2x \cdot \Delta x + \underbrace{(\Delta x)^2}_{f(\Delta x)}$
   $\neq f(x) + f(\Delta x)$

## EXERCICES 3.2

1. a) $\dfrac{C(1) - C(0)}{1 - 0} = 2 \dfrac{\text{mg/L}}{\text{h}}$ ou $\dfrac{C(1) - C(0)}{1} = 2$ mg/L/h

   b) $\dfrac{\Delta V}{\Delta t} = -60$ L/min

   c) $\dfrac{g(1) - g(-1)}{1 - (-1)} = 0$ ou $\dfrac{g(1) - g(-1)}{2} = 0$

   d) $\dfrac{P(2000) - P(1500)}{500} = -2$ kPa/m

2. a) $\Delta H = H(6) - H(0) \approx 15,7$ cm

   Durant ses six premiers mois, la taille d'un bébé (ou la taille moyenne de l'ensemble des bébés) augmente d'environ 15,7 cm.

   b) i) $\dfrac{\Delta H}{\Delta t} = \dfrac{H(6) - H(0)}{6} \approx 2,6$ cm/mois

   Durant les six premiers mois, un bébé grandit en moyenne de 2,6 cm par mois.

   ii) $\dfrac{\Delta H}{\Delta t} = \dfrac{H(6) - H(5)}{6 - 5} \approx 1,7$ cm/mois

   Durant son sixième mois, un bébé grandit en moyenne de 1,7 cm par mois.

   c) i) Le taux de variation moyen de la taille d'un bébé entre la fin de son 18$^e$ mois et celle de son 21$^e$ mois.

   ii) Le taux de variation moyen de la taille d'un bébé au cours de son 12$^e$ mois.

   d) i) La pente de la sécante à la courbe de $H$ aux points d'abscisses 24 et 36.

   ii) La variation des ordonnées de la courbe de $H$ entre les points d'abscisses 0 et 1.

3. a) $-4,7$ m/s

   b) i) La hauteur atteinte par le projectile 4 secondes après son lancement.

   ii) La vitesse moyenne du projectile entre la fin de la 2$^e$ seconde et la fin de la 5$^e$ seconde après son lancement.

   iii) Le déplacement du projectile au cours des 6 premières secondes après son lancement.

4. a) $\dfrac{\Delta A}{\Delta r} = \dfrac{A(10) - A(5)}{10 - 5} = 15\pi$ cm$^2$/cm

   b) $\dfrac{\Delta A}{\Delta r} = \dfrac{A(r + \Delta r) - A(r)}{\Delta r} = \ldots = \pi(2r + \Delta r)$ cm$^2$/cm

   puisque $\Delta r \neq 0$

   c) $\dfrac{\Delta A}{\Delta r} = \dfrac{A(x) - A(a)}{x - a} = \dfrac{\pi x^2 - \pi a^2}{x - a} = \dfrac{\pi(x^2 - a^2)}{x - a}$
   $= \dfrac{\pi(x - a)(x + a)}{x - a} = \pi(x + a)$ cm$^2$/cm

   puisque $x \neq a$

5. On a $V = \pi r^2 h$.

   a) Comme $r$ est constant, on peut poser $V(h) = \pi r^2 h$.

   D'où $\dfrac{\Delta V}{\Delta h} = \dfrac{V(h + \Delta h) - V(h)}{\Delta h}$
   $= \dfrac{\pi r^2(h + \Delta h) - \pi r^2 h}{\Delta h} - \ldots - \pi r^2$

   puisque $\Delta h \neq 0$.

   b) Comme $h$ est constant, on peut poser…

   D'où $\dfrac{\Delta V}{\Delta r} = \dfrac{V(r + \Delta r) - V(r)}{\Delta r}$
   $= \ldots = \pi h(2r + \Delta r)$

   puisque $\Delta r \neq 0$.

   c) Oui. Il s'agit du taux de variation moyen du volume du cylindre par rapport à la hauteur, puisqu'il est égal à $\pi r^2$, où $r$ est considéré comme une constante.

6. a) 300 000 habitants

   b) $P(5) - P(0) \approx 142\,857$ habitants

   À partir de ce modèle, on prévoit une augmentation d'environ 143 000 habitants dans cette région au cours des 5 prochaines années.

   c) $\dfrac{P(5) - P(2)}{3} \approx 14\,286$ habitants

   À partir de ce modèle, on prévoit une augmentation moyenne de la population de cette région d'environ 14 000 habitants par année, de la fin de la 2$^e$ année à la fin de la 5$^e$ année à partir d'aujourd'hui.

   d) i) La variation de la population de cette région (en centaines de milliers d'habitants) au cours de la 10$^e$ année à partir d'aujourd'hui.

   ii) La population de cette région dans 5 ans (en centaines de milliers d'habitants).

iii) Le taux de variation moyen de la population de cette région entre la fin de la 5ᵉ année et la fin de la 15ᵉ année à partir d'aujourd'hui (en centaines de milliers d'habitants par année).

7. a) Comme la fonction est paire, on a $f(-x) = f(x)$ pour tout $x \in \mathbb{R}$. D'où :

$$\frac{\Delta y}{\Delta x} = \frac{f(x) - f(-x)}{x - (-x)}$$
$$= \frac{f(x) - f(x)}{2x}$$
$$= \frac{0}{2x}$$
$$= 0 \qquad \text{puisque } x \neq 0.$$

b) Comme la fonction est impaire, on a $f(-x) = -f(x)$ pour tout $x \in \mathbb{R}$. D'où :

$$\Delta y = f(x) - f(-x)$$
$$= f(x) - (-f(x))$$
$$= f(x) + f(x)$$
$$= 2f(x)$$

**COFO**

8. **Ligne 4 du tableau** : $x^3 + ax^2 + a^2x + a^3$. Si on réécrit chacun des termes de cette expression comme un produit impliquant $a$ et $x$, on obtient $a^0x^3 + a^1x^2 + a^2x^1 + a^3x^0$. On peut remarquer que la somme des exposants de chaque terme est toujours la même : elle est égale à 3 (3 étant le prédécesseur du degré de la fonction polynomiale pour ce cas). De plus, on peut observer que, d'un terme à l'autre, l'exposant de $a$ augmente par pas de 1 à partir de 0 jusqu'à 3, tandis que l'exposant de $x$ suit la progression inverse : il diminue par pas de 1 à partir de 3.

**Ligne 5 du tableau** : On peut conjecturer que la somme des exposants dans les termes du résultat de la division sera de 4 et que le résultat prendra la forme suivante :

$$a^0x^4 + a^1x^3 + a^2x^2 + a^3x^1 + a^4x^0,$$

ou plus simplement :

$$x^4 + ax^3 + a^2x^2 + a^3x + a^4.$$

**Ligne n du tableau** :

$$x^{n-1} + ax^{n-2} + a^2x^{n-3} + \dots + a^{n-3}x^2 + a^{n-2}x + a^{n-1}$$

9. a) Le nombre d'espèces animales en voie d'extinction dans le monde au début de l'an 2000.

b) Le taux de variation moyen du nombre d'espèces animales en voie d'extinction entre le début de 2002 et le début de 2005.

**EXERCICES 3.3**

1. a) $p(t_2) - p(t_1)$ représente le déplacement du mobile (en mètres) entre les temps $t_1$ et $t_2$.

b) $\dfrac{p(10) - p(0)}{10}$ est la vitesse moyenne du mobile (en m/s) au cours des 10 premières secondes.

c) $\lim\limits_{\Delta t \to 0} \left( \dfrac{\Delta p}{\Delta t} \right) = \dfrac{dp}{dt}$ représente la vitesse instantanée du mobile (en m/s) au temps $t$.

d) $\dfrac{dp}{dt} \bigg|_{t=4}$ est la vitesse instantanée du mobile (en m/s) à la fin de la 4ᵉ seconde.

2. a) $\Delta v$ représente une variation de vitesse (en m/s) du projectile.

b) $\dfrac{v(5) - v(3)}{2}$ représente le taux de variation moyen de la vitesse du projectile entre les temps $t = 3$ s et $t = 5$ s ou, plus simplement, son accélération moyenne (en $\dfrac{m/s}{s}$ ou m/s²) entre la fin de la 3ᵉ seconde et la fin de la 5ᵉ seconde.

c) $\dfrac{dv}{dt}$ représente le taux de variation instantané de la vitesse du projectile par rapport au temps ou, plus simplement, son accélération instantanée (en m/s²) au temps $t$.

3. a) $\lim\limits_{\Delta V \to 0} \left( \dfrac{\Delta T}{\Delta V} \right) = \dfrac{dT}{dV}$ représente le taux de variation instantané de la température du gaz par rapport à son volume (la pression étant maintenue constante). Ce taux s'exprime en °K/L.

b) $\dfrac{dP}{dT} \bigg|_{T=350 \text{ °K}}$ représente le taux de variation instantané de la pression du gaz par rapport à sa température lorsque celle-ci atteint 350 °K (le volume étant maintenu constant). Ce taux s'exprime en kPa/°K.

4. a) $\dfrac{dV}{dr}$ (en cm³/cm) représente le taux de variation instantané du volume du cylindre par rapport à son rayon, la hauteur étant maintenue constante.

b) $\dfrac{dV}{dh} \bigg|_{h=10}$ (en cm³/cm) représente le taux de variation instantané du volume du cylindre par rapport à sa hauteur lorsque celle-ci mesure 10 cm, le rayon étant maintenu constant.

5. a) $\dfrac{dV}{dx} = \lim\limits_{\Delta x \to 0} \left( \dfrac{\Delta V}{\Delta x} \right)$

$$= \lim\limits_{\Delta x \to 0} \left( 3x^2 + 3x(\Delta x) + (\Delta x)^2 \right)$$

$$= 3x^2 \text{ cm}^3/\text{cm}$$

b) $\dfrac{dV}{dx} \bigg|_{x=5} = 75 \text{ cm}^3/\text{cm}$

6. a) $\dfrac{P(10) - P(0)}{10} = 7500$ habitants/année

b) $\dfrac{ds}{dt} = 5$ m/s (où $s$ représente la position du mobile au temps $t$)

c) $\dfrac{dA}{dr} \bigg|_{r=8 \text{ cm}} = 16\pi \text{ cm}^2/\text{cm}$

# Chapitre 4

1. $\dfrac{\Delta y}{\Delta x} = \dfrac{f(x) - f(3)}{x - 3} = \dfrac{x^2 - 9}{x - 3} = \dfrac{\cancel{(x-3)}(x+3)}{\cancel{x-3}} = x + 3$, puisque $x \neq 3$

$\lim\limits_{x \to 3}(x + 3) = 6$

2. a)
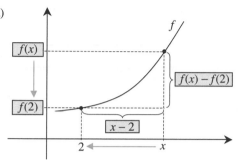

   c)
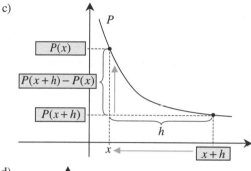

   b)
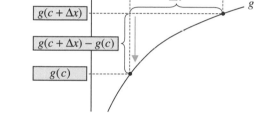

   d)
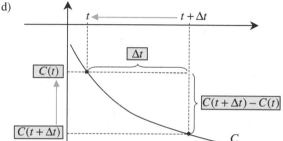

3. a) $h'(x) = 6x$

   b) $f'(x) = 2x + 3$

   c) $g'(x) = \dfrac{10}{(1 - 5x)^2}$

   d) $f'(x) = -\dfrac{2}{x^3}$

   e) $g'(x) = \dfrac{1}{\sqrt{2x + 3}}$

   f) $g'(x) = \dfrac{-1}{2\sqrt{x^3}}$

   g) $f'(x) = 2x - 6$

4. En son sommet

5. a) $f'(x) = 20x - 7$

   b) Au sommet de la parabole, la tangente est horizontale, donc sa pente est nulle. D'où $f'(x) = 0$, ce qui conduit à résoudre l'équation $20x - 7 = 0$. Par conséquent, l'abscisse du sommet est $x = \dfrac{7}{20}$.

6. a) $\dfrac{\Delta y}{\Delta x} = \dfrac{f(x + \Delta x) - f(x)}{\Delta x} = \dfrac{(x + \Delta x)^3 - x^3}{\Delta x} = \dfrac{\left[x^3 + 3x^2 \cdot \Delta x + 3x(\Delta x)^2 + (\Delta x)^3\right] - x^3}{\Delta x} = \ldots = 3x^2 + 3x(\Delta x) + (\Delta x)^2$,

   d'où $f'(x) = \lim\limits_{\Delta x \to 0}\left(3x^2 + 3x(\Delta x) + (\Delta x)^2\right) = 3x^2$

   b) $f'(a) = \lim\limits_{x \to a}\left(\dfrac{f(x) - f(a)}{x - a}\right) = \lim\limits_{x \to a}\underbrace{\left(\dfrac{x^4 - a^4}{x - a}\right)}_{\substack{\text{on effectue une} \\ \text{division polynomiale}}} = \lim\limits_{x \to a}(x^3 + ax^2 + a^2x + a^3) = 4a^3$ ; d'où $f'(x) = 4x^3$

7.

| Différence d'abscisses | Différence d'ordonnées | Pente de sécante | Pente de tangente | Représentation graphique |
|---|---|---|---|---|
| $\Delta x$ | $f(a + \Delta x) - f(a)$ | $\dfrac{f(a + \Delta x) - f(a)}{\Delta x}$ | $\displaystyle\lim_{\Delta x \to 0}\left(\dfrac{f(a + \Delta x) - f(a)}{\Delta x}\right)$ | |
| $h$ | $f(x + h) - f(x)$ | $\dfrac{f(x + h) - f(x)}{h}$ | $\displaystyle\lim_{h \to 0}\left(\dfrac{f(x + h) - f(x)}{h}\right)$ | |
| $\Delta t$ | $f(t + \Delta t) - f(t)$ | $\dfrac{f(t + \Delta t) - f(t)}{\Delta t}$ | $\displaystyle\lim_{\Delta t \to 0}\left(\dfrac{f(t + \Delta t) - f(t)}{\Delta t}\right)$ | |

8. a) On peut conjecturer que $f'(x) = 5x^4$.

   b) On peut conjecturer que $f'(x) = nx^{n-1}$.

9. a) On peut prendre $f(x) = x^2$ qui est une fonction paire (car $f(-x) = f(x)$ pour tout $x \in \mathbb{R}$). Sa dérivée $f'(x) = 2x$ est une fonction impaire, car $f(-x) = -f(x)$ pour tout $x \in \mathbb{R}$.

   b) On peut prendre $f(x) = x^3$ dont la dérivée $f'(x) = 3x^2$ est une fonction paire.

10. Consultez votre professeur au besoin.

11. a) « La dérivée de $g$ par rapport à $t$ » ou « le taux de variation instantané de $g$ par rapport à $t$ » ou « la pente de la tangente à la courbe de $g$ en tout point d'abscisse $t$ ».

    b) « La dérivée de $P$ au point d'abscisse 0 » ou « la pente de la tangente à la courbe de $P$ au point d'abscisse 0 ».

    c) « La dérivée de $h$ par rapport à $r$ au point d'abscisse 1 » ou « le taux de variation instantané de $h$ par rapport à $r$ lorsque $r = 1$ » ou « la pente de la tangente à la courbe de $h$ au point d'abscisse 1 ».

12. On a $g(x) = f(x) + k$.

    Alors, selon la définition de la dérivée,

$$g'(x) = \lim_{\Delta x \to 0}\left(\frac{g(x + \Delta x) - g(x)}{\Delta x}\right)$$

$$= \lim_{\Delta x \to 0}\left(\frac{f(x + \Delta x) + k - (f(x) + k)}{\Delta x}\right)$$

$$= \lim_{\Delta x \to 0}\left(\frac{f(x + \Delta x) + k - f(x) - k}{\Delta x}\right)$$

$$= \lim_{\Delta x \to 0}\left(\frac{f(x + \Delta x) - f(x)}{\Delta x}\right)$$

$$= f'(x) \quad \text{selon la définition de la dérivée de } f$$

Donc, $g'(x) = f'(x)$.

COFD

13. a) Ordonnée à l'origine ; positive

    b) Pente de la tangente à la courbe en $x = a$ ; positive

    c) Pente de sécante ; négative

    d) Différence d'abscisses ; négative

    e) Pente de la tangente en $x = c$ ; nulle

    f) Différence d'ordonnées ; négative

    g) Pente de la tangente en $x = 0$ ; négative

14. a) $f(-1) = 4$

    b) $\dfrac{g(4) - g(3)}{4 - 3} = -1$

    c) $S(2) - S(-1) = 10$

    d) $f'(3) = 0 \quad$ ou $\quad \dfrac{df}{dx}\Big|_{x=3} = 0$

    e) $f(5) = 0$

    f) $T'(0) = -2$

15. a) Négative
    b) Négative
    c) Positive
    d) Positive
    e) Nulle
    f) Négative
    g) Nulle
    h) Positive

## EXERCICES 4.2

1. a) i) $P(6) - P(0) = -4 \times 10^6$ bactéries

      La population de bactéries a diminué de 4 millions (de bactéries) au cours des 6 premières heures de l'expérience.

   ii) $\dfrac{P(18) - P(6)}{12} = -\dfrac{1}{3} \times 10^6$ bactéries/heure

      Ce taux de variation moyen indique que la population de bactéries a diminué en moyenne de $3,3 \times 10^5$ bactéries à l'heure au cours des 12 dernières heures de l'expérience.

   b) $\dfrac{dP}{dt} < 0$ sur tout l'intervalle $]0, 18[$, car la pente de la tangente est négative tout le long de la courbe. Cela signifie que la population de bactéries a diminué tout au long de l'expérience, ce qu'indique le graphique.

   c) $\left.\dfrac{dP}{dt}\right|_{t=6} < \left.\dfrac{dP}{dt}\right|_{t=12}$, car la tangente à la courbe en $t = 6$ est plus inclinée vers le bas que celle en $t = 12$. Cela signifie que la population de bactéries diminuait plus vite à la fin de la 6e heure qu'à la fin de la 12e heure.

2. L'énoncé est faux. Comme contre-exemple, il suffit de prendre le graphique d'une courbe de population qui est concave vers le bas. Par exemple :

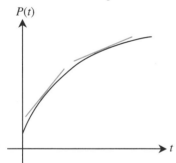

   D'après ce graphique, la population augmente, mais son taux de croissance (représenté par la pente de la tangente) diminue.

3. $\dfrac{dV}{dT} = \dfrac{nR}{P}$, qui est constant. En effet, le graphique de la fonction $V(T) = \left(\dfrac{nR}{P}\right)T$ est une droite. Donc, le taux de variation instantané correspond à la pente de cette droite.

4. a) $\dfrac{dV}{dt} = -3$ L/s

   b) $\dfrac{dA}{dt} = 1000$ m$^2$/h

   c) $\left.\dfrac{dc}{dt}\right|_{c=7 \text{ cm}} = 2$ cm/s

5. a) i) $\dfrac{dp}{dt}$

      ii) $\left.\dfrac{dv}{dt}\right|_{t=t_2}$

   b) i) D'après le graphique de A, $\dfrac{dp}{dt} > 0$ pour $t \in [0, a[$,

      $\dfrac{dp}{dt} < 0$ pour $t \in ]a, b]$ et $\dfrac{dp}{dt} = 0$ pour $t = a$.

      D'après le graphique de B, $v(t) > 0$ pour
      $$t \in [0, t_1[ \cup ]t_1, t_2]$$
      et $v(t) = 0$ pour $t = t_1$.

      ii) D'après le graphique de A, la vitesse (c'est-à-dire graphiquement la pente de la tangente à la courbe) diminue pour $t \in [0, b]$. Ce graphique pourrait décrire le mouvement d'un projectile lancé verticalement vers le haut.

      D'après le graphique de B, la vitesse (c'est-à-dire graphiquement l'ordonnée des points de la courbe) diminue pour $t \in [0, t_1]$.

   c) L'accélération (c'est-à-dire graphiquement la pente de la tangente à la courbe) augmente pour $t \in [0, t_2]$.

6. a) Le taux de variation du niveau de monoxyde de carbone dans l'air de la région métropolitaine dans 10 ans.

   b) Le taux de variation actuel de la population.

   c) Le taux de variation du niveau de monoxyde de carbone dans l'air de la région métropolitaine par rapport à la population, lorsque celle-ci sera de 3 millions d'habitants.

## EXERCICES 4.3

1. a) Nulle   b) Négative   c) Positive   d) Positive

2. a) $f'(x) = 0$ pour $x = b$ ou $x = d$

   b) $f'(x) > 0$ pour $x \in [-\infty, b[ \cup ]d, \infty[$

   c) $f'(x) < 0$ pour $x \in ]b, d[$

3.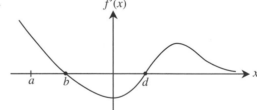

4. Voici un exemple :

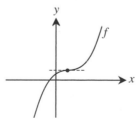

5. a)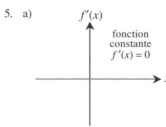

b)

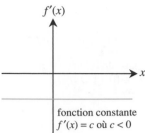

fonction constante
$f'(x) = c$ où $c < 0$

c)

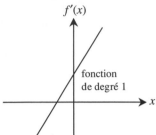

fonction
de degré 1

d)

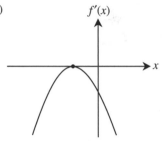

e)

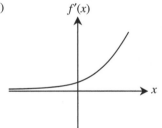

Note : La courbe de $f'$ a la même allure que celle de $f$.

f)

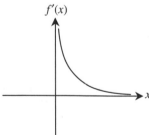

6. $v(t)$

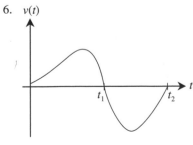

7.

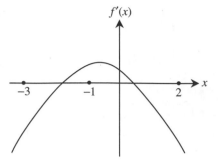

8. a)

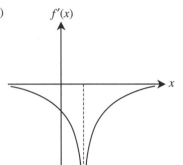

b)

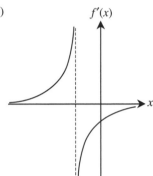

c)

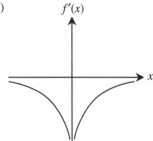

d)

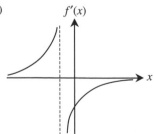

e)
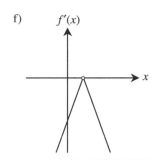

f)

## Chapitre 5

### EXERCICES 5.1

1. a) $f'(x) = \dfrac{3\sqrt{x}}{2}$

   b) $g'(x) = -\dfrac{1}{x^2}$

   c) $\dfrac{dh}{dx} = 0$

   d) $f'(u) = -\dfrac{1}{3\sqrt[3]{u^4}}$

   e) $g'(x) = 0$

   f) $h'(t) = \pi t^{\pi-1}$

   g) $\dfrac{df}{dx} = 2,3x^{1,3}$

   h) $u'(y) = 0$

2. a) $f'(x) = (2n+1)x^{2n}$

   b) $\dfrac{dg}{dx} = \dfrac{1-n}{x^n}$

   c) $h'(x) = \dfrac{x^{\frac{1}{n}-1}}{n}$

   d) $u'(x) = n^2 x^{n^2-1}$

3. a) $g'(t) = -\dfrac{3}{t^4}$ , d'où $g'(1) = -3$

   b) $h'(x) = 0$, d'où $h'(5) = 0$

4. a) $f'(x) = 3x^2$, d'où $f'(-2) = 12$

   b) $y = 12x + 16$

5. a) Aucune tangente horizontale puisque la dérivée ne s'annule pas.

   b) Aucune tangente horizontale.

   c) Tangente horizontale en $x = 0$.

   d) Aucune tangente horizontale.

   e) Tangente horizontale en $x = 0$.

   f) Tangente horizontale $\forall x \in \mathbb{R}$.

### EXERCICES 5.2

1. a) $\dfrac{dy}{dx} = x^2$

   b) $\dfrac{dy}{dx} = -\dfrac{1}{2x^2}$

   c) $h'(t) = \dfrac{4k}{nt^5}$

   d) $f'(u) = 10au^9$

   e) $E'(m) = c^2$

2. a) $f'(x) = 2x^{2n-1}$

   b) $\dfrac{dg}{dx} = 2^{n-1} x^{2^n-1}$

   c) $h'(x) = 0$

3. a) i) Le taux de variation du volume du cylindre par rapport à son rayon.

   ii) $\dfrac{dV}{dr} = 2\pi rh \ \dfrac{u^3}{u}$

   b) i) Le taux de variation du volume d'eau dans le cylindre par rapport au niveau d'eau.

   ii) $\dfrac{dV}{dh} = \pi r^2 = 16\pi \ \dfrac{cm^3}{cm}$

4. a) $A = \pi r^2 \Rightarrow \dfrac{dA}{dr} = \dfrac{d(\pi r^2)}{dr} = \pi \dfrac{d(r^2)}{dr} = \pi \cdot 2r = 2\pi r \ cm^2/cm$

   b) $C = 2\pi r \ cm$ et $\dfrac{dA}{dr} = 2\pi r \ cm^2/cm$

   Les expressions algébriques sont les mêmes dans les deux cas : $2\pi r$. Cependant, la circonférence se mesure en centimètres, alors que le taux de variation de l'aire du cercle par rapport au rayon s'exprime en cm²/cm.

   c) Consultez au besoin votre professeur.

5. a) $v(t) = \dfrac{ds}{dt} = \left(\dfrac{1}{2} gt^2\right)' = \dfrac{1}{2} g \cdot (t^2)' = \dfrac{1}{2} g \cdot 2t = gt$

   b) i) $s(5) = \dfrac{1}{2} \cdot 9,8 \cdot 25 = 122,5 \ m$

   ii) $v(5) = 9,8 \cdot 5 = 49 \ m/s$

6. $f'(x) \cdot g'(x) = (3x^2) \cdot \dfrac{-1}{3x^2} = -1 \quad \forall x \neq 0$

7. $F(d) = kd^{-2}$ d'où $F'(d) = \dfrac{-2k}{d^3} = \dfrac{c}{d^3}$, où $c$ est une constante.

   Le taux de variation de la force gravitationnelle est donc inversement proportionnel au cube de la distance séparant les centres de masses des deux objets.

### EXERCICES 5.3

1. a) $\dfrac{dy}{dx} = 12x^3 + \dfrac{1}{2\sqrt{x}}$

   b) $f'(x) = 1 - \dfrac{r}{ax^2}$

   c) $g'(t) = -\dfrac{t}{2}$

   d) $\dfrac{dh}{du} = \dfrac{3\sqrt{u}+1}{5}$

2. a) $f'(x) = 6x^2 - 6 = 6(x^2 - 1) = 0 \Leftrightarrow x = \pm 1$

   b) $g'(x) = x^2 - 3x - 10 = (x-5)(x+2) = 0 \Leftrightarrow x = 5$ ou $x = -2$

   c) $h'(x) = 4x^3 - 16x = 4x(x^2 - 4) = 0 \Leftrightarrow x = 0$ ou $x = \pm 2$

3. a) Tangente : $y = \dfrac{3}{2}x + \dfrac{1}{2}$

   Normale : $y = -\dfrac{2}{3}x + \dfrac{8}{3}$

   b) Tangente : $y = -\dfrac{3}{4}x + 5$

   Normale : $y = \dfrac{4}{3}x + \dfrac{5}{6}$

4. $g'(x) = 3x^2 - 10x + 6 = 0 \Leftrightarrow x = \dfrac{5 \pm \sqrt{7}}{3}$

5. $\dfrac{dy}{dx} = \dfrac{d(ax)}{dx} + \dfrac{d(b)}{dx} = a \cdot \dfrac{d(x)}{dx} + 0 = a \cdot 1 = a$

6. La pente de la tangente à la parabole est donnée par :

$$\dfrac{dy}{dx} = \dfrac{d(ax^2)}{dx} + \dfrac{d(bx)}{dx} + \dfrac{d(c)}{dx}$$

$$= a \cdot \dfrac{d(x^2)}{dx} + b \cdot \dfrac{d(x)}{dx} + 0$$

$$= a \cdot 2x + b \cdot 1$$

$$= 2ax + b$$

Or, au sommet de la parabole, la tangente est horizontale. D'où :

$$\dfrac{dy}{dx} = 2ax + b = 0 \Leftrightarrow x = -\dfrac{b}{2a}$$

Donc, l'abscisse du sommet de la parabole d'équation

$$y = ax^2 + bx + c$$

est donnée par $x = -\dfrac{b}{2a}$.

7. $\dfrac{dA}{dc} = c \;\; \dfrac{\text{unités}^2}{\text{unité}}$

8. a) $\dfrac{dP}{dr} = 2\pi \approx 6{,}28 \;\; \dfrac{\text{m}}{\text{m}}$

   b) $\dfrac{dA}{dr} = (2\pi r + 100) \;\; \dfrac{\text{m}^2}{\text{m}}$

9. a) $v(t) = h'(t) = 50 - gt$ m/s

   b) La hauteur maximale est atteinte lorsque la vitesse du projectile est égale à zéro :

   $$h'(t) = 50 - gt = 0 \Leftrightarrow t = \dfrac{50}{g} \approx 5{,}1 \text{ s}$$

   D'où l'on obtient que la hauteur maximale atteinte est $h(5{,}1) \approx 127{,}6$ m.

   c) Le projectile touche le sol lorsque la fonction $h$ est égale à zéro :
   $$h(t) = 50t - 4{,}9t^2 = 0 \Leftrightarrow t(50 - 4{,}9t) = 0$$
   $$\Leftrightarrow t = 0 \text{ ou } t \approx 10{,}2$$
   Le temps $t = 0$ s correspond au moment où le projectile est lancé vers le haut, tandis que le temps $t \approx 10{,}2$ s correspond au moment où le projectile retombe au sol. Sa vitesse est alors d'environ $v(10{,}2) \approx -50$ m/s.

10. a) i) La quantité d'eau dans la piscine après 1 heure (en m³).
    ii) La quantité d'eau pompée durant la première heure (en m³).

iii) Le taux de diminution de la quantité d'eau dans la piscine après 1 heure (en m³/h).

   b) On a $\dfrac{dQ}{dt} = -14 - 0{,}5t$, d'où $\left.\dfrac{dQ}{dt}\right|_{t=2} = -15$ m³/h.

   Le débit d'eau rejetée après 2 heures est donc de 15 m³/h.

11. $v(t) = \dfrac{dx}{dt} = \left(x_0 + v_0 t + \dfrac{1}{2}at^2\right)' = 0 + v_0 + \dfrac{2at}{2} = v_0 + at$

12. a) $\dfrac{P(5) - P(0)}{5 - 0} = 9000$ habitants/an

   b) $P(10) - P(5) = 95\,000$ habitants

   c) $\dfrac{dP}{dt} = (2t + 4)$ milliers d'habitants/an

   d) Dans 2 ans

   e) Dans 3 ans

   f) À partir de ce modèle, on prévoit ce qui suit :
      i) le taux de variation de cette population dans 5 ans sera de 14 000 habitants/année ;
      ii) dans 8 ans, cette population sera de 104 000 habitants ;
      iii) le taux de variation de cette population dans 10 ans sera de 24 000 habitants/année.

13. a) Le taux de variation moyen du volume du ballon entre la fin de la 8ᵉ et la fin de la 10ᵉ minute après avoir commencé à le gonfler.

   b) $\left.\dfrac{dV}{dt}\right|_{t=5} = 670$ dm³/min

14. On a $T(a) = \underbrace{\dfrac{2\pi}{\sqrt{GM}}}_{\text{constante}} \cdot a^{3/2}$,

   d'où $T'(a) = \dfrac{2\pi}{\sqrt{GM}} \cdot \dfrac{3a^{1/2}}{2} = 3\pi\sqrt{\dfrac{a}{GM}}$

### EXERCICES 5.4

1. a) $f'(x) = 14(2x - 1)^6$

   b) $g'(x) = -8x(x^2 + 1)$

   c) $f'(x) = \dfrac{-3x^2 + 4}{5(x^3 - 4x + 1)^2}$

   d) $\dfrac{dy}{dx} = \dfrac{4}{x^2}\left(3 - \dfrac{1}{x}\right)^3$

   e) $f'(x) = \dfrac{5x^4 + 6x^2 - 6}{2\sqrt{x^5 + 2x^3 - 6x}}$

   f) $\dfrac{dy}{dx} = \dfrac{1}{4\sqrt{x}\sqrt{\sqrt{x}+1}} = \dfrac{1}{4\sqrt{x\sqrt{x}+x}}$

   g) $f'(x) = \dfrac{4(1 - 6x^2)}{9(2x^3 - x + 1)^{7/3}}$

   h) $g'(x) = \dfrac{2Ax}{(1 - x^2)^2}$

i) $f'(u) = \dfrac{2(1-u^2)}{(u^3-3u)^{4/3}}$

j) $h'(x) = 16(3x^2+2x+1)^3(3x+1) - \dfrac{5}{4(1-5x)^{3/2}}$

k) $A'(u) = 6\sqrt{4u+1} - \dfrac{10}{\sqrt{(4u-1)^7}}$

2. a) $f'(x) = 54x^2(2x^3-6)^8 = 0 \Leftrightarrow x = 0$ ou $x = \sqrt[3]{3}$

b) $\dfrac{dy}{dx} = \dfrac{2x-3}{2\sqrt{x^2-3x}} = 0 \Leftrightarrow 2x-3 = 0 \Leftrightarrow x = \dfrac{3}{2}$

Comme $\dfrac{3}{2}$ n'appartient pas au domaine de la fonction,

la courbe n'admet aucune tangente horizontale.

c) $h'(x) = \dfrac{11(x^2+4x-5)}{(x^3+6x^2-15x)^{5/3}} = 0 \Leftrightarrow x^2+4x-5 = 0$

$\Leftrightarrow (x+5)(x-1) = 0$

$\Leftrightarrow x = -5$ ou $x = 1$

3. $f'(3) = \dfrac{-10x}{(x^2-8)^6}\bigg|_{x=3} = -30$, d'où l'équation de la droite est

$y = -30x + 25.$

4. $f'(x) = 2a(x-h)$

5. a) $\lim\limits_{t\to\infty}\left(\dfrac{-6}{5t+3}+2\right) = 2$ millions de molécules

b) Vitesse $= \dfrac{dQ}{dt} = \dfrac{30}{(5t+3)^2}$ millions de molécules par minute

### EXERCICES 5.5

1. a) $f'(x) = 4x(1-4x)^3(1-12x)$

b) $g'(x) = 2(x-3)(2x+1)^2(5x-8)$

c) $\dfrac{dy}{dx} = 3x^2(3x+4)(x+4)^5 - \dfrac{3}{x^2}$

d) Ici, on a le choix d'exprimer la fonction sous l'une ou l'autre des formes suivantes :

$h(t) = t \cdot (t^2+5)^{1/2}$ et de dériver un produit de fonctions ;

$h(t) = (t^4+5t^2)^{1/2}$ et de dériver une puissance de fonction.

Il est intéressant d'essayer les deux méthodes pour savoir laquelle il conviendra de choisir à l'avenir.

$$h'(t) = \dfrac{2t^2+5}{\sqrt{t^2+5}}$$

e) $u'(x) = 3\sqrt{a-2x}(x^3+a)(-5x^3+2ax^2-a)$

f) $\dfrac{dy}{du} = \dfrac{(1-u)^4(1-11u)}{2\sqrt{u}}$

g) $\dfrac{dy}{dx} = \dfrac{-3(3x+1)^3(2x^2+3x-5)}{(x^2-x+1)^4}$

h) $\dfrac{dy}{dx} = 3\big(x(2x+1)^5-1\big)^2(2x+1)^4(12x+1)$

2. a)

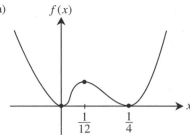

b)

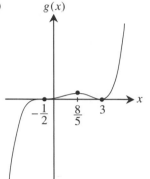

3. a) $f'(x) = \dfrac{1}{2}(x+3)(3x-1) = 0$ pour $x = -3$ ou $x = 1/3$.

Donc, la courbe de $f$ a une tangente horizontale aux points d'abscisses $x = -3$ et $x = 1/3$.

b) $x = -1$ et $x = 1$

c) $f'(x) = 4x(x^2-9) = 4x(x+3)(x-3) = 0$ pour $x = 0$, $x = -3$ ou $x = 3$. Donc, la courbe de $f$ a une tangente horizontale aux points d'abscisses $x = 0$, $x = -3$ et $x = 3$.

d) $x = \sqrt{2}$ et $x = \dfrac{\sqrt{2}}{4}$

4. $\dfrac{dT}{dn} = \dfrac{c(3n-2a)}{2K\sqrt{n-a}}$ minutes par élément

5. $\dfrac{dy}{dx} = f(x) + x \cdot f'(x)$,

d'où $\dfrac{dy}{dx}\bigg|_{x=1} = f(1) + 1 \cdot f'(1) = 3 + (-6) = -3$

### EXERCICES 5.6

1. a) $f'(x) = \dfrac{-19}{(2x-3)^2}$

b) $\dfrac{dy}{dx} = \dfrac{2x(1-x^4)}{(x^4+1)^2}$

c) $\dfrac{dy}{dx} = \dfrac{54x^2}{(2x^3-5)^4}$

d) $w'(t) = 2(t^2+3t+6)^3(2t+3)$

e) $\dfrac{dy}{dt} = \dfrac{3\sqrt{t}(1-t^3)}{(t^3+1)^2}$

f) $u'(x) = \dfrac{2x(2x^2+1)^2(4x^2+11)}{(1-x^2)^6}$

g) $\dfrac{dy}{dx} = \dfrac{-3(5x^3+2x^2+1)}{2\sqrt{3x+1}(x^3-1)^2}$

h) $\dfrac{dy}{dx} = (3x+2)^3(15x+2) - \dfrac{x(x+2)}{(x-1)^4}$

2. a) $f'(x) = x\sqrt{2x+4}\,(7x+8)$

b) $g'(x) = \dfrac{3x\left(x^2\sqrt{2x+4}+1\right)^2(5x+8)}{\sqrt{2x+4}}$

Comparaison: Les équations des fonctions $f$ et $g$ sont toutes deux constituées des expressions $x^2$ et $2x+4$, sur lesquelles on applique les opérations «racine carrée», «cube», «addition de 1» et «produit», mais dans un ordre différent. Par conséquent, cela modifie l'ordre dans lequel sont appliquées les règles de dérivation.

3. On a $f'(x) = \dfrac{4(x-1)}{(x+1)^3}$.

L'équation de la tangente est $y = \dfrac{1}{8}(x-1)$.

4. $(x^{-n})' = \left(\dfrac{1}{x^n}\right)' = \dfrac{(1)'\cdot x^n - 1\cdot (x^n)'}{(x^n)^2}$

$= \dfrac{0 - nx^{n-1}}{x^{2n}} = -nx^{n-1-2n} = -nx^{-n-1}$

## EXERCICES 5.7

1. a) $f(t) = a\cdot(1-t)^{-1}$, d'où $f'(t) = \dfrac{a}{(1-t)^2}$

b) $g(x) = \dfrac{1}{3}\cdot(4\sqrt{x}-5)$, d'où $g'(x) = \dfrac{2}{3\sqrt{x}}$

c) $h(x) = \dfrac{1}{2}\cdot x^{-1/3} + 5x^8 - \sqrt[3]{3}$, d'où $h'(x) = -\dfrac{1}{6x^{4/3}} + 40x^7$

d) $y = \dfrac{10k}{7}\cdot(x+3)^{-2}$, d'où $\dfrac{dy}{dx} = \dfrac{-20k}{7(x+3)^3}$

e) $f(x) = x^4 - 3x^2 - x + 3x^{-1}$, d'où $f'(x) = 4x^3 - 6x - 1 - \dfrac{3}{x^2}$

f) $y = (3x+2)^{5/4}$, d'où $\dfrac{dy}{dx} = \dfrac{15}{4}\sqrt[4]{3x+2}$

g) $p(x) = \dfrac{1}{k}\cdot(x^5 + 4x^4 - x^3 - 8)$,

d'où $p'(x) = \dfrac{1}{k}x^2(5x^2 + 16x - 3)$

h) $g(u) = \dfrac{1}{4n}\cdot(5u-1)^3$, d'où $g'(u) = \dfrac{15}{4n}(5u-1)^2$

i) $f(x) = \pi^2\cdot(x^4-3)^{-1}$, d'où $f'(x) = \dfrac{-4\pi^2 x^3}{(x^4-3)^2}$

j) $y = x^9 + 2x^{15/2} - 6x^7$,

d'où $\dfrac{dy}{dx} = 9x^8 + 15x^{13/2} - 42x^6 = 3x^6(3x^2 + 5\sqrt{x} - 14)$

k) $\dfrac{dy}{dx} = 2\left(\sqrt{2} + x + 3\sqrt{x}\right)\left(1 + \dfrac{3}{2\sqrt{x}}\right)$

l) $\dfrac{dy}{dx} = \dfrac{2(1-3x^2)}{\sqrt{x}(x^2+1)^2}$

m) $s'(u) = 3(2+\ u^3)^4\,(3u+1)^7\,(23u^3 + 5u^2 + 16)$

n) $h(x) = x^2 - 2x + 4 + x^{-1}$, d'où $h'(x) = 2x - 2 - \dfrac{1}{x^2}$

o) $g'(x) = \dfrac{-1}{(3x+7)^{4/3}}$

p) $h'(x) = \dfrac{1}{2}\cdot\left(\dfrac{1-x^2}{1+x^2}\right)^{-1/2}\cdot\dfrac{-2x(1+x^2)-(1-x^2)2x}{(1+x^2)^2}$

$= \dfrac{-2x}{\sqrt{(1-x^2)(1+x^2)^3}}$

q) $\dfrac{dy}{dx} = \dfrac{-15(1-2x)^2}{(2+x)^4}$

r) $\dfrac{dy}{dx} = 6\left(1+\sqrt{\sqrt{x}+3}\right)^5\cdot\dfrac{1}{2\sqrt{\sqrt{x}+3}}\cdot\dfrac{1}{2\sqrt{x}}$

$= \dfrac{3\left(1+\sqrt{\sqrt{x}+3}\right)^5}{2\sqrt{x}\sqrt{\sqrt{x}+3}} = \dfrac{3\left(1+\sqrt{\sqrt{x}+3}\right)^5}{2\sqrt{x}(\sqrt{x}+3)}$

2. a) $1^{er}$ $f(x) = 1 + \dfrac{2}{x-1} = 1 + 2(x-1)^{-1}$, d'où $f'(x) = \dfrac{-2}{(x-1)^2}$

$2^e$ $f'(x) = \dfrac{1\cdot(x-1)-(x+1)\cdot 1}{(x-1)^2} = \dfrac{-2}{(x-1)^2}$

b) $1^{er}$ $f(x) = x + 5 + \dfrac{10}{x-2} = x + 5 + 10(x-2)^{-1}$,

d'où $f'(x) = 1 - \dfrac{10}{(x-2)^2}$

$2^e$ $f'(x) = \dfrac{(2x+3)\cdot(x-2)-(x^2+3x)\cdot 1}{(x-2)^2} = \dfrac{x^2-4x-6}{(x-2)^2}$

3. Soit $P\big(b, f(b)\big) = P\big(b, \sqrt{b-1}\big)$, le point recherché. La tangente à la courbe de $f$ passant par l'origine a une équation de la forme $y = ax$, où $a = f'(b) = \dfrac{1}{2\sqrt{b-1}}$.

D'où $y = \dfrac{x}{2\sqrt{b-1}}$

Puisque la tangente passe par le point $P\big(b, \sqrt{b-1}\big)$, on substitue les coordonnées de ce point à $x$ et à $y$ dans l'équation de la tangente :

$$\sqrt{b-1} = \dfrac{b}{2\sqrt{b-1}}$$

En résolvant cette équation, on obtient l'abscisse $b$ du point recherché :

$$2(b-1) = b \ \Rightarrow\ 2b - 2 = b \ \Rightarrow\ b = 2$$

Puisque $f(2) = \sqrt{2-1} = 1$, le point recherché est $P(2, 1)$.

4. a) $f(x) = (1-5x)^{-1/2}$, d'où $f'(-2) = \left.\dfrac{5}{2(1-5x)^{3/2}}\right|_{x=-2} = \dfrac{5}{2\sqrt{11^3}}$

b) $\left.\dfrac{dy}{dx}\right|_{x=1} = \dfrac{2}{3}$

5. a) Le taux de variation de la pression du gaz par rapport à son volume.

b) $\left.\dfrac{dP}{dV}\right|_{V=8,5} = -15,7 \ \text{kPa/L}$

# Chapitre 6

## EXERCICES 6.1

1. a) $f'(x) = 2x - 6$

   $f$ est décroissante sur $]-\infty, 3]$ et croissante sur $[3, \infty[$.

   Elle a un minimum en $x = 3$ dont la valeur est $f(3) = -2$.

   b) $f'(x) = x^2 - 4x - 5 = (x - 5)(x + 1)$

   $f$ est croissante sur $]-\infty, -1] \cup [5, \infty[$ et décroissante sur $[-1, 5]$.

   Elle a un maximum en $x = -1$ dont la valeur est
   $$f(-1) = \frac{8}{3},$$
   et un minimum en $x = 5$ dont la valeur est $f(5) = \frac{-100}{3}$.

   c) $f$ est décroissante sur $]-\infty, -2] \cup [2, \infty[$ et croissante sur $[-2, 2]$.

   Elle a un minimum en $x = -2$ dont la valeur est $f(-2) = -15$, et un maximum en $x = 2$ dont la valeur est $f(2) = 17$.

   d) $y$ est décroissante sur $]-\infty, 6]$ et croissante sur $[6, \infty[$.
   Elle a un minimum en $x = 6$ dont la valeur est $-110$. (En $x = 0$, il n'y a pas d'extremum.)

   e) $f$ est croissante sur $]-\infty, -3] \cup [3, \infty[$ et décroissante sur $[-3, 3]$.
   Elle a un maximum en $x = -3$ dont la valeur est $\frac{162}{5}$, et un minimum en $x = 3$ dont la valeur est $\frac{-162}{5}$. (En $x = 0$, il n'y a pas d'extremum.)

   f) $f$ est croissante sur $]-\infty, -\sqrt{2}] \cup [\sqrt{2}, \infty[$ et décroissante sur $[-\sqrt{2}, \sqrt{2}]$.
   Elle a un maximum en $x = -\sqrt{2}$ dont la valeur est $17{,}08$, et un minimum en $x = \sqrt{2}$ dont la valeur est $-13{,}08$. (En $x = 0$, il n'y a pas d'extremum.)

   g) $f$ est croissante sur $]-\infty, 0]$ et décroissante sur $[0, \infty[$.
   Elle a un maximum (point de rebroussement) en $x = 0$ dont la valeur est $1$.

   h) $f$ est croissante sur $]-\infty, \infty[$ ; elle n'a aucun extremum.

   i) $f$ est décroissante sur $]-\infty, -4]$ et croissante sur $[-4, \infty[$.
   Elle a un minimum (point de rebroussement) en $x = -4$ dont la valeur est $0$.

   j) $f$ est croissante sur $[5, \infty[$. Elle a un minimum en $x = 5$ (point frontière) dont la valeur est $0$.

2. dom $h = [0, 11]$, car $h(11) = 0$.

   La trajectoire du projectile est ascendante pendant les cinq premières secondes et descendante de la cinquième à la onzième seconde.

3. a) Maximum en $x = 2$

   b) Minimum en $x = -1$

   (Il n'y a pas d'extremum en $x = 0$ ni en $x = 3$.)

## EXERCICES 6.2

1. a) $f'(x) = x^3 + 3x^2 = x^2(x + 3)$
   $f''(x) = 3x^2 + 6x = 3x(x + 2)$

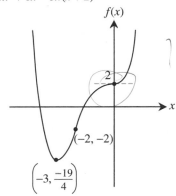

   b) $g'(x) = \frac{1}{x^{1/3}} - 1 = \frac{1 - x^{1/3}}{x^{1/3}}$ et $g''(x) = -\frac{1}{3x^{4/3}}$

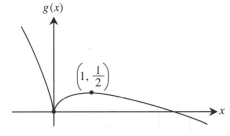

   c) $p'(x) = \frac{1}{5(x+1)^{4/5}}$ et $p''(x) = \frac{-4}{25(x+1)^{9/5}}$

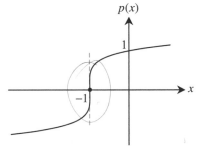

   d) $f'(x) = 8x - 8x^3 = 8x(1 + x)(1 - x)$
   $f''(x) = 8 - 24x^2 = 8(1 - 3x^2)$

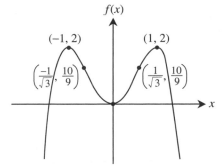

2. $f'(x) = 4x^3 - 3x + 1$ et $f''(x) = 12x^2 - 3 = 3(2x+1)(2x-1)$

a)

| $x$ | | $-\dfrac{1}{2}$ | | $\dfrac{1}{2}$ | |
|---|---|---|---|---|---|
| Signe de $f''(x)$ | + | 0 | – | 0 | + |
| Concavité de la courbe de $f$ | $\smile$ | P.I. | $\frown$ | P.I. | $\smile$ |

b) $f'\left(-\dfrac{1}{2}\right) = 2$ et $f'\left(\dfrac{1}{2}\right) = 0$

3.

| $x$ | | 0 | |
|---|---|---|---|
| Signe de $f'(x)$ | + | X | + |
| Croissance de $f$ | ↗ | X | ↗ |
| Signe de $f''(x)$ | + | X | – |
| Concavité de la courbe de $f$ | $\smile$ | X | $\frown$ |

La courbe n'a pas d'extremum ni de point d'inflexion, mais elle a une asymptote verticale en $x = 0$.

4. a) $f'(x) = 3x^2 - 6x = 3x(x-2) = 0 \Leftrightarrow x = 0$ ou $x = 2$
$f''(x) = 6x - 6 \Rightarrow f''(0) = -6 < 0$ et $f''(2) = 6 > 0$
Donc, $f(0) = 0$ est un maximum et $f(2) = -4$ est un minimum.

b) $f'(x) = x^3 - 9x^2 + 14x = x(x^2 - 9x + 14) = x(x-2)(x-7)$
d'où : $f'(x) = 0$ pour $x = 0$, $x = 2$ ou $x = 7$.
$f''(x) = 3x^2 - 18x + 14 \Rightarrow f''(0) = 14 > 0, f''(2) = -10 < 0$
et $f''(7) = 35 > 0$
Donc, $f(0) = 5$ et $f(7) = -80,75$ sont deux minimums et $f(2) = 13$ est un maximum.

c) $g'(x) = 4(x+1)^3 = 0 \Leftrightarrow x = -1$
$g''(x) = 12(x+1)^2 \Rightarrow g''(-1) = 0$
Le critère de la dérivée seconde est non concluant. Il faut plutôt utiliser le critère de la dérivée première.

| $x$ | | $-1$ | |
|---|---|---|---|
| Signe de $g'(x)$ | – | 0 | + |
| Croissance de $g$ | ↘ | min | ↗ |

Donc, $g$ a un minimum en $x = -1$ dont la valeur est $g(-1) = 0$.

d) Le critère de la dérivée seconde ne s'applique pas. Il faut plutôt utiliser le critère de la dérivée première.

| $x$ | | 0 | |
|---|---|---|---|
| Signe de $h'(x)$ | + | X | + |
| Croissance de $h$ | ↗ | | |

Donc, $h$ n'a aucun extremum.

5.

| $x$ | | $-1$ | 0 | 1 | 2 | 3 | X |
|---|---|---|---|---|---|---|---|
| Signe de $f'(x)$ | | + | 0 | – | 0 | + | X |
| Croissance de $f$ | | ↗ | max | ↘ min | | ↗ | X |
| Signe de $f''(x)$ | | + | 0 | – | 0 | + | X |
| Concavité de la courbe de $f$ | | $\smile$ | P.I. | $\frown$ | P.I. | $\smile$ | A.V. X |

6. a) $(1, -3)$ [N'oubliez pas de vérifier le changement de concavité de la courbe de $f$ de chaque côté de $x = 1$.]

b) La pente au point $(1, -3)$ est $f'(1) = -5$, d'où l'équation de la tangente est $y = -5x + 2$.

7. $f''(x) = 6ax + 2b$, d'où : $f''(x) = 0$ pour $x = -\dfrac{b}{3a}$. Après vérification du signe de $f''(x)$, on trouve effectivement que l'abscisse du point d'inflexion de la courbe de $f$ est $x = -\dfrac{b}{3a}$.

8. $v(t) = s'(t) = t^2 - 20t + 100$ et $a(t) = v'(t) = s''(t) = 2t - 20$

a) $v(5) = 25$ cm/min

b) $a(5) = -10$ cm/min² (il s'agit d'une décélération)

c)

| $t$ | X | 0 | 10 | 30 | X |
|---|---|---|---|---|---|
| Signe de $v'(t)$ | X | – | 0 + | 0 | X |
| Croissance de $v$ | X | max $v(0)$ ↘ | min $v(10)$ ↗ | max $v(30)$ | X |

i) La vitesse est croissante pour $t \in [10, 30]$.

ii) La vitesse est décroissante pour $t \in [0, 10]$.

d) Vitesse minimale après 10 minutes : $v(10) = 0$ cm/min.

# Chapitre 7

## EXERCICES 7.1

1. a) i) 2000 cellules

   ii) $500 \cdot 2^{10}$ cellules

   b) $N(t) = 500 \cdot 2^{2t}$ cellules

   c)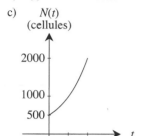

2. a) $Q(t) = 240 \cdot \left(\dfrac{1}{2}\right)^{\frac{t}{23}}$ grammes

   b)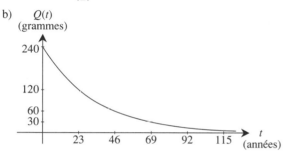

   c) i) Environ 178 g

   ii) Environ 12 g

3. a) $N(t) = 10^6 \cdot 3^{2t}$ insectes

   b)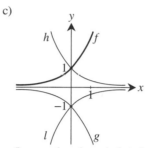

4. b), d), e) et f)

5. Croissance exponentielle : b), c), e) et f)

   Décroissance exponentielle : a) et d)

6. a)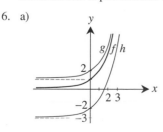

   Les courbes de $g$ et de $h$ sont obtenues par translation verticale de la courbe de $f$.

b)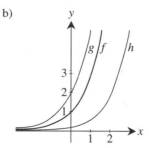

La courbe de $g$ est obtenue par étirement vertical de la courbe de $f$, et celle de $h$ est obtenue par contraction verticale de la courbe de $f$.

c)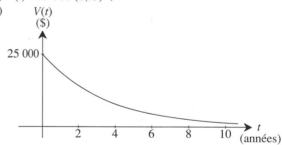

Les courbes de $g$, de $h$ et de $l$ sont obtenues par réflexion de la courbe de $f$.

7. a) i) 18 750 $          ii) Environ 5 933 $

   b) $V(t) = 25\ 000\ (0{,}75)^t$ $

   c)

8. a) $V(2) \approx 5000\ e^{0{,}195 \times 2} = 7384{,}90$ $

   b) $V(2) = 5000 \left(1 + \dfrac{0{,}0275}{4}\right)^{4 \times 2} = 5281{,}71$ $

   c) $V(2) = 5000 \left(1 + \dfrac{0{,}0165}{12}\right)^{12 \times 2} = 5167{,}64$ $

   Cette personne devrait opter pour le financement auprès de l'autre société financière, puisque c'est le financement le moins coûteux parmi les trois proposés.

9. a) Par exemple, $y = \left(\dfrac{1}{2}\right)^x$. De façon générale, toute équation ayant l'une des formes suivantes correspond à la courbe représentée : $y = b^x$, où $0 < b < 1$, ou $y = b^{-x}$, où $b > 1$.

   b) Forme générale : $y = \dfrac{1}{2}b^x$, ou $b > 1$, où $y = \dfrac{1}{2}b^{-x}$, où $0 < b < 1$.

   c) Forme générale : $y = b^x - 3$, où $b > 1$, ou $y = b^{-x} - 3$, où $0 < b < 1$.

   d) Forme générale : $y = -2b^x$, où $b > 1$, ou $y = -2b^{-x}$, où $0 < b < 1$.

   e) Forme générale : $y = kb^x$, où $0 < b < 1$, ou $y = kb^{-x}$, où $b > 1$.

   f) Par exemple : $y = -b^x + 5$, où $0 < b < 1$, ou $y = -b^{-x} + 5$, où $b > 1$.

Ou, plus généralement,
$y = kb^x + 5$, où $k < 0$ et $0 < b < 1$, ou $y = kb^{-x} + 5$, où $k < 0$ et $b > 1$.

10. a) $f(x) = \sqrt{2^x} = (2^x)^{1/2} = 2^{x/2}$

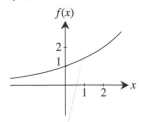

b) $f(x) = \dfrac{(3^x)^2}{9} = \dfrac{(3^2)^x}{9} = \dfrac{9^x}{9} = 9^{x-1}$

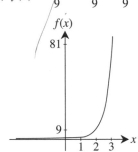

c) $f(x) = e^{x+1} - e^x = e^x(e-1)$, où $e - 1 \approx 1,7$

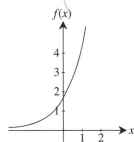

d) $f(x) = \dfrac{3^x}{2^{2x}} = \dfrac{3^x}{4^x} = \left(\dfrac{3}{4}\right)^x$

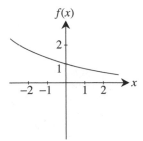

### EXERCICES 7.2

1. a) $3^5 = 243$

   b) $\log_5 625 = 4$

   c) $10^{-1} = \dfrac{1}{10}$

   d) $x = \log_2 7$

   e) $9^{\frac{1}{2}} = 3$

   f) $x = \ln 9$

2. a) $x = 5^{-3} = \dfrac{1}{125}$

b) $x = \dfrac{1}{3}\log_2 3 = \dfrac{\log 3}{3 \log 2} \approx 0,53$

c) $5 = \dfrac{3^x}{2^x} = \left(\dfrac{3}{2}\right)^x$

   D'où $x = \log_{\frac{3}{2}} 5 = \dfrac{\ln 5}{\ln(3/2)} \approx 3,97$

d) $x = \sqrt[3]{5000}$

e) $x = 32$

f) Pas de solution

3. a) 5 micro-organismes

   b) $t = \log_2 10 \approx 3,3$, soit environ 3 heures et 18 minutes

   c) $t = \log_2\left(\dfrac{N}{5}\right)$

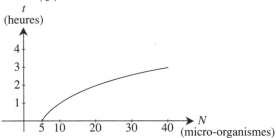

4. a) $x = \log_{0,9}(0,5) \approx 6,58$, soit après environ 6 ans et demi

   b) $x = \log_{0,9}\left(\dfrac{V}{10\,000}\right)$ années

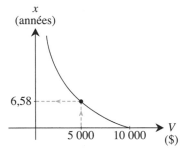

5. a)

On remarque que les trois courbes passent par le point $(1, 0)$, et que plus la base du logarithme est grande, plus la croissance est lente.

b)

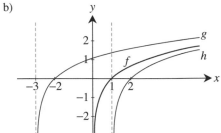

Les courbes de $g$ et de $h$ sont obtenues par translation horizontale de la courbe de $f$.

c)

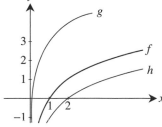

Les courbes de $g$ et de $h$ sont obtenues par translation verticale de la courbe de $f$.

d)

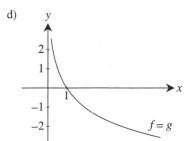

Les équations données définissent une même fonction; on le voit aisément si on les exprime sous forme exponentielle.

6. a) dom $f = ]1/3, \infty[$

b) dom $g = ]-\infty, -1[ \cup ]-1, \infty[$

c) dom $h = ]-\infty, 4[ \cup ]4, 5[$

d) dom $m = [-3, \infty[$

7. a) 125 000 bactéries

b)

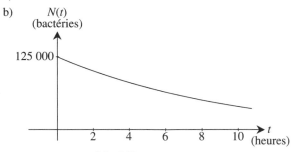

c) $t = 2\log_{0,8}(1/2) = \dfrac{2\ln(1/2)}{\ln(0,8)} \approx 6,2$, soit après environ 6 heures et quart.

d) $t = 2\dfrac{\log(1/125000)}{\log 0,8} \approx 105,19$, soit après environ 105 heures

8. a) $Q(t) = 300\,(0,65)^{\frac{t}{100}}$ grammes

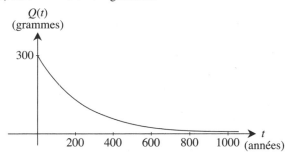

b) $t = 100\log_{0,65}(1/2) = 100\dfrac{\ln(0,5)}{\ln(0,65)} \approx 160,9$, soit environ 161 ans

9. Dans environ 9,2 ans

10. a) 50 millions d'habitants

b) Environ 87,4 millions d'habitants

c) $t = -\dfrac{1}{0,05}\ln\left(\dfrac{0,5}{3}\right) \approx 35,8$, soit dans presque 36 ans

d) $\lim_{t\to\infty}(P(t)) = \dfrac{250}{2} = 125$ millions d'habitants

11. a) $y = 2b^x$ avec $b > 1$, ou $y = 2b^{-x}$ avec $0 < b < 1$

b) $y = ax + 2$ avec $a > 0$

c) $y = \log_b x$ avec $b > 1$, ou $y = -\log_b x$ avec $0 < b < 1$

d) $y = a(x + 1)(x - 2)$ avec $a > 0$

### EXERCICES 7.3

1. a) $u(x) = ae^{x^3-6x}$, d'où $u'(x) = 3a(x^2 - 2)e^{x^3-6x}$

b) $g(x) = \dfrac{1}{2}\cdot(e^x - e^{-x})$, d'où $g'(x) = \dfrac{e^x + e^{-x}}{2}$

c) $h'(x) = x^2 e^x(3 + x)$

d) $f'(x) = 7(e^x + x^e)^6(e^x + ex^{e-1})$

e) $\dfrac{dy}{dx} = \dfrac{2x(e^{2x} + 1 - xe^{2x})}{(e^{2x} + 1)^2}$

2. $(\ln 2, 2)$

3. a) $f$ est croissante sur $]-\infty, \ln 2]$ et décroissante sur $[\ln 2, \infty[$.
Elle a un maximum : $f(\ln 2) = 2(\ln 2 - 1)$.
La courbe de $f$ est concave vers le bas sur $]-\infty, \infty[$ (pas de point d'inflexion).

b) $f$ est croissante sur $]-\infty, 0]$ et décroissante sur $[0, \infty[$.
Elle a un maximum : $f(0) = 1$.
La courbe de $f$ est concave vers le haut sur $]-\infty, -1] \cup [1, \infty[$ et concave vers le bas sur $[-1, 1]$.
Elle a deux points d'inflexion : $(-1, e^{-0,5})$ et $(1, e^{-0,5})$.

4. a) 500 fourmis

b) $0,5e \times 1000 \approx 1360$ fourmis

c) $P'(1) = 0,5e^1 \approx 1360$ fourmis par mois

5. a) $t = -\dfrac{1}{0,05}\ln\left(\dfrac{10}{17}\right) \approx 10,6$ heures
Puisque $16 - 10,6 = 5,4$, la personne est morte un peu avant 5 h 30.

b) $T'(10,6) \approx -0,5$
À 16 h, la température du corps diminue donc au rythme de 0,5 °C/h.

6. a) $N'(1) \approx 41$ personnes par semaine

b) $N''(t) = 0 \iff t = -20\ln(1/4) \approx 27,7$
$N''(t) < 0$ pour $t > -20\ln(1/4)$, et $N''(t) > 0$ pour $t < -20\ln(1/4)$. Donc, la vitesse de propagation est à la hausse pendant environ les 28 premières semaines, puis à la baisse par la suite.

c) Un peu moins de 28 semaines après le début de l'épidémie.

7. a) $f'(x) = 3^{\frac{x}{2}}\ln 3$

b) $g'(x) = \dfrac{5^{\sqrt[3]{x}}\ln 5}{3\sqrt[3]{x^2}}$

c) $s(t) = \dfrac{2^{t^2}}{(2^2)^{3t}} = \dfrac{2^{t^2}}{2^{6t}} = 2^{t^2-6t}$, d'où $s'(t) = 2^{t^2-6t+1}(t-3)\ln 2$

d) $u'(x) = \dfrac{1 - x\ln 2}{2^x}$

**EXERCICES 7.4**

1. a) $f'(x) = \dfrac{3}{8x} + 12x^2$

 b) $y = 5\ln(a-x)$, d'où $\dfrac{dy}{dx} = \dfrac{-5}{a-x} = \dfrac{5}{x-a}$

 c) $\dfrac{dy}{dx} = \dfrac{-5\ln^4(a-x)}{a-x}$

 d) $g'(t) = e^t\left(\ln t + \dfrac{1}{t}\right)$

 e) $f'(x) = \dfrac{-1}{x\ln^2 x}$

 f) $f(x) = \ln(2x+1) - \ln(2x-1)$,

 d'où $f'(x) = \dfrac{2}{2x+1} - \dfrac{2}{2x-1} = \dfrac{-4}{4x^2-1}$

 g) $u'(x) = \dfrac{1}{(x+6)\ln(x+6)}$

2. a) $f'(2) = \dfrac{1}{2}$

 b) $y = \dfrac{x}{2} + \ln 2 - 1$

3. a) $D'(w) = \dfrac{10}{w\ln 10}\quad \dfrac{\text{dB}}{\text{w/m}^2}$

 b) $D(2w) = \dfrac{10\ln(2w)}{\ln 10} + 120$

 $= \dfrac{10(\ln 2 + \ln w)}{\ln 10} + 120$

 $= \dfrac{10\ln w}{\ln 10} + 120 + \dfrac{10\ln 2}{\ln 10}$

 $= D(w) + \dfrac{10\ln 2}{\ln 10}$

 $\approx D(w) + 3\ \text{dB}$

4. a) $f'(x) = 2e^x - 1 = 0 \iff x = \ln(\tfrac{1}{2}) = -\ln 2$.

 b) $g'(x) = 2xe^{x^2} = 0 \iff x = 0$

 c) $h'(x) = \dfrac{3-2x}{x(3-x)} = 0 \iff x = \dfrac{3}{2}$

5. $f$ a un minimum en $x = 1$ dont la valeur est $f(1) = \dfrac{1}{2}$.

6. a) $f$ est décroissante sur $]0, 1]$ et croissante sur $[1, \infty[$.
 Elle a un minimum en $x = 1$ dont la valeur est $f(1) = 1$.
 La courbe de $f$ est concave vers le haut sur $]0, \infty[$ (pas de point d'inflexion).

 b) $f$ est décroissante sur $]0, 1]$ et croissante sur $[1, \infty[$.
 Elle a un minimum en $x = 1$ dont la valeur est $f(1) = 1$.
 La courbe de $f$ est concave vers le haut sur $]0, 2]$ et concave vers le bas sur $[2, \infty[$.
 Elle a un point d'inflexion $\left(2, \dfrac{1}{2} + \ln 2\right)$.

7. Soit $y = \log_b x$, c'est-à-dire $x = b^y$.

 Alors $\dfrac{d(x)}{dx} = \dfrac{d(b^y)}{dx}$

 $\qquad\qquad 1 = b^y \ln b \cdot \dfrac{dy}{dx}$

 D'où : $\dfrac{dy}{dx} = \dfrac{1}{b^y \ln b} = \dfrac{1}{x\ln b}$

8. a) $f'(x) = \dfrac{-2(6x+5)}{(3x^2+5x-7)\ln 4}$

 b) $g'(x) = \dfrac{6x^2}{(x^3+1)\ln 5}\big(\log_5(x^3+1)+1\big)$

c) $h(t) = 2\log t + t\log 2$, d'où $h'(t) = \dfrac{2}{t\ln 10} + \log 2$

d) $w'(u) = \dfrac{1-\ln u}{u^2 \ln 3}$

**EXERCICES 7.5**

1.

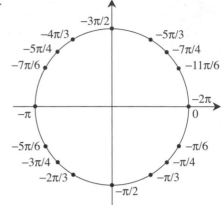

2.

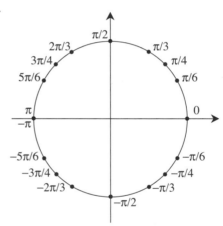

3. a) Les courbes de $g$ et de $h$ sont obtenues par translation verticale de celle de $f$, de 2 unités vers le haut et de 1 unité vers le bas respectivement.

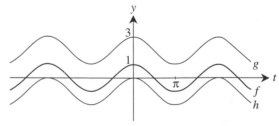

 b) La courbe de $g$ est obtenue par étirement vertical, d'un facteur de 3, de la courbe de $f$. La courbe de $h$ est obtenue par une contraction verticale, d'un facteur 1/2, de la courbe de $f$.

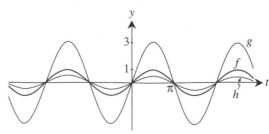

c) Les courbes de $f$ et de $h$ se confondent, tandis que celle de $g$ est la symétrique de celle de $f$ par rapport à l'axe des $x$.

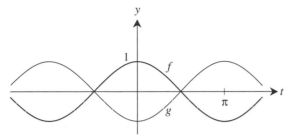

d) Les courbes de $g$ et de $h$ sont obtenues par translation horizontale de celle de $f$, de $\pi/6$ unité vers la gauche et de $\pi/6$ unité vers la droite respectivement.

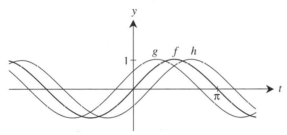

e) La courbe de $g$ oscille deux fois plus rapidement que celle de $f$; elle est donc obtenue par une contraction horizontale. La courbe de $h$ oscille deux fois moins rapidement que celle de $f$; elle est donc obtenue par un étirement horizontal.

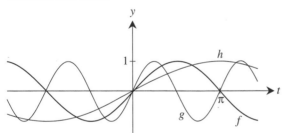

4. a) $y = 1 + \sin t$

 b) $y = 2\cos t$

 c) $y = -\sin t$

 d) $y = \sin(3t)$

 e) $y = \cos\left(t + \dfrac{\pi}{3}\right)$

5. a) $t = \dfrac{4\pi}{3}, \dfrac{5\pi}{3}, \dfrac{10\pi}{3}, \dfrac{11\pi}{3}$

 b) $t = \dfrac{\pi}{4}, \dfrac{3\pi}{4}, \dfrac{5\pi}{4}, \dfrac{7\pi}{4}$

 c) $t = -\pi, -\dfrac{\pi}{3}, 0, \dfrac{\pi}{3}, \pi$

 d) $t = \dfrac{2\pi}{3}, \dfrac{4\pi}{3}$

 e) $t = \dfrac{\pi}{6}, \dfrac{5\pi}{6}, \dfrac{3\pi}{2}$

 f) $t = 0, \dfrac{\pi}{4}, \dfrac{\pi}{2}, \dfrac{3\pi}{4}, \pi$

 g) $t = k + \dfrac{1}{2}$ où $k \in \mathbb{Z}$

6. a) Environ $0{,}408\, Q_0$ millicoulombs

 b) $t = k\dfrac{\pi}{4} - \dfrac{\pi}{8}$, où $k \in \mathbb{N}^*$

 c) $t = k\dfrac{\pi}{2}$, où $k \in \mathbb{N}$

7. a) i) 0 cm      ii) 1,04 cm      iii) 0,62 cm

 b) $t = 0, \pi, 2\pi, 3\pi$

8. a)

| $t$ | X | 0 | | $2\pi/3$ | | $\pi$ | X |
|---|---|---|---|---|---|---|---|
| **Signe de $f(t)$** | X | 0 | + | 0 | – | 0 | X |

 b)

| $t$ | $-\pi/2$ | | $-\pi/3$ | | 0 | | $\pi/3$ | | $\pi$ |
|---|---|---|---|---|---|---|---|---|---|
| **Signe de $f(t)$** | X | – | 0 | + | 0 | + | 0 | – | X |

## EXERCICES 7.6

1. a) 1

 b) 2

 c) $\sqrt{2}$

 d) $\sqrt{3}$

 e) 1

2. a) $\approx 1{,}5574$

 b) $\approx -1{,}5424$

 c) $\approx 1{,}4174$

 d) $\approx -4{,}1133$

3. La fonction sécante est définie pour tous les réels, sauf pour les valeurs où le cosinus a des zéros, d'où

$$\text{dom}(\sec x) = \left\{ x \in \mathbb{R} \mid x \neq (2k-1) \cdot \frac{\pi}{2} \text{ où } k \in \mathbb{Z} \right\}$$

Puisque $-1 \leq \cos x \leq 1$, $\text{ima}(\sec x) = ]-\infty, -1] \cup [1, \infty[$.

Puisque le numérateur de $\dfrac{1}{\cos x}$ est constant, cette expression n'est jamais nulle. Par conséquent, la fonction sécante ne possède pas de zéro.

Tous les intervalles de croissance du cosinus sont les intervalles de décroissance de la sécante, et inversement.

Les asymptotes verticales de la sécante sont situées aux zéros du cosinus : $x = (2k-1) \cdot \dfrac{\pi}{2}$, où $k \in \mathbb{Z}$.

4. La fonction cotangente est définie pour tous les réels, sauf pour les valeurs où le sinus a des zéros, d'où :

$$\text{dom}(\cot x) = \{ x \in \mathbb{R} \mid x \neq k\pi \text{ où } k \in \mathbb{Z} \}$$

Les zéros de la cotangente correspondent aux zéros du cosinus : $x = (2k-1) \cdot \dfrac{\pi}{2}$, où $k \in \mathbb{Z}$.

Les asymptotes verticales de la cotangente sont situées aux zéros du sinus : $x = k\pi$, où $k \in \mathbb{Z}$.

En considérant les valeurs du sinus et du cosinus sur le cercle trigonométrique, on constate que leur quotient (la cotangente) est décroissant entre chaque zéro du sinus (asymptote verticale de la cotangente).

5. a) $t = 0, \dfrac{\pi}{3}, \pi, \dfrac{5\pi}{3}$     c) $x = \dfrac{3\pi}{4}, e$

 b) $t = 0, \dfrac{\pi}{2}, \pi, \dfrac{3\pi}{2}, 2\pi$

6. $\tan(1) \approx 1{,}5574$

7. a) $y = \cos t$

 b) $y = \tan t$

 c) $y = \csc t$

 d) $y = \ln x$ ou $y = k \ln x$, où $k > 0$

 e) $y = x^2$

 f) $y = e^x$ ou $y = b^x$, où $b > 1$

**EXERCICES 7.7**

1. $y = -\dfrac{\sqrt{3}}{2}x + \dfrac{1}{2}\left(1 + \dfrac{\pi}{\sqrt{3}}\right)$

2. a) $x = \pm\dfrac{\pi}{3} + 2k\pi$, où $k \in \mathbb{Z}$

   b) En aucun point.

3. a) $f'(x) = \cos x$. Puisque $-1 \le \cos x \le 1$, la plus grande valeur que peut prendre la pente de la tangente à la courbe de la fonction sinus est 1.

   b) $f'(x) = -\sin x$. Puisque $-1 \le -\sin x \le 1$, la plus petite valeur que peut prendre la pente de la tangente à la courbe de la fonction cosinus est $-1$.

4. a) $f'(x) = \dfrac{(3-2x)\sin(x^2 - 3x + 1)}{2}$

   b) $g'(x) = \dfrac{1 - \pi\sin(\pi x)}{2\sqrt{\cos(\pi x) + x}}$

   c) $s(u) = 2\ln(\cos u) + \cos(\ln^2 u)$,

   d'où $s'(u) = -2\left(\tan u + \dfrac{\sin(\ln^2 u)\cdot \ln u}{u}\right)$

   d) $h'(x) = 2e^{2x}\sin^3 x(\sin x + 2\cos x)$

   e) $f'(x) = 6(x^5\cos x^6 + \sin^5 x \cdot \cos x)$

   f) $w'(u) = \dfrac{1}{1 + \cos u}$

5. a) $N'(t) = \dfrac{7}{2}\cos\left(\dfrac{\pi}{6}t - \dfrac{2,7\pi}{6}\right)\cdot \dfrac{\pi}{6}$

   $= \dfrac{7\pi}{12}\cos\left(\dfrac{\pi}{6}t - \dfrac{2,7\pi}{6}\right)$

   $N'(t) = 0 \;\Rightarrow\; \cos\left(\dfrac{\pi}{6}t - \dfrac{2,7\pi}{6}\right) = 0$

   $\Rightarrow\; \dfrac{\pi}{6}t - \dfrac{2,7\pi}{6} = \dfrac{\pi}{2} \text{ ou } \dfrac{3\pi}{2}$

   D'où $t = 5,7$ ou $11,7$

   $N(5,7) = 15,7$ h et $N(11,7) = 8,7$ h

   L'ensoleillement maximal à Montréal est d'environ 15 h 42 min et survient vers la fin du mois de juin, tandis que l'ensoleillement minimal est d'environ 8 h 42 min et a lieu vers la fin de décembre.

   b) Le moment où la durée d'ensoleillement quotidien augmente le plus rapidement est celui où $N'(t)$ est maximal, c'est-à-dire lorsque le cosinus prend la valeur 1 :

   $\cos\left(\dfrac{\pi}{6}t - \dfrac{2,7\pi}{6}\right) = 1 \;\Rightarrow\; \dfrac{\pi}{6}t - \dfrac{2,7\pi}{6} = 0 + 2k\pi$

   $\Rightarrow\; \dots \;\Rightarrow\; t = 2,7$

   C'est donc vers la fin du mois de mars que la durée d'ensoleillement augmente le plus rapidement à Montréal.

   c) Consultez votre professeur au besoin.

6. a) $f$ est croissante sur $\left[-\dfrac{\pi}{2}, \dfrac{\pi}{4}\right]$ et décroissante $\left[\dfrac{\pi}{4}, \dfrac{\pi}{2}\right]$.

   Elle a un maximum en $x = \dfrac{\pi}{4}$ et deux minimums : en

   $x = -\dfrac{\pi}{2}$ et $x = \dfrac{\pi}{2}$.

La courbe de $f$ est concave vers le bas sur $\left[-\dfrac{\pi}{2}, \dfrac{\pi}{2}\right]$ et n'a pas de point d'inflexion.

   b) $f$ est croissante sur $[-\pi, \pi]$.

   Elle a un minimum en $t = -\pi$ et un maximum en $t = \pi$ (points frontières).

   La courbe de $f$ est concave vers le bas sur $[-\pi, 0]$ et concave vers le haut sur $[0, \pi]$. Elle a un point d'inflexion en $t = 0$.

7. a) À environ 26,3 cm de la position d'équilibre

   b) $v(t) = \dfrac{dy}{dt} = -30\sin t \;\dfrac{\text{cm}}{\text{s}}$

   c) À $\dfrac{\pi}{2} \approx 1,57$ s; $v\left(\dfrac{\pi}{2}\right) = -30\;\dfrac{\text{cm}}{\text{s}}$

8. a) Environ $-0,84\,Q_0$ millicoulombs

   b) La charge maximale est $Q_0$. Elle est atteinte aux moments $t = k\pi$, où $k \in \mathbb{Z}_+$.

   c) $t = \dfrac{k\pi}{2} - \dfrac{\pi}{4}$, où $k$ est un entier supérieur ou égal à 1.

   d) i) $Q'\left(\dfrac{\pi}{4}\right) = -2Q_0\;\dfrac{\text{millicoulombs}}{\text{s}}$. À ce moment, la charge du condensateur diminue à un rythme égal, en valeur numérique, au double de la charge initiale.

   ii) $Q'\left(\dfrac{5\pi}{6}\right) = Q_0\;\dfrac{\text{millicoulombs}}{\text{s}}$. À ce moment, la charge du condensateur augmente à un rythme égal, en valeur numérique, à la charge initiale.

9. a) $(\cot x)' = \left(\dfrac{\cos x}{\sin x}\right)' = \dfrac{-\sin x \cdot \sin x - \cos x \cdot \cos x}{\sin^2 x}$

   $= \dfrac{-(\sin^2 x + \cos^2 x)}{\sin^2 x}$

   $= \dfrac{-1}{\sin^2 x} = -\csc^2 x$

   b) $(\csc x)' = \left((\sin x)^{-1}\right)' = -1 \cdot \sin^{-2} x \cdot \cos x$

   $= \dfrac{-1}{\sin x}\cdot \dfrac{\cos x}{\sin x} = -\csc x \cdot \cot x$

10. a) $f'(x) = \dfrac{e^{\tan\sqrt{x+1}}\sec^2\sqrt{x+1}}{2\sqrt{x+1}}$

   b) $g'(x) = -\dfrac{20}{x^2}\sec^{10}\left(\dfrac{2}{x}\right)\cdot\tan\left(\dfrac{2}{x}\right)$

   c) $u(x) = \dfrac{k\cos x}{4}$, d'où $u'(x) = -\dfrac{k\sin x}{4}$

   d) $f'(x) = \dfrac{\sec x(\tan x - 1)}{e^x}$

   e) $f(x) = \ln x + \ln(\tan x)$,

   d'où $f'(x) = \dfrac{1}{x} + \dfrac{\sec^2 x}{\tan x} = \dfrac{1}{x} + \dfrac{1}{\sin x\cos x}$

   f) $f'(x) = (2x + 1)(4\cot x - (2x + 1)\csc^2 x)$

11. En $x = 0$. L'équation de la tangente est $y = \pi x$.

# *Chapitre 8*

## EXERCICES 8.1

1. Un carré de 12,5 m de côté; une superficie de 156,25 m².

2. Environ 75,8 cm sur 35,8 cm sur 12,1 cm, pour un volume de 32 835 cm³.

3. $\left(\dfrac{1}{2},\ \dfrac{1}{\sqrt{2}}\right)$

4. Aire maximale de $\dfrac{2}{e} \approx 0,74$ u²; dimensions: 2 u sur 0,37 u.

5. Environ 1,75

6. Consultez au besoin votre professeur.

## EXERCICES 8.2

1. On doit plier la feuille à 0,25 m du bord. Les dimensions de l'abreuvoir sont alors de 3 m sur 0,5 m sur 0,25 m, pour un volume maximal de 0,375 m³.

2. Rayon de la cannette: ≈3,8 cm; hauteur de la cannette: ≈7,7 cm.

3. Largeur: ≈26,3 cm; hauteur: ≈39,3 cm.

4. L'aire maximale de la partie rectangulaire est d'environ 7703 m² si le côté extérieur mesure 110 m et le côté intérieur environ 70 m.

5. Il n'y a aucune solution. En effet, la fonction à optimiser $(P(x) = 4x + 2\cos x)$ est toujours croissante sur $\left]0,\ \dfrac{\pi}{2}\right[$, et les bornes de l'intervalle ne font pas partie du domaine de la fonction.

6. Largeur: ≈30,5 cm; hauteur: ≈17,0 cm.

7. Rayon d'environ 1,68 m et hauteur d'environ 5,61 m, pour un coût minimal d'environ 2670 $.

8. a) i) L'aire est maximale si on utilise toute la corde pour faire un cercle.

    ii) L'aire est minimale si on prend environ 4,4 m de corde pour le cercle et 5,6 m pour le carré.

   b) L'aire maximale est d'environ 7,96 m², tandis que l'aire minimale est d'environ 3,50 m².

9. a) $b = 4\sqrt{5}$; $h = \sqrt{5}$; périmètre maximal: $10\sqrt{5}$.

   b) $b = 5\sqrt{2}$; $h = \dfrac{5\sqrt{2}}{2}$; aire maximale: 25 u².

10. Largeur: ≈1,4 m; hauteur de la partie rectangulaire: ≈0,7 m; aire maximale: ≈1,75 m².

11. Largeur: ≈1,18 m; hauteur de la partie rectangulaire: ≈1,14 m.

12. $\theta \approx 27°$, et la capacité maximale de la gouttière est d'environ 25 800 cm³.

13. $C(x) = 100\,000\left[5(50 - x) + 20\sqrt{x^2 + 400}\,\right]$ $, où $x$ est la distance JB, $0 \le x \le 50$ km, et $C(x)$ représente le coût total de la nouvelle route.

$$C'(x) = 100\,000\left[-5 + \dfrac{20x}{\sqrt{x^2 + 400}}\right]$$

$C'(x) = 0$ si $\dfrac{20x}{\sqrt{x^2 + 400}} = 5 \Rightarrow 4x = \sqrt{x^2 + 400}$

$$16x^2 = x^2 + 400$$
$$15x^2 = 400$$
$$x = \sqrt{\dfrac{400}{15}} \approx 5,16 \text{ km}$$

On construit le tableau des signes de $C'(x)$.

…

Donc, la jonction J doit être située à 5,16 km de la ville B, et le coût minimal de la nouvelle route est d'environ 63 730 000 $.

14. Consultez votre professeur au besoin.

15. a) Coût du trajet = coût de l'essence + salaire du routier

    $C(x) = 500 \cdot \dfrac{x}{300} \cdot 1,50 + 25 \cdot \dfrac{500}{x}$, où $x$ est la vitesse (constante) de parcours, $60 \le x \le 100$ km/h, …

    La vitesse doit être d'environ 70 km/h pour un coût minimal approximatif de 354 $.

   b) Refaire les calculs en remplaçant 500 km, la distance à parcourir, par une constante $d$, et voir ce qui en résulte.

16. À 13 h 25.

# *Chapitre 9*

## EXERCICES 9.1

1. a) Point maximum: (0, 0)
      Point minimum: (2, −4)
      Point d'inflexion: (1, −2)

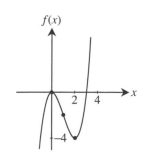

   b) Point minimum: (−3; −4,75)
      Points d'inflexion:
      (−2, −2), (0, 2)

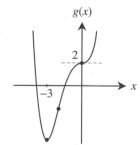

c) $h'(x) = 6x(x^2 - 5)^2$ et $h''(x) = 30(x^2 - 5)(x^2 - 1)$

Point minimum : $(0, -125)$

Points d'inflexion : $\left(-\sqrt{5},\ 0\right), (-1, -64), (1, -64), \left(\sqrt{5},\ 0\right)$

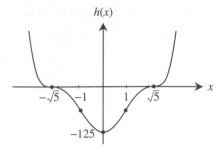

d) Point maximum : $(4, 4/3)$

Point minimum (point-frontière) : $(0, 0)$

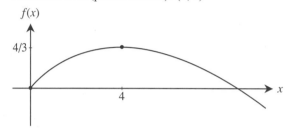

e) Points maximums en $x = -\dfrac{\pi}{2}$ et en $x = \dfrac{\pi}{4}$

Points minimums en $x = -\dfrac{\pi}{4}$ et en $x = \pi$

Point d'inflexion : $(0, 0)$

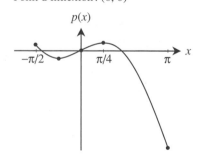

f) Points maximums : $(-\pi, 1),\ \left(\dfrac{3\pi}{4},\ \sqrt{2}\right)$

Points minimums : $\left(-\dfrac{\pi}{4},\ -\sqrt{2}\right),\ (\pi, 1)$

Points d'inflexion : $\left(-\dfrac{3\pi}{4},\ 0\right),\ \left(\dfrac{\pi}{4},\ 0\right)$

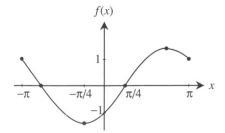

2. Point minimum en $x = \dfrac{1}{2}$

Points d'inflexion : $(-1, 3)$ et $(0, 0)$

La tangente en $(0, 0)$ est verticale.

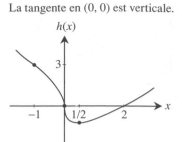

3. Point maximum en $(2; 0{,}95)$

Point minimum en $(0, 0)$ (point de rebroussement)

Point d'inflexion : $(-1, 6/5)$

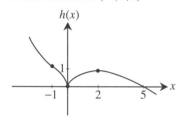

**EXERCICES 9.2**

1.

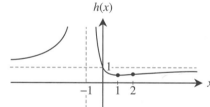

2. a)

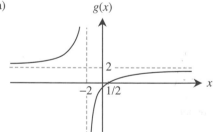

b) $f'(x) = \dfrac{4 + x^2}{(4 - x^2)^2}$ et $f''(x) = \dfrac{2x(12 + x^2)}{(4 - x^2)^3}$

Point d'inflexion : $(0, 0)$

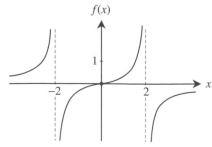

c) $f'(x) = \dfrac{-6x}{(x^2-4)^2}$  et  $f''(x) = \dfrac{6(3x^2+4)}{(x^2-4)^3}$

Point maximum : (0, 1/4)

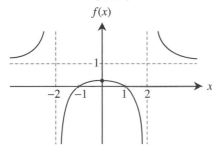

d) $g'(x) = \dfrac{6x}{(x^2-1)^2}$  et  $g''(x) = \dfrac{-6(3x^2+1)}{(x^2-1)^3}$

Point minimum : (0, 4)

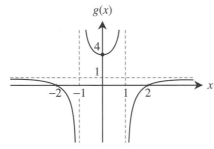

e) Point maximum en $x = 3/5$

   Point d'inflexion en $x = 7/5$

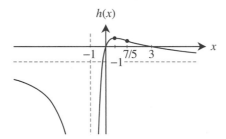

## EXERCICES 9.3

1. a) Asymptote oblique d'équation $y = -x$
   b) Asymptote parabolique d'équation $y = x^2 - 2x + 1$
   c) Asymptote d'équation $y = x^3$
   d) Asymptote horizontale d'équation $y = -2$
   e) Asymptote horizontale d'équation $y = \dfrac{4}{3}$
   f) Asymptote horizontale d'équation $y = 0$
   g) Asymptote oblique d'équation $y = 3x - 2$
   h) Asymptote oblique d'équation $y = x$

2. a)

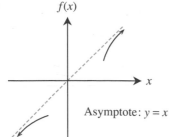

   Asymptote : $y = x$

b)

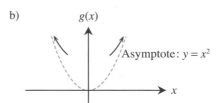

   Asymptote : $y = x^2$

c)

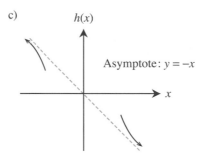

   Asymptote : $y = -x$

d)

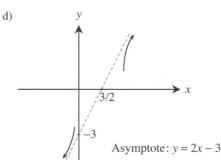

   Asymptote : $y = 2x - 3$

e)

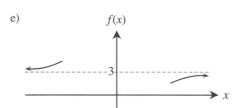

3. a) Deux asymptotes verticales d'équations $x = -2$ et $x = 3$
      Une asymptote horizontale d'équation $y = 4$

   b) Deux asymptotes verticales d'équations $x = -3$ et $x = 3$
      Une asymptote oblique d'équation $y = -x$

4. Point minimum en $x = \sqrt[3]{2}$
   Asymptote oblique d'équation $y = x$

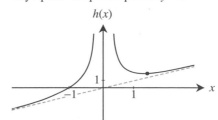

## EXERCICES 9.4

1. a) Asymptote horizontale : $y = 0$

   $f'(x) = \dfrac{-2x}{(1+x^2)^2}$  et  $f''(x) = \dfrac{2(3x^2-1)}{(1+x^2)^3}$

   Point maximum : (0, 1)

Points d'inflexion : $\left(\dfrac{-1}{\sqrt{3}}, \dfrac{3}{4}\right), \left(\dfrac{1}{\sqrt{3}}, \dfrac{3}{4}\right)$

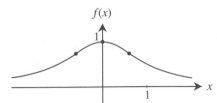

b) Par division polynomiale, on a $g(x) = x + 1 + \dfrac{1}{x-1}$.

Asymptote verticale : $x = 1$

Asymptote oblique : $y = x + 1$

$g'(x) = 1 - \dfrac{1}{(x-1)^2}$ et $g''(x) = \dfrac{2}{(x-1)^3}$

Point maximum : $(0, 0)$

Point minimum : $(2, 4)$

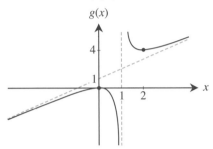

c) $f'(x) = x(x-2)^2$ et $f''(x) = 3x^2 - 8x + 4$

Point minimum : $(0, -1)$

Points d'inflexion : $\left(\dfrac{2}{3}, -\dfrac{37}{81}\right), \left(2, \dfrac{1}{3}\right)$

La tangente en ce dernier point est horizontale.

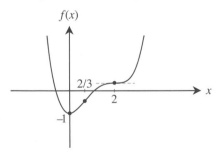

d) Asymptote horizontale : $y = 0$

$h'(x) = e^{-x}(1 - x)$ et $h''(x) = e^{-x}(x - 2)$

Point maximum : $\left(1, \dfrac{1}{e}\right)$

Point d'inflexion : $\left(2, \dfrac{2}{e^2}\right)$

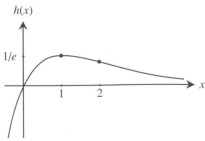

e) Asymptote horizontale : $y = 1$

$f'(x) = e^{-x}(2 - x)$ et $f''(x) = e^{-x}(x - 3)$

Point maximum : $\left(2, 1 + \dfrac{1}{e^2}\right)$

Point d'inflexion : $\left(3, 1 + \dfrac{2}{e^3}\right)$

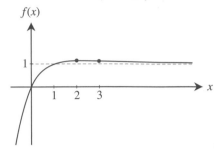

f) $h'(x) = \dfrac{e^x(x-1)}{x^2}$

Asymptote verticale : $x = 0$

Asymptote horizontale : $y = 0$

Point minimum : $(1, e)$

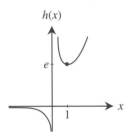

2. Point minimum : $(0, 0)$

Points d'inflexion : $\left(\dfrac{-1}{\sqrt{3}}, 1\right), \left(\dfrac{1}{\sqrt{3}}, 1\right)$

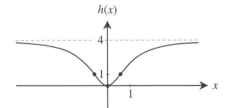

3. Points d'inflexion : $\left(\dfrac{-1}{\sqrt[3]{2}}, \dfrac{1}{3}\right), (0, 0)$

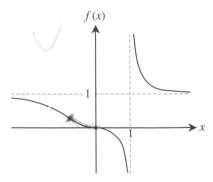

Note : Au point d'inflexion $(0, 0)$, la tangente est horizontale.

# Chapitre 10

1. a) $\dfrac{dy}{dx} = \dfrac{4-2x}{6y-5}$

   d) $\dfrac{dy}{dx} = \dfrac{e^x \sin y + e^y \sin x}{e^y \cos x - e^x \cos y}$

   b) $\dfrac{dy}{dx} = \dfrac{4-6x-y^2}{2xy-1}$

   e) $\dfrac{dy}{dx} = \dfrac{ay}{3by^3+1}$

   c) $\dfrac{dy}{dx} = \dfrac{2xy(1-y)}{x^2+2y^3}$

   f) $\dfrac{dy}{dx} = \dfrac{-3x^2 \tan y}{5+x^3 \sec^2 y}$

2. a) $\dfrac{dy}{dx} = \dfrac{-9x}{25y}$

   b) i) $y = 3$
   ii) $y = 0,8x + 5$
   iii) $x = 5$

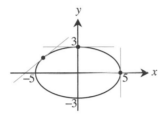

3. a) $\left.\dfrac{dy}{dx}\right|_{(1,4)} = \dfrac{29}{74}$

   b) $\left.\dfrac{dy}{dx}\right|_{(1,4)} = -\dfrac{6}{11}$

4. Points : $(2, 1)$ et $(2, 5)$

   Pente : $\dfrac{dy}{dx} = \dfrac{3y-4x}{2y-3x}$

   Équation de la tangente au point $(2, 1)$ : $y = \dfrac{5}{4}x - \dfrac{3}{2}$

   Équation de la tangente au point $(2, 5)$ : $y = \dfrac{7}{4}x + \dfrac{3}{2}$

5. Au point $(1, 0)$ : $y = \dfrac{x}{3} - \dfrac{1}{3}$

   Au point $(1, 2)$ : $y = -\dfrac{x}{5} + \dfrac{11}{5}$

6. a) $\dfrac{8a}{5}$

   b) $16x + 25y - 56a = 0$

7. $0$

8. Les deux courbes se croisent à angle droit à l'origine si leurs tangentes respectives en ce point sont perpendiculaires l'une à l'autre. Or, les pentes de ces tangentes en ce point sont respectivement $-\dfrac{a}{b}$ et $\dfrac{b}{a}$. Comme l'une est l'opposée de l'inverse de l'autre, les deux tangentes sont perpendiculaires l'une à l'autre. Donc, les deux courbes se croisent à angle droit en $(0, 0)$.

1.

   $r$ : rayon du front d'ondes (cm)
   $A$ : aire du cercle (cm$^2$)
   $t$ : temps (s)

On a $\left.\dfrac{dr}{dt}\right|_{r=20} = 5$ cm/s et on cherche $\left.\dfrac{dA}{dt}\right|_{r=20}$, où $A = \pi r^2$.

Alors, $\dfrac{dA}{dt} = \dfrac{dA}{dr} \cdot \dfrac{dr}{dt} = 2\pi r \cdot \dfrac{dr}{dt}$.

D'où $\left.\dfrac{dA}{dt}\right|_{r=20} = 40\pi \times 5 = 200\pi \approx 628$ cm$^2$/s.

Donc, lorsque le rayon du front d'ondes atteint 20 cm, l'aire de la surface ainsi délimitée augmente à la vitesse d'environ 628 cm$^2$/s.

2.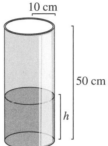

   10 cm

   50 cm

   $h$

   $h$ : niveau d'eau (cm)
   $V$ : volume d'eau (cm$^2$)
   $t$ : temps (s)

   On a $\dfrac{dV}{dt} = 40$ cm$^3$/s.

   On cherche $\dfrac{dh}{dt}$.

   On a $V = \pi r^2 h$, où $r = 10$.
   Alors, $V = 100\pi h$

   $$\dfrac{dV}{dt} = \dfrac{dV}{dh} \cdot \dfrac{dh}{dt}$$
   $$40 = 100\pi \cdot \dfrac{dh}{dt}$$

   D'où : $\dfrac{dh}{dt} = \dfrac{40}{100\pi} = \dfrac{2}{5\pi} \approx 0,13$ cm/s.

   Donc, le niveau d'eau monte à une vitesse constante d'environ 0,13 cm/s.

3. a) $\left.\dfrac{dA}{dt}\right|_{c=1} = 24$ cm$^2$/s   b) $\left.\dfrac{dA}{dt}\right|_{c=5} = 120$ cm$^2$/s

4. $\left.\dfrac{dr}{dt}\right|_{r=3} = \dfrac{125}{36\pi} \approx 1,11$ m/min

   Donc, le rayon du ballon augmente à la vitesse d'environ 1,11 m/min lorsqu'il atteint 3 m.

5.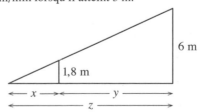

   6 m

   1,8 m

   $x$   $y$

   $z$

   a) La longueur de son ombre diminue à une vitesse constante d'environ 0,2 m/s.

   b) La vitesse à laquelle l'extrémité de son ombre se déplace est donnée par :

   $$\dfrac{dz}{dt} = \dfrac{d(x+y)}{dt}$$
   $$= \dfrac{dx}{dt} + \dfrac{dy}{dt}$$
   $$\approx -0,2 - 0,5$$
   $$= -0,7 \text{ m/s}$$

6. $\dfrac{dh}{dt}\bigg|_{h=2} \approx -0,036$ m/min ou $-3,6$ cm/min

Donc, le niveau d'eau baisse à la vitesse d'environ 3,6 cm/min lorsqu'il atteint 2 m.

7.

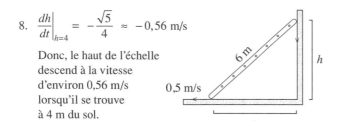

Réponse :
Au moment où l'angle de vision est de $\pi/3$ radian, l'objet tombe à une vitesse de 96 m/s.

8. $\dfrac{dh}{dt}\bigg|_{h=4} = -\dfrac{\sqrt{5}}{4} \approx -0,56$ m/s

Donc, le haut de l'échelle descend à la vitesse d'environ 0,56 m/s lorsqu'il se trouve à 4 m du sol.

9. $\dfrac{d\theta}{dt}\bigg|_{h=40} \approx 9,6\times10^{-4}$ rad/s, ou 0,06 °/s

Donc, l'angle de vision de l'observateur varie au rythme d'environ 0,06 °/s lorsque la plate-forme se trouve à 40 m du sol.

10. $\dfrac{dl}{dt}\bigg|_{l=50} \approx 6,5$ m/min

Donc, la corde du cerf-volant glisse entre les mains de la personne au rythme d'environ 6,5 m/min lorsque la partie de la corde tendue mesure 50 m.

# Annexes

## EXERCICES D.1

1. a) $\lim\limits_{x\to -2^{-}} \big(f(x)\big) = \lim\limits_{x\to -2^{-}} \big(|x|\big) = 2$  c) 4

   b) 4  d) 4

2. a) $-1$

   b) $\lim\limits_{x\to 0^{-}} \big(g(x)\big) = \lim\limits_{x\to 0^{-}} \left(\dfrac{x}{|x|}\right) = \underbrace{\lim\limits_{x\to 0^{-}} \left(\dfrac{x}{-x}\right)}_{\text{car } x<0} = \lim\limits_{x\to 0^{-}} (-1) = -1$

   c) 1

3. a) 3  b) 3  c) 0

## EXERCICE D.2

1. a) $\lim\limits_{x\to 3}\big(10(x-5)\big) = 10\lim\limits_{x\to 3}(x-5) = 10(-2) = -20$

   b) $\lim\limits_{x\to 0}\big((x+2)\cos x\big) = \lim\limits_{x\to 0}\big((x+2)\big)\cdot \lim\limits_{x\to 0}(\cos x) = 2\cos 0 = 2$

   c) $\lim\limits_{x\to 5}\left(\dfrac{x^2-1}{4x+1}\right) = \dfrac{\lim\limits_{x\to 5}(x^2+1)}{\lim\limits_{x\to 5}(4x+1)} = \dfrac{24}{21} = \dfrac{8}{7}$

   d) $\lim\limits_{x\to\infty}\sqrt{1+\dfrac{1}{x}} = \sqrt{\lim\limits_{x\to\infty}\left(1+\dfrac{1}{x}\right)} = \sqrt{1+0} = 1$

   e) $\lim\limits_{x\to 0}\big(e^x + \ln(x+1)\big) = \lim\limits_{x\to 0}\big(e^x\big) + \lim\limits_{x\to 0}\big(\ln(x+1)\big)$

   $\qquad = e^0 + \ln 1$
   $\qquad = 1 + 0$
   $\qquad = 1$

## EXERCICES D.3

1. a) 0  b) 0

2. On a $\cos x \le \dfrac{\sin x}{x} \le 1$ pour $x\in \left]-\dfrac{\pi}{2},\ \dfrac{\pi}{2}\right[$.

Or, $\lim\limits_{x\to 0}(\cos x) = 1$ et $\lim\limits_{x\to 0}(1) = 1$.

Donc, d'après le théorème du sandwich :

$$\lim\limits_{x\to 0}\left(\dfrac{\sin x}{x}\right) = 1$$

## EXERCICE D.4

1. a) $-\infty$  d) non définie (ou n'existe pas)

   b) $-\infty$  e) $\infty$

   c) $\infty$

## EXERCICE D.5

1. a) $\infty$  e) $\infty$  i) $\infty$

   b) $-\infty$  f) $\infty$  j) $\infty$

   c) $-\infty$  g) 0  k) $-\infty$

   d) 0  h) $-\infty$

## EXERCICE D.6

1. a) 2

   b) $-3$

   c) 5

   d) 1/4

   e) 3/4

   f) $-\infty$

   g) $\lim\limits_{x\to 0}\left(\dfrac{|x|}{x^2}\right) = \begin{cases} \lim\limits_{x\to 0^{-}}\left(\dfrac{|x|}{x^2}\right) = \lim\limits_{x\to 0^{-}}\left(\dfrac{-x}{x^2}\right) = \lim\limits_{x\to 0^{-}}\left(\dfrac{-1}{x}\right) = \infty \\[4mm] \lim\limits_{x\to 0^{+}}\left(\dfrac{|x|}{x^2}\right) = \lim\limits_{x\to 0^{+}}\left(\dfrac{x}{x^2}\right) = \lim\limits_{x\to 0^{+}}\left(\dfrac{1}{x}\right) = \infty \end{cases}$

   Donc, $\lim\limits_{x\to 0}\left(\dfrac{|x|}{x^2}\right) = \infty$

h) $\lim_{x\to\infty}\left(\frac{\sqrt{x^2+1}}{2x-1}\right)=\lim_{x\to\infty}\left(\frac{\frac{\sqrt{x^2+1}}{x}}{\frac{2x}{x}-\frac{1}{x}}\right)=\lim_{x\to\infty}\left(\frac{\sqrt{\frac{x^2}{x^2}+\frac{1}{x^2}}}{\frac{2x}{x}-\frac{1}{x}}\right)$

$=\lim_{x\to\infty}\left(\frac{\sqrt{1+\frac{1}{x^2}}}{2-\frac{1}{x}}\right)=\frac{1}{2}$

i) 0  
j) ∞  
k) 3/2  
l) −∞  
m) 1  

n) ∞  
o) ∞  
p) $\sqrt{\frac{3}{2}}$  
q) 0  
r) ∞  

s) 0  
t) 0  
u) 1  
v) 5/6  
w) ∞  

## EXERCICES E.1

1. a) $\frac{3}{4}$  b) $\frac{4}{\sqrt{7}}$  c) $\frac{3}{\sqrt{7}}$

2. $h=10\tan(60°)\approx 17,3$ m

3. 1,7 km

## EXERCICES F.1

1. a)
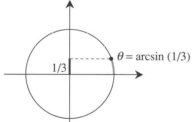

b)
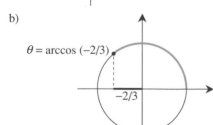

c)
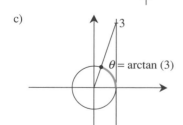

d)
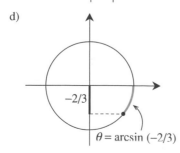

2. a) $\frac{\pi}{4}$

b) $\frac{\pi}{6}$

c) $-\frac{\pi}{4}$

d) $-\frac{\pi}{2}$

e) arcsec 2 est équivalent à $\arccos\frac{1}{2}=\frac{\pi}{3}$. Donc, $\operatorname{arcsec}2=\frac{\pi}{3}$.

f) $\frac{\pi}{3}$

3. a) 0,927295218  
b) 1,823476582  
c) 1,460139106  
d) 0,9539392014  
e) arcsec 4 est équivalent à $\arccos\frac{1}{4}\approx 1,3181161$.

4. a)
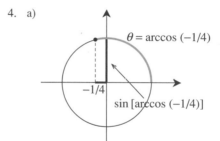

b)
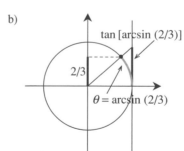

5. a) $\cos(\arccos x)=x$, où $x\in[-1,1]$

b) $\arcsin(\sin x)=x$, où $x\in\left[-\frac{\pi}{2},\frac{\pi}{2}\right]$

c) $\arctan(\tan x)=x$, où $x\in\left]-\frac{\pi}{2},\frac{\pi}{2}\right[$

d) $\cos(\arcsin x)=\sqrt{1-x^2}$, où $x\in[-1,1]$. En effet,

$\cos(\arcsin x)=+\sqrt{1-(\sin(\arcsin x))^2}$,

où $-\frac{\pi}{2}\le \arcsin x\le\frac{\pi}{2}$

$=\sqrt{1-x^2}$

1.  a) $f'(x) = \dfrac{3x^2}{\sqrt{1-x^6}}$

    b) $f'(x) = \dfrac{e^x}{1+e^{2x}}$

    c) $g'(x) = \dfrac{3\arccos^2(1-x)}{\sqrt{2x-x^2}}$

    d) $h'(x) = \dfrac{-1}{2(1+x)\sqrt{x}}$

    e) $f'(x) = \arcsin x + \dfrac{x}{\sqrt{1-x^2}}$

    f) $f'(x) = \dfrac{2xe^{\operatorname{arcsec}(x^2-1)}}{\left|x^2-1\right|\sqrt{x^4-2x^2}}$

    g) $f'(x) = \dfrac{-2}{\arctan^2(2x)(1+4x^2)}$

    h) $g'(t) = \dfrac{4t^3}{(t^4+3)\sqrt{t^8+6t^4+8}}$

    i) $h'(u) = \dfrac{-1}{\operatorname{arccsc} u\, |u|\sqrt{u^2-1}}$

2.  $y = \dfrac{1}{2}x + \dfrac{\pi-2}{4}$

1.  a) $\dfrac{63}{16} = 3,9375$

    b) $0,05$

    c) $2 + \dfrac{1}{12} = 2,08\overline{3}$

    d) $0,2$

2.  $8\,\%$